LE MAL FRANÇAIS

DU MÊME AUTEUR

Le Mythe de Pénélope, essai, 1949 (nouvelle édition, 1977) : tome I des *Œuvres complètes*, 1998.
Les Roseaux froissés, roman, 1948 (nouvelle édition, 1978 ; édition de poche, 1985 ; tome II des *Œuvres complètes*, 1998).
Rue d'Ulm, chroniques de la vie normalienne, 1946 (nouvelles éditions, 1964, 1978 et 1994 ; tome III des *Œuvres complètes*, 1998).
Faut-il partager l'Algérie ?, essai, 1961.
Quand la Chine s'éveillera... le monde tremblera, essai, 1973 (nouvelles éditions, 1980, 1990 et 1997 ; éditions de poche, 1975, 1979, 1991).
Discours de réception à l'Académie française et Réponse de Claude Lévi-Strauss, 1977.
Les Chevaux du lac Ladoga. La justice entre les extrêmes, essai, 1981 (édition de poche, 1982 ; nouvelle édition, 1996).
Quand la rose se fanera, essai, 1982 (édition de poche, 1984).
Chine immuable et changeante, album (texte de l'auteur, photographies de Michel Piquemal), 1984.
Encore un effort, Monsieur le Président..., essai, 1985 (édition de poche, 1986).
Réponse au discours de réception à l'Académie française de Georges Duby, 1988.
L'Empire immobile ou Le choc des mondes, récit historique, 1989 (édition de poche, 1991 ; nouvelle édition, 1997).
Images de l'Empire immobile, album (reproductions d'aquarelles de William Alexander et des pères Castiglione et Attiret, ainsi que de peintures chinoises anonymes sur soie ; textes de l'auteur), 1990.
Discours de remise du prix Tocqueville à Octavio Paz, 1990.
Réponse au discours de réception à l'Académie française de Jacqueline de Romilly, 1990.
La Tragédie chinoise, essai, 1990 (édition de poche, 1992 ; nouvelle édition, 1997).
Un choc de cultures, t. I : *La Vision des Chinois*, 1991 ; t. II : *Le Regard des Anglais*, 1998.
La France en désarroi, 1992 (édition de poche, 1994).
Réponse au discours de réception à l'Académie française de Jean-François Deniau, 1993.
C'était de Gaulle, t. I : *La France redevient la France*, 1994 ; t. II : *La France reprend sa place dans le monde*, 1997 ; t. III : *Tout le monde a besoin d'une France qui marche*, 2000.
Du « miracle » en économie, leçons au Collège de France, 1995.
La Société de confiance, essai sur les origines et la nature du développement, 1995.
La Chine s'est éveillée, 1996 (édition de poche, 1997).
(Avec Alain Decaux) *1940-1945. De Gaulle, celui qui a dit non*, 1999.
Parlez, écrivez, agissez, (articles et discours, 1950-1999), 2002.

DIRECTION D'OUVRAGES COLLECTIFS

Qu'est-ce que la participation ? (auditions de François Bloch-Laîné, José Bidegain, François Ceyrac, Eugène Descamps..., avec une introduction et des commentaires de l'auteur), 1969.
La Drogue (exposés du Pr Jean Delay, du Pr Deniker, du Pr Lebovici, du Dr Olievenstein..., introduits et commentés par l'auteur), 1970.
Décentraliser les responsabilités. Pourquoi ? Comment ? (rapports d'enquêtes de Michel Crozier et Jean-Claude Thœnig, d'Octave Gélinier, d'Élie Sultan, présentés par l'auteur), 1976 (édition de poche, 1979).
Réponses à la violence, (Rapport au président de la République du Comité d'études sur la violence, la délinquance et la criminalité, présidé par l'auteur), 1977 (édition de poche, 1977).
L'Aventure du XXᵉ siècle, 1986 (nouvelles éditions, 1987, 1988, 1989, 1990, 1991, 1992, 1993, 1994, 1995, 1997, 1999).
Yingshi Magaerni fang Hua dang'an shiliao huíbian, recueil des documents des Archives impériales sur l'ambassade Macartney en Chine, réalisé sous la direction conjointe de Xu Yipu, directeur des Archives impériales, et de l'auteur, Pékin, 1996.

À PARAÎTRE

Œuvres complètes (tome IV et suivants).

Alain Peyrefitte
de l'Académie française
et de l'Académie des Sciences morales et politiques

LE MAL FRANÇAIS

France, d'où vient ton mal, à vrai parler ?
Connais-tu point pourquoi es en tristesse ?
Conter le veux, pour vers toi m'acquitter.
Ecoute-moi et tu feras sagesse...
Ne te veuille pourtant désespérer.

Charles d'Orléans[1]

Fayard

REMERCIEMENTS

Je tiens à exprimer ma reconnaissance

– Pour les conversations si enrichissantes que j'ai eues avec eux depuis de longues années sur certains thèmes de ce livre : à Michel CROZIER, Stanley HOFFMANN, Pierre MOUSSA ; sans oublier les regrettés Raymond ARON, Gaston BACHELARD, R.P. Yves CONGAR, Octave GÉLINIER, Henri GOUHIER, René LE SENNE, Gabriel MARCEL, Léon NOËL, François PERROUX, André SIEGFRIED,

– Pour avoir pris la peine de relire certains chapitres et m'avoir aidé de leurs précieux conseils dans le domaine de leur spécialité : aux professeurs Louis BERGERON, Yves-Marie BERCÉ, Jacques BOMPAIRE, François BOURRICAUD, Pierre CHAUNU, François CROUZET, Jacques DUPÂQUIER, Jean DELUMEAU, Alphonse DUPRONT, Jacques ELLUL, Jacques GODECHOT, François GOGUEL, Alfred GROSSER, Pierre JEANNIN, Serge LEBOVICI, Maurice LEVY-LEBOYER, Herbert LÜTHY, Jean-Claude MARGOLIN, Jean MARCZEWSKI, Léo MOULIN, René RÉMOND, Marcel RONCAYOLO.

Il va de soi, cependant, que ce livre n'engage que son auteur.

Ce livre a fait l'objet d'une première publication en 1976, aux Editions Plon.

PRÉFACE
d'Hélène Carrère d'Encausse

Ecrit en 1976, republié pour la dernière fois deux décennies plus tard, peu d'années avant la mort de son auteur, *Le Mal français* soulève aujourd'hui, en 2006, des questions d'une actualité et d'une urgence brûlantes.

En 1996, Alain Peyrefitte s'interrogeait sur la nécessité d'une mise à jour de son livre et s'il y renonça, c'est à la fois parce que ses recherches avaient porté pour l'essentiel sur la longue histoire de ce mal français qui le hantait, et que les réponses apportées pour le corriger par les présidences giscardienne et mitterrandienne ne lui semblaient pas en avoir modifié les données, ni donc le diagnostic qu'il avait établi. Ainsi, en 1996, constatait-il que certaines mesures qu'il avait jugées indispensables, telles la décentralisation de François Mitterrand ou les dénationalisations de l'après-mitterrandisme, si elles modifiaient quelque peu, en apparence, les règles du jeu, en conservaient toute la perversité et, en dernier ressort, avaient eu pour conséquence de camoufler voire d'aggraver le mal français dont il avait si lumineusement décrit la nature et les composantes, vingt ans plus tôt.

Pour lui, le mal français était à la fois maladie de la société, de ses structures, et plus encore maladie de l'esprit, des mentalités. Pour la société, la matrice du mal était une société administrative confondant en permanence politique et administration. Alain Peyrefitte évoquait à son propos l'idéal proposé à la Chine par Mao, « rouge et expert ». En France, ce projet s'était depuis des décennies traduit de manière croissante par la confusion entre « politique et expert », c'est-à-dire politique et énarque. Confusion qui a consolidé une bureaucratie se substituant à la fois au pouvoir politique et aux administrés situés en dessous d'elle. Cet envahissement bureaucratique constitue l'*Etat* qui, se voulant responsable de tout, se mêlant de tout, a été perçu en retour par les Français comme leur devant tout et, par là même, suscitant de leur part une contestation globale.

Le corollaire de cette toute-puissance de l'Etat bureaucratique est l'irresponsabilité sociale. L'historien Alain Peyrefitte a cherché les racines de ce mal dans les profondeurs de l'histoire de son pays, mais aussi dans sa propre expérience de ministre, constatant l'ancienneté et la force de cette particularité française. Il n'a trouvé, au fil des siècles, que peu d'hommes politiques moins responsables d'un tel désastre, tels Louis XI, Henri IV, Mazarin ou Talleyrand, qui ont été capables de saisir l'événement et non de le subir et d'agir en tenant compte du possible.

Mais plus encore que les structures de la société, c'est dans l'inconscient collectif qu'Alain Peyrefitte a trouvé les causes du mal français. La passion de l'égalitarisme, le refus de la différence, la peur du changement, de l'innovation, la peur de la modernité, la méfiance à l'égard de l'autorité que le citoyen tend à tout moment à tenir pour illégitime, ce qui entraîne une contestation permanente, souvent explosive, l'agressivité enfin qui fait de la lutte l'outil principal du dialogue – autant de traits caractérisant, pour Alain Peyrefitte, la mentalité française telle que les siècles l'ont forgée, consolidée et conduite à se manifester.

Le lien entre des structures sociales malades et des structures mentales tout aussi malades, c'est dans l'irresponsabilité que l'auteur le décèle, dans un comportement infantilisé de la société se traduisant par une combinaison de docilité et d'apathie rompue par de soudaines rébellions que l'on tend à assimiler à des révolutions. La fragilité définit donc les deux versants du mal français, accompagnée d'une propension à l'immobilisme né de la crainte permanente d'ébranler l'ensemble du système.

En 2006, quel jugement eût porté Alain Peyrefitte sur un pays qui sort d'une succession de crises plus rapides que celles dont il avait si attentivement suivi le cours : rejet du traité constitutionnel européen par l'un des pays fondateurs de l'Europe, soulèvement des banlieues au nom d'une volonté égalitaire dans un pays qui se voulut toujours champion de l'idée d'égalité, et reproduction de Mai 1968 pour rejeter une réforme dans un pays qui réclame à cor et à cri d'être réformé ? Est-ce le mal français qui s'est ainsi en quelques mois manifesté si bruyamment ? Est-ce signe de son aggravation ? Ou, au contraire, derniers sursauts d'une société avide de s'arracher à ce mal pour rejoindre la modernité ? Est-il, dans ce mal, des éléments nouveaux que l'analyse d'Alain Peyrefitte aurait ignorés ?

L'inquiétude de l'auteur, qui transparaît dans la conclusion de l'ouvrage, pourrait certes se nourrir de phénomènes récents. Toutes les crises que l'on vient de mentionner sont nées de la peur, peur du changement qu'impose l'adaptation à la modernité, à un monde ouvert dominé par une compétition féroce. L'échec de plusieurs tentatives récentes de réformes, telle celle de l'université, témoigne de cette tentation immobiliste qu'Alain Peyrefitte a décelée tant de fois dans l'histoire française, et qui, en 2006 plus encore que dans le passé, apparaît comme un réflexe de défense de la société contre les exigences du monde moderne. L'irresponsabilité d'une société réclamant à tout propos la protection et les garanties de l'Etat est, depuis quelques années, renforcée par une idéologie implicite et un vocabulaire assurant les citoyens que toutes les difficultés et tous les problèmes peuvent être écartés à condition de n'être pas reconnus ni dits. L'évolution récente du langage traduit cette obsession. Dès lors que la litote a remplacé le mot juste pour qualifier un mal, ce mal est censé ne pas exister. Ainsi, à ne pas appeler de leur nom les aveugles, les sourds, les nains, mais aussi les pauvres ou les délinquants (devenus non-voyants, mal-entendants, personnes à verticalité contrariée, SDF, auteurs d'incivilités), l'on croit avoir supprimé les différences physiques ou morales, le malheur, le mal, et créé une société paisible et confiante. Et à dépêcher lors de toute catastrophe ou de tout incident des « soutiens psychologiques » aux victimes, les pouvoirs publics anesthésient l'esprit, la capacité de réaction, et placent toute victime en position d'assistée irresponsable. Cette évolution récente mais rapide, Alain Peyrefitte ne l'aura pas vue, elle conforte cependant son diagnostic sur les conséquences de la fragilité mentale du corps social, sur sa dépendance à l'égard de l'Etat, sur son incapacité à s'adapter au monde environnant.

De même, Alain Peyrefitte n'aura-t-il pas vu dans toute son ampleur le défi posé à la société par l'immigration, qu'il évoque certes au chapitre de la population, mais dont il aura retenu avant tout les composantes européennes. L'adaptation de la France, de son système éducatif, de ses structures sociales et économiques à une société s'ouvrant non plus seulement à des nationalités, mais à des civilisations différentes, est un défi majeur du XXIe siècle commençant. Autant de changements ou d'inflexions à ajouter à une analyse qui a embrassé des siècles, mais a été élaborée avant ce moment tumultueux où l'ouverture totale du monde ne protège plus la France et lui interdit toute perpétuation de son mal.

C'est peut-être la conclusion optimiste qui pourrait couronner les interrogations finales, si lucides et stimulantes, d'Alain Peyrefitte. Si l'immobilisme paraît encore résulter des structures sociales et mentales de la France, derrière lui se profile déjà une inquiétude générale, une lente prise de conscience d'un monde nouveau auquel nul pays, nulle société ne saurait échapper sous peine d'en mourir. Le mal français, cette carapace rigide qui a si lourdement pesé sur l'histoire du pays, commence en réalité à se fissurer. Au-delà des refus, des explosions qui traduisent probablement plus encore l'inquiétude que la colère, une révolution des esprits s'opère en silence. Les Français refusent certes les réformes, le changement, mais, en profondeur, ils en savent désormais l'inéluctabilité.

Alain Peyrefitte a analysé dans son ouvrage non seulement les causes et les signes du mal français, mais aussi les vertus profondes et les chances existant dans le pays ; ce sont elles qui poussent à la douloureuse prise de conscience actuelle et permettent d'espérer qu'elles engendreront le sursaut salvateur que l'auteur a si passionnément attendu.

Hélène Carrère d'Encausse
de l'Académie française
mai 2006

AVANT-PROPOS *

Quand j'ai écrit *Le Mal français*, entre 1974 et 1976, j'éprouvais le besoin de faire un bilan, tandis que le gaullisme, à la fin des « trente Glorieuses » et surtout des quinze dernières, de beaucoup les plus « glorieuses » à tous égards, vivait mal le passage de Georges Pompidou à Valéry Giscard d'Estaing ; quand, personnellement, je n'avais pu aboutir, par deux fois, dans une entreprise de réforme pourtant minutieusement préparée, en Mai 1968 à l'Education nationale, en 1973 à la Réforme administrative et au Plan, la première fois en trébuchant dans les convulsions, la seconde en butant sur l'immobilisme **.

Ma démonstration aurait pu se centrer sur les paradoxes de Mai 68, mais je préférai éviter un sujet qui aurait inévitablement donné l'impression d'un plaidoyer *pro domo*. Ce me fut l'occasion de prendre du champ ; de passer au crible l'expérience de l'Etat que j'avais acquise comme jeune haut fonctionnaire, puis député, puis ministre ; de reprendre un questionnement patient sur notre « *société de défiance* », duquel l'action m'avait détourné et auquel me ramenaient ces deux précieuses années sabbatiques.

Ainsi s'imposa une forme composite, qui m'offrait toutes les approches disponibles pour mettre en évidence ce « mal français », polymorphe, induré, nié par le patient. Le lecteur se trouve donc devant un genre qui fait éclater les genres : tantôt dans un chapitre d'histoire, tantôt dans une psychanalyse sociale ; ici devant une théorie du développement, là dans une étude de cas ; il passe sans transition de fragments de Mémoires à des propositions de réformes, du ton personnel au mode impersonnel, du témoignage à la démonstration.

---

* Edition de 1996.

** Les notes utiles à la compréhension du texte sont précédées d'un astérisque et placées en bas de page. Les notes en italique sont des ajouts de l'édition 1996. Les notes documentaires ou érudites sont numérotées et renvoyées en fin de texte (p. 585).

Dans un livre où l'on a mis tant de soi-même, on serait tenté, vingt ans après, de commenter chaque page pour se plaire à en souligner l'actualité, ou de la retoucher pour gommer ce que l'évolution des choses a pu placer en porte-à-faux.

La tentation est si grande, qu'il faut y résister absolument. On ne présente donc pas ici une édition révisée. *Le Mal français* a désormais sa petite place dans l'histoire des idées sur la France. Il n'est plus temps d'y toucher. Ce livre est comme il est.

Les quelques corrections que je me suis autorisées sont des amendements de forme, des allègements de passages redondants ; elles visent aussi, parfois, à dater le présent du texte, pour rendre le lecteur d'aujourd'hui sensible au fait qu'il lit un texte écrit entre 1974 et 1976.

Ce rappel est d'autant plus nécessaire, que mon travail se donnait pour but de mettre en évidence un mal pérenne. Tel est le paradoxe de l'ouvrage : avoir nourri d'expériences personnelles, forcément datées, la conviction d'une permanence de certains traits de notre *ethos* national. Au moment où j'ai écrit, le présent de l'indicatif pouvait indifféremment servir à désigner un présent actuel et un présent intemporel. Après vingt ans, le lecteur est en droit de faire la distinction. Et de se poser la question : le présent datable de 1976, ce présent-passé, peut-il encore fonder un présent intemporel ? Deux décennies se sont-elles écoulées en vain ?

La question doit être circonscrite. Une bonne partie du livre concerne la genèse du « mal français », son histoire ancienne et proche. Elle conserve, me semble-t-il, toute sa valeur, si elle en eut jamais. Sur ce thème, j'ai même prolongé et « théorisé » ma réflexion dans une thèse en Sorbonne * et dans des leçons professées au Collège de France **.

La seule vraie question que pose ce livre est celle de la guérison. N'a-t-elle pas commencé ? Et plus particulièrement, est-ce que les grandes lois de décentralisation du premier septennat de François Mitterrand n'ont pas accompli la révolution que j'appelais de mes vœux ? Pierre Mauroy, rencontré aux Antilles à la veille de l'élection de 1981, me l'avait dit plaisamment : « Vous avez prôné la décentralisation, vous aviez raison, mais vous ne l'avez pas faite ; nous la ferons, nous guérirons le “mal français”. »

A mon sens, le mal n'a été que camouflé. Les règles du jeu ont été modifiées, mais le jeu demeure aussi pervers. Elus et fonctionnaires se renvoient ou se disputent sans cesse des responsabilités qui échappent à tous. Tout est fait pour que le citoyen se perde dans le maquis des compétences, des pouvoirs et des procédures. Le phénomène bureaucratique, qui avait au moins l'avantage de contenir la corruption, n'a pas disparu. Il a seulement changé son jeu. A la faveur de son apparent retrait, il a laissé libre cours aux

* Réécrite et publiée en octobre 1995, *La Société de confiance,* 560 p., Odile Jacob.

** Réécrites et publiées en mai 1995, *Du miracle en économie,* 320 p., Odile Jacob.

corrupteurs et aux corrompus, aux féodalités locales et au clientélisme.

L'économie est-elle « admise » ? Voyez comme chacun s'accorde, à droite comme à gauche, pour dénoncer les excès d'un « libéralisme sauvage », lequel, chez nous, est pourtant resté à peu près au stade du discours – un discours dont on a décidé de se méfier. Les socialistes ont fait les nationalisations sans y croire vraiment ; mais on ne les défait que lentement. Dès qu'on veut réformer les grandes forteresses inexpugnables – les ports, les chantiers navals, la SNCF, la RATP, les PTT, Air France, l'Education nationale, les universités –, on patine, ou on recule. Le dirigisme a de beaux jours devant lui, ainsi que la résistance à un changement qu'il est pourtant censé conduire.

Dans son administration, dans son économie, la France reste la fille de Colbert. Elle le sait peut-être davantage, mais elle s'en accommode. Elle connaît mieux son mal, mais elle ne l'a pas guéri. Elle l'a même, de-ci de-là, aggravé.

Il m'a donc paru suffisant d'ajouter quelques notes en bas de page, imprimées en italique et datées de 1996, pour les distinguer des notes en romain de l'édition originale de 1976. Certaines veulent satisfaire la curiosité du lecteur en actualisant un chiffre, une donnée de fait. D'autres cherchent à prévenir une objection ou un doute et font le point sur ce qui a changé ou non.

Avril 1996

A Erasme de Rotterdam

Explorateur infatigable de l'éternelle troisième voie
« Guelfe pour les Gibelins et Gibelin pour les Guelfes [1] *»*
A qui cinq cents ans n'ont pas fait prendre une ride
Maître d'hier pour demain.

Je suis Français, dont ce me pèse.

François Villon [1] (vers 1460).

Je connais le mal *de mon royaume.*

Henri IV [2] (1599).

Se croire un personnage est fort commun en France. On y fait l'homme d'importance... C'est proprement le mal français. *La sotte vanité nous est particulière. Les Espagnols sont vains, mais d'une autre manière.*

Jean de La Fontaine [3].

Le mal français, *qui est le besoin de pérorer, la tendance à tout faire dégénérer en déclamation, l'Université l'entretient par son obstination à n'estimer que le style et le talent.*

Ernest Renan [4] (1859).

Je dénonce un mal *qui nous ronge de toutes parts... Dévergondage d'anarchie ou de réaction, c'est tout un, puisque le mal vient du pays lui-même, incapable de s'organiser, sous les différentes formes de gouvernement qu'il a, depuis un siècle, successivement essayées.*

Georges Clemenceau [5] (1913).

Ce n'est pas servir la France que de répéter à tort et à travers qu'elle se porte bien, qu'elle ne s'est jamais mieux portée. Ah ! Des millions et des millions d'hommes n'ont cure de notre optimisme. Notre optimisme leur fait froid dans le dos.

Georges Bernanos [6] (1936).

Le mal français *est un mal politique... Les Français se sont à peu près soustraits à leur fonction politique. Comment y aurait-il encore un Etat, là où il n'y a plus de citoyens ? Il faut une révolution des structures, fondée sur une mutation brusque de l'esprit public.*

Henri, comte de Paris,
Le Mal français [7] (1954).

Les Français sont atteints d'un mal *profond. Ils ne veulent pas comprendre que l'époque exige d'eux un effort gigantesque d'adaptation... Ils ne peuvent se passer de l'Etat, et pourtant ils le détestent, sauf dans les périls... Ils ne se conduisent pas en adultes.*

Charles de Gaulle [8] (1966).

Introduction

NOS ENFANTS NATURELS

Aucune nation n'aime à considérer ses malheurs comme ses enfants légitimes.

Paul Valéry [1].

Voici la France, aux yeux de ses fils, tantôt nation inépuisable qui invente l'avenir du monde, tantôt vieux pays fatigué, déchu de sa grandeur, mécontent de soi. Pourquoi est-elle vouée à la neurasthénie, si quelque rêve grandiose ne l'élève au-dessus d'elle-même ?

Voici ces Français, qu'on dit – plus que tous autres – ingouvernables ; qui détiennent le record des révoltes, des effondrements de régime, des luttes civiles – des malheurs collectifs. Et voici les mêmes passivement soumis à leur administration, et amoureux (toujours déçus) de l'autorité ; rebelles à leur Etat, en même temps qu'inaptes à vivre sans ce tuteur tracassier.

Voici la France, encore au début du siècle dernier la plus grande puissance du monde, aujourd'hui bien distancée ; et même qui, malgré de récents progrès, éprouve quelque peine, pour se moderniser tout en gardant son équilibre, à suivre le train de pays plus agiles qu'elle.

Le poids des mentalités

Combien de fois, observant de près nos difficultés, ne m'a-t-il pas semblé qu'elles étaient d'ordre psychique ou sociologique ; ou, si l'on préfère, qu'elles relevaient des mentalités ? Comme si les Français n'affrontaient pas des « problèmes » qui leur seraient posés de l'extérieur. Comme s'ils les portaient en eux, et les projetaient sur la réalité qui les entoure.

Pourquoi l'Angleterre a-t-elle connu une industrialisation précoce ? « Parce qu'elle possédait de la houille », répondent les manuels d'histoire ou de géographie. Pourquoi la France a-t-elle été beaucoup moins brillante ? « Parce que ses charbonnages étaient plus pauvres. » Mais alors, pourquoi le Japon s'est-il si vite industrialisé ? D'autres manuels, ou les mêmes, retournent l'explication : les Japonais ont bien été obligés d'exporter des produits manufacturés, puisqu'ils devaient payer l'importation du charbon, dont ils manquaient [2]...

Etranges obstacles à l'économie et à la démocratie

Comment s'en tenir aujourd'hui au *matérialisme historique* du XIXe siècle, dont notre vision du monde est encore emplie ? Observez la rue de Calcutta ou de Bombay : peut-on attendre que l'Inde prospère, tant que ses habitants se laisseront mourir de faim à côté d'une vache sacrée ? Quelle productivité attendre des musulmans pendant le *ramadan* ? Comment, se demandent des dirigeants africains, entraîner vers l'essor économique des ouvriers indigènes qui cessent le travail dès que leur paye leur permet de s'acheter le parapluie ou la bicyclette convoités [3] ? Et comment la démocratie représentative à l'occidentale fonctionnerait-elle sans heurts dans des sociétés stratifiées en castes et en clans ? Les habitudes séculaires pèsent ici d'un poids évident.

Mais pourquoi pèseraient-elles seulement sur les communautés que nous appelons archaïques ? Pourquoi les traits les plus immatériels d'une société – religions, préjugés, superstitions, tabous, mobiles de l'activité, attitude à l'égard de l'autorité, réflexes historiques, morale de l'individu et du groupe, éducation et valeurs qu'elle distille – n'infléchiraient-ils pas le comportement de tout peuple et le cheminement de toute civilisation, jusque dans les domaines les plus matériels – investissements, production et échanges, taux de croissance ? Et si l'économie ne se réduisait pas à des données brutes – matières premières, capitaux, main-d'œuvre – ni à des rapports de production, mais supposait, par-dessus tout, une mentalité favorable à l'économie ? Si la démocratie ne se limitait pas à des institutions, mais exigeait un esprit public apte à les faire jouer ? Si cette influence du facteur culturel était en France une cause, non pas unique, bien sûr, mais déterminante, de nos retards économiques, de nos difficultés sociales, de nos crises politiques ?

Causes et effets s'enchevêtrent tant, qu'il est vain de croire qu'un seul fil permette de débrouiller l'écheveau. L'histoire n'est pas linéaire. Il ne faut pas essayer d'isoler un facteur en prétendant qu'il explique tout. Mais il paraît utile, parmi les multiples facteurs de l'évolution, de souligner l'importance de celui que néglige notre matérialisme naïf : l'esprit humain. Est-il abusif de penser qu'après tout, c'est peut-être celui qui compte le plus ? Et en outre, qui dépend le plus de nous ?

Un terrain miné

André Siegfried, auprès de qui, voici plus d'un quart de siècle, je m'étais risqué timidement à essayer quelques-unes des hypothèses qu'on va lire, laissa tomber lentement :

« Je pense exactement comme vous » (paroles suaves à l'oreille d'un frêle disciple !). « L'explication dernière des mauvais fonctionnements de notre économie et de notre société réside en nous-mêmes. Cependant, méfiez-vous ! Vous vous engagez sur un terrain miné. La psychologie des peuples n'a pas bonne réputation. L'étude des mentalités est freinée par les mentalités elles-mêmes. Elle a des relents de racisme. La *Völkerpsychologie* allemande a laissé un fâcheux souvenir. On bute sur des interdits. De ce que tous les hommes sont égaux en droit, on a déduit que tous les hommes sont pareils en fait. On craint que repérer une différence, ce ne soit légitimer l'inégalité. Après tout, il y a peut-être simplement de la délicatesse à ne pas vouloir évoquer leurs infériorités mentales devant ceux qui en sont atteints. »

Il concentra son regard derrière ses verres ronds cerclés de noir :

« Admettre, reprit-il, que nos échecs tiennent à ce que nous avons de plus profond, de plus intime, c'est à la fois décourageant et humiliant. Pour une nation retardée, il est plus réconfortant de se dire que si l'on est pauvre et sous-développé, c'est seulement à cause de la géologie, ou du régime des vents, ou des affreux impérialistes. Du reste, les peuples les plus avancés trouvent confortable de faire semblant de le croire aussi. »

Nous, Français, sommes avancés par rapport à beaucoup de sous-développés, mais sous-développés par rapport à quelques pays plus avancés. Nous avons l'hypocrisie tantôt charitable, tantôt égoïste. C'est toujours de l'hypocrisie. Ou plutôt, un instinct de défense ?

« Encore, reprit-il, si vous allez chercher vos exemples chez des peuples lointains, au Brésil ou en Iran... Mais si vous les cherchez en France, vous êtes perdu ! Les Français ont leur propre expérience, elle leur paraît irrécusable ; leur propre explication, vous ne les en ferez pas démordre. Et ils sont susceptibles. Si vous vous montrez sévère pour la France, ils vous traiteront de masochiste ; indulgent, ils vous taxeront de chauvinisme. Vous serez juge et partie, et vous vous adresserez à des Français qui le seront tout comme vous. Un médecin, si habile soit-il, n'ausculte pas sa propre mère. »

Souvent, depuis, j'ai mesuré la sagesse de cet avertissement. Au retour d'un pays lointain, un voyageur est revêtu, aux yeux du public, de la même autorité qu'un astronaute qui revient de la Lune, et qui en parle. Ce qu'il peut raconter ne dérange personne : seuls les spécialistes de ce pays ont des idées ; cela ne fait pas beaucoup de monde. Mais cinquante millions de Français se sont fait cinquante millions d'idées de la France ; des idées bien arrêtées. Il est aussi difficile de leur parler d'elle, que de sa femme à un mari jaloux. Et un homme politique est moins recevable que quiconque : il a pris parti dans des luttes publiques. Il ne peut dissimuler ses engagements sous la toge de l'universitaire, ou la tunique du Persan.

André Siegfried avait raison. Pourtant, je ne l'ai pas écouté : je me suis obstiné sur la piste du mystère français, comme on escalade un pic par une face nord dont on a rêvé depuis l'enfance.

Je n'en demande pas moins pardon au lecteur pour la témérité de mon propos : chercher en nous, dans la trame de notre société, dans le fond de notre âme, les vraies causes de nos malheurs. Je sens mon outrecuidance, de vouloir promener les Français dans un pays à découvrir : le leur. Mais le mieux connu nous reste toujours le plus inconnu...

La scotomie

Chaque peuple a tendance à se prendre pour le nombril du monde. Cependant, cet ethnocentrisme revêt deux formes opposées.

Tantôt, il consiste à plaindre les autres d'être différents, mais à considérer cette différence comme irrémédiable ; par suite, à l'admettre et, dans une certaine mesure, à la respecter. Ainsi, les Anglais ont souvent déploré que Dieu n'eût pas accordé aux autres, à partir de Calais, la faveur de les faire naître anglais ; mais ils les laissaient à leurs mœurs, à leurs manies.

Tantôt, l'ethnocentrisme se fait assimilateur. Ainsi de ces Indiens du Brésil, chez qui séjournait épisodiquement l'ethnologue Kurt Unkel, et qui pleuraient à chaudes larmes lorsqu'il revenait parmi eux, à la pensée des souffrances qu'il avait dû endurer d'être séparé de leur tribu, la seule où la vie valût la peine d'être vécue [4].

Ainsi encore des nations latines : les autres, certes, n'ont pas le bonheur de partager notre culture, mais tout espoir n'est pas perdu ; qu'ils imitent notre civilisation, et ils deviendront civilisés. Les Latins tiennent pour quantité négligeable les particularités des autres peuples ; à plus forte raison les leurs propres, puisqu'ils sont l'Homme même, étalon et mesure de toute chose. « Les Français, écrivait T. E. Lawrence [5], sont partis d'une doctrine (dogme plutôt que secret instinct) qui fait du Français la perfection humaine. Evidemment, pensent-ils, un étranger n'atteindra jamais leur niveau, mais sa valeur sera d'autant plus grande qu'il en approchera davantage. »

Comment, alors, les Français seraient-ils enclins à reconnaître dans leurs propres défaillances les raisons de leurs déboires ? Si nous nous ignorons nous-mêmes, c'est que nous refusons de nous voir, d'autant plus efficacement que le refus reste inconscient. Il existe une maladie des yeux que les ophtalmologues appellent *scotomie*. Le regard ne distingue qu'une partie du champ visuel, comme à travers un long tube : on aperçoit assez pour suivre un chemin, non pour mettre un panorama en perspective. Freud a montré que l'esprit aussi pouvait être atteint de scotomie : l'inconscient refuse de communiquer à notre conscience ce qu'il nous interdit de voir en nous, autour de nous. Il censure notre regard.

Rien n'est difficile comme de se juger soi-même. On n'entend pas son accent. On ne se rend pas compte de ses tics de langage. On ne sent pas sa propre odeur. Parce que les faiblesses de la France sont profondément françaises, elles sont imperceptibles aux Français.

Un peuple veut ignorer la vérité qui le blesse ; il préfère invoquer une éclipse passagère, un malheureux concours de circonstances. Mais une *conjoncture* qui se maintient devient une *structure* ; un engourdissement prolongé pendant trois siècles – sauf de rares périodes d'énergie fulgurante – c'est justement cela qu'on nomme *décadence*. Que la vitalité française, en plein XVIIe siècle, se soit assoupie alors que certains voisins s'éveillaient, c'est une hypothèse que nous nous refusons à envisager. Quant aux origines de cette langueur, nous les *scotomisons* davantage encore. Nous ignorons aussi, nous voulons ignorer, les véritables ressorts de cette société libérale qui s'est épanouie depuis longtemps chez nos rivaux, et dans laquelle nous croyons vivre (et même avancer), alors que nous n'y vivons toujours pas vraiment.

L'inconscient remonte au déluge

« Que nous importe, dit-on volontiers aujourd'hui, ce qui s'est passé dans les siècles précédents ? Nous arrivons à l'an 2000. Ne remontons pas au déluge ! » L'ennui est qu'au contraire, si notre intelligence se rêve libre, notre inconscient, lui, « remonte au déluge ». Les peuples, autant que les personnes, sont commandés par leur enfance. Organisation sociale, activité économique, combats politiques reflètent, et à leur tour retrempent, les mentalités : rien n'évolue aussi lentement qu'elles.

Souvent, un comportement se perpétue longtemps après que sa cause a disparu. Sékou Touré, après la rupture de la Guinée avec la France, s'est fait livrer des Gauloises à partir d'une capitale voisine ; et les Allemands de l'Ouest, accoutumés au tabac bulgare, n'ont pu s'en déprendre malgré le rideau de fer. Au Japon, on roule à gauche : pourquoi avoir imité sur ce point les Anglais plutôt que les Américains ? Les *samouraï* marchaient à gauche dans les sentiers étroits, de manière à dégainer leur sabre de la main droite en cas d'attaque... Pourquoi nous servons-nous de couverts à poisson ? Le poisson oxydait la lame, et celle-ci donnait mauvais goût à celui-là. Le XVIIIe siècle inventa ces couteaux, où la lame était en argent, comme le manche. Depuis longtemps, l'acier inoxydable les a rendus inutiles. Ils sont toujours sur nos tables ; et même sans être d'argent. Les techniques sont fluides, mais les us et coutumes figés.

« Nous disions hier »

Les Français auraient-ils « la mémoire courte » ? Ils ne seraient pas les seuls ; et même pour eux, ce n'est qu'à moitié vrai.

La mémoire *consciente* de chaque peuple est de plus en plus courte. Sans cesse, l'actualité est supplantée par la « dernière heure », vite chassée par la « spéciale dernière ». La vie d'une information – et même d'une mode intellectuelle – se réduit de plus en plus. Le citoyen moderne est soumis à un bombardement de nouvelles, dont l'abondance même l'empêche de distinguer ce qui devrait compter davantage. Il est surinformé et sous-informé. On voit de près ; les perspectives lointaines échappent. Le sensationnel recouvre le sens.

La majorité qui a soutenu la Ve République se persuadait que toutes les difficultés des années 1960 venaient de la IVe ; et ceux qui avaient détenu le pouvoir sous la IVe juraient que seule la Ve était coupable. Aucun ne voulait reconnaître que la France pouvait être malade de son long passé. Or, elle n'a pas commencé à vivre en 1958. Ni, heureusement, pour ce qu'elle a de bon, et qui plonge dans les temps révolus des racines profondes. Ni, hélas pour ce qu'elle a de mauvais, et qui est devenu comme une seconde nature.

A l'inverse de la mémoire consciente, en effet, la mémoire *inconsciente* d'un peuple est longue. Ses traumatismes retentissent en lui aussi longtemps que, au tréfonds d'un individu, ceux de la naissance, du sevrage, de la révolte contre le père. Les « têtes rondes » de Cromwell pèsent chaque jour davantage sur l'Irlande. Les Etats-Unis restent marqués par les guerres d'Indépendance et de Sécession, par les mythes de la conquête du Far West, par l'esclavage.

Dans un siècle, les Espagnols sentiront toujours planer les ombres de Guernica et de l'Alcazar de Tolède ; mais derrière elles, se profilait celle de l'Inquisition. Les violences de la Guerre civile sont filles du passé, autant qu'elles sont grosses de l'avenir. Salvador de Madariaga, venant reprendre séance à l'Académie royale de Madrid le *dos de mayo* * 1976, après quarante ans d'exil, s'écriait : « Nous disions hier... » Le franquisme était pour lui une parenthèse. Mais il l'exprimait en s'appliquant le mot célèbre de Fray Luis de León, quand celui-ci recommença son cours devant ses étudiants, de longues années après avoir été chassé de sa chaire par l'Inquisition. Du XVIe au XXe siècle, deux Espagnols se passaient le mot. Il n'y a pas de vraies parenthèses. Aucun pays ne rompt avec son histoire.

Les musiciens de jazz

La France, au fond d'elle-même, n'a jamais oublié les guerres de Religion et la persécution des protestants ; la magie du pouvoir que confèrent les titres et les parchemins ; la Grande Révolution, la Terreur, les Chouans, l'émigration ; le 18 Brumaire et le 2 Décembre ; 1848 et la Commune ; l'Etat infaillible, distributeur d'ordres et d'interdits.

On assure que les musiciens de jazz perdent leur oreille par l'abus des notes aiguës ; du coup, ils poussent la sonorisation. L'aigu des notes se fait plus agressif encore. Il a créé en eux un besoin. La cause devient effet et l'effet devient cause. La vie d'une société est faite de mille « cercles vicieux » de cet ordre. Si les tentatives de changement paraissent piétiner, c'est qu'elles se heurtent à ce qu'on appelle, en physique, des *systèmes* : des ensembles dont chaque élément est associé à d'autres, d'une manière si stable

* Anniversaire du soulèvement du peuple madrilène contre les Français, le 2 mai 1808.

qu'on n'y peut presque rien changer. C'est ainsi que l'histoire s'entretient elle-même.

Par exemple, des élus, ou surchargés, ou inexpérimentés, ont besoin que des fonctionnaires compétents prennent les décisions en leur nom. Ceux-ci aiment exercer la réalité du pouvoir, à l'abri de ceux-là qui en détiennent l'apparence [6]. Les uns et les autres ont autant d'intérêt à ce que demeure le système qu'ils forment ; et plus il s'invétère, plus il devient intouchable. Rien n'est conservateur comme ces complicités clandestines. Habitudes d'esprit, institutions, jeux de dépendance mutuelle finissent par former un équilibre quasi biologique que, seul, quelque drame, de temps à autre, vient remettre en cause.

Les adolescents, et les révolutionnaires, se persuadent que les problèmes d'aujourd'hui ne comportent pas de précédents, et que les leçons de leurs aînés ne leur servent de rien. L'accélération de l'histoire télescoperait les traditions : « du passé faisons table rase ».

Seule, l'ignorance du passé peut faire naître cette illusion. Sans tomber dans l'illusion inverse – à savoir que rien ne change –, force est d'admettre qu'une société est un produit de son propre passé, jusque dans ses velléités de rompre avec lui pour instaurer un ordre nouveau. L'histoire ne connaît pas la discontinuité. Chaque peuple a sa façon à lui de vivre ses évolutions ou ses révolutions. Le 14 Juillet 1789 est bien français, comme Octobre 1917 est bien russe, et la Révolution culturelle bien chinoise. A travers les péripéties, s'affirme la permanence d'un même modèle culturel. Il nous faut mesurer le poids de nos traditions, si nous voulons repérer les changements qui sont en train d'affecter nos mœurs, nos idées, notre âme.

L'homme n'a dominé la nature qu'en se soumettant à ses lois. Il ne peut échapper à l'emprise des siècles, qu'à condition de les voir en face – autre façon de se voir en face. Plus il prétend les dédaigner, plus il s'y enferme : les siècles se vengent. On ne peut regarder au fond de l'actualité, sans regarder d'abord au fond de l'histoire.

Choses vues

Pour mener ce voyage dans une France dont les mutations mêmes ont quelque chose d'immuable, j'ai donc mêlé présent et passé. On ne trouvera ici ni des Mémoires, ni une étude historique, ni un traité de sociologie ou de psychologie collective, ni un manifeste politique ; mais une tentative d'échapper à la loi des genres.

Les Mémoires n'ont qu'un sujet : leur auteur, qu'ils se proposent d'expliquer ou de justifier. Ce livre n'a qu'un sujet : oui ou non, la France est-elle atteinte d'un mal persistant ? Si oui, quelles en sont les manifestations, les causes ? Est-elle en voie de guérison ? Ou sur quels principes pourrait s'ébaucher une thérapeutique ?

Ce sujet impersonnel, je ne l'aborde pourtant pas comme le ferait un traité, en élaborant une théorie ou démontrant une thèse ; tout au plus, j'avance des hypothèses, qui s'appuient sur des expériences vécues.

Si je me mets en scène, c'est pour avoir eu quelques occasions d'observer de près certains aspects de cette maladie qui m'occupe. N'importe quel maire, conseiller général, parlementaire, ministre, aurait à raconter autant que moi, si ce n'est plus, de ces « petits faits caractéristiques » dont Taine voulait faire la matière de l'histoire. La plupart des « cas » que je rapporte ne vaudraient pas la peine d'être signalés dans des Mémoires, qui résument l'essentiel d'une vie ; ils ne méritent de l'être ici que comme symptômes du « mal français ». De même pour les conversations que je relate : par exemple, de mes entretiens * avec le général de Gaulle, je n'ai pas retenu ici ce qu'il m'a dit de plus intéressant sur lui-même, mais de plus proche de mon sujet.

Quand je décris mes tentatives de soigner cette affection, c'est pour mieux montrer combien, le plus souvent, elles furent vaines. Je me suis convaincu qu'aucun remède partiel ne la guérira ; non plus qu'aucune panacée, comme on en voit dans les programmes des partis. Seule une prise de conscience permettrait des progrès réels : c'est à elle que ce livre voudrait contribuer.

Un manifeste politique résiste difficilement à la tentation de simplifier. Quelles idées entraînent l'adhésion, dans une réunion électorale ? Celles qui correspondent aux intimes convictions du public : il applaudit au passage, quand il reconnaît ce qu'il croit. L'homme politique heureux est celui qui sait traduire clairement ce que les citoyens s'imaginent confusément. Les Français ont trop vécu sur ces sortes de tranquillisants. Je ne me pique pas ici d'une autre ambition que de les déranger : en les amenant à s'observer dans la glace. Ce livre est bâti de « choses vues », dans l'espoir qu'elles seront peut-être mieux regardées.

---

* Le texte de ces entretiens a été reconstitué d'après les notes griffonnées dans les heures qui les ont suivis. Naturellement, je ne garantis pas le mot à mot : seulement le sens, tel que je l'ai compris, et des formules saillantes, telles que je les ai retenues. En outre, il faut faire la part du jeu, voire de la provocation, qui aurait disparu dans des propos officiels.

Itinéraire à la recherche d'un mal caché

La *première partie* relate mon cheminement à la découverte d'une maladie secrète dont me semblait atteint le pays. Cette inquiétude, je l'ai rencontrée dès l'enfance, aux approches de la guerre. J'ai cherché à la formuler, en étudiant en Corse une communauté villageoise ; plus tard, en comparant les types de sociétés, au hasard de la carrière diplomatique et de missions à l'étranger ; à la même époque, le service d'un Etat branlant n'a pu que la raviver. Je l'ai approfondie en regardant vivre au jour le jour la circonscription de Provins-Montereau, microcosme de la nation elle-même. Je n'ai pas réussi à l'apaiser en occupant dans les gouvernements du général de Gaulle et de Georges Pompidou des postes assez variés : au contraire, elle y est devenue générale.

Ce constat dressé et ces questions posées, la *deuxième partie* (« Le mal romain ») tentera ce qu'on appelle en médecine une *anamnèse* : la recherche, dans les antécédents du malade, des circonstances qui peuvent expliquer l'état actuel. Nous repérerons au XVIIe siècle les premières rigidités, les premières ruptures. Et cette investigation situera notre cas particulier dans l'étrange histoire de l'Occident chrétien, qui, sous le coup de la Réforme et de la Contre-Réforme, diverge, lançant les uns sur la voie du développement, retenant les autres dans les rets d'une société hiérarchique et bureaucratique.

La *troisième partie* (« Césarisme sans César ») fournira quelques exemples contemporains de ce centralisme dogmatique de l'Etat. Des exemples nationaux, mais surtout deux études de cas effectuées sur le terrain, *in vivo* : un cas où le phénomène technocratique fait obstacle à une mesure que le bon sens exige ; un cas où il voudrait imposer une mesure que le bon sens refuse.

Tout se passe comme si

La *quatrième partie* (« Des structures sociales malades ») décrira alors l'anatomie et la physiologie de la société – ses malformations, ses malfaçons, ses cloisonnements, ses rigidités, ses blocages, ses déséquilibres –, et notamment de cette matrice de notre société qu'est la société administrative.

La *cinquième partie* (« Des structures mentales malades ») tente une plongée dans l'inconscient collectif. L'histoire d'une nation, ses rebondissements, ses hésitations, ce qu'on appellera plus tard un destin, sont pareils aux pressentiments : ils se forment à des profondeurs que notre esprit ne visite pas. Ils nous font souvent accomplir des actes que nous interprétons de travers.

Lorsque Freud déclare qu'un garçon de trois ans désire sa mère et veut la mort de son père, il précise que c'est vrai et que ce n'est pas vrai. L'enfant n'a pas arrêté délibérément un plan criminel. Mais un drame a éclaté en lui, le jour où il a découvert le couple formé par ses parents. « Tout se passe comme si » l'enfant voulait faire de sa mère sa proie, et de son père sa victime. Quand je parlerai, à propos des Français, de censure, de refoulement, d'inhibition, il s'agira d'analogies, qu'il ne faut pas prendre au pied de la lettre. Mais, faute de s'interroger sur les troubles profondeurs de nos mentalités, on escamoterait sans doute une dimension du cas français ; tout comme on escamotait une dimension de l'enfant, tant qu'on se bornait à voir en lui son apparence.

La *sixième partie* (« Les leçons de l'échec ») scrute cette énigme : depuis trois siècles, des esprits clairvoyants ont essayé de décentraliser la France, de diffuser la responsabilité parmi les Français, de leur rendre l'initiative. Ils ont tous échoué. Souvent, ils ont abouti à l'inverse du but recherché. Pourquoi ? Comment ?

C'est à la lumière de ces observations qu'on s'efforcera, en *conclusion*, d'*esquisser* quelques méthodes et quelques pistes que pourrait suivre une *thérapeutique*.

Dans une bataille d'idées

Naturellement, cette démarche pose plus de questions qu'elle ne fournit de réponses : la nature de ces questions est même de ne pas comporter de réponse assurée. La commodité de l'exposé m'entraînera à user de la forme positive et non dubitative, du mode indicatif et non conditionnel. Qu'on veuille bien considérer que les « si » et les « peut-être » sont mis ici en facteur commun. Au cas où le lecteur ressentirait quand même une irritation, faudrait-il le regretter ? Toute prise de conscience commence par un malaise, parce que nous nous sentons débusqués de notre confort et contraints à nous affronter nous-mêmes.

Il sera sans doute toujours difficile de rien affirmer dans le domaine du mental. Puissent, en tout cas, mes hypothèses susciter la critique et la contradiction ! « Dans une bataille d'idées, disait Erasme, on aime mieux apprendre qu'enseigner. »

Première partie

SUR LES TRACES D'UN MAL CACHÉ

L'impression se répand qu'une malédiction particulière pèse sur la France... L'idée se crée, comme à d'autres périodes difficiles de notre histoire, qu'il existerait un « mal français », une sorte de maladie chronique, insaisissable et spécifique... Il n'y a pas de mal français.

Jean-Jacques Servan-Schreiber [1] (1976).

– Pensez-vous qu'il n'y a pas de mal français ?
– Bien sûr que si ! Il y a un mal français !

Jacques Delors [2] (1976).

Chapitre 1

LE MYSTÈRE FRANÇAIS

Sur les eaux rouges de l'Ogooué, la pinasse glissait entre des écorces flottantes : troncs d'arbres, ou caïmans ? Elle vint se ranger contre un débarcadère qu'ombrageaient des palétuviers. De longues moustaches gauloises, casque colonial, pantalon et chemise blancs : le docteur Schweitzer attendait sur les planches.

« Soyez le bienvenu ! Et restez longtemps ! Si vous ne passez que quelques heures, comme les rares Français qui viennent ici, vous ne comprendrez rien à ce que j'ai essayé de faire. »

C'était en août 1959. Lambaréné me retint quatre jours, durant lesquels je ne quittai guère Albert Schweitzer, partageant l'existence de ce village africain qu'on appelait hôpital. Quoiqu'on fût en pleine Afrique équatoriale française, le personnel – médecins, intendants, infirmières – ainsi que les quelques hôtes de passage venaient de maints pays d'Occident * ; aucun de France, hormis Schweitzer lui-même et sa gouvernante, alsacienne comme lui. On parlait allemand ou anglais ; on n'utilisait le français qu'avec les Africains ; encore lui préférait-on les dialectes *fang* ou *swahili.*

« On ne peut pas compter sur les Français »

Le dernier jour, je finis par m'ouvrir à Schweitzer de mon étonnement devant cette exclusive. Il souleva le casque colonial qu'il portait à toute heure :

« Ce n'est pas un hasard, dit-il, de sa voix profonde au fort accent alsacien. Quand j'ai fait appel à des Français, je n'ai guère

* Allemagne fédérale, Angleterre, Suisse, Scandinavie, Hollande, Etats-Unis, Canada.

eu que des ennuis. Dès qu'ils sont en groupe, ils complotent. Ils ne sont pas... comment dites-vous en français... *vertrauenswürdig* *. »

Il cherchait ses mots, mais sa pensée n'hésitait pas :

« Si je les vois enthousiastes à leur arrivée, je sais qu'un peu plus tard, ils seront déprimés. La plupart sont tellement choqués par notre vie primitive, qu'ils repartent aussitôt. Certains restent plus longtemps ; alors, ils se mettent en tête de raser mon village et de le remplacer par un hôpital à l'européenne. Vous avez vu celui qui a été construit dans la bourgade, à trois kilomètres ? Exactement ce qu'ils auraient voulu me voir faire ! Mais il a été conçu à Paris, par des gens qui n'ont pas pris la peine de venir ici, et qui ne connaissent pas la psychologie africaine. Une très belle réalisation, qui a coûté des milliards, et reste presque vide. »

De fait, j'avais pu constater que l'hôpital moderne de Lambaréné soutenait mal la concurrence de ces vieilles paillotes. Mais j'avais admiré, en Afrique ou en Indochine, trop de médecins coloniaux, pour ne pas mettre les propos du docteur Schweitzer au compte du parti pris.

« Les *nègres* **, poursuivit-il, se sentent perdus dans ces salles laquées de blanc, à côté de malades qui appartiennent à des tribus adverses ; beaucoup en oublient le manger et le boire, et dépérissent. Moi, je leur ai donné un hôpital qu'ils auraient pu imaginer eux-mêmes, et ils préfèrent y venir, souvent de très loin. Il en arrive tous les jours, à pied, à travers la forêt, depuis l'Oubangui-Chari, le Tchad, le Congo belge, le Tanganyika. Ils retrouvent ici des cabanes pareilles aux leurs. »

Schweitzer me fit entrer dans l'une d'elles, pour m'expliquer que de la paille sur un châlit vaut mieux qu'un matelas sur un lit ; car la paille tue la vermine, alors que le matelas l'attire.

« Ils ont leurs idées toutes faites »

« Mes malades, reprit-il, sont groupés par tribus. Ils sont entourés de leurs femmes, qui s'occupent d'eux et font la cuisine, de leurs enfants, de leurs chèvres, cochons, basse-cour. Ils se sentent chez eux, ils reprennent le courage de guérir. Cela n'empêche pas les Français d'être sûrs d'avoir raison. Ils ont leurs idées toutes faites. L'expérience ne leur apprend rien. Mais elle les gêne. Alors, certains ont tenté de soulever les *nègres* en leur racontant que je suis raciste, paternaliste, colonialiste. D'autres sont allés trouver le gouverneur, les députés et les syndicats à Libreville, pour demander qu'on m'expulse. Que voulez-vous ! Il manque aux Français

* On ne peut pas compter sur eux.

** C'est le terme qu'employait Schweitzer, comme Voltaire.

comme une dimension de la vie. Le respect des faits, et le respect des autres. La soumission au réel. L'habitude de se plier aux exigences de la vie en commun. La continuité de l'effort. Excusez-moi, on n'est jamais tranquille avec vos compatriotes. »

Schweitzer avait pu être aigri par son internement, comme citoyen allemand, en août 1914. Il était excusable de manquer de sérénité. Pourtant, j'avais peine à contenir mon impatience :

« Mes compatriotes, *nos* compatriotes, évoluent ! Vous décrivez les Français d'hier ! Et encore, quelques-uns seulement !

– D'hier, d'aujourd'hui et de demain. Je ne crois pas qu'ils aient changé. Des individus changent. Un peuple ne change pas aussi facilement. Je ne dis pas que, séparément, les Français ne soient pas doués. C'est souvent le cas. Mais ensemble, c'est comme le vin dans une mauvaise barrique : même fait de bonnes grappes, il finit toujours par s'aigrir. »

Son opinion était arrêtée. Au moins par là, il participait de ces préjugés qui l'exaspéraient tant chez les Français. J'insistai pourtant :

« Si vous avez fait des expériences fâcheuses, n'est-ce pas parce que vous avez joué de malchance, ou manqué de patience ? Tout le monde est perfectible ; des Français le seraient aussi.

– Sans doute, sans doute... me concéda-t-il, si je les gardais assez longtemps ! Mais mon hôpital ne peut pas attendre. Je ne suis pas venu ici pour métamorphoser les Français, mais pour soigner les indigènes. Je n'ai pas de temps à perdre. J'ai des milliers de lépreux, de bilharzieux * et de sommeilleux sur les bras. Je ne peux pas prendre de risques. »

« Les Latins préfèrent la théorie »

Nous avions gravi un promontoire, d'où le regard s'étendait sur les centaines de cases, grouillantes de vie. Au-delà, les cimes de la forêt, où appelaient les toucans ; en bas, le cours limoneux de l'Ogooué.

« Voilà mon royaume depuis un demi-siècle. J'ai été très obstiné. Les Français ne m'ont pas beaucoup aidé. Avec des médecins et des infirmières d'autres nations, je n'ai jamais d'ennuis. Je les prends, si possible, protestants rigoristes. Ils sont élevés dans le devoir envers eux-mêmes et envers les autres. J'ai remarqué aussi qu'ils s'adaptent mieux à la différence. Ils comprennent que, quand ils soignent un indigène, il faut l'aimer assez pour admettre qu'il n'est pas européen. »

* Malades atteints de la bilharziose, due à un parasite qui pénètre sous la peau.

Schweitzer désignait ainsi le mauvais versant de la colonisation latine, abusivement encline à l'assimilation – mais croyant en l'Homme ; et le bon versant de la colonisation protestante, plus soucieuse de distinction – mais jusqu'à la *barrière de couleur* et à l'*apartheid*.

« Ils regardent la réalité en face, reprit-il, ce qui est la première condition pour la surmonter. Tandis que les Latins préfèrent la théorie. Ils ne se font pas une opinion par eux-mêmes. Tenez, même Gilbert Cesbron, qui m'a consacré un livre *. Je l'aime bien et il a du talent ; mais croyez-vous qu'il aurait visité Lambaréné avant d'écrire ? Non. Il a dû lire quelques articles de journaux. Dès la première ligne, mon infirmière me dit : « *Il est minuit, docteur Schweitzer, il est temps d'aller vous coucher.* » Et je lui réponds : « *A cette heure, le soleil se lève en Alsace, l'angélus sonne.* » Si Cesbron était venu faire un tour ici, il aurait constaté qu'il n'avait pas besoin de toucher à sa montre, l'Alsace et le Gabon étant situés sur le même fuseau horaire ; et que, lorsqu'il est minuit à Lambaréné, il est minuit à Gunsbach.

– Il suffit de regarder une mappemonde.

– Voyez comme vous êtes français vous-même ! Toujours la théorie ! Mais on ne regarde pas une mappemonde quand on écrit une pièce de théâtre ! La réalité ne se remplace jamais. »

Cette philippique, le patriarche la formulait sans colère, comme une évidence qu'enseigne la vie.

Une affaire de crédibilité

Souvent, trop souvent, une désillusion nationale me remettait en mémoire les jugements du docteur Schweitzer. Ainsi, ce jour d'octobre 1964, où le secrétaire d'Etat allemand à l'Information, Günther von Hase, m'expliqua qu'il ne pouvait donner suite à une proposition que je lui faisais depuis un an :

« Pourquoi, lui répétais-je, ne pas établir entre le procédé allemand de télévision en couleurs PAL ** et le procédé français SECAM *** une coopération qui permettrait de rallier toute l'Europe, alors que notre rivalité va la diviser ? Chacun des deux se révèle déjà supérieur au procédé américain. Un procédé franco-allemand s'imposerait aisément. Nous fournirions la preuve qu'en joignant nos efforts, nous pouvons assurer l'indépendance technologique et industrielle de l'Europe. »

Ce jour-là, Günther von Hase avait frété une vedette pour abriter

* *Il est minuit, docteur Schweitzer*, émouvante pièce de théâtre (1950).

** PAL : Phase Alternative Line.

*** SECAM : SEquentiel Couleurs A Mémoire, inventé par Henri de France.

l'un de nos colloques trimestriels. Nous redescendions le Rhin de Bingen à Bonn. Pour me parler en confidence, il m'entraîna sur le pont, en compagnie de son seul adjoint :

« Un des principes fondamentaux de la République fédérale, vous le savez, interdit au gouvernement d'intervenir dans la marche des entreprises privées. Nous ne pouvons qu'interroger les industriels concernés. Nous l'avons fait. Ils ne sont pas intéressés par la perspective d'une coopération avec l'industrie française. Le SECAM est sûrement excellent ; personne n'en disconvient. Mais... ce sont les chiffres qui décident. »

Nous passions sous le rocher de la Lorelei, voilé par la brume. L'heure, pourtant, n'était pas au romantisme. On me donnait à entendre une vérité toute crue : pour les Allemands, partager par moitié les bénéfices d'une coproduction franco-allemande n'aurait eu d'intérêt que s'ils avaient craint de ne pas conquérir, avec un procédé purement allemand, la moitié du marché. Or, ils comptaient bien le conquérir tout entier :

« Nos industriels ont déjà fait le tour des pays du monde occidental qui, dans les dix ou douze prochaines années, peuvent s'équiper de la couleur. Ils savent aussi que leur concurrent français n'a pas pris cette peine. Ils ont acquis la certitude que le procédé allemand l'emportera. Bien sûr, en prototype, les deux procédés se valent ; le vôtre est même peut-être le meilleur. Mais pour le passage à la série, à peu près tout le monde parie sur le succès de l'industrie allemande.

– Votre industrie électronique est plus puissante, fis-je, mais David gagne souvent contre Goliath. »

Depuis quelques années, Günther von Hase était devenu pour moi un ami. Il eut la délicatesse de laisser son adjoint porter le coup de grâce :

« Ce n'est pas une affaire de taille, mais de crédibilité. Si le SECAM était hollandais, ou suédois, ou suisse, les réactions seraient sans doute différentes. Chacun rend hommage au talent des chercheurs français, à la qualité de leurs découvertes. Mais on n'a pas grande confiance dans les réalisations pratiques qui pourront suivre. »

Prototype réussi, mais où est la série ?

L'adjoint précisa sa pensée, de peur que je n'eusse pas compris :

« Pour exploiter un procédé, il faut assurer la conjugaison de beaucoup de facteurs : une organisation rationnelle, un réseau commercial dynamique, la persévérance pour surmonter les obstacles techniques, la stabilité et la rentabilité des entreprises, la discipline dans le travail, de bons rapports entre patrons et salariés, le répondant financier, la solidarité entre les entreprises intéressées... »

Tant d'apparences donnaient raison à cette critique * ! Pourtant, au cours du dernier demi-siècle, de brillants succès dans les techniques de communication radioélectrique, de repérage, d'automobile, d'aéronautique, avaient montré que nos difficultés n'étaient pas insurmontables.

« Il faut tenir compte aussi, ajouta l'adjoint, de l'effet boule de neige. Vous serez empêchés, faute d'acheteurs assez nombreux, d'abaisser les prix et d'améliorer la formule. Alors que notre industrie, équipée d'emblée pour répondre à des commandes abondantes, verra ses coûts diminuer et aura vite les moyens de perfectionner son procédé... Vous verrez, tout se passera comme pour votre 819 lignes **. Vous êtes les seuls à l'utiliser. Vous rallierez peut-être quelques-unes de vos anciennes colonies ; elles vous laisseront installer la télévision en couleurs chez elles à vos frais. Mais le monde industrialisé basculera tout entier du côté allemand, parce que personne ne doute vraiment qu'il doive en être ainsi. »

Je connaissais assez mes interlocuteurs pour deviner le fond de leur pensée : « Le général de Gaulle, songeaient-ils, tient la France à bout de bras ; derrière lui, les Français n'ont pas changé. Lui aussi est un prototype réussi ; mais où est la série ? Le jour où il ne sera plus là, toutes les illusions s'effondreront. Les Français ont les meilleures idées, mais en restent aux idées. Une mauvaise grève, une brouille avec les Américains qui refuseront de livrer un composant, quelque complication inventée par la bureaucratie parisienne, un peu de désordre, et on ne parlera plus du SECAM. » Bref, le procédé français n'était pas *crédible*, parce que l'industrie, la société française ne l'étaient pas.

Cette prophétie m'atteignait. En France même, ne l'avais-je pas assez entendue, de la bouche d'industriels, de diplomates, de journalistes et même de ministres ? « Pourquoi voulez-vous habiller la

---

* Un argument supplémentaire jouait en faveur de l'Allemagne. Le procédé allemand n'était qu'une variante améliorée du procédé américain NTSC. Pour le moment, les Américains paraissaient combattre également les deux procédés européens. Mais quand le NTSC aurait été mis hors de cause pour ses médiocres performances, ils miseraient à fond sur le procédé allemand, qui leur rapporterait de fortes redevances, et feraient tout pour éliminer le procédé français, qui battrait en brèche leur suprématie technologique.

** La définition française pour la télévision était à l'origine plus fidèle que la définition allemande (625 lignes) ou anglaise (450 lignes). Mais l'exemple de la France ne fut pas imité. Pour finir, la France a dû s'aligner, en mettant toutes ses chaînes en 625 lignes.

télévision en tricolore ? » me demandait-on souvent d'un air amusé *.

Relever le défi

Fallait-il partager ce scepticisme de bon ton ? Si le gouvernement se montrait défaitiste pour la France, comment les Français auraient-ils foi en elle ? Le SECAM, c'était beaucoup plus que le SECAM : comme la force nucléaire ou *Concorde* **, une preuve que le défi pouvait être relevé. Métro de Montréal ou de Téhéran, usines d'électroménager à Singapour, locomotives en Chine ou engins de levage à Houston, toutes les batailles se tenaient. Il fallait bien quelques exemples éclatants, pour faire reculer le refus de l'industrie. Pour que les Français renoncent à placer un destin de *rond-de-cuir* au-dessus de celui d'ingénieur. Pour que nos étudiants cessent de préférer les pirouettes du langage à la rude discipline des techniques, du commerce international, des entreprises, assimilés par eux à un « capitalisme » qu'on leur avait appris à détester.

Günther von Hase se tenait là, dans le vent du Rhin qui faisait claquer les pans de son manteau de pluie – sincèrement désolé de constater ma désillusion. Mais les choses étaient ainsi : affaire de tempérament national, de *Volksgeist*. Tandis que notre vedette filait entre les trains de péniches, je songeais qu'il n'est pas toujours facile d'être français... Déjà, j'échafaudais des plans pour me rendre à Moscou.

Je résumai cette conversation au général de Gaulle. Il connaissait bien tout cela, qui fait notre destin. Par moments, il était tenté de baisser les bras. Plus souvent, il réagissait avec promptitude. Il m'encouragea à préparer en secret un voyage, par lequel j'essayerais de trouver une compensation russe à notre déception allemande :

« Renversons les alliances, me dit-il. En tout cas, pour la télévision en couleurs. »

Il avait eu, quelques mois plus tôt, la même tentation. Le nouveau gouvernement travailliste, en grand mystère, nous avait fait part de sa décision – exigée par les Américains contre des crédits qu'il sollicitait d'eux de toute urgence – d'abandonner le *Concorde*. Les Russes étaient prêts à se substituer aux Anglais. Mais là, le Général se laissa persuader que l'aventure serait

---

* Un mot courait : SECAM signifierait « Système Elégant Contre les AMéricains ».

** Mais à moindres frais : le SECAM aura coûté quelque 20 millions au budget de l'Etat, le *Concorde* 10 milliards.

téméraire. En revanche, pour le SECAM, les avantages de l'accord franco-soviétique étaient évidents, et faibles les dangers *.

D'une tradition française – la maladresse à transformer les inventions en novations – de Gaulle entendait triompher par une autre – l'allié de revers : François Ier et le Grand Turc, Richelieu et les princes protestants... Ce qui fut fait **.

« Les Français sont les meilleurs »

A quelques années de distance, le docteur Schweitzer et Günther von Hase m'avaient attristé. Même si je faisais la part, dans leurs observations, du jeu et du parti pris, je ne savais que trop qu'on nous jugeait ainsi de l'extérieur. Un troisième dialogue, plus récent, est venu à la fois confirmer les deux précédents et en atténuer la morsure, en laissant espérer du neuf.

Dans la mer du Nord, entre les *fjords* norvégiens et les *lochs* écossais, les plus grandes compagnies pétrolières *** se livrent à une course de vitesse, chacune dans son périmètre marin, grand comme deux départements français. Libre à elles d'y sonder, d'y forer, d'y extraire le pétrole et le gaz qu'elles auront su y déceler. Dans les conditions les plus difficiles, elles organisent le rendez-vous des technologies les plus avancées : acoustique, hydrogéologie, océanographie, électronique, informatique. Sur la mer sans cesse agitée, embrumée, flottent des barges. Les machines de forage, le matériel de captage y sont entreposés. Mille câbles en partent vers les fonds sous-marins. C'est là que sont centralisées toutes les informations, aussitôt transformées en courbes et en chiffres, aussitôt interprétées.

Août 1975. L'ingénieur français qui me fait visiter les installations est confiant dans la réussite de sa compagnie :

« Il y a quelques années encore, nous n'aurions jamais été capables de nous mesurer avec les compagnies américaines ou

---

* Les Américains n'en pesèrent pas moins de tout leur poids pour empêcher l'accord franco-soviétique d'aboutir. Même pour cette technique toute « civile », ils multiplièrent les obstacles. Ils nous interdirent de nous servir, aux essais, d'une caméra électronique de fabrication américaine ; de concéder aux Soviétiques, pour la fabrication d'un tube couleurs de conception française, la licence de fabrication et d'assemblage des pièces de verrerie produites en France par Sovirel-Saint-Gobain sous licence Corning-Glass ; etc.

** Le PAL, comme les Allemands l'avaient prévu, a triomphé en Europe occidentale. Mais le SECAM a marqué des points en Europe de l'Est, en Afrique du Nord et en Afrique noire, au Moyen-Orient, en Chine. Le PAL a pris le dessus en redevances ; le SECAM, en public virtuel.

*** Deux compagnies françaises participent à l'exploitation : Elf-Erap-Aquitaine pour la partie norvégienne du plateau continental, la Compagnie française des pétroles pour la partie écossaise.

multinationales. Nos techniques étaient loin de valoir les leurs. A la rigueur, nous savions faire séparément chacune des opérations nécessaires : prospecter, extraire, poser des tuyaux. Mais la maîtrise de l'ensemble présentait pour nous des difficultés insurmontables. Il fallait nous retourner sans cesse du côté des Américains, demander leur assistance jusque dans les techniques de gestion. Nous ne savions pas conduire une opération complexe de bout en bout. Vers 1967-1968, un tournant a été pris : nous avons rattrapé notre retard. Désormais, nous faisons aussi bien, plutôt mieux, que les autres. »

Mais sur ces pontons d'une entreprise française, je rencontre des hommes de maintes nationalités. Pour ces équipes, la vie est âpre. Géologues, physiciens, ingénieurs, techniciens, plongeurs, pilotes d'hélicoptère, demeurent sur place quinze jours, sans cesse sur la brèche, ne dormant que quelques heures, puis sont relevés pour la quinzaine suivante, pendant laquelle ils vont se reposer à terre.

« Au début, nous n'avions que des personnels français. Ça n'allait pas. Ils rejetaient les contraintes que nous impose la concurrence. Ils se montaient la tête et croisaient les bras. Nous avons décidé de les mélanger à des Américains, des Anglais, des Scandinaves, des Allemands, des Italiens. Eh bien, d'emblée, l'amour-propre a fait merveille. L'émulation les stimule. Plus de blocages syndicaux ! Ça marche ! Et depuis des années que nous observons le comportement des uns et des autres, devinez quels sont les meilleurs ? Les Français ! Les plus endurants, les plus débrouillards, les plus solides dans les moments difficiles. Et savez-vous ce qu'ils font, chaque mois, de leurs quinze jours de congé ? Ils se font transporter en France, retrouvent leur famille et ont presque tous un second métier : un commerce, une ferme, que leur femme tient en leur absence. Ce sont les plus travailleurs ! »

Les étrangers, selon mon *cicerone*, étaient loin de les valoir :

« Les Anglais ? Ils sont devenus nonchalants. Ils n'ont pu se mettre au rythme de la quinzaine ininterrompue. Ils ont besoin de leur *week-end*, c'est plus fort qu'eux. Il leur faut prendre le thé quatre fois par jour. Ils n'ont pas d'ambition. »

Et il m'égrena les défauts des autres nationalités – dont la présence se révélait pourtant nécessaire pour que les Français donnent le meilleur d'eux-mêmes.

Une étrange continuité

Par-dessus les eaux rouges de l'Ogooué, les brouillards du Rhin, la houle gris d'acier de la mer du Nord, quelle étrange continuité ! Vus de Lambaréné, de la Lorelei ou des îles Shetland, on aurait dit que les Français n'avaient guère bougé depuis les Gaulois, tels que les décrit César : capables de bravoure, mais indociles ; enthousiastes, mais désordonnés. Hommes d'exploits fulgurants plus que d'obscures ténacités, de prouesses individuelles plus que de discipline collective, ils étonnent par la soudaineté de leurs redressements, mais déçoivent par la légèreté avec laquelle ils les compromettent ; passant du coup d'éclat au coup de tête, et de l'héroïsme à la débandade ; sans cesse confrontés à une difficulté de vivre ensemble ; tantôt soulevés par le souffle puissant d'un projet qui les dépasse, tantôt prostrés dans l'aigreur et le dénigrement d'eux-mêmes ; suscitant à l'étranger l'admiration plus que la confiance, quand ce n'est pas l'agacement.

Quelle fatalité semble peser sur les Français ? Pourquoi le peuple des Croisades et de la Révolution, de Pascal et de Voltaire, ce peuple vif, généreux, doué, fournit-il si souvent le spectacle de ses divisions et de son impuissance ? Pourquoi, parmi les nations avancées d'Occident, compte-t-il les écoles d'ingénieurs les plus prestigieuses – et une industrie si longtemps retardataire, une balance technologique si constamment défavorable ? Les meilleurs ingénieurs des télécommunications, et un si mauvais réseau de téléphone ? Les meilleurs ingénieurs de la navigation, et les plus piètres canaux ? Le meilleur corps des Ponts et Chaussées, et si peu d'autoroutes ? De si bons chercheurs, et si peu d'innovations ? Les meilleurs universitaires, et de si médiocres universités ? Les paysans les plus acharnés, les agronomes les plus novateurs, et une agriculture restée aussi longtemps archaïque ? Les soldats les plus courageux, les officiers les plus brillants, et tant de défaites ? L'administration la mieux sélectionnée, la plus apte à intervenir en toute chose, et de tels échecs dans les domaines qu'elle est censée diriger, à commencer par la gestion publique, l'urbanisme, l'éducation, les sports, l'étalement des horaires et des vacances, le déploiement des industries, des emplois, des logements ? Semblable passion pour les libertés, et pareille maladresse à les organiser, à décentraliser, à décoloniser à l'intérieur comme à l'extérieur du pays ?

En un temps où chacun cherche à se définir, où les prêtres se réunissent pour parler du sacerdoce et les militaires de l'armée, où les musiciens, les architectes, les médecins, les écrivains suspendent la pratique de leur art pour préciser son sens et sa place dans la société, n'est-il pas naturel que des Français s'interrogent sur la France ?

Chapitre 2

MALADE À EN MOURIR

Au premier mécompte, en temps de guerre, on crie à la trahison. *C'est* incapacité *et* défaillance de caractère *qu'il faudrait dire. Des gens sans volonté qui, afin d'échapper aux responsabilités, se donnent pour règle de* n'avoir point d'histoires *et meurent couverts de récompenses et de décorations, sont ceux qui nous font le plus de mal, en organisant la complicité générale du silence, quand il faudrait mettre l'intérêt du pays au-dessus de sa propre tranquillité.*

Georges Clemenceau [1] (1913).

Que la France fût continuellement malchanceuse, j'en acquis très tôt la conviction. L'histoire qu'on nous enseignait m'en fournissait les tristes preuves. Des héros qu'on nous apprenait à admirer, pas un qui n'eût fini dans la tragédie ou du moins dans l'échec, de Vercingétorix à Jeanne d'Arc, de Henri IV à Louis XIV, de Robespierre à Napoléon, de Gambetta à Clemenceau.

L'actualité avivait cette inquiétude. Aussi loin que remontent mes souvenirs, la France m'apparut comme une grande malade. « *Le gouvernement est renversé.* » « *Scandale financier.* » « *Stavisky s'est suicidé.* » Le matin, ma grand-mère ouvrait mes volets ; souvent, tandis que je me préparais pour aller à l'école, elle s'asseyait sur mon lit et me résumait les nouvelles qu'elle venait d'entendre « à la TSF ». « *Fusillade sur la place de la Concorde.* » « *Daladier abandonne.* » « *L'Aéropostale fait faillite.* » « *Albert Lebrun a éclaté en sanglots.* » Ou bien, elle me lisait les gros titres du journal : « *Insurrection contre le régime.* » « *Echec des sanctions contre l'Italie.* » « *Faillite de la diplomatie française.* » Ma grand-mère ajoutait quelquefois, en hochant la tête : « Quel gâchis ! »

La France aboulique

Certains soirs, la famille s'agglutinait autour du poste. Un prince de la République élevait la voix : « Nous ne permettrons jamais que Strasbourg soit placé sous le feu des canons allemands. » Les jours suivants, on attendait ce qu'il allait faire. Rien. Hitler se permettait ce que nous n'avions pas permis.

Plus d'une fois, entre 1949 et 1952, au cours de mes années d'outre-Rhin, j'ai entendu des Allemands nous faire grief d'être demeurés sans réaction, ce 7 mars 1936 où Hitler fit franchir le Rhin à la Wehrmacht. Hommes politiques, journalistes, historiens situaient à cette date la journée décisive, où la plus terrible des guerres aurait pu être tuée dans l'œuf, et où l'irrémédiable a été accompli.

Le traité de Versailles avait neutralisé les territoires allemands situés à l'ouest du Rhin. Librement, la République de Weimar avait une nouvelle fois accepté cette clause en 1925, dans le pacte de Locarno. Clemenceau et Foch voyaient dans cette démilitarisation la clé de la paix. L'efficacité de l'alliance française avec la Pologne et la Tchécoslovaquie en dépendait : si jamais le Reich s'avisait d'attaquer ces Etats, la France pouvait le frapper dans la Ruhr, au cœur de son industrie. Pas un chef militaire allemand qui n'eût mis en garde Hitler contre ce coup de poker insensé : réinstaller des troupes sur la rive gauche du Rhin. Au Conseil des ministres que Hitler présida la veille de ce jour, Goering, Neurath, Blomberg émirent un avis négatif. A Berlin, cette opposition n'était pas un mystère. Notre ambassadeur, André François-Poncet, avait adressé à Paris un télégramme précis, mais qui ne suffit pas à donner de la volonté à des hommes que la pratique institutionnelle condamnait à l'aboulie.

Ernst-Robert Curtius dissertait devant moi, un jour de 1950, sur les crimes collectifs du Reich. Ce vieux maître * de la jeunesse allemande, qui connaissait tellement la France et en parlait si bien, faisait son *mea culpa* national. Il jeta brusquement sa cigarette dans un des cendriers pleins d'eau dont sa vaste bibliothèque était garnie :

« Mais comment vouliez-vous que nous empêchions la guerre et ses atrocités ? Hitler installé au pouvoir, nous ne pouvions plus le déloger. Ceux qui auraient pu lui barrer la route dès les premiers signes de démence, c'étaient vous, les Français. Il aurait suffi d'un

* Ecrivain et critique littéraire, ami de Gide et de Martin du Gard, auteur d'un bel *Essai sur la France*, il professait à l'université de Bonn.

peu de fermeté, en mars 1936, pour que le tyran s'écroule ! Même lui, il était inquiet. Il s'est contenté d'envoyer trois bataillons d'infanterie, sans le moindre char, derrière des musiques tonitruantes. Paris n'a pas bougé ! Un dictateur qui manque son coup n'a plus longtemps à vivre. C'est la faiblesse française qui a fabriqué Hitler ce jour-là.

– Londres s'opposait à ce que nous bougions.

– C'est bien ce que je dis. Il vous faut la bénédiction d'un autre. L'Angleterre hier. Les Etats-Unis aujourd'hui. Quand vous déciderez-vous à exister par vous-mêmes ? »

La France divisée

En juin 1936, sur un boulevard de Montpellier, je me trouvai pris entre manifestants et contre-manifestants. Une colonne ouvrière, derrière un drapeau rouge, tendait le poing en scandant : « Les-soviets-par-tout ! » En face, anciens combattants en béret basque et Camelots du roi en chemise blanche répliquaient, le bras levé : « Com-mu-nards-assa-ssins ! » Puis ils entonnèrent *La Marseillaise*. Mais l'un de ceux qui dirigeaient la cohorte d'ouvriers lança, plus fort que le tumulte : « Nous aussi, nous sommes français ! » Et au lieu de répondre par *L'Internationale*, il reprit *La Marseillaise* au refrain. Ses camarades, décontenancés, le laissèrent vocaliser seul un instant, puis le suivirent. Les deux blocs antagonistes se montraient haineusement du doigt : « *Ces féroces soldats, qui viennent jusque dans nos bras.* » Chacun des deux clamait *sa* France, et désignait l'autre comme *l'anti-France*. Comme on mettait du cœur à faire de l'hymne national un chant de guerre civile !

Les cauchemars se répètent impitoyablement. A qui n'est-il pas arrivé d'entendre deux groupes hostiles se jeter mutuellement *La Marseillaise* à la figure ? Pour les uns, elle signifiait la douleur de toutes les révolutions manquées – qui s'étaient brisées contre le mur de l'argent, de la naissance ou de la nature des choses –, et l'espérance de la révolution en marche. Pour les autres, elle exprimait les heures de gloire, la patrie accablée d'épreuves mais puisant au fond du malheur la force de se redresser. Ennemis par leur *credo*, frères par leur passion.

En juillet 1936, en vacances dans le Rouergue, je découvris un village partagé en deux : le rouge et le noir. D'un côté, le maire, les instituteurs laïcs, les quelques ouvriers, les facteurs ; de l'autre, le curé, les religieuses, l'école libre, les fermiers des environs, les artisans, les boutiquiers. Les premiers exaltaient le Front populaire, les républicains espagnols, les conquêtes sociales. Les autres souhaitaient la victoire de Franco, ricanaient sur les « quarante heures », le « ministère des loisirs », le « poil dans la main », « la France enjuivée, revenue au temps de Dreyfus ». « Les Français ne s'aiment pas », me disais-je. Ils se livraient à une manière de révolution pour donner douze jours de congé aux ouvriers. Pourquoi fallait-il que fussent *arrachés* des avantages sociaux qui, ailleurs, s'établissaient graduellement ? La « TSF » l'avait dit : les ouvriers anglais, hollandais, allemands, sans aucune violence, avaient reçu les mêmes avantages depuis plusieurs décennies, au temps de Guillaume II et d'Edouard VII. Devant ces affrontements inutiles, mes dix ans ressentaient la même anxiété que si j'avais été l'enfant d'un ménage désuni.

La France à genoux

Quatre ans plus tard, des réfugiés arrivèrent par hordes à Montpellier, leurs guimbardes chargées de matelas, de cages à poules et de casseroles. Ils semblaient ne s'arrêter là que parce que la mer les empêchait d'aller plus loin. Tout se défaisait. On pillait des maisons abandonnées. Les soldats ne saluaient plus ; j'en vis un cracher par terre au passage d'un officier. Pour la dernière classe de l'année, notre professeur de lettres nous dit : « J'ai honte d'être français. » Il pleurait.

Quand tout fut fini, on commença de chercher des raisons. De Londres, un certain de Gaulle incriminait la faiblesse de notre armement : « *Ce sont les chars, les avions des Allemands qui nous font reculer* [2]. » Vichy, au contraire, stigmatisait les mauvaises habitudes collectives, les institutions, la nation tout entière fautive.

Les propos de ce de Gaulle donnaient de l'espoir. Mais beaucoup trouvaient l'explication de Vichy plus convaincante. La voix de Londres voulait nous rendre foi en nous-mêmes : il fallait mettre la défaite au compte des circonstances. Celles d'aujourd'hui pourraient être renversées demain : « *Foudroyés par la force mécanique, nous pourrons vaincre dans l'avenir par une force mécanique supérieure* [3]. » Autrement dit : « Nous ne manquions pas de courage, mais de chars. Bientôt, nous aurons des chars. Reprenez courage. » C'était le langage de l'action immédiate. Ce n'était pas celui de l'exactitude historique, ni de l'analyse à long terme. Car nous avions des chars.

De Gaulle, moins que personne, n'ignorait les causes psychiques et sociales du désastre. Simplement, il voulait éviter d'aggraver l'humiliation. Aujourd'hui, on a le droit et, je crois, le devoir de dire aux Français, qui pour la plupart ne le savent toujours pas, que *la débâcle n'était nullement due à une « écrasante » supériorité quantitative des chars et des avions allemands, mais essentiellement à des causes qualitatives.*

De nombreux experts militaires * ont établi cette vérité que notre fierté nous pousse à rejeter : *la France disposait, avec l'aide anglaise, d'autant de chars et de presque autant d'avions que l'Allemagne.* C'est l'organisation qui péchait ; ce sont les idées qui étaient fausses. Les chars, au lieu d'être concentrés en de puissantes divisions blindées, étaient disséminés dans l'ensemble de l'armée – à la disposition de l'infanterie, qui n'en avait cure. Les avions, au lieu de stationner sur le front, étaient dispersés sur maintes bases de l'arrière et jusqu'en Afrique du Nord. Tantôt, on trouvait des avions sans pilotes ; tantôt, des pilotes sans avions. Le général Stehlin, par exemple, racontait comment, à Toulouse, il avait découvert, avec les pilotes de son groupe, le 9 juin 1940, des centaines de *Dewoitine* tout neufs et inutilisés : « Servez-vous. Choisissez [8]. » En outre, commandés par des gouvernements résolument pacifistes, les avions étaient conçus en vue de la défensive : parfaits pour l'observation (dont l'armée de terre, on va le voir, ne tenait guère compte) ; mais pour l'attaque, surclassés par les *Stukas*, dont les pilotes étaient entraînés à bombarder en piqué. Le matériel existait. Il eût fallu seulement vouloir, pouvoir, savoir s'en servir... Quel absurde enchaînement, en vingt ans d'entre-deux guerres ! Jamais défaite aussi lourde n'avait été moins inévitable.

Comment ne pas comparer ? Après Stalingrad et le débarquement allié en Italie, l'armée allemande se battit encore pied à pied pendant près de deux ans, devant un ennemi désormais plusieurs fois supérieur en effectifs et en matériel. Après Sedan et Dunkerque, l'armée française livra un combat de feux follets : ici ou là, un colonel, un capitaine, un lieutenant, rameutait son unité pour tenir un pont ou une gare ; ses hommes, alors, se battaient comme des lions. Ces sursauts ne changeaient rien. Beaucoup de faits d'armes ; un désastre. Ce fut moins la défaite d'une armée, que l'écroulement d'une société.

---

* Notamment le maréchal Kesselring [4], Liddell Hart [5], l'ingénieur en chef de l'armement Jean Truelle [6] ; mais aussi beaucoup d'autres [7]. Les études parues dans la *Revue historique des armées*, la *Revue d'Histoire de la Seconde Guerre mondiale*, la revue *Icare*, la *Revue des Forces aériennes françaises*, contiennent un impressionnant faisceau de preuves. Le général Delestraint : « Nous avions trois mille chars, tout comme les Allemands ; mais ils les formaient en trois paquets de mille, et nous en mille paquets de trois. »

Souvent, depuis lors, j'ai tenté de comprendre ce traumatisme inexplicable, j'ai écouté les témoins, interrogé les documents *.

Si l'*étrange défaite* n'était pas imputable à une supériorité numérique des troupes et du matériel militaire allemands, où étaient les vraies raisons ? Une bureaucratie militaire aveugle, que le pouvoir civil n'avait pas la capacité de dominer. Le cloisonnement, qui condamne aux querelles de corps et à l'erreur. Le fixisme, qui pousse à continuer la guerre de 1914. Des préjugés indéracinables. Des raisonnements péremptoires à partir de données fragmentaires. Un excès de centralisation. Une fuite devant les responsabilités, qui sont inextricablement enchevêtrées. Un Etat à la fois envahissant et débile. Une économie périmée. Une nation divisée. Des mentalités inadaptées au réel.

Un fait, passé inaperçu, résume le drame [12]. L'attaque allemande se déclenche le 10 mai. L'armée française, conformément aux plans, se déplace massivement vers le nord pour secourir la Belgique envahie. Le soir du 11 mai, un petit *Potez* de reconnaissance décolle, dans la nuit tombée, de la base de Montceau-le-Waast, près de Laon. Il suit la Meuse, dans les Ardennes belges, vers Dinant. Là, qu'aperçoit-il ? Trouant la nuit de leurs faisceaux lumineux, des colonnes de blindés foncent à travers cette région que la doctrine avait déclarée *impénétrable*. L'observateur, le capitaine Andreva, parti pour une mission de routine, comprend immédiatement que, sous ses ailes, c'est l'histoire qui avance.

A peine l'équipage a-t-il remis pied à terre à Montceau, que le commandant du groupe, Henri Alias, téléphone à la division aérienne. Il se heurte à un scepticisme poli. Il est bien connu que ce massif coupé de bois forme une ligne Maginot naturelle et qu'au surplus la Meuse, de Sedan à Namur, constitue un infranchissable fossé antichars. Le renseignement ne sera pas transmis. Dès l'aube du 12, Alias, pour en avoir le cœur net, envoie dans la même direction un nouvel équipage, dont l'observateur, Chéry, est un lieutenant de chars : au moins, son témoignage ne pourra être récusé. Le *Potez*, en rase-mottes, découvre les colonnes en marche. Le lieutenant Chéry compte les motocyclistes, les camions de fusiliers portés, les automitrailleuses, les chars légers. Il ne peut plus douter : au moins une division blindée, peut-être deux.

* Personne, je crois, n'est allé plus loin que le grand historien Marc Bloch, en des notes rédigées à chaud [9], qu'il put mettre à l'abri avant d'être fusillé ; et que confirme le journal griffonné jour après jour, entre août 1939 et juin 1940, par le collaborateur intime de Paul Reynaud, Paul de Villelume [10]. Je remercie le colonel Alias, irremplaçable témoin, des précisions qu'il m'a fournies. L'historien belge Jean Vanwelkenhuyzen a réuni, sur la surprise du 10 mai 1940, une effarante accumulation de constats de la carence française [11].

Il retourne à sa base. Il se précipite sur un téléphone en compagnie du commandant Alias. Il appelle directement l'officier de permanence à l'état-major de la IXe armée : celle qui, les 15 et 16 mai, va se volatiliser sous les coups des *Panzer* inattendus. Car, inattendus, ils vont le rester. L'officier, le commandant H..., breveté d'état-major, refuse net de croire l'observateur. « C'est impossible », répète-t-il : sa théorie – la théorie de la bureaucratie militaire – est plus forte que les faits. Chéry insiste, élève le ton, donne sa parole, aligne des chiffres. L'officier de permanence ironise, demande à ce lieutenant de chars s'il sait reconnaître des chars et raccroche. Une information contraire aux dogmes est négligeable. Les Alpes sont franchissables, puisque les cours de l'Ecole de guerre décrivent comment Hannibal et Napoléon les ont franchies. Mais les Ardennes sont infranchissables, puisque ces mêmes cours montrent comment les envahisseurs les contournent.

Malchance ou destin ? Pour empêcher Guderian de passer, il suffisait *peut-être* des défenses qu'en trois jours on aurait pu rassembler. Certains experts disent même *certainement* : trois divisions mécanisées, dotées de chars lourds, stationnaient en effet dans le triangle Reims-Suippes-Châlons ; elles auraient pu colmater la brèche [13]. Mais il ne faut pas suivre ces experts. Car si l'épisode des reconnaissances des 11 et 12 mai est révélateur, c'est justement parce qu'il n'est pas isolé. Quand une étoffe est fatiguée, il ne suffit pas de la ravauder là où un trou est apparu : elle craque de toutes parts.

Ce ne sont pas les blindages des tanks allemands qui ont gagné ; c'est l'organisation, l'audace. Ce n'est pas l'insuffisance du matériel qui a perdu ; c'est le blindage des mentalités. A quoi s'ajouta l'effet de nos éternelles disputes civiles – de nos *Marseillaise* à deux voix... Certains généraux ne firent pas la guerre franco-allemande avec l'ardeur qui, en 1914, avait réussi à soulever une bureaucratie tout aussi lourde. Ils pensaient surtout à la guerre franco-française : plutôt Hitler que Thorez ! Défendre l'ordre avant la nation !

Les conduites d'échec

Ce n'était pas, à beaucoup près, notre seule déroute depuis Alésia. Par exemple, en 1870, la nation s'était écroulée en quarante-deux jours. Le matériel n'y était pour rien : *il ne manquait pas un bouton de guêtre*, et *les chassepots faisaient merveille*. La bravoure individuelle ne faisait pas défaut : mille exploits comme la charge des cuirassiers de Reichshoffen en témoignent. Mais l'ensemble se décomposait. Le général de Failly mangeait la soupe quand les

Prussiens étaient tombés sur lui. Le général Michel télégraphiait au ministre de la Guerre qu'il avait perdu sa brigade. Flaubert traitait les Français de dindons. Gobineau décrivait les paysans arborant des drapeaux tricolores, qu'ils repliaient précipitamment dès qu'on signalait le fanion d'un *uhlan*. Et déjà, Bazaine, à Metz, en septembre 1870, pensait : plutôt l'ennemi que les Rouges !

1870, 1940. La ressemblance est singulière. Un régime fort n'avait fait ni mieux, ni plus mal, qu'un régime faible. L'un et l'autre avaient été frappés à mort au même endroit, de la même façon. Ni par l'infériorité en armement. Ni par une faiblesse numérique. Ni par l'incompétence des gouvernants. Ni même par les institutions politiques. La France, à soixante-dix ans de distance, s'écroulait comme sous le coup d'une mystérieuse affection sociale, d'une maladie mentale collective.

Le rebelle et le patriote

Cependant, tout 1940 ne se résume pas dans cet affaissement d'une nation. Si de Gaulle est seul à élever la voix de l'extérieur, l'esprit de résistance est déjà présent chez d'innombrables Français, même quand ils ne le manifestent pas.

La résistance me fit l'effet d'un retour de la France à ses sources. Le Français, constamment subordonné, est naturellement insoumis : de la *débandade*, il passait presque sans transition à la *bande* du maquis.

La débandade, dira-t-on, aura été le fait de la masse, tandis que la bande n'aura regroupé que des isolés ? Cette comparaison comptable est trompeuse. Quatre cent mille résistants volontaires *, ce n'était qu'un Français sur cent ; mais il avait besoin, pour survivre, se cacher, se déplacer – pour agir – de la complicité de la plupart des autres. Dans les circonstances de l'Occupation, la Résistance ne pouvait être une levée en masse. En aucun autre pays occupé – sauf peut-être la Yougoslavie, la Pologne, la Russie –, elle n'a été plus nombreuse ni plus active.

Toute la France est bien dans ce contraste de 1940 : ici, une chute brutale de tension, une perte de confiance en soi qui précipite toute la nation dans le désastre ; là, le regain de cet *instinct du refus* qui, au cours des siècles, nous a donné les cathares, les vaudois, les

* Cette définition stricte ne retient que ceux qui ont pris une attitude personnelle et *volontaire* de résistance à l'ennemi (évadés, engagés dans les FFL, les FFI ou les réseaux de la France combattante, réfractaires aux réquisitions et au travail obligatoire). Elle exclut les victimes *involontaires*, qui ont souvent souffert beaucoup plus (otages, victimes des rafles, déportés non résistants, requis du service du travail obligatoire).

camisards, les prêtres réfractaires, les chouans, les déserteurs de la conscription napoléonienne, et maints résistants de province dont seule l'histoire locale garde le souvenir ; comme ces *demoiselles* – pâtres déguisés en bergères – qui, de la Restauration au Second Empire, bataillèrent pendant cinquante années contre la maréchaussée et les préfectures, pour garder leurs droits de vaine pâture et de bois mort dans les hautes vallées des Pyrénées.

L'extraordinaire fut que le désastre mit en quelque sorte notre vieil instinct du refus à l'endroit : le *non* du réfractaire et du maquisard n'atteignait plus l'Etat, mais l'occupant. Et sans doute est-ce en 1940 qu'a jailli, de ce fait, la première étincelle du renouveau.

Pourtant, ce mariage conclu par les circonstances entre le rebelle et le patriote ne dura point. Même de Gaulle ne put mobiliser « *l'esprit qui nie* » pour reconstruire la France. L'espoir né de la Résistance s'effondra : la chaîne de notre histoire s'était refermée sur nous.

Le jeu de massacre

De tous les régimes qu'a connus notre peuple, pas un n'a su éviter la catastrophe. La royauté absolue ? Elle a sombré dans la plus sanglante des révolutions. La Ire République ? Dans l'anarchie et le coup d'Etat. Le Premier Empire ? Dans deux invasions et deux abdications. La Restauration ? La monarchie de Juillet ? En quelques journées de barricades. La IIe République ? Dans le césarisme. Le Second Empire ? A Sedan. La IIIe République ? A Sedan aussi. Vichy finirait à Sigmaringen, et la IVe République par le coup d'Alger.

Ce jeu de massacre n'exprime-t-il pas une fascination pour la violence ? Quels enfants étions-nous, qui ne savions pas grandir sans agresser nos parents ? Fille aînée de l'Eglise, la France n'est devenue adulte qu'en brisant cette filiation. Fille aussi de ses quarante rois, elle a dû tuer sa monarchie pour naître aux temps modernes. Fille enfin de la Révolution, elle s'est déchirée, depuis 1789, entre ceux qui considéraient qu'elle s'était alors mise à vivre, et ceux pour qui elle avait dès lors cessé d'exister. Elle n'a pas su construire sa République, et s'est longtemps fourvoyée dans des régimes sans autorité, sans prestige, sans racines.

Mais pourquoi cette longue impuissance à fonder une légitimité nouvelle ?

« Pas une fois dans ma vie, me dit un jour Georges Pompidou, je n'ai vu les Français aux prises avec une épreuve dont ils ne fussent eux-mêmes les auteurs, avant d'en devenir les victimes. Ils n'ont jamais eu de pire ennemi qu'eux-mêmes. »

Un sort semble s'acharner sur notre vie publique. Depuis le moment où, au XVIIe siècle, la monarchie se dote de pouvoirs illimités, elle devient comme impuissante à vaincre l'immobilisme d'une société qui se fige. La monarchie a sombré, mais les seize * régimes qui l'ont tour à tour remplacée de 1789 à 1958 n'ont guère mieux réussi. Ils ont oscillé entre l'insuffisance et l'excès du pouvoir, dans un mouvement pendulaire sans fin.

Sommes-nous voués à l'absurde ? Plutarque disait que le destin des peuples mariait la chance et le mérite. Mais quand la chance s'acharne à être mauvaise, elle est plus qu'un effet du hasard. A la longue, un peuple n'a-t-il pas les chances qu'il mérite ? Charles Maurras avait consacré un livre au *Guignon français* [14]. Il s'en faisait une idée bien particulière, mais comme l'expression était juste ! « C'est nous les gars qu'ont pas eu d'veine... » Le *sous-fifre malchanceux* [15] est un type national, auquel la nation entière est tentée de ressembler. Tant d'occasions perdues ! Tant d'atouts gâchés...

Est-il encore temps pour la France de desserrer l'étau des contraintes qui découragent les initiatives et répandent la passivité ? Mais ce faisant, peut-elle éviter le débridement des tendances centrifuges, la résurgence des féodalités, le déferlement des intérêts particuliers, la dislocation du pays ? Ces difficultés qu'elle éprouve à adopter un comportement démocratique et une organisation rationnelle, se retrouvent-elles dans d'autres sociétés ?

En s'efforçant de répondre à ces questions, on ouvre une fenêtre sur de surprenants horizons.

---

* Leur énumération fait apparaître leur faible longévité : de 1789 à 1958, dix ans et cinq mois en moyenne. Après la monarchie absolue de droit divin : monarchie constitutionnelle (Constitution du 3 septembre 1791) ; Ire République (Acte constitutionnel du 24 juin 1793) ; Directoire (Constitution du 22 août 1795) ; Consulat (Constitution du 15 décembre 1799) ; Consulat à vie (sénatus-consulte du 2 août 1802) ; Empire (sénatus-consulte du 18 mai 1804) ; Restauration (Constitution sénatoriale du 6 avril 1814 ; charte du 4 juin 1814) ; Cent-Jours (acte additionnel aux Constitutions de l'Empire, du 23 avril 1815) ; Seconde Restauration (proclamation de Cambrai, 28 juin 1815) ; monarchie de Juillet (charte du 7 août 1830) ; IIe République (Constitution du 4 novembre 1848) ; Second Empire (Constitution du 14 janvier 1852) ; IIIe République (4 septembre 1870, puis Constitution de 1875) ; Etat français (lois constitutionnelles de juillet 1940) ; Gouvernement provisoire (3 juin 1944) ; IVe République (Constitution du 27 octobre 1946).

Chapitre 3

À LA RECHERCHE D'UN VIRUS

Au lendemain de la guerre, séjournant comme étudiant en Angleterre, je crus trouver la première piste d'une explication en regardant vivre la famille qui m'hébergeait.

Le civisme au breakfast

Chaque matin, pendant que nous prenions ensemble notre *breakfast*, le maître de maison se livrait à un bizarre manège. Vers neuf heures moins dix, il devenait nerveux, regardait sa montre, puis disparaissait à neuf heures juste, avant de revenir, l'air soulagé. Je finis par comprendre : l'usage de l'électricité et du chauffage était « déconseillé » tous les jours de neuf heures à midi et de deux heures à cinq heures. Mon hôte était impatient d'aller couper le compteur.

On soumettait les Anglais, ou plutôt ils se soumettaient eux-mêmes, à de rudes privations. Aucune interruption générale de courant, aucun contrôle : le rendement d'un appel au civisme avait paru supérieur à celui de mesures administratives et de dérogations compliquées. Les pouvoirs publics *faisaient confiance*. Dans ce temps-là, en France, ils imposaient des réglementations draconiennes, que chacun s'ingéniait à tourner...

« Nous avons été élevés ainsi, me dit mon hôte. Si un voisin voyait de la lumière filtrer sous ma porte... – Il vous dénoncerait ? – Non, mais il serait choqué. »

Quelle puissance de la morale commune ! Dans des millions de foyers britanniques, les enfants apprenaient ainsi, par l'attitude de leurs parents, ce qu'aucun cours d'instruction civique n'enseignera jamais. A la même heure, des millions de parents français bien intentionnés donnaient à leurs enfants d'impérissables leçons de système D *.

A Londres, même une rue libre de voitures ne se traversait qu'au feu vert. La conscience publique empêchait les défaillances. La pédagogie qu'on appliquait dans les classes d'une *public school*, autant que dans les séminaires d'Oxford, convenait à une société de consentement mutuel. On proscrivait le sectarisme. On incitait les élèves, tout jeunes encore, à exposer leurs idées de manière contradictoire, en respectant le point de vue adverse. On avait *confiance* que la vérité sortirait de ces échanges.

A Hyde Park, le public était moins curieux d'entendre la harangue d'un orateur, que la réplique apportée par un auditeur. Pas une idée n'était exclue d'avance. « Notre roi est bègue, il doit s'en aller », clamait un jour un tribun improvisé, juché sur une chaise. Un des spectateurs parut s'indigner de ce propos. L'agent de ville, qui surveillait placidement la scène, lui tapota l'épaule : « *Keep quiet ** !* » Un citoyen attaquait Sa Majesté sous la protection de Sa police, et celle-ci ne s'en prenait qu'au citoyen qui perdait son calme. La police *faisait confiance* : une hérésie tolérée se désarmorçait d'elle-même.

N'y avait-il pas là de quoi deviner comment, quelques années plus tôt, ce même peuple, écrasé de bombes, avait pu, par sa détermination et son sang-froid, sauver la liberté de l'Europe en même temps que la sienne ? Tandis que les Français, affolés par la panique ou même par des ordres officiels, se jetaient sur les routes, comme pour mieux gêner la retraite de leurs troupes ? Une certaine propension au désordre chez les Français, à la discipline chez les Anglais, voilà sans doute ce qu'il n'est guère au pouvoir d'un gouvernement de changer, et qui pourtant change tout.

« La monnaie quand vous aurez le temps »

A l'aéroport d'Atlanta, je voulus un jour, entre deux vols, passer un coup de téléphone à Washington. Tandis que l'opératrice m'indiquait le nombre de *cents* que je devais mettre dans la fente de l'appareil mural, je vis que les passagers de mon avion embarquaient. Je ne disposais ni de la monnaie nécessaire, ni du temps d'en changer, et j'avertis l'opératrice que je renonçais. Elle me rassura : « Je vais vous donner la communication tout de suite, vous paierez dans une autre cabine, quand vous aurez eu le temps de faire de la monnaie, par

---

* Mais, m'objectera-t-on, si l'on compare ce que sont devenues aujourd'hui ces deux générations ? Ces petits Anglais si austèrement élevés ne sont-ils pas les mêmes dont, aujourd'hui, la journée de travail s'achève à l'heure du thé ? Le chapitre 16 examine cette objection.

** « Tenez-vous tranquille ! »

exemple à votre arrivée à New York. » Elle n'imaginait même pas qu'on pût frauder. En tout cas, elle *faisait confiance.*

Dira-t-on que ces mœurs « nordiques » ne peuvent pas plus s'acclimater dans les pays latins, que le renne dans les pinèdes provençales ou l'olivier sous le cercle polaire ? Mais comment serait-ce affaire de climat ? Et comment le *pacte de confiance* serait-il inscrit dans les chromosomes ? Ne le serait-il pas plutôt dans l'apprentissage social qui façonne les êtres ?

Un négociant français installé à Montréal, en jetant une pièce dans le guichet de l'autoroute de Québec, m'expliqua qu'au début de son séjour, il usait de jetons français de téléphone : ils pesaient le même poids que la pièce demandée et coûtaient deux fois moins cher... Chaque fois qu'il revenait en France, il s'approvisionnait pour sa fraude délectable. A la longue, pourtant, il en avait ressenti une gêne. Peut-être avait-il surpris un jour, dans l'œil d'un collègue, un regard désapprobateur. Sans complices, pas de fanfarons.

Un agent aussi simple qu'un virus

L'homme est un animal transformable. Dans ces pays où la confiance semblait à la base des relations sociales, nos compatriotes que j'y ai rencontrés, étudiants, enseignants, hommes d'affaires, s'étaient adaptés avec aisance.

Mais si un individu s'acclimate vite, une *collectivité* ne s'acclimate que lentement. « Il faut cent ans – prétendent les Anglais – pour faire un bon gazon. » Je me demandais s'il n'en allait pas ainsi de cette vertu sociale qu'est la tolérance : cette fleur fragile paraissait ne pousser que sur un humus longtemps accumulé.

Il y avait en nous comme un principe stable d'instabilité. Mais pouvait-on isoler ce principe, le réduire à un élément aussi simple qu'un virus ? La confiance, vivante dans certaines sociétés, étrangère à d'autres, livrait peut-être un secret de l'organisation des sociétés – comme la structure intime de la matière sociale ?

Il me sembla que si j'étudiais suffisamment ce mystère, j'apprendrais peut-être pourquoi certains pays en avaient dépassé d'autres durant ces derniers siècles ; et pourquoi la France avait connu et connaissait tant de déboires. Ce pacte de confiance, les Français ne l'avaient, à l'évidence, jamais conclu avec eux-mêmes. Et si son absence était à l'origine de notre malaise ? Si une méfiance invétérée restait la nourricière inépuisable de nos divisions ? Si deux France s'affrontaient, opposées par leur dogme, identiques par leur dogmatisme, toutes deux retenues dans l'ornière des siècles ?

Déjà, dans l'allégresse de cette intuition, j'imaginais deux types idéaux de société.

D'un côté, une *société de confiance* : l'individu, à qui la société fait confiance, prend confiance en lui-même. Les personnes et les groupes sont libres d'entreprendre, de s'associer, de contracter. Souverain, le citoyen ne délègue son pouvoir aux chefs que partiellement, temporairement et sous son contrôle : l'autorité émane de lui, par un acte libre et renouvelé. Chacun répond de soi-même et de ses actes, sans pouvoir se dérober derrière des paravents. L'individu s'adapte spontanément, n'attend son succès que de ses propres efforts, prend les initiatives qu'autorisent les circonstances, transforme l'idée novatrice en réalité nouvelle.

En face, une société où semble dominer la *défiance*. L'homme relève de hiérarchies diverses pour tous les actes de sa vie. Elles le commandent, le jugent, lui indiquent ce qu'il doit faire, parce qu'elles voient mieux que lui son bonheur. L'autorité s'exerce de haut en bas. Le chef a un caractère sacré. Dans la pyramide sociale, celui qui se situe au-dessus peut, sait, existe, toujours plus que celui qui est situé au-dessous. Aussi les groupes, comme les individus, sont-ils découragés de prendre des initiatives. Le citoyen se sent entouré d'interdits et se replie sur des activités routinières. S'il se libère, c'est par la critique, l'agressivité, parfois la révolte.

La galerie des maîtres

Bien sûr, aucun peuple ne s'identifie jamais absolument à l'un ou l'autre de ces deux modèles. Tout n'est pas confiance dans un cas, méfiance dans l'autre. Simplement, celle-ci ou celle-là prédomine... De ces suppositions, j'allai m'ouvrir à mes maîtres. Chacun inclina mon thème vers ses pensées favorites.

Entre les livres empilés qui montaient à l'assaut des murs, je me faufilai dans le corridor du petit appartement de la place Maubert où m'attendait Gaston Bachelard, sourcils, cheveux et barbe en bataille. Dans cette broussaille blanche, les yeux s'enflammèrent : « Celui dont on se défie s'étiole comme une flamme qu'on s'apprête à moucher. Celui à qui l'on fait confiance prend confiance. Il ouvre chaque jour des perspectives nouvelles. Il refuse toute fermeture. Sa vision est active et prophétique. Le monde est son imagination et sa provocation. »

Gabriel Marcel s'enthousiasma : « Faites une phénoménologie de la *confiance créatrice*. Ce sera le pendant de ma *fidélité créatrice*. Etre fidèle, c'est être digne de confiance : *fidèle* est un doublet de *fiabilité*. Confiance et fidélité, c'est l'envers et l'endroit. »

André Siegfried, après m'avoir mis en garde contre les dangers de mon entreprise *, abonda dans mon sens :

---

* Voir l'introduction, « Nos enfants naturels », p. 15 *sq*.

« Démontez les ressorts psychologiques de l'activité économique et de la vie publique. Décrivez l'environnement social. Etablissez les mobiles, le plus souvent irrationnels, qui poussent certains hommes, dans certaines sociétés et non dans d'autres, à créer sans répit, à refuser de suivre les routes tracées jusque-là, à préférer en tracer de nouvelles. »

Il hésita, puis avança doucement :

« Mais vous êtes bien catholique, n'est-ce pas ? Tant mieux ! Il y a des choses qu'un catholique peut dire sur une nation à dominante catholique. Un protestant doit s'obliger à une certaine réserve. Bien que nous n'en soyons plus tout à fait à la Saint-Barthélemy, les cicatrices sont encore sensibles... »

La science, c'est un couvent

L'accueil de René Le Senne fut plus rugueux :

« Je serais tenté de vous suivre, dit-il de sa voix grave. Mais ce serait vous rendre un mauvais service. Votre intuition n'est peut-être qu'une idée folle. Dites-vous que c'en sera une, tant que vous n'aurez pas démontré le contraire. Si vous vous contentez de caresser vos réflexions, vous vous ferez plaisir à vous-même, mais vous déboucherez en plein paysage imaginaire. »

Je le vois encore retirer ses épaisses lunettes d'écaille, se passer la main sur les yeux et sur son front dégarni, comme pour en chasser une idée folle. Il remet ses lunettes en batterie sur son nez busqué. Le tir se fait plus vif :

« D'abord, défiez-vous de ce qui a pu être écrit jusqu'à présent sur votre thème. La recherche, en sciences humaines, consiste le plus souvent à compiler. Comme il est rare qu'on trouve une pensée créatrice ! Tout le monde copie tout le monde. Je ne connais qu'une façon d'échapper à ce rabâchage : accrochez-vous au concret. Commencez par collectionner des milliers d'observations. Allez vivre un an au milieu d'un groupe que vous choisirez comme prototype, soit de votre *société de confiance*, par exemple une secte de *dissenters* américains, soit de votre *société de défiance*, par exemple un clan patriarcal en Corse ou en Sardaigne. Interrogez patiemment les membres du groupe. Ecoutez. Notez. Fouillez les archives. Ayez toujours les pieds sur la terre : elle empêche l'esprit de divaguer. Et puis, le sujet exige une recherche interdisciplinaire. Il vous contraint à assimiler les techniques de l'ethnologue, du sociologue, du géographe, de l'historien, du psychologue, de l'économiste, bref, de l'anthropologue. Brisez les barrières artificielles qui séparent les chasses gardées. Ou vous atteindrez l'homme tout entier, ou vous n'atteindrez que du vent. »

En me raccompagnant sur le palier de son appartement, il continuait de me prodiguer ses... découragements :

« Si vous ne vous retirez pas du monde pour vous abriter de son agitation et travailler en silence, vous ne ferez pas progresser la connaissance. »

J'étais déjà à l'étage en dessous, quand il me poursuivit dans l'escalier et, le buste penché sur la rampe, me jeta :

« N'oubliez pas Claude Bernard : *une vie d'analyse pour une heure de synthèse*. Accumulez les matériaux. Ne publiez rien de longtemps. N'oubliez pas non plus Leibniz : *la science, c'est un couvent*.

« Et revenez me voir dans trente ans », murmurai-je à part moi, en dévalant l'escalier. Je ne pouvais réprimer une bouffée de révolte. Mais à peine étais-je dans la rue, que je sentis, au fond de moi, qu'il devait avoir un peu raison. Les trente ans se sont presque écoulés. Il n'est plus. Cher René Le Senne, quelle gratitude je vous garde ! Il y avait quelque confiance dans votre défiance.

Le clan se formait en porc-épic

En tout cas, je commençai par suivre ses conseils à la lettre. J'allai passer une année à Corbara, en Balagne. Ce village, accroché sur les pentes du mont Saint-Ange et dominant la mer, n'avait pas dû changer beaucoup depuis le Moyen Age. A travers lui, la Corse me fit l'effet de ces corps chimiquement purs, que le savant isole dans son laboratoire, alors que la nature ne les offre d'ordinaire que mélangés à d'autres, dissous, adultérés.

La Corse se révéla *société de défiance* au-delà même de mon attente. Les individus étaient enserrés dans un réseau aux mailles si étroites * qu'elles ne laissaient passer que des activités strictement routinières. L'homme était le seigneur de la femme ; le père, le seigneur de ses enfants ; le patriarche, le suzerain de tout le clan. Le maire était le seigneur du village ; le conseiller général, le seigneur du canton ; les parlementaires, les seigneurs de l'île ** ; et tous étaient choisis par les clans les plus puissants. Du sommet à la base, l'autorité ne se discutait ni ne se déléguait. Elle frappait comme la foudre.

La famille patriarcale était crispée sur son passé, sur son chef, sur ses querelles, sur son honneur à venger, ses femmes à garder, son troupeau de chèvres à protéger, son bien à gérer. Le soir, à la veillée,

* Bien sûr, il s'agit de la Corse de 1948. En trente ans, elle aura plus évolué qu'au cours des trois siècles précédents. Mais cette évolution a été à la fois trop lente et trop rapide. Trop lente pour que la Corse rattrape entièrement son retard. Trop rapide pour que les mentalités aient pu suivre.

** En échange, les élus étaient taillables et corvéables à merci.

on « parlait famille ». Comme les sociétés guerrières, le clan se formait en porc-épic : il se refermait sur lui-même en dardant ses pointes vers les autres. Structuré par la défiance, il l'appelait à son tour. Perpétué par les conflits, il les perpétuait.

J'interrogeais les bergers gardant leurs brebis à longue toison parmi les cistes du mont Saint-Ange ; le facteur quand il rentrait de sa tournée sur son âne ; les femmes en noir, une cruche sur la tête, qui allaient chercher l'eau à la fontaine ; les pêcheurs, au moment où ils tiraient leur barque sur la plage d'Algajola ; le patriarche qui s'asseyait en bout de table, et qui donnait ou refusait la parole à ses fils et neveux, fussent-ils quinquagénaires, tandis que les femmes, debout, servaient les hommes.

Protégées par leur insularité, les communautés villageoises avaient perpétué en Corse, jusqu'à nos jours, un système disparu depuis longtemps du continent. Le clan fournissait le modèle parfait d'une société hiérarchique, où les individus sont à la fois absorbés et sublimés dans le groupe ; il leur donnait sécurité, dignité, honneur même, au prix de quelques-unes de leurs libertés. Ce modèle, si proche de la légion romaine, l'Etat français l'a imité à partir du XVIIe siècle, mais de plus en plus mal : il est plus facile de maintenir dans un système aussi contraignant une communauté de quelques dizaines d'individus, qu'une nation de plusieurs dizaines de millions.

Colonisée par elle-même

Certains insulaires prétendaient que la Corse avait été colonisée par le continent. Il me sembla qu'elle l'avait été surtout par elle-même. Elle s'était aliénée dans les clans. Le chef était la seule source de pouvoir. La société politique était organisée sur le même patron. L'électeur qui voulait obtenir la reconduction d'une retraite ou le versement d'allocations familiales devait d'abord voter pour « son » maire ; le maire, s'il voulait obtenir une subvention du conseil général, devait marquer son allégeance à « son » conseiller général.

Hors les clans, les Corses éprouvaient les plus grandes difficultés à créer les associations ou les organes collectifs qui sont nécessaires à une vie démocratique. Les tentatives en ce sens étaient vite confisquées. Un syndicat de bergers s'organisait-il en Balagne ? Un clan local mettait la main dessus et le manœuvrait à son profit. Un sous-préfet suscitait-il des syndicats intercommunaux pour l'adduction d'eau et l'irrigation ? Bien vite, ils s'avéraient inaptes à régler le problème de l'eau, mais très aptes aux adductions de votes et aux irrigations de subsides.

Le scrutin démocratique n'était pas toléré par ce système de pouvoir. Plus d'un vieux maire réunissait ses conseillers municipaux dans sa maison ; il les faisait voter dans une soupière ; quand il en retirait les bulletins, on constatait l'unanimité. L'isoloir était rarement utilisé : transiter derrière le rideau, c'était vouloir se dérober. L'autorité, l'obéissance, la fidélité devaient être manifestes. On prenait un seul bulletin dans les piles déposées à l'entrée de la salle ; on le glissait ostensiblement dans l'enveloppe.

Les clans antagonistes se rattachaient chacun à une formation politique nationale ou insulaire. Affiliation de pure forme : on rencontrait souvent des communistes qui étaient des piliers de sacristie. Ce qui comptait, c'est que le clan gardât sa cohésion. Face à l'Etat, lui aussi hiérarchique et centralisé, le clan se livrait à un jeu subtil de complicité et de fronde : complice, quand il pouvait en obtenir un avantage ; frondeur, quand il se sentait menacé dans ses privilèges ; cherchant toujours à l'emporter, par ruse ou par force, sur l'administration, sur le pouvoir central, et même sur la loi.

La Corse n'était-elle pas, quoi qu'en pensent certains de ses habitants, la plus française de nos provinces ? Ce n'est pas par hasard que le maquis nous vient de Corse : la résistance à l'égard des pouvoirs constitués – ce comportement typiquement français – s'y trouvait à l'état pur. La soumission à l'autorité y fait pourtant partie des habitudes séculaires : elle explique à la fois l'obéissance absolue que l'individu doit à *son* clan, et le rejet des *autres* clans – par-dessus tout, de ce clan *étranger* que constitue l'administration.

Un catholicisme pétrifié

La religion sanctifiait cet ordre. Une autre hiérarchie affirmait sa toute-puissance sur les âmes des fidèles : le curé du village, l'archiprêtre du doyenné, l'évêque d'Ajaccio. Tout au long de l'année, la ferveur collective s'exaltait autour du culte de la Vierge, des saints et des images.

Tout Corbara, en janvier, se rassemblait à l'église pour la Saint-Antoine. Je demandai au vieux curé si cet Antoine était l'ermite du désert, ou Antoine de Padoue. « Ni l'un ni l'autre, me répondit-il, c'est saint Antoine de Corbara. » Comme il avait raison ! La Corse retrouvait sans doute, derrière les patrons de village, les divinités locales de l'Antiquité. Le culte chrétien n'avait pas effacé les cultes pastoraux et paysans qui l'avaient précédé : il s'était greffé sur eux. De même, l'organisation romaine s'était greffée sur un type de relations familiales et sociales bien installé sur les bords de la Méditerranée. Le catholicisme avait apporté à ce legs lointain l'appui d'une dramatisation religieuse et d'un ordre immuable. Il avait agi comme une puissante force de cristallisation sociale.

Dans cet univers, à peu près rien de vraiment neuf n'était jamais possible. Cela n'empêchait pas, bien sûr, certaines nouveautés : l'électricité bordait les routes, quelques voitures soulevaient la poussière, le poste de TSF trônait dans les salles de séjour. Surtout, la malaria avait disparu, grâce aux Américains : après la libération de l'île, ils avaient eu l'idée de la libérer des moustiques. Mais *toute nouveauté – qui ne pouvait venir que d'ailleurs – était longtemps accueillie avec défiance, comme une étrangère.* L'avenir suscitait une vague anxiété, dès qu'on ne pouvait plus l'imaginer tout à fait pareil au passé. Pour les jeunes, il n'y avait d'autre issue que la fuite vers le « continent » : en Corse, toutes les portes leur restaient fermées.

Certes, la Corse de 1948 était un cas limite. Ce que je pressentais comme le « mal français » y était concentré par l'insularité. Mais il y affichait aussi son origine : c'est à Corbara que je sentis combien le mal français n'était qu'une forme du « mal romain ».

Des dominicains dans un monastère

Quelques dominicains m'y aidèrent. Ils vivaient en communauté à deux kilomètres du village, dans un ancien monastère franciscain du XIVe siècle. Ils promenaient leurs robes blanches à travers l'île pour prêcher. De temps à autre, des pères de Paris venaient séjourner auprès d'eux. Plusieurs de ces religieux, dans leur sphère théologique, poursuivaient des réflexions voisines des miennes. A leur façon patiente et tenace, et encore à mi-voix, ils se plaignaient du dogmatisme rigide de la hiérarchie romaine ; de tout ce qui avait pétrifié le catholicisme depuis le concile de Trente. Ils appelaient de leurs vœux la fin du Moyen Age, dans lequel, selon eux, l'Eglise catholique restait plongée. Ils me firent comprendre alors ce que seulement le concile de Vatican II a commencé, vingt ans plus tard, à faire admettre. Que la foi évangélique ne doit pas être confondue avec les formes particulières dont la hiérarchie romaine l'a revêtue au cours des siècles. Que la première a une portée universelle et une richesse permanente. Alors que les secondes sont liées à des circonstances historiques, et changeront avec elles.

Au bout d'un an, je repartis, ma cantine militaire emplie de mon butin : carnets griffonnés après chaque entretien, documents anthropologiques. A Bastia, m'attendait un petit avion, qui assurait le transport d'odorants fromages de brebis, destinés à mûrir dans les caves de Roquefort, et qui devaient être mes seuls compagnons de voyage – avec le pilote. Celui-ci, un Calvais, jaugea mon bagage et le refusa tout net, m'invitant à le confier au bateau. Le contenu de cette cantine était mon bien le plus précieux : pour rien au monde, je ne m'en serais séparé. De mon insistance, le pilote dut conclure que je recelais une marchandise de contrebande ; il ne soulagea sa conscience que moyennant un prix exorbitant.

La Corse ne me quitterait plus. Mon enquête témoignait que deux siècles de rattachement à la France, tant de brassages, spontanés ou organisés, de dispersion sur le continent et dans l'Empire, de service militaire obligatoire, de révolutions, de guerres, d'école gratuite et universelle, n'avaient pas entamé les mentalités enfouies dans la personnalité corse. L'île offrait une réplique de la résistance au changement, de l'incapacité à communiquer, des retards économiques, de la subordination de la province exsangue à la capitale apoplectique – bref, de la société hiérarchique et défiante – que je croyais pressentir en France continentale. Mais une réplique comme démesurément grossie sous la loupe.

Chapitre 4

LES DEUX HÉMISPHÈRES

La question qui m'avait envoyé en Corse, je l'emportai avec moi dans les pays que m'ouvrit la carrière diplomatique. Quelle particularité secrète voue une société tout entière, ici à rebondir sur les ressorts de la confiance, là à venir se prendre dans les lacets de la méfiance ? Tour à tour, les deux Allemagnes et la Pologne m'apportèrent leur réponse.

Un peuple, deux sociétés

J'arrivai en Allemagne au début de l'été 1949, juste après la crise de Berlin et la rupture entre les deux zones. J'y fus pendant trois années le témoin d'une rapide évolution : l'américanisation de l'Allemagne occidentale, la soviétisation de l'Allemagne orientale.

A l'Ouest, on injectait à haute dose les valeurs de la société américaine. Après la purification collective qu'avait opérée le procès de Nuremberg, le pays se bâtissait comme une réplique des Etats-Unis. Le fédéralisme disposait d'ailleurs de références dans l'histoire nationale : par-dessus le IIIe Reich, on renouait avec la traditionnelle autonomie des vieux pays germaniques. La compétence des Etats (les *Länder*) était la règle ; la compétence de la Fédération (le *Bund*) l'exception *. L'enseignement, de la maternelle à l'université, était placé sous la seule responsabilité provinciale. Soigneusement délimité, le pouvoir du chancelier fédéral était pourtant solide – d'autant plus solide qu'il était mieux délimité.

En outre, ce régime poussait les principes de l'économie de

* Cette exception n'existe que dans les cas stipulés par la Constitution. Par exemple, en matière économique, la monnaie, les douanes, les relations économiques et financières avec l'étranger, les postes, les chemins de fer.

marché jusqu'à leurs extrêmes conséquences : liberté des prix et des salaires, libération des échanges extérieurs, transferts d'entreprises publiques au secteur privé, refus de la planification, lutte contre les restrictions de la concurrence.

Dans le même temps, un manteau de plomb s'abattait sur l'Allemagne orientale. Tout était calqué sur le modèle soviétique. Avec son *Politbüro*, son Comité central, ses congrès, ses cellules, ses annexes syndicales, ses organisations-relais, le Parti détenait la totalité du pouvoir. Entre ses mains, le gouvernement n'était qu'un outil technique, chargé de la gestion administrative. L'enthousiasme aussi était planifié, collectivisé : le 1er Mai, les immenses défilés de la *Freie Deutsche Jugend* * donnaient libre cours à la passion allemande du *Zusammen marschieren* **. La centralisation était absolue. Pankow décidait de tout, nommait à tout, expédiait ses ordres jusqu'à la plus petite bourgade.

Ce peuple allemand était-il donc si ductile, que le hasard d'un découpage diplomatique le transformât ici en adepte de la décentralisation la plus radicale, là du centralisme le plus systématique ; ici du libéralisme sans frein, là de la planification dans toute sa rigueur ? Si un même peuple, coupé en deux par le hasard de l'histoire, suivait deux évolutions opposées, n'était-ce pas là une preuve que le même terreau culturel peut produire les récoltes les plus différentes ? Et que, finalement, les mentalités n'ont pas une telle importance ? Ce cas ne remettait-il pas en cause mon hypothèse ?

Nulle part, l'arbitraire du sort n'était plus frappant qu'en Thuringe. Les soldats américains, en 1945, y étaient entrés les premiers ; ils avaient commencé de s'y installer. Mais à Yalta, les coups de crayon de Roosevelt et de Staline avaient placé la Thuringe en zone soviétique [1]. Les GI remirent leurs casernements à l'Armée rouge. Du coup, les Thuringiens connurent les entreprises d'Etat, le parti unique, les commissaires politiques, les miradors, les portraits de Marx, Engels, Lénine et Staline flanquant celui de Walter Ulbricht. Si l'humeur à Yalta eût été différente, les mêmes Thuringiens auraient vu chrétiens-démocrates, sociaux-démocrates et libéraux solliciter leurs votes, en communiant dans le culte de la libre entreprise et de la limitation du pouvoir étatique...

Mais, à y regarder de plus près, l'adaptation au système ne s'opérait pas aussi spontanément d'un côté que de l'autre. Autant l'Allemagne de l'Ouest donnait l'image d'un *consensus* à peu près total, autant les Allemands de l'Est semblaient témoigner contre le système qu'on avait plaqué sur eux. Chaque fois que nous passions la ligne de démarcation pour nous rendre à Berlin-Est, nous étions frappés par les visages gris, le pas traînant des passants, la mauvaise

* Jeunesse allemande libre.
** Marcher ensemble.

humeur des employés des magasins d'Etat où nous faisions des achats, sur l'*Alexanderplatz*. Quand nous revenions dans le secteur occidental, la rue donnait une impression de gaieté, les femmes nous paraissaient plus pimpantes, les hommes plus actifs. Chaque jour, des centaines de jeunes quittaient le secteur soviétique pour venir chercher refuge à l'Ouest *. Dans les centres aménagés pour leur accueil, j'assistais à leur interrogatoire et les questionnais à mon tour :

« Pourquoi vous êtes-vous réfugiés ici ? »

Ils ouvraient des yeux étonnés, tant l'explication leur paraissait aller de soi. Les enquêteurs, se méfiant des infiltrations d'espions, insistaient avec des questions précises, recoupant les réponses, détectant les inexactitudes. Mais à travers le détail anecdotique de ces vies, c'était toujours le même dialogue :

« N'aviez-vous pas de travail ? De quoi manger ? »

Ils n'étaient ni chômeurs, ni affamés : mais ils n'avaient pas la liberté.

« Moins que du temps de Hitler ?

– Beaucoup moins. Ça ne se compare pas. »

Cette réponse, nous ne pouvions l'entendre sans un haut-le-cœur ; peut-être parce que nous avons pris l'habitude de considérer une dictature comme intolérable quand elle est « de droite », légitime quand elle est « de gauche »... En juillet 1953, le mécontentement devait exploser à Berlin-Est. Les chars tirèrent sur les ouvriers. Le Parti reprit la situation en main ; mais l'hémorragie vers l'Ouest s'accentua. Elle s'aggraverait jusqu'à la construction du mur de Berlin, en 1961.

Le malheur comme tremplin

En face, le dynamisme de l'Allemagne de l'Ouest était confondant. Le pays avait été presque détruit en 1945. De ce châtiment terrible, l'énergie allemande se fit un tremplin **. Il fallait tout rebâtir : les villes, les ouvrages d'art, l'administration, l'industrie ; jusqu'aux familles, éprouvées par de longues absences.

Devant ce champ de ruines, ouvriers et patrons s'étaient dit : « Nous ne nous en sortirons pas, si nous nous querellons. Travaillons

* Entre 1945 et 1961, on estime à 14 millions le nombre des *réfugiés* (en comprenant les Allemands expulsés des territoires au-delà de la ligne Oder-Neisse ; les *fugitifs proprement dits peuvent être évalués à trois ou quatre millions*).

** Et les crédits américains, dira-t-on ? On ignore généralement qu'ils furent beaucoup moins abondants en faveur de l'Allemagne fédérale que du Royaume-Uni : on ne peut pas plus légitimement leur attribuer l'essor de celle-là que le déclin de celui-ci.

ensemble. » Au Bundestag, j'assistai aux débats émouvants sur le *Mitbestimmungsrecht* dans la sidérurgie – le droit à la cogestion. Chaque entreprise, comme la nation elle-même, était la chose de tous ; travailleurs, cadres et patrons devaient *participer* ensemble à sa gestion et à sa prospérité *.

Le nazisme et la guerre, chacun à sa façon, avaient broyé la vieille société. L'épreuve avait homogénéisé ce peuple : il voulait rester homogène dans la paix. Bourgeois et ouvriers, entre 1945 et 1948, avaient ensemble connu la soupe populaire. Dans les années 1950, ils continuaient de se côtoyer, le soir dans les *Bierstuben* **, et le dimanche, pour le déjeuner en famille, dans quelque *Gasthaus* *** nichée sous des ruines romantiques.

Le déracinement des réfugiés venus de l'Est avait accéléré ce brassage social. Tout le monde était disponible. Les hiérarchies, les habitudes avaient sauté. L'énergie de ce peuple était comme à l'état libre : Ludwig Erhard s'ingénia à ne pas la renfermer à nouveau. Responsable de l'économie pendant quinze ans ****, il s'ingénia à prendre le contre-pied de la bureaucratie prussienne et hitlérienne. Il *faisait confiance* à l'initiative des provinces et des entrepreneurs, aux régulations spontanées des systèmes bancaire et monétaire. En quelques années, l'esprit d'entreprise, la capacité d'organisation spontanée, la cohésion sociale faisaient de l'Allemagne fédérale la seconde puissance industrielle d'Occident, après les Etats-Unis.

Morgenthau ***** avait préconisé en 1944 la reconversion des Allemands dans l'agriculture. Peu de temps après, cette thèse paraissait aussi irréelle que la légende des *Nibelungen*. On voyait littéralement sortir de terre, comme champignons après la pluie, des entreprises qui allaient figurer parmi les plus puissantes du monde. Ainsi, Grundig tenait un petit atelier de réparation de radios à Fürth, en Bavière. En quelques années, il ouvrit une petite brèche, celle des magnétophones, y fonça, s'imposa sur le marché allemand puis étranger, jusqu'à devenir un des géants de l'électronique.

En 1949, à Hambourg, à Düsseldorf, à Baden, à Munich, bien des familles vivaient encore dans des caves, sous les ruines. En 1952, les décombres avaient presque disparu. Six cent mille logements étaient achevés chaque année, pendant que la France en construisait pénible-

---

* Bien sûr, pour le principe, les patrons allemands ont feint depuis lors de considérer la cogestion comme abusive et, en 1976, de protester contre sa généralisation. Mais ils ont joué le jeu.

** Brasseries.

*** Hôtellerie.

**** Il devait succéder à Adenauer. Mais il fut moins heureux comme chancelier fédéral que comme ministre de l'Economie.

***** Ministre du Trésor de Roosevelt, il avait présenté son plan à la conférence de Québec.

ment cent mille. Les chantiers fonctionnaient en « trois-huit », bâtissant la nuit sans désemparer, sous le feu des projecteurs.

Le spectacle de nos disputes

Mais peut-être le bénéfice que l'on retire d'un long séjour hors de France tient-il moins à ce que nous apprenons sur des pays étrangers, qu'à ce qu'ils nous apprennent sur nous-mêmes. Ils ressemblent à une vitre, où nous verrions ensemble le paysage sur quoi elle ouvre, et notre visage qui s'y mire. Notre propre histoire nous apparaît en perspective, comme si elle était achevée. Les étrangers ne nous connaissent pas *mieux* que nous : ils nous connaissent *autrement*. Mais nous nous connaissons mieux de les connaître, et de connaître leur regard sur nous...

Au bout de trois ans, je revins en France, les yeux et les oreilles emplis de cette activité de ruche. Je retrouvai le spectacle permanent de nos disputes, de notre sclérose, de nos crises et, malgré le courage et le travail de tous, de notre relative inefficacité. J'avais respiré un autre air ; le nôtre m'étouffait. Je me persuadai qu'entre les principes de l'organisation politique et administrative et l'essor économique, existait une corrélation profonde. N'y avait-il pas une manière de scandale à voir ce peuple nous donner une leçon de liberté ? Lui qui avait enlevé la liberté à tant d'hommes, renaissait par elle. Nous qui avions tant fait pour elle, nous ne la connaissions que confinée.

Le rideau de fer allait se retourner

S'il était besoin d'une contre-épreuve, la Pologne me la fournit.

Un an après la mort de Staline, en mars 1954, Etienne Dennery, notre ambassadeur à Varsovie, me persuada d'accepter le poste de consul à Cracovie : la « déstalinisation », dont on voyait poindre des signes, valait d'être suivie sur le terrain.

Dans cette circonscription consulaire – la partie sud du pays – habitaient la plupart des dizaines de milliers de « doubles-nationaux » franco-polonais. Leurs pères avaient quitté la Pologne pour travailler dans les mines de France. Après la dernière guerre, on les avait convaincus de rentrer au pays « construire le socialisme » : la Pologne avait besoin d'eux pour exploiter les mines de Silésie, récupérées sur l'Allemagne, mais vidées de leurs mineurs allemands. Le retour les avait souvent déçus. Dans la ville minière de Walbrzych, ils étaient plusieurs milliers qui rêvaient de rentrer en France. Le triste paysage des corons du Nord et du Pas-de-Calais se transformait dans leur imagination en reflets du paradis... Mais la police ne leur accordait plus de passeports. Ils étaient pris au piège. Nombreux, ils venaient au consulat renouer avec leur patrie d'adoption. Polonais pour la Pologne et français pour la France, ils faisaient alors de ce poste, pour un Français, un exceptionnel observatoire du système communiste.

Dans ma valise, j'avais emporté les œuvres de Marx et de Lénine, mais aussi les livres d'économistes français comme Charles Bettelheim [2] ou Maurice Lauré *. Les Français ont confiance dans les clartés de la raison ; et ces experts démontraient que, grâce à la planification rationnelle de l'économie, rien n'arrêterait la formidable croissance des pays « socialistes ». En 1960, la production soviétique aurait rejoint l'américaine, et en 1970 le niveau de vie soviétique aurait largement dépassé celui du monde occidental. C'était le crépuscule des pays « capitalistes », voués à retomber dans une crise comme celle des années 1929, dont ils n'étaient sortis que grâce à l'activité factice de la guerre. Qu'on s'en réjouît, comme Bettelheim, ou qu'on le déplorât, comme Lauré, on estimait cette perspective inéluctable. Georges Boris, le conseiller écouté de Léon Blum et de Pierre Mendès France, annonçait que le pain serait bientôt distribué gratis dans les démocraties populaires. Et, pour un de nos plus grands experts [3], le rideau de fer « se retournerait bientôt » : au lieu d'être « traversé d'est en ouest » par ceux qui « choisissaient la liberté », il serait « traversé d'ouest en est » par des transfuges « échappant à la pénurie ».

Le Plan : miracle ou gâchis ?

Ces prophéties d'hommes sérieux formaient la trame de l'enseignement que professaient, au lendemain de la guerre, nombre de nos maîtres aux Sciences politiques ou à l'ENA. Elles avaient crédit dans une large fraction de *l'intelligentsia* parisienne ; et même au Quai d'Orsay. Pourtant, il suffisait d'ouvrir les yeux et les oreilles, dans les bureaux, les mines, les chantiers, les gares, les ateliers de Katowice, de Wroclaw, de Lublin, de Poznan, pour constater le gâchis du système **. Les miracles du Plan, claironnés par les statistiques, paraissaient moins admirables aux consommateurs.

Je demandai à une entreprise d'Etat des travaux de peinture. Nous convînmes de la qualité, des couleurs, du prix. La première pièce fut

---

* Brillant inventeur de la TVA (taxe sur la valeur ajoutée), devenu depuis président de la Société Générale. Son livre s'intitulait : *Révolution, dernière chance de la France* (1954).

** Gomulka, en 1956, après son avènement, devait dénoncer cette situation [4]. Mais jusqu'à ce qu'il le fît, avec la solennité et la légitimité qui s'attachaient à ses fonctions de premier secrétaire du Parti, tout propos de cet ordre était qualifié par la presse communiste, à l'Est comme en France, de « réactionnaire ».

tout à fait réussie. Mais les jours suivants, je constatai que les peintres avaient changé de méthode. Finie la bonne peinture à l'huile en trois couches : un rapide badigeon avec de la peinture à l'eau. Je protestai. Les ouvriers m'adressèrent au contremaître, qui me renvoya au sous-directeur, lequel s'effaça devant le directeur. Celui-ci m'expliqua que l'entreprise devait satisfaire aux exigences du Plan. Or, le temps passé pour la première pièce montrait qu'il faudrait consacrer à ces travaux trois fois plus de temps que l'entreprise ne pouvait le faire en respectant le Plan ; elle avait donc renoncé à la peinture à l'huile au profit de la peinture à l'eau.

Je répliquai qu'un certain prix avait été fixé pour une certaine qualité ; j'entendais que cette qualité fût maintenue. A la longue, le directeur me fit comprendre que si j'acceptais un supplément de prix non négligeable (et non déclaré), on allait pouvoir revenir à la peinture à l'huile ; on s'arrangerait avec le Plan...

L'organisation autoritaire du travail suscitait une résistance passive : au mieux, l'apathie ; au pire, la mauvaise volonté. L'efficacité se déployait en dehors des heures ouvrables. On n'avait de zèle que pour le travail au noir, de ressources que par le marché noir. Quel contraste entre les chiffres officiels de production, sur lesquels se fondaient nos économistes, et l'évidence de la pénurie ! Les files s'allongeaient devant les magasins. D'un colis envoyé par des cousins de France ou d'Amérique, et contenant quelques bâtons de rouge à lèvres et une boîte de café soluble, une famille tirait plus de revenus que d'un salaire mensuel. Les diplomates occidentaux, à la fin de leur séjour, vendaient leur vieille voiture, le plus officiellement du monde, pour une somme qui équivalait à dix ans du salaire de leur secrétaire polonaise.

Ce dont Marx blâmait le capitalisme – sacrifier la consommation à l'investissement – caractérisait exactement l'économie communiste. On pouvait dire sans paradoxe que les seuls pays qui demeuraient désormais « capitalistes » au sens de Marx, étaient les pays « socialistes » ; car ils pouvaient impunément maintenir la priorité à l'accumulation du capital. Et les seuls pays vraiment « socialistes » étaient les pays « capitalistes », où travailleurs, consommateurs et citoyens organisaient spontanément une pression sociale qui faisait de l'amélioration du sort de tous le moteur de l'économie.

Marx avait admiré la « démocratie directe », la spontanéité, de la Commune de Paris. La Pologne marxiste imposait le « centralisme démocratique », c'est-à-dire la bureaucratie omniprésente. Les tracasseries administratives ne s'arrêtaient pas ; la police secrète, la mystérieuse UB *, inspirait la terreur. Dans le train de Cracovie à Katowice, des policiers en civil demandaient aux voyageurs où ils se

* *Urzad Bezpieczenstwa Publicznego*, couramment abrégé en *Bezpieka*, ou encore *UB*, Sécurité publique.

rendaient. S'ils répondaient : « Katowice », ils devaient payer aussitôt une amende et devenaient suspects de « menées contre-révolutionnaires ». Il aurait fallu répondre : Stalinogrod – la ville de Staline – nom officiel de la métropole silésienne depuis 1948, et jusqu'en 1956.

Les surprises de Gérard Philipe

Jean Vilar, Gérard Philipe et la troupe du Théâtre National Populaire vinrent à Cracovie donner quatre représentations. Ce fut un prodigieux succès ; succès de leur talent, mais aussi de la liberté, dont, sans bien s'en rendre compte, ils apportaient l'air avec eux. Les jeunes gens grimpaient dans les arbres pour voir les comédiens sortir de leur hôtel. A la réception que je donnai pour la troupe, j'invitai des Françaises qui avaient épousé des Polonais. Quelques-unes assaillirent Gérard Philipe :

« Avez-vous bien compris qu'ici personne n'est libre ? Que la police est partout ? Que dès demain, on viendra nous interroger, pour nous faire avouer ce que nous vous avons dit ? Que les Polonais ont horreur de ce régime ? Que ce pays n'est qu'une prison ? »

Gérard Philipe répondit, assez sèchement :

« Je n'ai rien vu, depuis que je suis en Pologne, qui puisse me faire penser que les Polonais ne sont pas libres. »

Mes invitées se mirent à crier. J'emmenai Gérard Philipe par le bras : « Elles exagèrent un peu. Mais il faut les comprendre. Elles n'arrivent pas à obtenir un visa de sortie. Elles étouffent. »

Quand la troupe repartit, elle emporta, bien malgré elle, un témoignage des contraintes subies et des libertés désirées. Dans le wagon où étaient entassés les décors, s'était caché un Polonais. Ce n'était pas seulement par admiration pour Molière et Hugo.

A Cracovie défilaient, venues de France, des délégations d'économistes, d'universitaires, de hauts fonctionnaires, de journalistes, de parlementaires, d'artistes. Nombre de ces visiteurs me donnaient l'occasion d'évaluer l'étrange permanence des idéologies. Ils continuaient de rejeter comme « capitaliste », donc injuste et périmé, un système, tel celui d'Allemagne occidentale, où les capitaux et les moyens de production appartenaient de moins en moins à un patron-propriétaire, et de plus en plus à une multitude d'actionnaires, parmi lesquels on comptait un nombre croissant de travailleurs ; où les entreprises nationalisées distribuaient 60 % de leurs actions à des épargnants justifiant de revenus modestes ; où les ouvriers détenaient par la cogestion des responsabilités réelles ; où les goûts et désirs du consommateur faisaient la loi. Ils venaient admirer au contraire comme « socialiste », donc généreux et porteur d'avenir, un système où toutes les décisions étaient prises, sans aucun contrôle social, par quelques hommes disposant d'un monopole et protégés de toute concurrence ; où les travailleurs se désintéressaient de leur travail, autant qu'ils se désintéressaient de la vie politique ; où la productivité des fermes collectives restait loin derrière celle des paysans dans leur petit lopin individuel ; où la démocratie était truquée ; où la police politique exerçait sans cesse sa surveillance.

Les faits ne paraissaient guère troubler nos intellectuels ; leur univers était encore coupé en deux hémisphères, dont les cartes n'avaient pas été révisées depuis un siècle : l'hémisphère du *capitalisme* tel que le décrivait Marx, et celui du *socialisme* tel qu'il le rêvait. Le capitalisme avait évolué, le socialisme s'était incarné : si le contraste existait encore, il s'était assez largement inversé. Mais on n'était pas disposé à l'admettre, tant le dogme est immuable, même si la réalité mue.

Dégels et regels

Vers la fin de mon séjour, le dégel rompit les digues. Khrouchtchev avait dénoncé les crimes de Staline à la tribune du XXe Congrès, en mars 1956 : les Polonais, le prenant au mot, crurent l'heure de la liberté venue. A Poznan, ouvriers et étudiants se révoltèrent. Ils furent massacrés, comme les communards par les Versaillais. L'« Octobre polonais » souleva d'espoir la population. Après l'écrasement de la révolte hongroise, l'émancipation de la Pologne tourna court. Wladislaw Gomulka, qu'on avait opportunément extrait de la prison où Staline l'avait fait jeter, fut porté, dans une touchante ferveur, à la tête du Parti et du pays. Mais peu à peu, la bureaucratie reprit ses habitudes et récupéra intégralement son pouvoir. Plus que jamais, tout resta suspendu au sommet. Et l'on se remit à prendre courage par l'humour. Les devinettes circulaient à nouveau : « Pourquoi le lait manque-t-il dans les villes ? – Parce que le premier secrétaire a oublié d'aller parler aux vaches. » Ou encore : « Quelle est la différence entre capitalisme et socialisme ? – Le capitalisme, c'est l'exploitation de l'homme par l'homme ; le socialisme, c'est l'inverse. »

Quatorze ans après, l'histoire devait se répéter mot pour mot. En décembre 1970, des émeutes ouvrières éclatèrent à Gdansk *, à Gdynia, à Szczecin **. Quelques semaines plus tôt, Georges Séguy ***, visitant la Pologne, s'était écrié : « Si l'établissement du

---

* Anciennement Dantzig.

** Anciennement Stettin.

*** Secrétaire général de la CGT, membre du bureau politique du Parti communiste français.

socialisme en France se fait trop tard, alors viendra le jour, et c'est dans un avenir proche, où votre pays rattrapera et dépassera notre niveau de vie. L'opinion est largement répandue en France que *ce qui se passe actuellement dans votre pays donne à peu près l'image de ce que nous avons l'intention de faire à l'avenir chez nous*[5]... » Comme à Berlin-Est, comme à Poznan, comme à Budapest, les travailleurs tombèrent par centaines sous les balles. Gomulka fut chassé par l'émeute, comme il était arrivé.

L'avènement de son successeur Gierek fut suivi, à son tour, d'une période d'euphorie. Mais on voyait bientôt poindre les limites du nouveau libéralisme. Une grande commission d'experts fut réunie pour élaborer un projet de réformes administratives, économiques et sociales. Un dirigeant du Parti vint préciser les tâches sur un ton encourageant : « Vous pouvez vous attaquer à tous les problèmes ! Vous pouvez renverser tous les tabous ! Il n'y a que deux poutres maîtresses qui doivent rester intouchables : le rôle dirigeant du Parti – et nos liens avec l'Union soviétique[6]. » Seulement ces deux-là... Rien n'est aussi difficile que d'échapper à la logique d'un système.

Cartésiens de tous les pays...

Pourquoi les voyageurs français restaient-ils sourds à ces leçons implacables ? Pourquoi gardaient-ils tant d'indulgence pour les erreurs de ce système ? Et pourquoi au contraire marquaient-ils tant de dédain pour une Allemagne où j'avais vu naître la vie ?

Bien sûr, tout n'était pas positif dans un cas, négatif dans l'autre. Le « miracle allemand » n'allait pas sans bavures : la consommation, la publicité devenaient obsédantes ; le matérialisme envahissait la société ; et les intérêts américains dans l'industrie allemande, joints au bouclier militaire, créaient outre-Rhin une forte dépendance.

Quant au régime communiste, en Pologne comme en Union soviétique ou en Chine, il avait les vertus de ses vices. Il savait faire surgir, dans des champs où couraient les lapins, l'immense complexe sidérurgique et la ville nouvelle de Nowa Huta : paysans et « rapatriés », qui avaient reçu leur feuille de route, venaient les peupler conformément au Plan, mus par l'espoir de vivre mieux[7]. Pour mobiliser les travailleurs, pour changer les structures, pour bouleverser les données de la nature, la centralisation n'a pas encore trouvé son pareil. De surcroît, ce matérialisme triomphant provoque par réaction une intense vie spirituelle. Le cardinal-prince Sapieha, archevêque de Cracovie, s'écriait en chaire avec un humour tout polonais : « Remercions ce régime qui a réussi à remplir nos églises, ce que tous nos sermons n'arrivaient pas à faire avant la guerre. »

Mais ce n'était pas cet effet de boomerang qui séduisait les visiteurs français. C'était bien le caractère même du système, où tout était décidé en fonction d'un plan rationnel, où une seule vérité s'imposait à tous, où l'économie était pliée aux résolutions de l'intelligence. Voilà qui satisfaisait mille fois plus leur esprit, que la multiplicité jaillissante et imprévisible du système libéral.

Ils se sentaient désemparés devant une société dont la spontanéité paraissait récuser le rationnel, comme en Allemagne de l'Ouest. Ils reconnaissaient dans le modèle communiste une sorte de fraternité : « Cartésiens de tous les pays, unissez-vous. »

Quand j'étais revenu de Bonn, j'avais souffert de sentir la France comme prise dans une gangue. Quand je revins de Pologne, je retrouvai l'air léger de la liberté. Car la France avait beau être presque aussi centralisée que la Pologne ; les décisions y remonter presque aussi haut ; la bureaucratie y être presque aussi envahissante : on n'y connaissait ni la censure, ni le parti unique, ni la police secrète, ni les arrestations arbitraires, ni la peur.

Les impressions contraires que me valurent, au retour, mes deux dépaysements, je crois bien, aujourd'hui, qu'elles étaient aussi vraies l'une que l'autre. Nous avons la liberté. Mais nous ne savons pas nous en servir. Nous usons d'elle comme de l'or : nous la thésaurisons, nous ne la faisons pas fructifier.

Chapitre 5

LE POURRISSEMENT PAR LA TÊTE

La IVe République et ses acteurs ont été si vilipendés, qu'on a aujourd'hui de la peine à comprendre, tout à la fois, comment ce régime a pu durer douze ans, et pourquoi tous nos maux n'ont pas disparu avec lui.

Jeune fonctionnaire, j'ai bien connu ce régime et ce personnel. Non, ces hommes n'étaient ni des médiocres, ni de mauvais Français ! Plus d'un étaient brillants. Presque tous étaient soucieux de l'intérêt national. Simplement, ils faisaient partie d'un ensemble de forces si puissamment intégré, que nul n'y pouvait rien changer. « Vous devriez vous faire élire, me dit l'un d'eux, vous verrez, *nous sommes des petits rois*. » Ils détenaient chacun une parcelle de la souveraineté. Mais, s'ils en goûtaient les honneurs, le système ne leur permettait pas d'en assumer les charges.

Je retrouvais le fil d'Ariane de mes réflexions. La société politique, elle aussi, était une société de méfiance et d'irresponsabilité. Elle ne faisait pas confiance aux citoyens. Le suffrage universel servait à justifier le pouvoir. Pour le reste, il n'était qu'une loterie dont on aurait cherché à éliminer le hasard. On exécrait le référendum, on abhorrait la dissolution, on truquait les élections par des « apparentements », on mettait en quarantaine ou invalidait les députés qui contestaient. Les citoyens étaient irresponsables. Mais les députés n'étaient pas plus responsables que les citoyens ; et les ministres pas plus que les députés.

Ainsi, au sommet de la République, on retrouvait les mêmes maux qu'à tous les niveaux inférieurs. Ce système était bien supporté par la nation, parce qu'il la reflétait fidèlement.

La purification collective

L'après-midi du mardi 13 mai 1958, commençait à l'Assemblée nationale une cérémonie initiatique. Pierre Pflimlin était monté à la tribune d'un pas lourd. Après quatre semaines de crise, le Président Coty lui avait demandé de former un nouveau cabinet. Le moment était venu de clore l'entracte : le public s'irritait. Dans les couloirs, les experts avaient murmuré : « Cette fois, il va passer. » Comme si un jury sadique, las de refuser les candidats, se laissait finalement apitoyer. Mais déjà, l'intérêt se portait sur la faille par où, un jour, passerait l'estocade.

Qui se serait douté que, pour cette victime désignée, la mise à mort viendrait d'ailleurs, et sans tarder ? Personne, dans l'hémicycle, n'imaginait que, deux heures plus tard, Alger basculerait dans l'émeute ; et la IVe République dans le vide. Chacun savait qu'elle était malade. Presque tous restaient convaincus que c'était une infirmité chronique, qui interdit d'agir, mais n'empêche pas de durer.

Les députés se croyaient même assez sûrs pour s'accorder le plaisir amer de la lucidité : le « Président du Conseil désigné » devenait l'officiant d'un rite de purification collective. Une fois investi, il serait solidaire du système. Avant l'investiture, passait l'occasion fugitive où il pouvait jouer les censeurs. C'était le moment des vérités sévères. Chacun soulageait sa conscience dans l'autocritique. Pflimlin parlait : « *La vacance du pouvoir, une fois de plus, paralyse l'Etat. Trois fois en moins d'un an, l'effort de la nation a été contrarié par trois crises ministérielles. Sur douze mois, la République est restée trois mois sans direction, sans politique, en un temps où le rythme de l'histoire s'accélère, dans un monde qui a cessé d'attendre nos décisions pour se déterminer...* »

La voix dure qui martelait le texte s'enfonçait dans un silence épais :

« *Le spectacle de cette instabilité est indigne d'un peuple dont les énergies sont intactes et qui demeure capable de consentir des sacrifices pour la grandeur du pays. Il affaiblit, jusqu'à un degré de désaffection devenu redoutable, l'attachement des Français pour le régime. La dégradation de nos institutions menace la République dans son existence.* »

Les députés écoutaient ce réquisitoire sans broncher.

Le jeu d'esquive

« *Un gouvernement peut être renversé par une addition momentanée de minorités opposées l'une à l'autre, incapables de s'unir pour constituer une majorité positive.* »

Peut-être n'a-t-on pas assez senti que ce système en folie était, à la pointe de la pyramide sociale, un simple cas particulier de la maladie qui s'étendait – et, nous le verrons, s'étend toujours – jusqu'à sa base : *n'importe qui peut faire n'importe quoi sans en supporter les conséquences.* Au moment de naître, tout nouveau Président du Conseil ne sait ni quand, ni pourquoi il va mourir, mais il sait comment : dans un mois, dans un an, ceux qui ont voté pour lui voteront contre lui. L'existence d'une équipe gouvernementale est une nécessité à laquelle les partis doivent se plier provisoirement, à contrecœur. Une fois qu'ils ont ainsi sacrifié aux apparences de l'Etat, ils le privent de sa réalité.

Où est la responsabilité ? Nulle part et partout. Partis en liberté, gouvernements en laisse : personne en particulier n'est responsable de rien en particulier ; même si tout le monde l'est de tout *. Il n'existe guère plus de solidarité entre les membres du gouvernement, qu'entre le gouvernement et sa majorité. Les ministres ne manquent pas de signaler que telle politique incriminée est celle d'un de leurs collègues, non la leur. Les députés ne votent pas en consultant leurs convictions, mais en surveillant leurs collègues. L'habile est celui qui calcule juste : à lui le plaisir de se désolidariser d'une mesure sévère que pourtant il approuve, s'il est assuré qu'elle n'a pas besoin de sa voix ; à lui l'avantage d'un vote démagogique, s'il pense qu'on ne le suivra pas.

Personne ne veut être impliqué ; du coup, tout le monde est simultanément « mouillé » : mais on « sèche » ensemble, et vite. A Pierre Mendès France, qui dressait en 1954 un constat de faillite, un député avait rétorqué : « Comme vous avez toujours voté les investitures, vous êtes aussi responsable[2] ! » En 1957, Guy Mollet avait rappelé cette règle sacro-sainte aux critiques qui le harcelaient : « Vous n'avez pas le droit de faire porter la responsabilité de la situation sur un groupe plutôt que sur un autre. Dans cette assemblée, nous la partageons ensemble[3]. » Vouloir « situer les responsabilités », c'est ne pas jouer le jeu : si tout le monde est coupable, personne ne sera condamné. A défaut de pouvoir agir, il faut que l'inaction soit collective. L'immobilisme doit être garanti. Obligatoire, en somme.

Les lois de la physique parlementaire sont telles, qu'un parti a intérêt à mettre au pouvoir la « combinaison » qu'il pourra lui-même détruire. L'ennemi, c'est l'équipe solide, qui serait capable de durer longtemps. L'ami, c'est le gouvernement faible, dont on suppute déjà la succession.

---

* *Le Canard enchaîné* avait résumé dans son style « L'histoire d'un gouvernement » : « Au début, on se tend la main. Après, on se la fait. Puis on se la refuse. Alors on est obligé de la passer. Finalement, on se les lave[1]. »

La neutralisation réciproque

« *Il devient clair*, poursuit Pierre Pflimlin, *que nos libertés ne seront sauvegardées que si l'autorité, la force et le prestige redeviennent, avec la durée, les attributs du pouvoir.* »

Cet aveu devait coûter à un républicain sincère. Car la justification souvent invoquée de l'instabilité, c'était justement que « les libertés » y trouvaient leur compte. N'y avait-il pas une force, dans cette faiblesse voulue ? Elle écartait le risque du césarisme. La majorité de la classe politique et du Parlement était dominée par cette crainte d'un régime autoritaire, tel que le premier Empire puis le second l'avaient institué ; tel que Vichy avait tenté de le ressusciter ; tel que le cauchemar en revenait par périodes, de Boulanger à Pierre Poujade ; tel que le rêvait – rêvait-on – le général de Gaulle.

Or, voici que ce régime de neutralisation réciproque laissait grandir hors de lui une force irrépressible : celle de militaires en colère ; seules pourraient sans doute s'opposer à elle les forces tout aussi redoutables du parti communiste et de la CGT. Armée d'un côté, communistes de l'autre, risquaient d'enserrer le régime dans un étau qui, en se refermant sur lui, broierait aussi les libertés : la faiblesse, si longtemps protectrice, devenait suicidaire. Il faudrait cette ultime crise, pour que le monde politique acceptât le verdict.

Pourtant, dès 1880, Gambetta avait dressé une condamnation prophétique et féroce de ce régime d'assemblée, qu'il avait lui-même installé en obligeant Mac Mahon « à se soumettre ou à se démettre ». Après lui, quelques voix s'étaient élevées de l'intérieur du système – celles de Clemenceau, de Millerand, de Poincaré, de Tardieu. On y avait perçu le ton d'une désillusion personnelle. L'illusion collective avait duré.

L'Europe, remède impossible

Pierre Pflimlin décrivait maintenant les effets de cette carence d'autorité sur l'économie : « *La cause du mal n'est autre que le déficit de notre balance commerciale. Si, faute de devises, nous étions obligés de réduire massivement nos importations de matières premières et d'énergie, ce serait pour de nombreux foyers le chômage et la misère. Ce serait aussi la tentation du désespoir.* »

L'expansion, pourtant réelle depuis 1954, de l'économie française est éclipsée par le *miracle allemand, le miracle italien, le miracle japonais*. Et les caisses de l'Etat sont vides. On nous refuse nos francs à l'étranger.

« *Le gouvernement*, poursuivait Pierre Pflimlin avec une lenteur dramatique, *devra donc envisager des mesures de contingentement, de rationnement et de répartition. Si nous reculions aujourd'hui devant les exigences d'une politique de rigueur, nous serions obligés de pratiquer demain une politique de détresse, incomparablement plus grave.* »

L'activité fleurit partout. Les Français veulent produire, travailler, consommer. Mais l'effort se gaspille. La monnaie dérape. Le mur s'approche, où l'économie va s'écraser : le Marché commun.

Cette Europe, n'en avait-on pas assez rêvé ! Or, il devenait clair que la France ne supporterait pas les obligations et les concurrences qu'allait entraîner, le 1er janvier 1959, l'ouverture des frontières.

J'étais d'autant plus attentif à ce qu'allait dire à ce sujet le président désigné que je faisais partie, depuis l'automne 1956, de la délégation chargée de négocier, puis de mettre en route, le traité de Rome *.

Nous étions presque tous soulevés par la conviction de contribuer à une œuvre essentielle. Le traité pouvait changer la destinée de l'Europe ; et, pour commencer, de la France : il l'éveillerait de la torpeur séculaire où la plongeait le protectionnisme.

L'espérance n'était pas seulement économique. Pour certains d'entre nous, elle était surtout politique. Le Marché commun, après le « *pool* charbon-acier », amorçait les Etats-Unis d'Europe. Plus d'un de mes collègues adhérait à la thèse qu'Alfred Fabre-Luce exprimait avec force dans des *Lettres européennes* : puisque les Français s'avéraient incurablement incapables de se gouverner, le problème serait réglé par la supranationalité ; dans une Europe intégrée, la France n'aurait qu'à s'inspirer de l'exemple des Allemands, qui avaient le sens de l'organisation et de la discipline.

Chaque jeudi de ces deux années, de bon matin, nous partions pour Bruxelles. Après de longues heures dans le château néogothique de Val-Duchesse, nous regagnions Paris le soir même. Pendant le trajet, nos conversations roulaient sur cette unique question : ce Marché commun verrait-il jamais le jour ? Notre économie sclérosée avait besoin du traitement européen : mais n'était-elle pas déjà trop atteinte pour en tolérer la brutalité ? Le remède n'allait-il pas tuer le malade ? Si l'on parvenait jusqu'à la signature, le traité ne resterait-il pas lettre morte ? N'irait-il pas rejoindre, dans la nécropole des projets avortés, l'Armée européenne et la Communauté politique européenne ? Lors du débat de ratification, Pierre Mendès France en avait fait la cruelle démonstration : « *Ceux même qui voteront le*

* Autour de Maurice Faure, qui la présidait avec brio, cette délégation comprenait Robert Marjolin, Jacques Donnedieu de Vabres, Pierre Guillaumat, Georges Vedel, des diplomates comme Olivier Wormser, François Valéry, Jean-Jacques de Bresson, Jean François-Poncet – qui en assurait le secrétariat général –, des financiers comme Renaud de La Génière et Jean-François Deniau, des représentants d'autres ministères comme Pierre Moussa et Jacques Duhamel.

Marché commun ne cachent pas qu'à leur avis, notre premier soin, quand nous y serons entrés, consistera à demander à l'organisation de faire tout ce que le Marché commun interdit de faire. Et ils soulignent qu'il y a certaines clauses qui sont justement là pour cela[4]*.* »

On attendait donc Pierre Pflimlin. Il affirma que son gouvernement n'aurait pas de plus urgente préoccupation que « *d'aménager les charges supportées par l'économie, en vue de préparer l'entrée de la France dans le Marché commun* » : c'est bien là que le bât blessait.

L'Outre-mer malade

Le pire provint d'ailleurs. La IVe République, comme la IIIe, avait pu survivre à ses dérèglements politiques ou économiques. Toutes deux savaient, dans ces domaines familiers, jusqu'où ne pas aller trop loin. La décolonisation prit le système à contrepied.

L'étendue de l'Empire paraissait une compensation à la faiblesse de l'Etat : le prestige français ne se comptait plus qu'en kilomètres carrés, ou en nombre de « citoyens ». En cette année 1958, visitant l'Exposition internationale de Bruxelles entre deux séances de négociation, j'avais lu sur le pavillon de la France, inscrite en lettres d'or, cette fière définition : « *La France est un pays de 80 millions d'habitants.* » La perte de l'Indochine avait ramené à quatre-vingts les cent millions de Français de nos manuels d'enfants. Mais elle n'avait rien changé aux dogmes ; la guerre d'Algérie non plus : on les proclamait avec une aussi tranquille certitude qu'à l'Exposition coloniale de 1931. La République une et indivisible étendait, de l'Atlantique à l'océan Indien, les bienfaits de l'assimilation et de la centralisation. Héritière de l'esprit romain et fière des principes de 1789, niant farouchement les différences culturelles, elle déclarait être une République de citoyens non seulement égaux en droit, mais identiques et interchangeables. En douter, c'eût été du racisme.

Ces préjugés étaient si fort enracinés que les Français ressentaient la décolonisation comme un amoncellement de défaites.

Ce 13 mai 1958, la décolonisation, c'est en Algérie qu'elle déroulait son drame, plus proche, plus intime, plus déchirant que ceux de l'Indochine, du Maroc, de la Tunisie. L'Algérie est malade de la France, la France malade de l'Algérie. Notre dogmatisme atavique s'en donne à cœur joie : il jette ceux qui veulent « intégrer » les Algériens au nom de l'*égalité* des hommes, contre ceux qui veulent les affranchir au nom de la *liberté* des peuples. Grands principes, gros intérêts, attachements profonds, s'emmêlent pour rendre féroce l'opposition des deux fractions du pays. Comment une Assemblée nationale élue à la représentation proportionnelle ne serait-elle pas partagée, quand la conscience nationale est si déchirée ?

Les gouvernements successifs se gardent de proposer une solution, puisque aucune ne peut rallier assez de suffrages pour s'imposer. Un mois plus tôt, Félix Gaillard est tombé pour avoir accepté une proposition de « bons offices » anglo-américains. On voudrait bien que la tragédie pût être vécue en famille. Pourtant, presque tous ceux qui écoutent Pierre Pflimlin pensent que l'internationalisation du conflit est désormais inévitable. En attendant, ils lui savent gré d'énoncer des évidences : « *Le gouvernement de la France ne saurait avoir d'autre objectif que de rétablir la paix. Mais il n'est pas d'autre voie que celle de l'effort. Le gouvernement considère comme son premier devoir de demander à la nation de nouveaux sacrifices.* »

La République n'avait-elle pas surmonté la Commune, le boulangisme, l'affaire Dreyfus, la Grande Guerre, l'Action française et les ligues, Pétain et de Gaulle, la participation des communistes au gouvernement puis leur expulsion, le RPF et le poujadisme, Diên Biên Phu ? J'ai entendu beaucoup d'hommes politiques de la IVe, entre 1956 et 1958, affirmer leur certitude que, le cap des tempêtes algériennes une fois franchi, le régime trouverait des eaux assez calmes pour y godiller sans encombre. Encore fallait-il franchir le cap. Or, dans quelques heures, le général Massu allait être porté à la tête du Comité de salut public d'Alger : l'armée prendrait en charge la révolte des pieds-noirs. Comment réagirait Paris ? En déléguant tous les pouvoirs civils et militaires au général Salan, qui les subdéléguerait à Massu... Redoutant l'épreuve de force, la République s'inclinerait.

La politique du fait accompli

Ce n'était pas la première fois : incapable d'agir, elle l'était aussi d'empêcher. Combien de colonies, sous la IIIe République, n'avaient-elles pas été ainsi réunies à l'Empire par d'incessants faits accomplis ? Le gouvernement, puis le Parlement, ne pouvaient qu'en prendre acte. C'est par ces mêmes méthodes que se menait le combat pour les garder : en Indochine, les autorités françaises locales bloquent les perspectives d'entente avec Hô Chi Minh ; au Maroc, elles déposent le sultan ; en Algérie, elles *kidnappent* Ben Bella et, au début de l'année 1958, bombardent une bourgade tunisienne, Sakiet Sidi-Youssef ; sans que jamais une délibération gouvernementale ait précédé ces actes historiques.

En octobre 1957, j'avais accompagné en Algérie des diplomates occidentaux en poste à Paris. De la frontière tunisienne à la frontière marocaine, nous entendîmes dans les popotes des propos sans indulgence : « Ce n'est rien de se battre, mais se faire poignarder dans le dos par des pantins... » Les militaires, toujours engagés sur le front de la décolonisation, et souvent lâchés, nourrissent d'humiliations récentes leur mépris traditionnel pour les « pékins ». Je ne pus empêcher nos compagnons étrangers de le découvrir. Un diplomate autrichien me dit dans l'avion du retour : « Il me semble que les jours de votre République sont comptés. »

De fait, jamais, depuis Brumaire, des militaires n'avaient dû se sentir aussi justifiés à s'emparer du pouvoir. Où est-il ? Les ombres qui s'agitent sur le théâtre du Palais-Bourbon donnent l'illusion de le détenir. Aux hommes politiques responsables, impuissants parce que transitoires, feignent d'obéir des fonctionnaires irresponsables, dont personne ne contrôle plus la puissance.

Une diplomatie malade

Le pouvoir n'est pas seulement dans le bureau des directeurs de ministère. Il est aussi dans quelques capitales étrangères. Pflimlin le reconnaît avec courage : « *Dans le monde, les forces hostiles se coalisent contre nous, sans que nous soyons assurés du soutien de nos amis.* »

Raccourci pathétique, où tient le paradoxe de notre situation internationale. Combinant une politique étrangère docile aux Américains, et une politique coloniale combattue par eux, la France attirait à la fois sur elle l'irritation du monde occidental – et la tension avec les pays de l'Est. C'était beaucoup. Mais le pire sans doute, c'est que l'héritière de 1789 était haïe des nations prolétaires.

Des parlementaires que je côtoyais voyaient une sorte de cohérence dans un système où les colonies étaient subordonnées à Paris et Paris à Washington. Pourquoi la France ne serait-elle pas un protectorat, puisqu'elle avait des protectorats ? Protectrice et protégée, elle se mettait aux ordres avec autant de naturel qu'elle en donnait. Paris savait mieux que Dakar ou Tananarive ce qui convient aux Sénégalais ou aux Malgaches. Washington savait mieux que Paris ce qui convient aux Français.

Seulement, en cette année 1958, cet équilibre féodal est rompu. Le suzerain américain se mêle de nos fiefs, encourage nos propres vassaux à la révolte. Confusément – amers mais déjà résignés – les Français se préparent à devoir encore obéir, sans plus pouvoir commander. Quelle autre issue y a-t-il ? L'inféodation aux Soviétiques ? Elle a ses partisans. Seule l'indépendance n'en a plus guère. Des factions organisées affichent leur solidarité avec les deux plus grands Etats. Ainsi en était-il du temps des Armagnacs et des

Bourguignons, de la Ligue et des Guise. Ainsi avaient fini Athènes et la République de Venise. La dislocation est-elle proche ? Retiré dans son village, un général désabusé prédit à ses rares visiteurs qu'après l'Algérie, l'Alsace-Lorraine, elle aussi, « foutra le camp ».

Sans autorité parce que sans durée

Comment rompre ce mauvais charme ? Ces institutions débiles, comment s'en débarrasser ? Il faudrait que l'un au moins des trois protagonistes du drame, le gouvernement, le Parlement, le peuple, en eût la volonté et les moyens.

Le gouvernement ? La seule ambition qu'il peut encore nourrir est de reculer un peu le jour où il sera lui-même renversé. Il reste immobile, parce qu'il n'a pas le temps de démarrer. Pierre-Henri Teitgen me dit un jour : « Vous, les fonctionnaires, vous êtes inamovibles, profitez-en bien pour préparer une politique à longue échéance. Les gouvernements en sont incapables. Tout au plus peuvent-ils adopter un plan qui aura été mis au point par les services. »

« *L'action privée de la durée*, poursuit Pierre Pflimlin, *si juste qu'en puisse être l'inspiration, reste une impulsion sans lendemain, une velléité sans effet. Les gouvernements, à l'instant où ils naissent, commencent à mourir ; et trop souvent leur énergie s'épuise à retarder la chute.* »

Le Parlement ? Comment des députés amenderaient-ils sérieusement la Constitution, quand la révision exige une majorité des trois cinquièmes, et qu'ils ont tant de peine à réunir une majorité simple sur les sujets les moins controversés ?

En décembre 1952, revenant de Strasbourg par le train, je partageais mon compartiment avec quelques parlementaires. Une crise ministérielle nous rappelait du Conseil de l'Europe à Paris *. Ils engagèrent une conversation passionnée. Tous convenaient aisément de la nécessité de réviser la Constitution pour donner au gouvernement la stabilité indispensable. Mais chaque solution proposée soulevait chez l'un ou l'autre une objection sans réplique.

Cinq ans plus tard, en octobre 1957, je me retrouvais dans le même train de Strasbourg, au cours d'une nouvelle crise ministérielle **, en compagnie de parlementaires qui revenaient d'une semblable session, cette fois, de l'Assemblée des Six. Je me crus la victime d'une hallucination. Même conversation, mêmes arguments, mêmes obstacles. Jean Le Bail, homme cultivé et fin, m'expliqua que la Constitution était sans doute mal faite et malfaisante, mais qu'un bon républicain devait la respecter parce qu'elle était la Constitution – et

---

* Le gouvernement Pinay démissionnait.

** Le gouvernement Bourgès-Maunoury avait démissionné.

comment mieux la respecter qu'en n'y touchant pas ? Il serait jusqu'au bout le bon républicain d'une mauvaise République...

Si la volonté de réformer les institutions avait vraiment existé, sans doute les divergences sur les moyens auraient-elles été surmontées. Mais elle n'existait pas. Le propre d'un régime d'assemblée est que l'assemblée, qui en aurait seule le pouvoir, n'a aucune envie de changer elle-même un régime où elle *détient* tous les pouvoirs – à défaut de les *exercer*.

Un peuple malade du dégoût de l'histoire

Alors, *le peuple ?* Aux élections cantonales d'avril 1958, je venais de mesurer son découragement. C'était mon premier contact avec le pays réel des électeurs. Dans les cafés ou les arrière-boutiques, je rencontrais non la colère, mais la passivité : « Vous en faites pas, *ils* seront toujours les plus forts, c'est pas la peine de vous fatiguer. » « Si on *les* flanquait tous à la Seine, ça ne changerait rien ; parce que vous, si on vous mettait à la place, vous feriez pareil. » Le citoyen se sentait impuissant devant une machine aveugle. L'écrivain italien Malaparte voyait juste : « Les Français se considèrent comme un peuple en décadence, sinon comme un peuple fini... Ils sont malades de ce que j'appellerais le dégoût de l'histoire [5]. »

Le sursaut pouvait-il venir de ce peuple résigné ? Le passé répondait. La méfiance instinctive du parlementaire moyen face à l'autorité, le Français moyen la partageait avec lui. Pour éviter de se mépriser, les Français méprisaient le « politicien » : mais en réalité, ils lui imposaient leur comportement. Cynique et sceptique, le député jouait finalement le personnage qu'un peuple sceptique et cynique attendait de lui. La boucle de leur mépris mutuel était bouclée. Ils s'enfonçaient, complices, dans la même impasse.

De cette impasse, Pierre Pflimlin, tandis qu'il redescendait lentement les degrés de la tribune, désespérait visiblement de pouvoir faire sortir la France.

« De Gaulle ne reviendra jamais »

Après l'interruption de séance, l'orage éclaté sur Alger répercuta son écho contre les colonnes du Palais-Bourbon. Ce soir-là, chez Pierre Moussa *, dans un appartement qui dominait l'esplanade des Invalides, eut lieu un de ces « dîners en ville » où l'on ne pouvait

* Alors directeur des Affaires économiques au ministère de la France d'outre-mer.

parler d'autre chose que de l'agonie de la République. Robert Buron * fit état de la rumeur qui s'amplifiait dans les couloirs de l'Assemblée : seul de Gaulle pourrait surmonter la crise.

« Détrompez-vous, coupa sèchement Georges Pompidou **, de Gaulle ne reviendra jamais au pouvoir. Vous entendez : jamais. Non seulement il a cessé d'y croire. Mais il n'en veut plus. Il achève ses *Mémoires*. Il ne veut rester qu'un homme de l'Histoire. Il refusera de compromettre son prestige dans une entreprise qui n'a évidemment aucune chance d'aboutir.

– Certains pensent pourtant que lui seul pourrait remettre les militaires à leur place et changer la Constitution.

– Peut-être, mais ce n'est pas la peine de rêver. »

Muni du renseignement, Buron se hâta vers le Palais-Bourbon tout proche.

« Les nations, dit Mao, pourrissent comme les poissons, par la tête. » Etait-ce cela, le *mal français*, ce *mal d'Etat*, ce pourrissement par la tête, si évident, si avancé ? Pour le guérir, l'idée se répandait qu'il était nécessaire et suffisant de changer les institutions. Nécessaire ? Evidemment. Suffisant ? C'était moins sûr.

---

* Député MRP de la Mayenne. Malgré ses préventions contre le retour du général de Gaulle, il allait devenir un de ses ministres.

** Alors dans le secteur privé, il était resté proche du Général.

Chapitre 6

UNE GUÉRISON QUI NE GUÉRIT PAS TOUT

Les jours suivants, l'angoisse s'alourdit. Comment surmonter la dissidence de l'Algérie, la rébellion de l'armée ? Secouant son découragement, et du coup démentant le pronostic de Georges Pompidou, de Gaulle fit savoir, le 15 mai, qu'il « se tenait prêt à assumer les pouvoirs de la République ». Bizarrement, il devait ajouter que « ce pouvait être aussi le début d'une sorte de résurrection ». Comment, d'un mal à son paroxysme, un bien sortirait-il ? On souhaitait seulement qu'il n'en sortît pas le pire.

Un cauchemar, fréquent dans l'histoire de France, resurgissait : *les commandes ne répondent plus*. Les « pleins pouvoirs » donnés par l'Assemblée au gouvernement n'avaient pas empêché la décomposition du pouvoir. La débandade de la police et des fonctionnaires d'autorité s'ajoutait au soulèvement militaire, la dissidence de la Corse à celle de l'Algérie. Eviterait-on la guerre civile ? Et l'intervention des Américains, dont la flotte croisait au large de l'Algérie ? Le 22 mai, Antoine Pinay se rendait à Colombey. Quelques jours après, Guy Mollet l'imitait, irrité d'être retardé par un troupeau de vaches, mais bientôt rasséréné : « J'ai vécu là un des plus grands moments de ma vie. » Au Palais-Bourbon, malgré maintes péripéties, un courant se dessinait pour qu'on fît appel à de Gaulle. Le président Coty, dont le seul pouvoir consistait à désigner un candidat à l'investiture, eut le mérite capital de prendre cette décision, et de l'appuyer, le 29 mai, d'une objurgation solennelle, contraire à toutes les traditions. Le 1er juin, le Général recevait l'investiture d'une large majorité.

Il est singulier que la date du *13 mai*, non du *1er juin*, ait été retenue. Le 13 mai ne fut qu'un soulèvement parmi beaucoup d'autres. Le 1er juin fut la seule occasion en deux mille ans où les détenteurs de la souveraineté nationale, sans occupation étrangère, sans contrainte physique, décidèrent de se priver de cette souveraineté en confiant à un gouvernement le pouvoir de changer le régime.

Au début de 1963, je proposai à de Gaulle de célébrer avec quelque éclat le cinquième anniversaire de ce 1er juin mémorable.

« Je ne vais pas passer mon temps à me commémorer », trancha-t-il.

Mais d'autres n'omettaient pas de le faire à leur façon, et à leur date, qui marquait le régime d'illégitimité. Le 13 mai 1968, une grandiose manifestation était organisée par l'opposition sur le thème : « Dix ans, ça suffit. » Les journaux du monde entier avaient préparé pour ce jour-là de copieux bilans de la décennie. C'était reprendre, sans même la soumettre à critique, la thèse de la minorité, selon laquelle le général de Gaulle a pris le pouvoir par un coup d'Etat. C'était aussi oublier quelques détails : que seule l'incapacité du régime à maîtriser cette sédition avait contraint, pour finir, les dirigeants des principaux partis nationaux d'appeler l'homme à qui son prestige donnait quelques chances de surmonter l'épreuve ; que la Ve République dut essuyer, depuis lors, des rébellions de l'armée et des pieds-noirs, beaucoup mieux préparées et plus vigoureusement menées ; et qu'elle trouva dans sa légitimité, c'est-à-dire dans l'appui populaire, l'autorité nécessaire pour les réduire – non en déléguant ses pouvoirs aux rebelles, mais en les faisant arrêter.

Ce paradoxe est significatif. Ainsi, 329 députés de la IVe République ont décidé le 1er juin, par leur libre suffrage, de fonder la Ve, dont ils fixaient eux-mêmes les grands principes. Leur vote a été aussitôt approuvé par le consentement évident de l'opinion ; puis par un référendum qu'adoptèrent quatre Français sur cinq ; puis par des élections législatives triomphales ; puis par une élection présidentielle qui ne le fut pas moins. Cette majorité du 1er juin a constitué la première d'une longue série de majorités, comme la France n'en avait jamais connu depuis l'institution du suffrage universel. Mais le vote de ces « pères fondateurs » est voué à l'oubli. En revanche, 224 opposants * refusèrent d'investir un gouvernement qu'ils situaient dans la lignée du 18 Brumaire et du 2 Décembre. Leur interprétation fait foi. C'est qu'en France, la peur du césarisme est enraci-

* 141 communistes, 6 progressistes, 49 socialistes sur 95, 18 radicaux sur 42, et quelques isolés dont les plus connus étaient Pierre Mendès France et François Mitterrand.

née dans la mentalité collective ; et un mythe sans cesse entretenu prévaut toujours sur une vérité qu'on néglige de rappeler.

« Il n'aura pas duré plus longtemps que les autres »

Il est des maladies chroniques dont l'évolution, soudain, se précipite en une crise fatale. C'est ce qui, en ces jours, arrivait à la République. Or, non seulement la crise s'apaisa, mais la maladie chronique parut guérie du même coup.

La rapidité de ce rétablissement, sans vrai précédent dans notre histoire *, garde, malgré le recul, quelque chose d'étrange. On n'en demandait pas tant à de Gaulle. On l'appelait pour sauver la République de ce qu'il nomma « une entreprise d'usurpation se constituant à Alger [1] ». Il voulait surtout la sauver de ses démons, qu'il rendait responsables de la tragédie algérienne, comme du drame indochinois, et de quelques autres.

On a oublié que, dans les premiers jours de juin 1958, la plupart des parlementaires qui avaient voté pour lui escomptaient son prochain départ. Le jour même de l'investiture, j'entendis dans la salle des Quatre-Colonnes un député « indépendant », qui venait d'être ministre du gouvernement Pflimlin, expliquer au milieu d'un cercle attentif : « La Chambre se réunit le premier mardi d'octobre. C'est dans la Constitution. D'ici là, que va-t-il se passer ? Ou bien de Gaulle aura réussi à nous débarrasser des militaires d'Alger. Ou bien il aura échoué. Dans un cas comme dans l'autre, on n'aura plus besoin de lui. Cela fera juste quatre mois. C'est la moyenne. *Il n'aura pas duré plus longtemps que les autres.* » Le ton était gouailleur ; le propos fut bruyamment approuvé.

Pendant l'été et l'automne, les députés allèrent de surprise en surprise : l'installation de la nouvelle République ne correspondait en rien à ce qu'ils avaient pu imaginer. Ils comprirent seulement en septembre que la Chambre serait dissoute et qu'il faudrait repasser devant les électeurs. Jusqu'en novembre, prisonniers des schémas anciens, beaucoup ne pouvaient imaginer que le Général fût candidat à une magistrature qui restait, dans leur esprit, toute symbolique :

« De Gaulle à l'Elysée ? Vous n'y pensez pas, m'affirmait un récent ministre des Affaires étrangères. Il gardera Coty : il ne pourrait pas trouver de Président plus arrangeant. Et il restera à Matignon. Avec la nouvelle Constitution, il sera inamovible pendant toute la législature. »

En novembre, quand on apprit que le Général se présenterait le mois suivant à l'élection présidentielle, ce fut, pour les mêmes, une surprise. Il avait été appelé pour ramener la paix en Algérie, et il allait

* Si ce n'est celui de l'an VIII, mais qui n'était pas précisément légal.

quitter le gouvernement sans l'avoir fait ? Puisque s'installer à l'Elysée, c'était devenir le soliveau de la fable.

Paradoxalement, la crise algérienne, que de Gaulle était censé résoudre, dura encore quatre longues années ; elle connut même des soubresauts beaucoup plus violents que ceux de mai 1958. Mais la guérison de ce que l'on croyait le « mal français » fut pour ainsi dire instantanée. La faiblesse chronique, la paralysie, la subordination de la France disparurent comme par l'effet d'un enchantement. Le prolongement de la crise algérienne consolida la guérison : c'est lui qui permit de résorber le *mal d'Etat*, par l'affirmation continue d'un pouvoir soustrait aux pressions des partis.

L'Etat changeait de nature. Il disposait enfin – et plus même qu'aucun de nos voisins – de ces atouts dont je l'avais toujours vu désespérément privé : la certitude de la durée, la capacité de prendre en tout l'initiative. Dans un domaine bien particulier, je fus témoin de la rapidité et de l'ampleur du redressement.

Une atmosphère électrique

On n'a pas su que, huit jours après l'émeute du 13 mai, le gouvernement Pflimlin avait été acculé à différer *sine die* notre entrée dans le Marché commun : la situation financière et économique ne nous permettait pas d'honorer l'échéance du 1er janvier 1959. Fort honnêtement, il décida d'en avertir ses partenaires. Maurice Faure, devenu ministre des Affaires européennes, prit le petit avion ministériel pour aller prévenir ses cinq collègues qu'il faudrait remettre d'une et sans doute de plusieurs années la mise en œuvre du traité de Rome. Cette déclaration dramatique, nos partenaires l'écoutèrent avec une sorte de soulagement ; ils ne doutaient pas, depuis plusieurs mois, que la France y serait acculée. Devant l'obstacle, trop haut pour elle, elle avait bronché. On convint que la décision serait tenue secrète, jusqu'au jour où le gouvernement voudrait l'annoncer officiellement. L'effondrement de son pouvoir lui épargna cette humiliation.

Aux yeux de nos partenaires, l'arrivée du Général, loin de réparer cet échec, le rendait irréversible. Puisque les dirigeants de la IVe République, grands partisans de l'Europe, avaient déclaré forfait, ce n'est pas de Gaulle, hostile à la supranationalité, qui allait se montrer plus « européen » qu'eux. D'ailleurs, notre débilité économique, sur laquelle il ne pouvait rien, le lui interdirait. Voilà ce qu'on disait à Bruxelles, dans les couloirs de la nouvelle et sans doute éphémère Communauté.

Cependant, la renonciation française ne se confirmait pas. On commençait à s'impatienter. La Grande-Bretagne surtout. Elle avait refusé d'entrer dans le Marché commun. Notre défection allait lui permettre de le détruire, en y substituant une simple « zone de libre-échange ». Le 15 décembre 1958, dans la grande salle rococo du château de La Muette, s'étaient rassemblés les ministres des « Six * » et des « Sept ** ». L'atmosphère était électrique.

« Nous en venons au faire et au prendre », m'avait dit tranquillement Maurice Couve de Murville avant la séance. La soirée serait décisive.

Déjà les « Sept », menés par la Grande-Bretagne, enterraient joyeusement le Marché commun. Quant à nos cinq partenaires du traité de Rome, résignés à voir, par notre faute, le Marché commun renvoyé aux calendes grecques, ils se ralliaient à la *zone de libre-échange* comme à un moindre mal.

Le ministre allemand de l'Economie, Ludwig Erhard, fit une « proposition de conciliation » qui revenait en fait à accepter la *zone* à l'anglaise, tout en gardant pour un avenir hypothétique la possibilité pour les Six de donner vie à leurs institutions.

Le mauvais élève de la classe

Un à un, les Sept, puis les Cinq, donnèrent leur accord au projet. Couve indiqua qu'il voyait de graves inconvénients à la proposition allemande. Allait-il plaider que son pays ne serait pas en état de se lier par une nouvelle convention, fût-elle beaucoup moins contraignante que le Traité de Rome ? Nullement. Il fit valoir que la création d'une vaste *zone de libre-échange* empêcherait la mise en application du traité de Rome et noierait le Marché commun...

Ni les volutes de fumée qui s'élevaient dans la salle aux boiseries Louis XV de chêne cérusé, ni la maîtrise de soi à laquelle leur métier accoutume les diplomates, n'empêchèrent la stupeur de se peindre sur plus d'un visage : la France parlait comme si elle n'était pas à l'origine de l'impasse, à laquelle l'Allemagne ouvrait une issue.

Le chef de la délégation britannique, sir David Eccles, mena l'assaut avec une dureté qui ne s'effacera jamais du souvenir de ceux qui ont assisté à cette séance :

« Une seule délégation s'oppose à l'accord qui recueille l'unanimité des autres. Or, cette délégation représente un pays qui n'exécute aucun de ses engagements. »

Sir David Eccles dénonçait avec âpreté le cercle vicieux où était

* France, Allemagne fédérale, Italie, Belgique, Pays-Bas et Luxembourg, signataires du traité de Rome créant le Marché commun.

** Grande-Bretagne, Danemark, Norvège, Suède, Suisse, Autriche, Irlande, favorables à une zone de libre-échange où se diluerait le Marché commun. Celui-ci avait eu pour ambition de créer une véritable Communauté, unie par des liens complexes et définitifs. La zone de libre-échange se contenterait d'abaisser les murailles douanières d'une manière qui était à tout instant révocable.

enfermée la France. Le Marché commun pouvait théoriquement conduire notre économie au salut, mais pour qu'elle supportât ce traitement, il aurait fallu qu'elle fût déjà sauvée. Ce cercle, comment le gouvernement de Paris arriverait-il à s'en échapper ? Puisqu'il ne pouvait pas le moins, comment pourrait-il le plus ? Le ministre britannique disait tout haut ce que chacun pensait tout bas. Que la France fût « le mauvais élève de la classe », combien de fois l'avions-nous entendu dire depuis dix ans ! Nous promettions, et nous ne tenions pas. Nous prenions des initiatives, et les faisions nous-mêmes avorter. Nous en appelions aux gouvernements étrangers de nos querelles intérieures. Tel ancien ministre des Affaires étrangères * alertait nos partenaires pour qu'ils rejettent les propositions de son successeur **. Incapables de supporter le vague encadrement de l'Organisation européenne de coopération économique, nous prétendions supporter les rigueurs du Marché commun.

Maurice Couve de Murville savait qu'à la fin du mois serait rendu public un train de mesures audacieuses, destinées à rétablir notre économie. Nos interlocuteurs ne pouvaient le deviner *** : à part le ministre, les membres de la délégation française en ignoraient tout. J'appris par la suite que, quelques jours plus tôt, Antoine Pinay lui-même avait été surpris par l'audace du plan **** auquel il allait apporter l'appui de son prestige.

« Dites que je vais rompre »

Depuis dix ans, sans doute, jamais la France n'avait été attaquée si violemment par un de ses alliés dans une conférence internationale. Jamais non plus elle ne s'était trouvée si isolée. Jusque-là, elle inspirait surtout la pitié ; et elle finissait toujours par s'incliner. Cette fois, elle avait la désinvolture de défier ses douze partenaires. Ce n'était pas tolérable.

Quand le chancelier de l'Echiquier en vint à menacer la France de représailles, Maurice Couve de Murville se tourna vers Olivier Wormser *****: « Allez prévenir les cinq autres délégations que je vais rompre. » Wormser fit le tour de la table, parla à l'oreille de chacun de ses homologues. Celui-ci se penchait aussitôt vers son ministre,

---

* Robert Schuman, le 19 août 1954.

** Pierre Mendès France.

*** Ils attendaient une dévaluation, mais nullement une libération des échanges à 90 %.

**** Jacques Rueff, entouré d'un comité d'experts, l'avait préparé dans un secret total, sur instructions du général de Gaulle.

***** Alors directeur des Affaires économiques et financières au ministère des Affaires étrangères ; c'est lui qui suggéra à Couve de tirer parti des menaces anglaises pour provoquer la rupture.

qui enlevait précipitamment son casque d'interprétation. Un chuchotement effaré courut autour du tapis vert. L'orateur, parlant dans le vide, finit par se taire. Couve demanda la parole. Les murmures s'arrêtèrent. Il déclara calmement :

« Après ce qui vient d'être dit, la France ne peut continuer à considérer comme acceptables les propositions de conciliation présentées par ses cinq partenaires. J'ai le regret d'annoncer qu'aucun accord ne pourra être atteint au cours de la présente session. Je dis bien, *aucun accord*. Même sur la date d'une autre réunion. »

La séance fut suspendue. Ludwig Erhard offrit ses bons offices pour tenter une conciliation. Sir David Eccles exprimerait ses regrets pour la vivacité de son propos ; moyennant quoi, la France transformerait son veto en abstention.

Couve s'obstinait à sourire en secouant la tête. Erhard s'empourprait. Couve souriait de plus en plus. Cette sérénité suave, je l'avais vu en faire la démonstration, depuis dix ans, dans plus d'une conférence internationale. Mais il représentait alors une France qui titubait de crise en crise : il n'arrivait pas à masquer la fragilité de sa position. Aujourd'hui, une tranquille certitude émanait de lui. Il s'appuyait sur une force inexpugnable : des institutions qui garantissaient à l'exécutif la longévité. Il pouvait à volonté ouvrir ou fermer la porte aux Anglais. Il tiendrait, autant de temps qu'il faudrait pour l'emporter, la position qu'il s'était vu assigner. Il avait acquis une absolue capacité de résistance et de mutisme.

Aucun accord : ce fut son dernier mot.

Quand on se sépara dans la nuit, les cinq partenaires de la France ne croyaient nullement que le traité de Rome venait d'être sauvé de la noyade. Ils étaient convaincus que le petit Marché commun et la grande zone de libre-échange avaient ensemble coulé à pic.

Ce ne fut pas le moindre paradoxe de cette année-là. Le gouvernement Pflimlin, tout acquis à « l'intégration » européenne, s'était vu contraint de renoncer ; de Gaulle, connu pour ses attaques contre la supranationalité, fit tout pour honorer une signature qu'il n'aurait pas donnée. Il mit sa coquetterie à ne demander ni révision, ni délai. Le traité prévoyait des clauses de sauvegarde ? Pas question de les invoquer. Le plan de redressement permettrait à la France de tenir ses engagements. Elle put même demander une accélération du calendrier.

Constat de guérison du mal visible

Dans tous les domaines, des renversements, analogues à celui qui s'était produit dans la nuit du château de La Muette, étonnèrent témoins et acteurs. Le changement fut si réel et profond, que ce qui nous semblait, au début de 1958, hors d'atteinte, presque hors de rêve, nous apparaît comme allant de soi...

Le retournement n'était-il pas suffisant pour que l'on pût déclarer guéri le mal dont la France souffrait avant 1958, et qui faisait la dérision du monde ? Ce n'était pas un mince mérite, si l'on songe qu'avant la IVe, il avait miné la IIIe République ; et pas seulement celle de l'entre-deux-guerres. Déjà, en 1914, la France avait connu, en quarante ans, soixante gouvernements * : simplement, la volonté de revanche avait masqué l'instabilité. Ainsi, les Français guérissaient d'une maladie institutionnelle qui avait duré deux républiques. Mais n'est-ce pas trop peu dire ? Ne les accablait-elle pas en fait depuis la monarchie absolue ?

Réussir là où dix-sept régimes avaient échoué. Reprendre les aiguillages de l'histoire – où tant de fois la France avait déraillé – à partir du premier d'entre eux, cette réforme de l'Ancien Régime, dont l'insuccès avait rendu la Révolution inévitable. Bref, guérir un « mal français » qui durait depuis trois siècles : je crois bien que c'était l'ambition suprême de Charles de Gaulle, bien qu'il ne l'eût jamais proclamée.

« Je n'ai pas fondé une nouvelle République, me dit-il un jour. J'ai simplement donné des fondations à la République, qui n'en avait jamais eu. »

Et une autre fois : « Ce que j'ai essayé de faire, c'est d'opérer la synthèse entre la Monarchie et la République.

– Une République monarchique ? fis-je.

– Si vous voulez. Plutôt, une Monarchie républicaine. »

Pendant son premier septennat, de Gaulle n'eut pas d'autre souci que de refaire *un Etat* et *une nation*. L'Etat pour la nation. La nation par l'Etat. Un Etat qu'il voulait arracher aux luttes des partis et des intérêts, en conférant à son chef la stabilité, la continuité, l'indépendance. Une nation qu'il voulait arracher à l'emprise étrangère, en lui fournissant les moyens militaires, diplomatiques et financiers d'une souveraineté oubliée.

A la longue, il s'attaqua à une troisième dimension : *la société*. Sans doute, sa passion de l'unité avait toujours su qu'il faudrait trouver une issue au conflit absurde du « capital » et du « travail ». Il trouvait inacceptable qu'un Français sur quatre ou cinq, en votant communiste, fût un exilé de l'intérieur. Mais il reconnaissait qu'en ce domaine, il marchait « à tâtons ». Et comme il n'aimait pas tâtonner, il préféra longtemps ne pas s'engager dans cette voie obscure.

Jusque vers la fin de son premier mandat, il pensa que, s'il accentuait l'autorité de l'Etat, tout le reste serait donné de surcroît. Il fallut déchanter. Il y avait bien quelque chose d'essentiel qui avait changé à la tête de l'Etat et, en écho, dans les profondeurs de la conscience

* Je ne compte pas les remaniements.

nationale ; mais tout l'entre-deux restait terriblement semblable, terriblement immuable.

« Deux ans ! »

La première fois que je l'avais vu en tête à tête, c'était en mars 1959. Son directeur de cabinet, René Brouillet, l'avait engagé à recevoir un de ces jeunes députés « gaullistes » qu'il ne connaissait pas encore. Il m'interrogea sur l'état des esprits dans mon groupe parlementaire et dans ma circonscription. Il n'était bruit que de la suppression de la retraite des anciens combattants. Je le lui dis. Il me coupa avec une sérénité souveraine :

« Comme toujours, les parlementaires font passer l'accessoire avant l'essentiel. Dans un an, tout le monde aura oublié la retraite du combattant mais l'affaire algérienne ne sera toujours pas réglée. »

Il ajouta, après un silence :

« Asseoir les institutions, mettre fin à la guerre d'Algérie, achever la décolonisation, rétablir l'indépendance, voilà ma tâche. Et puis, je pourrai m'en aller.

– Combien de temps, fis-je étourdiment, vous faudra-t-il ?

– Je ne sais pas. Mais dans deux ans, nous devrions avoir bien avancé. »

Il n'avait pas dit : « Je partirai dans deux ans. » Il voulait en toute occasion se garder les mains libres. Pourtant, on pouvait conclure non seulement qu'il n'avait pas l'intention de briguer un nouveau mandat, mais qu'il chercherait le moment de se retirer, dès qu'il aurait accompli sa mission historique.

Quelques années plus tard, je racontai ce mot à Georges Pompidou. Il rit :

« Deux ans ! Il était déjà devenu plus raisonnable ! Entre 1947 et 1951, quand il pensait revenir au pouvoir par les élections législatives, il me disait : "*Je resterai six mois, le temps de changer la Constitution, de mettre fin à la guerre d'Indochine, de donner des perspectives nouvelles à l'Union française, d'affermir le franc. Six mois, vous m'entendez ! Et puis, je partirai en beauté.*" »

Il est naturel, après tout, que de Gaulle ait été victime d'une sorte de mirage, que les montagnards connaissent bien : on croit pouvoir atteindre aisément le sommet ; mais plus on s'en approche, plus la distance se creuse.

Quand il s'en aperçut, il pensa qu'il surmonterait mieux les obstacles en affirmant de plus en plus la prééminence du président de la République. D'avril 1962 à décembre 1965, durant les deux premiers gouvernements de Georges Pompidou, sa principale préoccupation fut d'accentuer ses prérogatives ; elles ne devaient être limitées que par l'obligation de trouver à l'Assemblée une majorité qui approuvât le gouvernement. Ainsi serait établi l'équilibre institutionnel qui avait toujours manqué à la France. Désormais, la France serait une démocratie : puisque le peuple aurait le *premier* mot, en élisant à la fois le Président et l'Assemblée ; et le *dernier* mot, en tranchant le conflit qui pourrait survenir entre celle-ci et celui-là. Du coup, l'Etat disposerait de l'autorité nécessaire.

De la mystique jacobine...

Pas une fois, dans cette période, de Gaulle ne me donna l'impression d'estimer que le pouvoir de l'Etat devait être équilibré par des pouvoirs secondaires : au contraire, il s'irritait de ceux qui pouvaient exister. Toute autorité qui ne se subordonnait pas à la sienne était frappée à ses yeux d'illégitimité. Quand il parlait de *participation*, il se préoccupait de faire participer les ouvriers aux responsabilités de l'entreprise, non les citoyens aux responsabilités publiques.

Je m'effrayais parfois de cette rigueur jacobine. Il aurait voulu gouverner par décrets, arrêtés, ordonnances, et se montrait réticent à l'égard des projets de loi : il se méfiait des parlementaires, ces démagogues en puissance.

Au cours de ses visites dans les départements, il s'agaçait de voir que la préfecture où il s'arrêtait à l'étape était propriété du département, non de l'Etat ; que le préfet devait solliciter chaque année des crédits de voiture ou de moquette auprès des conseillers généraux ; surtout lorsqu'ils étaient dans l'opposition, ce qui n'était pas rare. Il exprimait à Roger Frey et à moi son mécontentement d'une situation qu'il estimait de dépendance, donc de connivence :

« Le préfet, disait-il, c'est l'Etat dans chaque département. Quand il doit mendier pour que sa femme puisse changer les rideaux ou engager un cuisinier, c'est l'Etat qu'il humilie. Comment voulez-vous qu'il garde assez d'autorité pour tenir tête aux pressions ? »

« Si les préfets devaient dépendre du ministère des Finances, me disait Roger Frey à l'oreille, ils seraient réduits à la misère. » Et il faisait le dos rond.

Cette mystique de l'Etat n'empêchait pas de Gaulle de constater que trop de dossiers remontaient à Paris ; et qu'il vaudrait mieux faire régler les problèmes sur place, par ceux qui les connaissent. « Le chef d'un escadron en campagne doit prendre ses décisions sur le terrain, sans demander à tout moment des instructions à l'état-major de la division. » De même, il fallait donner aux fonctionnaires l'habitude de décider par eux-mêmes, sans se faire couvrir par la hiérarchie. Mais seuls, ils avaient le souci de l'intérêt général : les notables étaient absorbés par leur intérêt électoral et leurs intrigues... Quand de Gaulle, vers 1963, mesura la nécessité de relancer la vitalité provinciale étouffée par le centralisme parisien, il n'envisagea nullement de transférer des attributions de fonctionnaires à élus, mais de fonctionnaires parisiens à fonctionnaires locaux. Il ne remit pas en cause sa foi dans l'Etat, interprète et agent unique de l'intérêt général. Et le seul garant de l'Etat, face à la nation, c'était lui-même, le Président.

Le 31 janvier 1964, au cours d'une conférence de presse, il exprima cette vision romaine avec tant de vigueur que je n'en crus pas mes oreilles : « *Il doit être évidemment entendu que l'autorité indivisible de l'Etat est confiée tout entière au Président par le peuple qui l'a élu, qu'il n'en existe aucune autre, ni ministérielle, ni civile, ni militaire, ni judiciaire, qui ne soit conférée et maintenue par lui.* »

Cette phrase me semblait contenir une erreur. Il me fit monter dans son bureau. C'était le moment où il mettait au point son texte officiel. Je songeais au mot de Tocqueville : « Il n'y a que Dieu qui puisse sans danger être tout-puissant. » Un maire aujourd'hui, demain un pouvoir local plus étendu – départemental, voire régional – devrait pouvoir détenir une autorité *civile* sans qu'elle lui soit conférée ou maintenue par le président de la République. *Civil* me paraissait de trop. Et *judiciaire* aussi.

De Gaulle, souvent ouvert aux corrections d'écriture, balaya cette fois mes objections. Plus tard, peut-être aurait-il accepté la retouche...

... à la tentation yougoslave

Déjà, en octobre 1965, à la veille de cette campagne présidentielle qui devait exercer sur lui l'effet d'un révélateur, il avait beaucoup évolué. Il m'avait envoyé en Yougoslavie. A mon retour, il me cribla de questions sur Tito et son système. Je décrivis de mon mieux *l'autogestion* dans les entreprises et dans les provinces – ou du moins, l'idée que j'avais pu m'en faire.

« C'est ce qu'il nous faut faire maintenant », dit-il, comme s'il se parlait à lui-même.

Plaisantait-il (je le savais réservé sur le maréchal Tito *) ? Nullement ! Il sentait de plus en plus les limites du jacobinisme. Je soulignai les inconvénients du système yougoslave ; les décisions contradictoires prises à différents niveaux : l'Etat fédéral qui veut acheter des locomotives françaises, la province qui veut des allemandes, les cheminots de la base qui veulent des suédoises ; les

* Il ne pardonnait pas à celui-ci d'avoir combattu puis fait fusiller le général Mikajlovic, premier chef de la Résistance yougoslave.

complications et les retards en toute chose ; l'anarchie finalement évitée par la seule existence d'un parti unique, fortement centralisé. De Gaulle hochait la tête. Il restait fasciné par ce mélange d'Etat autoritaire et de responsabilités des citoyens, de planification dirigiste et d'économie de marché. Michel Rocard – qui convaincra le PSU de s'abstenir lors du référendum de 1969, allant même jusqu'à en souligner les mérites – devait me déclarer un jour :

« Si de Gaulle ne nous avait pas volé le mot de *participation*, c'est celui-là que j'emploierais, car il désigne beaucoup mieux ce que nous voudrions faire que le mot d'*autogestion.* »

Rocard rêvait de participation. De Gaulle d'autogestion : il était passé de la croyance qu'il allait tout régler en quelques mois par la seule autorité de l'Etat, à la conviction qu'il se heurtait maintenant à quelque chose d'immense et de souterrain, qui était rebelle à l'ordre hiérarchique, et sur quoi l'Etat central n'avait pas de prise.

Sur le pont du De Grasse

Le choc du ballottage de 1965 fut sans doute décisif pour amener de Gaulle à distinguer deux niveaux. Celui de la France, dont il répondait : il y remportait maints succès, grâce à la durée et au prestige de son pouvoir. Celui des Français, où ce n'était ni suffisant, ni peut-être même souhaitable, de concentrer les pouvoirs. Au contraire, à vouloir que tout dépendît de lui, il constatait que partout il butait, patinait, suscitait la contestation.

Quelques mois plus tard *, j'étais assis à son côté sur une sorte de banc de square installé à l'arrière du croiseur *De Grasse*. La nuit précédente, une tempête au large de Mururoa avait empêché l'expérience nucléaire prévue, nous contraignant à une croisière de quarante-huit heures sur les eaux du Pacifique. Sous le ciel redevenu serein, les yeux perdus dans la tranchée blanche du sillage, le Général venait de me parler des progrès accomplis vers le redressement et l'indépendance du pays. Il ajouta tristement :

« Les Français sont atteints d'un mal profond. Ils ne veulent pas comprendre que l'époque exige d'eux un effort gigantesque d'adaptation. Ils s'arc-boutent tant qu'ils peuvent, pour faire obstacle aux changements qu'elle entraîne. Regardez le passé : se sont-ils jamais montrés capables de s'organiser spontanément, d'investir, de produire, d'exporter par eux-mêmes ? Non. Ils attendent passivement que la puissance publique fasse tout à leur place. Il faut que ce soit elle qui veille à tout, qui vaque à tout, et spécialement aux transfor-

* Le 10 septembre 1966. J'étais alors responsable de la Recherche scientifique et des questions atomiques et spatiales.

mations nécessaires ; ensuite ils les refusent, parce que c'est elle qui les leur apporte. Ils ne se conduisent pas en adultes. »

Les satisfactions qu'il éprouvait pour la France étaient seulement limitées par les désillusions que lui causaient les Français :

« Ils ne peuvent se passer de l'Etat, reprit-il, et pourtant ils le détestent, sauf dans les périls ; et encore. Seul l'Etat pourrait faire plier les intérêts particuliers devant l'intérêt commun. Mais les citoyens ont peur que l'Etat ait justement la force de les tirer de leur marasme. Et que voulez-vous que j'y fasse ? soupira-t-il. Je n'y puis pas grand-chose. C'est ça, la France ; les Français sont ainsi. Comment gouverner la France, si les Français sont ingouvernables ? Je ne peux rien pour la France sans les Français. »

Il continuait à ruminer, moitié pour moi, moitié pour lui-même :

« Un régime totalitaire peut faire comme si les hommes n'étaient pas ce qu'ils sont ; une démocratie, ça demande qu'on s'accommode d'eux. A la longue, peut-être que les institutions modifieront la société, l'économie et, de proche en proche, les Français. Cela n'ira pas sans soubresauts, sans rebroussements. Et puis, il y faudra du temps.

– L'aurons-nous ?

– Moi, sûrement pas. Votre génération, peut-être. La France, sans doute, qui nous enterrera tous. Elle tiendra bon si les Français gardent le goût, que j'ai essayé de leur inculquer, de concevoir des ambitions en son nom, d'être exigeants pour elle. S'ils n'avaient pas, pour se rassembler, leur fierté nationale, un grand dessein qui les dépasse, ils se dissoudraient, ils se vautreraient dans la médiocrité, ils se feraient coloniser, ils se rueraient dans la collaboration avec les vainqueurs. Mais combien d'années sauront-ils garder leur indépendance ? »

Chapitre 7

APPARITION DU MAL CACHÉ

En attendant les demoiselles du téléphone

En 1961, plusieurs communes de la vallée de la Seine m'alertèrent sur les délais des communications téléphoniques : dix ou quinze minutes avant d'obtenir l'opératrice. J'écrivis au ministre des PTT. Réponse d'attente, descente et remontée de la voie hiérarchique, enquête et inspection : le temps passa. Enfin, une lettre me parvint, rédigée sur un ton catégorique : l'attente se comptait en secondes, non en minutes.

Cependant, les protestations recommencèrent. Un an plus tard, on m'assurait que le délai atteignait une demi-heure, parfois une heure. Pour alerter les pompiers, mieux valait prendre sa voiture. Je renouvelai ma démarche. Cette fois, l'administration, pour me convaincre, plaça, dans le central de Provins, des compteurs chargés de mesurer le temps qu'on devait attendre la réponse de l'opératrice : il ne dépassait jamais une minute. L'administration, pleine de bonne volonté, reconnaissait d'ailleurs que c'était trop. Elle embaucha de nouvelles opératrices et réduisit le délai, vu du côté du central, à une dizaine de secondes. Nouvelles récriminations. Menant moi-même l'enquête, je constatai, montre en main, que, vue du côté de l'abonné, l'attente atteignait la demi-heure.

On finit par découvrir l'explication. Les usagers agitaient la magnéto de leur téléphone, mais aucun circuit n'était libre : leur signal ne parvenait pas au central. Ils avaient beau s'impatienter, la demoiselle du téléphone ne s'en apercevait pas. Les compteurs eux-mêmes ne se mettaient en marche que lorsque le circuit se libérait... Et il ne fallut pas moins de dix ans pour que redevînt à peu près fluide un trafic dont l'administration niait fermement qu'il se fût jamais détérioré.

Comme il est singulier que la liaison d'un service public avec ses usagers doive être assurée par une intervention d'un député auprès du ministre ! Que voilà des intermédiaires saugrenus ! Et comme ce circuit lent, lourd, politisé, manifeste une malformation grave de la société !

J'ai souvent repensé à cette histoire : les canaux sont engorgés ; l'administration n'en a même pas conscience. Des hommes intègres et désireux de bien faire usent leur énergie à régler minutieusement les aspects mineurs d'un problème. L'essentiel demeure inchangé ; car l'essentiel est invisible.

Depuis trois siècles, les Français sont obsédés par la nature du pouvoir, la composition de leur gouvernement. Pourtant, le changement des gouvernements et même des régimes est loin de donner les résultats qu'ils en escomptaient. Et ils chantonnent, comme dans *La Fille de Madame Angot* : « C' n'était pas, c' n'était pas la peine de changer de gouvernement. »

Force est de se demander si la maladie des institutions n'est pas, elle-même, un simple symptôme d'une maladie secrète, plus enracinée, que la meilleure santé de l'Etat ne saurait, à elle seule, guérir ; et si l'un des traits caractéristiques du mal profond n'est pas, justement, notre *obsession institutionnelle.*

Le « siècle des Lumières », cherchant à échapper à l'absolutisme, se persuada qu'il suffirait d'importer d'Angleterre le Parlement et la monarchie surveillée. Cette illusion s'imposa, après un demi-siècle de convulsions tragiques ; le régime politique finit par adopter la forme que lui souhaitaient les *philosophes.* Mais les réalités profondes se perpétuaient : la hiérarchie administrative, mise en place par Richelieu, Mazarin et Colbert, demeurait, semblable à elle-même *.

Pendant un siècle encore, l'obsession institutionnelle ne lâcherait pas sa prise sur nos esprits : monarchistes et bonapartistes, légitimistes et orléanistes, républicains conservateurs et républicains radicaux, modérés et socialistes, se sont affrontés pour savoir quelle étiquette on donnerait au régime, quelle couleur au drapeau. Pas un programme électoral qui ne proposât sa réforme constitutionnelle. Comme si ce débat allait trancher tous les débats.

Le mal caché apparaît sous le mal visible

En réglant enfin – au moins pour un temps – la question de l'Etat, la Constitution de 1958-1962 nous a soulagés de cette obsession. Du coup, la maladie profonde a pu commencer d'apparaître dans notre champ de conscience.

C'est le succès de la Ve République, mais il bute sur sa propre

* Fiévée, les saint-simoniens, Lemontey, Tocqueville montrèrent ainsi que la Révolution n'avait à peu près servi à rien.

limite. Ce qu'elle a fait de mieux reste insuffisant. Sous la couche, maintenant décapée, du *mal visible*, qui affectait les institutions politiques, perce le *mal caché*, qui affecte la société.

Très vite, malgré l'Etat restauré, les désordres dans la rue sont venus attester que les « pleins pouvoirs » n'avaient pas suffi à établir solidement le pouvoir. Notre Etat solide, dirigé et directif, nous l'avons vu en combien d'occasions déraper, s'enliser ! Presque jamais quand il parlait pour la France ; mais souvent quand il parlait aux Français. Chaque fois qu'il tentait d'embrayer sur la société ; de toucher à cette « société dans la société » qu'est le secteur public ; de déranger les habitudes.

Le pouvoir ne recule pas ; avance-t-il vraiment ? Il dresse plus haut la tête ; mais il est investi de toutes parts. Comme si la société, d'instinct, automatiquement, cherchait à compenser tout pouvoir par un pouvoir égal et de sens contraire – par un contre-pouvoir ; le pouvoir exécutif, par la conjonction vigilante de la minorité parlementaire et de la majorité des organes d'information, ou des notables, ou de la caste politique, ou des syndicats ; le dynamisme d'une équipe, par son absence de moyens. Comme si la règle suprême du jeu politique était que les partenaires se réduisent mutuellement à l'impuissance.

Le gouvernement neutralisé

Cette *loi de neutralisation réciproque* règne jusque dans les attributions gouvernementales. La Ve République n'y a pas changé grand-chose. Le ministre de l'Industrie peut bien définir une politique de développement industriel : les moyens dépendent du seul ministre de l'Economie. Le ministre du Travail n'a pas la tutelle des travailleurs du secteur nationalisé, le plus enclin aux conflits. Le ministre chargé de la Recherche, le plus souvent, n'a pas son mot à dire dans le fonctionnement du Centre national de la recherche scientifique. Le ministre chargé de la Population ne dispose pas des clés de la politique du logement. Les Affaires culturelles ont été écartées du plus puissant moyen de promotion culturelle, la télévision, etc. Enfin, le ministère des Finances, conditionné pour tout interdire, est celui duquel tout dépend.

Chaque Français, au fond de lui-même, reste prêt à se dresser contre l'Etat. Jamais autant que depuis 1958, ne se sont épanouis l'incivisme – sous couleur d'individualisme –, le goût du persiflage et de la fronde, la nostalgie des révolutions ou en tout cas des révoltes, la mythologie anarchiste, l'horreur de l'ordre – du « flic », du « poulet » –, et sa compagne indissociable, la revendication de l'ordre – expéditif, impitoyable – pour les autres... Bref, un Etat puissant mais ligoté, tel Gulliver à Lilliput. Une société qui réclame des réformes, mais réagit avec violence dès que vient le temps de les appliquer.

« C'est trop bête ! »

Plus d'une fois, j'ai entendu le général de Gaulle déclarer, en tapant sur sa table du plat de la main : « C'est trop bête ! » Quand il constatait la résistance acharnée d'une caste à une mesure qu'il estimait nécessaire pour le bien public. Quand tout ce qui était organisé en France luttait pour empêcher que le président de la République fût élu par le peuple. Quand la presse française se livrait à une action de pilonnage parce qu'il retardait l'entrée de l'Angleterre dans la Communauté européenne. Cette exclamation, venue à ses lèvres dès mai 1940 devant la débâcle, continuait de traduire sa colère impuissante.

De Gaulle n'a cessé de buter contre la formidable inertie des structures et des mentalités. Chacune de ses initiatives venait se prendre dans le filet des droits acquis, des rentes de situation, des positions établies. Après 1958, dans le sillage de la crise, il put réparer quelques mécanismes grippés. Mais quand il a voulu, par des réformes intérieures, prévenir le mal, plutôt que de le guérir *in extremis*, il n'a rencontré que l'indifférence du public, l'hostilité des gens en place, la prudence de son entourage *.

Il entendait instituer la participation dans l'entreprise, remettre en ordre les sociétés nationales, réviser le statut de la fonction publique, réorganiser la Sécurité sociale, réformer le Sénat, introduire l'orientation dans l'enseignement secondaire et la sélection dans l'enseignement supérieur ; sans cesse, il dut louvoyer, ou remettre. Impose-t-on à un pays démocratique des réformes dont il ne ressent pas le besoin ?

La nature extérieure, les magies techniciennes la domestiquent ; mais la nature humaine est plus rebelle. André Malraux me disait un jour que son action dans le domaine de la culture se partageait en deux. Pour ce qui était matériel – ravalement des façades, restauration des monuments, construction des maisons de la Culture, expositions qui rassemblaient en des synthèses lumineuses des objets d'art jusque-là dispersés –, il réussissait à tout coup. Pour ce qui exigeait le soutien des esprits – le fonctionnement des mêmes maisons de la Culture, la diffusion de l'art lyrique, l'enseignement de la musique à l'école –, ses tentatives s'embourbaient dans l'apathie, trébuchaient sur la méfiance.

L'expérience de Malraux, tous les ministres ont pu la faire. A

---

* Etait-ce leur faute ? Pas seulement. Le temps de maturation a manqué (cf. chapitre 46, p. 522).

l'Education nationale, on a pu construire un collège par jour, mais on a vu s'effondrer une réforme par an. On a pu fabriquer la bombe H ; mais tant qu'on n'a pas réussi à y faire croire les Français, elle n'est guère utile. On a démesurément gonflé des villes ; on n'en a pas fait des cités.

Certes, les grands acquis du régime – la stabilité des institutions, la restauration de l'Etat, l'indépendance recouvrée et accordée, l'ouverture de l'économie vers l'extérieur – demeurent des atouts essentiels ; des atouts qu'au début de 1958, nul n'aurait osé prédire à la France. Mais les échecs demeurent aussi. Ils montrent la permanence des rigidités structurelles et mentales.

La personnalité de base de la nation [1]

En 1959, de Gaulle chargea Jacques Rueff et Louis Armand d'analyser les causes des retards économiques de la France, et de proposer des mesures permettant de les effacer. Après un an de travail, leurs conclusions dénonçaient une série impressionnante de tares, et prescrivaient une médication. Quinze ans après, non seulement l'opinion restait toujours aussi inconsciente des maux alors décrits, mais la plupart des nombreuses recettes proposées n'avaient pas connu le moindre commencement d'application. Retirer aux chauffeurs de taxi, aux pharmaciens ou aux meuniers leurs rentes de situation ? Il ne pouvait en être question, à en croire tant de députés à la réélection précaire. On n'osa même pas publier ce lumineux rapport. Ce fut plus qu'un échec : un enterrement intellectuel et politique.

Les Français ne se seraient sans doute pas reconnus dans cette description globale du mal dont ils sont affligés. Nous voyons les détails, non l'ensemble. Suivant l'occasion, nous voici obsédés par le « malaise des commerçants », ou par le « malaise syndical », ou telle agitation contestataire. Mais une fièvre est prise pour la maladie. On s'inquiète plus de quelques tonnes d'artichauts versées sur la chaussée que du poids dont un paysannat archaïque leste l'économie ; plus du désordre dans quelques lycées que de la mauvaise organisation de l'enseignement. Une rage de dents fait hurler ; la tuberculose ronge en douceur.

Souvent, nous ne voyons pas les choses telles qu'elles sont, mais telles que les groupes de pression nous les présentent. D'où de curieuses inversions de climat. En l'absence de danger réel, les intérêts particuliers poussent leur chansonnette, et nos oreilles en sont si pleines que l'anxiété nous gagne. Ils se taisent quand le drame approche ; nous glissons à l'euphorie dans l'unité retrouvée, comme les soldats d'août 1914, sûrs de fêter la victoire à Noël.

Finalement, le substratum français reste à peu près intact, depuis trois siècles. La centralisation bureaucratique. Les affirmations dogmatiques, l'esprit d'abstraction, le sectarisme manichéen. Le cloisonnement en castes hostiles. La passivité du citoyen, coupée de brusques révoltes. L'incompréhension de la croissance, le malthusianisme démographique et social. Bref, tout ce que, depuis trois siècles, maints observateurs ont décrit, demeure à peu près intégralement. Une force massive d'inertie dissuade et dissout les essais de réformes ; les seules qui prennent sans mal sont celles qui flattent notre individualisme.

Choc en retour sur l'Etat

Il y a plus grave : la maladie du corps, toujours aussi vivace, peut remonter à la tête, qu'on croyait sauvée. L'Etat se sent vulnérable, bien qu'il ait pris les apparences de la force. Il est plutôt moins aimé quand sa démarche est assurée que lorsqu'il chancelait. Un pouvoir divisé, comme sous la IIIe et la IVe, les Français ne se révoltaient pas contre lui. Jamais leur antiparlementarisme ne menaça vraiment le régime.

Un jour que j'interrogeais de Gaulle sur ses réticences à l'égard de la représentation proportionnelle, qu'il avait introduite puis répudiée, il me répondit : « La démocratie ne consiste pas à exprimer des contradictions, mais à indiquer une direction. »

Nous avons tendance à appeler « démocratique » le système qui traduit le mieux l'opinion – ou plutôt *les* opinions, diverses et versatiles, les obsessions, paniques, volontés de puissance ou de destruction qui flottent dans l'âme d'un peuple. Mais si le régime démocratique est seulement le miroir d'une conscience collective en déroute, il ne fait qu'ajouter à cette déroute.

« Indiquer la direction et s'y tenir, reprit le Général, voilà le rôle de l'Etat, particulièrement de son chef. »

Seulement, cette nécessité d'une *direction* fait violence à notre goût de la diversité. Dans la simplification qu'elle impose, les Français ne se reconnaissent plus.

Le grand vide

Le paradoxe de la Ve République apparaît avec une clarté aveuglante dans la double crise de 1968 et de 1969.

Mai 1968 : tout le monde – et d'abord ceux qui ont vécu de l'intérieur ce mois fou – a été frappé par le vide qui s'est alors creusé dans l'Etat. On attendait tout de lui ; rien de lui n'était accepté. La déception fut à la mesure de l'attente. L'Etat, vidé de sa substance, se réduisit à un gouvernement en perdition dans la tempête.

Ce fut un vrai psychodrame à la française : une toute petite affaire – une section de sociologie en révolte dans une faculté de banlieue – aspirée vers le haut, parce que nul n'avait la capacité de la régler à aucun échelon intermédiaire. Dans le vide s'engouffrèrent, à tout hasard, mille revendications en panne. Elles furent satisfaites inutilement. Le vide devait aller jusqu'au bout, jusqu'à la disparition symbolique et réelle de l'Etat et de son chef. Le retournement vint alors en quelques heures : l'Etat, par son éclipse, avait fait la démonstration de sa nécessité. Tous voulurent effacer jusqu'au souvenir de leurs frayeurs. Sauf de Gaulle qui, confirmé dans son analyse, essaya de réduire cette hydrocéphalie de l'Etat, dont il avait mesuré la gravité. Il le fit à sa manière, péremptoire et dramatique, par le référendum de 1969.

Pour avoir voulu restructurer la société en lançant la régionalisation, la décentralisation, la concertation socio-professionnelle, la participation, il fut, pour la première fois, désavoué par le peuple : parce qu'il s'attaquait à la racine du mal, au lieu d'en soigner les symptômes. Les Français veulent bien que l'on mette fin aux effets, non aux causes.

Peut-être pensent-ils que lorsque le mur est trop lézardé, c'est le lierre qui le tient. Il faudra du temps et des précautions pour les faire changer d'avis.

Individu-Etat, un couple maudit

Il faudrait animer, ou ranimer, une société ankylosée. Mais par quelle méthode rationnelle, ou par quel miracle de foi ? Comment rompre ce cercle vicieux où s'enferme la France : une population, à la fois passive et indisciplinée, qui justifie le dirigisme, et une bureaucratie qui décourage les initiatives et réussit à rendre les citoyens un peu plus passifs encore ? Jusqu'à ce que, exaspérés, ils sautent d'un coup de la léthargie à l'insurrection, tandis que l'Etat passe de la pression à la répression... A qui la faute originelle : à l'individu rebelle, à l'Etat envahissant ? Question vaine. C'est le couple qui est maudit.

Peut-il être encore sauvé ? Ne sommes-nous pas nés trop tard, dans un pays trop vieux, retraité de l'histoire ? Le mal des Français, le « mal français », n'a-t-il pas dépassé ce point où l'évolution devient irréversible ?

Chapitre 8

« LE POUVOIR, C'EST L'IMPUISSANCE »

« Le pouvoir, c'est l'impuissance », me dit un jour le général de Gaulle. Ce paradoxe me choque moins maintenant qu'il ne fit alors. J'ai eu l'occasion d'en vérifier, à la tête de sept ministères *, le bien-fondé. De cette vie marquée par l'irréalité, je voudrais ici laisser entrevoir quelques images, tels des pics émergeant au-dessus de la mer de nuages.

1. L'ÉTAT INFORMATEUR

La première image sera celle de l'initiation. 15 avril 1962 : Christian de La Malène, à qui je succède, me montre sur le bureau une batterie de boutons de sonnette.

« Celui-ci, c'est pour faire venir l'huissier, cet autre votre chef de cabinet, et ceux-là le directeur général de la RTF, le directeur des journaux parlés et télévisés, le directeur des programmes de la télévision, le directeur des programmes de radio... »

Naïf, je m'étonnai de pouvoir sonner les responsables de la RTF, comme une châtelaine de jadis ses femmes de chambre.

« C'est ainsi. Tous les jours vers cinq heures, vous les appellerez pour arrêter les grandes lignes du journal du soir, à la radio et à la télévision. Vous pourrez aussi à tout moment leur donner des instructions par le téléphone intérieur. Ne quittez pas votre bureau avant une

---

* Dans cinq gouvernements du général de Gaulle : Information (avril-septembre 1962) ; Rapatriés (septembre-décembre 1962) ; Information (décembre 1962-janvier 1966) ; Recherche scientifique et questions atomiques et spatiales (janvier 1966-avril 1967) ; Education nationale (avril 1967-mai 1968). Dans deux gouvernements du président Pompidou : Réformes administratives et Plan (mars 1973-février 1974) ; Affaires culturelles et Environnement (mars-mai 1974).

heure et demie et huit heures et demie. Après le journal télévisé, vos collègues vous appelleront pour vous reprocher ce qui leur aura déplu... »

Ce système datait d'avant-guerre – les ministres des PTT étaient alors patrons de la radio officielle. Il avait reçu ses lettres de noblesse de Jean Giraudoux, chargé, au début de la guerre, d'organiser l'information d'Etat. Il s'était maintenu et perfectionné, depuis la Libération jusqu'aux débuts de la Vᵉ République, avec trente-deux ministres, parmi lesquels André Malraux, François Mitterrand, Gaston Defferre, Jacques Soustelle. Le même immeuble rassemblait, autour du ministre, son cabinet, ses services, et tout l'état-major de la RTF.

Resté seul, je me jurai de ne pas appuyer sur ces boutons de sonnette. Mais à cinq heures précises, le directeur des journaux parlés et télévisés se fit annoncer. Il venait « au rapport ». Je lui dis que je n'avais pas d'instructions à lui donner, que je lui faisais confiance, ainsi qu'aux journalistes placés sous son autorité. Si j'avais des observations à lui faire, je les formulerais après coup. « A vos ordres, monsieur le ministre. »

Le lendemain, le directeur général dépliait sur ma table les plans de la nouvelle Maison de la Radio, qu'on achevait d'édifier. En quel endroit de la rotonde désirais-je qu'on prévoie mon bureau et ceux de mon cabinet ? Etais-je bien d'accord pour que l'appartement de fonction du ministre fût installé au plus haut étage ? Comment souhaitais-je l'aménager ?

Les révélations de la veille m'avaient saisi, et j'avais un peu réfléchi. Je déclarai au directeur général qu'il valait mieux, la RTF déménageant, qu'elle s'installât seule dans ses meubles ; puisqu'elle grandissait, elle pouvait bien devenir majeure. Le ministre ne la suivrait pas dans ce que l'on appelait déjà le Palais Gruyère.

L'Etat dans la salle à manger

Ce que j'avais appris en quelques heures ne se savait guère, mais se sentait. Si la radio et la télévision *nationales* manquaient de crédit dans la nation, c'était bien que chacun croyait entendre moins la « voix de la France », que celle du gouvernement. La méfiance se laissait aisément mesurer. Pour la radio, les stations périphériques connaissaient un énorme succès *. Pour la télévision, elles avaient la préférence dans les provinces frontalières ; et dans la plus grande partie du territoire, où aucune concurrence ne se manifestait, on se

* Un sondage IFOP d'avril 1962 fait apparaître que toutes les chaînes de la radiodiffusion nationale ne rassemblent que 9 % de l'écoute. Contre 91 % aux divers postes périphériques, dont les moyens de diffusion sont très inférieurs.

tenait à l'écart : la France ne comptait en 1962 que deux millions d'appareils, contre treize et quatorze en Allemagne et en Angleterre – où, pourtant, l'installation avait démarré en même temps. La télévision française, c'était l'Etat dans la salle à manger.

Il me parut qu'il fallait, pour restaurer le crédit de la RTF, lui donner plus d'indépendance. En 1959, une ordonnance l'avait transformée, sur le papier, de simple service ministériel en établissement public. Mais ni les habitudes de la maison, ni ses institutions, n'avaient changé : la radio-télévision restait placée en prise directe sous *l'autorité* du ministre, et continuait de se comporter comme une administration ordinaire de l'Etat. Mon ambition – qui me semblait modeste – était d'en faire une entreprise publique vraiment autonome, à la manière de la Régie Renault ou de la SNCF.

Les circonstances ne s'y prêtaient guère. Un cessez-le-feu avait suivi les accords d'Evian, mais l'OAS s'employait à le rendre inopérant, tant en Algérie qu'en métropole. Etait-ce le moment de relâcher le contrôle sur une maison bouillonnante ?

Cependant, je tentais de faire partager ma conviction que, pour l'indispensable reprise en main, il fallait que la main, à l'avenir, ne fût plus celle du ministre. L'idée progressa. Georges Pompidou comprenait ce que la situation avait de nuisible pour le gouvernement lui-même, sans cesse atteint par une anarchie qu'il ne pouvait maîtriser, ou compromis dans des actes d'autorité spectaculaires mais sans efficacité.

Simultanément, sous la vague de violence de l'OAS, je dus faire ce dont je m'étais promis de m'abstenir : plus d'un après-midi, je bâtis le journal télévisé du soir.

Après cinq mois

Au début de septembre, je commençais à réunir l'accord des principaux responsables sur l'idée d'un nouveau statut. Tout à coup, Georges Pompidou m'appelle. Il fallait faire une place à Christian Fouchet, qui revenait d'Alger, où il s'était tiré avec honneur d'une mission périlleuse.

« Je ne peux demander à Fouchet, qui vient de dire adieu aux pieds-noirs de l'autre côté de la Méditerranée, de les accueillir de ce côté-ci. Cédez-lui l'Information, et prenez les Rapatriés, que j'érige en ministère. »

Il m'avait fallu cinq mois pour apprendre que la plus grave impuissance du pouvoir ministériel, c'est son impuissance à durer. Mis à part l'Information, où j'aurai la chance de rester près de quatre ans, je ne demeurerai que neuf mois en moyenne dans mes autres ministères. Neuf mois : un ministre élève rarement ses propres enfants ;

bien heureux déjà, s'il porte à terme ce qu'il a conçu, tout en s'occupant de la progéniture abandonnée par ses prédécesseurs *.

2. LES RAPATRIÉS, OU LE RÉVÉLATEUR

A organiser l'accueil et le reclassement des rapatriés d'Algérie, je n'allais passer que trois mois. Administration d'urgence, pour une situation d'urgence. Mais je sentis bientôt tout ce que cette définition avait d'inadéquat : par essence, notre administration se montrait inapte à traiter les urgences.

En décembre 1961, le Parlement avait approuvé une loi-cadre qui donnait les moyens d'accueillir en quatre ans *le quart* des Français d'Afrique du Nord. Le législateur n'avait pas imaginé qu'en quelques semaines, une panique allait jeter sur nos rives, sans esprit de retour, *presque tous* les pieds-noirs **.

En septembre, donc, nous devions loger neuf cent mille Français : enfants à placer dans des écoles ; vieillards à accueillir dans des maisons de retraite ; agriculteurs, commerçants, employés, salariés, à réinstaller, souvent à reconvertir. Ce raz de marée servit de révélateur à tout ce que la France comptait d'inadapté. Qu'il était difficile de monter une nouvelle formule de financement, de lancer un programme de logement, d'ouvrir des classes ! Notre petit commerce pléthorique, notre agriculture attardée recevaient comme une agression ces pieds-noirs qui, d'eux-mêmes ou avec notre aide, ouvraient une boutique ou achetaient des hectares. Notre administration était mal armée pour enseigner, aiguiller, protéger ; et incapable de donner ce qui manquait surtout, à ces jeunes ménages amers, à ces vieillards perdus, à ces enfants saisis : un peu de fraternité chaleureuse.

Le raz de marée avait déferlé pendant l'été. Le ministère des Rapatriés disposait de 257 emplois : le budget de 1962 s'était discuté dans l'été de 1961 et les Finances avaient argué de l'improbabilité de la fin de la guerre pour sous-estimer les besoins... Devant la catastrophe, on m'accorda 1 000 nouveaux emplois. Le temps de signer, de publier, de recruter, d'affecter ; les fonctionnaires étaient à leur poste en novembre. J'en demandai aussitôt 700 autres, qui arrivèrent longtemps après que je fus moi-même reparti.

Devant l'épreuve, chacun fit de son mieux. Jamais les cloisons ne virent se percer tant d'ouvertures. Jamais l'escargot administratif ne se montra si véloce. Et pourtant, tout semblait immobile. Des milliers

---

* Je ne parvins à des résultats tangibles qu'à l'Information – seulement au bout de la seconde année ; et, par suite de circonstances exceptionnellement favorables, à la Recherche scientifique, où pourtant je ne restai que quinze mois.

** *Le général de Gaulle ne l'avait pas imaginé non plus. Cf.* C'était de Gaulle, t. I, *Fallois-Fayard, 1994 (1996).*

de lettres, de demandes de secours nous parvenaient chaque jour, auxquelles nous ne pouvions répondre. De ces douze semaines, la conviction m'est restée que si la France avait été encore plus bureaucratique qu'elle ne l'est, les pieds-noirs seraient encore dans des camps d'accueil. Mais ils ont pu se glisser dans les interstices du système, déployer leur initiative, s'appuyer sur leur solidarité, se faire porter par l'expansion, jouer sur ce qu'il y avait d'ouvert dans nos structures économiques pour s'y faire crânement leur place. Si l'administration les a aidés, ce fut surtout quand elle aida leur liberté.

3. UN ABRÉGÉ DU « MAL FRANÇAIS »

En décembre 1962, Christian Fouchet me restitua l'Information. De nouveau, la magie des métempsycoses ministérielles opérait : elle me faisait reprendre ma vie antérieure.

Nulle part, le pouvoir n'était plus impuissant qu'à la RTF. Elle semblait un abrégé de tous les défauts du secteur public, exagérés par la sensibilité extrême de tout ce qui touche à l'information, à la culture et à la politique.

Comme l'Etat, la RTF vivait sous la férule des Finances ; et même plus que n'importe quelle autre administration de l'Etat : on se méfie des artistes. Le contrôle *a priori* qui étouffait l'établissement était peut-être encore plus gênant par ses conséquences psychologiques que par ses effets réels ; il fournissait un alibi commode à l'inertie des uns, et décourageait la bonne volonté des autres. On répétait : « C'est la faute aux Finances », que ce fût une bonne ou une mauvaise raison. Ce contrôle étroit n'atteignait pas son objet. Le gaspillage naissait de l'irresponsabilité ambiante. La RTF n'était pas une entreprise, mais une bureaucratie féodalisée. Les moins qualifiés se sentaient inamovibles. Les producteurs d'émissions s'estimaient propriétaires à vie de l'écran ou du micro. Les avantages que méritaient les meilleurs étaient aussitôt demandés par les plus médiocres. Le talent conférait plutôt moins de chances que l'appartenance à des réseaux clandestins. Rien à ajouter, rien à retrancher à la description qu'en 1945, Claude Bourdet, directeur général de la RTF, en faisait déjà : « Elle est la proie de nombreux *gangs*, tant politiques qu'administratifs, qui, tout en se haïssant les uns les autres, sont néanmoins d'accord pour penser qu'elle a pour objectif premier de les faire vivre. »

Dans le secteur artistique, les réalisateurs avaient imposé à la direction générale un accord qui liait l'établissement à eux, sans qu'ils fussent eux-mêmes liés à l'établissement. La RTF n'avait pas le droit de faire appel à d'autres réalisateurs qu'eux – par exemple à des metteurs en scène de cinéma ou de théâtre. Mais les réalisateurs de la RTF étaient libres de faire, pour le cinéma ou le théâtre, autant de mises en scène qu'ils voulaient. Des chapelles dictaient la politique des programmes et imposaient leur hermétisme. Chaque mesure désapprouvée par un groupe, si minuscule fût-il, était prétexte à des grèves, qui entraînaient une interruption partielle ou totale des émissions.

Ces groupes de pression étaient politisés ; ils ne manquaient jamais d'écho au-dehors. En retour, la RTF était devenue une caisse de résonance aux discordes politiques du dehors. Et les décisions, puisqu'elles étaient prises, au moins en théorie, par le gouvernement, étaient présentées à l'opinion comme inspirées par des motifs politiques. Pas de semaine où la presse ne fît état d'incidents, de désordres, de conflits. Personne ne se déclarait satisfait – du côté du public comme du personnel, du gouvernement ou du Parlement, de la majorité ou de l'opposition.

Ce malaise ne mettait-il pas en évidence le « mal français » ? Dans cet organisme soumis à l'autorité souveraine du gouvernement, l'autorité ne s'exerçait pas ; le gouvernement intervenait sur les détails, mais ne maîtrisait pas l'ensemble ; parce qu'il constatait que les choses allaient mal, il avait tendance à intervenir de plus en plus ; parce que le public sentait cette dépendance, il se détournait de la RTF. De son apparence de pouvoir, le gouvernement retirait fort peu d'avantages et beaucoup d'inconvénients, dont le principal était bien de paraître à la fois impérieux et impuissant : autant dire ridicule.

En somme, ce service public fonctionnait comme si le public n'existait pas. Dans les postes périphériques, les auditeurs étaient traités en *consommateurs*, adultes et libres de leur choix. A la RTF, ils étaient traités en *administrés*, dont l'administration assure le bien-être puisqu'elle en est meilleur juge qu'eux. La hiérarchie remplaçait la concurrence comme principe d'organisation. Le public n'avait aucun moyen d'exercer sa pression. Si ce n'est la fuite.

De toute évidence, il fallait *désengager* le gouvernement ; et bâtir une maison ou plutôt des maisons autonomes, obéissant à de vrais responsables, attentives à répondre aux besoins de leur public. A chacune, un chef, une mission, des moyens ! Seule la durée de mes fonctions me permit de surmonter l'inertie des structures et des esprits et d'atteindre quelques-uns de ces objectifs ; pas tous.

Des réformes à l'usure

Il fallait d'abord séparer la radio de la télévision. Or, elles étaient accolées comme deux sœurs siamoises qui auraient leurs principaux organes en commun. Le directeur de la radio et celui de la télévision * ne l'étaient qu'en théorie, puisque l'information et les moyens techniques leur étaient soustraits : journalistes comme ingénieurs craignaient de voir se disloquer leurs corporations et disparaître leur puissance ; ils ne s'inclinèrent qu'à la longue.

Nous nous mîmes ensuite en devoir de construire à la radio, à partir d'un fatras de chaînes dont aucune n'avait de personnalité propre, les trois chaînes qui ont subsisté depuis : France Inter, pour le divertissement et l'information ; France Culture, spécialisée dans les émissions artistiques, scientifiques et culturelles ; France Musique, réservée à la musique classique. Les producteurs d'émissions remuèrent ciel et terre pour empêcher cette réforme. La première chaîne surtout fut l'objet d'attaques fort vives : c'était la « chaîne yéyé ». Pour « courir derrière » les périphériques, nous nous « abaissions » à leur niveau. C'était « prostituer le service public ». Mais, très vite, le public nous donna raison **.

Le service minimum en cas de grève avait fait ses preuves à la radio : les auditeurs n'étaient jamais plus satisfaits que lorsqu'elle se contentait, les jours de grève, de disques et de bulletins d'information ; c'est même sur ce principe que nous avions organisé France Inter. Ce service minimum, pourquoi ne pas l'introduire à la télévision ? Un soir d'une grève particulièrement impopulaire, nous pûmes émettre à partir d'un studio préalablement aménagé en grand secret. Des nouvelles brèves et un film : c'est ce que le public souhaitait. Un flot de lettres nous submergea : « Faites-en autant tous les soirs ! » La dissuasion fut assez efficace pour que, pendant cinq ans, jusqu'en mai 1968, les grèves, jusque-là endémiques, disparussent de la vie quotidienne du téléspectateur.

Enfin, je pus installer vingt-trois stations de télévision régionale *** et créer quinze minutes par jour d'actualités régionales. La maison, bien sûr, protesta contre cette ponction de crédits qui auraient pu être attribués aux émissions... c'est-à-dire à leurs producteurs. Mais

---

* *Deux hommes, pourtant, de grand talent : Paul Gilson et Albert Ollivier. L'évolution du statut de l'audiovisuel, avec l'apparition des radios libres d'abord, puis des chaînes privées de télévision, a rendu caduque la présente question. Mais le témoignage demeure valide. Les pessimistes diront que le pendule est parti un peu loin dans l'autre sens : avec l'Audimat, le consommateur aujourd'hui est roi (1996).*

** En quelques mois, France Inter passa de 9 % à 39 % d'audience. Le pli fut vite pris et gardé, dans cette chaîne, d'essayer de battre les concurrents périphériques. En revanche, France Musique, qui ne subit pas de concurrence et qui échappe à la sanction des sondages, a tendance à retomber dans l'ornière corporatiste ; la musique classique, à reculer ; les bavardages, à progresser. France Musique devient France parlote. Cette chaîne s'adresse de moins en moins à la foule des *mélomanes*, pour lesquels elle fut créée ; de plus en plus à la caste des *musicologues*, qui en vivent (1976). *D'où le succès d'une chaîne privée comme Radio Classique (1996).*

*** Sans compter huit outre-mer.

l'opposition vint surtout de la presse de province. Car la RTF allait briser le monopole local de plus d'un quotidien.

Le pilonnage commença dès le lancement du premier journal télévisé régional, celui de Lille, en octobre 1963. Georges Pompidou me convoqua. Etait-ce bien nécessaire de provoquer cette irritation ? Mais il se rangea vite à mes arguments : on ne pouvait imposer aux provinciaux une image exclusivement parisienne de la vie. Une télévision régionalisée était le complément nécessaire de l'aménagement du territoire.

Le Premier ministre se fit mon avocat. Il reçut les directeurs de journaux de province et s'employa à les rassurer. L'un d'eux m'a dit depuis que, désormais, ils protesteraient, au nom de leurs lecteurs, si l'on supprimait les émissions régionales – les plus populaires, en province, de toutes les émissions *.

Le statut

De loin, de Gaulle avait approuvé ces initiatives, malgré les tempêtes soulevées – ou peut-être à cause d'elles. Mais il estimait qu'elles se suffisaient à elles-mêmes. Réticent devant toute dérobade, il refusait de « brader » la radio-télévision de la nation. Pour finir, il se rangea à l'idée qu'une RTF adulte ne serait pas nécessairement une RTF hostile ; qu'il valait mieux des hommes responsables, à qui nous ferions confiance, que des subordonnés sans réelle maîtrise du système.

Nous mîmes donc au point, et fîmes adopter par le Parlement, au printemps de 1964, ce statut qui créait un Office, le plaçait sous la responsabilité, non plus du ministre, mais d'un conseil d'administration, composé pour l'essentiel d'esprits indépendants, dont nul ne pourrait contester la valeur et l'impartialité ** ; le directeur général aurait pleine autorité sur son équipe. L'Office jouirait de l'autonomie financière et du contrôle *a posteriori*. Un processus analogue à la « décolonisation » était vigoureusement engagé. Ce statut, désormais, pourrait évoluer avec l'entreprise elle-même ***.

* Le dessein initial – la décentralisation – est pourtant loin d'avoir été atteint. Dans mon esprit, les stations devaient être fédérées, et devenir responsables, chaque jour à tour de rôle, d'un programme d'audience nationale. Notre jacobinisme est si fort que la troisième chaîne, dite régionale, diffuse presque uniquement des programmes conçus à Paris, par des Parisiens, pour des Parisiens.

** Au moins au début, ils furent désignés non pas comme représentants anonymes d'un ministère (ainsi que le veut la coutume pour les administrateurs d'entreprises nationales), mais comme hautes personnalités, connues pour leur autorité morale et leur indépendance d'esprit.

*** En septembre 1963, j'avais lancé la seconde chaîne de télévision ; j'en accélérai l'implantation. J'indiquai à l'Assemblée que, le jour où cette seconde chaîne, puis une troisième, couvriraient le territoire, rien n'empêcherait d'accen-

Dans cette affaire, Georges Pompidou me soutint. Je n'eus qu'un déplaisir : celui de devoir lui refuser de confier la direction générale du nouvel Office à Michel Jobert. « Il n'a pas son pareil, me disait-il. A l'inverse de tant d'autres, il est *à la fois* un politique et un technicien. » J'appréciais comme lui sa valeur. Mais au moment de marquer les distances entre le gouvernement et l'Office, était-il opportun d'y nommer le directeur de cabinet du Premier ministre ? L'opération psychologique serait ruinée.

Ce qui fut à moitié ruiné, en tout cas, ce fut l'autonomie financière. Le 15 août 1964, parut au *Journal officiel*, dans Paris désert, un arrêté du ministère des Finances qui, contrairement aux délibérations du Conseil des ministres et du Parlement, disposait que le contrôle financier continuerait à s'exercer *a priori*. Il ne fut pas possible de faire revenir la rue de Rivoli sur ce petit coup d'Etat. Elle n'accepta qu'on passât outre que dix ans plus tard, à la faveur du statut de 1974. Le pouvoir d'une bureaucratie anonyme marquait de son sceau une réforme qui cherchait à secouer l'anonymat bureaucratique.

J'essuyai bien d'autres échecs. Je conterai deux d'entre eux, qui en disent plus long sur nos mentalités et nos structures que mes rares succès.

La voix de la France

Sur quelque mer, sur quelque continent que vous conduisent travail ou loisirs, de Lisbonne à Vancouver, du Caire à Tokyo, cherchez à écouter les émissions de la radio française. Presque partout, vous tournerez en vain le bouton du poste. Mais vous tomberez sur la BBC, la *Voix de l'Amérique*, Radio-Moscou, Radio-Pékin et même les *Deutsche Wellen*, émettant alternativement dans leur langue, dans celle du pays où vous séjournez, voire... en français.

Or, nous prétendons au rayonnement. Etre un des « cinq grands de la radio » serait incomparablement plus aisé que de devenir la troisième puissance spatiale, nucléaire, aéronautique, ce que nous sommes pourtant devenus. Comment expliquer cette situation étrange ? Fort simplement. En 1964, j'en avais fait faire le devis : cela coûtait 250 millions de francs d'investissement. Nous émettions à peu près comme... la Bulgarie. La Chine émettait presque cent fois plus que nous, l'URSS cent cinquante fois plus, les Etats-Unis deux cents fois plus. Pour un pareil service public, les publics virtuels n'ont aucun moyen de s'exprimer : il relève donc, par excellence, de la souveraineté de l'Etat. Mais les structures de

---

tuer la partition et de stimuler, par la concurrence, des chaînes indépendantes. Ce qui fut fait, par étapes, en 1972 et surtout en 1974.

l'Etat sont telles que nul n'en a cure. Ces émissions étaient financées par les ministères « intéressés » : Affaires étrangères, Coopération. Or, ils se désintéressaient de cette forme d'action. Le travail de la diplomatie se fait avec les gouvernements, non avec les peuples.

Une opération que nous baptisâmes « Rose des vents » démontra qu'en faisant fonctionner « en continu » nos modestes émetteurs on décuplait leur audience. L'idée séduisit de Gaulle. Nous décidâmes qu'après avoir achevé l'équipement des stations de télévision dans les régions et outre-mer, on construirait un émetteur à ondes courtes sur la côte du Languedoc, et, encerclant le monde, trois puissants réémetteurs * aptes à fonctionner sans arrêt. Une fois les équipements installés, les crédits de fonctionnement suivraient bien...

Rien de tout cela ne vit le jour. Depuis mon départ de l'Information, au début de 1966, j'ai constaté que, lorsqu'on cherchait une économie à faire, on la cherchait en priorité... dans les émissions vers l'étranger. Puisqu'une heure d'émission par jour n'attire qu'une faible écoute, pourquoi faire les frais de la maintenir ? La voix de la France s'est à peu près tue **.

L'invasion des martiens

Un autre échec affecta les émissions politiques. La télévision les excluait à peu près complètement. A vrai dire, elle n'en avait jamais connu avant 1958, guère depuis. Pas d'homme politique livré à l'interrogatoire des journalistes ; pas de duel de responsables de partis ; pas de discussion entre journalistes d'opinions diverses ; pas même d'émissions sur des sujets délicats. Quand Pierre Lazareff, Pierre Dumayet et Pierre Desgraupes, au début de 1959, avaient consacré un « Cinq colonnes à la une » à la guerre d'Algérie, ils avaient fouillé en vain les archives de la télévision :

---

* A Cayenne pour l'Amérique, à Nouméa pour l'Asie du Sud-Est et le Pacifique, à Djibouti pour l'Afrique et le Moyen-Orient ; 250 millions furent inscrits à cet effet en annexe au Ve Plan, appelé à se réaliser entre 1966 et 1970.

** Sauf dans une partie de l'Afrique, malgré l'absence de relais. Un autre projet, en revanche, put aboutir. Constatant l'incohérence et le particularisme de l'information diffusée par les différents ministères, je souhaitais créer une Agence d'Etat, comme il en existe dans les grandes démocraties occidentales, pour coordonner la politique d'information des départements ministériels : ce fut le Service de liaison interministérielle pour l'information, doté de moyens modestes, mais non dépourvu d'influence, sous la direction prudente de Jacques Leprette (1976). *Il perdure aujourd'hui sous le nom de Service d'information et de diffusion du Premier ministre (1996).*

elle n'en avait *jamais* montré d'images. Face aux sujets controversés, l'Etat préférait toujours la dérobade.

La télévision devait prouver qu'elle reflétait, non les volontés gouvernementales, mais la diversité française. Je demandai à Jean Farran de produire une émission sur le type des « face à la presse » américains, qui ferait alterner chaque mois une personnalité de la majorité et une de l'opposition. Nous étions en 1964. Bientôt s'ouvrirait sur les ondes notre première campagne présidentielle. Wladimir d'Ormesson, qui présidait le conseil d'administration de l'Office, m'encourageait fort : « Aujourd'hui, c'est la diète complète. Si tous les candidats à la présidence bénéficient du même temps, on passera à l'orgie ! Accoutumons les Français à un régime intermédiaire : ce sera plus sain ! »

Le projet était si contraire aux habitudes qu'il souleva les plus vives oppositions. On décida d'en reporter la mise en œuvre après l'élection présidentielle.

A la mi-novembre 1965, les Français virent débarquer les martiens, à l'heure du potage : cinq hommes qui, tout à loisir, disaient avec talent tout le mal qu'ils pensaient de la Ve République et de son chef. Les téléspectateurs furent saisis. Plus d'un dut se demander si, à la sortie du studio, on n'allait pas arrêter l'orateur sacrilège...

Malgré ces échecs, le nouvel Office avait pris un bon départ. L'autorité s'exerçait. Les nouveaux dirigeants, à la surprise générale, dirigeaient ; mais surtout, ils surent rendre confiance à la maison, faire du neuf. Certes, les critiques ne désarmaient pas : on ne pouvait plus parler de « pétaudière » ; on parla de « bande ». Et il est vrai que la télévision et la radio furent alors animées par des hommes et des femmes dont j'avais pu mesurer la compétence, et qui les ont, je crois, bien servies.

Car le pouvoir ne cesse d'être l'impuissance, que lorsque, donnant leur chance à quelques talents, il permet de choisir des êtres dignes de confiance, de leur donner une émission, et de les rendre pleinement responsables de son exécution.

Chapitre 9

CERVEAUX D'ÉTAT

1. L'ÉTAT CHERCHEUR

Après l'élection présidentielle, la Recherche scientifique et les questions atomiques et spatiales me furent attribuées. Je gardai cette charge quinze mois – assez pour constater que, vu de près, le monde de la recherche était bien malade.

La recherche, en France, est responsabilité d'Etat. Du coup, le secteur qui devrait être le plus inventif, le plus mobile, le plus efficace, souffre de tous les défauts de l'Etat. Comme lui, il est *centralisé*, je veux dire *parisianisé* : les deux tiers des équipements, des crédits, des chercheurs se concentraient près de la capitale. Comme lui, il est *cloisonné* : chaque ministère a ses instituts, ses chercheurs, qui dédaignent, ou redoutent, de communiquer entre eux. Comme lui, il est *bureaucratisé* : les chercheurs sont le plus souvent des fonctionnaires inamovibles, et non ce qu'ils devraient être, des hommes d'aventure ; les « primes de recherche » sont identiques pour tous, qu'ils trouvent ou non : jamais de « primes de découverte ». Comme lui, il est *budgétisé* : à l'année, avec les à-coups d'arbitrages pris au milieu de tant d'autres, dans la hâte des printemps budgétaires, ces printemps où les gelées sont plus nombreuses que les rosées.

A ce mal d'Etat, s'ajoutent les maux de société. Nos chercheurs ont tendance à ignorer la vie économique, donc à dédaigner les applications possibles de leur recherche. Ils se passionnent – comme il est naturel – pour les secrets de la matière, les caprices de la nature, les arcanes des chiffres. Mais exploiter leurs propres découvertes, ou même *les laisser exploiter par d'autres*, cela paraît à beaucoup indigne de la science et d'eux-mêmes.

Certes, l'Etat se préoccupait de porter remède à ces défauts liés à nos mentalités : mais c'étaient encore remèdes d'Etat, donc dans la tradition de ces mentalités. Le pouvoir de réparer débouchait sur l'impuissance à réparer. Il y avait le Centre national de la recherche scientifique, qui tentait de dépasser la dispersion des laboratoires universitaires. Il y avait la Délégation générale à la recherche scientifique et technique, qui tentait de surmonter le compartimentage des ministères. Il y avait le Commissariat à l'énergie atomique où, dans le domaine précis du nucléaire, on tentait de marier recherche fondamentale et exploitation technique, aussi bien civile que militaire. Il y avait le Centre national d'études spatiales, qui tentait de lancer des satellites, et de les faire servir à quelque chose. Et puis, il y avait le ministre de la Recherche, qui tentait d'unifier et d'animer le tout. Son titre avait belle allure. Mais, dans les faits, ses moyens étaient faibles : soit comme répartiteur d'une « enveloppe » financière dont d'autres utilisaient le contenu ; soit comme tuteur d'organismes féodaux qui avaient tendance à échapper à tout contrôle.

Coordonner les coordonnateurs

A cette mosaïque d'organes – chargés de rattraper l'incessant émiettement qui compense toujours la centralisation – j'en ajoutai encore trois, par une loi-cadre où je voyais surtout l'avantage d'associer le Parlement à une politique de promotion de la recherche. Le Centre national pour l'exploitation des océans (CNEXO), pour mettre un peu de cohérence dans le travail des géologues, biologistes, chimistes, etc., répartis en cent quatre laboratoires, qui s'ignoraient résolument les uns les autres, vivotaient chacun de moyens médiocres et négligeaient les recherches utiles. L'Agence nationale de valorisation de la recherche (ANVAR), pour repérer les découvertes porteuses d'applications et financer le développement. L'Institut de recherche en informatique et automatique (IRIA), pour aider au lancement du « plan calcul » *.

En 1976, après une décennie, qu'est-il resté de tout cela ? Le bilan me parut d'autant plus décevant que, sur le moment, il sembla plus brillant : trois organismes tout neufs, mis au point, adoptés par le Parlement et lancés en un an ; le « plan calcul » démarré ; le programme spatial amplifié, diversifié, orienté vers des satellites utiles ; la coopération pour un lanceur européen renflouée ; la coopération scientifique organisée avec l'Allemagne fédérale **,

---

* Je fis nommer délégué à l'Informatique, avec mission de créer une industrie française des ordinateurs, Robert Galley, qui avait fait merveille pour la construction de Pierrelatte.

** Satellite *Symphonie*, réacteur à haut flux de l'institut von Laue-Langevin à Grenoble.

l'Union soviétique *, l'Espagne ** ; les crédits de la recherche augmentés, d'un an sur l'autre, de 60 % – ce que l'on n'avait jamais vu et ne devait plus revoir. Ces succès, qui frappaient les esprits dans le Landerneau de la science, il faut dire à qui surtout je les devais. Michel Debré, ministre des Finances, avait foi dans la recherche. Il m'appuyait de toute sa passion. Du coup, sur les méandres de l'Etat, mes projets avançaient à vive allure ***.

« Je veux la bombe H pour 1968 »

La lenteur, je la trouvai dans les organismes de recherche eux-mêmes. En janvier 1966, de Gaulle m'avait prévenu :

« Cherchez donc pourquoi le Commissariat à l'énergie atomique n'arrive pas à fabriquer la bombe H. C'est interminable ! On vient de m'expliquer qu'il y en avait encore pour de nombreuses années. Je ne peux pas attendre plus de deux ou trois ans ! Ce septennat, je ne le finirai pas. Il a fallu que je me présente, pour assurer le coup. Mais je n'irai pas jusqu'au bout. Seulement, avant de partir, je veux que la première expérience ait eu lieu ! Vous m'entendez ! C'est capital. Allons-nous être, des cinq puissances nucléaires, la seule qui n'accédera pas au niveau thermonucléaire ? Allons-nous laisser les Chinois nous dépasser ? Si on n'y arrive pas tant que je suis là, on n'y arrivera jamais ! Mes successeurs, qu'ils soient d'un bord ou de l'autre, n'oseront pas braver les criailleries des Anglo-Saxons, des communistes, des vieilles filles et des curés. Et nous resterons devant la porte. Mais si une première explosion a eu lieu, mes successeurs n'oseront plus arrêter la mise au point des armes.

– Quel délai me donnez-vous ? lui demandai-je.

– 1968 au plus tard. »

Mes bras se levèrent en signe d'impuissance. « Débrouillez-vous », conclut-il.

Fort de cette injonction, je la retransmis aux dirigeants du CEA. Ils se récrièrent : « Mission impossible [1] ! » On prévoyait d'organiser sur les atolls une campagne de tirs tous les deux ans seulement ; car il fallait envoyer dans le Pacifique une grande partie de la flotte et la faire caréner à Brest l'année suivante. *1968*, cela voulait donc dire *la prochaine campagne*, puisque celle de 1966 était déjà entièrement au point...

---

* Chambre à bulles de Serpoukhov, procédé SECAM de télévision en couleurs.

** Centrale nucléaire de Vandellos.

*** *Trente ans après, la performance administrative due à la volonté conjuguée du général de Gaulle et de Michel Debré me semble toujours aussi impressionnante – et la lenteur des suites frappe moins, parce que, avec le temps, des résultats ont fini par apparaître. Tout de même, que de sous-emploi de notre capital-intelligence ! (1996).*

Cette démonstration massive des forces navales et leur tour du monde biennal étaient-ils bien nécessaires ? Il apparut que des ballons captifs en altitude, sous lesquels on ferait exploser les engins, réduiraient la pollution à presque rien [2] ; la surveillance des éventuels navigateurs en serait très allégée [3]. Nous pourrions faire une campagne de tirs chaque été. Les délais devaient donc, semblait-il, être raccourcis de moitié.

On me souleva alors deux objections nouvelles. La bombe H exigeait de l'uranium 235 en quantité ; il faudrait donc attendre que Pierrelatte tourne à plein régime. Surtout, les calculs ne pourraient être menés à bien que grâce à des ordinateurs géants, que les Américains refusaient de nous livrer. Pourtant, les Anglais avaient procédé à des explosions thermonucléaires sans uranium 235, avec simplement du plutonium, que nous fabriquions en abondance. Et les Américains, les Russes, les Anglais s'étaient passés d'ordinateurs géants pour leurs premières expériences thermonucléaires [4]... On m'avoua alors qu'il ne servirait à rien d'accélérer les essais : essayer quoi ? On ne tenait pas la solution. On ne savait même pas dans quelle voie la chercher. Je ne pus que dire, comme de Gaulle : « Je ne veux pas le savoir. Débrouillez-vous. »

De temps à autre, après un Conseil des ministres, le général de Gaulle me lançait : « Alors ? Votre bombe H ? » J'instituai un « Comité H » qui, chaque mois, réunissait en secret les principaux responsables du Commissariat [5]. Nous faisions ensemble le point des progrès accomplis. On me répétait des démonstrations embarrassées. La *fusion thermonucléaire*, on n'en perçait pas les mystères. Mais on pourrait accélérer la mise au point d'une bombe A « dopée » [6] ; ce serait une *fission nucléaire* améliorée. On atteindrait ainsi cinq cents kilotonnes. Ce n'était pas la mégatonne ; mais du simple au double, qui verrait la différence ? Cette transaction ne pouvait pourtant être retenue. Les avions américains, les « chalutiers » soviétiques, qui croisaient au large de nos atolls, sauraient aussitôt à quoi s'en tenir. La dissuasion exclut le mensonge.

Regarder par-dessus le mur du voisin

On m'alignait au tableau noir des chiffres qui me donnaient une conscience accrue de mon ignorance : de toute évidence, je ne connaissais et ne connaîtrais jamais *rien* à la haute physique. Mais je connaissais un peu l'histoire des sciences, et savais que la plupart des découvertes ont été faites, non par des spécialistes enfermés dans leur spécialité, mais par des intelligences fraîches, aptes à regarder par-dessus le mur du voisin et à *prendre leurs distances par rapport aux idées prédominantes*. Avec la naïveté du paysan du Danube, je déclarai un jour à l'administrateur général, Robert Hirsch, haut fonctionnaire intelligent et habile, qui essayait opiniâtrement de surmonter les inerties :

« Puisque nos équipes piétinent, nous devrions les renouveler. Là où nos chercheurs ont montré qu'ils butaient depuis plusieurs années, d'autres trouveraient sans doute. Découvrons des cerveaux neufs. Ni la France, ni le CEA, n'en manquent.

– Mais nos équipes n'ont pas démérité ! Elles sont de premier ordre et font tout ce qu'elles peuvent ! Ecarter ces chercheurs, ce serait briser leur carrière. Nous n'en avons pas le droit ! »

Robert Hirsch partageait ma manière de concevoir nos attributions respectives. Au ministre de fixer les objectifs, de veiller à l'octroi des moyens, de donner des instructions précises. A l'administrateur général d'assumer pleinement les responsabilités de l'exécution : il serait jugé aux résultats. Mais là, il me sembla que nous tombions enfin sur la vraie difficulté. Elle entrait dans mon *domaine réservé* de réflexion et d'action. Vingt et un ans plus tôt, le général de Gaulle avait créé le CEA : « d'abord, pour fabriquer la bombe », me répétait-il. Il avait nommé Joliot-Curie avec cette mission expresse. « Et Joliot a accepté ! Il m'a dit : "*Je vous la ferai, mon général, votre bombe*." Je lui ai répondu : "*Alors, vous êtes haut-commissaire*." »

En vingt et un ans, le CEA avait réussi une impressionnante concentration de matière grise et de moyens. Mais en même temps, il s'était quelque peu transformé en administration. Comme tout grand organisme, il avait insensiblement tendance à vivre un peu moins pour sa mission, un peu plus pour son personnel. Les chercheurs étaient devenus des fonctionnaires. Ils se justifiaient par leur propre existence – comme Dieu, selon l'argument ontologique. Le phénomène bureaucratique déposait ses concrétions paralysantes sur leurs capacités inventives. Carrière garantie, chasses gardées, situations acquises : pas question de toucher à un cheveu de leur tête, même s'ils ne trouvaient rien.

Une fois encore, nous nous enfoncions au cœur du « mal français ». Plus j'examinais le fonctionnement de cet organisme d'élite, qui rassemblait un grand nombre des meilleurs cerveaux de France, plus je croyais deviner pourquoi il marquait obstinément le pas dans la première des missions que le gouvernement lui avait confiées. Nullement en raison des qualités des *individus*, mais à cause de la *logique du système*. L'existence de *castes* provoquait une réaction de rejet à l'égard d'éléments d'autres origines. D'un côté, les « scientifiques » : ils auraient peut-être eu l'imagination requise, mais leur masse manifestait son hostilité aux recherches militaires. De l'autre, les « techniciens » : surtout des ingénieurs de l'armement, volontaires pour relever le défi, mais manquant de la formation de chercheur et de la tournure d'esprit nécessaires pour réussir. Leur rivalité s'aggravait de nos *guerres de religion* entre idéologies de « gauche » et de « droite ». Au sein de la même équipe, le *cloisonnement* entre disciplines paralysait la synthèse. On donnait obstinément la priorité à des facteurs *quantitatifs* : taille des ordinateurs, nombre des bateaux assurant la surveillance des sites nucléaires, volume de la matière fissile disponible. On laissait au second plan les facteurs *qualitatifs* : améliorer les communications entre spécialistes, réunir les éléments disparates qui permettraient une combinaison nouvelle, placer au nœud de la recherche un homme qui dominât toutes les disciplines concourant au résultat. L'information scientifique circulait, non selon l'utilité fonctionnelle, mais selon la voie hiérarchique. Les grands choix de recherches étaient décidés, non en raison d'une meilleure connaissance de la physique, mais comme si « le plus ancien dans le grade le plus élevé » devait être le plus savant.

Un berger des Causses

Entre-temps, on voyait déjà s'engager le cercle vicieux du renoncement. Auprès de hautes instances [7], on se mit à dire de plus en plus qu'il fallait impérativement abandonner le programme thermonucléaire, et se contenter de fabriquer en série les armes atomiques précédemment décidées. Les équipes du Commissariat se décourageaient devant cette pression, et les obstacles devenaient plus infranchissables encore [8]. Il était urgent de briser ce cercle.

Je demandai à mes conseillers scientifiques [9] d'essayer de dénicher l'homme de synthèse qui, à l'évidence, nous manquait. L'un d'eux m'annonça un matin : « J'ai peut-être ce qu'il vous faut. Un jeune physicien qui a commencé ses études sur le tard et a parcouru les étapes à une vitesse fulgurante. » Je le reçus. Son histoire était étrange. La guerre lui avait enlevé ses parents, juifs d'origine russe, implantés en France au début du siècle ; son père était mort à Auschwitz. Le jeune garçon, resté seul, avait dû abandonner ses études et gagner sa vie comme berger, dans une famille de paysans des Causses qui l'avaient recueilli et élevé. En 1944, il s'était dit : « J'aurais l'âge de passer le bachot. » Il s'était décidé à le préparer dans les livres, tout en gardant ses moutons, et avait été reçu haut la main. L'année suivante, il entrait premier à l'Ecole nationale d'ingénieurs des arts et métiers. Ses professeurs lui dirent : « Vous étiez fait pour l'X. » Un an plus tard, il entrait à Polytechnique ; il en sortait major, et choisissait un nom français : Robert Dautray. Depuis, il faisait des prouesses dans un autre laboratoire du CEA, à Saclay. C'était exactement le profil de l'homme qu'il nous fallait : un cerveau exceptionnellement doué, qui pût assimiler rapidement toutes les disciplines nécessaires à la synthèse [10] et les dominer ; comprendre le langage des analyses composantes et les rapprocher. Je conseillai à Robert Hirsch de lui confier la direction scientifique [11] de l'affaire : autour de lui, nous allions constituer une équipe renouvelée. Robert Hirsch s'évertua adroitement à résoudre les délicats problèmes humains qu'entraînait une pareille réorganisation *.

La situation se dénoua vite. L'intelligence vierge de Dautray examina méthodiquement toutes les études effectuées à la Direction des applications militaires pour chercher la formule de la fusion thermonucléaire, ainsi que les autres hypothèses possibles. Une combinaison de phénomènes physiques, dans la panoplie de ceux qui pouvaient être envisagés, lui parut la bonne [12]. Un examen approfondi le lui confirma. En quelques semaines, la synthèse était élaborée, les études à approfondir définies et lancées, tous les efforts concentrés sur ce procédé [13]. Il n'avait pas été besoin d'ordinateurs géants. Ni l'uranium enrichi, ni donc Pierrelatte [14], n'auraient été indispensables... En août 1968, de Gaulle eut une de ses dernières joies, quand explosèrent nos deux premiers engins H [15].

Là encore, le pouvoir avait été seulement la possibilité de choisir des hommes, de leur fixer un objectif, et de leur donner la responsabilité de l'atteindre.

2. TREIZE MILLIONS D'ADMINISTRÉS

« Vous êtes là pour cinq ans »

Avril 1967 : nouveau gouvernement ; le général de Gaulle et Georges Pompidou me confièrent l'Education nationale. Pour la cinquième fois, je me trouvais catapulté à la tête d'un ministère que je n'avais pas souhaité – et pour la quatrième, frustré de l'ouvrage que je croyais être en voie d'accomplir. Le Général, oubliant ce qu'il m'avait dit quinze mois plus tôt sur sa volonté de partir avant la fin du mandat, me déclara : « Vous êtes là pour cinq ans. » Il est vrai qu'il ajouta prudemment, se souvenant que l'avenir n'est qu'à Dieu : « Ou du moins, travaillez comme si cela devait être le cas. »

* Maurice Schumann, qui me succéda sur ces entrefaites en avril 1967, était trop avisé pour se laisser effleurer par la tentation, à laquelle un ministre ne résiste pas toujours, de prendre le contre-pied des dispositions prises par son prédécesseur. Il confirma les instructions que j'avais données à Robert Hirsch, et fit face aux résistances que soulevait cette réorganisation.

Il m'avait dit aussi : « Il faudra faire passer l'orientation et la sélection. » S'il me donnait du temps, c'était surtout parce qu'il me fixait cette mission, et la savait malaisée. Elle ne me rebutait pas. Pour moi, orienter les élèves à l'issue de la scolarité obligatoire et sélectionner les étudiants à l'entrée de l'université était un élément nécessaire d'un dessein cohérent, qui visait à nous donner une Education nationale responsable, maîtrisant un enseignement de masse au lieu de s'effondrer sous lui. Encore faudrait-il fixer avec soin la méthode : dans un pays de liberté, elle ne pouvait être que libérale.

La masse à gouverner m'inquiétait davantage. Avec ses huit cent mille agents – encadrant douze millions et demi d'élèves et d'étudiants – l'enseignement français était la plus grosse entreprise du monde, après l'Armée rouge et la General Motors. Mais cette comparaison ne vaut que pour les masses ; nullement pour la manière de les diriger. L'Armée rouge obéit à une discipline de fer. La General Motors comprend de nombreuses unités, dont chacune est soumise à l'implacable loi du marché. L'ensemble de l'Université française pourrait parfaitement fonctionner si, comme l'avait voulu son fondateur Napoléon, elle était maintenue sous un régime paramilitaire ; ou si, comme dans la plupart des démocraties libérales, elle était fractionnée en unités autonomes, aiguillonnées par la concurrence authentique que ces unités se feraient les unes aux autres. Mais l'enseignement français est protégé à la fois contre la discipline et contre la concurrence. Un ensemble de cette importance peut-il fonctionner s'il repose sur des principes d'organisation contradictoires : indiscipline et monopole, uniformité et individualisme ? Est-il rationnel qu'un fonctionnaire puisse assaillir l'autorité dont il relève, mais reste à l'abri de cette autorité, au point d'être intouchable ?

Un seul mot pour l'éducation : combien ?

Le corps enseignant, s'il fallait en croire ses porte-parole, s'était enfermé dans un délire *quantitatif* : des maîtres plus nombreux, des salaires plus élevés, moins d'élèves par enseignant, moins d'heures de cours, des locaux plus spacieux, bref, plus d'argent, et tout irait bien. Ainsi, quelques années plus tôt, les organisations paysannes pensaient tout régler en exigeant qu'on augmentât le prix des produits de la terre, sans accepter de rien changer aux structures agricoles.

J'étais persuadé que le problème n'était plus là. Bien sûr, il manquait encore des maîtres et des crédits, mais le rythme de croissance acquis était satisfaisant. On ne pouvait faire, désormais, ni guère moins, ni guère plus : déjà, de la maternelle au collège, l'Etat, c'est-à-dire les contribuables, payait, *pour la scolarité obligatoire de chaque adolescent, le poids de sa tête en or fin*. Restait à s'occuper de la *qualité*. Car, à mesurer * ce qui restait aux adultes, dix ans après la fin de leurs études, des connaissances inculquées dans l'enseignement primaire, secondaire et même supérieur, toute illusion sur la valeur de notre enseignement s'évanouissait. Avec les effectifs d'un enseignement *de masse*, nous avions gardé l'organisation, le mode de formation des maîtres, les programmes, la pédagogie, d'un enseignement *de l'élite*. Résultat : nous ne formions ni les masses, ni l'élite. Depuis 1939, le nombre des étudiants était passé de soixante mille à sept cent mille ; celui des élèves des lycées et collèges, de trois cent mille à près de cinq millions. Aucune réforme ** n'avait touché à la *nature* même de l'enseignement. Il était temps de s'y mettre.

En avril 1967, il n'était plus question de rien changer aux dispositions déjà prises pour la rentrée suivante. Je me donnai donc pour objectif la rentrée de 1968 – que je ne devais pas voir. A partir de mai 1967, je formai un groupe de travail discret, transformé en une commission officielle de *rénovation pédagogique* en février 1968. Je dirigeais personnellement leurs réflexions : nous avions entrepris de définir les principes d'une vie scolaire profondément transformée. On ferait appel à l'intérêt spontané des élèves ; on recourrait systématiquement aux méthodes actives et aux disciplines d'éveil ; on pratiquerait chaque jour les sports, surtout d'équipe, et les travaux manuels. Le mi-temps – ou au moins le tiers-temps – pédagogique ferait alterner trois ou quatre heures de classe avec des activités corporelles, artistiques, techniques. Les programmes seraient réduits ; dans la plupart des disciplines, le cours magistral serait remplacé par un documentaire, et par une discussion sur ce film avec les élèves. Ceux-ci seraient entraînés à l'expression orale, écrite et artistique. L'autodiscipline et la démocratie élective seraient développées à l'intérieur de la classe. Les maîtres, formés spécialement au cours de stages, seraient encouragés à l'imagination et à l'initiative. Ce plan n'avait d'autre originalité que de vouloir tirer les leçons d'un siècle et demi de découvertes pédagogiques. L'accueil que rencontraient nos réflexions, parmi les enseignants qui y étaient associés, m'assurait

* Comme avait fait, par exemple, Bertrand Schwartz.

** Les projets n'avaient pas manqué. Mais tous avaient été bloqués par une au moins des catégories qu'ils auraient touchées (1976). *La création en 1962 du collège d'enseignement secondaire (CES) par Christian Fouchet, réunissant dans le même établissement les premiers cycles des lycées et les classes du « primaire supérieur », n'avait fait que* constater *cet enseignement de masse, en lui donnant un cadre physique (1996).*

de pouvoir compter sur l'adhésion d'une forte minorité d'éducateurs enthousiastes.

Faire du temps son allié

Simultanément, je réunissais les crédits pour lancer des expériences. Il me paraissait impossible de réaliser une réforme autoritaire dans un système corporatiste et politisé. Sabotée, ou simplement appliquée sans bonne volonté, elle deviendrait absurde. Il valait mieux faire naître, avec la seule collaboration de volontaires, des expériences pilotes qui entraîneraient un désir d'imitation.

Dès la rentrée de 1968, on ouvrirait sur ce modèle neuf une école primaire par arrondissement ; un collège par département ; un lycée par académie. En mars 1968, recteurs, préfets, inspecteurs d'académie furent invités à rechercher les établissements disposés à se lancer dans cette aventure. L'expérience serait observée de près, pendant un an. On l'appliquerait, la seconde année, à un nombre double d'établissements, puis double encore l'année suivante. Au bout de cinq ans – mon bail –, la réforme, revue et corrigée au fur et à mesure, pourrait s'appliquer à l'ensemble du pays.

Sur cette méthode progressive, j'eus de longues discussions avec des apôtres d'une pédagogie de la confiance, dont je me sentais très proche *. Ils se montrèrent d'abord réticents :

« Puisque vous voulez changer le système, allez-y rondement ! me disaient-ils. Comment admettre cette inégalité : quelques centres d'excellence dispensant un enseignement rénové, pendant que des millions d'enfants continueront à manger des cailloux ? »

Sans doute souffraient-ils de certaines « expériences », vite abandonnées à elles-mêmes, perdues dans l'immensité bureaucratique, et que l'enseignement officiel ne songeait nullement à imiter. Ils redoutaient que la velléité d'Etat ne mît bientôt un point final aux bonnes idées. L'événement, quelques semaines plus tard, ne leur a pas donné tort. Pouvais-je leur donner raison ? Pour l'heure, j'étais convaincu que l'enseignement, secoué par la prolongation de la scolarité à seize ans et la création du collège obligatoire pour tous, ne pouvait supporter à nouveau une réforme autoritaire et globale : il fallait prendre les choses en douceur, faire du temps son allié. Le séisme de mai 1968 nous mit d'accord...

---

* Notamment, Marcel Bataillon, André Berge et François Walter, dont le trio animait l'association Défense de la jeunesse scolaire, ainsi qu'avec les éducateurs, pédiatres, psychiatres, qui composaient la commission de rénovation pédagogique.

Pour les facultés, j'héritais d'une réforme, globale, celle-là. Christian Fouchet avait voulu réorganiser les licences. Les bureaux avaient préparé et lancé des dispositions contraignantes qui appliquaient partout, dès la rentrée 1967, un modèle unique. L'expérience montra que c'était à la fois trop et trop peu.

Trop pour les malheureuses facultés, incapables de gérer une réforme qu'elles n'avaient ni souhaitée, ni même admise. Les littéraires s'irritaient qu'on leur eût imposé un régime conçu par et pour des scientifiques. La coopération des professeurs, indispensable au succès de l'entreprise, nous fut refusée : la plupart n'y croyaient pas, ou n'en voulaient pas.

C'était aussi trop peu pour répondre aux aspirations confuses des étudiants, pour changer le vieux système des facultés cloisonnées, pour mettre fin à l'invasion des amphithéâtres par des foules anonymes, aux études inadaptées, aux thèses condamnées à la poussière, au naufrage de toute une jeunesse.

Pour comble, la réforme avait prévu, première et dramatique tentative en faveur de l'« autonomie », que les facultés définiraient elles-mêmes les régimes d'équivalence pour les étudiants en cours d'études. Dès que les difficultés apparurent, les doyens se tournèrent vers le ministère, qui les renvoya à leur autonomie. Ainsi, ce système hybride, ni assez centralisé, ni assez décentralisé, entraîna pertes de temps, décisions confuses, exaspération commune des étudiants et des professeurs.

La « sélection » porta l'exaspération au point de non-retour. La nécessité d'orienter les jeunes bacheliers à l'entrée des études universitaires me paraissait évidente. Mais je refusais un système de sélection brutal et négatif, le « concours national des universités », sorte de super-baccalauréat uniforme, dont rêvaient les bureaux de l'Education nationale, ainsi que ceux des Finances. Pédagogiquement et moralement, c'était injustifiable ; politiquement, c'était inapplicable.

Parce que nous savions le sujet explosif, nous y travaillions – entre l'Elysée, Matignon et la rue de Grenelle – dans le secret. Parce que nous y travaillions dans le secret, les bruits couraient. La grande peur prenait corps. Là encore, elle fut commune aux étudiants et aux professeurs. Aux parents aussi : études perturbées aujourd'hui par la « réforme Fouchet », compromises peut-être demain par la « sélection » – les parents n'étaient ni moins inquiets, ni moins hostiles.

Une fois de plus, le pouvoir, c'était l'impuissance : pouvoir d'édicter une réforme, impuissance à l'appliquer. Pouvoir qui concentrait sur l'Etat la responsabilité de l'avenir de centaines de milliers de jeunes, et pouvoir bientôt impuissant, parce que sans aucun relais.

De petits groupes hostiles et décidés s'étaient formés ; leurs méthodes actives furent le catalyseur d'une réaction chimique dont tous les éléments existaient en dehors d'eux. Parce que l'exaspération était collective, ces révolutionnaires devinrent des intouchables. Ils le furent assez longtemps pour réussir à faire trembler l'Etat sur ses bases.

Nanterre-pilote, Nanterre-tombeau

Pour l'enseignement supérieur aussi, l'avenir me semblait passer par des expériences radicalement nouvelles.

A la fin de mars 1968, nous décidâmes, Georges Pompidou et moi, que nous fermerions pendant l'été le campus de Nanterre, où l'agitation dépassait les bornes de l'acceptable, mais où toute mesure autoritaire en cours d'année risquait de provoquer une explosion. A la rentrée, nous y établirions une université-pilote. Elle fonctionnerait comme une entreprise publique, sous l'autorité d'un Président contrôlé par un conseil d'administration pleinement responsable, mêlant universitaires et non-universitaires, et dont les membres seraient choisis, en raison de leur compétence, par le gouvernement. Elle jouirait d'une autonomie réelle, d'action et de financement. A partir de ce banc d'essai pourrait se mettre en place, d'année en année, un réseau d'universités concurrentielles, qui chercheraient à attirer les meilleurs étudiants et les meilleurs enseignants par les meilleures conditions de travail, la meilleure gestion, la meilleure image de marque.

Ce réseau n'existe toujours pas. En 1971, devant les difficultés et les violences où tombaient à nouveau les universités, j'exposai ces idées à mon successeur Olivier Guichard, qu'elles intéressèrent. Il me demanda d'animer une commission de réflexion * : de nos travaux sont sorties la « loi complémentaire à la loi d'orientation universitaire », qui permet de créer des universités par dérogation au modèle uniforme, et l'université de Compiègne, la première bâtie sur notre modèle dérogatoire. Mais le prototype est resté isolé. Et tout modèle qui n'est pas imité risque fort, à la longue, de dépérir.

---

* Cette commission, qui se réunit autour de moi à la présidence de la Commission des affaires culturelles et sociales de l'Assemblée nationale de mars à juin 1971, comprenait les recteurs Niveau, Magnin et Boursin, le professeur Bourricaud, les directeurs généraux de l'ORTF, J.-J. de Bresson, et de l'EDF, Marcel Boiteux, le directeur financier du CEA, Jacques Giscard d'Estaing, et Bernard Delapalme, directeur des recherches d'Elf-Erap.

En mars 1968, j'avais choisi Nanterre, précisément parce que le système centralisé, cloisonné, irresponsable, qui régnait dans l'Université française, y démontrait son incapacité avec plus d'éclat qu'ailleurs. L'histoire alla plus vite que moi. Elle fit exploser la bombe avant que j'aie pu, ou su, la désamorcer *.

* *La question de l'orientation des bacheliers, celle des étudiants, celle de l'indépendance des établissements d'enseignement supérieur, demeurent en suspens. En décembre 1986, la loi Devaquet est balayée par la violence ; en juillet 1993, la loi Fillon par le Conseil constitutionnel. Cf.* La France en désarroi, *chapitre 5 « Malaise dans le territoire » (1996).*

Chapitre 10

LE MALENTENDU

Ce 16 septembre 1969, quand Jacques Chaban-Delmas eut escaladé en deux bonds l'escalier de la tribune et franchi de sa voix coupante l'espace de quelques paragraphes, on sut que le Parlement allait vivre ce qui s'appelait naguère « une grande séance ». Tous les acteurs étaient réunis. Tous, sauf celui de l'Elysée.

La société bloquée

« *Le malaise que notre mutation accélérée suscite tient pour une large part au fait multiple que nous vivons dans une société bloquée... Nous supportons aujourd'hui le poids d'un long passé...* »

Le Premier ministre s'appuyait des deux mains au rebord de la tribune, tout vibrant de son message.

« *L'Etat est tentaculaire et en même temps inefficace. Par l'extension indéfinie de ses responsabilités, il a peu à peu mis en tutelle la société française tout entière... Le renouveau de la France après la Libération a consolidé une vieille tradition colbertiste et jacobine, faisant de l'Etat une nouvelle providence...* »

Dans cette enceinte, depuis 1958, personne, sans doute, n'avait avancé aussi vivement dans l'analyse des difficultés persistantes de ce pays. Jusqu'en 1958, l'instabilité gouvernementale fournissait une explication plus que suffisante. Après la réforme des institutions et la fin de la guerre d'Algérie, les malaises ou convulsions qui continuaient d'agiter la France semblaient de plus en plus inexplicables. Depuis Mai 1968, la question était sur toutes les lèvres. Le nouveau gouvernement allait-il guérir la fragilité française, puisqu'il la diagnostiquait avec cette rigueur ?

« *Ces déformations et ces malfaçons*, poursuivait Chaban, *sont le reflet de structures sociales, voire mentales, encore archaïques ou trop conservatrices... Nous ne parvenons pas à accomplir des réformes, autrement qu'en faisant semblant de faire des révolutions.* »

Le ton portait. Le recteur Capelle se pencha à mon oreille :

« C'est pour entendre ça que je me suis fait élire. »

« *Il y a peu de moments dans l'existence d'un peuple où il puisse, autrement qu'en rêve, se dire : quelle est la société dans laquelle je veux vivre ? J'ai le sentiment que nous abordons un de ces moments. Nous pouvons entreprendre de construire une nouvelle société, prospère, jeune, généreuse et libérée.* »

C'était un grand programme pour un grand septennat ; ou plutôt, pour deux ou trois. Mais un Premier ministre est chargé de piloter à travers les écueils de la *conjoncture*. Chaban tiendrait-il la barre assez longtemps, assez librement, pour transformer, comme il l'annonçait, les *structures* ?

« Une impression d'irréalité »

La majorité lui fit une ovation ; l'opposition resta un bloc de silence. Mais des signes donnaient à penser que la majorité applaudissante restait réservée en son for intérieur, tandis que l'opposition muette dissimulait mal une certaine approbation. Les députés s'écoulèrent lentement, mêlant leurs flots. Soudain, la familiarité parlementaire révélait d'autres attitudes, que le jeu de la séance publique avait escamotées.

« Je ne sais plus ce que je vais pouvoir dire », me confia, jovial, le président du groupe communiste, Robert Ballanger. « Sur la Ve, il est plus sévère que moi. »

Comme en écho, Gaston Defferre * lança à la cantonade :

« Quel réquisitoire contre votre régime ! Je vais devoir m'en faire l'avocat ! »

François Mitterrand s'approcha :

« C'est un discours du centre, qui aurait pu être prononcé par la gauche, dit-il. Il nous fait bien des politesses. Mais il donne une impression d'irréalité ; il n'explique pas pourquoi, pendant onze ans, le régime n'a rien fait de ce dont il proclame maintenant la nécessité. »

Dans le huis clos de la salle Colbert, réservée au groupe « gaulliste », et où le Premier ministre ne vint pas, l'atmosphère se tendait :

« Chaban ne répond pas aux vraies questions que se posent les Français ! s'écriait un député du Finistère. Il est inconscient de la

* Président du groupe socialiste.

situation politique et sociale ! Il nous parle de l'an 2000, alors que Georges Séguy vient d'annoncer qu'on est *à la veille d'un nouveau Mai 68* et que *ce septennat sera de courte durée !* »

Les compagnons applaudirent. A la plupart, la déclaration gouvernementale faisait l'effet d'être hors du temps. Pourquoi se réfugier dans des rêveries à long terme, alors que le court terme était si menaçant ? Quelqu'un cria : « Il faut arrêter Séguy ! » Ce groupe était une réduction de la France elle-même : il y avait toujours quelqu'un pour proposer une solution extrême, et la masse, réservoir de sagesse, pour en rire.

« Il a débloqué la société »

En revanche, Roger Souchal, député de Nancy, déchaîna l'enthousiasme. Résistant imberbe, déporté à seize ans, depuis lors toujours fidèle à de Gaulle, il avait l'épiderme sensible :

« Prétendre que de Gaulle a bloqué la société, c'est l'insulter et nous insulter ! Est-ce qu'il ne l'a pas débloquée, au contraire, en faisant adopter une Constitution qui nous donne la stabilité ? En mettant fin à la guerre d'Algérie ? En décolonisant, en faisant de nous les amis du tiers-monde ? En enterrant la guerre scolaire ? En nous faisant épouser notre temps ? Nous sommes ici pour défendre la pérennité de son œuvre. Nous ne permettrons pas qu'on la traite comme nulle et non avenue ! »

Cette harangue, le groupe l'avait faite sienne, rythmant d'une salve d'applaudissements chaque cri de ce gaulliste blessé.

« C'est plein de tensions surmontées, une majorité fidèle, me disais-je ; de même que c'est plein de disputes, un couple heureux. »

Quelques mois plus tard, Roger Souchal devait faire à ses dépens l'expérience de la « société bloquée ». Devant son impuissance à obtenir des bureaux parisiens que l'autoroute de l'Est s'infléchît vers Nancy, il avait compris qu'il ne serait pas entendu, à moins de faire éclater une crise. Mais cette crise l'emporta : il perdit l'élection partielle qu'il avait provoquée. Comment mobiliser les électeurs contre une administration, tout en soutenant le gouvernement qui est censé lui commander ? Jean-Jacques Servan-Schreiber, qui combattait à la fois l'administration et le gouvernement, le distança aisément.

Pour l'heure, un député de Seine-Maritime essayait de renverser le courant :

« Je ne comprends pas ! Je viens d'entendre les plus grands journalistes, Jacques Fauvet, Jean Ferniot, affirmer qu'ils n'avaient pas entendu un aussi bon discours depuis Mendès France... »

Ce fut une belle explosion :

« Evidemment ! Chaban ramasse les idées de la gauche ! »

« Il choisit ses collaborateurs parmi nos pires adversaires ! Rien que des PSU ! On voit le résultat ! »

Je tentai d'intervenir :

« Bien sûr, de Gaulle a débloqué beaucoup de verrous. Malheureusement pas tous. Il a échoué en voulant instaurer la participation, qui aurait permis d'accélérer le déblocage. Il nous faut maintenant aller plus loin, beaucoup plus loin, sur la voie que nous avons ouverte aux côtés du général. Pourquoi ce mot de *société bloquée* * nous ferait-il peur ? Ce n'est pas nous qui l'avons bloquée. » On m'écoutait dans un silence approximatif ; je me rassis. Le mot de François Mitterrand me revint à l'esprit. L'impression d'irréalité que donnait le discours du Premier ministre tenait sans doute à ce vertigineux décalage entre une actualité obsédante, qui imposait le manichéisme, et des réflexions faites pour ouvrir les esprits et mettre en question les préjugés.

« Il n'y a que des individus, et la France »

Quelques jours après **, Georges Pompidou me recevait à l'Elysée. La demie après quatre heures sonnait simultanément à trois pendulettes au moment précis où l'on m'introduisit. C'était le temple de l'immuable ; il renfermait l'étalon de la ponctualité, comme le pavillon de Breteuil celui du mètre. Le Président avait changé, mais les aides de camp restaient toujours les grands prêtres de l'exactitude. Averti que je disposais d'une heure, je cédai à la tentation d'aborder le fond du problème : « La déclaration de Chaban m'a séduit. Il a le sens de la perspective... »

Le Président ne répondit pas. Il me fit parler sur les « états d'âme » du groupe, de ma commission, de ma circonscription... Je profitai d'un temps mort pour revenir à la charge. Il fit peser un long silence, puis il prit son souffle :

« *Société bloquée, nouvelle société...* Ce sont les dadas du club Jean-Moulin. »

Le général de Gaulle disait de ce club, composé de brillants hauts fonctionnaires et universitaires qui contestaient son action : « On n'arrive pas souvent à faire travailler les fonctionnaires le jour. Mais le club Jean-Moulin réussit à les faire travailler la nuit. »

* Expression forgée en 1959 par le politologue américain Stanley Hoffmann, qui l'appliquait à la IVe et surtout à la IIIe République [1], dans un sens, il est vrai, un peu différent ; c'est principalement Michel Crozier qui avait fait l'analyse dont cette expression rendait compte.

** Le mardi 7 octobre 1969.

« Imaginez-vous, reprit le Président, que Guichard m'avait apporté, entre le premier et le second tour, un papier de Delors, rédigé à peu près dans les mêmes termes que le discours de Chaban. J'ai écrit dans la marge quelque chose comme : *La société n'existe pas ; il n'y a que des individus, et la France.* Mais Delors a réussi à placer son papier à Chaban *, après se l'être fait refuser par moi. Aussi bien, il l'aurait vendu à Poher, ou à Defferre, ou à Duclos, s'ils étaient passés en tête au premier tour. Ils sont forts, ces fonctionnaires. Peu leur importent les marionnettes, ils sauront toujours tirer les ficelles.

– Ce n'était sans doute pas un thème populaire pour une campagne électorale, fis-je. Mais maintenant que nous avons du temps devant nous, pourquoi ne pas nous y attaquer ?

– Chaban croit le moment venu de faire du neuf ! On ne fait jamais du neuf ! Ce sont là des fantasmes d'adolescent ou de romantique ! Il n'y a jamais de page blanche ! On doit se contenter de poursuivre une tapisserie entamée par d'autres, et dont la trame vous est imposée ! Une nouvelle société, c'est impossible ! La société est ce qu'elle est ; il faut vivre avec ! Rien n'est pire que de vouloir faire rêver les Français. Ce n'est pas ce qu'ils attendent de nous. Ou bien ils ne nous croiront pas, ils nous prendront pour des démagogues ou des illusionnistes, ce qui est contraire à l'image qu'ils se font de nous. Ou bien ils nous croiront, et plus tard ils se rendront compte qu'ils ont été bernés ; ils ne nous le pardonneront pas. Ayons le sens du réel ! »

Comme il était bien de son Cantal : aussi dur que le basalte, aussi vigoureux que le châtaignier. Il reprit son silence ; il hésitait à aller plus loin.

« Chaban s'est laissé piéger. Il a passé l'été à travailler sur ce texte, puis il me l'a laissé sur le coin de cette table (il montrait de son index l'angle du bureau Louis XV) quelques heures avant de le prononcer, comme s'il s'agissait d'un discours de routine. Il l'a sorti de sa poche et l'a posé là, plié en quatre ** ! Je n'ai qu'à m'en prendre à moi-même : je ne l'ai pas déplié... Il mène son affaire à la hussarde. Il veut ma caution sur un plan dont je n'ai rien su. Je me demande si même un président du Conseil de la IIIe ou de la

---

* Jacques Delors, de son côté, m'a précisé : « Pendant la campagne présidentielle de 1969, j'occupais les fonctions de secrétaire général à la Formation professionnelle. J'étais tenu à un strict devoir de réserve. Je me suis abstenu d'intervenir auprès des candidats. »

** Jacques Chaban-Delmas a vécu cet épisode d'une manière légèrement différente de celle que m'a relatée Georges Pompidou : il s'accuse d'avoir « omis de prescrire à (son) cabinet de faire parvenir un exemplaire du discours (à l'Elysée). On lui en fit l'observation à la dernière minute, à la suite d'un discret rappel de l'Elysée. (Il) (s') empress(a) de faire porter le texte [2] ». Mais il a bien senti, lui aussi, que, de ce jour, une fêlure s'était produite.

IVe aurait prononcé un discours aussi important, sans en informer d'abord le président de la République en Conseil des ministres. Mais je n'en fais pas une question d'amour-propre. De toute façon, l'ambition de Chaban est disproportionnée à sa mission. Il sait qu'il aura, dans ce septennat, au moins un successeur, peut-être deux, je l'en ai averti le premier jour. Et le voici qui ouvre des perspectives pour vingt ou trente ans. Alors, que fera-t-il en 1970, 71, 72 ? Il fera croire qu'il change tout et ne changera rien. Il distribuera des songes. Il sèmera des amertumes. La tâche est pourtant simple ! Nous avons un objectif qui doit dominer les autres : faire de la France une grande nation industrielle. Il est à notre portée. Atteignons-le sans nous disperser. Le reste sera donné de surcroît.

– Mais justement, plaidai-je, pour que la France devienne un pays industriel avancé, il ne suffit pas de construire des usines ; il faut décentraliser les décisions, abattre les cloisonnements, apaiser les antagonismes, bref, débloquer la société.

« On risque de faire sauter l'Etat et la nation »

– Et vous croyez qu'on peut tout faire à la fois ? Si on fait sauter les cloisons et les verrous, on risque de faire sauter en même temps l'Etat et la nation, comme cela a failli arriver en Mai 68 ! Ces idées sont celles d'irresponsables qui cherchent à démanteler l'Etat. C'est l'Etat qui doit commander. Et dites-vous bien qu'il n'y a que nous, les gaullistes, pour le défendre : nos adversaires veulent le voir disparaître ; notre devoir est de le préserver. Et d'abord de le garder. Avec ces idées d'*ouverture* et de *changement*, on ne provoque que des courants d'air et on prépare sa propre éviction. L'ouverture, je l'ai faite. J'ai fait appel aux républicains indépendants et aux centristes *. Je ne me suis pas contenté de l'UDR, bien qu'elle soit arithmétiquement plus que suffisante, car il n'est pas sain qu'un Président ne puisse s'appuyer que sur une formation. La composition de ce gouvernement anticipe déjà sur le résultat probable des prochaines élections législatives. Mais n'allons pas plus loin ! »

Il se tut un moment. Je ne dis mot : visiblement, il allait repartir à l'assaut.

« Vous n'avez pas remarqué que dans ce discours, où Chaban parle tant de société, il ne parle *pas une seule fois* de la nation, et encore moins de l'autorité de l'Etat ? On dirait que ces expressions lui écorchent la langue. Or, la France est une nation avant d'être

* Les « centristes » du Centre Démocratie et Progrès (CDP : Jacques Duhamel, René Pleven, Joseph Fontanet, Achille-Fould, Stasi) ont rejoint la majorité à l'occasion de l'élection de Georges Pompidou.

une société ! Elle n'a été créée, elle n'a survécu, que comme nation. Et cette nation n'a été sauvée que par son Etat. De nouveau, aujourd'hui que la société se décompose sous nos yeux sans que nous y puissions presque rien, au moins respectons et protégeons ce qui tient encore, et qui seul peut encore nous tirer d'affaire : l'Etat et la nation. Remontons sur les hauteurs de l'intérêt national ! Raidissons-nous pour que notre pays reste une entité libre de ses décisions ! Si nous récusons l'héritage d'une nation et d'un Etat qui viennent d'être restaurés, si nous avons peur d'employer les mots qui résument tout notre credo, nous entrons dans le jeu de l'opposition ; nous récitons du marxisme inconscient et mal digéré. A ce jeu-là, nous serons toujours battus. A vouloir attirer ses ennemis et décevoir ses amis, on ne l'emporte jamais. Quand on fait la politique de ses adversaires au détriment de celle de ses électeurs, on perd ses électeurs ; alors qu'il est tellement plus facile de les retenir, que de les rattraper ! Et on ne capte pas les voix hostiles ; on les encourage dans leur hostilité, en leur donnant des preuves de faiblesse. Cajoler l'opposition ne l'amadoue pas, mais l'enhardit. Chaban dispose à la Chambre d'une majorité des quatre cinquièmes. On n'avait vu ça sous aucune République... Il préfère se mettre ces quatre cinquièmes à dos, et séduire le dernier cinquième ! Ça non plus, on ne l'avait jamais vu. Quand on a une majorité, il faut la garder !

– Il y a en tout cas quelque chose de bien bloqué dans notre société, fis-je remarquer. C'est le mécanisme des réformes. Quand les forces virtuelles de l'opposition et des syndicats dépassent le *tiers bloquant*, comme on dit aux Nations unies ou dans les conseils d'administration, le pouvoir est *bloqué* ; il ne peut rien faire, sauf si l'opposition donne son accord. Un Président élu avec une marge relativement faible, comme ce sera sans doute toujours le cas chez nous, est condamné soit à l'immobilisme, soit à un mouvement auquel consent l'opposition. Si l'on choisit l'affrontement entre deux catégories de Français irréconciliables, cela condamne à ne pas bouger. Pour que le pays évolue, il faut d'abord rétablir un *consensus*.

– Peut-être. Mais alors, je me demande s'il ne vaut pas mieux l'immobilisme, qu'un mouvement qui nous serait dicté par l'opposition, et auquel notre bon sens nous soufflerait de résister. L'accusation d'immobilisme ne me fait pas peur. Pourquoi cette manie de bouger ? Alors que tout bouge autour de nous, l'essentiel est de garder notre équilibre, d'éviter les écueils et de ne pas sombrer ! Dans le tourbillon des découvertes, des innovations technologiques, des échanges internationaux, ce qui importe, au contraire, c'est de rester soi-même au milieu du changement, qui s'accomplit de toute façon, que nous le voulions ou non ! C'est de préserver nos valeurs fondamentales ! Vraiment, il faut avoir le courage de résister à ces tics de langage. »

« On idéalise la société anglo-saxonne »

« Voilà que mon Premier ministre, lui aussi, a son *projet de société*, dont il avait seulement oublié de me parler ! Ce galimatias de gauche est insupportable. Qu'on ne compte pas sur moi pour donner dans ces modes risibles ! Et puis, on parle des Français comme s'ils étaient des Anglo-Saxons. Mais s'ils l'étaient, ça se saurait ! D'ailleurs, depuis près de trois siècles, on idéalise la société anglo-saxonne, à commencer par Montesquieu qui s'était fait manipuler par l'*Intelligence Service* de son époque : cette société, c'est celle de l'argent, elle est oligarchique, méprisante aux humbles, et au moins aussi conservatrice que la nôtre, avec ses rites immuables. Elle a des défauts énormes, inhumains, inacceptables. Et elle est en pleine décrépitude. C'est au moment où elle craque de toutes parts qu'on voudrait la prendre pour modèle ! Le changement de société, ça voudrait dire qu'on fait une exsanguino-transfusion totale, qu'on expulse cinquante millions de Français et qu'on les remplace par cinquante millions d'Anglo-Saxons ! Les Français sont comme ils sont, et ils le resteront. Les médecins ne disent pas à un malade : “*Monsieur, vous avez un tempérament sanguin. Ça ne m'arrange pas. Je vous soignerais plus facilement si vous aviez un tempérament bilieux.*” Ils le prennent avec le tempérament qu'il a, sans se mêler d'y rien changer, et ils tâchent de le guérir, s'ils peuvent.

– Mais ne croyez-vous pas, hasardai-je, que les Français se renouvellent ? Bien sûr, on ne peut pas changer leur tempérament, comme ça, en soufflant dessus. Mais on peut changer leur environnement, leurs institutions, leur milieu économique, leur système social ; et leur mentalité évoluera du même coup. En 1959, le nouveau régime et l'entrée dans le Marché commun ont provoqué des modifications décisives. Nous avons commencé à nous guérir des maladies que provoquaient l'instabilité gouvernementale et le repli sur soi.

– Vous vous imaginez que les Français ont changé ? Ils ont changé de modes, et peut-être de modes de vie, mais pas de mentalité. D'ailleurs, ils comprennent instinctivement les dangers du changement. Ils devinent que lorsqu'on introduit un changement souhaité, il entraîne à son tour une série indéfinie de changements qu'on n'avait pas voulus ni même prévus. De proche en proche, on dérègle l'ordre des choses. Avant tout, les Français sont conservateurs. C'est ce qu'on appelle l'instinct de conservation, figurez-vous. Moi, je trouve que c'est une preuve de santé. Vous ne pouvez quand même pas dire aux Français : "*Vous n'êtes plus le premier peuple du monde à cause de vos mentalités et de votre culture nationale ; nous allons transformer tout ça.*" Vous prétendriez leur prêcher une Révolution culturelle ? On n'est pas en Chine ! »

« Un langage pour Saint-Germain-des-Prés »

Il fit un large geste de la main, comme pour balayer des fantômes :

« Non, s'il y a eu un déclin français, c'est tout simplement parce que la France est restée un vieux pays agricole, et que l'agriculture a perdu de sa valeur dans le monde moderne par rapport à l'industrie. Ne cherchez pas midi à quatorze heures : nous étions moins bien pourvus que d'autres en matières premières. L'Angleterre et l'Allemagne, qui n'étaient pas douées pour l'agriculture, ont mieux développé leur industrie. Je ne dis pas qu'on ne peut rien faire : je dis qu'on ne peut pas tout faire à la fois. On ne peut pas distribuer plus qu'on n'amasse, ni acheter plus qu'on ne vend, ni employer le profit de la croissance, en même temps, à faire des investissements collectifs et à élever les salaires de 15 %. On doit choisir. J'ai choisi. Ce qu'il nous faut, c'est rattraper notre retard industriel, en créant des emplois pour la main-d'œuvre que libère justement la modernisation de l'agriculture. Voilà une tâche bien concrète, bien réelle. Mais qu'on ne parle pas aux Français de leurs vices nationaux. Cela ne prendrait pas. Un peuple a la pudeur de ce qu'il est. Je dis aux Français : "*Industrialisons la France.*" Ils me comprendront. La « société bloquée », la « nouvelle société », le « nouveau contrat social », « le changement », c'est un langage bon pour des intellectuels parisiens qui ne savent pas reconnaître une vache d'un taureau. Qu'on s'en gargarise à Saint-Germain-des-Prés ; mais qu'on ne prétende pas gouverner la France avec ces amusettes. »

L'aide de camp entrouvrait la porte avec insistance ; ce champion de la ponctualité devait être au supplice.

« Les Français sont comme ils sont, poursuivait le Président. Et ce n'est pas Chaban, ni vous, ni moi, qui allons les changer. On ne change pas un homme, et on voudrait en changer cinquante millions ! Gouverner les Français, c'est les prendre tels qu'ils se trouvent, ici et aujourd'hui, en essayant d'éviter qu'ils ne fassent trop de bêtises. »

Je songeai à Montesquieu, que Georges Pompidou venait de récuser pour anglomanie, mais qui recommandait sagement d'être attentif à *ne point changer l'esprit général d'une nation.* « S'il y avait dans le monde une nation qui fût vive, enjouée, quelquefois imprudente, souvent indiscrète, et qui eût avec cela du courage, de la générosité, de la franchise, un certain point d'honneur, il ne faudrait pas chercher à gêner par des lois ses défauts, pour ne point gêner ses vertus. » Autre façon d'exprimer l'éternelle parabole du bon grain et de l'ivraie.

« Je maintiendrai »

Le Président se leva et me raccompagna de son pas lourd :

« Le patron, c'est moi. Ce que le Général aura légué de meilleur à la France, c'est la prééminence du Président. Laisser le pouvoir suprême repasser la Seine, permettre que les grandes décisions qui commandent l'avenir se prennent à Matignon et non à l'Elysée, cela voudrait dire à brève échéance que l'Assemblée reprendrait le dessus. On reviendrait au régime des partis et à l'instabilité ministérielle. Ce serait renouveler la mésaventure des débuts de la IIIe République. Je ne serai ni Mac-Mahon, ni Jules Grévy. Je maintiendrai. »

Derrière la porte, deux hommes s'impatientaient. C'étaient Jacques Chaban-Delmas et Valéry Giscard d'Estaing... En quittant l'Elysée, je songeais que le décor d'un drame était planté. L'incompréhension était aussi épaisse entre le Président et son Premier ministre, qu'entre ce Premier ministre et le groupe parlementaire dont l'appui lui était indispensable. Derrière un seul discours, que de malentendus !

La majorité « gaulliste » accusait Chaban, bien à tort, de jeter une pierre dans le jardin du Général. Bien à tort aussi, l'opposition jubilait d'avoir entendu une condamnation sans appel de la Ve République. Le premier malentendu trouvait une confirmation dans le second. Les réticences de la majorité ne pourraient être vaincues que par un pressant appel du président de la République ; je savais maintenant qu'il n'y fallait pas compter. Les réticences du Président étaient plus complexes : céder sur un point aussi décisif, ce serait accepter la primauté de Matignon sur l'Elysée ; mais précisément, le Premier ministre avait mis le Président devant le fait accompli, parce qu'il savait bien qu'en s'assujettissant à un accord préalable, il se serait heurté à un refus catégorique.

Pour imposer la « nouvelle société », l'ardeur de Chaban finirait-elle par avoir raison de la ténacité de Pompidou ? La seule chance sérieuse que le premier avait de faire aboutir son projet serait de remplacer un jour le second. Mais pour avoir une chance d'être élu Président, il devrait rengainer le projet. Ainsi le voulait la logique de ce régime, que de Gaulle avait un jour devant moi comparé à celui des Antonins dans la Rome impériale : le candidat à la succession devrait d'abord être accepté comme « fils adoptif » – et donc éviter de s'opposer au « père »...

Le miracle fut que des divergences aussi radicales n'aient pas provoqué plus d'éclats. Aux côtés de ce Président, le même Premier ministre, pendant trois ans, travaillerait loyalement au service de la France ; et, le jour où on le lui demanderait, il quitterait Matignon sans hésitation ni murmure. Quelques semaines avant sa mort, au cours de son dernier voyage en province, à Poitiers, Georges Pompidou devait prononcer sur Jacques Chaban-Delmas et sa *nouvelle société*, devant Olivier Guichard, Raymond Marcellin et moi-même, des paroles si empreintes de sympathie, qu'elles semblaient tracer des voies lumineuses.

Ils étaient restés aussi sincères l'un que l'autre dans leurs convictions : l'un, qu'il fallait changer la société pour la préparer au XXIe siècle ; l'autre, qu'il fallait maintenir la nation et l'Etat. Peut-être l'attelage était-il, en 1969, monté à l'envers : le Premier ministre fixait les yeux sur le long terme, le Président cherchait à éviter les ornières du court terme ; alors que l'esprit des institutions eût voulu un Président repérant les horizons lointains, et un Premier ministre soucieux des cailloux de la route...

Comme il était naturel, le président Pompidou l'emporta. Il assura bel et bien une croissance industrielle jamais vue en France. Mais, ainsi qu'il avait dit, il maintint. La *nouvelle société* resta un mythe ; la *société bloquée*, une réalité.

Deuxième partie

LE MAL ROMAIN

Chapitre 11

LE GRAND SIÈCLE, ÉBLOUISSANT DÉBUT DU DÉCLIN

Louis XIV, deux perdreaux et Charles de Gaulle

C'était à Jonzac, en mai 1963. De Gaulle, visiteur méthodique de nos provinces, parcourait les Charentes. Dans son petit discours de bienvenue, le maire raconta que le jeune Louis XIV, en route pour Saint-Jean-de-Luz où il devait rencontrer sa fiancée, avait fait halte dans le château qui sert aujourd'hui d'hôtel de ville ; sur la table qu'on nous montrait, il avait dévoré deux perdreaux.

Le Général appréciait ces rappels : à travers eux, il sentait monter vers lui l'histoire de France. L'occasion était bonne de le sonder sur le « Grand Roi ». Après le repas, je l'entrepris, avec ce rien de provocation qu'il fallait pour le décider à parler :

« Quel dommage, hasardai-je, que Louis XIV ne soit pas resté le jeune homme désireux de bien faire qu'il était quand il se fiançait avec l'infante d'Espagne ! Bien vite, il n'a plus pensé qu'à parader, à guerroyer, à accentuer l'absolutisme et la centralisation pour les besoins de la parade et de la guerre. »

De Gaulle ne manifesta ni surprise, ni agacement. Il passa un moment à remuer sa cuillère dans sa tasse de café sans répondre. Puis il me dit avec sérénité :

« Vous êtes bien sévère. C'est la mode, aujourd'hui, de dire cela. Ce n'est pas mon sentiment. Louis XIV a donné de la dignité à la fonction royale. La grandeur de la France et de l'Etat était son souci constant. Il a maté la féodalité.

– Pourquoi la mater ? Après l'écrasement de la Fronde, les féodaux étaient devenus bien incapables de menacer l'Etat. Louis XIV n'avait qu'à laisser les nobles dans leurs provinces. Ils auraient pu s'y rendre utiles, et contribuer à un essor... qui ne s'est pas produit.

– Vous lui reprochez d'avoir vécu en France, et de son temps. Un autre aurait-il fait mieux ? Je ne le crois pas. »

Le Général reconnut que la persécution des jansénistes et la révocation de l'édit de Nantes avaient été des erreurs ; que les aventures diplomatiques et militaires avaient conduit à bien des déboires ; mais pour l'essentiel, il tenait le règne de Louis XIV pour un grand règne. Il approuvait Louis XIV d'avoir accentué la centralisation *, réduit les libertés provinciales, municipales, parlementaires. Or, il me semblait que cette politique avait saigné la France à blanc.

Ténébreuse forêt autour de la clairière

Pour la quasi-totalité des historiens étrangers – du manuel scolaire à la recherche la plus spécialisée [1] – Louis XIV n'avait d'autre grand dessein que de faire ployer le genou aux princes et aux nations : il dévastait les Flandres, la Hollande, le Palatinat, les pays rhénans, le val d'Aoste ; il bombardait Gênes et Bruxelles ; il forçait les autres Etats à reconnaître la préséance des ambassadeurs de France ; il humiliait le pape Alexandre VII ; il rompait les traités ; il ne donnait sa parole que pour la reprendre. Que montraient les médailles frappées à la gloire d'un Louis le Grand accoutré en empereur romain, les statues équestres, les fresques qui couvrent les galeries et les plafonds de Versailles ? Des souverains courbés devant le Roi-Soleil. Il ne faisait respecter la France qu'en la faisant haïr.

De Gaulle voulait la faire respecter en la faisant aimer. Il s'était formé une tout autre idée de la *grandeur* : la grandeur morale du rayonnement pacifique, de l'aide à la libération des hommes et des peuples. Comment pouvait-il donc cautionner son contraire ?

Bien sûr, il ne se trompait pas, lorsqu'il plaidait pour Louis XIV les circonstances atténuantes. L'absolutisme, la révocation de l'édit de Nantes, furent dictés au roi par l'esprit du temps. Seulement, de Gaulle avait été nourri des images du « Grand Siècle » et du « Grand Roi », que tous les historiens français, à la suite de Voltaire, ont, jusqu'à une époque toute récente, inculquées aux Français. L'historiographie officielle de la République avait même renforcé ces idées reçues : la monarchie centralisatrice préfigurait l'Etat jacobin. Ces mythes font partie de notre culture elle-même. Louis XIV autant que Louis XIII, Colbert autant que Richelieu, reposent au Panthéon de la mythologie nationale. Honte à qui oserait porter atteinte à leur gloire ** !

---

* Sa pensée sur ce point, comme je l'ai dit plus haut, me parut évoluer à partir de 1966.

** Par compensation, on a trouvé un bouc émissaire. On a crié haro sur Louis XV. Bien à tort : son règne, comme l'a montré clairement Pierre Gaxotte, a été beaucoup moins catastrophique que celui de Louis XIV.

Or il s'agit, largement, d'une illusion d'optique. Pendant longtemps, l'histoire de France a été une histoire parisienne – centralisée elle aussi. Entre les ruraux incultes et les bourgeois affairés, les provinciaux ne racontaient guère leur vie. Seuls apportaient leurs témoignages, ou écrivaient leurs Mémoires, ceux qui formaient les « élites », attirées par la cour et la ville comme phalènes par la lampe. La culture, diffusée par la capitale, en perpétuait le monopole.

Il fallait l'intuition d'un Michelet pour sentir la province « faible et pâle », et deviner pourquoi : c'est « le sort des provinces centralisées qui ne sont pas le centre même. Il semble que cette attraction puissante les ait affaiblies, atténuées ». Mais, centralisateur dans l'âme, Michelet se rassure vite : « Il ne faut pas prendre la France pièce à pièce, il faut l'embrasser dans son ensemble. C'est justement parce que la centralisation est puissante que la vie locale est faible [2]. »

Cette faiblesse, toute une cohorte d'historiens *, depuis la Seconde Guerre mondiale, a commencé de la décrire et de l'expliquer. L'alimentation, la maladie, l'épidémie, la délinquance, la prison, la folie, la mort, la pratique religieuse, les goûts culturels, les mentalités, et bien d'autres secteurs de la vie et de l'activité humaines, jusque-là à peu près ignorés par l'histoire traditionnelle, entrent dans le paysage. À mesure que le regard s'étend, surgit, autour de la brillante clairière de Versailles, une ténébreuse forêt.

Un bandeau sur les yeux

Quelques témoins, discrets mais perspicaces, avaient perçu la tragédie sous le masque de l'épopée **. Leurs avertissements ne furent pas écoutés. Tel celui de Gui Patin : « Les pauvres gens n'ont que faire d'attendre du soulagement : aussi meurent-ils par toute la France de maladie, de misère, d'oppression, de pauvreté et de désespoir... Je pense que les Topinambous sont plus heureux en leur barbarie que ne sont les paysans de France [3]. » Aujourd'hui encore, on ignore la courageuse lettre écrite par Fénelon à Louis XIV en 1694 : « Vos peuples meurent de faim. La culture des terres est presque abandonnée ; les villes et la campagne se

* Notamment l'école des *Annales*, avec Fernand Braudel, mais aussi une pléiade de chercheurs de talent comme Philippe Ariès, Yves-Marie Bercé, Pierre Chaunu, François Crouzet, Michel Foucault, François Furet, Pierre Goubert, Emmanuel Le Roy Ladurie, Robert Mandrou, Jean Marczewski, Olivier Martin, Roland Mousnier, Denis Richet, Pierre de Saint-Jacob.

** Les observateurs perçants que sont Vauban, Boisguillebert, Hay du Chastelet, des Cazeaux du Hallay, Nicolas des Marets. Le témoignage de La Bruyère est trop connu pour qu'on le cite.

dépeuplent ; tous les métiers languissent et ne nourrissent pas les ouvriers. Tout commerce est anéanti. Vous avez détruit la moitié des forces réelles du dedans de votre Etat... *La France entière n'est plus qu'un grand hôpital désolé*[4]. »

Fénelon *voit* ce que chacun peut voir, à condition de mettre le nez hors de Versailles *. Il voit les désordres, les révoltes brutales que toute l'histoire classique s'est ingéniée à ne pas voir.

Le roi, ses ministres, sa cour, sa bureaucratie restent inconscients : « Cette gloire, qui endurcit votre cœur, vous est plus chère que la justice. *Vous vivez comme ayant un bandeau fatal sur les yeux.* »

En 1710, dans un second *Mémoire sur la situation déplorable de la France*, Fénelon crie plus fort son angoisse : « On ne vit plus que par miracles ; c'est une *vieille machine délabrée qui va encore de l'ancien branle* qu'on lui a donné, et qui achèvera de se briser au premier choc... Les peuples ne vivent plus en hommes ; et il n'est plus permis de compter sur leur patience, tant elle est mise à une épreuve outrée. Ceux qui ont perdu leurs blés de mars n'ont plus aucune ressource. Les autres sont à la veille... Comme ils n'ont plus rien à espérer, ils n'ont plus rien à craindre[5]. »

Une énorme avance peu à peu perdue

Ce que nous apprennent les historiens d'aujourd'hui sur le règne de Louis XIV – ou plutôt sur son royaume – n'en fait rien d'exceptionnel : ce seraient plutôt la Hollande, l'Angleterre, la Suisse, la Suède, qui, vers la même époque, feraient exception – en sens inverse. Mais justement : c'est déjà nous guérir d'une illusion qui avait tendance à colorer toute l'histoire de France. Louis XIV paraissait celui qui avait établi la France sur des sommets, dont elle ne devait plus redescendre que par des « accidents » de l'histoire, telles la défaite de 1870 et la débâcle de 1940. Or, si la France n'est aujourd'hui qu'une « nation moyenne », c'est par l'effet d'un implacable *déclin relatif* – par rapport à quelques autres pays. De ce déclin, étalé sur trois siècles, le « Grand Siècle » n'est que l'éblouissant début.

Sous Richelieu, la France était devenue, ou redevenue **, la première puissance de la chrétienté[6]. Quand Louis XIV choisira pour

* Il est vrai qu'il existe deux France. Fénelon décrit – avec exactitude, au vu des recherches récentes – le marasme de beaucoup de provinces de la France continentale. Mais la France maritime connaît, dans plusieurs de ses ports, des sociétés vivantes et en expansion.

** Elle l'était déjà, pendant la plus grande partie du XIIIe et du XIVe siècle.

devise *Nec pluribus impar* *, il ne fera que souligner une évidence. Trois cents ans plus tard, à la mi-temps du XXe siècle, que restait-il de cette supériorité ? La prédominance en Europe ? Elle pouvait être revendiquée sur l'autre rive de la Manche depuis 1814, ou de l'autre côté du Rhin depuis 1870. La prédominance mondiale ? Elle avait traversé l'Atlantique ou s'était repliée vers l'Oural. Paris ne conduisait plus les destinées que d'un peuple affaibli, à la croissance minime **, à l'économie handicapée ; un peuple malmené par des institutions politiques en perpétuel déséquilibre.

Pourtant, cet effacement est loin d'être évident. Un pays peut rayonner longtemps après que la source de sa prospérité s'est tarie, comme une étoile éteinte dont la lumière parvient toujours. L'Europe du XVIIIe siècle porte l'empreinte de la France. Jusqu'à la Révolution, aucune autre nation européenne, *Russie comprise*, n'est aussi peuplée. Le français supplante le latin comme langue internationale. La France est de taille à tenir tête à tous les pays d'Europe réunis. Elle y parviendra plus d'une fois dans les cent cinquante ans qui suivent les débuts du règne personnel de Louis XIV. *Leur énorme avance, les Français ne vont la perdre que peu à peu, comme un capital qui se met à fondre.*

L'échec exemplaire de Colbert

N'essayons pas encore d'expliquer pourquoi, au cœur du XVIIe siècle, le mouvement qui portait la France s'affaiblit, s'essouffle ; alors que d'autres, autour d'elle, vont de l'avant. Notons seulement que cette inversion de sens coïncide... avec l'établissement définitif des réseaux de la centralisation et du dirigisme. Avec une fiscalité écrasante, rendue nécessaire par la constitution d'un appareil d'Etat tentaculaire et par des dépenses de souveraineté excessives. Avec des élites stérilisées, des initiatives découragées, un préjugé nobiliaire qui rend l'ascension sociale presque impossible pour quiconque n'est pas « né » – sauf à être anobli. Avec un préjugé antiéconomique, qui écarte de l'activité commerciale, industrielle et bancaire ces élites figées. Avec les pensions, les rentes de situation, la vénalité des charges. Avec l'incapacité de renouveler

---

* « Supérieur à tout autre ».

** Ce phénomène a été souvent masqué aux historiens de l'économie par le fait que la croissance *par tête* n'était pas si mauvaise. Ce n'est qu'une illusion de plus : on ne peut tout de même pas créditer l'économie de l'effondrement démographique dont elle est une cause essentielle (voir chapitre suivant) ! La stagnation économique sur trois siècles apparaît en pleine lumière, quand on compare en longue période la production *globale* de la France et celle de ses concurrents.

les méthodes. Telles sont les pesanteurs qu'ont longtemps dissimulées les fastes de la cour.

Derrière Louis XIV, il y a un système. Il a pris le nom d'un homme, Colbert. Mais le « colbertisme » a continué bien après Colbert. Dans une large mesure, nous le verrons, il nous régit encore. Colbert n'avait été que le symbole d'une économie administrative. Or, dès le XVIIe siècle, ce système conduit à un échec économique retentissant, qui comporte des leçons pour notre temps [7].

Colbert a poursuivi une chimère, comparable à celle des jésuites du Paraguay ou des sociétés planifiées du XXe siècle : rendre le royaume prospère, en faisant de chaque individu le docile exécutant de décisions économiques arrêtées rationnellement au sommet. Sur le point de la docilité, il a réussi. Sur celui de la prospérité, c'est autre chose.

Un Etat grand pour être riche, et riche pour être grand : puisque la richesse réside dans l'or et dans l'argent, et que le sol n'en produit pas, l'Etat doit se donner les moyens de s'en procurer. La France, petit importateur et gros exportateur, s'enrichira aux dépens des autres. Il suffit que ces autres ne tiennent pas le même raisonnement...

Rien, dans ce programme, n'était naturel. D'une nation forte, l'Etat aurait pu tirer sa force ; l'Etat, ramenant à lui toute la force, laissera la nation débile. Car, lorsque Colbert dit *l'Etat*, il ne pense pas *la nation*, la vitalité de son industrie et de son commerce, son foisonnement spontané et innovateur ; mais la bureaucratie royale orientant et contrôlant toute activité.

Colbert décide de tout. Il multiplie les édits pour codifier l'équarrissage du bois, la largeur des pièces de tissu ou le poids des chandelles. Il n'entend pas *accompagner*, mais *créer* l'activité industrielle et commerciale. A mesure que ses projets sortent de ses dossiers, il fonde d'innombrables entreprises publiques : des « manufactures royales », des « forges royales », des « arsenaux royaux », des « compagnies royales ». L'initiative privée est *a priori* suspecte ; on ne la tolère que soumise et encadrée. L'économie, dessinée au cordeau, taillée et retaillée, est « à la française », comme les jardins.

Le dirigisme étatique, conçu de manière à rendre la fraude impossible, a pour effet habituel de l'encourager. Il tient ferme quelques créneaux, mais en oublie toujours d'autres. Peu de régimes furent aussi favorables que le colbertisme à la prévarication [8].

Tout cela détourne de prendre des risques dans ce que les Anglais appellent déjà le *business* : la banque, le grand commerce, la grosse industrie – qui seuls pourraient fonder une vraie prospérité ; comme c'est le cas, au même moment, en Europe du Nord.

Les interventions incessantes de Colbert font d'abord illusion. Les centres de production textile se raniment : « petites étoffes » de Normandie, « métiers battants » de Picardie, « sergetterie » de Beauvais, draps du Languedoc. Mais *jamais la production ne réussit à retrouver le niveau qu'elle avait atteint du temps de Louis XIII.* Pour couler les métaux, le fer-blanc, les aciers de qualité, les Français prennent un retard technique qui subsistera jusqu'au XXe siècle. Il faut souvent acheter les canons à l'étranger, quelquefois à l'ennemi. Les manufactures royales périclitent dès que cessent les subventions. Les hommes qui dirigent ces établissements ? La faveur les a désignés ; ils dépendent d'elle. Comment ne consacreraient-ils pas plus de temps à se faire bien voir qu'à pousser leurs techniques et leurs ventes * ? Quant aux ouvriers royaux, ils n'ont guère le feu sacré.

Le commerce extérieur ? Sa réussite supposait que le royaume, s'entourant de murailles douanières, n'en rencontrât aucune chez les autres. Hypothèse utopique ! Anglais et Hollandais répliquèrent vivement. Notre commerce resta frappé de paralysie. Les orgueilleuses compagnies créées par la munificence royale glissèrent à la faillite.

La France, où l'Etat se réservait l'initiative, resta loin derrière ses rivaux : chez eux, l'Etat laissait à l'entreprise privée toute liberté d'agir. Dès la mort de Colbert, en 1683, les entreprises d'Etat battent d'une aile, quand elles n'ont pas disparu. Paradoxe : seule se maintient, tant bien que mal, l'initiative privée. Les morues de Terre-Neuve et l'alun de Tolfa rapportent bien plus à quelques armateurs malouins que toutes les compagnies de Colbert ** ne rapportèrent jamais au roi. Les compagnies royales – nous dirions aujourd'hui les entreprises nationalisées – se perdent dans l'entrelacs des interventions bureaucratiques et la rigidité des règlements. Pour des négoces identiques, des particuliers, constituant à la hâte des « sociétés » pour affréter des navires, réussissent au coup par coup, établissent des liaisons sûres à Londres ou Amsterdam, par mille canaux privés. Quand leur clientèle réclame des étoffes légères et à bon marché, ils ne se soucient pas de lui fournir les draps inusables dont Colbert, par édit royal, prescrit en détail les techniques.

---

* La manufacture de Beauvais, par exemple, fut dirigée par des incapables [9].

** Certaines, pour éviter la banqueroute, prélèvent des dividendes sur leur capital ; alors que les compagnies anglaises ou hollandaises distribuent 20 % l'an à leurs actionnaires [10].

Une société de méfiance

La France restera donc massivement rurale. Mais par inertie. Dans l'inertie. L'agriculture, où les Français croient tenir leur point fort, est depuis cette période leur point faible, à cause de son retard technique. Il faudrait que les revenus ruraux soient plus élevés, pour stimuler les manufactures ; il faudrait que le commerce prospère, pour que les prix alimentaires s'élèvent et que la productivité agricole soit encouragée. Ces délicats mécanismes, Anglais et Hollandais les devinent d'instinct – car la liberté d'initiative affine l'instinct. La monarchie versaillaise les ignore, puisqu'ils ne sont pas conformes au dogme ; et, puisqu'elle est absolue, elle les bloque.

Comment un si grand effort eut-il de si piètres résultats ? C'est que le système colbertien tout entier inspirait la méfiance, autant qu'il s'en inspirait. Le délire technocratique hante Colbert : il est « *le seul homme auquel il puisse faire confiance* [11] ».

Les négociants et fabricants, poursuivis par la méfiance de l'Etat, la lui rendaient bien. Ils se méfiaient d'une réglementation soupçonneuse, qui faisait la guerre aux libertés et aux intérêts privés ; des officiers royaux, qui entravaient la liberté du négoce ; des créatures du ministre, habiles à s'enrichir, à défaut d'enrichir la France [12].

Ce désastre, qui fera sentir ses effets jusqu'en 1732 ou 1733 *, il serait injuste de l'imputer au seul Colbert, autant qu'il était naïf de lui faire honneur d'une prospérité tout imaginaire. Colbert fut plus un *signe* exemplaire qu'un *acteur* décisif. Les commis de son temps partageaient ses préjugés. Pris dans ce système et voulant avancer, ils ne pouvaient que le perfectionner, c'est-à-dire l'accentuer. *L'économie* n'était pour eux qu'un aspect de *l'administration* : deux mots interchangeables, désignant indifféremment les facettes d'un même ordre hiérarchique.

Comment se mesure le déclin

Comme deux trains qui roulent à des vitesses inégales sur deux voies parallèles, un pays peut avancer par rapport à lui-même, mais reculer par rapport à un autre. L'évolution de la France doit s'apprécier en fonction moins de sa propre croissance que de la croissance de ses rivaux. Le plus riche pays d'Occident a été dépassé **

* A partir des années 1620, jusqu'aux années 1720, une grande dépression sévit en Europe. On ne peut donc en rendre responsable Colbert. Mais les Hollandais, puis les Anglais, puis les Suisses et les Suédois, y ont largement échappé par l'économie marchande, qui a créé de nombreux emplois secondaires et tertiaires [13].

** En densité, puis en population. En revenu par habitant, puis en production globale.

par maints autres, qui étaient loin derrière. A ce constant recul français, deux exceptions : le règne de Louis XV, celui de Napoléon III. Il est curieux – et significatif – que ce soient aussi les deux périodes les plus décriées de ces trois siècles...

Pays-Bas, Angleterre, Suisse, Etats-Unis, dominions anglais, Allemagne, Scandinavie, tous ces pays, à un moment ou à un autre, connaissent la révolution industrielle, la mutation agricole. La France, jusqu'au milieu du XXe siècle, ne les connaît qu'atténuées et localisées. Elle chemine ; ils démarrent et foncent.

Que l'on confronte les statistiques sur trois siècles : la France se trouve presque toujours derrière les pays du Nord.

Affinons la comparaison avec notre plus constant rival. Bien que notre population croisse beaucoup moins vite que celle de la Grande-Bretagne, l'écart entre les produits par tête anglais et français, qui était déjà sensible à la fin du XVIIe siècle, s'aggrave tout au long du XVIIIe et du XIXe siècle * [14]. En 1800, l'industrie française produit encore 70 % de plus que l'industrie anglaise, pour une population supérieure de 300 %. Mais elle est déjà retardataire. En 1810, on ne comptait que 200 machines à vapeur dans l'industrie française, contre 5 000 environ dans une Grande-Bretagne encore trois fois moins peuplée [15]. L'industrie anglaise, tirée par le commerce, grandit beaucoup plus vite ; elle a rattrapé la nôtre en 1821. Au début du XXe siècle, elle produit 60 % de plus [16].

Prenons la Hollande, la Belgique, l'Allemagne, la Suisse, la Scandinavie. Mêmes constatations. La France dominait ses voisins du Nord et de l'Est pour la production par habitant, comme pour la production par kilomètre carré. Peu à peu, la situation se renverse. Si la *production par habitant* ne semble reculer que modérément, c'est que cette statistique dissimule que la population de la France a fondu par rapport à celle de ses voisins. Ce trompe-l'œil masque de terribles reculs.

Entre l'autosatisfaction et le masochisme

Notre lent déclin relatif, nous ne cherchons qu'à nous le dissimuler. La plus indéracinable de nos idées fausses est celle que nous nous faisons de nous-mêmes. Le Roi-Soleil devant qui se prosternent les peuples. Les armées de la Révolution apportant la liberté au monde. Le sacre de Napoléon par lui-même, devant le pape interloqué. L'inauguration du canal de Suez par l'impératrice Eugénie. Clemenceau conduisant à la victoire la première armée du monde. Tant d'images d'Epinal, montrées aux petits Français

* Il est vrai que, là comme ailleurs, l'écart se réduit nettement entre 1850 et 1870, sous le second Empire, période faste entre toutes, et entre toutes malfamée.

dès l'école primaire, les persuadent que les trois siècles qui ont suivi Richelieu sont emplis de la grandeur française. L'élection triomphale du prince Louis-Napoléon Bonaparte illustre cette propension du peuple français à transfigurer son histoire en légende, et à fonder sur la légende sa politique. Waterloo était oublié ; on vota pour Austerlitz.

Nous oscillons entre une autosatisfaction et un masochisme tout aussi peu justifiés. Jusqu'en plein XXe siècle, nous avons continué de croire que nous demeurions « la grande nation ». 1815 ne nous a pas suffi. Il a fallu 1870 pour que certains se mettent à deviner. Mais nous n'avons vraiment compris que soixante-dix ans plus tard, après un second Sedan. A l'heure, précisément, où la nation, sous le choc, a commencé de se réveiller. Depuis lors, *le sentiment de la décadence nous a envahis et découragés. Justement quand il cessait de se justifier...*

Compare-t-on [17] la croissance de l'économie française à celle de douze pays industriels du monde occidental * pour la période 1871-1913 (la meilleure période de la IIIe République) ? On constate que la France, en compagnie de l'Italie et de l'Espagne, arrive en *lanterne rouge*, avec un taux de croissance annuel de la production totale près de trois fois inférieur à celui du pays de tête : les Etats-Unis. De 1913 à 1938, *notre production industrielle a reculé, malgré la récupération de l'Alsace et de la Lorraine* ** [18]. *Et il faudra attendre 1949 pour retrouver la production de 1929.*

En 1939, la France n'est pas encore un pays arriéré ; mais déjà un pays attardé. De 1945 à 1950, elle se relève de ses ruines ; elle en a moins, et les relève moins vite, que l'Allemagne fédérale, l'Italie ou le Royaume-Uni. Après 1958, des indicateurs accusent une lenteur tenace : téléphone, autoroutes, téléviseurs, balance technologique, etc.

Ainsi, *il n'y a pas eu de vrai décollage français avant 1945, et ce décollage s'affirme seulement après 1954, surtout après 1962.* En trois siècles, la France s'est tant bien que mal dotée d'usines, mais elle n'a pas acquis la mentalité qui leur aurait permis de prospérer ; elle a boudé le grand négoce ; elle a mené sa politique monétaire à contresens de l'évolution économique ; elle n'a connu que des sursauts sans lendemain. Elle s'est trouvée, en longue période, accélérée par si peu de moteurs, ou ralentie par tant de freins, qu'elle a connu une *industrialisation sans révolution industrielle* [19].

---

* Les Etats-Unis, le Canada, le Danemark, la Suède, l'Allemagne, la Belgique, la Suisse, la Norvège, les Pays-Bas, le Royaume-Uni, l'Italie, l'Espagne.

** Cette donnée de fait est ignorée par certains de nos meilleurs historiens.

Le choc de l'Alsace retrouvée

Ce tableau va à l'encontre des idées reçues ; on le trouvera sans doute bien sombre. On rétorquera que la civilisation française des deux « grands siècles » était fort évoluée. C'est vrai : le palais de Trianon dans son marbre rose, le mobilier Louis XV à l'élégance inégalée, la pensée agile de nos « philosophes » consultés par tous les souverains d'Europe, l'universalité de la langue française, sont là pour témoigner de cette domination que la France exerçait alors, par son goût, ses lettres, ses arts. Mais dans le même temps, la plupart de nos provinces vivotaient, à la merci d'une gelée tardive ou d'une pluviosité prolongée. Sous son manteau de gloire, la France s'était assoupie. Et pendant que la Révolution et l'Empire faisaient trembler toute l'Europe, l'Angleterre, la Hollande, la Suisse accentuaient l'écart creusé déjà depuis Louis XIV, bientôt suivies par l'Allemagne et la Scandinavie.

Des soldats français qui entrèrent en Alsace en 1918, plus d'un fut stupéfait de découvrir partout l'adduction d'eau, le tout-à-l'égout, l'électricité, le téléphone, des caisses d'assurances sociales. L'Alsace, annexée au jeune Reich de 1870 à 1918, avait, en moins d'un demi-siècle, connu une métamorphose. Comme si la France avait pris un demi-siècle de retard par rapport à cette partie d'elle-même qui lui avait été arrachée. Pourtant, les uniformes bleu horizon soulevaient les vivats. Les Alsaciens libérés retrouvaient leur patrie ; les soldats français découvraient le monde moderne.

Chapitre 12

L'ÉCROULEMENT DÉMOGRAPHIQUE

Le déclin relatif des Français, il se mesure d'abord, très simplement, à leur nombre. Mais cette mesure, les Français ne l'ont pas prise. Nous savons que notre population a stagné. Nous situons vaguement l'origine de ce phénomène après la Première Guerre mondiale, ou bien, à la rigueur, vers la fin du XIXe siècle. Le plus souvent, nous ignorons qu'il est apparu dès le XVIIe siècle et qu'il a pris des proportions catastrophiques à la fin de la Révolution.

Cette découverte est toute récente. De même que l'intérêt des historiens pour la démographie. On commence seulement à deviner que les rythmes de la natalité et de la mortalité révèlent et commandent l'histoire d'un peuple *.

1. UNE VERTIGINEUSE CHUTE RELATIVE

La première tentative sérieuse d'estimation fut celle dont Vauban publia les résultats en 1707 **. Il avança le chiffre de dix-neuf millions d'habitants. Moins, sans doute, qu'au temps de Louis XIII et

* Vers 1965, un tournant fut pris par la recherche [1]. On commença à voir un peu plus clair dans les obscures corrélations entre les fluctuations démographiques et les équilibres économiques et sociaux [2]. C'est aussi depuis cette date que des travaux d'histoire régionale [3] ont pu corriger, vérifier ou nuancer, par l'étude des archives provinciales, les synthèses partielles précédemment tentées, telles les suggestives intuitions de Jean Meuvret. L'étude systématique des registres paroissiaux permet, seulement aujourd'hui, de préciser les mouvements de population. Une grande enquête de l'Institut national d'études démographiques a abouti en 1975 à des résultats remarquables [4].

** Sur la base d'une grande enquête menée entre 1697 et 1700 à l'initiative du duc de Beauvillier. Ce chiffre (sur environ 500 000 km ^{2}, soit une densité kilométrique de l'ordre de 38) devrait être, selon Jacques Dupâquier, porté à 21 millions, ce qui donnerait une densité de 42.

même de Philippe de Valois. De dramatiques affaissements de population se sont produits dans l'ensemble du royaume entre 1648 et 1662, entre 1693 et 1695 ; et de nouveau, entre 1709 et 1720. Pendant quatre-vingts ans, la population française a stagné, tournant autour de quarante habitants au kilomètre carré.

Ce phénomène de première grandeur, demeuré inaperçu, commande, par ses conséquences durables, la situation présente de la France.

Les règnes de Louis XV et de Louis XVI, certes, ont connu une expansion. Mais ce n'est pas la « révolution démographique » dont on avait parlé [5]. La population doit atteindre 24 millions vers 1740, 28 vers 1790. Au cours des *cent cinquante ans de monarchie absolue, la population française n'a guère progressé que de 40 %, c'est-à-dire qu'elle a fortement reculé* par rapport à ce qu'elle aurait pu et dû faire.

A partir du recensement de 1806, les chiffres sont plus certains. Les quelque 28 millions de 1790 passent à 30 en 1810, 36 en 1850. Il faudra attendre 1946 pour que soit décidément franchi le cap des 40.

Le pire est que cette croissance médiocre, et bientôt infime, masque un effondrement du taux de natalité. Car la mortalité s'est fortement réduite. L'espérance de vie double, puis triple. Alors, l'hécatombe se transporte ailleurs : la natalité, tombant de 40 à 19 pour mille, frise la mortalité *. La nation française descend dans la tombe [6]. Chez les bourgeois, comme chez les paysans, les deux enfants – voire l'enfant unique – deviennent la règle. La part des adultes en âge de travailler diminue. Seule l'immigration permet de freiner ce vieillissement de la population.

Le match France-Angleterre

Il n'est d'histoire que comparative. Comment la population française a-t-elle donc évolué par rapport à d'autres, et particulièrement à ses concurrentes dans la civilisation industrielle ?

Du Moyen Age au Grand Siècle, la France jouit d'une écrasante supériorité démographique. En densité. Et même en effectifs. *Elle domine de sa masse les autres Etats de l'univers, la seule Chine exceptée.* La prépondérance française se confond avec celle de « l'inépuisable abondance de ses hommes », célébrée par Montchrestien [7].

Or, chacun des concurrents de la France connaît un accroissement

* Les quarante millions sont atteints pour la première fois en 1926. Mais de 1934 à 1939, la France enregistre, en moyenne, trente mille décès de plus par an que de naissances.

numérique de plus en plus rapide. Par rapport à eux, la France semble frappée de paralysie.

Un taux de croissance ne prouve rien, et ne crée rien, en quelques années. C'est en longue période qu'il bouleverse tout. Sous Louis XIII, quand la densité française au kilomètre carré avoisine 40, celle de la Grande-Bretagne semble être de l'ordre de 20 [8]. Vers 1789, la densité britannique a rejoint la nôtre. Pendant ces cent cinquante ans, la Grande-Bretagne a donc plus que doublé sa densité et sa population, tandis que la progression française restait loin derrière [9]. Dans les cent cinquante ans qui suivent *, le phénomène s'accélérera, surtout après le tournant de la Révolution.

Au total, la France, entre 1640 et 1940, a vu sa densité passer de 40 à 75 habitants au kilomètre carré ; tandis que la Grande-Bretagne voyait passer la sienne de 20 à 220 : 87 % de croissance d'un côté, 1 000 % de l'autre.

Il y a pire. En dehors du million de pieds-noirs (dont moins de la moitié étaient d'origine française) et des six millions de Français du Canada restés francophones, il n'y a pratiquement *pas eu d'essaimage français dans le monde.* Trois siècles après la mort de Richelieu, les 20 millions de Français de souche n'étaient encore devenus que 45. Alors que les 4,5 millions de compatriotes de Cromwell ont donné naissance à des communautés anglo-saxonnes, dont le total avoisinait 275 millions. *Notre expansion démographique a été trente fois inférieure à celle des Britanniques.*

De la tête à la queue du peloton

Cette comparaison pourrait être reprise avec les autres pays industrialisés **. Tandis que la population de la France n'arrivait qu'à doubler péniblement en trois siècles, celle des autres pays industriels se multiplia par cinq, par dix, voire par vingt. En 1640, nos voisins d'Europe sont loin derrière nous ; en 1978, ils sont loin devant ***.

Du coup, les rapports de force se renversent. En 1640, aucun Etat chrétien ne réunissait plus du tiers des habitants de la France ;

---

* La Grande-Bretagne (sans l'Irlande), de 10 millions d'habitants en 1800, passe à 20 en 1850, à 37 en 1900. Elle dépasse alors la France et atteint les 40 millions en 1910. En 1940, elle a grimpé à 50 millions, alors que les Français sont restés sur place.

** A l'exception des autres pays latins, dont la stagnation démographique relative est presque aussi grave, entre le début du XVIIe et la fin du XIXe siècle, que la nôtre.

*** Alors que la densité française est restée à 95, celle de l'Allemagne fédérale atteint 249, celle des Pays-Bas 364, celle de la Belgique 321. Et 156 celle de la Suisse, inhabitable sur la moitié de sa superficie.

sauf la Russie, qui ne devait en rassembler que les deux tiers, sur un territoire immense. Dès 1789, il est clair que le capital démographique a été stérilisé. Les Russes nous ont dépassés depuis quelques années. Les Etats de la monarchie autrichienne nous talonnent *, ainsi que les principautés allemandes, prises dans leur ensemble. Pour la dernière fois, les campagnes de la Révolution et de l'Empire démontrent la supériorité quantitative des Français sur leurs voisins. On appelle encore la France « la grande nation » : elle ne l'est déjà plus. La suprématie en ressources humaines abolie, les autres primautés – politique, économique, culturelle – disparaissent les unes après les autres.

A partir de 1800, tour à tour, les grands pays rejoignent et dépassent la France : l'Autriche-Hongrie vers 1830, l'Allemagne vers 1860, les Etats-Unis vers 1870, la Grande-Bretagne et le Japon au tournant du siècle, l'Italie vers 1930.

2. UNE TENTATIVE D'EXPLICATION

A faits inconnus, nul besoin d'explications. Les Français ne se sont guère mis en peine d'en trouver à ce gigantesque phénomène, qu'ils refusent de voir.

Quelques-unes ont pourtant été avancées. Elles sont fantaisistes. L'anticléricalisme, au XIXe siècle, a parfois mis le déficit des naissances sur le compte du célibat des prêtres, des moines et des moniales. Hypothèse risible, quand on sait que les religieux des deux sexes n'ont jamais dépassé la proportion d'un sur deux cents Français [10], ce qui est statistiquement négligeable **. Quand on sait aussi que ces hommes et femmes, soustraits pour le compte de Dieu au devoir de reproduction, s'ingéniaient à le faire observer aux autres [12] : au XIXe siècle, la carte régionale du malthusianisme se confond avec celle de la déchristianisation. Quand on sait enfin que l'une des sociétés les plus cléricales du monde – le Canada français – fut incroyablement prolifique.

La multiplication de la Nouvelle-France

L'exemple du Québec, précisément, servira à écarter une autre hypothèse : la race française serait « naturellement » moins féconde qu'une autre. Comment le croire, quand *six milliers de*

* 23 millions de sujets, d'après les travaux de Marcel Reinhard.

** Contrairement à une opinion répandue, le nombre des gens d'Eglise est supérieur dans la France contemporaine à ce qu'il était sous la monarchie : 165 000 en 1976, contre 135 000 en 1788 et 52 000 en 1816 [11].

paysans et paysannes, venus de Picardie, de Normandie, de Bretagne, d'Anjou et du Poitou, transportés en Nouvelle-France sous Richelieu, Mazarin et Colbert *, passent à 10 000 vers 1690, 20 000 en 1713, 70 000 en 1763. Les 60 000 qui demeurent sur place après le traité de Paris, absolument abandonnés à eux-mêmes, et sans aucun mélange avec les Anglais, sont devenus 9 millions vers 1960, soit 1 500 fois plus que leurs ancêtres immigrants **[13]. A ce rythme, les Français de 1640 seraient devenus 30 milliards.

Fantaisiste, cette évocation ne l'est que parce qu'elle escamote un des éléments de l'évolution réelle : la mortalité. Et en permettant d'écarter une hypothèse, elle met sur la voie de l'explication. Car, pour la fécondité *naturelle*, les familles françaises du XVIIe siècle ne le cédaient pas aux cousins d'Amérique. Le rythme est le même · une naissance tous les vingt-quatre ou au plus trente mois – le temps de l'allaitement ; cela, pendant dix-huit ans en moyenne.

La fécondité *naturelle* : mais la nature, dans le vieux monde, est perturbée par de terribles caprices. Trois différences distinguent la Nouvelle-France de l'ancienne. D'abord, en métropole, les familles brisées par la mort d'un des deux époux, et demeurant donc avec un ou deux enfants, étaient fréquentes ; alors qu'au Canada, où la mortalité des adultes était beaucoup plus faible, les familles nombreuses étaient la règle. Ensuite, en France, les pratiques contraceptives se propagent vite ; alors que les Canadiens français, sûrs de leur subsistance, les ignorent. Enfin, dans l'ancien continent, le tiers des enfants mouraient dans la première année, la moitié avant l'âge du mariage. Au total, entre la sous-alimentation et la maladie, la chance de vie n'était que de vingt-cinq ans. Alors qu'en Nouvelle-France, la fécondité, au lieu de maintenir à grand-peine la population, avait pour effet de la tripler d'une génération à l'autre, c'est-à-dire de la décupler en cent ans, de la centupler en deux siècles...

A la différence des Français de France, les Français du Canada ont pu croître sans obstacle : leur fécondité naturelle ne s'est heurtée à aucune barrière économique ni psychologique. Ils pratiquaient, comme dans la mère patrie, une économie agraire, mais extensive : ils pouvaient reculer indéfiniment la limite des terres cultivées ***. Bien que restés paysans, les Québécois ont connu jusqu'à notre siècle une croissance sans frontières.

---

* Il semble établi qu'ils ont été, après Colbert, à peu près privés d'apports nouveaux.

** Sur ce nombre, environ 3 millions ont émigré aux Etats-Unis, où ils ont été assimilés.

*** Après qu'on leur eut attribué, au XVIIe siècle, des « terres de premier rang » le long du Saint-Laurent, vinrent les terres de « second rang » puis de « troisième ». La fécondité de la race et l'économie de subsistance pouvaient se conci-

Le mur de la densité 40

La prodigieuse fécondité de la Nouvelle-France nous semble désigner les vraies raisons de la stérilité de l'ancienne. Dans une économie de subsistance, avant les découvertes de la médecine et l'introduction des techniques modernes, la croissance démographique se heurte, précisément, à l'obstacle de la subsistance. Le nombre des vivants n'augmente qu'à condition qu'ils aient de quoi survivre. Or, ce n'était justement pas le cas en France.

Les recherches récentes suggèrent fortement qu'une densité kilométrique de l'ordre de quarante – en faisant la moyenne entre les bonnes terres à blé, ou à vigne, et les sols ingrats – est le maximum que puisse supporter l'économie traditionnelle des paysannats d'Europe occidentale. La France, peut-être parce qu'elle avait les terres le plus aisément cultivables, le plus naturellement fertiles, avait atteint bien avant les autres ce nombre limite. Et elle était condamnée – sauf révolution technique et économique – à y piétiner. Une France rurale pour les neuf dixièmes de sa population, enfermée dans ses frontières, repliée sur ses lopins de terre, ne pouvait nourrir plus de vingt millions d'habitants. S'il lui arrivait de les dépasser, comme ce fut probablement le cas sous Henri II ou Louis XIII, c'était au risque d'un cataclysme naturel qui viendrait la ramener en dessous du chiffre fatidique.

Mais contre ce mur de la densité quarante, elle butait en aveugle. Elle ne pouvait connaître autour de ce chiffre qu'une régulation par le malheur *. La fécondité naturelle la poussait violemment en avant. Il fallait des violences contraires pour la ramener au point d'équilibre. La misère fournissait l'effroyable solution. Le peuple allait jusqu'à la misère qui tue, celle des famines, de la malnutrition, des maladies.

Le terrifiant équilibre biologique de l'Ancien Régime

Pour qui veut bien chercher, les témoignages de l'époque foisonnent : doléances des corps constitués et des Etats, lettres reçues par Vincent de Paul, épouvantes relatées par Feuillet sur le temps de la Fronde... A la fin du XVIIIe siècle, si l'on ne meurt plus de faim en masse, on connaît toujours des disettes atroces. Ecoutez

---

lier, parce que l'espace rural se dilatait sans peine [14]. Le même phénomène s'observe alors en Russie, en Pologne ou en Finlande.

* Jacques Dupâquier a montré que la régulation se fait aussi, comme aujourd'hui en Chine, par le *mariage tardif* (vingt-sept ans pour les hommes et vingt-cinq ans pour les femmes en moyenne). Trois règles sont intériorisées dans la conscience sociale : pas de conception hors mariage ; pas de cohabitation des couples mariés ; pas de mariage sans établissement.

Montyon en 1778 : « J'ai vu la dernière période de la misère : j'ai vu la faim transformée en passion, l'habitant d'un pays sans récolte, errant, égaré par la douleur et dépouillé de tout, envier le sort des animaux domestiques, se répandre dans les prés pour manger l'herbe et partager la nourriture des animaux sauvages... Il n'est presque aucune ville, aucune province, dont la subsistance n'ait été compromise [15]. » L'Ancien Régime périra dans une année de disette. La monarchie meurt de n'avoir pas assuré le *pain quotidien*.

La peste, la famine, la guerre. Pendant tout le XVIIe et le XVIIIe siècle, on répète à chaque office, dans chacune des quatre paroisses de Provins, et probablement dans la plupart des quarante mille autres du royaume, la prière ardente : *Libera nos a peste, fame et bello*. Le troisième fléau, accident politique, et le premier accident, épidémiologique, n'ont rien à voir avec le second, accident économique ? En fait, ils sont probablement liés par une terrible réaction en chaîne.

Dans une étude essentielle [16], mais passée inaperçue sauf de quelques spécialistes, Jean Meuvret * a établi une relation entre les effondrements démographiques de l'Ancien Régime et les « crises de subsistance ». Que la récolte soit mauvaise ou que seulement on le craigne, les prix s'envolent : à Provins, en six ans, le coût du seigle décuple presque **. On spécule, on accapare. C'est la « cherté » : elle frappe tous ceux qui ne peuvent payer ces prix – la majorité des Français. On envoie les enfants mendier aux carrefours. On se rabat sur les grains pourris, échauffés, « ergotés », vendus plus cher que le bon froment avant la crise ; on fait cuire les herbes des chemins ; on dérobe des épis encore verts ; au propre, on « mange le blé en herbe ».

Une économie de subsistance qui ne permet pas de subsister

Les famines ne sont que le temps fort d'une malnutrition chronique. Une série de mauvaises années ne pardonne pas. Deux hivers rigoureux, ou trois étés pourris, et c'est le délire de la faim ; les bandes menaçantes de mendiants ; le pullulement de vermine, les poux qui donnent le typhus ; l'invasion des rats porteurs des terribles puces qui transmettent la peste bubonique. Les moins solides sont fauchés ; c'est un permanent massacre des innocents [17].

---

* Pour la mise au point de certaines de mes hypothèses, je dois beaucoup aux conseils de Jean Meuvret, trop tôt disparu. Les études de l'INED ont toutefois nuancé ses conclusions. Selon le mot de Pierre Chaunu, il y a des *chertés* sans épidémie et des épidémies sans chertés.

** Il est multiplié par 8,6 entre 1688 et 1694.

Les « guerres en dentelles » ne devenaient désastreuses que pour un pays déjà en proie au désastre. Une population prospère tolérerait prélèvements de vivres, impôts, soldatesque. Une population au bord de l'inanition ne peut supporter des charges nouvelles, ni surtout le passage des troupes, avec leur cortège de maraudeurs.

Une agriculture trop primitive, une productivité trop basse et trop irrégulière, les cercles vicieux de la misère – ignorance, superstition, saleté, entassement en masures insalubres –, telles sont les causes directes de ces hécatombes. Mais pourquoi l'expansion du commerce et de l'industrie, les progrès techniques, l'amélioration de la productivité agricole, les cultures nouvelles qui, en Angleterre et en Hollande, changèrent la vie dès le XVIIe siècle, ne viennent-ils pas féconder la France ? Voilà la vraie question.

Une société figée

Ici, notre hypothèse précise ses contours. Le corset de plâtre que Richelieu a moulé autour du corps de la France, et que Colbert a consolidé, n'aurait-il pas fait de la France une *société figée*, à l'époque même où d'autres se mettaient en mouvement ?

Dès 1694, Fénelon * n'en doutait pas : « Ceux qui vous ont élevé, écrivait-il à Louis XIV, ne vous ont donné pour science de gouverner que la *défiance*... Vos ministres ont ébranlé et renversé toutes les anciennes maximes de l'Etat, pour faire monter jusqu'au comble votre autorité. » En attirant à lui toute initiative, Louis XIV a *énervé* la France : « Vous avez tout en vos mains, et personne ne peut plus vivre que de vos dons [18]. »

En province, les intendants, qui ne relèvent que du roi, imposent des contraintes intolérables : « Il n'y a plus ni *confiance*, ni crainte de l'autorité : chacun ne cherche qu'à éluder les règles [19]. » Fénelon dénonce le mal où l'on n'était pas habitué à le situer : le rigoureux centralisme mis en place par Richelieu, comme expédient provisoire devant la montée des périls, n'avait eu que le tort de devenir, sous le nom de colbertisme, un système définitif, qui faisait violence aux hommes et à la nature.

La France s'immobilisa dans une destinée terrienne, militaire et continentale. Les circonstances, les traditions, l'esprit public, tout y poussait. L'ordre hiérarchique fixait chaque classe à son niveau et chacun à sa place. L'innovation a été inhibée, à l'époque où elle aurait dû prendre son élan. Dans ses mentalités comme dans son organisation, la France est longtemps restée – et reste, aujourd'hui encore, en partie – une société rurale, où l'agriculture demeure

* Sur lequel on a voulu jeter le discrédit, mais qui fut souvent d'une sûre lucidité.

archaïque, mais où la terre est le moyen et le signe de la réussite sociale. Autour de cette terre, déjà densément occupée et restée la mesure de toute chose, ne voit-on pas poindre, dès l'Ancien Régime, un « mal français » ?

La noyade

Une économie insuffisamment marchande, sous-industrialisée, sous-développée, faisait le plein des « peuples » qu'elle pouvait nourrir ; le vide, quand elle n'y arrivait plus. C'est le système social tout entier qui pratiquait un effroyable malthusianisme : il faisait mourir les Français, dès qu'il cessait de les faire vivre. La population française ressemblait à un homme qui ne sait pas nager et qui doit avancer dans un étang. Un trou, et c'est la noyade. Pendant ce temps, d'autres pratiquaient déjà la brasse.

La liberté de croissance que les Français du Canada avaient trouvée dans la disponibilité indéfinie de terres vierges, cette liberté que refusaient aux Français de France les terroirs finis du vieux monde, les Etats marchands, aventuriers, l'avaient conquise en inventant une autre économie. D'abord les Provinces-Unies, puis la Grande-Bretagne, puis la Suisse, franchissaient allègrement la barre des quarante habitants au kilomètre carré. La richesse des villes commerçantes et manufacturières, la mutation des techniques agricoles, le développement de la marine, l'échange sans frontières, et c'est toute la population qui est entraînée dans la spirale de la croissance. L'échec du colbertisme avait presque fermé cette voie au pays.

Avec une économie de marché en expansion, créatrice d'emplois secondaires et tertiaires, la France aurait eu, elle aussi, *de quoi nourrir* deux fois, puis quatre fois plus de Français ; et sans doute il y aurait eu effectivement deux fois, puis quatre fois plus de Français, puisqu'il n'était même pas nécessaire de les faire naître, mais seulement de les empêcher de mourir *.

C'est d'ailleurs un peu, trop peu, ce qui finit par arriver. Sous Louis XV et sous Louis XVI, la population progresse lentement.

La mortalité recule légèrement, à proportion de légers progrès de l'économie. Quelques ports, quelques métropoles [20] s'engagent dans l'économie d'échanges. Le commerce donne un coup de fouet. Les « chertés » et les épidémies se font plus rares. Les prix s'élèvent, certes, mais modérément et régulièrement, signe d'une croissance des chiffres d'affaires, qui favorise la modernisation. Les débouchés s'élargissent. Mais ce progrès ne se déclenche

* Les historiens n'apprécient guère l'irréel du passé : qu'ils m'excusent de l'employer, au nœud de mes hypothèses.

qu'avec un siècle de retard sur l'Angleterre et sur la Hollande ; et il demeure beaucoup plus lent.

Du malthusianisme inconscient au malthusianisme volontaire

Surtout, pendant ces décennies de misère, les Français ont appris à redouter la naissance. Trop de bouches à nourrir : ils perdent confiance. Les premiers et pour longtemps les seuls en Occident, ils apprennent à limiter les naissances. Montyon s'inquiète : « On trompe la nature jusque dans les villages [21]. »

Depuis peu, on sait qu'une réduction volontaire de la natalité a été pratiquée en France dès la seconde moitié du XVIIIe siècle. Les spécialistes avaient cru longtemps que le contrôle des naissances – les *funestes secrets* –, pratiqué depuis la plus haute Antiquité par les courtisanes et les hautes classes, ne s'était popularisé qu'à la fin du XIXe siècle. C'était vrai pour les autres pays. La France, en retard de plus d'un siècle sur le Royaume-Uni pour sa révolution économique, est, par une étrange symétrie, en avance sur lui d'un siècle pour la contraception *.

La Révolution déclenche un surcroît de naissances : l'avenir est prometteur ! Soudain, en 1799, un virage se prend, qui dure jusqu'en 1940. Les valeurs familiales de l'ancienne société se sont effondrées, sans être remplacées, sinon par l'individualisme petit-bourgeois. Pourtant, l'idéologie révolutionnaire était conquérante et *populationniste*. Ce n'est pas vraiment la Révolution qui a provoqué ces nouveaux malheurs démographiques, mais son échec **.

Le Code Napoléon a renforcé cette tendance. Dans une France paysanne, la règle du partage égal de la succession obligeait de limiter le nombre des enfants à la possibilité qu'avait le père de dédommager ceux qui renonceraient à l'exploitation. C'était enfermer chacun dans une comptabilité mesquine, dans un monde étroit, dont les bornes n'étaient même plus celles de toute une société, mais de chaque famille.

---

* Jean Ganiage [22] a prouvé, en étudiant les registres paroissiaux de trois villages du Vexin au XVIIIe siècle, que les couples s'arrêtaient systématiquement de procréer, après le deuxième, ou au plus le troisième enfant.

** Cette hypothèse, émise par Jacques Dupâquier (cf. note 1, chapitre 12, p. 150 et 590), paraît plausible.

A l'inverse, la Hollande, l'Angleterre, découvrent le secret du dynamisme économique *avant* même d'avoir atteint la densité limite de quarante : elles la franchiront en douceur. Aussi garderont-elles, dans leur économie en mutation, une vitalité démographique sans contrainte, une heureuse confiance en la vie. Elles comprennent spontanément que, dans une société en expansion, prospérité et fécondité sont sœurs. Et qu'en revanche, toutes les pratiques restrictives – entraves à la liberté du commerce, protection de l'industrie et de l'agriculture contre la concurrence, limitation des naissances – se prêtent un mutuel appui.

Paradoxalement, l'Angleterre, partie de Malthus, reste résolument antimalthusienne ; la France, où Malthus n'a pas été admis officiellement, est devenue la terre d'élection de sa doctrine, un siècle avant qu'il ne l'ait établie. Il définit les limites démographiques d'une civilisation agraire, au moment où son pays l'a déjà répudiée : mais la France s'y accroche, et elle adopte la solution de Malthus, la solution d'une société qui refuse la vie. Parce qu'elle avait moins d'enfants, le commerce y avait moins de clients, l'industrie moins de main-d'œuvre, les entreprises moins de mordant, les colonies moins de colons. Surtout, l'incitation à aller de l'avant restait moindre.

3. DES PERSPECTIVES INQUIÉTANTES

En 1946, la France paraît entrer dans une période nouvelle. En vingt-trois ans, elle gagne 10 millions d'habitants, c'est-à-dire croît de 25 %, alors qu'il lui avait fallu cent trente-cinq ans pour gagner les 10 millions précédents. C'est la première fois depuis trois siècles que l'on peut parler d'une croissance rapide de la population. Aurions-nous fait notre révolution démographique ? Non, hélas.

Cette croissance ne tient pas seulement à l'accroissement de la natalité, mais à l'allongement de la vie humaine, dont l'espérance passe, en quinze années, de 60 à 72 ans. La progression des naissances est réelle ; néanmoins, il ne s'agit pas vraiment du *baby-boom* qu'on a tant vanté. Les taux de natalité de 1946 à 1963 sont seulement honorables : de 18 % à 20 % *. On est loin des 60 % des Français du Canada, aux XVIIIe et XIXe siècles.

Dès 1964, après seulement dix-huit ans d'une démographie

* Ce résultat n'est pourtant pas médiocre, puisque la pyramide des âges, du fait des faibles naissances de l'entre-deux-guerres, réduit les effectifs des parents potentiels. Le taux de fécondité est, dans ces dix-huit ans, plus favorable que celui de la natalité.

saine, le taux de natalité retombe. Les générations sont à peine remplacées. Après 1972, la tendance s'aggrave. On comptait en 1975 moins de 730 000 naissances, contre 830 000 en 1969, 870 000 en 1948... et entre 1,1 et 1,2 million en moyenne chaque année sous les trois règnes pourtant stagnants qui ont précédé la Révolution. On retourne au malthusianisme, au suicide collectif.

Ce recul n'a rien d'accidentel. C'est l'essor qui était un accident, dû à la rencontre de trois facteurs favorables. D'abord, les mesures natalistes prises de 1938 à 1945 : allocations familiales, code de la famille. Ensuite, une mystique assez nouvelle de l'expansion et une foi dans l'avenir, auxquelles a contribué la création du Plan. Enfin, le sentiment diffus – et lucide – que le marasme démographique avait contribué au désastre de 1940.

Brève rencontre ! Aux alentours de 1963, arrivée des rapatriés, grève des mineurs, révoltes de paysans, de petits commerçants et autres « laissés-pour-compte » de l'expansion : les Français éprouvent les angoisses de la mutation, les désagréments de la croissance, la crainte de l'avenir. 1940 est loin. Les allocations familiales n'ont pas suivi le rythme de l'inflation. Une information « mondialiste » commence à répandre la terreur d'une Terre surpeuplée.

Dix-huit ans d'essor démographique pour trois siècles de stagnation, c'était un phénomène trop récent et trop fragile pour réussir à effacer une longue tradition.

Quand la croissance se joue sur des marges si étroites, de faibles variations suffisent à inverser les signes. Ainsi, la progression des années 1946-1963 disparaît, pour cela seul que le facteur décisif est appelé à s'effacer : la persistance de grossesses non désirées sans que l'allongement de la vie humaine et l'immigration viennent apporter une compensation satisfaisante.

L'espérance de vie continue à progresser (en moyenne, de trois mois par an). Mais elle n'a pour effet que d'accentuer le vieillissement de la population, si elle n'est pas relayée par une forte natalité *.

La main-d'œuvre étrangère – polonaise, italienne, espagnole, portugaise – était restée le principal facteur de régénération : des

* *Les progrès médicaux ont été assez efficaces pour faire reculer les limites moyennes à 73 ans pour les hommes et 82 pour les femmes. Mais cette croissance par le troisième âge pèse sur les équilibres biologiques, moraux et financiers de la société – quand, à l'inverse, le taux de fécondité des Français est tombé à 1,6 enfant par femme en âge de procréer, au lieu des 2,2 nécessaires au simple renouvellement des générations (1996).*

immigrants européens de culture catholique s'assimilaient aisément. Voici que, l'une après l'autre, ces sources tarissent *.

Finalement, les naissances *non désirées* furent seules, comme l'a si bien montré Alfred Sauvy, à permettre que, pendant les dix-huit années fastes de notre redressement démographique, les naissances l'emportent sur les décès. La collectivité obtenait subrepticement des couples ce dont elle avait besoin pour son progrès, et qu'ils eussent préféré lui refuser. Or, en ce domaine, la volonté déjoue de plus en plus les ruses de la nature.

La population de chagrin

Allongement de la vie et baisse de la fécondité restituent à la France son visage traditionnel : celui d'une nation vieillie, méfiante devant la vie, réticente à en affronter les risques.

Entre-temps, le jeu de la puissance n'est plus l'affaire des seuls Européens. Il se joue à l'échelle du monde. *Il y avait encore, en 1850, 1 Français pour 34 humains. En 1977, il n'y en avait plus que 1 sur 83.* La France s'était proportionnellement réduite de plus de moitié. Au rythme actuel, il n'y aura plus en l'an 2000 que 1 Français pour 120 humains. Le temps de deux vies humaines, la France se sera proportionnellement réduite des trois quarts **.

Certes, l'explosion démographique du tiers-monde, grâce aux progrès de la médecine, est pour beaucoup plus encore, dans ce recul, que notre propre langueur. Pourtant, imaginons un instant que notre densité soit simplement *égale* à celle de l'Allemagne de l'Ouest, alors qu'elle était *le double* voici trois siècles : nous serions 135 millions. La France viendrait au cinquième rang, après

---

* *Depuis les années 1970 et surtout 1980, une immigration maghrébine, africaine ou asiatique, beaucoup plus difficile à assimiler, a largement contribué à la progression de notre population, non sans poser de graves problèmes (1996).*

** En 1850, elle n'était encore dépassée que par la Chine, l'Inde et la Russie. Avec 36 millions d'habitants, elle devançait encore la « Grande Allemagne » qui n'était pas encore un Etat (35 millions), le Japon (33 millions), la Grande-Bretagne (25 millions), l'Italie (24 millions), les Etats-Unis (23 millions). En 1976, elle a reculé au treizième rang, derrière la Chine (800 à 900 millions), l'Inde (600 millions), l'URSS (252 millions), les Etats-Unis (212 millions), l'Indonésie (126 millions), le Japon (110 millions), le Brésil (105 millions), le Pakistan (68 millions), l'Allemagne de l'Ouest (63 millions), le Nigeria (60 millions), la Grande-Bretagne (58 millions), l'Italie (56 millions). *En 1995, il y avait 1 Français pour 95 humains. Les chiffres actualisés de la population mondiale sont les suivants : Chine, 1 200 millions ; Inde, 884 millions ; Etats-Unis, 253 millions ; Indonésie, 187 millions ; Brésil, 152 millions ; Russie, 150 millions ; Pakistan, 131 millions ; Japon, 123 millions ; Allemagne réunifiée, 81 millions ; Grande-Bretagne, 61 millions ; Italie, 59 millions ; France, 58 millions ; Ukraine, 52 millions (1996).*

les Etats-Unis, devant le Japon. Et en Europe au premier – plus peuplée à elle seule que l'Angleterre et l'Allemagne réunies. Etait-ce trop demander à l'histoire ?

Quand on a ce paysage en tête, la retombée observée en France depuis 1964 prend en vérité un caractère dramatique, que ni l'opinion, ni même les cercles dirigeants ne semblent encore avoir perçu.

Il est vrai que la plupart des pays de race blanche subissent aussi, à partir de 1964, un fléchissement dans la courbe des naissances. Mais, chez eux, le phénomène est sans précédent. En France, il nous fait retomber dans une ornière séculaire. Des pays très peuplés peuvent se permettre une pause. Non un pays *sous-peuplé* comme la France.

Ce qu'il y a de plus préoccupant dans le cas français, c'est que le nouvel effondrement s'est produit à l'époque où précisément les « classes pleines » pouvaient faire espérer un fort accroissement de la population jeune. La France est le pays industrialisé où la proportion d'inactifs est la plus forte. Mille actifs y supportent mille sept cent soixante-dix inactifs, au lieu de douze cent trente en Allemagne *. Et cette proportion ne peut que s'aggraver jusqu'en l'an 2000. Progresser sera dur, quand, déjà, se tenir au même niveau de vie demandera toujours plus d'effort. La France devient un cas unique. La décadence est inscrite dans ces chiffres.

L'obstacle réside dans les esprits

Pourtant, les Français n'ont pas encore admis la corrélation entre la croissance démographique et la croissance économique. Comment, se disent-ils, rendre la stagnation démographique responsable de la stagnation économique, alors qu'une démographie galopante ruine l'essor des pays sous-développés ? Tout pénétrés du dogme de l'égalité des peuples, ils répugnent à admettre que la démographie exerce des effets inégaux suivant l'état d'avancement des sociétés.

Un pays sous-développé fait ses premiers pas dans la voie du développement ? Les progrès sanitaires protègent d'abord les versants les plus fragiles de la vie, l'enfance et la vieillesse. La proportion des personnes actives diminue, le revenu disponible pour les investissements se réduit, le rythme du développement est freiné [23].

Au contraire, dans les pays qui ont effectué leur décollage économique, l'accroissement de la population stimule l'activité écono-

* *Le chiffre de 1 700 inactifs relevé en 1976 est passé à 2 300 au début des années 1990 (1996).*

mique. Parce que les conditions nécessaires au développement sont réunies, un fort excédent des naissances sur les décès entraîne un renouvellement incessant des besoins et des goûts. Pour combien a compté, dans les deux miracles économiques de l'après-guerre en Europe, un surcroît de population ! L'Allemagne de l'Ouest a absorbé quatorze millions de réfugiés venus de l'Est ; la plaine du Pô a accueilli trois millions d'immigrants, venus du *mezzogiorno*. Pour relever les défis de la vie, ces pays se sont plongés dans la vie.

L'inconscient des Français refuse ces réalités. Il conserve, profondément enracinée, la certitude que la croissance démographique entraîne le chômage et la misère. « Plus il y a de bouches à nourrir, moins on se nourrit. » *A la fin du* XX*e siècle, nous réagissons comme nos aïeux au* XVIII*e. Nous n'avons toujours pas assimilé les règles du développement économique. Nous gardons la mentalité d'un pays sous-développé*, surpeuplé par rapport à ses ressources. *Notre malthusianisme économique remonte à ses propres sources, en provoquant un malthusianisme démographique, dont il se nourrit* *.

On a des enfants quand on ne doute pas de leur avenir. Pour croître, il faut croire. Les Français croient-ils ? Nous ne croyons très fort qu'à nos craintes. Nouvel aspect, aspect redoutable, du « mal français » **.

---

* Les sondages d'opinion n'ont pas cessé de témoigner de cette psychose ancestrale. A la question posée : « Certaines personnes disent que plus il y aura d'habitants en France, plus la France sera prospère. Etes-vous d'accord ou pas d'accord ? », 22 personnes ont répondu « d'accord » et 68 « pas d'accord », 10 ne se prononçant pas [24]. Il y a trois fois plus de Français pour refuser la croissance démographique que pour l'accepter. Les plus forts pourcentages d'opinions antinatalistes se retrouvent chez les ouvriers communistes et socialistes *et parmi les personnes âgées de 20 à 34 ans*. Voilà bien le plus inquiétant pour l'avenir : on craint d'autant plus une augmentation de la population, qu'on est plus jeune [25].

** *La psychose demeure, la baisse de la natalité en témoigne. « On ne veut pas élever un futur chômeur », entend-on dire par de jeunes couples (1996).*

Chapitre 13

DÉCADENCE DES NATIONS LATINES

Nous avons vu la France stoppée dans son mouvement naturel. Nous avons vu Colbert doter l'économie d'un moteur si mal conçu que ses accélérateurs deviennent des freins. Nous avons vu les Français allant s'écraser pendant un siècle sur le mur de la densité quarante et devenant, avant la lettre, *malthusiens* dans l'âme, ce qu'ils sont à peu près restés. Nous avons vu la France se crisper, au moment même où une véritable passion de vivre, de créer, de procréer, de s'ouvrir au monde et de le conquérir, saisissait des nations du Nord.

Mais ce malheur français, il nous reste à voir qu'il n'est pas isolé. La France eut pour compagnons d'infortune toute une guirlande de nations. Il y a là un mystère de l'histoire – un de ces mystères si aveuglants que l'on refuse de les voir.

Le monde a pivoté autour de la piazza Navone

La fenêtre donnait sur l'ovale de la place Navone, juste en son milieu, face à l'église Sainte-Agnès.

« N'est-ce pas – me dit l'écrivain Indro Montanelli – que c'est la plus belle place du monde ? Elle est le centre de Rome, donc de l'univers. Elle le partage en deux, ou à peu près. Au Sud, c'est le *farniente* et la misère. Au Nord, c'est le travail et la prospérité. Plus on s'éloigne vers les tropiques, plus les gens sont paresseux, voleurs, superstitieux ; des clochards. Plus vous vous éloignez vers le cercle polaire, plus vous les trouvez dynamiques, sportifs, cultivés, rationnels. Pourtant, la civilisation est née au Sud. Elle est venue de Mésopotamie en Egypte, puis en Crète, ensuite en Grèce. De là, elle a débarqué en Sicile, comme les Américains, et elle a remonté. Rome regardait éperdument vers Alexandrie, Tyr ou Carthage. Le Sud, c'était le raffinement, la profusion, l'activité débordante, les sciences naissantes. Le Nord ? La barbarie. Maintenant, c'est l'inverse.

– La piazza Navone est toujours au centre, lui dis-je : le monde a pivoté autour de vous. »

Montanelli plaisantait, mais sa fresque outrée ne manquait pas de vérité.

Lorsque le Moyen Age s'achève et que commencent les temps modernes, cette partie de l'Europe qui allait demeurer catholique après la Réforme semblait détenir, et pour longtemps encore, la clef des destinées du monde. Les « sœurs latines » – l'Italie, l'Espagne, le Portugal, la France –, et puis les Flandres, l'Allemagne du Sud, l'Autriche, la Pologne, attiraient à elles les richesses * ; produisaient des merveilles artistiques ; comptaient les hommes d'affaires les mieux doués, les commerçants les plus entreprenants, les artisans les plus habiles ; lançaient marins et aventuriers à la découverte de terres nouvelles ; accaparaient la gloire du monde connu.

Au début du XVIIe siècle, cette même partie de l'Europe avait réussi à s'assurer d'immenses prolongements. Des Portugais, des Espagnols et des Français avaient conquis des empires, ou établi des « comptoirs » – ces têtes de pont de l'Occident – en Afrique, en Asie, jusqu'en Chine ; toute l'Amérique, en vérité, devenait latine. L'Italie, divisée en quelques dizaines d'Etats, ne pouvait participer à cette expansion que par des pionniers isolés ou mercenaires, tels Christophe Colomb, Vespucci ou Verrazano. Mais elle comptait les plus grands artistes et les meilleurs banquiers. Et elle se réservait la part du lion dans le gouvernement, si influent, de l'Eglise.

S'il y a, à cette époque, un décalage entre le nord et le sud de l'Europe, c'est aux dépens du nord : les Provinces-Unies, l'Angleterre, la Scandinavie, la Hanse ** [1] ne sont que les marches septentrionales d'une zone de prospérité dont les pays latins sont le cœur.

Or, peu après l'an 1600, les pays catholiques et particulièrement les pays latins vont être ensemble gagnés par un étrange engourdissement. Et, profitant de ce sommeil, Néerlandais et Anglais vont prendre la tête de l'expansion occidentale. Par une sorte de grand mouvement de géologie historique, le centre de l'Occident glisse de la Méditerranée vers la mer du Nord. Rien, vraiment rien, ne laissait prévoir aux contemporains cet accident ; et rien, dans le siècle qui précède, ne le laisse déceler aux historiens d'aujourd'hui. Si l'on avait dit à un habitant de Florence au temps des Médicis,

* L'Italie, les Flandres et l'Allemagne du Sud sont à l'avant-garde.

** Association de villes (portuaires et commerçantes surtout) le long de la mer du Nord et de la Baltique, avec Hambourg et Lübeck à leur tête.

à un habitant de Séville ou de Barcelone au temps de Cortés ou de Pizarre, à un habitant de Lisbonne au temps de Vasco de Gama, qu'un jour viendrait bientôt où leur pays céderait son rang aux peuples perdus dans les brumes du Nord, comment l'auraient-ils cru ? On dirait d'un jeu de massacre, dont les figures tomberaient l'une après l'autre, sous une main invisible et précise.

Le Portugal : du surdéveloppement au sous-développement

Au XVIe siècle, le Portugal, riche d'innombrables possessions d'outre-mer, brille d'un vif éclat : l'éclat de ses *azulejos* *, de ses camaïeux, de ses palais, de ses universités de Coimbra et de Porto, des poèmes de Camoens.

Le Portugal fit montre, aux XIVe, XVe et XVIe siècles, d'une surprenante énergie collective. A peine les musulmans avaient-ils été refoulés vers l'Afrique, que les rois, et les seigneurs ou bourgeois qui les entouraient, se lancèrent, dans la foulée, à la conquête des ports de la côte marocaine ; puis de Madère en 1425, des Açores en 1427, du Rio de Oro en 1436, des îles du Cap-Vert en 1456, de São Jorge de Mina ** en 1465 ; ils atteignirent l'Angola dès 1482, le Brésil dès 1500. Comme le dit Montesquieu, que son admiration porte, pour une fois, au ton épique : « Les Portugais, naviguant sur l'océan Atlantique, découvrirent la pointe la plus méridionale de l'Afrique ; ils virent une vaste mer, elle les porta aux Indes orientales... [2] ».

Rien de tout cela n'eût été possible sans la passion de l'aventure qui animait les conquérants. Ni sans le génie prospectif d'hommes comme celui qui, tout en ne naviguant jamais lui-même, fut appelé Henri le Navigateur (1394-1460), parce qu'il faisait naviguer les autres.

Les méthodes de la NASA

De sa forteresse de Sagres, à l'extrême pointe du continent européen, il ne se satisfait pas d'une rêverie romantique. Réaliste, concret, minutieux, cet organisateur de voyages vers l'inconnu est un *manager* étonnamment moderne, attentif à toutes les dimensions de l'action.

Il a, par exemple, le souci de la recherche scientifique. Il pousse à la connaissance de l'astronomie, de la météorologie, de l'océanographie, de la géodésie, mais surtout à leurs applications pratiques.

* Carreaux bleus de faïence émaillée.
** Qui appartient aujourd'hui au Ghana.

Il améliore les instruments de navigation, modifie ses caravelles, en vrai technicien et industriel de la marine à voile. Sagres devient une école de navigation et de colonisation ; Diaz, Magellan, Vasco de Gama, Christophe Colomb y furent élèves, ses élèves.

Il fait appel aux compétences extérieures. Il attire des marins florentins et génois, des astronomes allemands [3], pratiquant ce que notre temps croit avoir découvert sous les noms de *drainage des cerveaux* et de *fertilisation croisée*. Il fait travailler ses gens en équipe, cinq cents ans avant le *brain-trust* et le *brain-storming* des Américains.

De sa falaise, il lance chaque caravelle à quelques journées au-delà de la précédente et l'oblige à revenir et à rapporter toutes ses observations. Comme les *Apollo* successifs à la conquête de la Lune.

A la fin de ce même siècle, le Portugal, sur l'arbitrage du pape, s'attribue la moitié des nouveaux mondes, l'autre étant accordée à l'Espagne *.

Or, cent ans plus tard, le Portugal s'est figé. Depuis, il a été comme impuissant à s'adapter à l'évolution du monde. Il a laissé passer la chance d'une révolution industrielle. Jusqu'au cœur du XXe siècle, il a gardé une organisation et des mentalités du Moyen Age.

Déconcertante Espagne

L'Espagne s'était lancée, elle aussi, au XVe et au début du XVIe siècle, dans une expansion triomphante.

Avant même qu'en 1519 Cortés ne débarquât au Mexique, elle s'était taillé un empire en Amérique : il comprenait une partie des Caraïbes, l'isthme de Panamá, la Floride. En une trentaine d'années, cet empire se dilate démesurément : le Mexique aztèque, le Pérou inca tombent devant quelques hommes, quelques mousquets, quelques chevaux, mais surtout devant l'arme absolue de l'énergie, de l'imagination, de la foi.

La conquête de l'Amérique du Centre et du Sud fit bientôt affluer vers l'Espagne le « fabuleux métal », l'or **, que cet eldorado « mûrissait » dans « ses mines lointaines ».

---

* L'arbitrage du pape Alexandre VI (mai 1493) a été, il est vrai, modifié par le traité de Tordesillas (7 juin 1494).

** Cet « or » est surtout de l'argent, extrait à partir de 1545 des mines du Potosi (dans la Bolivie actuelle, qui faisait partie de la vice-royauté espagnole du Pérou). L'historien américain Hamilton [4] a calculé qu'entre 1503 et 1600 (sans tenir compte des fraudes, impossibles à chiffrer) 7 440 tonnes d'argent et 154 tonnes d'or arrivèrent d'Amérique à Séville, qui est devenue « le poumon de l'Europe [5] ». Cipango (le Japon) ne « mûrissait » l'or que dans l'imagination

Cet enrichissement ne devait rien au hasard. Car la mentalité économique s'était épanouie dès le Moyen Age dans la presqu'île ibérique. Au XVIe siècle, Barcelone est le siège d'une intense activité industrielle. Séville possède 1 600 métiers à tisser, sur lesquels travaillent 13 000 ouvriers [6]. Tolède et Ségovie regorgent de manufactures de soie et de textiles [7].

Or, voilà que l'Espagne plonge dans le marasme. Pourtant, la colonisation a commencé d'apporter le capital, de mobiliser la société, de forger des hommes sans peur. Mais une véritable mutation des valeurs s'accomplit *. L'esprit public brûle ce qu'il avait adoré : l'aventure, l'esprit d'entreprise. Les témoins de l'Europe marchande constatent, chez ce peuple jusque-là si ardent, ce qu'ils appellent la « paresse espagnole » – c'est-à-dire *le mépris des activités économiques*. La nation se détourne de tout ce qui touche la production et l'échange, pour ne s'occuper plus que des choses d'Eglise, de cour et de chevalerie. « Ils sont tous entichés de noblesse », écrit un observateur [8].

« Nous sommes tous des hidalgos »

En chaque société, les tendances dominantes de l'esprit public se forment à partir d'un modèle que se donnent les élites. En Espagne, Don Quichotte prend la place des *conquistadores*.

Les *hidalgos*, porteurs d'épée, jouissent du monopole des emplois publics [9]. Les cortes d'Aragon décident de n'accepter en leur sein aucun individu s'adonnant au commerce [10]. Ceux qui le peuvent essayent de se faire admettre comme *hidalgos*. Ceux qui ne le peuvent pas font semblant. Chacun aspire à être embrigadé au service de cette altière bureaucratie de l'ordre équestre qui domine l'Espagne.

Exprimant cet esprit nouveau, et avant même que la France ne les imite, les rois bâtissent en Espagne une monarchie administrative. De même qu'elle draine l'or des colonies, elle draine la

---

de Heredia ou de ses conquérants. *Mûrir* est une allusion à la croyance médiévale, selon laquelle tout métal, en vieillissant, devient de l'or, l'alchimie ayant pour objet, grâce à la pierre philosophale, d'accélérer le mûrissement.

* Comme presque toujours en histoire, on pourrait découvrir des indices de cette mutation dans la période antérieure. L'expansion espagnole recèle déjà un germe qui s'épanouira plus tard : l'ambition territoriale et religieuse l'emporte sur le mobile commercial. L'esprit castillan, reconquérant et médiéval, élimine tout ce qui n'est pas « de sang *pur* » – juifs, musulmans –, ostracise donc les éléments les plus dynamiques de la population, et assimile mal les phénomènes naissants du capitalisme. Un peu plus tôt et plus gravement qu'en France, le délire de l'absolutisme et les mirages de la puissance sont source d'affaiblissement.

vitalité de la nation, pour l'entasser dans l'inaction ou la dilapider dans le faste. Plus même qu'en France, ce système hiérarchique et centralisé stérilise toutes les classes : l'aristocratie, privée d'initiatives, dégoûtée de la mise en valeur du sol et de l'utilité économique ; la bourgeoisie, détournée du commerce et de l'industrie, aspirée vers les offices publics ; le clergé, transformé en agent du pouvoir politique ; le peuple, maintenu dans une effrayante pauvreté.

Ses « trésors », l'Espagne les entasse, au lieu de les investir [11]. Elle achète les objets manufacturés qu'elle néglige de produire [12].

De nos jours, malgré des progrès rapides depuis la Seconde Guerre, elle garde encore de vastes secteurs archaïques. Une enquête de 1975 [13] a établi que 9 % des personnes actives à la fin du règne de Franco n'avaient fait *aucune* étude. Les petites exploitations maintiennent à la terre une main-d'œuvre trop nombreuse. Les grandes exploitations, faute de capitaux, ne se modernisent guère plus vite. Les secteurs modernes sont sous la dépendance de l'étranger. Le déficit de la balance commerciale est impressionnant. Comme celui du Portugal, il n'est réduit que par deux éléments caractéristiques du sous-développement : le tourisme et les devises envoyées par les émigrés. On importe des consommateurs, on exporte des producteurs. Et l'on tâtonne sur le chemin de la dictature à la démocratie *.

Terrienne, hiérarchique, archaïque, l'Amérique latine

Il n'est donc pas vrai, contrairement à l'explication couramment admise, que le Portugal et l'Espagne aient été stérilisés par leurs colonies. Ils se sont stérilisés eux-mêmes, alors que leurs colonies auraient dû les féconder. Mais il est bien vrai, en revanche, qu'ils ont stérilisé leur Amérique, tandis que celle du Nord, colonisée par les Hollandais et les Anglais, entrait à pleines voiles dans l'aventure du développement.

Et pourtant ! Les atouts de l'Amérique latine, pour qui saurait les exploiter, ne le cèdent en rien à ceux des Etats-Unis et du

---

* *Depuis 1976, la situation politique de l'Espagne s'est consolidée : une véritable démocratie y existe sous un roi constitutionnel unanimement respecté ; l'Espagne est entrée dans l'Union européenne et ne cesse de se moderniser. Le revenu par tête y est supérieur à 12 000 dollars. Mais l'expansion économique de la fin des années 1970 et du début des années 1980 a été suivie d'une grave récession assez meurtrière (20 % de la population active était au chômage en 1987). Après une rémission au début des années 1990, la crise est repartie de plus belle : quatre dévaluations de la peseta entre 1993 et 1995, le taux de chômage dépassant 20 % (1996).*

Canada *. Mais l'Amérique latine a connu la même destinée que ses deux mères patries ibériques. Les descendants des colonisateurs espagnols et portugais se sont contentés de se tailler des domaines. Malgré d'innombrables révolutions, ils sont restés souvent possesseurs de la terre : les *latifundia, haciendas* ou *fazendas* **. Longtemps, cette caste héréditaire, enracinée dans ses traditions, n'investit ses revenus que dans des palais.

Dans l'économie latino-américaine, ce qu'il y a de dynamique vient de l'étranger, et le plus souvent y retourne : l'exploitation du cuivre chilien, du fer brésilien, du pétrole vénézuélien. Les nationaux, si riches soient-ils, ne font pas le moindre effort pour racheter le capital étranger. Les héritiers des conquérants n'aiment se mêler ni du commerce, ni de l'industrie.

Les Etats-Unis auraient pillé ces pays et continueraient de le faire ? Mais pourquoi l'hégémonie des Etats-Unis sur le continent américain aurait-elle eu des effets de sous-développement en Amérique latine, de surdéveloppement au Canada ? Une économie, une nation, n'est colonisée que si elle est *colonisable*.

Pourquoi, avec des ressources naturelles aussi brillantes au Sud qu'au Nord, et malgré un départ pris nettement plus tôt au Sud, un formidable écart s'est-il creusé entre les deux parties d'un même continent *** ? Sans doute, dans les années 1820, avec seulement un demi-siècle de retard sur les treize Etats du Nord, les colons latino-américains ont-ils secoué le joug de leurs deux métropoles au cri de « Liberté ! ». Mais l'imitation des Etats-Unis n'a porté que sur l'indépendance politique. Elle ne s'est pas étendue à l'organisation de la société, à l'autonomie des individus, à l'échelle des valeurs. Les descendants des *conquistadores* et le clergé sont restés les maîtres de sociétés toujours aussi hiérarchisées, aussi soumises à l'ordre dogmatique, aussi enclines à osciller entre la dictature de l'immobilisme et celle de la révolution.

---

* *Le handicap climatique ne peut guère être invoqué que pour la bande équatoriale (occupée, pour l'essentiel, par la sylve amazonienne). Le climat subtropical du Mexique ou du Brésil ressemble à celui du sud des Etats-Unis. Et le climat des Etats de La Plata et des Républiques andines n'a rien à envier à celui des zones tempérées du Nord (1996).*

** Grandes exploitations agricoles, peu ou mal cultivées.

*** *Dans les vingt dernières années, les désastres économiques provoqués par ces écarts ont commencé de susciter des réactions salutaires. Les pressions du Fonds monétaire international y ont aussi poussé. La Bolivie, le Chili, l'Argentine, le Brésil, par exemple, paraissent s'engager sur la voie d'un développement réel. Mais cette évolution est encore plus récente et fragile (1996).*

L'Italie : de la vitalité à l'affaissement

L'Italie de la Renaissance, c'était un art foisonnant ; mais c'était aussi la prospérité et la vitalité. L'économie industrielle de marché, sous la forme d'un véritable « capitalisme », a pris son essor en Italie : c'est à Venise, Gênes, Florence, Milan que, dès le XIIe siècle, apparut la *commenda*, l'ancêtre de nos « sociétés en commandite », et que, peu après, naissait la *compagnia*, première ébauche de nos « sociétés en nom collectif ».

La puissante firme Médicis, dès le XVe siècle, avec son ensemble de compagnies théoriquement indépendantes, constituait un véritable *holding*. A Bruges, en 1455, un Milanais domicilié dans cette ville porte plainte contre la filiale Médicis locale, pour livraison en mauvais état de neuf balles de laine achetées à la filiale Médicis de Londres. Le tribunal prie le plaignant de se retourner contre la filiale de Londres, puisque les deux sociétés sont distinctes. « La sentence serait la même, remarque l'historien américain R. de Roover, si un Américain intentait un procès à la Standard Oil of New Jersey pour réception de marchandise défectueuse vendue par la Standard Oil of New York, sous prétexte que la famille Rockefeller contrôle ces deux sociétés [14]. » Comme le feront les Rockefeller, les Médicis avaient appris à disperser leurs risques.

Les Italiens ne sont pas seulement banquiers et marchands ; les voici entrepreneurs, innovateurs, pionniers de la technique. Quand Léonard de Vinci cherche, en 1482, un emploi à la cour de Ludovic le More, il offre ses services d'ingénieur : « J'ai établi des plans de passerelles très légères... Je peux dévier l'eau des fossés d'une place que l'on assiège... Je suis à même de rivaliser avec tout autre architecte, aussi bien pour construire des édifices, publics ou privés, que pour amener l'eau d'un endroit à un autre. » Et puis, ajoute-t-il comme incidemment, « pour la peinture et la sculpture, je ne crains pas non plus la comparaison [15] ».

Son cas n'est pas isolé. Il reflète une échelle des valeurs partagée par tout un peuple, et qui en fait un peuple technicien. Sorokin a dressé la statistique des découvertes scientifiques et des inventions technologiques par siècle et par pays. Il démontre que, de l'an 800 à l'an 1600, l'Italie a fourni 25 à 40 % des découvertes scientifiques et des innovations techniques faites en Occident [16]. Soudain, à partir de 1600, ce jaillissement commence à tarir. Et de 1726 à nos jours, la part de l'Italie n'est plus que de 2 à 4 %. Bientôt, l'Italie n'apparaît dans l'histoire que comme une mosaïque de contrées pauvres, de villes endormies dans le souvenir de leur gloire perdue.

Cette décadence soudaine, l'histoire classique la met sur le compte des « grandes découvertes ». Les courants d'échanges auraient déserté la Méditerranée pour l'Atlantique. Mais pourquoi le Portugal et l'Espagne, ayant pignon sur l'Atlantique, étaient-ils prospères en même temps que l'Italie, et ont-ils décliné en même temps qu'elle ? Qu'on regarde une mappemonde : Lisbonne, La Corogne, Séville et Cadix sont plus près des Amériques que Londres, Rotterdam et Hambourg. Gênes et Naples sont plus proches de l'Amérique centrale et méridionale, de l'Afrique, de l'Asie, que les grands ports de la mer du Nord, plus proches même de l'Amérique du Nord par la route des Açores, qu'empruntaient le plus souvent les voiliers.

Et si l'on cherchait les vraies causes dans l'homme ? N'essayons pas encore ici de les préciser. Posons simplement une pierre d'attente. La Lombardie, la Vénétie, la Toscane, la Ligurie avaient connu une étonnante prospérité à l'époque où les ambitions se tournaient vers le commerce, l'artisanat d'art, les industries textiles ou d'armes. Cette prospérité décline en même temps que le goût de la société pour ces besognes.

L'aristocratie et la bourgeoisie italiennes, comme celles de France, d'Espagne et du Portugal, se détournent des activités productives. Elles gaspillent leur acquis dans les plus belles fêtes d'Europe. « Passer le carnaval à Venise », répètent, comme un mot de passe, les rois de Voltaire. Reste l'art ? Désormais, c'est une fleur coupée : sa splendeur éblouira quelque temps encore, mais déjà la sève ne la nourrit plus.

Les grandes cités maritimes ou commerçantes végètent. Les Etats pontificaux, soumis à un gouvernement théocratique, sont aussi centralisés que l'Espagne, et bientôt aussi retardataires *. Dans le Sud, des obscurantistes combattent la science et le libre arbitre, comme œuvres du démon... L'Italie s'enfonce.

Des industries réussiront tout de même à s'implanter dans la plaine du Pô, au XIXe siècle. L'Italie, grâce à son récent développement, remonte de nouveau à un rang honorable dans le monde ; mais parmi les neuf Etats de la Communauté économique européenne, elle tient celui de lanterne rouge, avec l'Irlande **. Et pour

* A la macro-centralisation des Etats latins unitaires – Espagne, Portugal, France – répond la micro-centralisation d'une Italie morcelée en petits Etats [17].

** *Vingt ans après, l'Italie a beaucoup progressé, dépassant notamment le Royaume-Uni (PNB : 17 250 dollars contre 16 290 en 1993). Mais elle en est toujours à chercher son équilibre. Ses performances économiques globales ont été tirées vers le haut par le dynamisme des entreprises du Nord, qui ont su neutraliser l'Etat par la corruption. Le fossé entre Nord et Sud s'est creusé et a suscité les « ligues » qui poussent au fédéralisme, voire au démantèlement de* devenir une société moderne, il lui reste à conjuguer démocratie et efficacité.

L'Autriche frappée dans son dynamisme

Les nations latines ne sont pas seules à souffrir.

Au milieu du XVIIe siècle, l'Autriche resplendit du prestige que lui confèrent ses victoires sur les Turcs, le titre impérial, les luttes contre la maison de France. Pourtant, comme pour la monarchie versaillaise, l'observateur décèle le ver dans le fruit.

La splendeur de Vienne ne doit pas faire plus illusion que celle de Versailles. La chape de l'ordre théocratique est tombée sur le pays. Chaque classe sociale reste parquée dans ses droits acquis. L'Etat est strictement hiérarchisé, l'innovation découragée. Des populations compartimentées et inhibées se contentent de recevoir les impulsions extérieures : d'abord la Contre-Réforme, puis le baroque italien, puis les influences française ou allemande.

La bureaucratie appesantit son emprise. Economie et société demeurent archaïques. La paysannerie représente les neuf dixièmes de la population ; elle travaille essentiellement à fournir les ressources nécessaires au luxe de l'aristocratie de cour et aux charges de l'Etat. Les villes sont peu à peu paralysées par une réglementation corporative. Ce qui reste d'ardeur se concentre dans la capitale.

En 1866, les troupes autrichiennes sont écrasées par l'armée prussienne. La bataille de Sadowa n'est pas le heurt entre deux frères germaniques passagèrement ennemis. C'est le choc d'une économie agraire et repliée, contre une économie industrielle et libre-échangiste ; d'une société immobile, contre une société dynamique : le pot de terre contre le pot de fer. Tandis que la victoire des Prussiens accélère leur essor, l'Autriche est comme foudroyée par le désastre. La défaite de 1918, qui laissera intactes les forces profondes de l'Allemagne, engloutira à jamais la monarchie austro-hongroise.

Plus de chevaux que de livres

De la fin du XVe siècle au début du XVIIe, la Pologne a connu un développement étonnant. Dans les villes se dressent hôtels municipaux, vastes halles, palais de familles patriciennes richement ornés. Cracovie est la Florence de l'Europe centrale ; elle a été construite

---

la nation. Discréditée, la classe politique n'a pas encore été irréversiblement renouvelée (1996).

par des architectes italiens. Sous les arcades de l'université Jagellon se pressent des étudiants venus de toute l'Europe, autour de maîtres illustres, tel Copernic. Le trafic de Gdansk (Dantzig) s'accroît sans cesse jusqu'au début du XVIIe siècle, pour culminer en 1618. Les écrivains réclament avec succès la diffusion de l'instruction : grâce à l'existence d'un millier d'écoles, le quart de la population masculine sait lire et écrire.

Et voici qu'au début du XVIIe siècle la Pologne entre en décadence. Pour elle, la régression n'est pas seulement relative, mais absolue. Elle est la seule nation où la part de la paysannerie dans la population totale *augmente* fortement (de 65 % au XVIe siècle à 75 % au XVIIIe) aux dépens des autres catégories sociales, en particulier de la bourgeoisie. Les villes se dépeuplent [18].

La Pologne est systématiquement *reféodalisée*. L'obscurantisme et la superstition remplacent l'humanisme, la curiosité, la tolérance du XVIe siècle. La noblesse se targue de mépriser l'instruction. Au château des Branicki, l'écurie abrite deux cents chevaux et la bibliothèque cent soixante-dix livres [19].

Convoitée par des voisins avides, la Pologne est mûre pour les tragiques démembrements, puis pour la dépendance.

Le tapis roulant

Autriche et Pologne partagent un trait commun avec ces pays latins que nous avons vus s'immobiliser tout d'un coup, perdre leur prise sur le réel et sur la vie. Comme le Portugal, l'Espagne, l'Amérique latine, l'Italie, comme la France, elles sont restées, après la grande déchirure de la chrétienté, « catholiques et romaines ».

Entre le système socioculturel des pays réformés, et celui des pays contre-réformés, les différences vont jusqu'au bout de leur logique. Elles ne cessent d'accentuer leurs effets. La famille chrétienne est séparée. Il y aura des cousins riches et des parents pauvres.

Avant la révolution économique, l'histoire était géographie. Les peuples-paysans campaient sur la terre. L'objectif était seulement de subsister ; donc, de faire en sorte que tout changeât le moins possible. Le phénomène du développement fait que, pour tous les peuples, l'histoire devient histoire, c'est-à-dire changement. Bon gré mal gré, il faut garder le rythme. Les nations ressemblent à un groupe de marcheurs qui s'avanceraient sur un tapis roulant : un tapis diabolique, qui se déroulerait à vive allure en sens inverse de leur marche. L'homme qui reste immobile recule vite. Celui qui marche à petits pas recule lentement. Celui qui marche vite fait du sur-place. Seul, celui qui court progresse quelque peu [20].

Dans les pays qui ont subi de plein fouet la Contre-Réforme, il semble qu'on ne sache pas courir, ni même marcher. En France, on n'a su marcher qu'à pas lents. Pourquoi ?

Chapitre 14

L'ENVOL DES SOCIÉTÉS RÉFORMÉES

Sur le tapis roulant, les nations réformées courent vite. Dès le milieu du XVIIe siècle, plus d'un témoin avait déjà relevé l'écart qui se creusait entre elles et la catholicité *. Au XVIIIe siècle, le fait devient une évidence, jusqu'à susciter les cris d'alarme de Fontenelle et de Montesquieu, de Voltaire et de Diderot. La résistance victorieuse de la petite Angleterre au grand Empire français donne un regain de faveur à l'anglomanie. Mme de Staël, Chateaubriand et Benjamin Constant, Saint-Simon et les saint-simoniens, Guizot et Tocqueville soulignent à l'envi cette étrange corrélation entre le protestantisme et la vigueur collective d'une nation. 1870 confirme ces observations : Renan et Taine, Emile de Girardin et Anatole France, les disciples de Frédéric Le Play ** s'interrogent sur les causes de cette supériorité. Personne ne la met en doute.

*« Dieu a créé la Terre mais les Néerlandais ont créé les Pays-Bas *** »*

Un autonomiste breton m'a affirmé, avec une conviction têtue : « La Bretagne est aussi grande que la Hollande. Au moment de notre annexion, elle était même beaucoup plus peuplée. Maintenant, elle est cinq fois moins peuplée et dix fois moins riche. Voilà ce que nous a apporté la France. »

Sa comparaison était frappante, et les bases en sont exactes. Il n'oubliait qu'une chose, c'est qu'elle aurait pu s'appliquer à

* Certains, dont Bossuet et le Hollandais Jean de Witt, en proposaient même des explications assez perspicaces.

** Demolins, Emile Boutmy, Emile de Laveleye, Flamérion, Ernest Renauld.

*** Vieux dicton hollandais.

n'importe quelle province française, sauf à l'Ile-de-France. A la seule exception de la province capitale, le pays qui a annexé la Bretagne a été tout entier victime du même mal qu'elle...

Mais comment ne pas s'étonner de l'histoire paradoxale des Pays-Bas, si pauvrement pourvue par la nature, et dont l'importance est si grande, depuis plus de trois cents ans, dans l'économie mondiale ?

Le climat est ingrat : vents violents, hivers rudes, pluie et brouillard. Le territoire est minuscule : à peine plus de trente mille kilomètres carrés km ^{2} – quatre ou cinq départements français. Encore a-t-il fallu qu'une bonne moitié en fût arrachée de haute lutte à la mer, ou protégée contre les débordements des fleuves. Les côtes n'offraient, à l'origine, aucun point de relâche sûr. Matières premières et sources d'énergie font défaut *.

Or, dès le début du XVIIe siècle, la Hollande s'affirme comme une société conquérante, acharnée à s'enrichir. Une instruction britannique de 1604 donne déjà les Hollandais pour modèles : « Ils sont les meilleurs négociants du monde. » Les hommes d'affaires, les marchands, les navigateurs néerlandais prennent le relais des Portugais, s'installent en Afrique du Sud, sur les côtes du Deccan, dans l'océan Indien, à Malacca, dans les îles riches en épices. Ils commercent activement avec la Chine et le Japon. Au début du XVIIe siècle, leurs gros navires de transport sillonnent la Méditerranée et la Baltique.

Les Hollandais fondent de puissantes sociétés maritimes : la Compagnie des Indes orientales en 1602 ; la Compagnie des Indes occidentales en 1621 ; la même année, ils s'installent en Amérique du Nord : New York s'est d'abord appelé la Nouvelle-Amsterdam. Bientôt, leurs comptoirs et leurs colonies forment une ceinture autour du monde : Le Cap, Ceylan, Java, Sumatra, Formose [1]. Ils délogent même les marchands de la Hanse de leurs anciens et fructueux commerces vers la Baltique et la Russie.

Avant même l'Angleterre, cette petite nation calviniste s'est ainsi placée à la tête de la civilisation marchande. Les Pays-Bas adoptent des idées de tolérance ; ils deviennent un carrefour attirant pour tous les étrangers. Ils se donnent un régime électif et décentralisé.

En 1614, les Provinces-Unies ont plus de marins que l'Espagne, la France, l'Angleterre et l'Ecosse réunies : à Amsterdam-la-réformée, Anvers-la-catholique cède le rang de premier port du monde.

---

* Sauf le charbon de la Campine et du Limbourg, découvert à la fin du XIXe siècle, et le gaz naturel, découvert en 1959. Ni l'un ni l'autre n'ont donc eu d'incidence sur le développement des Pays-Bas au cours des trois siècles qui ont précédé.

En 1609, une première Bourse des valeurs s'y installe, et une banque s'y crée.

Stimulées par la navigation et le grand négoce, quelques industries prospèrent : construction navale, faïences de Delft, tissus. Un réseau de cités se développe. Les capitaux s'intéressent à la spéculation agricole ; il en faut, pour gagner des milliers de kilomètres carrés sur la mer ; il en faut, pour rationaliser les productions. La Hollande réussit la première mutation agricole de l'Occident, et jusqu'à ce jour la plus brillante. Dès le XVIIe siècle, elle se spécialise. Elle pousse les produits où elle excelle : fleurs *, lin, houblon, tabac, fourrages artificiels, vaches sélectionnées jusqu'à devenir les meilleures laitières du monde, beurre et fromage. Elle importe le reste.

Certes, elle subit une forte éclipse au XVIIIe siècle : l'Angleterre et Hambourg se sont éveillés. Mais elle reprend ensuite son ascension. Elle est aujourd'hui un levain dans l'Europe des Neuf ; Rotterdam est devenu le premier port du monde. Elle possède certaines des plus puissantes sociétés mondiales : la Royal Dutch Shell, Unilever. L'empire industriel et commercial de Philips peut rivaliser dans le domaine du matériel électrique et électronique avec les plus grandes sociétés américaines. Partie de rien, cette firme a conquis un destin international – comme le peuple néerlandais lui-même – à force d'innovation, d'énergie, de savoir-faire.

Une nation de boutiquiers **

Au XVIe siècle, on ne rencontrait encore que peu d'Anglais sur les routes du monde. Les *merchant adventurers*, association d'exportateurs, ne vendaient leurs draps, au plus loin, que dans la Baltique. Ils se risquaient à peine dans le bassin méditerranéen. L'occupation de terres nouvelles, la conquête des marchés restaient affaires espagnoles, portugaises ou françaises. Malgré le génie de Shakespeare et les fastes de la première Elisabeth, les Anglais n'étaient alors qu'un bien petit peuple.

Au début du XXe siècle, le Royaume-Uni est à la tête de l'univers ; ses quelques paysans sont devenus de vrais « exploitants agricoles » ; sa population, urbaine aux quatre cinquièmes, continue d'augmenter. Il possède, avec Londres, le premier port et le premier marché. Sa marine de commerce représente 45 % du tonnage mondial ; et sa flotte de guerre est supérieure à la somme des deux suivantes, selon la règle du *two powers standard*. Il est le

---

* Les tulipes sont cultivées en champs depuis 1636 dans la région de Haarlem.

** Le déclin de la Grande-Bretagne au XXe siècle fait l'objet du chapitre 16.

premier financier et le premier investisseur. La livre sterling joue le rôle de monnaie internationale : l'étalon-or est en réalité un étalon sterling [2]. Son industrie est la première en Europe *. L'Empire britannique rassemble le quart de la population du globe.

« C'est une nation de boutiquiers », disait avec dédain Napoléon. A quoi sir Walter Raleigh ** avait répondu, deux siècles à l'avance : « Celui qui commande le commerce commande la richesse du monde, donc le monde lui-même. »

C'est par le commerce que les Anglais avaient réussi leur entrée sur la scène mondiale. Sur leurs landes, paissaient des moutons. Pour en vendre la laine, on chercha des débouchés, on s'équipa d'une flotte et on la protégea. De proche en proche, de défi en riposte, la politique anglaise se fit navale et impériale. Dès le début du XVIIe siècle, quelques années seulement après les Hollandais, les Anglais posent des jalons aux Indes et commencent d'occuper et de peupler la partie de l'Amérique qu'ont délaissée les Espagnols et les Portugais. Le négoce transforme tout ce qu'il touche. Plus d'un siècle avant que Pitt ne le proclame, « la politique britannique, c'est le commerce britannique *** ».

Ce premier démarrage économique du début du XVIIe siècle donne le signal à d'autres percées. Dès le milieu du XVIIe, le monde rural fit sa mue sous la direction d'une aristocratie active et éclairée. Le symbole en est resté « lord Navet » – lord Townsend en réalité – qui conquit son sobriquet de *Turnip* pour s'être fait le propagandiste de l'assolement à base de navet et de trèfle [3]. La rotation substituée à la jachère, c'était comme si la surface arable augmentait de moitié d'un seul coup. Et pour favoriser la modernisation et le remembrement des exploitations – deux siècles et demi avant la France –, on oblige les agriculteurs à enclore leurs terres. Les petits exploitants, qui n'en ont pas les moyens, sont éliminés. L'époque est rude.

Puis c'est la naissance, dans un mouvement irrésistible, de ce que désormais nous appelons *l'industrie*. Les innovations se multiplient et s'entrecroisent. En trouvant les secrets du mariage du coke et du fer, ceux de la navette volante de John Kay, du métier à tisser mécanique de Cartwright, en domestiquant la vapeur, l'Angleterre asseoit les bases d'une puissance encore jamais vue ****.

---

* La part de la production industrielle anglaise dans la production mondiale était de 60 % en 1850, et de 35 % encore en 1890. L'industrie américaine la dépasse alors, et l'industrie allemande juste avant 1914.

** Introducteur du tabac en Europe, comme Jean Nicot.

*** En vertu de l'Acte de navigation de 1651, les marchandises importées en Angleterre devaient venir directement du pays producteur, et seulement sur des navires de ce pays, ou sur des navires anglais.

**** Entre 1760 et 1805, la production de fonte est multipliée par huit [4]. Entre 1720 et 1800, la masse de coton brut traité est multipliée par trente [5].

Sur les traces de la société hollandaise, la société britannique avait ainsi déclenché, par son aptitude à échanger, à innover, à entreprendre, à risquer, des processus qui devaient la conduire vers une nouvelle civilisation : technicienne, industrielle et urbaine. Vers ce monde, plus nouveau que celui de Christophe Colomb, d'autres nations, toutes les nations, allaient essayer de la suivre. Avec plus ou moins de bonheur.

Le miracle suisse

La Suisse n'est pas mieux dotée par la nature que les Pays-Bas. Elle est un peu plus grande, mais si montagneuse que la moitié de son territoire ne permet ni culture ni même élevage. Pas de sources d'énergie, si ce n'est hydraulique. Pas, ou presque, de minerais.

Calvin avait rudement façonné Genève pour en faire la Rome du protestantisme. Depuis, la Suisse est devenue – avec la Hollande, la Prusse et la Scandinavie – le lieu d'élection des protestants chassés de France, puis des manufacturiers, des négociants, de la métallurgie fine, des fabrications alimentaires, de la recherche pharmaceutique.

Le franc suisse est assis sur un tas d'or : les billets sont, cas unique dans le monde, gagés à plus de 100 % – et même à plus de 120 % – par le métal jaune de la Banque nationale. Les banques et les compagnies d'assurances prospèrent. Les places financières de Zurich, de Bâle, de Genève ont un rôle international.

L'industrie suisse utilise un minimum de matières premières, un maximum d'ingéniosité humaine pour les élaborer et les transformer. Elle a su se spécialiser dans la production de haute qualité et de haute précision, qui incorpore beaucoup de *valeur ajoutée par le savoir-faire* *.

Certains imaginent que la Suisse aurait économisé, grâce à sa neutralité, sur les dépenses militaires. Or, elle a toujours consacré à la *dissuasion* militaire un effort financier proportionnellement supérieur à celui de la France. Il est bien vrai qu'elle n'a pas participé aux deux guerres mondiales. Mais ceux qui mettent en avant ces explications mécanistes attribuent aussi bien le « miracle allemand » ou le « miracle japonais » au choc fertilisant des guerres dévastatrices... Et combien d'autres pays, ni plus belliqueux ni moins épargnés, se traînent pourtant dans le sous-développement !

Le plus frappant, peut-être, est qu'avec une des plus fortes

---

* Les cantons catholiques (qui se sont opposés aux cantons protestants en 1848, dans la guerre du *Sonderbund*) sont nettement moins avancés. Ce sont des régions rurales et traditionnelles, alors que les cantons protestants sont engagés dans l'économie d'échange, et dominés par la bourgeoisie « libérale ».

densités d'Europe occidentale, la Suisse ait si bien su éviter les grandes concentrations urbaines et la désertion des campagnes. Elle a trouvé une harmonie entre les activités industrielles et agricoles, entre la vie rurale et les petites agglomérations. Elle est riche, inébranlable : à peine pourtant si elle a un Etat. Elle reste un assemblage de pouvoirs locaux. N'est-ce pas ce qui lui donne cette souplesse d'adaptation aux évolutions économiques, cet enviable *consensus* social ? Quel génie de la vie en commun fait de cette démocratie montagnarde un organisme si heureusement balancé entre l'équilibre et le mouvement ?

« *Self-made nation* »

Sur deux cents ans, de son indépendance à nos jours, le peuple américain offre le spectacle d'un développement fulgurant : une petite société rurale de quatre millions d'habitants devient un Etat-continent de plus de deux cents millions, la première puissance du globe.

Si l'on imagine que cette prééminence est récente, l'on se trompe : dès 1890, l'industrie américaine rattrape l'anglaise et prend la tête, pour ne plus la lâcher.

La poussée démographique manifeste cet essor économique en même temps qu'elle l'aiguillonne. De 1790 à 1860, la population double tous les vingt-trois ans, pour atteindre 32 millions en 1860. Avec 50 millions en 1860, elle devient dès lors la plus importante du monde occidental, avant de dépasser 100 millions en 1920 et 150 millions en 1950.

On se représente souvent ce pays comme un bassin vide que l'Europe aurait comblé. Or, il n'a reçu que 25 millions d'immigrants de 1820 à 1920 : eux et leurs descendants sont simplement venus s'associer à sa vitalité naturelle. Sa progression, l'Amérique la doit pour l'essentiel à elle-même. Créer, croître, croire en soi : telle est la devise de cette société. Les premiers perfectionnements techniques étaient venus d'Angleterre et de Hollande. Mais, bientôt, sur place, les inventions fusent de tous côtés. Dès 1814, un marchand de Boston, Lowell, construit, avec l'aide d'un ouvrier, Paul Moody, une usine de filature et de tissage ; c'était la première fois au monde qu'on réunissait dans une même entreprise les deux opérations fondamentales de l'industrie textile. Olivier Evans invente une machine à vapeur à haute pression. Fulton, rebuté par Napoléon, construit avec Rumsey et Fitch les premiers bateaux à vapeur opérationnels. En 1846, Elias Howe fabrique la machine à coudre – que le Lyonnais Barthélemy Thimonnier avait inventée dès 1825 ; mais il s'était heurté à l'incompréhension et était mort dans la misère. La même année, Morse met au point le télégraphe magnétique. En 1851, Geissenhainer invente un procédé de décarbonisation du fer. Déjà l'on parle du « système américain de manufacture », c'est-à-dire de la fabrication en série de pièces standardisées et interchangeables.

Vers 1840, l'Amérique commence à monter en puissance. En vingt années, elle se hisse à la seconde place du palmarès des nations industrielles, derrière l'ancienne *mère patrie*. Mais ce dynamisme bute sur la société agraire, hiérarchique, esclavagiste, qui s'est constituée dans le Sud autour du coton. Nord et Sud, ce sont bien en réalité deux nations qui s'affrontent. Ici, le modèle terrien et aristocratique, qui se fonde sur l'exploitation des hommes, incline à l'immobilité. Là, le modèle marchand, industriel et bourgeois pousse à aller toujours plus loin, en exploitant les ressources de la liberté. C'est le Nord qui gagne – et qui libère l'énergie américaine.

La Scandinavie ou la prospérité sous le cercle polaire

Vers le milieu du XIXe siècle, la Suède est un pays morne et pauvre, où l'on passe de longs hivers à la chandelle, où l'on se soutient à force de pommes de terre et de harengs salés, alors que la tuberculose et l'éthylisme déciment la population. De la grandeur de Gustave II Adolphe, elle ne garde que le souvenir. Neige, glace, dégel entravent les communications. Le sol, granitique sur la majeure partie du territoire, interdit de nombreuses cultures : le froid gêne celles que le sol autorise. Le sous-sol est moins riche qu'on ne croirait. Seules abondent les mines de fer *. Une immense terre parsemée d'étangs. Un espace plutôt qu'un pays.

Or, voici que, vers 1914, la Suède arrive au premier rang des pays européens pour les exportations par tête d'habitant.

Aujourd'hui, moins de 1 % de la population active s'adonne à l'agriculture, à la pêche et à l'exploitation des forêts, contre 50 % au début du siècle. La Suède est l'un des pays les plus industrialisés du monde. Elle exporte la moitié de sa production.

Une spécialisation dans les produits de haute technicité (roulements à billes, aciers spéciaux, constructions automobiles et aéronautiques, motocyclettes, outils de forage, téléphones) place la Suède dans le peloton de tête pour le produit national par habitant.

Quelles causes expliquent ce soudain décollage ? L'une des plus importantes fut sans doute la multiplication des inventions. Une pléiade d'innovateurs ont déclenché la mutation par leur esprit d'initiative. Alfred Nobel, l'inventeur de la dynamite, reste le plus

* Encore les meilleurs gisements, situés dans l'extrême Nord, n'ont-ils été découverts et exploités que récemment.

célèbre, même s'il fonda son prix pour apaiser sa culpabilité de marchand d'explosifs. Mais il y en eut bien d'autres. Lundström, en 1855, réussit à fabriquer une allumette de sûreté à base de phosphore. Charles-Gustave de Laval – descendant d'un huguenot français – met au point une écrémeuse centrifuge et un modèle perfectionné de turbine à vapeur. Sven Wingquist invente les roulements à billes, Gustaf Dalén le phare à éclipse, Lars Magnus Ericsson le combiné téléphonique. C'est comme si la révolution industrielle naissait d'une révolution mentale.

A l'image de la Suède, la Norvège et le Danemark ont fait merveille dans un humus semblable. Des péninsules austères, désertées par le soleil, dépourvues de ressources, encombrées de landes, de marécages et de sols sableux, ont réussi, par une technicité évoluée, par une organisation intelligente et, par-dessus tout sans doute, par une discipline collective de la liberté, à atteindre un degré de prospérité que les bienheureuses contrées méditerranéennes doivent leur envier.

Un phénomène complet de civilisation

Ainsi, à l'origine de la civilisation marchande et industrielle, nous trouvons deux pays protestants, Angleterre et Hollande. Dans ses plus belles réussites, encore des pays protestants : Scandinavie, Suisse, Etats-Unis. Mais dépassons les cas exemplaires et comparons les réussites moyennes. Là encore, quel contraste étrange !

Prenez d'un côté les douze pays les plus développés parmi ceux qui sont situés dans l'aire culturelle à dominante protestante : Suisse, Suède, Etats-Unis, Norvège, Canada, Allemagne fédérale, Danemark, Australie, Pays-Bas, Finlande, Afrique du Sud, Japon. Prenez de l'autre côté les douze pays à majorité catholique les plus développés : Belgique, France, Autriche, Italie, Espagne, Pologne, Irlande, Venezuela, Portugal, Argentine, Uruguay, Chili. Le revenu national moyen par habitant du premier groupe dépasse 7 500 dollars. Le même revenu dans le second groupe est de 3 500 dollars par an *. Et les pays protestants arrivent de très loin en tête pour la recherche scientifique.

Mais le développement de ces pays n'est pas seulement affaire économique, technique et scientifique. Il ne fait qu'un avec leur progrès politique et social. C'est dans les pays marqués par le protestantisme que les bas revenus, les inégalités, le manque d'hygiène, la censure ont le plus tendu à disparaître ; que le niveau de

* *En 1978 sur les quinze pays industrialisés qui dépassent 5 000 dollars par habitant, douze appartenaient au modèle protestant. La situation n'a que peu évolué depuis : voir annexe p. 611 (1996).*

consensus démocratique est le plus élevé ; que les taux de mortalité infantile et d'analphabétisme sont les plus bas ; que la démocratie plonge ses racines les plus profondes. Ce ne sont pas seulement des pays industrialisés ; ce sont des pays où un certain nombre de constantes – sociales, politiques, juridiques, culturelles –, unies par des corrélations mystérieuses, constituent un phénomène complet de civilisation.

Dans le long convoi de l'humanité

Voilà donc une des plus grandes énigmes de l'histoire. Pourquoi cet essor irrésistible, qui soulève, à partir du début du XVIIe siècle, certains pays ? Ces quelques nations locomotives représentent une très faible fraction de l'humanité ; et les trois cents dernières années représentent une infime fraction de l'histoire de l'homme, depuis son apparition sur la terre voici quelque trois ou quatre millions d'années. Or, ce petit peloton de pays de culture protestante a fait sortir l'humanité de la voie où elle cheminait depuis toujours, poussée en avant par sa fécondité, ramenée en arrière par la misère périodique à laquelle cette poussée elle-même la condamnait. Il l'a fait échapper à ce tragique équilibre par lequel les épidémies, les famines et les guerres venaient compenser l'excessive natalité.

« Le pays à l'industrie la plus avancée ne fait que montrer à ceux qui le suivent l'image de leur propre avenir », écrivait Karl Marx dans sa préface du *Capital.* C'est exactement ce qu'ont fait les pays réformés. Dans le long convoi de l'humanité, ils se sont détachés et ont montré au reste du convoi l'image du *développement.*

Chapitre 15

À DEUX VITESSES

Donc, après la Contre-Réforme, les nations demeurées catholiques s'endorment. Après la Réforme, les nations protestantes s'éveillent. Disons simplement *après* ; rien ne nous permet, pour le moment, de dire *à cause de*.

Mais la ligne de partage n'est pas partout aussi simple. Elle coupe certaines sociétés en deux. Un seul peuple. Des antécédents identiques. Et pourtant deux communautés, parfois très inégales.

Cette troublante infériorité économique se retrouve-t-elle entre communautés protestantes et catholiques d'un même pays ? Si oui, il est clair que l'on devrait accorder une place décisive au facteur religieux : le facteur national cesserait de coïncider avec lui, et peut-être de le brouiller.

Les exemples ne manquent pas pour faire cette contre-épreuve. Prenons-en quatre : ceux de l'Allemagne, de l'Irlande, de la France et du Canada *.

Allemagne romaine et Allemagne protestante

Née chez les Allemands, la Réforme ne les a pas tous conquis. Elle a fait voler en éclats leur unité religieuse. Depuis, l'Allemagne est une marqueterie de protestants et de catholiques.

En ses parties protestantes, elle n'est pas entrée dans l'âge industriel aussi vite que les Pays-Bas, l'Angleterre, la Suisse ou même les Etats-Unis. Avant d'y voir une exception, il faut noter que

* Les Etats-Unis et les Pays-Bas permettent certaines observations semblables. Mais la prédominance du modèle calviniste y fut telle, dès l'origine, que l'on retrouve difficilement, dans les communautés catholiques de ces deux pays, les caractéristiques propres des sociétés contre-réformées.

l'Allemagne réformée est luthérienne et non pas calviniste. Elle est à l'origine de la Réforme ; mais justement, elle en est restée à cette origine. Le luthéranisme reste une Eglise, antiromaine certes, mais une Eglise, hiérarchique et dogmatique. Pour le psychologue et le sociologue, le luthéranisme se situe entre le catholicisme et le calvinisme. Ce qui pourrait ne pas être sans relation avec le fait que les pays marqués par le calvinisme ont pris leur essor dès le XVIIe siècle, les pays luthériens au XIXe seulement ; tandis que les pays catholiques devaient attendre le XXe. Comme si, sous le glacis de l'Eglise luthérienne, les valeurs libératrices d'énergie avaient mûri plus lentement que dans les pays à ferments calvinistes, mais plus vite que dans les pays catholiques.

On peut aussi remarquer que la Prusse offre un visage assez semblable à celui des Etats catholiques : pouvoir central fort, appuyé sur un puissant appareil militaire ; société hiérarchisée ; discipline poussée à l'extrême. Avant d'être une société protestante, c'est un Etat de combat. Comme l'Eglise luthérienne, l'Etat demeure tout imprégné de romanité.

Pourtant, lorsque au XIXe siècle l'Allemagne commença à se doter d'une agriculture et d'une industrie modernes, ce furent des protestants qui entraînèrent le reste du pays. Dans les principautés plurireligieuses, et dans l'équilibre général de l'Allemagne, ce sont les protestants – ou les juifs – qui, le plus souvent, prennent la direction du grand négoce et des entreprises industrielles et financières. La Prusse protestante possédait dès 1840 (avant la France) un important réseau de chemins de fer. Les catholiques se confinent, quant à eux, dans le petit commerce et l'artisanat domestique.

La thèse de Max Weber sur *L'Ethique protestante et l'esprit du capitalisme* eut précisément pour point de départ, en 1900, une étude de son disciple Martin Offenbacher, sur la place respective des catholiques et des protestants dans le pays de Bade [1]. Offenbacher établit que les catholiques, moins urbanisés, moins cultivés, occupaient des emplois de boutiquiers, d'artisans, d'employés de bureau, de paysans. Les protestants, eux, avaient accédé en force aux situations d'industriels, de techniciens, de banquiers, de négociants. Dans les campagnes catholiques de l'Ouest et du Sud, marquées par la petite propriété paysanne, on ne s'écarte guère des habitudes de l'agriculture de subsistance. Au contraire, les protestants du Nord et de l'Est pratiquent vite les méthodes modernes d'exploitation.

Ces rapports d'influence avaient donné lieu, le siècle dernier, à une épreuve de force. Dans l'Allemagne éparpillée en une multiplicité d'Etats, le conflit de la vitalité et de l'immobilité s'était ordonné autour de deux pôles : le Nord protestant, animé par la Prusse ; le Sud catholique, centré sur la Bavière et appuyé sur l'Autriche. La vitalité l'emporta. L'Allemagne, réunie en janvier 1871 sous la couronne des Hohenzollern, s'engagea vers l'industrialisation et l'expansionnisme.

Le demi-siècle qui suivit Sadowa (1866-1913), et qui fonda vraiment la puissance et le potentiel allemands, nous avons coutume, nous autres Français, de le voir sous les couleurs du « militarisme prussien ». C'est trop oublier que l'Empire allemand n'était pas centralisé « à la française ». Il n'était qu'une fédération de monarchies constitutionnelles. Chaque Etat (Prusse, Bavière, Wurtemberg, etc.) gardait sa dynastie, son parlement, sa législation, son budget, parfois même son armée et sa représentation diplomatique. L'Allemagne restait un monde complexe, hétérogène, foisonnant – *polycentrique* – où les Etats catholiques jouaient pleinement leur partie. Elle sut évoluer en souplesse. Ce fait trop méconnu pourrait expliquer pour une bonne part la vitalité germanique.

Pourtant, il y avait, au cœur de cette diversité, une dynamique unitaire. En 1906, un historien suisse, Paul Seippel, écrivait : « L'Allemagne actuelle me paraît au début d'une évolution qui pourrait la conduire au point où en sont les nations les plus *romanisées*. L'esprit administratif fleurit magnifiquement [2]. » Un quart de siècle à l'avance, Seippel avait deviné qu'un jour « *un illustre personnage incarnerait*, non sans éclat, *le principe du pouvoir spirituel infaillible*, étendu à tous les domaines [3] ». Ce personnage vint du Sud – de la partie la plus romanisée du Saint Empire romain germanique : Hitler, Autrichien de naissance, connut en Bavière son plus grand appui populaire. Tandis que les conjurés de juillet 1944 contre Hitler étaient en majorité des protestants, et plus particulièrement des calvinistes.

Après 1945, sous l'influence anglo-américaine, on l'a vu, la tendance décentralisatrice l'a emporté en Allemagne occidentale, renouant avec une tradition multiséculaire ; et les structures fédératives semblent avoir suffi à éloigner les démons qui avaient, à la faveur de la centralisation, assailli le peuple allemand.

Irlande moderne et Irlande attardée

Les données sont simples, mais déjà singulières : l'Eire, la partie catholique homogène de l'Irlande, a acquis son indépendance en 1921. L'Ulster, six fois plus petit que l'Eire, et qui continue à être rattaché au Royaume-Uni, a une population équivalant à la moitié de celle de sa voisine * ; mais il se partage entre une fraction protestante (65 %) et une fraction catholique (35 %).

* 3 millions d'habitants pour l'Eire ; un peu plus de 1,5 million pour l'Irlande du Nord en 1973. *Cette population est passée à 3,563 millions d'habitants pour l'Eire en 1993, 1,610 million pour l'Irlande du Nord (1996).*

L'Eire ressemble, par son économie, aux pays sous-développés. L'agriculture constitue son activité principale. Elle retient à la campagne la moitié de la population et fournit, avec les produits qui en dérivent, les trois quarts des exportations du pays. Du reste, les exportations ne couvrent que 70 % des importations ; seul le tourisme permet d'équilibrer la balance des paiements. Trois exploitations agricoles sur quatre gardent un caractère primitif – cantonnées dans une économie de subsistance. L'industrie même se nourrit aux deux mamelles du labourage et du pâturage : whisky, bière et pull-overs...

Le niveau de vie de l'Irlande du Sud s'en ressent ; *son produit brut est moins élevé que celui de l'Ulster, dont la superficie est si inférieure*. C'est que les six comtés groupés autour de Belfast sont industrialisés de longue date : dès le XIXe siècle, il s'étaient lancés dans la transformation du lin et dans les constructions navales.

Une différence de ressources naturelles entre l'Ulster et l'Eire serait-elle à l'origine de cette disparité ? Nullement. Bien plus, ce constat d'infériorité économique de la population catholique, on le dresse tout autant à l'intérieur de l'Ulster.

Que l'on compare l'Eire, uniquement catholique, à l'Ulster en majorité protestant, ou que l'on compare la fraction catholique de la population de l'Ulster à sa fraction protestante, les corrélations restent identiques. Les protestants ont « créé » (selon eux), ou « accaparé » (selon les catholiques) les emplois inducteurs de richesse : industrie, technique, activités portuaires, grand négoce, banque, assurances ; bref, le *business*. Les catholiques sont confinés dans les tâches traditionnelles de l'économie de subsistance : paysannat, exploitation de la tourbe, pêche, petit commerce, artisanat.

Est-ce tout simplement un phénomène de domination coloniale ? Bien sûr, aucun catholique irlandais n'a oublié les massacres de Drogheda : les « misérables sauvages », comme Cromwell appelait les habitants de cette petite cité, furent impitoyablement exterminés en 1649. Aujourd'hui encore, vous ne visitez pas sans frémir les vestiges de la forteresse où fut perpétré cet énorme Oradour. L'Irlande a été alors mise en coupe réglée par les Anglais.

Mais, depuis le XIXe siècle, les Anglais ont-ils empêché les Irlandais catholiques de moderniser leur agriculture, de se livrer au commerce, de développer des industries ? Non. Ni dans l'Irlande unie, jusqu'en 1921. Ni dans l'Ulster bireligieux, après 1921. Ni à plus forte raison dans l'Eire indépendante, depuis 1921. Et si les freins avaient été, étaient encore, essentiellement *en l'homme* ? Si les catholiques irlandais s'étaient révélés rebelles à l'économie moderne ?

Ils s'obstinaient, comme les Français, les Espagnols ou les Portugais, à s'écraser contre le mur de la densité quarante. Quand ils avaient franchi la densité fatidique, ils n'avaient pas d'autre moyen d'échapper à la famine que d'émigrer massivement. Et ce fut, pendant tout le XIXe siècle, au profit surtout des Etats-Unis, une véritable hémorragie, qui a vidé l'Irlande d'une grande partie de sa substance humaine *. Même si l'on penchait pour la seule hypothèse d'une exploitation coloniale – dont les données historiques ne sont d'ailleurs pas réfutables –, il faudrait répondre, encore et toujours, à cette lancinante question : pourquoi des populations catholiques sont-elles *colonisables* – et non pas des populations protestantes ?

La haine qui oppose, dans l'Ulster, catholiques et protestants n'est pas, depuis des siècles, une querelle théologique. Elle a la férocité d'une guerre de religion, entretenue par le choc des races et prolongée par une lutte de classes.

Cette triple haine dresse l'une contre l'autre une société entraînée par la civilisation marchande la plus avancée, et une société retenue par la civilisation agraire la plus traditionnelle ; apparemment aussi incapables l'une que l'autre de sortir de ce face-à-face.

La France, ou la minorité agissante

La France offre, par rapport à l'Irlande, une contre-épreuve pour notre hypothèse. Les « oppresseurs » sont les catholiques : Drogheda s'appelle, chez nous, la Saint-Barthélemy ou les dragonnades. Mais les « opprimés » réagissent tout différemment. Pourtant, notre communauté protestante était, elle, très minoritaire. La France n'est pas vraiment restée un pays bireligieux ; mais on y observe les signes d'une vitalité supérieure, toutes proportions gardées, de la petite communauté protestante.

Quand Louis XIV révoque l'édit de Nantes, en 1685, les protestants ne rassemblent guère que le dixième de la population française ; mais ils sont parmi les plus instruits, les plus entreprenants, les plus éveillés.

Sur quelque deux millions de protestants français, un bon quart sans doute, peut-être même la moitié, quittèrent notre pays en raison des persécutions qui, pendant un siècle, préparèrent ou suivirent la révocation **. C'étaient souvent ceux qui, ayant déjà le mieux réussi, se sentaient le plus capables de réussir ailleurs. Ce qu'ils firent. Rapidement assimilés en Suisse, aux Pays-Bas, en

---

* Dans la masse américaine, les immigrants irlandais se sont adaptés au modèle culturel dominant, tout en gardant leur religion.

** Les estimations les plus récentes, du pasteur Samuel Mours, évaluent à deux cent cinquante mille personnes l'exode *aussitôt après* la révocation. Mais la persécution et l'hémorragie s'étendirent sur plus d'un siècle.

Angleterre, en Prusse, et jusqu'en Suède ou en Finlande, ils y conquirent souvent les plus hautes situations ; à la Banque d'Amsterdam, les soldes créditeurs doublèrent d'un coup après 1685. Avec leurs capitaux, ils emportèrent des techniques, des secrets de fabrication et, tout simplement, leur esprit d'aventure.

Cependant, les protestants demeurés en France continuèrent de faire preuve d'un dynamisme économique bien supérieur au reste de la population [4].

Ils excellaient dans les finances, qui étaient le point faible de la monarchie. Elle fit appel à eux, même après la révocation. Nécessité fait loi : le salut de l'Etat passe avant les édits.

Barthélemy Herwarth, munitionnaire à l'armée de Bernard de Saxe, fut ainsi l'agent d'affaires de Richelieu, de Mazarin, puis de Colbert. Intendant des Finances en 1650, il aide de son énorme fortune les entreprises du roi. Samuel Bernard prend le relais. Louis XIV se garde de l'inquiéter pour son protestantisme ; il lui fait personnellement les honneurs de Marly, au cours d'une promenade que Saint-Simon a rendue célèbre ; il ira jusqu'à l'anoblir.

Les successeurs du révocateur ne pouvaient décemment se montrer plus sectaires que lui envers les banquiers protestants, français ou étrangers ; le protestantisme avait le don d'effacer les frontières [5]. Law, banquier protestant d'Ecosse, sera appelé pour renflouer les finances désastreuses léguées par Louis XIV ; et Necker, banquier protestant de Genève, pour sauver l'Etat de la faillite, à la veille de la Révolution. Mais ces greffes ne prirent pas : pas plus que bien des « coopérations techniques » d'aujourd'hui : le décalage était trop grand, le temps trop compté [6].

Pendant et après la Révolution de 1789, les protestants, souvent revenus de Suisse en France, devinrent, en compagnie des juifs, les grands – et même les seuls – de la haute finance française. A la Banque de France, ils accaparent les sièges * du Conseil de régence. La seule banque d'affaires, créée à Paris par des milieux catholiques au XIXe siècle, n'apparaît que pour s'effondrer : lancée en 1878, l'Union générale, engagée dans des opérations aventureuses en Europe centrale, sombre quatre ans plus tard. Jusqu'à nos jours, il n'y aura pas eu en France une seule banque d'affaires de quelque envergure qui ne fût d'origine protestante, si ce n'est juive **. Longtemps, l'influence des « maisons » de la Banque

---

* Quatre générations de Mallet en ont occupé un, sans discontinuer, de 1800 à la nationalisation de 1936 ; on y vit aussi siéger quatre Hottinguer, trois Pillet-Will, deux Delessert, deux Vernes, un Mirabaud, un André, un Neuflize, un Goguel etc [7]. On retrouve à peu près les mêmes noms à la tête de nombreuses compagnies d'assurances, ou bien parmi les principaux actionnaires du Crédit mobilier, lancé par les frères Pereire – israélites – en 1852.

** Faute de place, je ne traite pas ici le problème des minorités juives – agissantes, libres et polycentriques (cf. p. 242).

protestante (Schlumberger, Hottinguer, Neuflize, Mallet, Vernes...) est restée grande *.

Feuilletez l'annuaire des Sciences politiques (création protestante des années 1870) ; celui de l'inspection des Finances ; l'annuaire diplomatique ; celui des conseillers commerciaux ; celui de la Cour des comptes ; celui des dirigeants des plus grandes entreprises et des fédérations professionnelles de l'industrie. Vous constaterez que, dans les secteurs essentiels de la vie économique de la France, la proportion des descendants des huguenots demeure sans commune mesure avec l'importance démographique de la communauté réformée en France.

Supplément canadien à la révocation de l'édit de Nantes

« Ah ! si Richelieu et Louis XIV avaient laissé les protestants français s'installer au Nouveau Monde – me déclara, avec un humour mélancolique, le Premier ministre québécois – les premiers hommes sur la Lune auraient parlé français, non anglais ! »

En septembre 1967, de Gaulle m'avait envoyé au Québec – quelques semaines après son « Vive le Québec libre ! ». Il fallait donner un contenu concret à l'offre de coopération lancée au milieu des acclamations populaires. Dans le vieux restaurant où Daniel Johnson m'avait emmené dîner avec ses deux ministres, Marcel Masse et Claude Morin, il s'étendait sur cette curieuse hypothèse rétrospective.

« Toute cette substance française, poursuivait-il, s'est répandue en vain en Europe et a été perdue pour la France ! Alors que l'Amérique était à peupler ! Ces émigrés auraient dominé sans mal les Anglais de Nouvelle-Angleterre, alors que ce sont les Anglo-Saxons qui nous dominent. Nous sommes un îlot français perdu dans un océan anglo-saxon. »

L'histoire avec des « si » est toujours un peu dérisoire. Mais, dès qu'on y songe, comment ne pas regretter que le demi-million de protestants émigrés ne se soit pas installé en Nouvelle-France ? C'eût été bien autre chose, en nombre et en savoir-faire, que les six milliers de pauvres paysans de l'Ouest, en quoi consista toute notre colonisation de l'Amérique. C'eût été trois fois plus qu'il n'y avait alors d'Anglais outre-Atlantique. A la différence de la Grande-Bretagne et des Pays-Bas, dont tous les minoritaires ou « dissidents » se voyaient faciliter l'émigration outre-Atlantique, la France refusa aux « religionnaires », bannis et dispersés, de tenter

* Mais tend à s'affaiblir.

cette chance. L'absolutisme ne fit pas de quartier : il fut intolérant jusque dans l'exil *.

Une majorité infériorisée

On doit aujourd'hui le constater avec tristesse : même dans ce Québec où les francophones sont majoritaires à 80 %, l'anglais est demeuré la langue des maîtres ; le français, la langue des pauvres.

Le Québec, comme l'Irlande, pose le problème, non pas des fameuses *minorités opprimées*, mais d'une *majorité infériorisée. Ce n'est pas la minorité qui a besoin de la protection des lois, mais la majorité.* Les nouveaux immigrants – italiens, grecs, allemands – ne s'y trompent pas. Neuf sur dix s'assimilent aussitôt au petit groupe des anglophones ; ils entendent se fondre à la minorité dominante, et non à la majorité dominée [9].

Ainsi subjuguée sur la terre qu'elle a gardée et fécondée, la population française du Québec connaît le sort le plus paradoxal. Les anglophones possèdent trois universités sur six, la moitié des stations de télévision et de radio, la quasi-totalité de l'industrie, du commerce, des grandes institutions financières. Les Canadiens français détiennent sans conteste au Québec le pouvoir politique – provincial et municipal – qui est essentiel dans un régime décentralisé et fédéral. Mais leurs difficultés prennent moins racine dans le champ du droit ou de la politique, que dans celui des mentalités. Par pudeur, on feint de croire que le drame québécois est « linguistique ». Mais *l'anglais n'est que le signe extérieur d'une mentalité et d'une société dynamiques, le français d'une mentalité et d'une société sur la défensive.*

De l'arrivée de Champlain à Québec, jusqu'au traité de Paris de 1763, les Français de la Nouvelle-France ont été télécommandés depuis la vieille France. L'administration centrale tranchait à Paris « de conflits concernant une vache égarée dans un jardin, une querelle à la porte de l'église, voire la vertu d'une dame [10] ». Colbert avait donné pour instruction au gouverneur Frontenac de « supprimer insensiblement le syndic qui présente des requêtes au nom de tous les habitants, étant bon que chacun parle pour soi et que personne ne parle pour tous [11] ». Pendant ce temps, les colons anglais de Nouvelle-Ecosse ou de Nouvelle-Angleterre étaient encouragés à s'organiser et à se gouverner eux-mêmes.

Abandonnée à elle-même après le traité de Paris, cette société primitive, timorée, inhibée, ne changea pas. Les Français du

---

* Cette révocation supplémentaire, bien connue des historiens québécois, est passée inaperçue de la plupart des Français, même historiens. Le plus récent ouvrage paru sur *Louis XIV et les protestants* ne la mentionne pas [8].

Canada se recroquevillèrent dans des communautés hiérarchisées, placées sous l'autorité du clergé. Redoutant de coexister, ils se sont isolés. Ils ont ainsi traversé les âges, identiques à eux-mêmes, pendant que, sur leur propre sol, dans leurs propres villes, les Canadiens anglais modelaient l'univers du changement.

Une transformation est-elle encore possible ? Aujourd'hui, la communauté franco-canadienne sent qu'elle ne parvient pas à rattraper son retard. Si prolifique jusque vers 1960, elle enregistre depuis lors la plus brutale réduction de natalité qu'on puisse relever dans les sociétés contemporaines ; comme si elle renonçait à une impossible aventure [12]. A moins d'un sursaut, dont on aperçoit quelques signes *...

Allemagne, Irlande, France, Québec. Cet itinéraire culturel confirme les premiers enseignements de notre parcours. A l'intérieur d'une même société, les mentalités libèrent les uns, pèsent sur les autres. Partout, on retrouve, avec une régularité presque irritante, le même signe de la différence : les uns ont été marqués du sceau protestant, les autres du sceau catholique.

---

* *Le débat linguistique et politique tourne régulièrement au désavantage des francophones : le « non » l'a emporté aux consultations sur la souveraineté, en 1980 (de beaucoup : 60 % à 40 %) et en 1995 (de très peu : de 51 % à 49 %). Aux termes de l'accord du lac Meech, en 1987, le Québec devait souscrire à la Constitution canadienne ; en revanche il serait reconnu comme « société distincte » par les dix autres gouvernements provinciaux. Mais cet accord a été repoussé par des provinces anglophones. Avec un taux de chômage élevé, un taux de fécondité tombé à 1,4, une émigration vers les autres provinces canadiennes que compense une immigration en provenance surtout du tiers-monde, le Québec demeure en crise latente (1996).*

Chapitre 16

L'EXCEPTION QUI CONFIRME LA RÈGLE : LA SYNCOPE ANGLAISE

Notre petite géographie culturelle a confirmé cas par cas la plus grande aptitude des communautés protestantes au « développement ». C'est en elles, par elles, que le monde marchand et industriel a connu, connaît, ses plus éclatantes réussites. Et pourtant, le Royaume-Uni, longtemps le principal modèle de cette civilisation, n'est-il pas en train de montrer qu'elle aussi est mortelle ? Ne voilà-t-il pas une exception de taille à la règle que nous commencions de dégager ?

Aujourd'hui, la Grande-Bretagne fait figure de « parent pauvre » de l'Europe. A la veille de la guerre de 14, elle n'était déjà plus la seule en tête. Entre les deux guerres, elle donnait quelques signes d'essoufflement. Mais le véritable renversement s'est opéré après la Seconde Guerre mondiale, dans les années 1950. Sur l'échelle du revenu moyen par habitant, le Britannique se mit à grimper moins vite : l'Allemand et le Français, doublant le pas, le rattrapaient vers 1960. Actuellement, il piétine en queue de la Communauté européenne, talonné par l'Italien *.

Ce peuple qui a su si bien se tendre contre l'épreuve semble ne

* *Margaret Thatcher a été élue à la tête du parti conservateur en août 1975 ; elle est arrivée au 10 Downing Street en mai 1979. Il était impossible, en 1976, de prévoir le sursaut que la* Dame de fer *allait imprimer à la vieille nation jusqu'à son départ en novembre 1990. Margaret Thatcher a modernisé et libéralisé les structures de son pays ; elle l'a libéré du carcan syndical. Une restructuration industrielle douloureuse a été assurée avec succès. Le chômage massif qui en était le prix a commencé de reculer. Cela permet-il d'affirmer que le présent chapitre retrace une phase révolue de l'histoire anglaise ? Le recul manque pour en juger. Reste que, parmi les Etats de l'Union européenne actuelle, la Grande-Bretagne est passée derrière l'Italie pour le PNB par habitant (1996).*

pas mesurer le danger. A moins qu'il ne s'applique à lui-même son sens de l'humour, et refuse de dramatiser des réalités qui lui sont pénibles...

Une nation à la retraite

Que ce déclin laisse les Anglais sans réactions – voilà peut-être de quoi expliquer qu'ils ne s'en relèvent pas. Mais comment ont-ils donc pu décliner ?

Parce qu'ils ont perdu les plus vastes possessions territoriales que puissance ait jamais conquises ? L'Empire britannique n'est plus, en effet, qu'un club d'anciens élèves. Mais la Hollande, la France, la Belgique ont également perdu des empires coloniaux qui, chacun à sa façon, ne comptaient guère moins pour elles que le sien pour l'Angleterre : or, la décolonisation a donné le signal à leur essor. Du reste, la Grande-Bretagne a parfaitement réussi un désengagement politique, qui n'entraînait pas de désengagement commercial.

Plus grave fut l'abandon des possessions *financières* de la Grande-Bretagne dans le monde. Malgré une saignée de son capital pendant la Première Guerre, Londres demeurait en 1938, avec New York, la créancière du monde. Pour mener la Seconde Guerre, elle devint sa débitrice *. Or, c'étaient les revenus des capitaux placés à l'étranger qui, jusque-là, compensaient le déficit de la balance commerciale. La balance des paiements s'en ressent. Pis encore : la *City* n'a pas perdu l'habitude d'exporter son capital – qui trouverait sans doute sur place un emploi plus utile à la nation.

Par exemple, pour la modernisation de l'industrie. La réussite des Britanniques avait reposé sur leur avance technologique. Or, ils ont négligé de rajeunir les équipements, de renouveler les usines ; du coup, leurs produits, cessant d'être compétitifs, n'ont pu se tailler leur place dans le vaste mouvement d'expansion des années 1960-1970.

Ici, on bute sur la vraie question : pourquoi les Français, les Allemands, les Belges, les Hollandais ont-ils entrepris, à l'issue de la dernière guerre, de moderniser leurs biens d'équipement, et pourquoi l'Angleterre s'est-elle laissée aller ** ?

Depuis trois siècles, les Anglais se sont dépensés sans compter. A force de discipline, d'audace, d'esprit de renoncement, ils ont

* En empruntant 3,6 milliards de livres.

** *Encore une fois, jusqu'à l'arrivée au pouvoir de Mme Thatcher en 1979 ; et alors qu'elle avait reçu des Etats-Unis une aide proportionnellement supérieure à celle dont bénéficiaient ses concurrents y compris, malgré la légende, l'Allemagne fédérale (1996).*

magnifiquement réussi. Voilà que la Seconde Guerre mondiale exige d'eux des prouesses plus difficiles qu'aucune autre dans le passé – pour simplement survivre. Ils relèvent le défi. Non sans mal. De grandes grèves compromettent un moment l'effort de guerre. Churchill n'en vient à bout qu'en promettant l'Etat-providence – le *Welfare State.*

Passé l'épreuve, les Anglais ont voulu jouir des résultats de l'effort : se laisser vivre, rentrer tôt chez soi dans l'après-midi. Ils se prennent à dire qu'ils sont plus sensibles au *bonheur national brut*, qu'au produit national brut. Ils sont persuadés que les autres pays industriels suivront leur exemple dans l'avenir.

Mais n'insultent-ils pas l'avenir, quand ils se comportent comme un retraité qui a le désir légitime de profiter du bon temps, puisqu'il sait qu'il va mourir – ce qui n'est pas le cas d'un peuple ? La société la plus énergique et la plus aventureuse de la terre s'est abandonnée aux délices et aux poisons de l'Etat-providence : *chacun pour soi, l'Etat pour tous.*

Un accident de décompression

Churchill, l'homme de la guerre, battu aux élections de la paix, laisse la place aux travaillistes, qui apportent sans lésiner ce qu'il avait dû concéder : le bien-être garanti, réglementé, bureaucratisé.

Avec lui, l'Angleterre tourne le dos à ses traditions. Les nationalisations * portent un rude coup au libéralisme économique et même aux lois du marché [1]. La politique sociale entraîne la mise en condition grégaire d'un pays jusque-là épris de compétition individuelle.

Jamais l'histoire n'a accordé à une nation les avantages d'une intervention accrue de l'Etat, sans les inconvénients que sécrète une bureaucratie. Mais quand on se résigne à vivre dans une maison de retraite, il faut bien en supporter les petits désagréments. Mieux vaut s'adapter avec bonne humeur.

L'Etat-providence était sans doute trop contraire aux principes sur lesquels avait été bâtie la grandeur anglaise : goût du risque, initiative, esprit d'entreprise, austérité volontaire, concurrence sans

---

* *Un sondage de 1976 faisait déjà apparaître que 68 % des Britanniques estimaient les industries nationalisées moins efficaces que les sociétés privées (contre 55 % en 1969). Les partisans de nouvelles nationalisations étaient passés de 32 % à 20 %*[2]*. C'est en s'appuyant sur ce renversement de l'opinion que Mme Thatcher puis M. Major ont mené depuis quinze ans un programme massif de privatisations, qui n'épargne même pas des sociétés nationales que nous dirions en France « de service public » : électricité, gaz, télécommunications (1996).*

merci. Ce retournement des valeurs a entraîné un retournement du destin.

Les plongeurs s'accoutument aux hautes pressions des fonds sous-marins. Remontent-ils trop vite vers les douces facilités de la surface ? Leur organisme ne le supporte pas. Il est victime d'un *accident de décompression* : au mieux, la syncope ; au pire, la mort. La décompression infligée à l'organisme social anglais a dû être trop rapide. Les Suédois ont mis quarante ans pour parcourir le chemin que la Grande-Bretagne a voulu effectuer en quelques années. Ils se sont montrés beaucoup plus prudents pour les nationalisations. Et la sage progressivité de leurs dirigeants socialistes ne les a pas empêchés d'atteindre les limites du supportable, jusqu'à ne plus être supportés.

L'hypertrophie du pouvoir syndical

La bureaucratie de l'Etat n'est pas la seule. La bureaucratie syndicale n'a rien à lui envier. Les syndicats britanniques sont souvent présentés en France comme un modèle : « Ah, si nos syndicalistes étaient aussi raisonnables ! » C'est un cliché qui a perdu depuis longtemps sa raison d'être.

Jusqu'en 1969 [3], la Grande-Bretagne arrivait au deuxième rang dans le monde pour les exportations d'automobiles. Cette position confortable fut ruinée, en une seule année, par des grèves massives. Simple exemple de la terrible efficacité du système syndical anglais.

Le syndicalisme était devenu fort, face à un capitalisme fort et à un gouvernement fort. *Big labour, big business, big government* : cet équilibre était fécond. Mais face à un capitalisme anémié et à un gouvernement faible, les *trade-unions* se sont encore renforcés. Au XIXe siècle, ils avaient été les premiers syndicats autorisés en Europe ; en 1914, ils regroupaient quatre millions de membres – la plus importante masse syndicale du monde. Aujourd'hui, ils sont arrivés à un excès de puissance *. Le *Labour* est le parti des syndicats. Les conservateurs n'ont pas su contenir cette féodalité d'un nouveau genre.

L'équilibre traditionnel entre le syndicalisme et les affaires a pris un aspect inattendu : *l'establishment* a laissé les *trade-unions* accroître leur emprise, à condition que fût sauvé le rôle de la *City* comme centre mondial de courtage des capitaux et des matières premières. Par cette complicité objective, les financiers britan-

* Même Anthony Wedgwood Benn, chef de file de la gauche travailliste, le reconnaissait : « Les syndicats, eux aussi, ont besoin de changer [4]. » Mais pas plus lui que son parti ne peuvent les obliger à changer.

niques ont imposé au pays, directement, un lourd sacrifice au profit d'un prestige périmé ; indirectement, l'aggravation du corporatisme syndical. Deux meules, entre lesquelles la classe moyenne est broyée.

Puisque les syndiqués, comme il est naturel, ne souhaitent changer ni d'emploi ni de lieu de travail, les syndicats freinent toute velléité de transformation. A quoi bon chercher à améliorer la productivité par de nouvelles machines, quand ils imposent de ne jamais réduire la quantité de personnel ? Les industries aéronautiques et automobiles anglaises emploient deux fois plus d'ouvriers que les industries françaises des mêmes secteurs. Compétition acharnée, mobilité des entreprises et des salariés, renouvellement incessant des techniques : le dynamisme économique de la Grande-Bretagne s'était affirmé grâce à tous ces stimulants du « capitalisme sauvage ». Aujourd'hui, il a fait place au « syndicalisme sauvage ». Mais le résultat n'est pas le dynamisme social. C'est l'immobilisme économique ; donc, à terme, le marasme social.

Il est vrai que l'alternance démocratique a le pouvoir de rétablir les équilibres rompus et de réveiller les inconscients *.

Epuisement ou éclipse ?

Quand un individu vieillit, c'est tout entier. Quand une société vieillit, c'est par morceaux. Les morceaux qui ne vieillissent pas ne s'y trouvent pas à l'aise. Et le vieillissement anglais se mesure à la *fuite de sa jeunesse*. Anodine fuite sur place, dans l'excentricité des comportements, l'exubérance du rêve, des chansons. Pernicieuse fuite réelle d'un grand nombre des meilleurs enfants de la Grande-Bretagne vers les Etats-Unis ou le Canada. Depuis les années 1950, beaucoup de ceux qui auraient pu servir de stimulants à la société anglaise, chercheurs, savants, techniciens, ingénieurs, l'ont quittée **. Pays relais, la Grande-Bretagne voit partir une bonne part de ses élites, mais affluer une immigration de pauvres, qui la tire en arrière, et lui enseigne le racisme.

La vieille Angleterre n'aurait-elle été que le premier étage d'une fusée, destinée à mettre les Etats-Unis sur orbite ? Si l'on voulait juger de la validité du modèle, c'est toute la fusée qu'il faudrait

---

* *Margaret Thatcher a brisé le crédit des syndicats britanniques, en tenant tête notamment à la redoutable* National Union of Miners, *dans le mouvement de grève que celle-ci conduisit de mars 1983 à mars 1984 (1996).*

** La commission Jones [5], qui a fait une étude exhaustive sur la fuite des cerveaux – le *braindrain* –, a révélé que le tiers des promotions annuelles d'ingénieurs, de scientifiques et de techniciens supérieurs partait à l'étranger avec l'intention de s'y établir.

considérer ; et pas seulement le premier étage, qui retomberait, son carburant épuisé.

Mais il serait bien imprudent de déclarer l'Angleterre hors jeu. Nous avons signalé l'éclipse de la Hollande au XVIIIe siècle, après un fulgurant parcours pendant le XVIIe. Pourquoi l'Angleterre ne traverserait-elle pas une éclipse passagère ?

L'entrée dans le Marché commun, après tant d'hésitations, a montré que le rêve du Commonwealth s'éloignait, que l'isolement inquiétait ; par l'Europe, on s'obligeait au réalisme. Pétrole et gaz abondent en mer du Nord. C'est une occasion. Un signe aussi du destin, pour ce pays qui a longtemps pris appui sur ses ressources en énergie.

Les atouts britanniques restent nombreux : un niveau scientifique très élevé *, une technologie avancée, la *City* de Londres, un incomparable réseau de relations commerciales et financières à travers les cinq continents et les sept mers.

A condition que l'organisation sociale ne continue pas à pervertir insidieusement l'âme britannique, en décourageant l'effort et l'innovation, tout en la livrant à la démagogie [6]. Tant que l'Angleterre n'aura pas retrouvé les valeurs qui ont fait sa force – la responsabilité individuelle et collective –, tant qu'elle n'aura pas réagi contre la bureaucratie et l'indolence, il y a peu de chances qu'elle puisse reprendre son essor.

---

* *Entre 1901 et 1994, la Grande-Bretagne a été honorée de quatre-vingt-neuf prix Nobel. (1996).*

Chapitre 17

DES EXPLICATIONS À ÉCARTER

A la stagnation des nations catholiques, à l'essor des nations protestantes, pourrait-on trouver une explication naturelle ? Y aurait-il une inertie des midis ? Une pauvreté qui viendrait du chaud ?

Le climat ? Boileau en parlait comme d'un lieu commun ; *les climats font souvent les diverses humeurs*. Montesquieu en fit une théorie. Un savant professeur [1] a même déterminé « l'énergie climatique optimale ». Et pourtant, l'énergie vitale a dérivé du sud vers le nord ; non le climat. L'Egypte de Ramsès II, l'Assyrie d'Assurbanipal, la Grèce de Périclès n'avaient pas attendu le conditionnement d'air pour être fécondes. Quand l'homme veut travailler, il le fait à peu près partout – en Alaska et dans le Neguev, en Sibérie comme à Tahiti. Il fait aussi chaud en Californie qu'en Sicile, aussi froid en Suède qu'en Terre de Feu.

Ce qui est vrai du climat l'est aussi des explications que l'on peut tirer du terrain – de sa configuration ou de ses ressources. La topographie et la géologie distribuent les cartes : encore faut-il savoir jouer.

Le commerce maritime exige des ports, des abris. Les côtes découpées, les îles peuvent susciter des pôles de croissance. Pourtant, la Grèce, dont l'aspect géographique n'a pas varié depuis le siècle de Périclès, a perdu sa puissance. Sans que le port de Saint-Malo change, il a connu la prospérité, puis le marasme. Quel géographe, quel aménageur, s'ils avaient existé, eussent imaginé que, de quelques bancs de sable au fond de l'Adriatique, naîtrait Venise la Sérénissime ?

La distribution des ressources naturelles ne saurait rendre compte de distorsions fondamentales entre les nations. La Sibérie recèle autant de richesses naturelles que toute l'Europe réunie. Le

Brésil que les Etats-Unis. Le Pakistan que le Japon. Comparez les résultats.

Quand un peuple a le goût de l'industrie, l'absence de ressources ne l'arrête pas. Il cherche à l'extérieur ce qu'il ne trouve pas à l'intérieur. La Suisse, le premier pays producteur et exportateur du monde en chocolat et en extrait de café, ne cultive ni cacao ni café : qu'à cela ne tienne ! Elle en achète. Le Japon est privé de houille * ? Il monte sa pompe à l'envers : par la vente de ses produits manufacturés, il paie la houille grâce à laquelle il les fabrique.

Des appartements qui pourrissent

Alors, à défaut des caractéristiques physiques de la nature, celles des hommes ?

Comment ne pas constater que toutes les nations avancées, Japon mis à part, sont peuplées d'hommes de race blanche ? Et que, parmi elles, les pays à majorité d'Anglo-Saxons, de Scandinaves et de Germains sont particulièrement bien placés ? La race blanche, et en son sein certaines ethnies, seraient-elles donc plus douées pour la civilisation industrielle que les autres races et ethnies ?

Cette explication ne *s'écrit* plus beaucoup. Mais elle se murmure. Or, *les seules différences que la science, à ce jour, établisse entre les races sont anatomiques* : pigmentation, couleur des yeux, forme du nez, du crâne, teinte des cheveux, taille. Des traits du caractère n'ont jamais pu être associés à ces particularités du corps [2].

En revanche, les expressions du racisme populaire sont éclairantes. Les défauts qu'il reproche aux hommes de couleur ressemblent à ceux que l'on reprochait aux prolétaires d'Europe, voici un siècle. Ne les disait-on pas voleurs, paresseux, imprévoyants, menteurs ? Ce sont tous les vices de l'homme châtré de sa responsabilité et de sa dignité – vices que ses maîtres imputent à sa nature, pour justifier sa sujétion. Histoires d'ouvriers, jadis. Histoires de domestiques, naguère. Histoires de Noirs, aujourd'hui encore. Mêmes situations, mêmes comportements, mêmes jugements.

Il reste vrai que la situation modèle le caractère. Même débarrassés du vêtement d'insultes, les défauts existent ; ils sont liés au sous-développement économique et social ; ils ont pour effet de le prolonger. Mais on les voit disparaître, lentement, chez des travail-

---

* Il extrait bien un peu de charbon ; mais cette production est insuffisante, et impropre à la fabrication du coke sidérurgique.

leurs noirs dont le niveau de vie s'élève, comme ils ont disparu chez les travailleurs blancs.

Nous aimons tant classer, hiérarchiser ! Les singularités physiques s'offrent, aussi simples et nettes que des frontières naturelles. La couleur de la peau, l'épaisseur des lèvres, la forme du nez sont perçues comme les signes extérieurs de la culture, les portes et fenêtres des mentalités. On prend le signe pour la cause.

Cependant, notre observation initiale demeure. Qui pourrait nier l'inégalité d'aptitudes entre deux peuples, à l'égard des œuvres de la civilisation industrielle ? Mais ne réduisons pas à la simple donnée *biologique* de la race une réalité *psychique* complexe. Le *caractère* d'une nation[3], sa *culture*, voilà qui fonde des différences si frappantes et si durables ; voilà qui naît des coutumes, des idées reçues, des préjugés acquis, des valeurs de base, des principes organisateurs de la société.

Dans un nouveau quartier, on me signale que certains appartements *pourrissent* : ceux qu'habitent des Portugais et des Nord-Africains. Je vais inspecter les lieux. C'est vrai : une épaisse couche de moisissure couvre les murs. Sur le même palier, des appartements tout semblables sont intacts ; des Français les habitent. « Que voulez-vous, me dit-on, c'est la race. On n'y peut rien. »

Un architecte m'aida à trouver la solution. Les Portugais et les Nord-Africains, habitués à des températures plus clémentes, se calfeutraient l'hiver, posaient du papier collant sur les interstices. La condensation s'accumulait.

Quelques années plus tôt, dans le Rwanda, un pilote de brousse me vit sourire de soulagement, quand notre petit avion sortit d'une tempête au-dessus de la sylve équatoriale. « Vous avez la même réaction que moi, me cria-t-il ; les Noirs ont la réaction inverse. C'est ça, la race. »

Quand nous eûmes atterri, il s'expliqua. Les Africains restaient toujours de joyeuse humeur tant que la cabine ballottait dans les orages. En revanche, il en avait vu deux angoissés, un jour, alors que le *broussard*, sorti des turbulences, entrait dans un nuage de pluie fine. Ils montraient, en roulant des yeux, une petite rigole qui pénétrait entre la vitre et la coque... Habitués à descendre les rapides en pirogue, ils ne s'inquiétaient pas des plus fortes secousses. Mais la plus petite voie d'eau les terrifiait, signe que la pirogue allait s'emplir. Etait-ce bien « la race », ou plutôt une terreur venue du fond des âges ? Couler, dans ces fleuves, c'est périr : les crocodiles nagent toujours plus vite.

Le facteur religieux

Climat, ressources, races. Physique de l'air, de la terre ou de l'espèce. Toutes ces explications nous renvoient, l'une après l'autre, au psychisme de l'homme.

De la simple géographie rudimentaire du développement, que nous avons esquissée dans les chapitres précédents, semble alors naître une supposition simple : la civilisation marchande et technicienne serait-elle fille, ou sœur, du protestantisme ?

Question presque scandaleuse. Comment la religion pourrait-elle avoir un lien avec la croissance économique ? Comment les hauts-fourneaux pourraient-ils être affectés par les formes de la piété ?

Question pourtant inévitable. « Derrière Alexandre le Grand, il y a toujours Aristote », disait Charles de Gaulle. Derrière les conquêtes de la « nation de boutiquiers » que méprisait Napoléon, ce génie latin, pourquoi n'y aurait-il pas la doctrine des puritains ?

Une erreur de Marx

A moins que ce soit l'inverse ; et que, derrière les puritains, il y ait les boutiquiers. Karl Marx aurait alors raison. Les faits économiques, selon lui, ne pouvaient avoir que des causes économiques. Et les manifestations spirituelles, religieuses et morales n'étaient que *superstructures* des données économiques.

Marx [4], Engels [5] et nombre d'historiens marxistes [6] avaient bien noté, eux aussi, la disparité de progression entre pays protestants et catholiques. Mais, pour eux, la conclusion ne souffrait aucun doute : les pays capitalistes et industrialisés sont devenus protestants *afin* d'adapter le dogme et la morale religieuse aux besoins de leur système économique. C'est la Réforme qui est fille du capitalisme.

La recherche historique la plus récente fait justice de cette explication [7].

La Réforme fut un véritable séisme spirituel. Si Marx avait raison, il aurait fallu, pour engendrer cette révolution religieuse, qu'une révolution économique d'une ampleur similaire la précédât ; or, on la chercherait en vain. Les grandes découvertes, les grandes explorations de la Renaissance, si elles ont bouleversé les esprits, ne provoquèrent aucune mutation économique. Et le moine Luther afficha ses quatre-vingt-quinze thèses à la porte de la collégiale de Wittenberg deux ans avant le débarquement de Cortés au Mexique.

Si Marx avait vu juste, la Réforme aurait dû apparaître et se diffuser dans les contrées les plus riches et les plus dynamiques de l'époque, celles où le capitalisme avait marqué plus de progrès que nulle part – Italie, Espagne, Portugal, Flandre et Brabant. Or, justement, elles échappèrent toutes au protestantisme. Les grands hommes d'affaires de l'Europe du XVIe siècle, marchands et financiers génois, florentins, barcelonais, qui devaient régner sur la vie économique européenne jusqu'au début du XVIIe siècle, restèrent fidèles à Rome. La dynastie des Fugger – les Rothschild ou Rockefeller de l'époque – finançait les indulgences. Et le pape Léon X, fils d'un banquier *, excommunia Luther, qui anathématisait les banquiers.

C'est au contraire dans les pays ou les régions économiquement attardées, comme la Suisse, certains des Etats les plus pauvres de l'Allemagne, l'Europe du Nord noyée sous ses brumes, que la Réforme trouva son meilleur terrain.

Un illustre inconnu

Si Karl Marx a tort, Max Weber a-t-il raison ? Car c'est cet illustre sociologue allemand qui, non certes le premier mais le plus subtilement, a su associer *L'Ethique protestante et l'esprit du capitalisme* **.

Cet illustre est presque inconnu en France. Sans doute parce que nous refusons ses idées de tout notre être. Nous n'avons pu le lire dans notre langue que soixante ans plus tard [9].

En attendant, livre et idée faisaient l'objet d'une vaste controverse. Elle a fait rage dans les pays protestants [10]. Elle n'a pratiquement pas affecté les pays latins [11] comme le nôtre. Toujours le vieux réflexe collectif, qui consiste à ne pas voir ce qui dérange.

Max Weber n'a pas prétendu découvrir que les peuples protestants étaient plus doués pour le progrès économique que les catholiques. La chose, nous l'avons vu, était établie depuis trois siècles par toutes sortes d'observateurs. Pour Max Weber, il s'agit là de « faits indiscutables [12] ». Son originalité fut d'essayer de montrer les affinités de l'esprit du capitalisme et de la morale protestante.

D'une part, les calvinistes, explique-t-il, croyaient à la prédestination. Ils ne pouvaient rien changer au choix – ciel ou enfer – que Dieu avait fait pour eux. Mais ce choix, ils pensaient le deviner en lisant, dans le succès de leurs entreprises, une marque de la Providence. Plus leurs affaires prospéraient, plus ils avaient le sentiment d'être des élus.

D'autre part, cette prospérité, recherchée comme un *signe* et non pour elle-même, l'ascétisme la purifiait. Dieu condamnait le luxe :

---

* Il était né Médicis.

** Selon le titre même de son livre, paru en 1904 [8].

ils menaient une vie frugale [13]. L'ascétisme protestant blâme l'oisiveté ; il incite au labeur et à l'activité rationnelle ; il lève les inhibitions traditionnelles qui entravaient le désir d'acquérir. Mais il flétrit la jouissance excessive des richesses [14]. Il pousse à produire ; il retient de consommer [15]. Coincés entre leur besoin d'enrichissement et leur exigence de vie simple, les calvinistes allèrent spontanément vers l'*épargne* et l'*investissement.*

Max Weber connaissait trop son temps pour prétendre que l'ascétisme puritain y fût encore à l'honneur. Mais il soutenait qu'entre le XVIe et le XVIIIe siècle, c'est-à-dire à l'époque du « décollage », cette éthique avait suffi à donner aux pays protestants une avance dans la formation du capital, dont ils continuaient à bénéficier, lors même que les causes premières en étaient atténuées *.

Ni une seule cause ni un seul effet

Tout soucieux qu'il fût de *qualitatif*, Weber, comme Marx, a cédé au penchant *quantitatif* du XIXe siècle. Sa démonstration reste matérialiste : elle revient à rechercher quels sont les éléments du protestantisme qui produisent un *surplus de capital.* Il réduit le développement industriel au capitalisme, et le capitalisme au capital. Du coup, s'il fait intervenir le facteur religieux dans le développement industriel, c'est surtout par le levier de l'épargne et par la systématisation du profit. Aurait-il regardé par le gros bout d'une longue lorgnette ?

Les décennies qui suivirent la Réforme ont vu se développer d'un côté l'énorme phénomène protestant, de l'autre l'énorme phénomène de la révolution économique. Weber réduit le premier à une cause, l'ascétisme ; et le second à un effet du premier : l'accumulation du capital. Ne faut-il pas plutôt établir une relation de cause à effet entre l'*ensemble* de la mentalité réformée, et *l'ensemble* de la civilisation industrielle ? Entre deux volcans frères et voisins, dont il aurait pu explorer les communes profondeurs souterraines, il se contente de construire une petite passerelle qui fait communiquer le pied de l'un avec le pied de l'autre. Il reste loin des cratères et de l'éruption.

---

* On s'excuse de schématiser un peu une pensée aussi riche que celle de Max Weber – qui l'a beaucoup nuancée dans des textes postérieurs à 1904. On se propose de traiter le problème de manière plus approfondie dans un ouvrage théorique.

Marx ne voyait à l'œuvre que deux facteurs : le capital et le travail. Weber a aperçu un troisième facteur, le facteur culturel. Mais il n'osa pas aller jusqu'au bout de sa découverte ; il fit du facteur culturel un sous-facteur du premier facteur, le capital.

Or, il me semble que ce tiers facteur est plus décisif que les deux autres, et qu'il les domine tous deux. Dans les pays réformés, on constate l'affranchissement de toute tutelle de droit divin, la confiance faite aux individus et aux groupes, le goût de la recherche scientifique et de la technique, l'élan donné à l'initiative, la *mentalité économique*. Dans les pays contre-réformés, on constate la soumission à une autorité hiérarchique, la défiance à l'égard des individus et des groupes, une organisation hostile à l'autonomie et à l'innovation, le *préjugé antiéconomique*.

Déjà Thomas d'Aquin [16] estimait que la richesse peut être moralement bonne, si elle est employée à des fins légitimes. A l'inverse, Calvin, s'il autorisait le prêt à intérêt, ne le fit pas sans restrictions. Pour que le prêt *à la production*, moteur indispensable du capitalisme, fût légitime, il fallait que « l'emprunteur fît autant ou plus de gains que le prêteur ». Le prêteur professionnel – donc le banquier – reste condamné. Toutes ces idées ne participent guère de la mentalité capitaliste.

Calvin entrebâillait une porte avec mille précautions. Bien des clercs et des humanistes, avant lui, s'étaient montrés plus audacieux [17]. C'est l'Occident tout entier qui ouvrait, au XVIe siècle, les voies intellectuelles et morales du capitalisme. Dans l'immédiat, le regain de rigueur religieuse que signifia le protestantisme en ferma plusieurs.

La plupart des communautés calvinistes primitives, de Genève, des Pays-Bas, d'Ecosse et du Palatinat, réglementèrent dans un sens rétrograde les activités économiques [18]. Durcies par les luttes religieuses, elles n'échappaient pas au fanatisme. C'est seulement dans un calvinisme « déviant », parmi les disciples d'Arminius et de Socinius, que l'économie put prendre son essor. Dans les villes « arminiennes » d'Amsterdam et de Leyde [19]. Dans Genève, quand elle eut échappé à l'orthodoxie [20], vers la fin du XVIIe siècle.

Weber a posé le doigt sur une vérité trop peu reconnue [21] : la singularité de l'économie moderne ne peut s'être construite uniquement, ni même essentiellement, sur des fondements matériels. Les contemporains, marxistes ou libéraux, de Weber pensaient que des capitaux, des ressources naturelles et une main-d'œuvre abondante suffisaient à déclencher l'essor économique. Weber a eu le mérite de pressentir que des *motivations d'ordre spirituel* pouvaient intervenir dans les transformations des économies et des sociétés.

Dans son sillage, mais plus au fond, il faudra chercher, à travers les mentalités, les raisons pour lesquelles s'est épanouie la civilisation industrielle, seulement depuis quelques siècles, seulement dans quelques sociétés.

Chapitre 18

POURQUOI L'OCCIDENT A DIVERGÉ

A partir du début du XVIIe siècle, la chrétienté d'Occident a donc divergé. *Pourquoi* le terreau des nations latines s'est-il appauvri, alors que celui des pays du Nord paraissait s'enrichir ? *Comment* les promoteurs, les initiateurs, les innovateurs ont-ils pu, ici, se multiplier et s'épanouir, alors qu'ailleurs, une espèce d'inertie sociale les éliminait ou les paralysait ?

Peut-être pouvons-nous, à ce stade, hasarder une explication. Le christianisme, avant la Réforme et la Contre-Réforme, comportait des éléments contradictoires. Religion de la destinée personnelle, il libérait des forces d'émancipation, de vitalité, par un dialogue de l'effort et de la grâce. Simultanément, enseignant le détachement terrestre et la soumission, il portait à la résignation, au fatalisme, à l'acceptation du principe hiérarchique. Ce mélange explique l'ambiguïté du parcours de toute la chrétienté, du début de notre ère jusqu'au XVIe siècle.

La plupart des civilisations antiques ne prisent guère le travail. Dès qu'elles le peuvent, elles en font la spécialité de l'esclave *. La civilisation judéo-chrétienne confère une dignité au labeur. Il est une obligation que l'homme religieux assume avec amour. Jésus voue aux ténèbres le serviteur qui n'a pas fait fructifier l'argent à lui confié [2]. L'apôtre Paul proscrit l'oisiveté : celui qui ne travaille pas n'est pas digne d'être nourri [3].

Surtout, Jésus lance un appel *personnel*. Pour la première fois, la religion n'est plus, à travers rites et sacrifices, le moyen

* Quand Hésiode dans *Les Travaux et les Jours*, Virgile, dans les *Géorgiques* exaltent les travaux des champs, ils font figure d'anticonformistes. Dans certaines cités grecques, l'on perdait sa citoyenneté si l'on se livrait au commerce ou à l'artisanat. Pour les Romains, l'*otium*, oisiveté ou loisir, est une valeur en soi [1].

d'apaiser les démons du dehors. Elle intériorise le malheur. En plaçant le combat du bien et du mal au cœur de chacun, elle y crée un remue-ménage sans précédent. Elle déséquilibre l'homme, et du coup, le met en marche. Elle le lance à l'aventure, mais avec le secours de Dieu. D'un Dieu qui exalte la condition humaine. C'est une religion de la confiance, capable de fonder une société de confiance. Une religion du dépassement, capable d'épanouir l'instinct de dépassement.

Mais ces principes dynamiques du christianisme ont été pour une bonne part stérilisés par les principes fixistes qui ont présidé, à partir du IVe siècle, à l'organisation de l'Eglise. Le message émancipateur fut alors pris en charge par un système hiérarchique et dogmatique, hérité de l'Etat césarien. L'Eglise, soulagée de n'être plus persécutée, tomba dans le piège tendu par la conversion de l'empereur Constantin. Elle se glissa dans le moule du Bas-Empire. Quand celui-ci se désintégra dans la panique des invasions barbares, l'Eglise fut la seule structure qui résistât. Sans doute parce qu'elle n'était pas *seulement* une structure. Mais elle est restée *aussi* une structure. Dans le désert des institutions, elle s'est taillé des pouvoirs. Longtemps, rien ne facilita l'éveil de la chrétienté. Ni l'anarchie endémique pendant six siècles ; ni l'aspiration à un ordre brutal et sans faille, que l'anarchie même suscitait en compensation.

Vitalité et foisonnement

Il n'empêche que, dès le XIIe siècle, l'esprit d'entreprise et d'innovation est à l'œuvre. On assiste alors à la renaissance des villes. La chrétienté, pays latins en tête, donne le spectacle d'une prodigieuse exubérance intellectuelle, artistique et économique.

Halles, beffrois et cathédrales en témoignent encore. De Venise à Bruges, de Rouen à Nuremberg, on fabrique, on commerce, on voyage. Non seulement une économie moderne apparaît dans ces villes, mais elles échappent au réseau serré du féodalisme militaire et ecclésiastique. L'esprit d'innovation et de liberté y fleurit, en métiers nouveaux, en échanges, en franchises. Les municipalités conquièrent le droit de se gouverner elles-mêmes. Dans ce nouveau monde en gestation, la liberté politique s'éveille en même temps que la liberté économique. S'appuyant sur l'une et l'autre, un nouveau personnage est né, *l'entrepreneur bourgeois*.

En voici un, Benedetto Zaccaria [4]. Né à Gênes en 1248, il part pour l'Orient dès l'âge de onze ans. Il exploite l'alun des mines de Phocée. Il se fait construire une flotte personnelle. Elle conduit à Gênes les grains achetés en Ukraine et en Bulgarie, les peaux et les poissons de Russie. Elle transporte au Levant les toiles de Champagne, les armes d'Italie, le sel de Corse. Zaccaria trafique jusqu'à Trébizonde, sur la mer Noire, jusqu'en Arménie. Il prête sa flotte à des souverains. Il retourne enfin à Gênes à l'âge de cinquante-huit ans pour y mourir, dans son palais du bord de mer.

De tels hommes sont animés par *l'esprit de responsabilité* présent dans la mentalité chrétienne. Leur liberté s'est ainsi développée en marge de l'ordre hiérarchique à la « romaine ». En marge, non pas contre. L'humanisme de la Renaissance voulut élargir la marge : et il commença par y parvenir.

Jusqu'au début du XVIe siècle, quiconque se posait des questions, même dans des domaines qui nous paraîtraient mineurs, risquait de se faire excommunier pour hérésie. On n'admettait qu'une pensée unitaire.

Or, Erasme en tête [5], les humanistes de la fin du XVe siècle et du début du XVIe siècle s'élèvent avec force contre ce dogmatisme. Erasme affirme que *la seule unité réelle doit venir, non pas de l'uniformité, mais de la diversité.* On ne peut rassembler les hommes que dans le respect des croyances de chacun. La tolérance est la condition de la paix [6]. La sagesse veut que l'on s'en tienne, dans la définition d'un *credo*, au plus petit commun multiple, plutôt que d'édicter des croyances si précises, que seule la contrainte peut les imposer. Des regards différents permettent seuls d'atteindre la vérité, comme les rayons d'une roue convergent vers son moyeu.

Cette pensée révolutionnaire connut en quelques années un extraordinaire succès. On eût dit que Gutenberg venait d'inventer l'imprimerie pour en faciliter la diffusion. Erasme eut des disciples dans l'Europe entière. Il pouvait écrire avec fierté qu'il comptait parmi eux « l'Empereur, les rois d'Angleterre, de France et de Danemark, le prince Ferdinand d'Allemagne, l'archevêque de Cantorbéry, et beaucoup d'autres, princes, évêques et savants ». En 1522, Adrien VI, son compatriote et son ami, devient pape. Une émancipation progressive des chrétiens est à portée de main.

Elle avortera pourtant. Ou plutôt, elle va exploser dans la Réforme, et s'étouffer dans la Contre-Réforme. Ce mouvement, qui aurait pu porter en avant toute la chrétienté, va, en se divisant, la diviser pour des siècles.

Une révolution culturelle : la Réforme

Presque tous les apports durables de la Réforme sont déjà dans Erasme, bien que Luther, qui le traitait *d'anguille*, ait pensé le contraire. Le respect de la liberté individuelle. L'affirmation de la responsabilité personnelle : « Chaque homme possède la théologie véritable [7]. » La nécessité de traduire la Bible pour rapprocher du peuple la religion. Alors que ces idées s'acclimataient peu à peu, l'activisme de Luther va bientôt créer une situation de conflit. La technique d'Erasme, c'était le débat d'idées, l'infiltration tenace et multiple. La technique de Luther, c'est l'assaut.

Luther rejette la soumission à Rome. Il pousse à ses ultimes conséquences la théorie du *sacerdoce universel* esquissée par Erasme : *chacun est à soi-même son propre prêtre* [8]. C'en était trop, et ce fut la rupture. Erasme avait été un réformiste. La Réforme fut une révolution. Comme toutes les révolutions, elle déclencha une contre-révolution : la Contre-Réforme.

Des deux côtés, l'outrance l'emporta. Le message essentiel du protestantisme est libérateur : mais une armée de libération, c'est d'abord une armée, surtout quand elle doit se battre durement. En luttant contre les « papistes », la Réforme exacerbe le militantisme de ses partisans. La guerre sainte n'est pas le meilleur climat pour le développement des libertés intellectuelles et économiques.

Au début, luthéranisme et calvinisme remplacent donc une théocratie par une autre. Pourtant – et c'est essentiel pour l'avenir – ils l'établissent sur des fondements qui la rendent instable. Lorsque Calvin, en disciple d'Erasme, exhorte ses coreligionnaires à devenir responsables d'eux-mêmes, il déclenche un mouvement qu'il ne peut prévoir, et qui ne se laissera pas aisément canaliser. Un mouvement qui, à la longue, brise les structures hiérarchiques du Moyen Age, et les remplace par des structures démocratiques. Depuis le XIIIe siècle, on sentait déjà se libérer les énergies, le goût de l'initiative, le désir d'entreprendre : la Réforme accentue cette évolution.

Les diviseurs ne pouvaient reconstituer l'unité à leur profit – la division ne pouvait qu'engendrer la division. Bossuet voyait dans la multiplication des sectes le signe même de l'erreur protestante. L'esprit de notre temps y verrait plutôt la dynamique du pluralisme.

Donner bonne conscience à Prométhée

Pour Calvin, plus encore que pour Luther, l'homme était intrinsèquement pervers, pourri à jamais par le péché originel. Seul le miracle gratuit de la grâce divine pouvait le sauver. Comment se fait-il que, chez les calvinistes, qui rejetaient le *salut par les œuvres* pour ne croire qu'au *salut par la foi*, on voie si souvent se dessécher la vie de foi, mais s'exalter la vie des œuvres ? Alors que les catholiques – qui glorifiaient le *salut par les œuvres* – ont souvent connu une riche vie de foi, et se sont désintéressés de la vie des œuvres ?

C'est qu'il se produit ici un véritable retournement dialectique. Pour les catholiques, les œuvres, étant d'intérêt divin, furent soumises à la surveillance sourcilleuse de la hiérarchie, et donc stérilisées par l'esprit d'orthodoxie. En revanche, le protestant perd toute illusion de réussir à atteindre Dieu. Puisque Dieu n'est pas de ce monde, vous êtes rejeté dans le monde. Puisque vous êtes trop corrompu pour atteindre le ciel, c'est la terre qui vous concerne. Justement parce que les œuvres – c'est-à-dire la vie active – sont devenues pour les protestants un domaine autonome, leur énergie créatrice pouvait s'y exprimer. Elles étaient indifférentes à Dieu. L'Eglise ne s'en mêlait pas. Les hommes pouvaient s'en mêler librement. Le catholique ne satisfait guère son instinct de dépassement qu'en s'abîmant dans la prière. Le protestant se dépasse en se jetant à corps perdu dans les occupations les plus terre à terre. La foi catholique s'épanouit dans la mystique. La foi protestante s'épanouit dans la pratique.

Il est bien commode, en effet, de pouvoir élaborer une doctrine sur les fins spirituelles de l'homme, qui permet l'amélioration de sa situation matérielle. Par ce retournement, quelle paix avec soi-même !

La conséquence essentielle – à long terme – de la Réforme, c'est la rupture avec le principe de l'autorité hiérarchique, avec un système fondé sur le dogmatisme. Les générations suivantes prendront appui sur l'enseignement de Calvin pour s'émanciper de son propre dogmatisme ; et, notamment, pour chercher dans une nouvelle lecture des Ecritures la légitimation de leurs attitudes économiques. Les protestants, à partir du moment où ils ont rompu avec Rome, deviennent libres de se forger les cautions théologiques dont ils ont besoin. Ils réussissent à s'affranchir des tabous, à donner bonne conscience à Prométhée.

Cet affranchissement suffit-il à expliquer la différence de croissance entre les pays catholiques et les pays protestants ? Pas tout à fait. Car, on l'a vu, les pays qui restent catholiques avaient connu au cours des trois siècles précédents un brillant essor économique. S'il avait pu durer, ils ne l'auraient sans doute cédé en rien aux pays protestants : il est même logique de présumer que, grâce à la vitesse acquise, ils auraient pu accentuer leur avance.

Autrement dit, *le développement des pays réformés, à partir du* XVII*e siècle, ne fait que suivre la ligne de celui de toute l'Europe depuis le* XIII*e siècle. C'est le sous-développement des pays restés catholiques qui marque une rupture*. C'est lui qui nous interroge. Le fait aberrant n'est pas l'infléchissement de la courbe protestante vers le haut, mais l'infléchissement de la courbe catholique vers le bas. Au moment où les conditions matérielles, économiques, financières, et surtout intellectuelles, étaient réunies pour que toute l'Europe – à commencer par celle du Sud – débouchât d'une traite dans l'ère du développement technologique, la rupture religieuse brise l'unité du mouvement. Et pendant que certaines communautés se lancent dans l'aventure, les autres se mettent en panne.

Les secrets de la réussite protestante étaient inscrits dans l'histoire de la chrétienté tout entière. Il faut plutôt mesurer maintenant l'ampleur de la rupture infligée à cette histoire par la Contre-Réforme.

Une contre-révolution culturelle : la Contre-Réforme *

En dix-huit ans, par le concile de Trente, de 1545 à 1563, l'Eglise romaine fait son ménage ; elle se nettoie de mille impuretés ; elle suscite à nouveau la ferveur. Mais sous l'assaut, elle se forme en carré. Attaquée, elle se défend avec tous ses moyens d'autorité, renforcés et militarisés.

La Réforme foisonne, se divise et subdivise en mille sectes. Fanatiques, souvent ? Certes : mais pouvoir choisir ** son fanatisme, c'est le commencement de la liberté. La Contre-Réforme, au contraire, pousse à l'extrême l'esprit de système, l'unitarisme romains. Son ombre s'abat sur l'Europe restée fidèle à Rome. Par le climat inhibiteur qu'elle répand elle contrarie les progrès techniques, marchands et industriels qui commençaient si bien à s'amorcer dans ces mêmes territoires. Elle entraîne *une centralisation rigide des appareils gouvernementaux*. Elle est un mouvement *réactionnaire et totalitaire*, au sens précis des mots [9].

Ne cédons pas à la tentation de faire le procès de la Contre-Réforme. Elle doit bien sauver l'ordre de la chrétienté ! Quand les bâtiments sont en feu et que les pillards en profitent, peut-on faire quartier ?

Une sainte colère et une peur intense saisissent la hiérarchie. Il faut vaincre ou mourir ! Et dans les moments d'anxiété, la collectivité, comme l'individu, retrouve les réflexes de sa personnalité de base. L'Eglise, qui n'est pas romaine pour rien, a toujours essayé de résoudre ses crises par la rigidité juridique. Chaque fois que surgit un problème grave, elle ne réagit pas par des moyens spiri-

---

* L'historiographie du temps présent, de Dupront à Delumeau, préfère l'expression de « Réforme catholique » qui rend mieux justice aux incontestables apports positifs de ce mouvement. Mais c'est passer sous silence le caractère de contre-offensive que revêtit le concile de Trente. Pour l'évolution des structures mentales et sociales dans la chrétienté, cet aspect négatif et polémique reste fondamental.

** L'hérésie, proprement et par étymologie, c'est le *choix*, la liberté de l'esprit.

tuels ou moraux, mais par un surcroît de réglementation *. Le « mal romain » en est, à tout coup, accentué.

Le domaine religieux est le premier affecté. Un seul catéchisme. Une seule traduction de la Bible, la Vulgate. Une seule vérité, celle de Trente. L'intelligence humaine est sommée de s'endormir. On tirera sur tout ce qui bouge. Comme les gardes du château de la Belle au bois dormant, les suisses du Vatican, jusqu'au concile de Vatican II, continueront de porter haut-de-chausses, pourpoint et arquebuse.

De Copernic à Galilée

Jusqu'où ne va pas la panique romaine ? Erasme à qui, un an avant sa mort, le pape avait proposé un chapeau de cardinal, est bientôt considéré comme hérétique. Un moine de Cologne invente la formule : « Erasme a pondu les œufs, Luther les a fait éclore **. Que Dieu nous accorde d'écraser les œufs et de tuer les poussins. » Déjà, du vivant d'Erasme, ses livres sont condamnés à Paris ; son traducteur français périt sur le bûcher. Vers 1559, tous ses ouvrages se trouvent à l'index romain et l'Inquisition en traque les exemplaires. Le primat d'Espagne, Barthélemy Carranza, ne mourut-il pas lui-même en prison, pour avoir été érasmien [10] ?

La pensée libre est pourchassée, au moment même où elle prenait son essor scientifique. Dans l'université Jagellon de Cracovie, entre 1520 et 1530, le chanoine Copernic avait enseigné, de la façon la plus publique du monde, que le Soleil ne tournait pas autour de la Terre, mais bien la Terre autour du Soleil. Il avait même dédié ses œuvres au pape Paul III, qui l'en félicita. Soixante-dix ans plus tard, Giordano Bruno reprend à son compte les théories coperniciennes : il est brûlé comme hérétique [11]. Encore trente ans, et Galilée récidive : le voici jeté au cachot, cité devant l'Inquisition. Plus souple que Bruno, il abjure ses « erreurs et hérésies » ; il est quand même placé jusqu'à sa mort en résidence surveillée.

Pourquoi ? C'est qu'entre-temps, Rome, saisie d'épouvante, a décidé que cette « fausse doctrine pythagoricienne » menait à « la destruction de la vérité catholique [12] ». Bousculer la cosmogonie, c'est remettre en cause l'Ecriture : tout l'édifice de la chrétienté risque de s'effondrer. A vérité immuable, terre immobile... L'Europe contre-réformée est systématiquement détournée de la

* Comme l'ont si bien montré les études de Le Bras. L'affaire Luther est la troisième grande crise de l'Eglise en deux siècles, après la « captivité de Babylone » et le « grand schisme » ; sans compter la confirmation définitive, aux conciles de Ferrare et Florence en 1439, du schisme byzantin.

** *Erasmus posuit ova, Luther eduxit pullos.*

science, ou de la simple curiosité du savoir. A quoi bon la science, puisque la Révélation la rend inutile, donc malsaine ?

Non que les clercs se détournent de l'œuvre éducatrice. Bien au contraire. Ils ont compris, à retardement, qu'il ne fallait pas laisser au luthéranisme et au calvinisme le monopole de l'alphabétisation. Des collèges s'ouvrent dans toute la catholicité [13]. Mais c'est pour que les clercs enseignent aux jeunes laïcs – comme le curé aux fidèles dans son prône – ce qu'ils doivent penser et faire. Par l'intermédiaire des jésuites et des frères des écoles chrétiennes, l'Eglise veille à modeler elle-même les intelligences. Pour des siècles, elle les fait tourner en rond dans les exercices de la rhétorique et dans un culte irréel de l'Antiquité romaine *.

Les Etats latins copient l'Eglise romaine

En Flandre, en France, en Espagne, au Portugal, en Italie, le commerce, au Moyen Age, procurait le pouvoir et inspirait le respect. Les riches marchands faisaient des dons à l'Eglise, lui destinaient quelque membre de leur famille ; mais ils investissaient l'essentiel dans le négoce ou l'artisanat. Or, le commerçant italien ou flamand du XVIIe siècle commence à se débattre dans une société qui ne le reconnaît plus. La cité est devenue une pyramide hiérarchique, dont les valeurs sont toutes différentes : celles qui conviennent au sommet de la hiérarchie. Naguère, pour assurer sa fortune, le marchand ne cherchait qu'à l'agrandir. Désormais, il lui faut des sécurités à l'extérieur. Au lieu de placer ses disponibilités dans la « grosse aventure ** » et l'industrie naissante, il achète à ses enfants des charges dans l'administration de l'Eglise, ou de l'Etat [14].

L'Eglise imposa en effet son modèle à la politique comme à l'économie : les Etats des pays touchés par la Contre-Réforme devinrent eux aussi des hiérarchies, des bureaucraties complexes, étroitement soumises à l'autorité centrale.

L'Espagne, première dans la croisade contre la Réforme, fut la première à bâtir un Etat centralisé. Transportant à Madrid, puis dans le palais-couvent de l'Escurial, le centre vital de l'Empire, Philippe II, minutieux, ordonné, travailleur, mérita bien son surnom de « roi paperassier » [15]. Il multiplia les rouages centraux et locaux de contrôle et de justice ***, qui coûtaient cher à l'Etat, ruinaient les contribuables, paralysaient les administrés.

* Avec une telle efficacité que même les institutions éducatives des pays protestants seront enclines à copier le modèle. Et que l'enseignement laïc et anticlérical, trois cents ans plus tard, le copiera tout autant.

** Le commerce maritime.

*** Secrétariats, conseils, *alcaldias, cancillerias*.

Le Portugal hésita d'abord entre la décentralisation et la centralisation. Mais il opta pour un système centralisé [16] – et s'endormit.

L'Italie ne fut pas épargnée, malgré son émiettement politique. En un sens, même, l'exiguïté du territoire de chacun de ses nombreux Etats la livra à une multiplicité de micro-centralisations – plus étroites, plus tatillonnes, plus étouffantes que celle des grandes monarchies. Emmanuel-Philibert en Savoie et au Piémont, Côme Ier en Toscane, les Gonzague à Mantoue, le conseil des Dix à Venise – sans parler de la curie romaine – brisent les franchises municipales, connaissent de la moindre affaire privée, décident souverainement de tout [17]. Ils inaugurent ces despotismes de province dont, trois siècles plus tard, Stendhal décrira dans *La Chartreuse de Parme* les derniers moments dérisoires.

Ainsi, dans tous les domaines, la Contre-Réforme serre les freins. Partout, elle crée ou protège les hiérarchies, décourage la nouveauté, institue une société de méfiance.

La fuite des cerveaux

D'une extrémité à l'autre de la chrétienté, Erasme avait, ici et là, écrêté ou fissuré les digues du dogmatisme romain. Ici, Luther et Calvin les rompirent tout à fait. Là, au contraire, la Contre-Réforme les consolida et les suréleva. Cette évolution divergente peut déjà commencer à expliquer la translation de la puissance du sud vers le nord. Il faut aussi compter avec un phénomène peu connu, et difficile à connaître : les migrations.

Dans les pays demeurés catholiques, on fait la chasse aux « hérétiques », c'est-à-dire aux déviants ; bon nombre d'entre eux vont chercher ailleurs fortune, ou simplement refuge. Dans les pays protestants, on les accueille – comme des frères persécutés, mais aussi comme des hommes courageux et entreprenants, qui apportent avec eux le savoir-faire et les capitaux de l'Europe du Sud, alors si riche et si avancée.

Nous avons peine à imaginer l'effet collectif de ces migrations individuelles. L'historien anglais Trevor Roper [18] a étudié les grands entrepreneurs « capitalistes » du XVIIe siècle ; il a découvert que tous étaient des émigrés ou des fils d'émigrés. Juifs de Lisbonne ou de Séville. Erasmiens du Portugal et d'Espagne. Flamands persécutés par le duc d'Albe. Wallons à qui Alexandre Farnèse a laissé le choix entre la soumission à Rome et l'exil *.

---

* En 1631, ces émigrés forment *le tiers* des citoyens hollandais les plus imposés. La Compagnie hollandaise des Indes occidentales est presque entièrement dans les mains des Wallons. Les plus grands entrepreneurs hollandais du XVIIe siècle, les De Geer, les frères Momma, Spiering, les Marcelis, Hœufft, ont

Italiens qui fuient Milan, Côme, Locarno, Lucques, de crainte d'être persécutés pour leurs opinions religieuses, moins calvinistes, au reste, qu'érasmiennes. Les premiers artisans de la prospérité de la Suisse furent des émigrés italiens dans la première moitié du XVIIe siècle, puis des huguenots français dans la seconde moitié.

Dès les années 1660, le « grand pensionnaire de Hollande », Jean de Witt, lui-même issu d'émigrés, est, à ma connaissance, le premier théoricien de ces apports : « Sans l'accroissement des étrangers, nous ne pourrions augmenter notre pêche, notre navigation, ni nos manufactures... Les nouveaux venus sont obligés de hasarder le peu d'argent qu'ils ont apporté. Et *si quelque nouveau venu, par son industrie, invente quelque nouvelle méthode ou commerce*, les habitants pourront encore en partager les avantages [20]... »

Les commandos du développement

Ce rôle fécondant des immigrants de qualité, nous l'avons vu jouer en notre siècle, lorsqu'après 1933, tant de juifs d'Allemagne et d'Autriche abandonnèrent le vieux continent. Installés aux Etats-Unis, ils en relancèrent l'essor, notamment dans les laboratoires et les universités, qui eurent le mérite de savoir les accueillir * [21].

Les avant-gardes de l'économie marchande étaient, au XVIIe siècle, peu nombreuses et fragiles. Le départ ou la venue des quelques centaines, parfois quelques dizaines d'individus qui les formaient, signifiait, ici la stagnation et le déclin, là le démarrage et la prospérité. Un processus cumulatif s'enclenche : que quelques membres d'une communauté persécutée s'enfuient, et l'inquiétude obsidionale s'alourdit pour leurs proches restés sur place ; que les immigrants fassent leur percée dans le pays d'accueil, et ils font aussitôt venir parents et amis. Pourquoi Amsterdam prend-il un essor fulgurant au début du XVIIe siècle, tandis qu'Anvers périclite ? Une poignée d'Anversois de qualité ont franchi les quelques lieues qui les séparaient de leur liberté [22]. *Le développement fut affaire de commandos.*

L'important, c'est l'élément qui anime une société. Un peu comme dans une classe, où quelques élèves, soit travailleurs, soit

---

presque tous quitté les provinces du Sud, saccagées par le duc d'Albe et restées ou redevenues catholiques [19].

* Par exemple, les progrès de la psychanalyse et de la physique des hautes énergies, aux États-Unis, datent de l'arrivée massive de psychanalystes viennois de l'école de Freud, ou de physiciens de l'école d'Einstein, fuyant la menace nazie.

chahuteurs, donnent le ton. Qu'ils changent de classe, la classe en est changée.

La première société de confiance

Dans le processus de la cristallisation, la forme du cristal dépend de la molécule initiale, autour de laquelle le reste de la solution se condense. Pour une bonne part, les pays, jusqu'alors plutôt à la traîne, qui sont devenus protestants, se sont cristallisés autour de ces colonies d'immigrants. Elles ont imposé leurs valeurs : goût du risque, responsabilité, accomplissement personnel.

L'émigré, échappé du cocon social, a dû briser des tabous. Ce fut vrai en particulier aux Etats-Unis, pour les protestants instruits et riches, venus au XVIIe siècle de l'Europe déchirée ; les Irlandais et Italiens catholiques qui les rejoindront au XIXe siècle s'aggloméreront à une société qui aura déjà ses règles, et les gardera. Pour survivre, on devient pionnier.

Sous l'empreinte de ces premiers immigrants, toute une partie de l'Occident se fait ainsi aventurière, individualiste, ardente à se dépasser. La société cesse d'être une donnée qui s'impose à tous, un milieu fatal et hiérarchisé, pour devenir – au moins au début – une entreprise collective à laquelle chacun participe avec une ferveur égale et des droits égaux.

La centaine de puritains anglais embarqués en 1620 à bord du *Mayflower* exprime cette vision nouvelle de la vie sociale. Tous communiaient dans leur aspiration à un nouveau monde. Avant de débarquer, ils signèrent un pacte, le *Covenant*, le premier contrat social qui ait été écrit et conclu : « Nous convenons de nous constituer en un corps civil, en vue de notre meilleure organisation et sécurité [...]. En vertu de quoi nous décrétons, constituons, établissons telles justes lois, égales pour tous, et ordonnances, actes, constitutions, charges, selon que, de temps à autre, il sera jugé opportun et convenable pour le bien général ; à quoi dûment promettons soumission et obéissance [23]... »

Ces Pères pèlerins s'étaient trouvés soudain sans maîtres ni chefs. Dans la cabine centrale du *Mayflower*, une société fondée sur le consentement mutuel, une *société de confiance* était née [24].

En Amérique, cette société responsable et contractuelle se développera rapidement. En Europe, elle se dégagera peu à peu, en deux siècles, de l'ancienne société, mais seulement dans les pays où le génie de l'innovation pourra s'imposer. Les pays dominés au contraire par l'intolérance seront vidés d'aventuriers – et, ce qui est plus grave encore, de l'esprit d'aventure.

Si l'on ne craignait pas de grossir un peu le trait, on pourrait dire que, jusqu'au XVIe siècle, la religion chrétienne était restée ambivalente. Elle comprenait une composante *libératrice*, issue du message évangélique et paulinien ; et une composante *oppressive*, héritière des Césars. La Réforme élimine peu à peu l'autorité césarienne, libère l'énergie émancipatrice. La Contre-Réforme étouffe la virtualité libératrice, renforce la tendance oppressive.

Une civilisation est féconde si elle accepte, en elle, des échanges entre des différences. Les pays protestants ont appliqué la leçon d'Erasme. Ils ont évolué – comme malgré eux, et à travers des convulsions brutalement intolérantes – vers la tolérance et le *polycentrisme*. Les pays catholiques, dans leur obsession unitaire, ont pourchassé le pluralisme et construit le *monocentrisme*. Il en est résulté, ici un cheminement cahoteux, là une marche rapide, vers la démocratie ; ici, la routine, là, l'innovation ; ici, l'économie dédaignée, là, l'économie exaltée.

Vue de Sirius, la différence entre protestants et catholiques peut paraître minime : moins de nature que de degré. Seulement, il suffit d'un imperceptible écart d'angle, au départ, pour qu'une flèche atteigne la cible, et l'autre non.

Depuis le début du XVIIe siècle, l'énergie des pays contre-réformés est freinée. Nous les avons vus tous gâcher leurs chances, s'endormir dans l'illusion ou la nostalgie de leurs gloires. En revanche, les énergies des sociétés réformées, mues par une révolution mentale, ont inventé un autre monde, si vif, si fort, que par son choc en retour, il réussit, jusqu'en notre siècle, à réveiller les endormis.

Chapitre 19

FILLE AÎNÉE DE L'ÉGLISE, PETITE-FILLE DE CÉSAR

Law me dit : « Monsieur, jamais je n'aurais cru ce que j'ai vu pendant que j'ai administré les finances. Sachez que le royaume de France est gouverné par trente intendants. Vous n'avez ni parlement, ni comités, ni états, ni gouverneurs, j'ajouterai presque ni roi, ni ministres : ce sont trente maîtres des requêtes, commis aux provinces, de qui dépend le bonheur ou le malheur de ces provinces, leur abondance ou leur stérilité. »

Marquis d'Argenson [1].

Et la France ? Dans l'ensemble des pays catholiques, son cas resta particulier. Elle devint *monocentrique* à sa façon.

Le protestantisme y pénétra, s'y développa vite et puissamment. Il ne put la conquérir, mais il survécut à ses défaites. Les guerres de Religion s'achèvent sur un match nul, avec la montée, sur un trône catholique, d'Henri IV, chef des huguenots, converti par raison d'Etat : le roi est le seul arbitre. Du coup, la France ne connut pas à proprement parler la Contre-Réforme : sa monarchie se dispensa d'entériner les décrets du concile de Trente, bien que le corps épiscopal – l'assemblée du clergé – se fût hâté de les appliquer ; l'Inquisition n'y fut pas établie ; la vie intellectuelle y échappa en grande partie à l'emprise cléricale.

La France au confluent

C'est plus tard, à partir de Richelieu, que la France connaît une Contre-Réforme bien à elle, sous les espèces du centralisme absolu de droit divin, forme à peine laïcisée de la théocratie, et sous celles de la persécution des protestants. Mais aussi, un siècle plus tard, elle reçoit la Réforme à travers la philosophie des Lumières, venue d'Angleterre, de Hollande et de Suisse, par le biais de l'anglomanie, de la franc-maçonnerie, du rousseauisme.

La France se trouve ainsi au confluent de la Réforme et de la Contre-Réforme ; donc, au confluent du développement et du sous-développement. Elle n'a pas été freinée brutalement comme le Portugal, l'Espagne, l'Italie, l'Autriche ou la Pologne. Elle n'a pas pu, à l'inverse, se lancer vivement dans l'économie d'échanges comme les Pays-Bas, l'Angleterre, la Suisse. Pour l'essentiel, elle est restée à la traîne ; avec ici et là, des îlots de modernité active. La pensée libre s'y affirma *contre* l'Eglise et *contre* l'Etat ; alors que, chez les peuples protestants, elle s'affirmait *dans* l'Eglise et *dans* l'Etat, ou en tout cas *à côté* d'eux.

Le drame de la Réforme et de la Contre-Réforme infléchit donc l'histoire des Français. S'il les jette sur les chemins d'un lent déclin, c'est « à la française ». Dans les autres pays latins, l'Eglise romaine mène le jeu. En France, ce sera l'Etat.

Parce qu'il existe. De longue date, il a tissé un réseau de règles, d'institutions, d'allégeances, qui n'a pas son équivalent ailleurs. Quand la panique poussera à exacerber l'ordre, il suffira de serrer les mailles du réseau royal.

Le roi sacré

Depuis l'origine même de la France, *le pouvoir y est d'essence religieuse*. Car la France est née du mariage de l'Eglise et de l'Etat. Toute notre histoire sort du baptême de Clovis, en 496. Avec le soutien actif des évêques, seules autorités naturelles du peuple gallo-romain, ce petit chef de tribu franque a pu se débarrasser de ses concurrents. Il s'est taillé un domaine qui restera le moule de la France. D'emblée, l'autorité politique prend un caractère quasi divin. En pleine débandade de l'ordre, dans ce *Far West* sans *shérifs* qu'est l'Occident du Vᵉ siècle, la main de Dieu semble protéger cet îlot de pouvoir ordonné.

Cinq siècles plus tard, dans la dissolution de l'Empire carolingien, sous la violence des raids *vikings*, la France redevient *Far West*. L'autorité se pulvérise. Comtes et barons en ramassent les débris, et les gardent pour eux. La royauté, transplantée dans la famille capétienne à partir de 987, n'est d'abord qu'une autorité symbolique et morale. Mais justement : elle s'étendra à partir de ce noyau sacré. Au milieu du chaos féodal, dans le déchaînement des violences, on regardait vers celui qui mariait en sa personne le religieux et le politique.

Ce phénomène est unique en Occident. Jeanne d'Arc, faisant sacrer un roi débile, ne pouvait être qu'une sainte française. Le monarque, de Hugues Capet à Charles X, fait des miracles, guérit les écrouelles après son sacre : *Le roi te touche, Dieu te guérisse !* Partout ailleurs, le pouvoir était *humain, trop humain*. Machiavel, avec son cynisme du *tu prends, tu tiens*, ou du *pas vu, pas pris*, exprime en l'exagérant cette désacralisation du pouvoir. Seul, le royaume de France a divinisé sa monarchie, et par elle son Etat.

La longue marche de Rome à Paris

Les bureaucrates romains : a-t-on songé que si Jésus naquit dans une étable, c'est à eux qu'on le doit ? « *En ce temps-là, parut un édit de César, ordonnant un recensement de toute la terre. Tous allaient se faire inscrire, chacun dans sa ville*[2]. » Non pas en Judée seulement, mais de la Bretagne aux confins de la Perse, recenseurs et recensés se mettent en marche le même jour : machine fabuleuse, extraordinaire d'efficacité mais aussi de vulnérabilité. Durant quatre siècles, l'Empire saura résister à toutes les attaques, unifier la civilisation, porter l'organisation étatique à son point de perfection.

Rome n'avait pas seulement conquis le monde : elle l'avait dénombré, mis en tablettes, quadrillé – bons côtés du système ; mais, moins bon côté, elle l'avait accablé de son fonctionnarisme proliférant : « Le principe du gouvernement de Rome, disait un vieil historien, c'est la destruction de l'individu au profit de l'Etat, la destruction des provinces au profit de Rome, la destruction de tout au profit de l'empereur[3]. »

Force et faiblesse ! Cette énorme organisation s'écroulera par pans entiers. Ecroulement qui suggère fortement une hypothèse : à savoir qu'il eut pour cause cette organisation même qui, portant toutes les ressources à la tête, mettait l'ensemble à la merci d'un choc.

Trois grands rois firent passer la France de la royauté féodale à l'Etat national. Philippe Auguste avait réalisé l'unité du royaume. Saint Louis avait réconcilié le pouvoir et la justice *. Philippe le

* Il est vrai que, tout en rendant la justice sous un chêne, il faisait massacrer les Cathares.

Bel réunit les Français autour d'une administration centralisée. Un pays, un droit, un Etat : en un siècle et demi, trois Capétiens réunirent les trois attributs nécessaires à l'existence d'une nation. Des institutions sociales et administratives, des habitudes mentales sont créées, indestructibles.

A Philippe le Bel, ces idées avaient été inspirées par ses « légistes ». Ils les avaient apprises dans les survivances du droit romain *, pieusement conservé par l'Eglise. Venus du Midi, élèves des universités italiennes, ils importèrent les principes du Bas-Empire. Pour les Français, c'étaient des sortes de retrouvailles. Rome n'avait-elle pas enseigné aux Gaulois indisciplinés et fantasques, en cinq longs siècles d'imprégnation, la prééminence de la capitale, le cadastre, les routes numérotées, les prix taxés, le fisc, la voie hiérarchique – l'ordre ?

Quand viendra en France l'épreuve de la Réforme, l'Etat, affermi par des siècles de patience, sera prêt à la supporter. Il s'affirmera d'autant plus que le choc avait manqué de le briser.

Et lorsqu'apparaît Louis XIV, les Français ont été malmenés par cinquante ans d'administration italienne, par vingt ans d'invasion espagnole, par les longues saturnales des troupes allemandes, anglaises, écossaises, par les convulsions de la Fronde. Ils idéalisent le pouvoir absolu du trône, pour en faire le symbole de leur unité. Ils s'adorent eux-mêmes dans leur roi.

Petite-fille de César

C'est alors que la France devient vraiment *la fille aînée de l'Eglise*. Et petite-fille privilégiée de l'Empire romain, dont l'Eglise romaine était elle-même la fille.

Stupéfiante longévité des structures ! Au IVe siècle, l'organisation de l'Eglise romaine avait copié celle du Bas-Empire ; au début du XVIIe siècle, l'organisation des Etats catholiques – de la France plus que d'aucun autre – copie à son tour l'organisation de l'Eglise. Les prêtres reçoivent leur pouvoir de l'évêque, qui reçoit les siens du pape : pareillement, le subdélégué **, au fin fond d'une province, recevra ses pouvoirs de l'intendant, qui les recevra du ministre, qui détiendra les siens du roi. Le plus modeste fonctionnaire participe de la souveraineté séculière de la couronne, comme le plus modeste vicaire de village participe, aux yeux des fidèles, de la souveraineté spirituelle du Saint-Siège. Ainsi naît le centralisme bureaucratique,

* En fait, le droit de la « seconde Rome », Constantinople, plus que de la première : c'est Justinien qui le codifie au VIe siècle. Guillaume de Nogaret est un bon exemple de ces légistes.

** Equivalent du sous-préfet.

bien vivant dans nos institutions, parce qu'il vit toujours dans nos esprits.

Les Français d'aujourd'hui ne connaissent pas ces racines. Ils se voient environnés de bureaucrates. Ils croient que le phénomène est récent. En octobre 1968, j'ai procédé à un sondage dans ma circonscription. *Deux* personnes interrogées *sur trois* estimaient que la centralisation était apparue depuis 1958. *Cinq sur cent* croyaient qu'elle était née en 1945. Napoléon n'en était le père qu'aux yeux de *un sur cent ;* qu'elle existât avant lui, *personne ne l'imaginait*.

Cette illusion, Tocqueville l'avait notée : « Voilà qui surprendra bien ceux qui pensent que tout ce qu'on voit en France est nouveau. Sous l'Ancien Régime, comme de nos jours, il n'y avait ville, bourg, village, ni si petit hameau, hôpital, fabrique, couvent ni collège qui pût avoir une volonté indépendante dans ses affaires particulières ni administrer à sa volonté ses propres biens [4]. »

La monarchie administrative

L'histoire de France est donc une lente montée vers la centralisation. Peu à peu, s'est construite une monarchie administrative, de plus en plus centrée sur le souverain, sur ses ministres ; ou sur leur bureaucratie *, qui agit froidement en leur nom. Sully a réuni les instruments ; Richelieu a formé l'orchestre ; Louis XIV a joué *fortissimo* une symphonie qui nous assourdit encore.

Cette logique reflète moins la volonté délibérée des gouvernants, que le souhait de la conscience collective, depuis Philippe le Bel jusqu'à la Ve République. Sully a confié des missions temporaires d'intendant à des conseillers d'Etat ou à des maîtres des requêtes. Richelieu en fait des hauts fonctionnaires permanents. Création décisive : placés partout en France, ils feront remonter toutes les affaires à eux, et de là, aux bureaux de Versailles. Dès lors l'Etat, façonné sur l'exemple romain, l'emportera sur la tradition des franchises médiévales ; laquelle, dans les pays protestants, fondera au contraire la démocratie locale.

Le marquis d'Argenson constate qu'en 1672 ce système est parfaitement au point : « Notre gouvernement s'est tout à fait arrangé sur un nouveau système, qui est la volonté absolue des ministres de chaque département : l'on a abrogé tout ce qui partageait cette autorité. Ainsi, la cour a pris toute la ressemblance de ce que le

---

* Cette expression, utilisée par le physiocrate Vincent de Gournay, qui y joignait celle de *bureaumanie*, est attestée par Grimm en 1745 comme étant déjà ancienne. Le cardinal de Retz dit vers 1645 *prendre l'air des bureaux* pour signifier *voir quelles décisions se préparent*.

cœur est dans le corps humain ; tout y passe et y repasse plusieurs fois pour aller circuler aux extrémités du corps [5]. »

Pour faire face à la multiplication des affaires, les secrétaires d'Etat s'entourent d'un nombre grandissant de commis, qui enflent à leur tour, par leur seule présence, le volume des affaires. La « loi de Parkinson » sévit. Les intendants doublent, puis quadruplent, le nombre de leurs subdélégués. Ils s'entourent de commis principaux, les commis principaux de commis secondaires, les commis secondaires de scribes. Ils entretiennent, surtout avec le contrôleur général, une correspondance de plus en plus abondante qui, ne pouvant être lue par son seul destinataire, justifie la *croissance des bureaux*. Le volume des archives s'élève en proportion géométrique [6].

Les corps intermédiaires, par lesquels les Français s'administraient eux-mêmes, s'étiolent et disparaissent. On imagine, en 1692, de vendre aux enchères, non seulement toutes les dignités de maires, à l'exception de Paris et de Lyon, mais la moitié des charges d'échevins *. Ce ne sont déjà plus des pouvoirs que l'on met ainsi à l'encan ; seulement des titres [7].

Louis XIV a donné instruction à ses ministres d'en référer à lui « pour toutes choses, fût-ce pour établir un passeport ». Ses ministres répercutent la consigne, à leur tour, pour ne pas risquer de se trouver en défaut devant lui.

L'intendant exerce une tutelle administrative sur les municipalités et les hospices, vérifie les dettes des communautés, siège en personne dans les assemblées des villes. Levée des impôts, présidence des bureaux des finances, ravitaillement, mesures militaires, travaux et constructions, tout lui incombe. Par le truchement de cette trentaine de hauts fonctionnaires, le souverain est présent partout. Rien n'est à couvert du soleil royal.

« Le ministre, c'est moi »

Il existe bien, en principe, des pays d'Etats, c'est-à-dire des provinces qui sont censées s'administrer en partie par elles-mêmes : tels le Languedoc et la Bretagne. Mais l'administration royale réussit patiemment à les faire aussi passer sous sa coupe. Le dialogue de l'intendant avec les dignitaires de la noblesse et du clergé, placés à la tête des Etats, préfigure assez exactement, dans son ambiguïté, celui du préfet et des notables [8]. Bien souvent, du reste, c'est aux intendants que revient le mérite de l'audace. La France prend ainsi l'habitude de laisser l'initiative à l'Etat [9].

* Certes, le besoin d'argent créé par les guerres pousse à cette braderie. Mais elle est dans l'esprit du système.

La révocation de l'édit de Nantes n'est que l'aboutissement ultime de cette évolution. L'Etat achève de grignoter les pouvoirs des petites « Républiques » que constituaient, dans le royaume, les villes protestantes. Les manifestes insurrectionnels des protestants persécutés reprennent les thèmes des soulèvements contre l'envahissement étatique [10].

Au centre de sa toile admirablement tissée sur tout le royaume, l'araignée monarchique gobe tout gêneur qui viendrait se prendre dans ses rets. Un député à la Législative, Pierre Lemontey, décortiquera parfaitement ces mécanismes, un demi-siècle avant Tocqueville : « Louis XIV avait dit : *l'Etat, c'est moi*. Si Louvois ne dit pas : *le roi, c'est moi*, ses actions le firent comprendre ; tandis que ses intendants purent aussi répéter : *le ministre, c'est moi*. La force royale descendait ainsi sans déperdition aux extrémités de l'ordre social [11]. » Le malheur, c'est que la force sociale ne remontait plus des extrémités du pays jusqu'au roi. La France, passive, s'endormait, puisque le roi, ses ministres et ses intendants veillaient sur elle : « L'administration substituait partout l'action du magistrat au zèle du citoyen et tuait l'esprit public [12]. »

Contrepoint des trois hiérarchies

Outre la hiérarchie administrative, la hiérarchie nobiliaire et la hiérarchie ecclésiastique sont dans la main du roi. Il joue de l'une contre l'autre.

A vrai dire, la hiérarchie nobiliaire est réduite à l'ombre d'elle-même. Louis XIV distille les titres à ceux qui le servent. Paraître à la cour, attirer le regard du roi, mériter un mot venu de lui, voilà qui transfigure l'existence d'un aristocrate. Versailles devient un univers clos, dans lequel tourbillonne une caste désemparée.

L'aristocratie neutralisée par les rites et l'anoblissement. Le tiers état neutralisé dans ses corps, ses villes, ses métiers, par la hiérarchie administrative. Restait à neutraliser l'Eglise. Le gallicanisme y parvient, en opérant une sorte de fusion entre la royauté et l'Eglise, soudées comme les deux faces du sentiment national.

Cette triple domination sur les réseaux administratif, nobiliaire et ecclésiastique, confère au roi un pouvoir sans frein. Chaque fois qu'il choisit un intendant, un duc ou un évêque, c'est une incitation de plus à la soumission.

Après Richelieu, Mazarin, Colbert, le système continue de dévider ses conséquences. Les observateurs restés lucides constatent la disparition du *pouvoir local*. Un ministre de Louis XV la déplore : « Il ne reste proprement que deux provinces gouvernées par des Etats, et encore ces Etats sont-ils écornés par des intendants et par l'autorité de chaque directeur. Les gros hôtels de ville, comme Lyon, Strasbourg, Paris, etc., sont également réduits à l'obéissance prétorienne [13]. » Et un ministre de Louis XVI * pousse plus haut sa plainte : « Nous ne craindrons pas de dire que l'administration est tombée dans des excès qu'on peut nommer puérils. [...] Si une communauté a une dépense à faire, il faut prendre l'attache du subdélégué ; par conséquent, suivre les plans qu'il a adoptés, employer les ouvriers qu'il favorise, les payer suivant son arbitraire... Voilà, Sire, par quels moyens on a travaillé à étouffer en France tout esprit municipal, à éteindre jusqu'aux sentiments des citoyens ; *on a interdit la nation et on lui a donné des tuteurs* [14]. »

Comparant avec ce que nous connaissons aujourd'hui, peut-être serions-nous plutôt frappés de ce qui subsistait dans cette société de diversité : anarchie des poids et mesures, particularisme des coutumes, des corporations, autonomie des universités, des Etats de Bretagne et du Languedoc... Tout ce qui enfin faisait dire à Charles Maurras que la France de l'Ancien Régime était « un assemblage de Républiques avec un roi à sa tête ». Mais ces républiques, déjà, n'étaient plus qu'apparences. Elles n'avaient plus de force pour agir, seulement pour empêcher.

Si la centralisation ne produisait pas encore l'effet de rouleau compresseur qu'on lui a vu depuis, c'est que des obstacles pratiques freinaient encore le mécanisme. La lenteur des communications préservait une certaine dose d'initiative locale. Souvent, les instructions devaient rester générales. L'application était laissée au jugement du délégué du roi. Par la suite, les progrès de la technique ont fait pénétrer l'intervention des organes centraux jusque dans les détails infimes. Le capitaine d'un voilier décachetait en haute mer le pli qui lui précisait sa mission ; à lui de prendre toutes décisions pour la mener à bien : il était « seul maître à bord après Dieu ». Aujourd'hui, le commandant d'un croiseur ne perd jamais le contact avec l'état-major de la marine ; pas une heure ne passe où il soit laissé à lui-même. Avec la chaise de poste, l'intendant était plus autonome que le préfet avec le télégraphe Chappe ou, pis encore, le téléphone.

Et pourtant, on avait fini par prendre en horreur *le despotisme du roi*, alors qu'il aurait fallu incriminer *le centralisme de la royauté*.

* Malesherbes devait participer avec Tronchet et de Sèze à la défense de Louis XVI.

Centralisme *excessif*, puisqu'il donnait l'impression constante de l'arbitraire et cristallisait les ressentiments ; mais en même temps *insuffisant*, puisque le roi n'était pas assez fort pour se débarrasser des privilèges qui paralysaient sa bonne volonté. Le pays ressentait les inconvénients du système, sans les avantages qui auraient pu le justifier. Sans doute faut-il chercher dans ce paradoxe la cause essentielle de la Révolution française.

C'est un paradoxe toujours actuel.

La boucle révolutionnaire

La Révolution mérite bien son nom. Elle fut en effet, au sens étymologique, un retour au point de départ : la toute-puissance des bureaux. Le bouleversement qu'elle provoqua, pour mettre fin à l'absolutisme de la centralisation, n'aboutit qu'à l'accentuer.

La Constituante aurait pu réformer dans le sens de la démocratie locale les institutions qui équilibraient encore l'excès du pouvoir central : corps de ville, corporations, traditions de noblesse, indépendance du clergé, parlements, offices héréditaires ou vénaux. La vénalité ou l'hérédité auraient pu faire place à l'élection ; l'emprise du clergé, à la séparation de l'Eglise et de l'Etat ; l'emprise de la robe, à la séparation du pouvoir politique et du pouvoir judiciaire. Mais la Révolution balaya ces derniers obstacles à l'absolutisme. Elle fit de la France un désert d'institutions, puis la revêtit d'un tissu léger de démocratie, qu'emportèrent les premières difficultés, les premiers troubles, la première guerre.

Dans l'immense désordre qui résulta de sa précipitation, la Révolution n'eut d'autre ressource que de revenir au système qu'elle avait commencé par abolir. Et d'abord, d'en utiliser les hommes : il parut commode de s'appuyer sur les employés dont on venait de décapiter les chefs. Le nouveau pouvoir se servit des commis de l'ancien.

Des bureaucrates souvent modestes profitèrent de la pénurie de talents provoquée par l'élimination de l'ancienne classe dirigeante. Ils obtinrent en peu de temps, faute de concurrence, des situations qui semblaient leur tomber du ciel. Et ils eurent peu de mal à persuader un pouvoir inexpérimenté d'exagérer une centralisation d'où ils tiraient toute leur influence. De 1789 à 1799, aucune autorité politique ne put s'établir ; mais l'administration prospéra.

Contraintes, mécontentement, explosion, contraintes renforcées : dans les deux siècles qui ont suivi, le système n'allait cesser de sécréter les poisons dont il avait besoin pour se survivre.

La Révolution s'était maintenue tant bien que mal par une centralisation camouflée. Bonaparte fit sortir la France de la Révolution par une centralisation triomphante. Il rétablit les intendants, sous le nom de préfets. Il accentua le centralisme de l'Ancien Régime, contre lequel, fût-ce inconsciemment, la Révolution s'était faite.

La Restauration, la monarchie de Juillet, la IIe République et le Second Empire eurent chaque fois trop de peine à s'établir et à se maintenir, pour ne pas voir dans la centralisation une commodité providentielle. Les passions politiques ne s'excitaient pas pour savoir *s'il fallait* ou non des préfets, mais *qui* les ferait et déferait.

« *Rien n'est changé en France*, il n'y a qu'un Français de plus », aurait dit le comte d'Artois en 1814. Vérité permanente : à l'Ancien Régime, à la Révolution, à l'Empire, comme aux monarchies ou aux Républiques qui suivirent, un point a été commun – et quel point ! Le centre.

La IIIe et la IVe République aggravèrent les choses. La brièveté de leurs gouvernements était telle qu'ils ne pouvaient guère s'atteler qu'aux tâches que l'administration soutenait.

Ainsi, la dialectique apparue sous la Révolution se vérifiait. Moins un gouvernement a d'autorité, plus il a besoin d'une administration forte pour compenser sa faiblesse. Plus un gouvernement est autoritaire, plus il a besoin d'instruments centralisés pour exercer son autorité. Quel régime aurait eu à la fois la volonté et les moyens de substituer la démocratie locale à la centralisation bureaucratique ?

Comment le cancer administratif a rongé la France depuis trois siècles et demi, voilà la vérité la plus ignorée des Français. Sur ce point, ils sont d'une solide inconséquence. « L'Etat Moloch », dénoncé par Maurras, a été bâti par la royauté qu'admirait le même Maurras. Qui n'a entendu tel âpre critique des « ronds-de-cuir » annoncer fièrement qu'il venait de faire de son fils ou de sa fille un fonctionnaire ?

L'inconséquence majeure a été de croire que la puissance de l'Etat devait être limitée au *sommet*, par l'instabilité de l'exécutif ; et non à la *base*, par la capacité donnée à des groupements légitimes – commune, ou canton, ou département, ou province – de gérer eux-mêmes leurs propres affaires *.

---

* *Certes, la France a eu des miettes de décentralisation, mais nous verrons plus loin dans quelle confusion, sous quelles réserves, l'Etat et ses administra-*

Cette histoire si constante éclaire l'originalité du cas français, au moment où la chrétienté divergea. L'Etat royal nous évita la sclérose des sociétés livrées à la bureaucratie ecclésiastique. Il ouvrit une voie plus moderne. Le pouvoir, sacralisé, sauva l'ordre hiérarchique mais, du coup, empêcha la libération des énergies sociales que les pays réformés allaient connaître. Ni détruite ni épanouie, l'énergie collective fut en France absorbée dans l'Etat.

Entre Réforme et Contre-Réforme, la France s'ouvrit, par l'Etat, une voie superbe, comme ces grandes avenues qui s'ouvrent devant le château de Versailles. On peut y faire galoper six carrosses de front. Mais elles ne conduisent nulle part.

La France fut bâtie par l'Etat. Et pas d'Etat sans une administration. Mise en place progressivement, la nôtre a puissamment contribué à doter le pays d'une langue et d'une civilisation propres.

Mais l'emprise trop forte, et qui n'a jamais fait que s'accentuer, de la centralisation, a fait de la France une société de méfiance : de la monarchie administrative à la République administrative, de la gestion administrative à l'économie administrative, l'initiative des individus et des groupes a été refoulée.

Les Français savent trop bien ce qu'ils doivent à l'Etat pour résister à sa logique. Il leur a donné leur grandeur. Ils ne savent pas lui refuser ses faiblesses. Ainsi avons-nous, par une étrange illusion, décliné lentement, tout en croyant monter.

---

tions ont laissé les collectivités « gérer leurs affaires ». Les lois Defferre (1982-1984) n'ont sur ce point rien changé d'essentiel. Les collectivités ont gagné quelques attributions. L'Etat n'a rien perdu de sa capacité d'intervenir dans les affaires des autres. Il n'y a pas eu de redistribution sérieuse et cohérente des compétences. On s'est surtout attaché à soigner les apparences, en donnant aux présidents des conseils généraux et régionaux les pouvoirs exécutifs que le maire avait déjà dans la commune. Mais son exemple montre assez que cela ne suffit pas. Les lois Defferre furent une avancée. Elles n'ont pas changé l'équilibre, ou plutôt le déséquilibre général du système (1996).

Chapitre 20

UNE TENTATIVE D'INTERPRÉTATION DE L'HISTOIRE

> *Invente, et tu mourras persécuté comme un criminel ; copie, et tu vivras heureux comme un sot.*
>
> Balzac [1].

Nous avons coutume de considérer le développement comme la situation normale, *le sous-développement comme un scandale.* Cette réaction est généreuse. Est-elle fondée [2] ?

Ce que nous appelons aujourd'hui le sous-développement, nous oublions que c'est l'état naturel de l'humanité, depuis l'origine. Misère et violence n'ont cessé d'accompagner les hommes, ces voyageurs fragiles et obstinés. Quelques décennies où, les circonstances aidant, ils parviennent à s'accrocher, à se multiplier : il n'en faut pas plus pour qu'on parle de siècle d'or. Mais l'ordinaire, ce sont les familles décimées par la mort des enfants en bas âge et des femmes en couches, l'alternance monotone des épidémies et des famines, toujours recommencées.

Depuis quand la « doulce France » a-t-elle échappé à ces fatalités ? Depuis beaucoup moins de temps qu'on ne pense. Le sous-développement est avec nous jusqu'au cœur du XIXe siècle. La Révolution explose dans un été 1789 où sévissent une disette de pays archaïque et une grande peur digne de l'an mille. En 1832, le choléra décime Paris, emportant au passage le Premier ministre, Casimir Perier. La rage rôde jusqu'à la fin du siècle. Aujourd'hui encore, les adultes « ne jettent pas le pain » : les époques de misère n'ont pas disparu de la mémoire collective.

Un siècle ou deux de développement, par rapport aux trois ou quatre millions d'années de sous-développement, c'est un laps de temps qui correspond aux deux ou quatre dernières secondes dans une journée de vingt-quatre heures. Faut-il donc se demander pourquoi la quasi-totalité de l'histoire humaine a été déterminée par le sous-développement, et pourquoi les quatre cinquièmes des hommes appartiennent toujours au monde sous-développé * ? Il est plus logique de se poser la question inverse. Comment, il y a trois siècles environ, est apparue une forme de civilisation qui permet aujourd'hui à un cinquième des hommes d'échapper tout à fait à cette tragique destinée ?

Le besoin de réussir

A Erie, dans l'Etat de Pennsylvanie, quatre cent cinquante ouvriers se trouvent en chômage à la suite de la fermeture d'une usine. La plupart restent chez eux pendant quelque temps, attendant qu'on leur propose une place. Quelques-uns, du jour même où ils sont congédiés, commencent à chercher. Ils courent les bureaux de placement, exploitent systématiquement les petites annonces, se renseignent auprès de leur syndicat, de leur paroisse, se documentent sur des cours de formation professionnelle pour apprendre un nouveau métier, prospectent même les places qui les obligeraient à quitter leur ville. Pour tous ces ouvriers, même situation ; même besoin de nourriture, d'argent, d'un emploi sûr. Pourtant, seule une minorité d'entre eux prend des initiatives pour obtenir ce dont elle a besoin.

Cent autres cas montrent que les hommes se classent en deux groupes distincts : « ceux pour qui toute situation représente un défi et qui se donnent du mal pour le relever ; et ceux qui ne s'en préoccupent pas tellement [3] ». Mac Clelland appelle ce mobile, qui pousse la minorité active, *the need for achievement*, le besoin de réaliser : c'est « un désir de bien faire, non pas pour acquérir prestige ou considération sociale, mais pour atteindre à un sentiment intérieur de réussite personnelle [4] ».

La *psychologie des motivations* établit que les mobiles les plus puissants sont, *non point l'appétit du gain*, mais bien le goût sportif d'une victoire à remporter, la joie de créer, le désir de donner forme à des idées nouvelles [5].

---

* Avec, naturellement, une différence : le « sous-développement » actuel est aggravé parce que l'équilibre biologique (démographie-ressources) ne fonctionne plus. La croissance de la population, pour des causes convergentes (médecine et surtout antibiotiques ; transports ; substitution de la disette à la famine), n'est plus stoppée régulièrement par des hécatombes.

Cette avidité de réussir, que j'aimerais mieux nommer *l'instinct de dépassement*, marque la plus grande différence de l'homme avec l'animal. L'animal est gouverné par *l'instinct de répétition*. Depuis que les fourmis ou les abeilles, les serpents ou les castors, les loups ou les cerfs sont apparus sur la terre, tous les individus répètent l'espèce ; et le comportement de chaque espèce se répète.

Au contraire, l'homme – *dieu tombé qui se souvient des cieux* – entend l'appel de l'instinct de dépassement. Se dépasser soi-même. Dépasser les comportements routiniers. Dépasser les autres. Dépasser ce qui semblait l'humaine condition. Albert Camus, au moment où il préparait *L'Homme révolté*, André Malraux travaillant à ses *Anti-mémoires*, Darius Milhaud composant sur sa petite voiture de paralytique, m'ont tous trois dit à peu près la même chose : « Ce que je suis en train de faire, je ne crois pas qu'on l'ait déjà fait. » Et Guillaumet disait dans les Andes : « Ce que j'ai fait, aucune bête ne l'aurait fait. » Nul orgueil dans ce langage. Seulement *l'enthousiasme* – dieu dans l'âme – que donne l'appétit d'aller plus loin. Faim de savoir. Faim d'imaginer. Faim de créer de la nouveauté. Faim de réussir. Y a-t-il plus belle prière que celle qui pourrait s'exprimer ainsi : « Donnez-nous aujourd'hui notre faim de tous les jours » [6] ? « *Plus est en toi* », « *Encore un peu plus oultre* » : devises d'hommes.

La minorité agissante

Potentiel chez tous, cet instinct de dépassement ne se développe que dans une minorité [7]. Une société novatrice est une société où cette minorité est assez importante et libre pour agir. Une société figée est celle où cette minorité est réduite et paralysée.

En étudiant les mécanismes innovateurs depuis l'aube des civilisations, on est frappé par le petit nombre des hommes qui y contribuent, et l'immense troupeau de ceux qui ne s'y rallient qu'à la longue. Dans le comté de Norfolk, au début du XVIIIe siècle, le labourage d'une pièce de terre mobilisait trois hommes et six chevaux. Coke met au point une charrue qui permet le même labour avec un homme et deux chevaux ; le rendement du blé passe, en outre, de douze à dix-huit quintaux à l'hectare. Les paysans du voisinage mettront vingt ans à adopter ce type de charrue. Coke disait avec humour : « Mes améliorations progressent à la vitesse d'un *mile* par an [8]. »

Et pour un seul innovateur, que d'imitateurs ! Quelques dizaines de pionniers – bâtisseurs, négociants, promoteurs : que cette petite cohorte est fragile ! Comme il faut prendre garde qu'elle ne soit ligotée !

Car l'instinct de dépassement peut être soit refoulé, soit stimulé par les mécanismes sociaux et mentaux. Une société *monocentrique*, les chasses gardées et les rentes de situation, une économie protégée de la concurrence briment cet instinct [9]. Les sociétés *polycentriques*, l'économie d'échange et de marché incitent les individus et les groupes à se dépasser les uns les autres.

Des disciples de Mac Clelland ont montré que le langage révèle une corrélation entre le besoin d'accomplissement et la croissance économique. Ainsi, dans l'Espagne dynamique, du XIVe au XVIe siècle, les expressions, les images, qui traduisent ce besoin, abondent parmi les œuvres littéraires, les textes publics, les correspondances personnelles. Elles disparaissent avec la décadence, à partir du XVIIe [10].

Georges Pompidou me disait, dans la *Caravelle* qui nous conduisait à Poitiers, pour son dernier déplacement en province * : « On a toujours tendance à prêter aux gens des intentions basses, la plus basse étant celle de gagner beaucoup d'argent. C'est comme si l'on disait que Péguy s'est fait tuer au front pour augmenter ses droits d'auteur ; ou que Soljenitsyne a monté la comédie de la persécution pour améliorer son tirage. »

Pourquoi l'économie elle-même n'obéirait-elle pas à des motivations plus pressantes que le seul intérêt pécuniaire ? Le chef d'entreprise qui continue de risquer ses bénéfices après fortune faite, l'artisan qui aime le travail « fignolé », le cadre qui veut s'« imposer » sont mus par des rêves plus secrets et plus puissants que l'« appât du gain ». Le profit, c'est-à-dire la rentabilité, est la loi fondamentale des mécanismes économiques, qu'ils soient « capitalistes » ou « collectivistes ** ». Le refuser, c'est refuser le principe de réalité. Mais il n'est pas pour autant la seule, ni même la *principale* source de l'initiative économique. Il permet simplement de mesurer *après coup* la réussite, c'est-à-dire l'adéquation de l'action au réel [11].

* Le 24 janvier 1974.

** *Je pouvais noter ici en 1976 qu'il avait fallu attendre cinquante ans pour que les praticiens de l'économie collectiviste admettent, contrairement au dogme, qu'on devait imposer la loi du profit aux entreprises d'Etat. Mais, treize ans plus tard, l'effondrement du système communiste montrait qu'il ne servait à rien de respecter la* lettre *du profit, si l'on ne vivait selon l'*esprit *de développement (1996).*

Le plus souvent, on agit pour réagir. On se dépasse pour ne pas être dépassé. Ces sortes de situations, Léon Bloy ne croyait qu'en elles pour réveiller la chrétienté : « Vivement les cosaques et le Saint-Esprit ! » Toynbee les appelait des *défis*. L'expression a été galvaudée. Mais c'est bien de cela qu'il s'agit.

Vous recevez un coup de semonce : il faut périr, ou trouver la parade. Jusqu'à la fin de l'année 1941, les Américains refusaient d'entrer en guerre contre les puissances de l'Axe. L'attaque surprise de Pearl Harbor vint les provoquer : leur riposte fut à la mesure de leur vitalité collective. Ils ne se contentèrent pas de fabriquer du matériel et de mettre sur pied des forces armées. Ils multiplièrent les inventions. La guerre, disaient déjà Héraclite et Parménide, est la mère de toute chose. Parce qu'elle est le suprême défi.

Le plus souvent, la sommation n'est pas aussi dramatique. Les grandes inventions techniques qui inaugurèrent la révolution industrielle en Angleterre sont nées d'un duel entre filateurs et tisserands. Les premiers produisaient cinq fois moins vite que les seconds, et moins encore quand John Kay eut inventé la navette volante. Les filatures n'arrivaient pas à fournir aux métiers à tisser le fil dont ils avaient besoin. Sous l'aiguillon de la nécessité, l'ingéniosité des filateurs se réveilla : Hargreaves et Arkwright mirent au point une machine à filer. La situation était inversée : les métiers à tisser n'écoulaient plus le fil que leur fournissaient les filatures. Cartwright conçut alors le premier métier mécanique à tisser. C'est ainsi que, de défi en défi, les inventions se multiplièrent dans l'industrie du coton, puis dans celle du textile en général, enfin dans l'industrie tout entière.

C'est le premier Spoutnik soviétique qui a envoyé les Américains dans la Lune. La civilisation progresse par des *percées novatrices* qui contraignent les hommes à se dépasser. Elles rompent la frontière, qui se rétablit par de nouveaux bonds en avant.

Le tiers facteur immatériel

Nous voici donc devant le jeu des forces mentales : devant ce que je propose d'appeler le *tiers facteur immatériel* ; signe qualitatif et invisible, qui multiplie ou divise les deux premiers facteurs – matériels, visibles, quantitatifs – du capital et du travail.

Secondaire, en fait, apparaît aujourd'hui, quoi qu'en ait cru Marx, la question de la propriété du *capital*. Que les détenteurs du capital soient des propriétaires privés *, ou une coopérative, ou une collectivité publique, les conditions fondamentales de l'économie changent-elles ? Aucunement, pour peu que la concurrence subsiste et que l'intervention administrative ne bloque pas les mécanismes du marché. Quel que soit le régime politique et social, capital et travail sont aussi nécessaires l'un que l'autre. Et si le capital change de mains, la condition du travailleur reste sensiblement la même, à conditions techniques égales. Où est la différence entre le sort des ouvriers de Renault, et celui des ouvriers de Peugeot ?

Secondaire, également, la question du *travail*, si brutale que soit cette constatation. On trouve toujours de la main-d'œuvre, quitte à l'importer ; on peut le plus souvent la former, l'améliorer ; ou encore la réduire par l'automation.

Mais *ce qui change tout*, et que les économistes classiques ont négligé – aussi bien Adam Smith que Marx ** ou Keynes –, c'est ce tiers facteur, qu'il est si difficile de saisir.

Chez les individus, il prend souvent la forme d'un don. On le trouve toujours chez les grands capitaines de l'industrie. « Qu'on me laisse *nu comme un ver* au milieu du Sahara, me déclarait Sylvain Floirat [12] ; sans un sou (mais près du passage des caravanes) ; quelques mois plus tard, je redeviendrai milliardaire. » Ce n'était qu'une image. Mais, fils de charron, quittant l'école à onze ans, n'avait-il pas été tout aussi *nu* ? Il n'avait pas manqué une caravane.

Dans les sociétés, le tiers facteur se caractérise par un ensemble de dispositions mentales [13]. L'environnement culturel forme un terreau sur lequel certaines plantes peuvent croître, alors que d'autres s'étiolent. Regardez le gazon anglais, si différent de notre pelouse : on ne l'obtient qu'en répétant obstinément les mêmes gestes : tondre, rouler, arroser, tondre, rouler, arroser... C'est simple. Pourtant, en France, on oublie presque toujours l'un des trois gestes – rouler – ; ou leur ordre ; ou leur régularité. Ce n'est pas du gazon qui pousse, c'est de l'herbe. A l'inverse, les Anglaises étudient avec zèle les livres de cuisine ; les Françaises savent cuisiner : question de culture.

Nous nous rebellons contre l'existence de ce tiers facteur. Nous ne voulons pas admettre que notre manière de penser, ou de nous comporter collectivement, puisse avoir des effets matériels. Nous aimons mieux expliquer la matière par la matière que par la manière. Nous avons du mal à admettre que, si la Grande-Bretagne

---

* Individus ou familles, ou une multiplicité de propriétaires, voire un actionnariat populaire.

** Il faudra attendre des marxistes dissidents, comme les Tchèques Ota Sik et R. Richta, pour que soit prise en considération l'importance des éléments culturels.

s'est industrialisée la première, ce n'est pas essentiellement parce qu'elle avait du charbon – comme beaucoup d'autres pays – ; mais parce que se trouvaient, chez elle plus qu'ailleurs, des *pionniers* capables d'utiliser son charbon [14].

La routine par la hiérarchie

La vitalité d'une société et d'une économie ne se mesurerait-elle pas à leur manière d'encourager l'innovation ? Suivons ce fil, pour entrer plus avant dans les différences qui se sont accusées entre sociétés de hiérarchie et sociétés d'autonomie. On constate que les premières sont des sociétés routinières, les secondes des sociétés novatrices.

Comment les membres d'une société hiérarchique ne seraient-ils pas incités à la routine ? Vous appartenez à un ordre dont la tête pense pour vous. Vous êtes invité à subir ses impulsions sans dévier. Comme la vie est simple, tant que l'activité se répète ! Mais si la moindre chose change, rien ne va plus. Le changement est l'ennemi public n° 1. Il rompt le pacte par lequel tous tiennent chacun. A une crise, il n'est qu'une bonne solution : le *statu quo ante*.

De ce système de sécurité collective, beaucoup sont prêts à payer le prix. L'Empire romain, l'Ancien Régime à son apogée, l'Empire napoléonien, la Russie stalinienne, l'Eglise d'entre Trente et Vatican II ont laissé derrière eux un long sillage de regrets : ceux qui ont goûté de cet ordre impérieux – où l'individuel est subordonné au collectif, mais participe aussi de sa grandeur – en gardent longtemps la nostalgie.

Le porte-clef ou l'éloge de la folie

Une économie vivante accepte, intègre le dévergondage de l'imagination. J'ai entendu un jour Guy Mollet partir en guerre contre les porte-clefs. Quoi de plus absurde que « la civilisation du gadget » ?

« Avez-vous réfléchi à cette folie que représentent les milliards dépensés à fabriquer des porte-clefs, alors que des millions de gens meurent de faim ? Le socialisme supprimerait ces gaspillages et tournerait les forces productives vers des activités utiles. »

Et si les porte-clefs étaient la preuve par l'absurde – disons *par la fantaisie* – que, dans l'économie où ils peuvent apparaître et disparaître, l'innovation est libre, fertile, active ? Peut-être faut-il cette disponibilité à l'inutile, pour être sûr que tout ce qui est utile puisse paraître. Peut-être le sous-développement tient-il à l'incapacité d'*innover* – et de produire, par exemple, des porte-clefs... « Les progrès de l'humanité se mesurent aux concessions que la folie des sages fait à la sagesse des fous *. »

Les économies fondées sur des pratiques autoritaires ont toujours eu du mal à progresser. Dans la France de l'Ancien Régime, au sein de chaque corporation, on fixait méticuleusement les normes que devait respecter chaque artisan pour la fabrication et la vente de ses produits **. Condamnée à passer par le règlement, l'innovation avortait. Heureusement, les règlements ont quelques trous. L'innovation peut y fleurir. Des protestants, important des techniques suisses, avaient fondé à Mulhouse *** une usine de tissus imprimés. Librement, car cette activité, par chance, n'entrait dans l'orbite d'aucune corporation. L'usine réussit. Du coup, des dizaines d'artisans, qui étouffaient dans les métiers réglementés, se lancèrent dans l'aventure et fondèrent la prospérité de Mulhouse.

Le terme même de *novateur* conserva longtemps en France un sens péjoratif. « Folles, schismatiques, *novatrices* », telles étaient les insultes qu'on lançait, selon Racine, à la tête des religieuses de Port-Royal [15]. Et Diderot remarquait que le mot *novateur* « se prend presque toujours en mauvaise part, tant les hommes ont d'attachement pour les choses établies [16] ». Sommes-nous devenus tellement différents ?

Malheurs de la pomme de terre

Prenez la pomme de terre, l'innovation la plus utile à un Occident sous-alimenté. L'Angleterre comprend vite quel bénéfice alimentaire elle peut tirer de cette culture venue d'Amérique. Shakespeare et Francis Bacon louent ses vertus. En 1619, elle fait déjà partie des produits reçus à la table royale. En 1664, John Forester peut écrire son opuscule : *La Prospérité de l'Angleterre augmentée par la culture de la pomme de terre*.

La France, elle, refusa obstinément ce tubercule, qui aurait pu lui épargner tant de famines, d'hécatombes. En 1787, encore, la Société royale d'agriculture de Paris considérait la pomme de terre comme un produit « bon pour les vaches »... et pour les Anglais.

Pourtant, à cette date, Parmentier avait presque gagné sa bataille.

---

* Disait un autre socialiste, Jaurès.

** Rappelons que ce système corporatif n'a pas été inventé par l'autorité monarchique. Il est né, à partir du XIIIe siècle, de la croyance que l'individu était incapable de s'organiser librement sans catastrophe.

*** Jusqu'en 1798, Mulhouse, République indépendante, était liée aux cantons suisses.

Il avait compris qu'il ne s'agissait pas d'acclimater la pomme de terre au *sol* français, mais de forcer un blocus *mental*. Parmentier sut manœuvrer. Il s'appliqua à investir le sommet de la pyramide. Il convainquit Louis XVI, qui se mit à orner sa boutonnière d'une fleur de la nouvelle plante ; elle était lancée, comme une mode ; la cour et la ville gagnées. Indispensable ; insuffisant. Pour gagner aussi les paysans, Parmentier fit poster des soldats jour et nuit, autour d'un champ où il avait planté les étranges plantes. Quand il retira les sentinelles, les voisins se précipitèrent pour dérober ces fruits, si précieux qu'on devait les garder militairement. Fruit défendu, fruit convoité * [17].

Le règlement doit changer en bloc

Une organisation hiérarchique exige que toutes ses parties évoluent du même pas, comme une armée. Le changement est refusé, s'il ne peut être adopté en bloc. Autant dire qu'il est presque toujours refusé, sauf en cas de crise.

Le « malaise de l'armée ** » a donné une nouvelle occasion de vérifier ce fait. Je fis une enquête auprès de quelques chefs de corps. « Ce malaise, me répondit le premier colonel, nous le percevions. J'ai bien proposé quelques changements, qui auraient sans doute suffi à détendre l'atmosphère. Mais en haut lieu, on m'a prévenu : "*Ne vous amusez pas à ce jeu-là ! Votre régiment n'est pas le seul ! N'oubliez pas que toute modification de règlement doit être décidée pour toutes les unités à la fois.*" »

« J'ai voulu, me dit un autre colonel, transformer l'appel du soir et autoriser tous les jours les appelés à sortir en civil de 18 heures à 1 heure du matin. J'ai été désapprouvé par le commandement... On m'a demandé d'attendre l'adoption d'un nouveau règlement. »

Le règlement ! Nulle part, il ne fixe les règles avec plus de minutie que dans l'armée. Le « Service de garnison » et le « Service intérieur des corps de troupe », vrais manuels de la vie quotidienne, dataient tous deux des années 1930 ***. Ces textes étaient devenus inapplicables. Les mœurs avaient évolué. Le règlement, non.

---

* Il fallut pourtant attendre la Restauration pour que la pomme de terre pénétrât dans les campagnes, et Louis-Philippe pour qu'apparussent les frites.

** En 1975.

*** Le « Service de garnison » n'a toujours pas été changé. Seul le « Règlement de discipline générale », qui définit notamment les règles de l'organisation hiérarchique, avait été modernisé en 1966. Il a été rénové en 1975, après un changement de ministre et une crise grave, ainsi que le « Service intérieur ». Ces deux textes distinguent opportunément la rigueur *en service* et la libéralisation *hors service*.

Face aux sociétés monocentriques, pour qui tout changement est agression, les sociétés polycentriques accueillent et encouragent l'innovation.

Est-ce un hasard, si la carte des plus hauts niveaux de vie coïncide avec la carte des pays qui font jouer simultanément les mécanismes de la démocratie pluraliste et ceux de l'économie concurrentielle * ?

L'innovation est une aventure. La joie de prendre des initiatives autonomes joue le rôle d'un euphorisant qui estompe les difficultés. Elle ne peut naître, quand l'organisation refuse le risque. Si tout acte doit être autorisé par la hiérarchie, l'idée nouvelle reste à l'état d'ébauche. Dans une société d'autonomie, elle joue sa chance. Si elle échoue, seul l'innovateur est en cause. Si elle réussit, les imitateurs pullulent.

Les chercheurs sont comme des canards sauvages. Si on veut les domestiquer, ils perdent leur sens de l'orientation. Comment programmer l'imprévisible ? Black a découvert l'anhydride carbonique, alors qu'il cherchait un sel pour les brûlures d'estomac [18]. Ce n'est pas un médecin, mais un chimiste, Pasteur, qui a maîtrisé la rage. Ce n'est pas non plus un médecin, mais un physicien, Röntgen, qui a découvert les rayons X. L'histoire a été renouvelée par le carbone 14. La préhistoire, par l'argon. L'invention apparaît rarement là où on l'attend.

L'esprit scientifique et l'esprit inventif n'ont pu s'épanouir que dans le monde chrétien des temps modernes. Lewis Mumford [19] a calculé le nombre des découvertes scientifiques et des inventions techniques du XVe au XIXe siècle : 127 au XVe siècle, 429 au XVIe siècle, 691 au XVIIe, 1 574 au XVIIIe, 8 527 au XIXe. Plus elles se multipliaient, plus elles se concentraient dans les sociétés polycentriques. Au XXe siècle, cette croissance exponentielle s'est accélérée, mais aussi cette concentration dans les démocraties pluralistes, malgré l'effort consenti par la recherche dans les pays totalitaires... Depuis 1917, maintes innovations ont bouleversé l'humanité, beaucoup plus qu'aucun changement de régime : avion à réaction, radar, locomotive électrique, télévision, laser, fusée, antibiotiques, énergie nucléaire, ordinateur, disque compact, nouveaux vaccins... *Pas une ne provient des pays auxquels s'est étendu le système monocentrique né de la révolution d'Octobre.*

---

* Voir en annexe le classement des pays selon le produit national brut par habitant. Les premiers sont des démocraties pluralistes ; parmi eux, la plupart sont organisés selon le modèle protestant. Notons que ce classement a fort peu changé, depuis cinquante ans qu'on est à même de l'établir.

L'indice Nobel

Un sociologue ingénieux [20] a calculé, pour les sciences expérimentales (physique, chimie, médecine et biologie), un « indice Nobel ». Rapporter le nombre de ces prix Nobel à la population du pays d'origine de chacun, cela définit, pour la période contemporaine, un assez bon critère de la capacité d'innovation scientifique des divers pays du monde. Le classement que révèle cet indice est assez impressionnant : la Suisse arrive en tête, suivie du Danemark, de l'Autriche, des Pays-Bas, de la Suède, du Royaume-Uni, de l'Allemagne, des Etats-Unis. La France arrive au neuvième rang *.

Cette étude révèle :

– une prédominance écrasante des pays « protestants » par rapport aux pays « catholiques » (les quatre cinquièmes du total) ; et, dans les pays « catholiques », des savants protestants ou juifs ;

– la forte proportion de lauréats israélites ** (l'Autriche doit son troisième rang à une génération de savants israélites installés à Vienne jusqu'en 1933 et qui ont alors fui le nazisme) ;

– la prééminence des petits pays sur les grands. Les cinq premiers du classement sont tous des pays dont la population est inférieure à dix millions d'habitants. En recherche scientifique – comme en économie – le nombre n'est pas, contrairement à une croyance répandue, la condition *sine qua non* du succès. *L'économie d'échelle* est un atout. Le foisonnement des petites unités autonomes en est un bien plus grand.

L'esprit pionnier

Pour que l'esprit scientifique soit vraiment fécond, il ne suffit pas d'avoir des curiosités libres ; il faut être dévoré de la passion de transformer une hypothèse en découverte, une découverte en invention, une invention en innovation. Il faut savoir faire de la recherche une entreprise. C'est le propre de ce que j'appellerai

* Voir le tableau en annexe que nous avons mis à jour (p. 614). On objectera que ce prix est délivré par une Académie protestante. Mais la fièvre avec laquelle la communauté scientifique internationale guette le prix montre assez qu'elle ne suspecte pas l'impartialité des choix effectués, pour les sciences exactes, sous le contrôle de l'Académie royale de Stockholm. En outre, ce qui fournit une contre-épreuve, les prix Nobel de littérature ou de la paix sont beaucoup plus favorables aux nations catholiques (ainsi que les médailles Fields, qui sont l'équivalent du Nobel en mathématiques).

** La question juive mériterait de longs développements. Les valeurs judaïques tiennent une part importante dans l'éthique protestante. L'Ancien Testament, longtemps méconnu des catholiques, et la culture commune issue de sa pratique, paraissent constituer le lien entre juifs et protestants, comme Sombart l'avait entrevu.

« l'esprit pionnier ». L'homme qu'anime l'esprit pionnier est un gagneur. Sans lui, impossible de passer de l'idée d'un changement à la réalité changée par l'idée.

Voici Willem Beukels [21]. Ce Néerlandais pensa que, pour éviter la pourriture des harengs, il fallait les mettre à l'abri de l'air et supprimer leurs parties les plus périssables. Il mit au point la technique : les vider, leur couper les ouïes [22], les disposer en rangs serrés. Aussitôt, cette nourriture facile à conserver fut si recherchée que les Pays-Bas l'utilisèrent comme monnaie d'échange. Elle remplaça les richesses que la nature leur avait refusées. La destinée de ce peuple en fut infléchie.

L'innovateur est celui qui sait mettre en relation des éléments qu'on n'avait pas encore songé à rapprocher, et qui parvient à en faire une nouveauté utile.

La riposte aux défis est pourtant loin d'être la règle dans l'histoire des hommes. Un million d'Israéliens, puis deux, puis trois, ont relevé le défi du désert ; tandis que des dizaines de millions d'hommes, jusque-là, sur des territoires semblables, s'étaient inclinés devant la fatalité du milieu naturel.

Le cloisonnement et la rigide division du travail, qui caractérisent tout système hiérarchique, rendent difficile de rassembler les éléments nécessaires à la synthèse innovatrice. Observez Bernard Palissy, brûlant ses meubles pour atteindre la température où la faïence s'émaillera. Christophe Colomb, imposant à son équipage révolté sa certitude de découvrir une route vers la Chine et les Indes. Marx, fondant une doctrine pour libérer les classes travailleuses de l'exploitation capitaliste. Henry Ford, effectuant une percée technologique par l'établissement de chaînes de fabrication d'automobiles. Freud, construisant un système sans précédent d'interprétation de l'inconscient et de cure des maladies mentales. Einstein, découvrant les lois de la relativité. Tous – si divers – sont des *innovateurs* : précurseurs par la pensée ; entrepreneurs par le goût du risque ; adaptateurs par l'ingéniosité ; transformateurs par l'énergie ; créateurs par la passion de gagner. Comment auraient-ils fait, s'il leur avait fallu attendre, pour oser, les autorisations hiérarchiques ?

Les petites unités *polycentriques*, où les individus et les groupes peuvent prendre leurs décisions de manière autonome, s'adaptent, innovent, progressent.

Les grands ensembles *monocentriques* sont pareils aux monstres préhistoriques, qui ont disparu parce que leur masse même les empêchait de s'adapter à leur environnement.

Chapitre 21

LES HORMONES DU DÉVELOPPEMENT

1. LA RÉACTION EN CHAÎNE DU DÉVELOPPEMENT

Pendant des millénaires, les hommes crurent qu'il suffisait de manger beaucoup pour grandir et se fortifier. C'était affaire de *quantité*. Chacun sait aujourd'hui que le développement d'un organisme est commandé par des éléments *qualitatifs* : les catalyseurs, qui agissent par leur seule présence, sans être détruits, sans paraître même intervenir. Tels sont les enzymes et les hormones. Qu'ils manquent ou soient déséquilibrés, voici le métabolisme déréglé, l'appétit coupé, l'entrain diminué, la croissance arrêtée. Il en va de même de la croissance économique. Mais les catalyseurs sont, en ce cas, d'ordre culturel : c'est ce que j'ai appelé le tiers facteur.

Les pays sous-développés d'aujourd'hui ont beau posséder en abondance les matières premières, les devises qui proviennent de leur exportation, la main-d'œuvre. S'ils n'adoptent pas une *mentalité économique*, ils connaîtront des croissances partielles, ou plutôt des *excroissances* ; non le développement.

Pourquoi le jeu de la Réforme et de la Contre-Réforme, pourquoi en France la concentration de l'énergie nationale dans l'administration, ont-ils été si déterminants sur l'évolution technique, économique et sociale de l'Occident ? C'est sans doute que les valeurs mises en cause étaient précisément celles dont la présence provoquait dans certaines sociétés (ou dont l'absence bloquait dans d'autres) la réaction en chaîne du développement.

Pour le destin des pays occidentaux, protestantisme et catholicisme furent moins importants en eux-mêmes, que par leurs *principes organisateurs* : *polycentrisme* d'un côté, *monocentrisme* de l'autre. Principes qui dépassaient très largement la religion. Si largement, qu'ils ont pu continuer d'animer ces sociétés, longtemps après que les passions religieuses se furent apaisées. *Ils ont même survécu à la laïcisation du* XIXe *siècle, à la déchristianisation du* XXe.

Tout se passe comme si les sociétés hiérarchiques avaient neutralisé en elles-mêmes les catalyseurs du développement, qui y étaient présents avant qu'elles ne se crispent sur elles-mêmes. Ces catalyseurs, les sociétés d'autonomie les ont au contraire sécrétés abondamment.

Comment opère cette biochimie, essayons de l'observer de plus près.

Thomas Cook et Don Quichotte

L'autonomie responsable, nous l'avons vu, est l'hormone principale, parce qu'elle déclenche les autres. Les responsabilités dont vous êtes investi, les risques que vous avez la liberté de prendre, vous provoquent à agir. Le dynamisme de l'économie repose sur le pari qu'est le crédit financier ; lui-même dépend du crédit moral : le pari du prêteur suppose, chez l'emprunteur, la *fiabilité*. Le crédit, c'est *la confiance méritée et donnée*. La confiance qui vous est faite vous mobilise. Encore faut-il vous en montrer digne : la rationalité de la conduite, la régularité de l'effort, la ponctualité, l'ordre et la méthode, la discipline, le respect des engagements, sont autant *de points de passage obligés* du développement économique.

En 1845, un Ecossais, prédicant baptiste, animateur de sociétés de tempérance, Thomas Cook, organisa un voyage collectif pour ses fidèles : billets à tarif réduit, prix modiques dans des hôtels propres et sans alcool. La formule plut. Il la répéta. Elle inspirait *confiance* : elle coûtait moins cher ; tout était organisé d'avance ; des établissements étaient soigneusement sélectionnés. En 1851, fort de ses premiers succès, le pasteur créait les voyages Cook. Bientôt, il organisait des croisières autour du monde.

Abaissement des coûts par la série, goût de la dépense modérée, sobriété, ténacité, esprit d'aventure, besoin d'accomplissement pratique, quelle incarnation de la mentalité puritaine et de la société de développement, que ce pasteur-entrepreneur !

Don Quichotte, lui, ne voyageait qu'autour de ses rêves. Thomas Cook et Don Quichotte : le contraste des civilisations se mesure au contraste de leurs symboles. C'est Don Quichotte, à vrai dire, qu'on aurait envie de connaître. Mais pour l'aller voir, c'est à Cook qu'on s'adresserait.

L'argent, moyen de l'autonomie

Dès les origines de la réaction en chaîne, au XVIIe siècle, des esprits lucides aperçoivent les caractéristiques qu'aujourd'hui, économistes et sociologues associent au développement. Ainsi, l'argent, comme signe et moyen de l'autonomie, est réhabilité. L'homme libre est jugé capable d'en faire bon usage et de s'en interdire l'abus. « Nous devons exhorter les chrétiens à gagner tout ce qu'ils peuvent, et à épargner tout ce qu'ils peuvent ; c'est-à-dire, en fait, à devenir riches », disait le pasteur John Wesley, le fondateur du méthodisme. Le protestant Guizot ne fit plus tard que ciseler cette formule : « Enrichissez-vous par le travail et par l'épargne », mot d'ordre que la mentalité française lui reprocha tant *.

La bonne gestion revient à assurer que la valeur des biens produits soit supérieure à celle des biens consommés. Pareil surplus, contrairement à une croyance répandue dans les pays à mentalité anti-économique, n'est pris à personne. Il résulte d'une lutte obstinée contre la routine, la pénurie, les imperfections, les gaspillages. On recherche le profit, sous le nom moins provocant de *rentabilité*, dans toutes les économies industrialisées, même les communistes.

L'esprit d'investissement

L'esprit d'épargne et d'investissement est une autre hormone essentielle du développement. Il va de pair avec l'effort de l'individu pour se dépasser lui-même ; avec la maîtrise de soi qui fait passer le long terme avant le court terme ; avec le refus de l'ostentation ; avec une certaine abstinence.

Le père Charlevoix, visitant l'Amérique du Nord au XVIIIe siècle, y fut frappé par une sorte d'abstinence qu'affichaient les colons anglais, et par l'ostentation des colons français : « Il règne dans la Nouvelle-Angleterre et dans les provinces soumises à l'Empire britannique une opulence dont il semble qu'on ne sait point profiter ; et dans la Nouvelle-France une pauvreté, cachée par un air d'aisance. Le colon anglais amasse du bien et ne fait aucune dépense ; le Français jouit de ce qu'il a et fait parade de ce qu'il n'a point [1]. » Il y a de l'inflation naturelle au cœur des Français.

La production en série, si caractéristique de la révolution industrielle, n'est-elle pas, elle-même, un effet de cet esprit d'épargne ? Les bourgeois anglais se vêtaient d'habits sobres, de couleur sombre, interchangeables ; ils favorisèrent ainsi la production en

* Le jour où un historien téméraire se hasardera à réhabiliter Guizot, ce sera un indice que la France commence à dépouiller sa mentalité anti-économique.

série de l'industrie textile. Dans les pays catholiques, on recherchait des vêtements rares, chatoyants, aussi individualisés que possible. C'est le costume du puritain qui a fini par s'imposer.

Dans les pays latins, les possédants dépensent volontiers pour la montre et pour le jamais vu : fêtes, feux d'artifice, grandes chasses, châteaux, églises richement décorées. Dans les pays protestants, on préfère investir par la production de masse. Ce qui oblige à l'expansion : il faut amortir les chaînes de fabrication, augmenter la clientèle, créer des consommateurs solvables.

La concurrence, fragile conquête

L'autonomie encourage encore la concurrence, autre hormone du développement.

Les compétitions biologique – lutte pour la vie –, politique – lutte pour le pouvoir –, militaire – lutte armée – sont spontanées. La compétition économique, en revanche, est hautement artificielle. Elle n'existe pas dans les sociétés primitives ; ni dans les systèmes féodaux ou corporatistes que l'Occident a longtemps connus, et connaît aujourd'hui sous des formes à peine rajeunies. Elle représente un progrès décisif dans l'organisation des sociétés.

Elle est l'école de la responsabilité. Quiconque crée une entreprise en milieu concurrentiel le fait à ses risques et périls, avec la promesse du profit en cas de succès, la menace de la faillite en cas d'échec.

Tout détenteur d'un monopole est tenté d'en abuser. L'employé inamovible se laisse vivre : pourquoi se fatiguer ? Le chef d'entreprise qui tient seul un marché se sent libre d'augmenter tranquillement ses prix : pourquoi améliorer sa productivité ? Le Hollandais Jean de Witt exprimait lumineusement les avantages de la compétition entre libres entreprises en plein milieu du XVIIe siècle : « Le pays ne saurait mieux profiter que par ceux qui travaillent le plus, à quoi les compagnies à monopole ne contribuent pas beaucoup, car elles ne craignent point qu'on leur nuise dans leur commerce. La Compagnie à monopole du Groenland faisait peu de profit par la pêche, tant pour ses grandes dépenses en équipages, qu'à cause que l'huile, le lard et les baleines n'étaient pas si bien accommodés et qu'on les gardait dans des magasins sans les débiter assez promptement. Au contraire, les armateurs particuliers équipent avec le plus d'économie, employant toute leur diligence à pêcher le plus promptement, et à tout faire valoir, mettant tout à profit, cherchant de nouveaux endroits pour les débiter avec le plus de gain [2]. » Quels accents modernes !

La règle de ce jeu oblige à vivre dangereusement, ce qui n'est pas du goût de tous. D'où les ententes, fraudes, protections occultes que l'Etat devrait sans cesse pourchasser. L'heure de vérité sonne quand une entreprise est menacée. Si l'Etat cède à la tentation d'aider au-delà du raisonnable une industrie en déclin, l'économie se peuple de morts-vivants. On croit souvent que le libéralisme économique implique que l'Etat n'intervienne pas. C'est le contraire qui est vrai. La logique de l'économie de marché veut que l'Etat soit *assez fort pour imposer la concurrence*. La plus grande faiblesse du dirigisme, allié à un régime politique libéral, est de pervertir la concurrence. Les groupes de pression – patronaux, ouvriers, politiques – exercent avec succès le chantage sur l'Etat, par l'intermédiaire duquel les lois du marché sont tournées.

Le critère de la compétitivité internationale est essentiel. Le protectionnisme assure à une économie une sécurité illusoire et provisoire. Une production protégée, vendue sur le marché national à un prix plus élevé que celui du même bien fabriqué par l'étranger, appauvrit l'économie nationale. L'économie moderne est une mise en cause permanente. Elle a été créée par des lutteurs. Elle ne peut progresser, ni même survivre, que grâce à des lutteurs.

N'est-il pas symptomatique que les secteurs les plus retardataires, comme la construction, l'agriculture, la distribution – ou, dans un autre ordre, l'éducation – sont ceux où la concurrence s'est le moins exercée ? La France n'a presque jamais connu de vrai régime concurrentiel. De Sully jusqu'au traité de Rome, elle n'a pour ainsi dire pas cessé * de se protéger par des barrières douanières de ses principaux concurrents. Elle rêve encore de renforcer le corporatisme et de revenir au protectionnisme. Depuis 1958, le principe de la concurrence reste officiellement proclamé ; mais on s'ingénie à le violer.

La grande machinerie de la liberté

Aux yeux des adeptes de l'économie planifiée, l'économie de marché s'exerce de façon chaotique. Tentons pourtant de voir fonctionner le système concurrentiel.

Chaque jour, sur le marché, des millions de consommateurs *choisissent* d'épargner ou de dépenser. De consommer la viande ou le poisson, le vin ou la bière, les produits frais ou les conserves. De garder leur situation ou d'en changer. D'habiter en ville ou en banlieue. D'acheter telle marque de voiture ou de téléviseur.

Par cette foule de décisions, le consommateur exerce un pouvoir souverain sur l'orientation économique : la façon dont il emploie

* Sauf quelques années après les traités de 1786 et 1860, et encore dans d'étroites limites.

son revenu constitue un exercice beaucoup plus concret et constant du droit de vote que celui qu'autorisent les urnes. Le marché, c'est, en économie, la démocratie directe ; on pourrait dire que *c'est la plus démocratique de toutes les institutions.*

Des dizaines de millions de centres de décisions autonomes, se livrant chaque année à des milliards d'actes d'échanges : tout est enregistré, comme sur un ordinateur géant. Et les entreprises doivent adapter leur production, réviser leurs plans, bouleverser leurs investissements.

Nombre de ces décisions sont irrationnelles ? On pourrait même dire que toutes le sont ; que toutes doivent l'être. C'est le grand jeu ordonné de millions de libertés, face à des milliards de sollicitations concurrentes. C'est un immense mouvement d'adaptation, individuelle et collective, à la diversité mouvante de la vie.

La publicité, dira-t-on, manipule les clients, incapables de résister à ses mirages ? Mais pourquoi leur reconnaîtrait-on la capacité de résister aux mirages de la démagogie ? Pour un régime totalitaire qui refuse aux citoyens le droit de voter, il est cohérent de refuser aux consommateurs le droit de choisir leur consommation. Non pour un régime politiquement libéral. Rien n'empêche un autre produit, ou une association de consommateurs, de mettre en garde contre une publicité à sens unique.

L'économie d'échanges fait circuler sans arrêt produits, informations, sanctions, obligeant chaque producteur à améliorer sa prestation sans retard, sous peine d'être remplacé par un concurrent. Ne prétendons pas que ce système est parfait ; reconnaissons simplement qu'il est le plus efficace levier du progrès économique.

Le Japon et le défi des marines

Les corrélations que nous avons établies entre le protestantisme et les progrès de la civilisation industrielle du marché, entre le catholicisme et une tenace maladresse à entrer dans cette civilisation, ne doivent pas nous décourager. Luther et surtout Calvin ont accéléré, *sans l'avoir souhaité*, un processus qui avait commencé avant eux. Tout aussi involontairement, la Contre-Réforme a freiné ce même processus. Depuis bien longtemps, accélération ou freinage se font sentir en dehors de toute religion. Le meilleur signe en est le Japon, qui, sans se soucier de la religion, a su jouer des ressorts qu'elle avait mis à nu.

En 1853, la flotte de guerre américaine du commodore Perry franchit en force le détroit de Nagasaki. Les *marines* débarquent. Les ports de ce pays agricole et féodal devront s'ouvrir au commerce international. Onze ans plus tôt, la *guerre de l'Opium* en avait fait autant pour la Chine. Comme sa grande voisine, le Japon est en passe de devenir une dépendance économique des Anglo-Saxons. Mais la Chine s'enferme dans l'orgueil de sa civilisation : elle ne veut rien céder de sa mentalité ; elle devra tout céder de ses richesses et de sa puissance. Le Japon développe richesses et puissance, en cédant beaucoup sur sa mentalité.

Un siècle plus tard, en 1968, on découvre avec stupeur que le Japon est devenu le « troisième grand * [3] ». C'est qu'il a relevé le défi du commodore Perry : il s'est mis à penser autrement.

Il a préparé sa revanche en se mettant à l'école de ses maîtres. Il a envoyé sa jeunesse étudier dans les universités américaines et européennes ; excellé dans l'art d'exploiter les brevets et procédés occidentaux ; acclimaté chez lui le Parlement anglais, le budget américain, la Bourse new-yorkaise, la police, l'armée et les « gymnases » prussiens, l'horlogerie suisse, les roulements à billes suédois, les chalutiers norvégiens, l'optique et le droit commercial allemands, les *campus* américains [4].

Le Japon remportera un tel succès, avec si peu d'atouts ! Sur une surface qui n'est égale qu'aux deux tiers de celle de la France **, 80 % du territoire sont inhabitables, 16 à 18 % seulement sont cultivables. Typhons, raz de marée, tremblements de terre font partie de la vie quotidienne, et parfois la bouleversent. La multiplicité des îles, le relief rendent les communications difficiles. Les ressources sont médiocres : charbon rare et mauvais ; presque pas de pétrole ni de gaz naturel ; peu de minerais. Le Japon ne connaît en abondance que la soie et le poisson.

Or, en moins d'un siècle, il devient un vrai laboratoire de croissance. Il fournit à plus de cent millions d'habitants les trois quarts de leur nourriture. En 1976, sa production industrielle a rejoint celle de l'Allemagne fédérale et de la France réunies ; ou *celle de tous les autres pays d'Asie, y compris la Chine et la Sibérie soviétique* ***. Il est dans le monde le premier constructeur de navires marchands, de motocyclettes, de machines à coudre,

---

* *Il est aujourd'hui le deuxième grand – pour le produit national brut. Si l'on reporte le PNB au nombre d'habitants, il est le troisième grand de la prospérité, derrière la Suisse et la Finlande. Herman Kahn prophétisait vers 1975 qu'en l'an 2000 les Japonais jouiraient du plus haut revenu mondial : ils n'en sont pas loin (1996).*

** Pour une population qui est plus du double de la nôtre.

*** *Les bouleversements politiques de l'ex-Union soviétique, le bond en avant de la Chine, des « petits dragons » – Corée du Sud, Taiwan, Singapour, Hongkong –, et des « petits tigres » – Thaïlande et Malaisie – rendent caduque la comparaison entre le Japon et le reste de l'Asie. Toutefois, en 1995, la production du Japon est supérieure de quelque 15 % à celles réunies de la France et de l'Allemagne (1996).*

d'appareils photographiques, de microscopes, de transistors. Sur les 200 plus grandes entreprises du monde en dehors des Etats-Unis, 45 sont japonaises [5].

Une société, archaïque en 1868, pouvait fêter en 1968 le centième anniversaire de l'« ère Meiji * », avec le sentiment d'avoir accompli un prodige collectif. Le débarquement des *marines* avait été une opération *boomerang*... Pourtant, le peuple japonais est resté fidèle à ses croyances, à ses religions. De nos jours, la mentalité économique s'est dissociée du protestantisme, même si elle y a puisé le plus gros de ses forces **.

2. LES TABOUS ÉCONOMIQUES

Cette maladie du sommeil dont l'Europe latine a souffert depuis le XVIIe siècle, quelle en fut la mouche tsé-tsé ? Vers cette époque, s'établissait une échelle de valeurs où l'économie, le travail productif, l'esprit d'entreprise, la technique, l'innovation étaient dédaignés, voire refoulés. Et où d'autres attitudes, surévaluées, s'épanouissaient – toutes improductives : l'honneur, le bel esprit, la spéculation pure, l'obéissance, le renoncement.

Les sociétés polycentriques donnent leur pleine efficacité aux principes de développement. Les sociétés monocentriques les étouffent. Elles font pire : elles se hérissent de tabous.

Nos attitudes antiéconomiques se sont formées et ont été maintenues d'abord sous l'influence des élites. Sous l'Ancien Régime, les élites sont nobles, et la noblesse française a vécu, surtout à partir de Louis XIV, dans *l'obsession de la dérogeance*. Les nobles, qui donnent l'impôt du sang, sont exonérés de l'impôt d'argent ; ils ne vivent que pour le service de Dieu ou du roi. Ils perdraient leur qualité de gentilshommes s'ils « dérogeaient », s'ils se livraient à un art « mécanique » – c'est-à-dire au travail manuel – ou au commerce [6]. Le marquis de Jouffroy d'Abbans fut rejeté par sa famille – l'année même où les Etats-Unis proclamaient leur indépendance – parce qu'il avait construit de ses mains un bateau à vapeur capable de naviguer sur le Doubs.

Montesquieu, tout moderne qu'il soit, ne se détache pas des préjugés de sa classe : « Il est contre l'esprit du commerce que la

---

* Mot japonais signifiant « époque éclairée », comme le siècle des Lumières ou l'*Aufklärung*. Ce nom fut donné au jeune empereur Meiji-tennô (incorrectement appelé en Occident Mutsu-Hito). Il monta sur le trône en 1867. C'est sous son règne que fut introduite au Japon la civilisation anglo-américaine.

** *J'ai proposé une analyse plus approfondie du « miracle japonais » et de ses ressorts culturels dans* Du « miracle » en économie *(1995). Elle ne met pas en cause celle qui est esquissée ici. Le pluralisme religieux est un facteur favorisant (1996).*

noblesse en fasse dans la monarchie. Il est contre l'esprit de la monarchie que la noblesse y fasse le commerce. » On comptait bien quelques dérogations à la dérogeance : les nobles pouvaient le rester tout en s'adonnant au travail des mines, à la verrerie, à l'armement maritime. A la veille de la Révolution, un millier de familles nobles participaient ainsi à l'industrie : un millier sur quatre-vingt mille[7]. En réalité, le tabou étendait son ombre sur l'ensemble de la société[8].

Il a continué, bien après la Révolution. De même que « les gens de qualité savent tout sans avoir rien appris », ils ont de la fortune sans avoir rien gagné. Sont honorés ceux qui consomment des biens qu'ils n'ont pas produits – les nobles, les détenteurs de la puissance publique. Sont pardonnés ceux qui flambent une fortune durement acquise, à la manière dont on allumerait un cigare avec un billet de banque... A la même époque, dans les pays protestants, c'est l'inverse.

Le comte de Saint-Simon, dans sa *Parabole* de 1819, dénonçait la manie de la priorité nobiliaire, militaire, politique, religieuse et administrative. Si la France, supposait-il, perdait ses dirigeants, il n'en résulterait aucun dommage : « Il existe un grand nombre de Français en état d'exercer les fonctions de frère du roi. » Mais si la France perdait ses entrepreneurs, ses banquiers, ses ingénieurs, elle ne s'en relèverait pas. En France, sous la Restauration, cette parabole ne pouvait encore pénétrer les esprits ; dans ce vieux pays catholique, elle allait trop à contre-courant. Saint-Simon fut traduit devant les assises. La cour le condamna à trois mois de prison et 500 francs d'amende. Sur ces entrefaites, le duc de Berry avait été assassiné. Dans son réquisitoire, le procureur accusa Saint-Simon d'avoir, par sa parabole, incité Louvel au crime...

Trahison de l'économie par les bourgeois

Le préjugé antiéconomique eût été moins grave si les valeurs de la noblesse n'avaient pas aussi gagné la bourgeoisie, par une capillarité à sens unique. Les bourgeois, tenus, eux, à l'impôt de l'argent, doivent se consacrer aux activités économiques. La noblesse y voit le signe de leur infériorité. *Les bourgeois aussi*. Comment ferait-on avec passion ce que l'on se méprise de faire ? Eux, qui pouvaient être les maîtres d'œuvre du développement économique, adhèrent si bien à l'échelle nobiliaire des valeurs, qu'ils ne pensent qu'à échapper à la « fortune se faisant », dès qu'ils ont « fortune faite ». Au moins jusqu'à la Belle Epoque, nombreux sont les roturiers, ou les fils de roturiers, qui, enrichis, renoncent à toute activité productive, recherchent les emplois administratifs, se livrent à la consommation ostentatoire : de quoi acquérir enfin la considération sociale, pour prendre place dans le cortège des privilégiés, associés au prestige de l'Etat [9].

Les rentiers parisiens qui s'affiliaient au XVIIIe siècle à des loges maçonniques devaient indiquer leur « état » : les uns se disent « bourgeois vivant noblement » ; d'autres déclarent « vivre noblement » ; d'autres enfin inscrivent : « ne fait rien ». Pour ces bourgeois, noblesse était synonyme d'oisiveté [10]. De nos jours encore, combien de bourgeois arrivés donneraient cher pour que leur fils devienne haut fonctionnaire, plutôt que représentant à l'étranger d'une firme française !

Dût-on étonner plus d'un intellectuel anticlérical, il faut bien reconnaître, à *l'hostilité au profit*, des origines cléricales. La scolastique médiévale lui a donné, en s'inspirant d'Aristote, la majesté des interdits théologiques. Elle faisait peu de cas de la production et des échanges. Montesquieu avait raison de souligner que « nous devons aux spéculations des scolastiques tous les malheurs qui ont accompagné la destruction du commerce, qu'on avait lié avec la mauvaise foi ». A la fin du Moyen Age, une évolution « progressiste » s'esquissait. Mais la Contre-Réforme la stoppa net, en condamnant purement et simplement le profit : pour elle, ce n'est pas seulement le prêt à intérêt qui est un péché, c'est l'économie tout entière.

Contre la société de consommation

Sur ce fond, aussi solidement implanté dans l'âme que des souvenirs d'enfance, combien d'utopies anciennes, combien d'idéologies modernes n'ont pas fleuri ! En 1534, Jean de Leyde s'emparait du pouvoir à Münster, en Westphalie, et se proclamait « roi de la nouvelle Sion ». Auparavant, il avait fait du commerce, et y avait échoué. Maître de Münster pour quelques mois, il décida d'abolir l'argent privé, la propriété « égoïste », l'achat et la vente, l'intérêt et l'usure, « péchés contre l'amour ». Il échoua encore. Mais moins qu'on ne pense : son esprit vit toujours, chez tous les confectionneurs de paradis terrestres. Une affiche de Mai 68 prêchait contre la « société de consommation » : « Nous refusons un monde où la certitude de ne pas mourir de faim s'échange contre le risque de mourir d'ennui. »

Si Don Quichotte et le Maître de Santiago ont traversé les Pyrénées en triomphe, on les rencontre peu outre-Manche et outre-Rhin. En Angleterre et en Ecosse, les plus grands noms et les plus grosses fortunes ne font qu'un. En Allemagne, je fus surpris de voir le Gotha tenir une si grande place dans les affaires. Un prince de Salm représentait une boisson gazeuse. Un prince de Sayn-Wittgenstein vendait des voitures populaires en Amérique du Sud. Le prince Henri de Prusse promouvait une marque de rouge à lèvres. Ces petits-fils de princes régnants étaient fiers de reconstituer une fortune, qui leur permettrait de restaurer les châteaux ancestraux.

On comprend pourquoi les régimes collectivistes, qui refusent les élections, ont pris le parti de refuser aussi l'économie de marché : les dirigeants savent mieux que le consommateur ce qu'il doit consommer, et savent mieux que le citoyen qui doit le diriger.

Mais, dans des sociétés démocratiques, le refus du marché ne paraît s'expliquer que par la persistance de tabous venus du fond des âges. Dans les sociétés primitives, les échanges ne jouaient qu'un faible rôle, et le profit y était le plus souvent assimilé au vol. La théologie avait donné à ces tabous une justification intellectuelle. De nos jours, le marxisme leur a conféré un parfum de modernité rationnelle. Ainsi s'explique la fascination longtemps exercée par la planification à la soviétique sur l'*intelligentsia* française.

Le *refus du marché* entraîne le *marché noir*. Quand on met l'économie dans un corset, il faut quand même qu'elle trouve le moyen de bouger. Une économie parallèle se constitue. Le touriste peut constater, en URSS, que la viande de bœuf est introuvable au prix officiel dans les magasins d'Etat. On peut s'en procurer à volonté sur le marché kolkhozien, mais le prix d'un kilo représente le dixième du salaire mensuel d'un Soviétique moyen. Et la productivité du paysan, sur un lopin de terre, est huit à dix fois supérieure à celle qu'il a dans une ferme d'Etat... *

L'économie administrative

Le rêve technocratique, c'est de fixer l'avenir sur le papier, en décidant froidement ce qui convient aux administrés. Quelle griserie, d'aligner en rangs serrés, comme une armée à la parade, les

* *Quand j'écrivais ces lignes en 1976, ces faits étaient connus de longue date, et naturellement des dirigeants soviétiques eux-mêmes. Ils n'étaient méconnus que de tous les amateurs occidentaux du marxisme. L'entêtement du Kremlin à refuser l'économie de marché a conduit l'Union soviétique et ses satellites au collapsus économique et social, qui a entraîné la mort des Etats communistes. De l'ancien régime, ne reste qu'un système maffieux, issu tout droit du marché noir. Des régimes collectivistes, il ne reste pour ainsi dire que la Chine. Elle tente une politique paradoxale, en encourageant l'économie de marché, mais en refusant la libéralisation politique. Elle entend affirmer là encore son incontestable singularité, mais il est douteux que l'avenir à long terme donne raison à ses actuels dirigeants (1996).*

chiffres, les données, les objectifs ! Ce goût de la « rationalité » élimine le bon sens.

Notre ministère des Finances, depuis 1963, s'est opposé obstinément au relèvement du prix des livres de poche. Car ces ouvrages, à la différence des éditions courantes, figuraient dans l'indice des prix. Or, les frais de fabrication, qui étaient libres, avaient dépassé les prix de vente, qui ne l'étaient pas. Si les éditeurs de livres de poche n'avaient pas trouvé un moyen de tourner l'interdiction, ces éditions populaires auraient disparu ; alors qu'en abaissant le prix du livre des trois quarts, elles ont plus fait pour la diffusion de la lecture que tous les gouvernements. La réglementation aboutissait à une absurdité économique et sociale. Les éditeurs s'arrangèrent pour baptiser « doubles » des volumes qui auraient jusque-là paru comme « simples », pour baptiser « triples » ou « quadruples » des volumes doubles. La direction des prix n'était pas dupe *. Mais l'essentiel était sauf : les règlements étaient respectés ; l'indice ne bougeait pas. Le tour était joué. A qui ?

Nous tenons volontiers le dirigisme – l'envahissement administratif – pour une fatalité de l'âge moderne : sans doute cette croyance nous amène-t-elle à le subir sans nous révolter. Prenons conscience qu'au contraire, il est une caractéristique de la France depuis des siècles, et qu'il a joué un rôle essentiel dans son retard. Peut-être, alors, lui trouverons-nous quelque chose de désuet.

A la fin du XVIIe siècle, la périodicité des foires en Alsace était fixée à Versailles. En 1689, le roi autorisait l'établissement à Strasbourg de deux foires aux chevaux. En août 1683, Louvois demandait à son intendant : « Quel jour peut-on accorder aux habitants de Giromagny pour tenir des foires pour la vente de leurs bestiaux ? Il ne doit pas y en avoir, ce jour-là, à quatre lieues à la ronde [11]. »

En Bretagne, au début du XVIIIe siècle, les services royaux veillaient de près à l'application des règlements touchant à la prohibition des toiles exotiques, à la fabrication des étoffes, au travail à domicile, etc. Un peu plus tard, ils travaillent à réduire le nombre et l'étendue des parcs et pêcheries : Maurepas, secrétaire d'Etat à la Marine, avait décidé, sur le rapport d'un inspecteur, que « les pêcheries de Bretagne, trop nombreuses, faisaient tort à la collectivité [12]. » Dans le même temps, les disettes accablaient la France.

En 1738, les ministres se penchent sur l'organisation des marchés au poisson dans les ports de l'amirauté de Bayeux. Sans doute y avait-il matière à réforme : il fallait éliminer les enchères truquées qui dénaturent une criée. Mais avait-on pour cela besoin d'un édit royal ? Voici le roi décidant que « la marée sera exposée sur la grève pendant une demi-heure en été et pendant une heure en hiver », que les pêcheurs « ne pourront composer chaque lot

---

* Le prix des livres de poche a été libéré en 1976. Après treize ans.

provenant de la pêche des soles d'un plus grand nombre de poissons que de six [13]. » Et si des circonstances nouvelles montrent que l'exposition pourrait être augmentée d'un quart d'heure, ou la composition des lots modifiée d'une ou deux soles ? Dérangera-t-on encore le roi ? Non, certes. On appliquera la loi, contre le bon sens. Ou l'on suivra le bon sens, en tournant la loi.

Les moteurs en panne

Constamment, depuis le XVIIe siècle, notre tradition a mis en panne les moteurs du développement.

Le goût du risque ? La morale des sociétés closes préfère des bénéfices garantis. La mobilité ? On n'aime pas changer de province. Ni d'emploi. Le chômage, lui aussi, on cherche à l'installer dans la sécurité. Au reste, tous les citoyens finissent par être dominés par un véritable mythe de la Sécurité sociale, même s'ils sont menacés, comme elle, de faillite.

Le goût du lucre, *l'exécrable faim de l'or*, comme dit Virgile [14], est un instinct permanent de tous les hommes. Mais il a toujours été refoulé par des interdits religieux, moraux ou sociaux. Dans toutes les civilisations, sauf une : la civilisation marchande et industrielle, la seule qui ait réussi à s'imposer au monde. Chez nous, le refoulement prévaut toujours.

« Quel dommage, me disait un des principaux responsables de la recherche scientifique, lors d'une réception que je donnais pour fêter notre prix Nobel, que le professeur Kastler n'ait pas pris de brevet pour sa découverte du pompage optique ! S'il l'avait fait, il aurait édifié une fortune. Au lieu de cela, ce sont les Américains qui se sont engraissés à ses dépens. »

Un jeune normalien scientifique, qui était présent, coupa sèchement : « Cela prouve qu'il est honnête. » Négliger de prendre brevet, éviter de tirer du profit d'une invention, c'était preuve d'honnêteté... Il vaudrait mieux dire : de désintéressement personnel. Mais en fin de compte, est-ce là servir son pays ? N'est-ce pas plutôt, par un conformisme inconscient, suivre docilement la pente des mentalités nationales ?

Le profit dégrade. L'argent pollue. On en vient à avoir honte du succès. Il suscite en tout cas un mélange d'envie et de mépris. Qu'un entrepreneur de travaux publics, excellent gestionnaire et connaissant parfaitement son métier, prospère, le voici mal vu : « Vous pensez, son père était un petit maçon. » Le peuple renvoie aux élites, en écho, les préjugés que les élites, pendant des siècles, lui ont claironnés. Une réussite personnelle est suspecte. Elle n'est pardonnée qu'après plusieurs générations – lorsqu'elle a été héritée.

Profit légitime et profit illégitime

Il n'est pourtant pas besoin de fortes études économiques, mais seulement d'un peu de sens commun, pour distinguer :

– le profit *illégitime*, qui est rente de situation, spéculation sur la pénurie, vol aux dépens de la collectivité ;

– du profit *légitime*, compensation et récompense du risque que prend l'innovateur en créant du nouveau, c'est-à-dire en entreprenant, en investissant, en dépensant son énergie, son temps, ses forces, pour un résultat aléatoire, à la rentabilité incertaine, et qui n'aurait pas été obtenu sans lui [15].

Pour avoir amalgamé le profit illégitime et le profit légitime, la mentalité *antiprofit* a fait des ravages dans les pays latins ; le profit *novateur* y reste, aujourd'hui encore, pénalisé.

Le refus de l'économie est l'aspect majeur d'un refus de la société libérale, dans tous les pays qui ont été marqués par le dogmatisme renforcé de la Contre-Réforme. Ce qu'on appelle « condamnation du capitalisme », c'est en réalité, pour une large part, le rejet du monde moderne. Rome n'a d'ailleurs pas hésité à l'affirmer ouvertement, à maintes reprises. Notamment avec le *Syllabus* de Pie IX : en 1864, le Saint-Siège condamnait sans ambages « le progrès, le libéralisme, et la civilisation moderne ». Il rejetait notamment le libéralisme économique, accusé de faire du travail une marchandise, du salaire un prix, et de concentrer trop de puissance aux mains de quelques hommes *.

Entre le purisme romain et le purisme marxiste, le purisme d'Etat complète le triptyque. Pendant la majeure partie du XIXe siècle, le Conseil d'Etat a exigé que toute création de société anonyme fût subordonnée à l'autorisation du gouvernement, tout comme l'ouverture d'une « maison de tolérance ». Ouvrez le Code du commerce : l'article 71 du titre V stipule que « la Bourse est la réunion, *sous l'autorité du gouvernement*, des commerçants, capitaines de navires, agents de change et courtiers ». Le grand juriste Locré dégageait l'esprit de cet article, à la lumière d'arrêts du Conseil du roi de 1724 et de 1785, selon lesquels « il est défendu de s'assembler ailleurs qu'à la Bourse pour proposer et faire des négociations ». Ainsi, *point de négociations, sinon sous l'autorité du gouvernement.*

* *Il faudra attendre l'encyclique de Jean-Paul II,* Centesimus annus, *pour que le magistère romain établisse la légitimité morale d'une économie fondée sur la liberté et l'échange (1996).*

Les gestes de la nage

Dans la vie collective, les mobiles économiques jouent un rôle comparable à la *libido* dans la vie d'un individu. Nos sociétés hiérarchiques les ont refoulés depuis des siècles par des inhibitions enfouies dans un réseau de complexes. Nous ne deviendrons une société adulte et ne rattraperons notre retard que si nous nous affranchissons de ces tabous.

Parfois, une rencontre fortuite révèle et libère la personnalité refoulée. Pour la France, le Marché commun aura peut-être été cette rencontre. La France fait comme ses partenaires. Elle observe et imite les gestes d'une économie qu'elle connaissait mal. Bravement, elle fait les gestes de la nage. Combien de temps l'eau la portera-t-elle ? Il vaudrait quand même mieux qu'elle apprenne à nager, et à aimer l'eau.

Chapitre 22

MARTHE ET MARIE

1. SUPÉRIORITÉS DE MARIE

Nous avons vu la différence de vitesse des sociétés protestantes par rapport aux sociétés catholiques. Nous avons constaté quelques effets qu'elle avait entraînés sur l'économie et la démographie.

Mais l'épanouissement d'un pays, son rayonnement à l'extérieur, son rôle historique ne tiennent pas seulement à sa richesse matérielle ou à sa masse. Au milieu de ses convulsions, l'Italie a produit Dante ; avec toute sa paix civile et son expansion économique, la Suisse a produit le bracelet-montre. La langueur dont la France et les autres pays catholiques ont été atteints n'a pas affecté leur vitalité intellectuelle et artistique. Mesurer seulement l'actif d'un pays en termes de produit national brut serait tomber dans la myopie matérialiste de Staline demandant de combien de divisions disposait le Vatican.

Quand la France se penche sur son passé, elle n'y trouve pas seulement de quoi être mécontente d'elle-même : le regard que j'ai jeté sur notre histoire, si je l'ai voulu sans complaisance, est aussi sans amertume. Nous avons quelques motifs de fierté, si nous acceptons de ne pas mesurer l'accomplissement national à la seule aune des taux de croissance.

Et puis, aujourd'hui, l'histoire a passé sur l'histoire : elle en a noyé les contours. L'opposition, si tranchée du XVIIe au XXe siècle, entre l'Europe latine, crispée, hiérarchique, archaïsante et convulsive, et l'Europe protestante, foisonnante de vie, humant à tous les vents du globe l'air de l'avenir, – cette opposition, la fin du XXe siècle la complique beaucoup : ici des effondrements, là des réveils, partout des crises, qui relancent l'histoire sur de nouvelles pistes.

Quand l'Occident a divergé, au XVIe siècle, il a renoncé à se mouvoir dans toutes les dimensions à la fois. Une part de la chrétienté se place sous le signe de Marthe, l'autre sous le signe de Marie, les deux sœurs de Lazare. L'une « s'affaire à un service compliqué », « s'inquiète et s'agite pour bien des choses ». L'autre « s'est assise aux pieds du Seigneur [1] ». Entre Marthe l'active et Marie la contemplative, chaque peuple choisit sa voie. N'oublions pas que, pour le Christ, c'est Marie qui « a choisi la meilleure part ».

Sous le signe de Marie, la France a continué de connaître une vie spirituelle et une vitalité intellectuelle plus intenses que celles des nations protestantes. La religion ne s'y est pas réduite à un déisme vague. Elle a produit jusqu'à nos jours des mystiques et des saints, comme aussi des rebelles et des contestataires. Grâce à elle, chaque esprit est resté le théâtre d'un drame *personnel* : quelle meilleure façon de créer des *personnes* ?

En elle, les Français ont connu ce subtil mariage des sens et de l'esprit. L'épanouissement de l'art, dans les pays de Marie, n'est pas étranger à la vitalité persistante du catholicisme. L'invention, bannie de la technique et de l'action, s'accomplit par l'art ou la littérature. Interdite de réel, elle s'épanouit dans l'imaginaire. Les pays touchés par la Contre-Réforme voient le triomphe du baroque. L'économie se fige, la société se durcit, mais l'art est toute exubérance, prodigalité, libération. A défaut de créer la vie, on en crée l'illusion. La vie quotidienne devient opéra, théâtre, roman, poésie. Ecrivains et artistes, poètes et romanciers font l'objet d'un vrai culte social.

A sa manière, la vie des humbles participe du même esprit. Elle préserve longtemps une qualité qu'ont dégradée vertigineusement, dans les pays de Marthe, la concentration industrielle, le déracinement systématique des vieilles communautés paysannes, la « massification » de la vie collective. La société reste une communauté, où les hommes aiment à se donner en spectacle à eux-mêmes ; où l'on sait cultiver la vie. Les personnalités originales ne peuvent s'y réaliser dans la « production ». Elles deviennent parfois des Tartarin ou des Marius : c'est plus gai. Si la promotion sociale est lente à venir, elle n'arrache pas aux groupes déshérités les vraies richesses, qui sont humaines : ils gardent en leur sein leurs talents et leurs génies. Ce conteur de village aurait pu être professeur d'université : en serait-on plus heureux au village ?

La résistance des réseaux forts

En outre, les organisations hiérarchiques jouissent d'une formidable capacité de durer. Ainsi l'Etat central en France, l'Eglise romaine dans le monde. Cette capacité est en elle-même vertu. Après tout, l'anarchie est la plus grave menace qui pèse sur les sociétés humaines. Savoir y maintenir un ordre, y brider le jeu déréglé de la puissance et de la violence, imposer loi et idéal communs – cela mérite respect.

Si étouffant, si immobiliste qu'il soit, l'Etat a maintenu les Français ensemble. Il a arrondi le pré carré jusqu'aux limites de l'Hexagone. Il a survécu à maints désastres militaires, à la Révolution, à l'inconstance politique, au divorce d'avec l'Eglise, à la subversion sociale.

Si étouffante, si immobiliste qu'elle fût, l'Eglise romaine a tenu bon – malgré le schisme d'Orient, malgré l'exil d'Avignon, malgré le Grand Schisme, malgré la Réforme, malgré la laïcisation des sociétés. Elle a continué de sauver, dans les temps les plus durs, l'esprit de charité. A travers le bruit et la fureur, elle a fait percevoir la parole de Dieu. Elle n'a cessé de témoigner pour l'unité spirituelle de l'Homme.

D'étranges corrélations

Reste la supériorité des pays de Marthe pour tout ce qui touche l'efficacité pratique, aussi bien dans le domaine de l'économie que dans celui de l'organisation politique ; et finalement pour la définition d'un *consensus* national.

Car pays de Marthe et pays de Marie ont, les uns comme les autres, leur cohérence. Depuis la fission de la chrétienté au XVIe siècle, s'étaient développées deux réactions en chaîne, indépendantes et de sens contraire. Deux chaînes dont chaque maillon a affecté l'évolution religieuse, culturelle, économique, politique. Deux réactions qui n'ont peut-être pas encore fini d'épuiser leur force explosive.

En récapitulant les chapitres qui précèdent, et en resserrant la durée comme le cinéaste resserre les perspectives avec un objectif panoramique, essayons de décrire le *schéma* de ces deux enchaînements. Même s'il faut, pour cela, *schématiser* un peu. Et au risque de faire apparaître comme des liens de causalité efficiente ce qui fut plutôt, sans doute, liens de cohérence et de convergence, comme il en existe dans un *système*, c'est-à-dire un ensemble d'éléments en interaction mutuelle.

Prenons vingt pays qui peuvent être considérés comme typiques.

Dix pays de tradition catholique : France, Italie, Espagne, Portugal, Irlande (Eire) *, Autriche, Pologne, Chili, Argentine, Uruguay. Dix de tradition protestante : Grande-Bretagne, Hollande, Suisse, Danemark, Suède, Norvège, Etats-Unis, Canada anglais **, Australie, Nouvelle-Zélande. La plupart de ces pays ne sont exclusivement composés ni de catholiques ni de protestants, et sont *largement déchristianisés*. Mais, pour chacun d'eux, ce sont soit les catholiques, soit les protestants qui ont *donné le ton* dans la formation de l'esprit public, l'élaboration des institutions, l'échelle des valeurs. On peut les dire *sociologiquement* catholiques ou protestants, même si les incroyants y sont partout les plus nombreux ***.

2. SUPÉRIORITÉS DE MARTHE

Dans les sociétés de modèle protestant, le croyant est en rapport *immédiat* avec Dieu, relève du seul tribunal de sa conscience, lit lui-même les textes sacrés, forme des communautés religieuses tout aussi autonomes.

L'éclatement de l'Eglise universelle en Eglises diverses favorise le pluralisme des idées. Différentes religions ou convictions philosophiques sont admises à coexister pacifiquement. Les réfugiés sont accueillis avec empressement. Pouvoir religieux et pouvoir civil deviennent rapidement indépendants de fait l'un de l'autre, sans s'opposer vraiment.

Le droit coutumier tend à l'emporter sur le droit écrit. Les grands principes y revêtent plus d'importance que les règlements détaillés. La jurisprudence fait sans cesse évoluer la règle au rythme de la

* Les pays qui ont subi dans la période considérée de graves traumatismes historiques (occupation prolongée, démembrement) présentent parfois certaines caractéristiques aberrantes ; mais, pour la plupart des critères, ils se rattachent bien au modèle de leur catégorie.

** Toutes les provinces du Canada autres que le Québec.

*** Nous n'avons retenu ni l'Allemagne (qui, gravement divisée par la rivalité des confessions, ne peut être rattachée tout à fait à l'une ou l'autre culture) ; ni la Belgique (d'abord profondément marquée par la Contre-Réforme ; mais fortement ouverte, par la suite, aux influences néerlandaise et britannique ; et, sous l'impulsion de Léopold de Saxe-Cobourg, systématiquement formée, à partir de 1830, sur le modèle anglo-saxon et libre-échangiste) ; ni le Québec (qui accuse de nombreux traits communs aux sociétés catholiques, mais d'autres qui ont été imposés par la domination anglaise). Il s'agit, répétons-le, d'évolutions lentes, perceptibles en longue période. Par exemple, les conséquences économiques et sociales de la Réforme ne sont vraiment sensibles qu'au XVIIe siècle dans les pays marqués par le calvinisme et au XIXe siècle dans les pays luthériens. Nous employons le présent, bien que certaines des données aient cessé d'être actuelles depuis la Seconde Guerre ou Vatican II.

réalité. Les libertés de l'individu dans la société sont rapidement instituées.

La lecture de l'Ecriture sainte est nécessaire à l'accomplissement personnel. L'instruction primaire et secondaire se développe rapidement [2]. L'enseignement se donne avant tout pour mission de préparer l'élève à la vie sociale.

Chaque école est soit autonome, soit placée sous le contrôle direct des autorités locales. Les établissements d'enseignement public ne sont créés que pour compléter les efforts de l'enseignement privé. La diversité du système scolaire favorise le renouvellement permanent des méthodes.

L'enseignement repose sur une pédagogie de la confiance, qui fortifie l'esprit d'initiative, l'énergie, l'endurance, l'autodiscipline ; la faute la plus grave consiste à trahir la confiance donnée.

Il est aussi concret que possible. Les disciplines ayant une utilité pratique sont privilégiées. Le sport est une activité aussi importante que les autres. Il est enseigné comme une morale (sens du *fair play*). Les sports d'équipe pratiqués dans le monde sont originaires de ces pays (*football, rugby*, etc.).

L'instruction a été étendue très tôt aux filles. Les femmes ont conquis assez vite l'égalité des droits civiques et civils *.

Des sociétés d'innovation et d'échange

Ces sociétés sont fortement innovatrices. Le goût pour la technologie s'y affirme tôt. L'extension du circuit économique est assurée essentiellement par le renouvellement des techniques.

Une classe bien considérée fait rapidement son apparition, celle des entrepreneurs. Ils font naître le neuf : techniques nouvelles ; sources nouvelles de capitaux, d'énergie ou de matières premières ; débouchés nouveaux, clientèle renouvelée.

Les règles de l'économie industrielle de marché sont acceptées et proclamées : loi de l'offre et de la demande, initiative privée, recherche de la rentabilité et du profit concurrentiel, liberté de contracter. Gagner de l'argent est un signe de réussite professionnelle.

L'organisation décentralisée de la société, la puissance des communautés primaires, la rapidité de diffusion des techniques accélèrent le progrès des échanges d'idées comme de biens.

Le mouvement englobe même le secteur le plus rebelle au changement, l'agriculture, qui passe rapidement de l'économie de subsistance à l'économie d'échanges. L'introduction du machinisme

---

* Sauf en Suisse, où les femmes n'ont acquis le droit de vote complet qu'en 1971.

réduit la main-d'œuvre et la rend disponible pour les activités industrielles. La « fin des paysans » intervient très tôt.

Ce sont des sociétés de marchands. Le négoce figure au nombre des activités les plus honorées. Diplomatie et colonisation se donnent pour objectif de développer les échanges commerciaux. Le crédit entraîne la croissance des activités bancaires, des assurances, de l'épargne.

Ce sont des sociétés industrielles. Elles accordent une place privilégiée à l'entreprise qui cherche à vendre un produit au plus grand nombre possible de clients pour un prix aussi bas que possible. Il s'ensuit la production en série, l'automatisation, la gestion rationnelle.

Des sociétés démocratiques

Le pouvoir exécutif est très tôt soumis au contrôle d'assemblées élues. Les pouvoirs s'équilibrent. La stabilité constitutionnelle n'empêche pas des adaptations progressives.

La démocratie locale complète et équilibre la démocratie nationale. Les pouvoirs locaux reçoivent des compétences étendues. La bureaucratie d'Etat est relativement réduite. Les citoyens peuvent situer les responsables. Ils acceptent les institutions politiques, ainsi que le système économique et social. Ils considèrent que les défauts du système peuvent être amendés.

La minorité ne se sent nullement rejetée par la majorité et ne la rejette pas. L'alternance (ou la simultanéité) des partis au gouvernement est observée sans difficulté.

Les citoyens ont un haut degré de civisme. La pression sociale incite à respecter les consignes des pouvoirs publics. La cohésion sociale est forte. Les syndicats ouvriers apparaissent très tôt et prennent l'habitude des compromis. Les tensions sont vives, mais se réduisent par la négociation. La collaboration de classes est préférée à la lutte des classes.

La contestation ne mord pas sur ce *consensus*. Elle se contient dans d'étroites limites et favorise le changement continu. Le communisme ne s'implante pas ; les tentatives de subversion ne dépassent pas le niveau folklorique.

3. L'ENGOURDISSEMENT DE MARIE

Les sociétés à modèle hiérarchique connaissent une réaction en chaîne toute différente, qui fait d'elles une surprenante antithèse des pays de Marthe.

Les prêtres sont les chefs des communautés de fidèles et les interprètes de Dieu. La notion d'Eglise se confond avec celle de clergé. La société religieuse est une hiérarchie. Les Eglises nationales sont placées sous l'autorité supranationale du Saint-Siège. Les fidèles qui ne comprennent pas le latin restent longtemps accoutumés à vivre les rites religieux comme un ensemble de formules magiques. Le clergé garde longtemps ses richesses, son monopole de l'éducation, ses liens privilégiés avec l'Etat. Ceux qui ne partagent pas l'idéologie dominante sont rejetés. Les « déviants » (protestants, jansénistes, arminiens, sociniens, israélites, etc.) sont longtemps persécutés, voire expulsés.

La société civile est fondée sur le droit écrit, élaboré à partir du droit romain. Les règlements – précis, proliférants – font obstacle à l'évolution. Les libertés de l'individu sont instituées tardivement.

Des sociétés dogmatiques

L'éducation tend à reproduire le modèle hiérarchique. L'instruction primaire et secondaire se développe lentement. L'enseignement vit en circuit fermé.

Presque toutes les écoles relèvent de l'autorité hiérarchique, soit de l'Etat, soit de l'Eglise (l'enseignement privé est presque exclusivement catholique). L'enseignement public s'efforce de reproduire à son profit le monopole éducatif du clergé.

Les ministères de l'Education se transforment en bureaucratie tentaculaire, réglant dans le plus petit détail la vie scolaire et l'enseignement. L'organisation centralisée et l'existence d'un modèle uniforme rendent difficiles les expériences pédagogiques. La pédagogie fait jouer les ressorts de la défiance. La classe est le spectacle donné par un enseignant qui sait, à des élèves qui ne savent pas. Contestée, l'autorité centralisée tend à se durcir. Ou alors, elle s'effondre tout à fait.

L'enseignement est volontiers abstrait. Tout progrès dans l'abstraction est considéré comme un progrès de l'éducation. La spéculation pure est préférée à toute application pratique. Les mathématiques théoriques ont plus de prestige que les sciences expérimentales.

Le sport est considéré comme une discipline mineure. Les rares sports autochtones sont révélateurs de prouesses individuelles (tauromachie, escrime, cyclisme).

La femme est restée longtemps en tutelle. Les filles ont bénéficié beaucoup plus tardivement que les garçons de l'instruction organisée. Les femmes n'ont pas obtenu sans peine l'égalité des droits.

Des sociétés répétitives

Les découvertes scientifiques ont du mal à s'incarner en inventions techniques et davantage encore en innovations industrielles.

La croissance est attendue de la seule augmentation de la consommation, plutôt que recherchée dans le renouvellement des techniques, des produits et des sciences.

Les « entrepreneurs » se heurtent à une hostilité. Découragés de risquer, ils cherchent à s'assurer un profit protégé, sous forme de rente de situation, plutôt que de transformer méthodes, productions ou débouchés.

L'activité économique est peu prisée, au regard des activités religieuses, administratives, intellectuelles. Les règles de l'économie industrielle de marché sont souvent rejetées. L'enrichissement est suspect, sauf en cas d'héritage.

Ce sont des sociétés où l'échange est difficile : les cloisonnements sociaux, l'isolement des individus par rapport à la hiérarchie dont ils dépendent, la lente diffusion des techniques freinent le progrès des communications modernes.

L'agriculture se tient longtemps à l'écart des mutations. Une main-d'œuvre relativement importante est attachée à la terre. La paysannerie constitue une société à part.

Le commerce aussi demeure archaïque ; les élites sociales ne peuvent s'y adonner sans déchoir. Il repose sur la tentative d'imposer à la clientèle la marchandise qu'on a besoin de lui faire acheter.

Le prêt à intérêt ayant été longtemps banni, les mécanismes du crédit s'acclimatent mal. Les banques restent longtemps aux mains de minorités ethniques ou religieuses (protestants, juifs). L'Etat, qui s'en méfie, tend à les absorber.

L'industrie vise la qualité plus que la quantité ; et moins à abaisser les prix pour étendre la clientèle, qu'à garder la clientèle existante en se protégeant par un monopole. Pendant longtemps, l'activité manufacturière ne dépasse pas un niveau artisanal.

Des sociétés convulsives

Le système représentatif a du mal à s'y établir. On alterne entre régimes autoritaires et régimes d'assemblées. Les Constitutions, trop rigides, souffrent d'un taux élevé de mortalité. La démocratie locale se met encore plus difficilement en place que la démocratie nationale.

Les décisions s'imposent au citoyen sans qu'il ait eu pratiquement la possibilité de participer à leur élaboration, même pour les questions qui le concernent de plus près. Les responsables sont anonymes et insaisissables.

Le niveau de *consensus* est peu élevé. Une fraction notable de la population refuse le régime politique, économique et social, et les réformes qui permettraient son évolution.

Une large majorité est nécessaire pour que les responsables élus soient tenus pour légitimes. La contestation est tentée par l'extrémisme. Les syndicats qui ont le plus d'emprise sont ceux qui mènent la contestation la plus radicale. La notion de « lutte des classes » est entourée d'un grand prestige.

Les citoyens ont un bas degré de civisme. La débrouillardise, la « resquille », le « système D » sont encouragés et honorés.

Le parti communiste s'implante comme substitut – et comme image inversée – de l'Eglise catholique : organisation supranationale, universelle, dogmatique, disciplinée. L'armée subit la tentation de l'intervention politique *(pronunciamiento)*.

4. FAITS NOUVEAUX ET SÉQUELLES

Réaction en chaîne de l'autonomie, de la confiance et des valeurs pragmatiques, d'un côté. Réaction en chaîne de la hiérarchie, de la méfiance et des valeurs dogmatiques, de l'autre. Ces deux schémas s'appliquent, en gros, aux sociétés occidentales, pendant les quatre siècles qui séparent la clôture du concile de Trente (1563), où la Contre-Réforme s'établit, et le début du concile de Vatican II (1962), où elle s'abolit.

Mais ils ne suffisent plus à tout expliquer. Les sociétés de tradition catholique, et particulièrement la France, ont connu des faits nouveaux. Avec Vatican II, en effet, le catholicisme s'est réformé lui-même. Il a laissé tomber, pour l'essentiel, son armure de romanité. C'est un événement essentiel. Cet *aggiornamento*, dans l'immédiat, lui a coûté très cher. En France, par exemple, deux catholiques sur trois ont cessé de fréquenter l'église entre 1962 et 1977. Mais ceux qui continuent commencent à retrouver, à travers maints remous, une vitalité nouvelle.

L'immense bénéfice de Vatican II est d'avoir associé les fidèles à la hiérarchie. Bénéfice pour l'Eglise. Mais aussi, indirectement, pour toutes les sociétés modelées par le catholicisme. Même si elles se sont en grande partie déchristianisées, le christianisme a perdu son appareil de contrainte intellectuelle, pour reprendre sa valeur d'exemple. *Une raison première et essentielle du blocage des sociétés latines a disparu.*

Ce verrou culturel a sauté au même moment que certains verrous économiques. La France, depuis 1945, et surtout, grâce à son entrée dans le Marché commun, depuis 1959, s'est placée sur une nouvelle orbite. En se jetant dans l'Europe avec résolution, elle a pris goût à l'air vif de la lutte.

Les autres pays latins, pour peu qu'ils arrivent à concilier l'autorité et la liberté, peuvent rattraper leur retard. L'Europe du Sud a déjà gagné du terrain. Elle peut en gagner bien davantage. Par le fait même qu'elle est restée jusqu'à ces derniers temps archaïque, elle dispose de réserves qui font défaut aux pays plus anciennement industrialisés. Après un long déclin, les quatre sœurs latines se sont peut-être engagées dans une sorte de résurrection.

Cette évolution atténue donc le contraste entre les deux modèles que nous avons isolés.

En cette fin de XXe siècle, tous les pays du monde affrontent une même crise : celle d'une *mutation* trop rapide. Et tous les pays du monde occidental – qui ont imposé cette mutation aux autres – subissent la crise du *capitalisme*.

Pour nous, Français, s'ajoute une troisième crise, la crise propre de notre modèle social et administratif, imprégné de *romanité*.

Le choc du futur provoque dans nos structures sociales centralisées, dans nos structures mentales dogmatiques, des crispations et des soubresauts. Cela peut conduire à resserrer les mailles de l'ordre. Mais, simultanément, le réseau hiérarchique baigne dans un environnement de plus en plus libertaire. Le niveau du *consensus* social est au plus bas. La discipline imposée devient insupportable ; elle n'est pas remplacée par une longue pratique de l'autodiscipline. La France est trop libérale pour ce qu'elle a de hiérarchique, trop autoritaire pour ce qu'elle a de démocratique. Dans cette société césarienne en décomposition, *l'autorité* agit comme un révulsif ; *la démocratie*, comme un dissolvant ; l'une et l'autre ont comme perdu leurs principes positifs. Ainsi, la question est posée : la France réussira-t-elle son Vatican II ? Et à quel prix ? Il risque d'être fort élevé. Car le passif national reste lourd.

L'effet de rémanence

La France a accompli de grands progrès, grâce à sa stabilité institutionnelle et à son ouverture au monde. Mais elle est loin d'avoir surmonté les séquelles des maux qui l'ont assaillie depuis quatre siècles.

Quand un champ magnétique a aimanté un morceau de fer, l'aimantation subsiste longtemps après que l'on a interrompu l'effet magnétique. Ces effets de *rémanence*, la physique sociale en abonde. Ainsi, la ferveur religieuse est retombée, mais le mode de penser qu'avait sécrété la religion marque toujours les esprits. La société religieuse a fait naître une civilisation à son image ; et cette civilisation se reproduit. Les représentants de l'Etat ne font plus pendre aux branches des arbres les paysans en révolte ; mais l'antagonisme radical se perpétue entre dominants et dominés. Les partis les plus modernes affichent des « *stratégies de rupture* ». Au cœur de la société, court une ligne de cassure, toujours prête à s'ouvrir *.

A la fragilité politique et sociale, séquelle des fractures culturelles, s'ajoute la fragilité économique, séquelle des retards accumulés. Nous vivons sur deux économies : l'une, moderne, active, en expansion ; l'autre, arriérée, en récession, condamnée à mourir. L'inertie de celle-ci fait peser un lourd handicap sur l'essor de celle-là. Ce n'est pas un hasard si les Français possèdent le quart de l'or détenu par des particuliers dans le monde. Ils laissent ainsi dormir une bonne partie de leur capital. Cependant que l'Etat en administre une seconde partie ; et fausse, par ses interventions incessantes, les conditions d'emploi de la troisième : celle qui est active, mais aux mains des particuliers, et qui doit supporter les charges dont sont exonérées les deux premières... Le bois mort est épais, et nos comportements économiques ne poussent guère à l'éclaircir.

Rien ne pourra faire que la France cesse, d'un coup, de subir les conséquences de ses choix passés : de la *société figée* qu'elle s'est donnée au long de plusieurs siècles d'absolutisme administratif, de l'agriculture et du commerce archaïques qu'elle a entretenus jusqu'en plein XXe siècle ; des effondrements de sa démographie ; de son industrialisation paresseuse ; de ses réflexes protectionnistes.

Cette promenade dans le passé du « mal français » nous aura peut-être livré quelques clés du présent. Elle suggère, par exemple, qu'il n'y a ni progrès social sans progrès économique, ni progrès économique sans une *mentalité économique*. Que les Français doivent aimer leur négoce, leur industrie, leur technique, donc leurs exportateurs, leurs industriels, leurs techniciens. Qu'ils doivent admettre que les lois du marché ne sont rien d'autre que les lois de la démocratie dans le domaine économique.

Les handicaps tenaces que l'histoire nous inflige, nous ne pourrons les combler qu'en effectuant la révolution mentale nécessaire, après tant de convulsions politiques inutiles **.

---

* *François Mitterrand, élu en 1981, a cru devoir opérer cette « rupture », en se plaçant d'un côté de la cassure. En revanche, il a été réélu en 1988 sur une prédication à vrai dire un peu floue de la cohésion sociale. Jacques Chirac a été élu en 1995 sur son analyse de la « fracture » – qu'on ne peut réduire qu'en la reconnaissant d'abord (1996).*

** *La mentalité économique a progressé depuis 1981, l'hypothèque d'une alternative socialiste ayant été levée par l'alternance qui donna le pouvoir aux idées socialistes. Pourtant, la « révolution mentale » n'a pas été complète ; elle n'est pas irréversible (1996).*

Troisième partie

CÉSARISME SANS CÉSAR

Il est de l'essence de l'administration de tendre à se centraliser. La confiance est le ressort moral, le ressort de gouvernement, qu'aucun règlement ne peut remplacer. Vainement décentraliserait-on par voie réglementaire, c'est-à-dire sur le papier : si l'esprit de méfiance, si la jalousie des attributions personnelles, si le goût de certains détails se trouvent chez l'autorité supérieure, la logique prouvera toujours que l'on ne peut refuser à l'autorité supérieure la connaissance des détails dont elle veut se mêler, et dont elle est au moins indirectement responsable. La logique exigera également que l'avis de l'autorité supérieure, dans une affaire dont il lui a plu de prendre directement connaissance, prévale sur celui de l'autorité inférieure.

En fait, l'on comprend que cela revient à transférer la décision, non au jugement personnel du haut fonctionnaire qui évoque, mais à quelque employé de bureau ou de cour (curia), *qui, pour l'ordinaire, n'a pas le même rang dans la hiérarchie et dont l'opinion n'offre pas les mêmes garanties que celle du fonctionnaire sur lequel le droit d'évocation s'est exercé... Le progrès de la centralisation administrative serait une cause de dépravation et de désordre dans le gouvernement.*

Cournot (1864) [1].

Chapitre 23

LA CAPTATION TECHNOCRATIQUE

Ce dimanche 28 septembre 1958, sur le quai de la gare de Lyon, une dizaine de voyageurs en partance pour Venise, où ils allaient participer à une table ronde sur le Marché commun, s'interrogeaient avec vivacité à propos du référendum qui avait lieu ce jour-là et devait fonder la Ve République *. Le rapide allait démarrer à 20 heures – à l'instant même où les scrutins seraient clos à Paris et dans la plupart des grandes villes ; il nous faudrait attendre le lendemain pour être fixés.

« Il suffisait de faire voter la Seine-et-Marne »

Je m'éloignai un instant pour téléphoner en Seine-et-Marne, où, depuis 18 heures, on avait cessé de voter. Dans le canton de Bray-sur-Seine, où les comptages étaient achevés, on m'annonça 79,5 % de « oui » : 20 % de plus que les pronostics des Renseignements généraux ; à Melun pour le département, à Provins pour l'arrondissement, les calculs étaient en cours, mais « on tournait autour » de 79 %. Je dus courir pour rejoindre mes compagnons de voyage. « Ces chiffres ne veulent rien dire, m'objecta François Mitterrand tandis que le train prenait de la vitesse. La Seine-et-Marne a toujours été un département gaulliste **. » En gare de Milan, le lendemain matin, les journaux italiens annonçaient 79,25 % de « oui »

* Ce groupe comprenait des hommes politiques : Edgar Faure, François Mitterrand, Maurice Faure, André Boutemy ; le syndicaliste Pierre Lebrun ; des fonctionnaires : Pierre Uri, Jacques Duhamel, Roland Pré et moi-même.

** Il faisait preuve d'une bonne connaissance de la géographie électorale : de fait, les élections municipales en 1947, législatives en 1951, y avaient été favorables au RPF.

en France métropolitaine. Edgar Faure eut le mot de la situation : « On aurait pu faire l'économie du référendum. Il suffisait de faire voter la Seine-et-Marne. »

A chacune des onze consultations nationales qui ont suivi * – cinq autres référendums, six tours de scrutin présidentiel – le résultat fut imperturbablement le même dans la circonscription de Provins-Montereau que pour l'ensemble de la métropole. Une cruche d'eau prélevée dans le courant d'un fleuve, pourvu que l'endroit soit bien choisi, donne une idée précise de la composition de l'eau de tout le fleuve. On est blasé, aujourd'hui, devant l'exactitude des sondages électoraux. Pourtant, l'émerveillement naïf des voyageurs de l'Orient-Express, en ce petit matin de l'automne 1958, ne m'a pas quitté.

Un abrégé de la France

Me voici donc, depuis lors, attentif à ausculter cette modeste circonscription, une sur quatre cent soixante-dix, pareille à la moyenne des autres. Ni l'agglomération parisienne, ni les zones tout à fait rurales, ni les grandes villes ne sont une miniature de la France. Si le petit monde de l'arrondissement de Provins vote comme la nation, c'est qu'il est composé à son image : les habitants s'y répartissent – entre ouvriers et agriculteurs, employés et fonctionnaires, hommes et femmes, jeunes et vieux, citadins et ruraux – de la même manière que dans le pays. On y est à quatre-vingts kilomètres de Paris, mais on se croirait à huit cents. C'est la province, avec ses castes et ses clans, ses villages, ses bourgs balzaciens et ses *grands ensembles*, sa léthargie et ses ardeurs ; en plus, le dimanche, ce qu'il faut de *Parisiens* – pour que le microcosme soit complet.

On y aperçoit le reflet, sur une longue période, d'une France archaïque, endormie du sommeil de la terre, immuable dans ses valeurs frileuses, avec ses clientèles longtemps fidèles aux notables traditionnels. Il était aussi difficile à cette vieille société de changer de responsables, qu'aux responsables de changer la société. Une France qui a résisté victorieusement à l'évolution et qui, néanmoins, s'est mise à évoluer trop vite : le glissement s'accentue de la ferme vers le bourg, du village vers le chef-lieu, du chef-lieu

* *Les élections présidentielles suivantes ont confirmé la place de la Seine-et-Marne dans cette fourchette proche des résultats nationaux : le 10 mai 1981, Giscard y obtint un peu moins de 50 % ; le 8 mai 1988, Chirac y fut très nettement devancé par Mitterrand, et il l'emporta sur Lionel Jospin en mai 1995 (1996).*

vers Paris. Et brusquement, des courants puissants agitent cette masse qui semblait dormir...

Des sondages minute

Un élu fait de la sociologie comme M. Jourdain faisait de la prose. Maire, conseiller général, député d'arrondissement, il voit s'ouvrir devant lui toutes les portes. Il est invité à assister au conseil de révision, visite les écoles, reçoit les plaintes des parents, inspecte les classes de neige, sait qui a besoin de l'aide sociale, pénètre dans les foyers, prévient d'un deuil, est, s'il en a le temps, de toutes les fêtes. Qu'il prenne quelques notes, il disposera de matériaux concrets qu'aucun institut de sondage ne pourrait lui fournir.

Quand je veux savoir ce que pense la France, j'interroge l'homme de la rue qui vient me demander service. C'est moins coûteux qu'un sondage d'opinion ; tout aussi sûr. Au début, je craignais une réticence au questionnaire. Erreur : presque tous aiment qu'on attache du prix à leur opinion. Cette interrogation réserve des surprises. Les soucis de l'élu, de la presse, de la caste politique paraissent tout à coup lointains... Quelles découvertes, pour le plongeur sous-marin de la société ! Comme le paysage change !

Les « paumés »

Quand je cherche à définir d'un adjectif les électeurs, tels que je les vois défiler ainsi dans mes permanences, je ne trouve que celui-ci, qu'ils utilisent parfois : « paumés ». S'il y a quelque passion dans ce livre, c'est sans doute en mémoire de ces hommes et de ces femmes en détresse.

D'où vient la détresse ? Pas, le plus souvent, de la pauvreté ou de la maladie, contre lesquelles le Français manie avec efficacité toutes les armes de la ruse, de la résignation ou du courage. Mais il se débat dans ce paradoxe insupportable : l'organisation sociale faite pour l'aider, le protéger, lui rendre justice, n'aboutit souvent qu'à lui compliquer la vie, voire à lui dénier la justice.

Les citoyens se heurtent aux guichets comme un frelon à la vitre. Des arriérés d'impôts que le fisc leur réclame à la suite d'une erreur qu'il a commise, mais qu'il ne veut pas reconnaître. Une pension de veuve qui est refusée parce qu'on n'arrive pas à retrouver trace d'un employeur du défunt trente ans plus tôt. Une demande de remboursement de produits pharmaceutiques par la Sécurité sociale, que celle-ci retourne en réclamant des pièces que l'assuré lui a envoyées depuis six mois sans en garder copie. Une demande de permis de construire, obstinément rejetée parce que la forme d'une fenêtre ne plaît pas aux services des monuments historiques, et que le pavillon sera situé à un peu moins de cinq cents mètres d'une église, d'où pourtant on ne le verra pas : mais il faudrait, pour s'en rendre compte, se transporter sur place, ce que les fonctionnaires ne font presque jamais.

Si tant d'électeurs viennent ainsi voir leur député, c'est qu'ils espèrent trouver en leur élu l'initié, le sorcier, qui saura percer les mystères de l'administration, en déjouer les menaces. Chacun m'apporte un nouvel exemple de l'abîme qui sépare la règle *conçue* – de manière à assurer l'égalité pour tous du « service public » ou de la prestation sociale – et la règle *perçue* – dans son application, souvent hasardeuse, arbitraire, aveugle. Quelle détresse, chez tant de personnes simples, devant cet univers administratif sur lequel rien ne semble avoir prise, et qui les retient dans le labyrinthe de ses procédures ! Pour une femme qui éclate en sanglots en jetant tous ses papiers sur mon bureau et s'écrie : « J'sais pas y faire », combien n'osent même pas cette démarche, et abandonnent ?

L'inégalité confirmée

Les choses en viennent au point que ce qui devrait réparer l'inégalité l'accroît. Pour repérer le bon organisme, remplir sans faute les formulaires, persévérer au milieu des embûches de la paperasse, il faut une instruction très supérieure à la moyenne. Pour annuler le premier refus, amadouer la première volonté contraire, il faut les ressources de l'intelligence, de l'éloquence, ou celles de l'intimidation, des relations. Cela n'est pas toujours vrai, certes ; mais l'impression finit par prévaloir que *l'organisation collective* est au service de ceux qui dominent, simplement parce que *ceux qui dominent savent mieux s'en servir*. Aujourd'hui, ce n'est plus la fortune acquise qui donne l'aisance à vivre ; c'est l'aptitude à circuler dans la complexité des procédures économiques, financières, fiscales, sociales.

Si ces électeurs viennent me voir, c'est aussi parce qu'ils croient à l'arbitraire, et préfèrent celui de l'élu, sur qui ils ont prise, à celui du fonctionnaire, inaccessible derrière son guichet. Souvent, ils auraient pu commencer par tenter de régler leur affaire avec le chef de bureau compétent : mais ils craignent qu'un premier refus ne prenne d'emblée tous les caractères de l'irréversible ; ils devinent que l'administration n'aime pas se déjuger, étant par définition infaillible, et que la hiérarchie se rend presque toujours solidaire de la décision initiale. Passer par le député, c'est prendre la hiérarchie à revers : par l'échelon supérieur, d'où l'ordre bienfaiteur pourra redescendre jusqu'à l'homme du guichet. Du moins, en toute naïveté, le croit-on.

Cette détresse qui vient battre ma porte, je sens qu'elle motive les alternances du cœur français vis-à-vis du changement : il faudrait tout changer, ou rien. Bien rare est le visiteur qui réclame telle ou telle modification, qui suggère une réalisation concrète ou une réforme précise. On ne revendique pas l'assainissement ou la station d'épuration. On vient protester contre la poussière que soulèvent les travaux, contre le trottoir défoncé, contre le bruit du marteau pneumatique. On ne réclame que contre le dérangement, apporté par un équipement qui se construit, par un droit qui a été changé. Ou bien l'on exige le bouleversement apocalyptique. Révolutionnaires ou immobilistes, et presque toujours les deux à la fois, tels l'administration façonne les Français, parce que jamais ils ne se voient en situation d'avoir prise sur le changement.

« *Paumés* », les citadins le sont encore plus que les ruraux. Dans des bourgades, le maire ou le secrétaire de mairie sont plus aisément accessibles ; ils jouent le rôle d'écrivains publics, de débrouilleurs de dossiers. En ville, et surtout dans les entassements humains des *grands ensembles*, le recours disparaît. Dans l'anonymat, la solitude s'épaissit.

Des « grands ensembles » vides

Montereau et sa ZUP * de Surville m'ont fait vivre le drame absurde des *grands ensembles*.

En 1957, l'administration, dans sa sagesse souveraine, a décidé que le développement urbain de la Seine-et-Marne s'effectuerait dans les « *3 M* » : Meaux, Melun, Montereau. Par décret parisien, Montereau, petite ville tranquille de dix mille habitants, se voyait donc intimer l'ordre de monter à trente mille. On n'avait demandé l'avis d'*aucun* Monterolais.

En 1959, la ZUP est inscrite sur le terrain – le plateau de Surville, d'où Napoléon, à cheval, dirigea la bataille de Montereau, l'une de ces nombreuses victoires qui ont abouti à un désastre. L'empilement commence. Pourtant, l'architecture est nettement mieux réussie que dans la plupart des quartiers nouveaux de ce genre. D'hélicoptère, ou du sommet d'une tour, le coup d'œil est superbe. A l'intérieur des tours, ou des barres, c'est moins exaltant.

La municipalité, qu'on n'avait pas consultée, ne peut que suivre le mouvement, sans avoir aucun moyen de le contrôler. Une ZUP,

---

* *Zone à urbaniser par priorité*. Opération administrative de construction de grands ensembles.

cela signifie que l'administration s'arroge, à l'intérieur de la commune, un droit absolu d'extraterritorialité. Mais peu à peu, le mouvement dérape. L'administration change d'avis. Elle abandonne la politique des « *3 M* » pour celle des *villes nouvelles*. Meaux et Melun, situées près de deux d'entre elles – Marne-la-Vallée et Melun-Sénard – n'en pâtiront aucunement. Mais Montereau est brutalement laissée pour compte. En outre, l'administration a découvert les vertus de la décentralisation industrielle vers la province. Et pendant que l'on continue d'aligner les cages de béton, on refuse obstinément aux industries qui doivent quitter Paris la possibilité de s'installer sur la zone industrielle de Montereau : la Seine-et-Marne n'est pas « la province »... C'est une lutte harassante pour obtenir quelques maigres dérogations.

Vers 1970, l'évidence commence à crever les yeux : l'emploi n'a pas suivi l'habitation ; attirés par les immeubles neufs, les nouveaux habitants ne trouvent pas à travailler sur place. On compte bientôt quelque huit cents logements vides sur quatre mille. Aux élections municipales de 1971, la municipalité modérée, qui n'était pour rien dans ce « coup d'accordéon », est balayée par une liste communiste... Ce n'est pas un vote idéologique, c'est un vote de protestation. Les Monterolais ont pris un coup de sang. Il y avait de quoi ! Et à qui s'en prendraient-ils, sinon à leur municipalité, qui fut pourtant, d'un bout à l'autre, complètement dépossédée par l'administration ? Mais celle-ci reste hors d'atteinte.

Le mal était fait : aux élus locaux qui, n'ayant jamais été *dans le coup*, ont subi tout le contrecoup ; à nos paysages, rayés par ces grandes barres blanches ; à nos villes, déséquilibrées par ces excroissances ; aux hommes qui habitent ces bâtiments concentrationnaires ; à la jeunesse, désœuvrée et hostile, qui se forme en communautés délinquantes ; sans compter les filles de treize ans qui se prostituent pour 5 francs, ou pour un paquet de bonbons *.

La « maison du fada »

Le mal est ancien : c'est en 1945 que les bureaux ont délibérément pris ce parti d'urbanisme, sous la pression d'une idéologie socialisante – *collectiviste* au sens où elle magnifiait la vie collective. Le Corbusier prêtait son prestige à ce choix. A Marseille, on appela l'une de ses premières réalisations d'après-guerre « la maison du fada ». L'*intelligentsia* s'est beaucoup moquée de l'incompréhension des Marseillais à l'égard du génie moderne. Mais le

* *Le malaise des banlieues est aujourd'hui mieux connu. Cf.* La France en désarroi. *Montereau, avec ses dix-neuf mille habitants est représentative de ces petites cités dont on ne parle pas, mais où les problèmes s'accumulent (1996).*

bon sens était du côté des Marseillais. L'instinct populaire se méfiait. Que ne l'a-t-on écouté !

La maison individuelle coûterait trop cher ? Nullement. Un logement de trois ou quatre pièces, sous forme de pavillon dans un lotissement en milieu rural, ne coûte ni plus ni moins cher que le même logement dans un grand ensemble. Le sol manque ? Pas davantage. Si les quinze millions de foyers français habitaient tous un pavillon au milieu d'un terrain de cinq ares – ce qui, les sondages le prouvent, est le rêve de quatre citoyens sur cinq –, cela n'occuperait encore que 1,3 % du territoire. Et pourtant, on nous parque dans les villes. On délimite strictement des zones *urbanisables*, ce qui fait aussitôt grimper le prix du terrain.

Dans des bourgades ou dans des quartiers à taille humaine, où l'on se connaît, s'exerce un insensible contrôle social. Chacun est protégé de ses tentations par le coup d'œil de son voisin. Dans un grand ensemble, la foule solitaire échappe à son propre regard. On entend se vider la baignoire du voisin, mais on ne sait pas qui il est. L'anonymat rend agressif. J'ai vu des garçons, à trois ou quatre, tordre les ailes des voitures en stationnement le long d'une rue. Comme je les interpellais, ils me répondirent : « On s'em... »

Un jour que je participais à un débat télévisé avec le grand architecte Emile Aillaud, je défendis ce rêve français de la maison individuelle – lequel, dans mes permanences, s'était tant de fois exprimé. Le créateur de la Grande Borne me dit tout uniment que le génie architectural ne pouvait s'épanouir dans un pavillon. Et comme je lui demandais si une habitation était faite pour épanouir les architectes ou les gens qui y vivaient, il eut cette phrase superbe : « *Il faut savoir faire le bonheur des gens malgré eux.* »

On y reconnaissait la secrète pensée de tout notre système administratif, tel que vingt ans d'observations m'en ont rendu témoin : collectivités mises en tutelle, individus pris dans les lacets des règlements et des formulaires, pouvoir légitime des élus capté par des fonctionnaires anonymes – c'est le « mal français » à l'œuvre sur le terrain.

Pourtant, les gens que je vois défiler ne sont pas heureux ; et ce n'est pas faute qu'on ait voulu faire leur bonheur *malgré eux...* Presque tous pourraient fournir des cas pour illustrer ce livre. Si je l'écris, c'est avant tout en pensant à eux.

Une mine d'or sur la tête

La difficulté est de choisir. En 1838, Alexis de Tocqueville conjure son ami Gustave de Beaumont de lui trouver des exemples du centralisme administratif. « Je veux prouver par les faits actuels que j'ai raison. Si votre imagination en découvrait quelques-uns, je lui serais très obligé de me les fournir. Je veux faire voir l'Etat s'emparant successivement de toute chose, se mettant de tous côtés à la place de l'individu, gouvernant, réglementant, *uniformant* toutes choses et toutes personnes. Mes matériaux ne me suffisent point encore [1]. »

Quinze ans plus tard, le même Tocqueville confie au même Beaumont son désarroi. Il est débordé par les exemples : « J'étais comme le chercheur d'or auquel la mine serait tombée sur la tête : j'étais écrasé sous le poids de mes notes et ne savais plus comment sortir de là avec mon trésor [2]. »

Cette mésaventure peut arriver à des chercheurs plus modestes. Quand une hypothèse et votre expérience vous ont conjointement fourni une grille pour lire la réalité, tout fait vous devient signe. Presque chacun des dossiers que j'ai traités en dix-huit ans de vie publique fournirait matière à une étude de cas, qui permettrait de pénétrer dans les profondeurs du « mal français ». Durant cette période, maintes revendications de catégories ont agité ce coin de France, comme tant d'autres. Chacune permettrait une analyse spectrale de la société française, de ses tensions, de ses déperditions d'énergies, de ses courts-circuits.

Certains de ces conflits m'ont fourni, pour divers chapitres de ce livre, bien des illustrations brèves. Mais dans cette masse d'histoires exemplaires, il en est deux que je voudrais conter à loisir. Que le lecteur me pardonne de n'épargner aucun épisode : c'est dans les détails que se révèlent les acteurs du jeu social, les circuits souterrains du pouvoir, les réactions cachées, le pli mental. J'aimerais offrir une vision microscopique, après le survol macroscopique des siècles ; comme une sorte d'intermède dramatique entre l'itinéraire historique que nous venons de suivre, et l'inventaire des formes du mal social et du mal mental, que nous dresserons ensuite.

Deux faces du Janus technocratique

Ce sont deux drames inconnus, sauf de leurs victimes. Une monstruosité sociale – le statut des mineurs refusé aux plus déshérités des mineurs (cf. chapitre 24, « Les gueules grises », p. 286). Une monstruosité technique – un projet d'aqueduc romain à la fin du XXe siècle (cf. chapitre 25, « Tempête dans une nappe d'eau », p. 302). Deux luttes ont pu dérouler leurs surprises et leurs revirements pendant, l'une huit ans, l'autre dix-sept, sans jamais percer le mur d'indifférence. L'opinion n'a rien su de l'injustice subie par sept cents mineurs, ni de l'absurdité d'une adduction d'eau inutile qui coûterait à la nation autant que cinq cents kilomètres d'autoroute.

Il y a déjà là matière à réflexion. Dans un système hypercentralisé, l'écho rencontré par un groupe qui s'estime lésé ne se mesure pas à la gravité du préjudice, mais à la capacité de pression du groupe sur la capitale. Quelques centaines de travailleurs isolés, une vingtaine de communes rurales, ne disposent pas d'un poids suffisant pour ameuter l'opinion. Une société bureaucratique est dure aux humbles, alors que sa justification est précisément de les protéger.

De ces deux tragi-comédies, j'ai pu observer tous les acteurs, depuis le travailleur de base jusqu'au président de la République. J'y ai joué aussi mon rôle, pour n'y apprendre guère qu'à mesurer, là encore, l'impuissance de mon pouvoir.

Chaque exemple, enfin, dévoile une face du Janus technocratique. Dans le premier, l'administration refuse de faire ce que le bon sens commande ; dans l'autre, elle veut faire ce que le bon sens condamne. Ici, elle traîne les pieds ; là, elle avance comme un rouleau compresseur, écrasant ce qu'elle rencontre.

Ces deux attitudes inverses s'observent fréquemment dans notre pays. Elles expliquent bien des retards ou des aberrations dans la gestion de ses affaires.

« La France n'a pas besoin d'autoroutes »

Une administration qui traîne les pieds ? Celle, par exemple, qui, pendant un quart de siècle, de 1945 à 1970, refusa de construire des autoroutes. Elle adoptait *exactement la même attitude* (probablement sans le savoir, car on enseigne peu l'histoire) qu'au siècle dernier, sous Louis-Philippe, à l'égard des chemins de fer [3].

Dans les années 1950, de plus en plus nombreux, les automobilistes s'étonnent : passé la frontière belge, allemande, italienne, ils roulent sur ces voies plus rapides, plus sûres. Pourquoi pas en France ?

A mon premier voyage aux Etats-Unis, après la guerre, je fus frappé du rythme auquel s'y construisaient les autoroutes à péage. Les principaux acteurs étaient des compagnies privées, qui se livraient une rude concurrence. Il n'y avait pas d'investissement plus rentable. Les Etats se contentaient de contrôler. Le gouvernement fédéral n'était intervenu que pour donner la première impulsion et pour arbitrer les tracés. Il ne faisait pas : il faisait faire.

A mon retour en France, je tentai de faire partager ma découverte à l'un de mes camarades, inspecteur des Finances, qui appartenait au cabinet du ministre des Travaux publics. « Jamais, me dit-il, un système pareil ne pourra s'instaurer en France. Le corps des Ponts n'accepterait pas d'être dépossédé de son monopole de construction des routes. Et jamais les Finances n'admettront que se constituent des caisses autonomes qui leur échapperaient. Les autoroutes ne peuvent se construire chez nous que par le moyen de l'argent public ; et comme il n'y a pas assez d'argent public, il ne faut pas s'attendre à ce que nous ayons beaucoup d'autoroutes. » De fait, on s'en tenait aux premiers kilomètres de l'autoroute de l'Ouest, construits avant la guerre, à l'époque où l'Allemagne en possédait déjà huit mille kilomètres.

Beaucoup plus tard, un jour de 1963, le ministre des Travaux publics, Marc Jacquet, mon voisin à la table du Conseil, me passa, pendant une communication ennuyeuse, un document datant de 1951. C'était une note du directeur des routes qui démontrait que la formule de l'autoroute, bonne solution pour les pays qui avaient l'infortune d'être pauvres en routes, comme l'Allemagne ou les Etats-Unis, était inadaptée pour une France qui avait la chance d'en être richement pourvue : nos voies nombreuses, disposées en étoile à partir de la capitale, bordées d'arbres, telles que les avaient tracées Louis XIV et Louis XV, telles que les avait bâties et améliorées le corps plusieurs fois séculaire des Ponts et Chaussées, ne faisaient-elles pas l'admiration du monde ? Un modèle mathématique prouvait, de surcroît, que la progression de la circulation commandait seulement d'élargir la voirie existante et d'aménager des déviations. Le ministre des Travaux publics de l'époque avait inscrit de sa main, en tête de la note, ces mots définitifs : « *Vous avez raison. La France n'a pas besoin d'autoroutes*. » Suivait la signature d'un homme que, pourtant, l'année suivante allait rendre célèbre *.

La ligne Maginot

D'autres fois, l'administration fonce, tout aussi sûre d'elle. Parmi les exemples de son dynamisme aveugle, le plus lourd de conséquences fut sans doute celui de la ligne Maginot.

Sur le mur de ma chambre, j'avais épinglé, en 1939, une carte de France. A l'aide de petits drapeaux et de fils de laine aux trois couleurs, j'avais, me guidant sur ce qu'en disaient les journaux,

* Antoine Pinay. Il fallut tout l'irrespect des tabous administratifs qui caractérisait Albin Chalandon pour que la France se donnât enfin un vrai programme autoroutier, à partir de 1970. *En 1995, acquitter un péage autoroutier est devenu un geste familier. A noter une fois encore que nous ne faisions que reprendre un lointain exemple anglo-saxon : au* XVIII*e siècle, c'est en ouvrant des routes à péage que les Anglais ont désenclavé leurs provinces et développé leur commerce intérieur (1996).*

figuré la ligne Maginot, ce rempart de béton contre la barbarie. Je rêvais des vagues d'assaut allemandes venant se briser l'une après l'autre sur ma triple épaisseur de fil. Quelque chose, pourtant, me tracassait : de la frontière suisse, la haie tricolore remontait bien en Alsace, droit au nord, pour s'incliner vers l'ouest en suivant la frontière d'Allemagne, puis du Luxembourg. Mais elle s'arrêtait à Longuyon, au coin de la Belgique. Ensuite, il n'y avait que le pointillé de la frontière, et ses espacements me paraissaient autant de portes ouvertes. Et si les Allemands passaient par la Belgique ? Ne l'avaient-ils pas déjà fait en 1914 ? Pourquoi n'avait-on pas étiré la ligne Maginot jusqu'à la mer ?

Je m'ouvris à mon père de cette inquiétude. Il coupa court à mes cauchemars stratégiques : « Tu penses bien que l'état-major s'est posé la question avant toi, et qu'il y a apporté une réponse. »

La suite des événements – et ce que nous savons aujourd'hui – prouva que l'état-major n'apercevait pas ce qui crevait les yeux d'un gamin. La ligne Maginot, prouesse technique, était une absurdité stratégique ; pourtant, rien n'avait pu empêcher la fabrication de ce chef-d'œuvre coûteux, inadapté, inutile.

Chef-d'œuvre ? Certes ! Quatre cent cinquante kilomètres de routes et voies ferrées en galeries. De l'acier et du béton résistant aux obus les plus puissants. Des salles de machines distribuant l'électricité, fabriquant l'air conditionné. Des milliers de tonnes de vivres et de munitions enterrées dans ces cavernes. Des réfectoires propres, des salles de douche, des cinémas, des bibliothèques qui pourvoyaient à l'agrément de cette immense ville souterraine [4].

Coûteux ? Bien sûr : 4 250 milliards dépensés en cinq ans [5]. Plus cher, en proportion du produit national brut comme du budget de l'Etat, que ne devait coûter notre armement nucléaire [6].

Inadapté ? La ligne fortifiée, qui supposait une stratégie défensive, était en contradiction avec notre politique extérieure et avec nos engagements envers la Tchécoslovaquie et la Pologne, lesquels auraient exigé une stratégie offensive. La main droite ignorait ce que faisait la main gauche ; maladie que nous retrouverons souvent.

Inutile ? Hélas ! Trente divisions y resteront stérilisées, pendant que la *Wehrmacht*, négligeant ce rempart bien gardé, entre en France par la porte de service des Ardennes.

Comment avait-on pu en arriver là ? En laissant agir la technocratie militaire. Les députés délibéraient encore sur les crédits que les travaux battaient déjà leur plein. En réponse à ceux qui émettaient des doutes, évoquaient les chars et l'aviation, Paul Painlevé, ministre de la Guerre, recourait à l'argument d'autorité *. « Je vous

* Le 28 novembre 1928.

assure que les arguments sur lesquels on s'appuie dans une telle question sont des plus complexes... Les experts les plus éminents ont eu parfois des divergences de vues ; mais il est tout de même un certain nombre de points sur lesquels ils se sont accordés... Nous ne pouvons donc que nous y rallier... Dans le projet que j'ai soumis à la commission des Finances, les travaux sont engagés pour trois de ces forts particulièrement étudiés. Les techniciens – je le répète – sont d'accord sur ce projet. Je demande à la Chambre de ne pas insister davantage sur ce sujet et d'accorder au gouvernement des crédits dont elle peut être sûre qu'il fera un usage utile et efficace [7]. »

Ainsi, en plein régime d'assemblée, le pouvoir politique reconnaît ingénument son incapacité d'élaborer une doctrine sur des questions qui commandent le destin de la nation. Il s'incline devant la compétence des techniciens, se réjouit quand ils arrivent à se mettre d'accord, et se contente d'entériner leurs décisions, alors qu'elles sont déjà exécutées.

Le successeur de Painlevé, André Maginot, prononce un aveu encore plus clair : « On a élaboré soit devant la commission des frontières, soit devant le Conseil supérieur de la Guerre, un programme... *Ce programme a un avantage, c'est qu'il existe* [8]. » L'argument est constant en France. Les bureaux préparent un projet sans aucune alternative. L'instance politique ne peut que l'adopter.

Et comment ce programme unique est-il venu à l'existence ? Par une longue gestation bureaucratique, une longue succession de compromis entre experts, un jeu de l'oie de comités en commissions [9].

Il fallait que l'armée eût un plan, des moyens. Les bureaux des états-majors offrirent la ligne de béton. C'était la solution de facilité. Ainsi que bien des idées sorties d'une administration, celle-ci était loin d'être sotte en elle-même : elle n'empêchait pas de garder les défilés des Ardennes, ni de former des divisions blindées, ni de les employer à bon escient... Et elle était fort bien conçue dans son détail. Mais elle devenait absurde par le caractère exclusif qui s'attache souvent aux décisions *d'ensemble*, quand elles sont *prises* en fait par des services qui sont organisés pour *préparer* des décisions de *détail*. On eût dit que l'administration épuisait toute sa vitalité dans une seule entreprise : comme s'il lui suffisait, pour s'accomplir, de s'admirer dans l'image qu'une œuvre grandiose lui renvoyait d'elle-même.

Car, à partir du moment où la ligne Maginot se fut imposée comme l'alpha et l'oméga de la politique militaire, la France écarta les décisions qui auraient permis d'englober cette réalisation dans une vision cohérente. Le général Maurin, nouveau ministre de la Guerre, pouvait, au début de 1935, répondre à Paul Reynaud qui préconisait les unités cuirassées : « Comment peut-on croire que nous songions encore à l'offensive, quand nous avons dépensé des milliards pour établir une barrière fortifiée ? Serions-nous assez fous pour aller, en avant de cette barrière, à je ne sais quelle aventure [10] ? » La folie, en fait, progressait allégrement.

Comment pousser l'administration sur les rails quand ses freins sont bloqués ? Comment la bloquer quand elle déraille ? Car ces exemples de sens contraire se retrouvent tous les jours. Ils nous renvoient à l'éternelle sagesse du mot de Clemenceau : « La guerre est une chose trop sérieuse pour être confiée à des militaires. » On peut appliquer la boutade à bien des spécialités, et à beaucoup de spécialistes. Mais où sont les généralistes ? Où est la vue globale ?

Un Etat qui se prend pour le roi

Qu'elle s'arc-boute pour faire obstacle à des innovations qui s'imposent, ou qu'elle fonce pour emporter une décision déraisonnable, la bureaucratie reste pareille à elle-même. On le verra dans les deux histoires qui vont suivre.

Ai-je besoin de préciser que je ne nourris aucune espèce de grief contre aucune de nos administrations en particulier, ni contre aucun de leurs fonctionnaires ? Que, dans le système dont ils sont des pièces ils ne peuvent guère faire autrement qu'ils ne font. Et que, même, ils le font aussi bien qu'ils le peuvent. Ce ne sont pas des hommes que je critique, c'est une organisation que je décris.

Organisation qui reproduit curieusement, à la fin du XXe siècle, le modèle césarien, si remarquablement mis au point par la légion romaine, puis par l'Empire romain. Mais le césarisme ne s'incarne plus en César. Il est devenu collectif. Hier, un roi se prenait pour l'Etat ; aujourd'hui, l'Etat se prend pour le roi.

Chapitre 24

LES GUEULES GRISES

Ils étaient gris. Grises, leurs mains calleuses. Gris, ce qui avait été des bleus de chauffe. Gris, même, leurs visages : comme si leurs couleurs s'éteignaient dans les galeries souterraines au fond desquelles ils travaillaient ; ou comme si la glaise qu'ils arrachaient aux entrailles de la terre finissait par imprégner leur teint.

J'avais fait leur connaissance au cours de ma première campagne électorale, pour le canton de Bray-sur-Seine, en avril 1958. Dans les cafés où je tenais mes réunions, ils étaient attablés par deux ou trois. Ils restaient muets, l'œil fixe, devant un verre de vin blanc. Ils ne jouaient même pas aux cartes. L'intrus qui troublait leur immobilité suscitait un regard méfiant, un geste agressif. « N'y faites pas attention, disait la serveuse, *ce sont des glaisiers.* »

Des... ? Aux Ormes-sur-Voulzie, à Everly, à Chalmaison, à Soisy-Bouy, la même scène muette se renouvelait : les mêmes hommes hâves, accoudés devant leur verre, écoutant sans entendre, vêtus de leur grisaille.

Des médecins du travail m'expliquèrent que ces mineurs de glaise s'usaient vite. La poussière d'argile, qui avait patiné leur peau et leurs vêtements, pénétrait dans leurs poumons. Beaucoup étaient silicosés ; passé la cinquantaine, ils respiraient avec peine. L'humidité leur donnait des rhumatismes tenaces. Surtout, ils vivaient sans espoir. Sans espoir d'être mieux payés. Sans espoir d'autres emplois sur place : l'agriculture se mécanisait, libérant beaucoup plus de main-d'œuvre que l'industrie n'en embauchait. Quitter le pays eût exigé trop d'énergie. Seule, la retraite les délivrerait. Mais ils ne l'atteindraient qu'à soixante-cinq ans. Dans quel état ?

Au fond de la mine

A peine suis-je élu député qu'on me fait revêtir, en décembre 1958, la combinaison, les bottes, le casque blanc et la lampe frontale, pour visiter les mines de glaise. Une dizaine d'entreprises se partagent l'exploitation du bassin *. L'extraction et le traitement de l'argile emploient sept centaines de glaisiers. Ils descendent au fond d'un puits, à quelques dizaines de mètres sous terre, par une benne rudimentaire qui sert aussi à remonter les wagonnets d'argile. Pour rejoindre leurs postes de travail, ils marchent courbés, dans des galeries boisées de plusieurs kilomètres, en enjambant les étais, les fondrières, les flaques d'eau. Le trajet est si long que le travail continu s'impose. Arrivé à son poste, le mineur s'y installe pour ses huit heures, sans autre arrêt qu'un casse-croûte. Souvent, on fait « les trois huit ». Un marteau-bêche d'une vingtaine de kilos, qu'on doit tenir à bout de bras, arrache les mottes de glaise.

Dans l'air humide, les torses nus ruissellent de sueur. Les glaisiers abattent l'argile, la chargent sur les « berlines », boisent les galeries dans le bruit assourdissant des marteaux pneumatiques, répercuté par les boyaux souterrains. Seuls, les plus vieux et les plus fatigués sont employés au jour, de-ci de-là ; le travail de traitement les repose du travail d'extraction.

Les accidents ne sont pas rares : déraillement d'un convoi de wagonnets pleins de glaise, qui s'emballent dans une galerie en pente et percutent des mineurs ; asphyxie par échappement de méthane ; coups de grisou ; brusques affaissements des boisages. De temps à autre, une poche d'eau crève, déferlant en cataracte dans les galeries.

Ecrasés par la fatalité

Des visites dans des mines du Nord et de Lorraine me firent prendre conscience d'un insoutenable paradoxe. De tous les mineurs de France, les glaisiers étaient les seuls à répondre encore aux tristes descriptions de *Germinal*. Depuis Zola, le travail dans les mines de charbon et de fer est heureusement devenu plus aisé. Les galeries se sont agrandies ; les boisages ont été remplacés par des étais métalliques ; l'abattage a été entièrement automatisé. Mais dans les mines d'argile, le travail n'a guère changé. Depuis le début des années 1960, aucun des mineurs de charbon reconvertis dans une mine de glaise après fermeture de leur houillère, n'a

* Qui se poursuit, sur une trentaine de kilomètres, jusqu'à Villenauxe-la-Grande, aux limites de l'Aube. La glaise est utilisée pour la fabrication de matériaux réfractaires et de céramiques.

tenu plus de quelques semaines, tellement ils trouvent les conditions de travail plus pénibles.

Pour comble, en passant de la houille à l'argile, les mineurs perdent le statut qui, depuis 1945, leur accorde, entre autres avantages, la retraite à cinquante ans. Car il ne s'applique pas aux mines d'argile. Comment les glaisiers n'auraient-ils pas ressenti cette discrimination comme une injustice ?

Pourtant, le statut du mineur avait été généreusement étendu au personnel administratif des houillères. Au siège de ces houillères, que ce fût à Douai, à Merlebach ou à Saint-Etienne, les rédacteurs, les secrétaires aux ongles vernis, bénéficiaient du statut des « gueules noires ». Les « gueules grises » en étaient exclues.

Hébétés par leurs conditions de vie, la plupart ne songeaient même pas à protester : un sentiment de fatalité les écrasait. Que pouvaient-ils faire, à sept cents ? Leurs cent quatre-vingt mille camarades des Charbonnages, groupés dans une entreprise nationalisée, avaient la capacité de faire trembler l'Etat sur ses bases. Pas eux.

Le syndicat unique – CGT – des glaisiers se bornait à demander l'abaissement de la retraite à soixante ans. Demande rituelle, mais comme découragée. Ah, les glaisiers n'étaient pas encombrants ! Tous les ans, leurs délégués venaient me voir avec, à leur tête, le secrétaire du syndicat, Mertille Hennebert, qui comptait presque cinquante ans de mine. Ils écrivaient aux ministres intéressés en leur suggérant de descendre eux-mêmes dans une mine : « Nous avons la conviction qu'une telle visite vous ferait constater le bien-fondé de notre demande, avancer l'âge de la retraite de soixante-cinq à soixante ans [1]. »

Il ne se passait rien. L'année suivante, nouvelles pétitions, nouvelles lettres, qui rejoignaient dans les dossiers les feuillets jaunis des précédentes.

Du face-à-face au côte à côte

Les patrons les plus anciens, eux, ne voyaient aucune raison de rien changer à cet état de choses. En 1958, j'avais eu la surprise de constater que les patrons n'avaient *jamais* rencontré les délégués ouvriers pour discuter ensemble de ce problème : pourquoi auraient-ils pris les devants ? Quant au syndicat, il avait peur d'être écrasé dans un tête-à-tête : le patron, c'est un homme dont l'intérêt est contraire à celui des ouvriers ; et dans une conversation, il *sait* parler.

Il fallait commencer par les réunir autour d'une même table. Cela se fit. Sans mal. Au fil des ans, de nouveaux patrons, plus soucieux des problèmes sociaux que leurs aînés, prenaient la relève à la tête des exploitations ; ils avaient choisi comme président un jeune dirigeant, Robert Chevalier, intelligent et ouvert. Ils éprouvaient d'ailleurs de plus en plus de difficultés à recruter de nouveaux ouvriers. Si la retraite des mineurs d'argile était avancée, la main-d'œuvre deviendrait plus stable, le recrutement meilleur. Ils se dirent prêts à augmenter la cotisation patronale de l'assurance vieillesse si je pouvais régler le problème.

Pendant douze ans, de 1959 à 1970, fort de la plainte ouvrière et du consentement patronal, je multipliai les démarches pour obtenir en faveur des glaisiers, sinon tous les avantages du statut du mineur, du moins l'essentiel : son régime de retraite. En vain.

Je fis le siège, tant des ministres chargés de la Sécurité sociale [2] que des ministres chargés de l'Industrie [3]. Je n'avais guère de peine à les convaincre. De l'aveu des patrons comme des médecins, un glaisier n'est guère capable de travailler au fond après cinquante ou cinquante-deux ans, et, après soixante, la plupart deviennent « inutilisables », même en surface. Or, le montant de la retraite est calculé sur le salaire moyen des *dix dernières années d'activité*, celles où justement le glaisier, moins apte à travailler, gagne moins. Le glaisier paye donc doublement : au comptant sur sa santé, à terme sur sa retraite. Les ministres trouvaient la revendication légitime, me promettaient de s'occuper activement du problème. Les mois passaient. Rien n'arrivait, si ce n'est une lettre réticente, toujours la même.

Pas de salut individuel !

Non, on ne pouvait faire droit à ma demande. Les exploitations d'argile ne sont pas classées dans la catégorie des *mines*, mais dans celle des *carrières*. Les conditions de travail ne faisaient rien à l'affaire. Mes mineurs n'étaient pas des mineurs. Le Conseil supérieur des mines classe les exploitations selon la substance extraite. Si l'intérêt économique de la substance est grand, comme pour le charbon, le pétrole, le gaz naturel, elle est dite *concessible* ; le droit d'exploiter n'appartient plus au propriétaire du sol ; il est souverainement *concédé* par l'administration à une entreprise : et vous avez une *mine*. Si l'intérêt économique de la substance ne justifie pas ce régime extraordinaire – c'est le cas pour la glaise, comme pour les pierres à chaux et à ciment, pour le gypse –, le propriétaire reste maître du sous-sol et l'entreprise doit lui acheter le droit d'exploiter : et vous avez une *carrière*.

Une mine, ce n'est donc pas, comme vous pourriez le croire, une galerie souterraine ; c'est un lieu d'où l'on extrait des produits que l'administration considère comme indispensables à l'économie. Ainsi, la bauxite, exploitée à *ciel ouvert*, fait l'objet d'une concession de *mine*, alors que l'argile, qu'on va chercher *sous terre*, est considérée comme exploitée *en carrière*. « C'est ainsi. On n'y peut rien changer. »

Au conservatisme de l'administration, répondait celui des élus. Pour les propriétaires du sol, l'assimilation des glaisiers aux mineurs, et donc le classement des glaises parmi les matériaux concessibles, aurait entraîné une perte substantielle. Une telle loi ne serait pas votée par l'Assemblée, encore moins par le Sénat. Le barrage tenait bon.

L'administration apaisait sa mauvaise conscience en proposant de régler des cas particuliers. On ne pouvait pas régler le sort *des* glaisiers, mais on pouvait améliorer celui *d'un* glaisier, en le faisant bénéficier d'une mise à la retraite anticipée, entre soixante et soixante-cinq ans. Il suffisait qu'une décision médicale le déclarât *inapte au travail*.

Cette perspective ne rencontrait aucun succès auprès des glaisiers. Pareille pension ne pouvait se cumuler avec une activité rémunérée. Logique avec elle-même, l'administration prétendait que si la santé était altérée au point de « provoquer une usure prématurée », l'inactivité complète s'imposait. Donnant, donnant. Les glaisiers, eux, s'estimaient incapables de continuer à travailler dans les mines, mais non de faire du jardinage ou du gardiennage. Puisque les autres mineurs à cinquante ans, les instituteurs, cheminots, électriciens, à cinquante-cinq – sans parler des militaires – pouvaient prendre leur retraite et la cumuler avec une activité rémunérée, pourquoi ne pourraient-ils en faire autant ?

En les faisant parler, je me rendis compte qu'il y avait pire. *Inapte*, c'était reçu comme une insulte *. Et être déclaré tel par un jugement *individuel*, tandis que leurs camarades continueraient ! Ils y perdraient l'estime d'eux-mêmes. Ils voulaient bénéficier d'une retraite anticipée, *tous dans les mêmes conditions, ou pas du tout* **.

---

* L'effet psychologique des mots utilisés ne préoccupe guère l'administration. C'est ainsi que le *gardien de la paix* devient *agent de police*, les *contributions* des *impôts*, l'*appel sous les drapeaux* le *service militaire obligatoire*.

** Le ministère du Travail tirait même argument de ces réticences pour minimiser l'importance du problème : « Je suis frappé par le nombre, plus faible que celui auquel je m'attendais, des ouvriers glaisiers qui usent de cette faculté [4]. »

Pour en sortir, je demandai qu'un inspecteur général de la Sécurité sociale vînt mener une enquête. Le ministère s'opposait à l'inspection : « C'est bien volontiers que je serais tenté de donner une suite favorable à votre demande, afin de montrer à vos interlocuteurs que le problème dont ils vous ont entretenu est étudié d'une manière approfondie par mon département. Je crains, malheureusement, d'entretenir de cette façon de fâcheuses illusions à l'égard des décisions, très certainement négatives, qui seront prises ultérieurement [5]. »

Puisqu'il n'y avait pas de solution, il était inutile d'inspecter comme si l'on devait en trouver une... A la longue, j'obtins l'inspection, mais à la condition qu'elle restât secrète. Elle le resta, même pour moi. Un inspecteur général de la Sécurité sociale se rendit sur place à plusieurs reprises, entre 1965 et 1968. Malgré mon appartenance au gouvernement, je ne pus jamais obtenir communication du rapport d'inspection, ni même d'un extrait. *C'était plus qu'un secret d'Etat : un secret d'administration.* Le gouvernement n'y avait pas accès.

On m'indiqua une autre voie. Ce fut une autre impasse. Le code de la Sécurité sociale prévoit des dispositions favorables à l'égard des assurés qui ont exercé pendant au moins vingt ans une « activité *particulièrement pénible*, de nature à provoquer l'*usure prématurée* de l'organisme [6] ». C'était évidemment le cas. Une commission devait « établir la liste des activités pénibles [7] ». Au bout de plusieurs années de travail, elle avait proposé une liste de huit professions, qui comprenait les « mineurs en galerie [8] ». Mais les Finances s'opposèrent catégoriquement à l'adoption de cette liste : elles y voyaient *un dangereux précédent pour l'abaissement des âges de retraite* [9].

La commission, constatant la vanité de ses efforts, ne s'est plus jamais réunie ; le code de la Sécurité sociale resta inappliqué. Pourtant, la définition des activités pénibles aurait mis fin à des injustices criantes. Et je crois, contrairement à ce que craignaient les bureaux, que cette mesure, au lieu de hâter le glissement vers la retraite à soixante ans pour tous, aurait pu désamorcer une revendication générale, inévitable si les cas difficiles ne sont pas déjà résolus *.

* *Elle fut décidée en 1981, cinq ans après que ces lignes furent écrites, par l'effet même de la logique que j'y décrivais : au refus sans exceptions succéda brusquement la mesure générale. Un aveugle raidissement avait légitimé la démagogie... (1996).*

L'impuissance du Premier ministre

Si les ministères tournaient en rond, peut-être le Premier ministre arrêterait-il le manège ? Michel Debré me reçut durant les conversations des Rousses avec le FLN, qui allaient conduire aux accords d'Evian. Je me sentis honteux d'accaparer le temps d'un homme aussi sollicité. Notre conversation me donna une conscience pathétique de son impuissance, et de la mienne. Des fonctionnaires, qui auraient eu le loisir de régler cette question, n'en avaient pas le désir. Des responsables politiques, qui en auraient eu le désir, n'en avaient pas le loisir.

Plus tard, je saisis l'occasion d'une conversation détendue avec le nouveau Premier ministre, Georges Pompidou, pour lui exposer l'affaire comme un cas typique de blocage de l'administration française. Son verdict tomba, rapide et précis comme à l'ordinaire : « Quand les Finances sont contre une réforme, elle a peu de chances d'aboutir. Quand à la fois les Finances et le ministère technique concerné y font obstacle, elle n'en a absolument aucune. Sauf si l'affaire revêt une importance politique telle que le Premier ministre ou le président de la République impose la décision. Ce n'est malheureusement pas le cas pour cette affaire. Je n'y peux, hélas, rien. »

« Eviter d'être sensible »

Michel Bokanowski *, que j'avais encore harcelé, me confirma le diagnostic de Georges Pompidou.

« Je voudrais bien vous aider. Mais l'administration s'oppose à un changement de statut des glaisiers. Votre seule chance d'aboutir serait de convaincre personnellement le fonctionnaire qui suit la question, et d'en faire votre allié. Tâchez de le retourner. »

Je rencontrai un polytechnicien au regard vif, à l'élocution précise, à la dialectique serrée.

« Venez visiter les mines de glaise, lui dis-je. Vous serez sûrement sensible à l'injustice de cette situation.

– Un responsable de l'administration doit éviter d'être sensible, me répondit-il avec une ferme courtoisie... Si nous mettons *le doigt dans l'engrenage*, tout le reste du statut suivra : logement, chauffage et éclairage gratuits, majorations d'ancienneté ; et en faveur non seulement des travailleurs en activité, mais des retraités, et même de leurs veuves. Cela aurait inévitablement pour effet la faillite de leurs employeurs. Dans l'intérêt même des travailleurs, nous devons nous y opposer.

* Alors ministre de l'Industrie.

– Le syndicat des glaisiers s'est déclaré prêt à conclure avec le syndicat patronal, en votre présence, un protocole dans lequel il s'engagera à ne réclamer aucun autre avantage du statut.

– On n'évitera pas, trancha-t-il, que des travailleurs exerçant une activité voisine présentent aussitôt une demande semblable. Il existe soixante mille travailleurs de carrières de matériaux non concessibles.

– Presque tous les ouvriers dont vous parlez travaillent à ciel ouvert *. Seules, quelques carrières ** comportent une exploitation en sous-sol ; mais l'abattage s'effectue par explosifs ; la structure des matériaux permet de creuser de larges galeries ; les camions pénètrent directement dans les chambres d'extraction. Réservons la réforme aux travailleurs en galeries souterraines boisées. Aucune confusion ne sera possible. »

Le fonctionnaire secouait la tête :

« Il se trouvera bien un syndicat, ou un député, pour demander que ce qui a été fait pour les carrières d'argile soit étendu aux carrières de pierre.

– Avez-vous si peu confiance en vous-mêmes ? Une revendication qui a l'équité pour elle a pu être bloquée depuis vingt ans, et vous ne pourriez pas refouler une revendication injustifiée qui n'a jamais été formulée par quiconque ?

– Notre corps n'a rien contre les glaisiers. Si nous n'avons jamais accepté cette revendication, c'est que nous ne pouvons vraiment pas. »

Non possumus. Il consulta son dossier :

« Déjà, en 1946, le ministre de la Production industrielle nous avait fait la même demande que vous. Nous n'avons pas donné suite. Le groupe communiste de l'Assemblée nationale a présenté une proposition de résolution en 1947 dans le même sens [10], et a souvent récidivé. Vos propres démarches, depuis 1959, ont eu le même sort. Vous voyez, ajouta-t-il avec un sourire, nous ne faisons pas de discrimination. »

Pour l'administration comme pour le Parti : tout ou rien

Depuis qu'au lendemain de la guerre le statut du mineur avait été adopté, les députés communistes avaient réclamé son application *intégrale* aux glaisiers : non seulement la retraite, mais *tous* les autres avantages ; tout ou rien. Cette intransigeance était habile. Si l'affaire restait au point mort, le Parti avait beau jeu de dénoncer

* Sablières, gravières, carrières de pierre.
** Gypse, pierre à ciment, pierre à chaux et barytine.

l'Etat, le patronat, la majorité. Si elle était partiellement réglée, il pourrait s'en attribuer le mérite, et exiger davantage.

Mon interlocuteur ne se montra pas sensible aux différences que je lui soulignais entre cette revendication et la mienne : « Nous ne pouvons remettre en cause le code minier. Le Conseil supérieur des mines a émis chaque fois un avis défavorable [11]. »

Voilà, pensai-je, le motif le plus puissant. Le Conseil supérieur des mines est au corps des mines ce que la Curie romaine est à l'Eglise catholique. Accepter une réforme repoussée par lui depuis un quart de siècle, ce serait déchirer le code minier, aussi intouchable que le Code Justinien ou que le Code Napoléon. Ce serait renverser le principe non écrit de l'infaillibilité de la hiérarchie.

Ce haut fonctionnaire, de toute évidence, incarnait l'austère grandeur de la puissance publique, face aux impulsions brouillonnes des démagogues de tout bord. C'est l'Etat qu'il respectait, en faisant respecter avec intransigeance les positions de son corps.

« De Gaulle peut tout »

J'avais atteint le cœur dur de l'Etat : je ne pourrais l'attendrir. Les glaisiers, eux, eurent l'idée d'atteindre la tête. Mertille Hennebert et ses camarades me demandèrent de leur ménager une entrevue avec le général de Gaulle, qui venait en visite officielle à Provins.

J'essayai de les dissuader : comment le Président trouverait-il le temps de s'occuper d'eux ? Ils secouaient la tête. Une confiance magique les animait : « Oh ! lui, s'il veut, il peut tout. »

17 juin 1965 : pour le grand jour, j'invitai une délégation de glaisiers à la mairie. Le Général les écouta avec beaucoup d'attention, leur posa des questions précises, promit de s'occuper de l'affaire. Elle le frappa, puisqu'il m'en reparla au déjeuner : il n'aurait jamais imaginé qu'à plusieurs dizaines de mètres sous la route qu'il empruntait pour se rendre à Colombey, des mineurs travaillaient à genoux dans la boue des galeries.

Les mois passaient. Mertille Hennebert vint me dire sa déception : « Ce n'est pas possible qu'il nous ait laissés tomber. J'ai toujours eu confiance en de Gaulle depuis 1940. » Je lui conseillai d'écrire au Général pour lui rappeler le dossier [12], et intervins à nouveau de mon côté auprès de son cabinet.

A Paris, la mécanique habituelle s'était mise en marche. De Gaulle, repris par les grandes affaires, avait bien été obligé de déléguer ; la présidence avait interrogé les ministres ; les ministres avaient interrogé leurs administrations. En retour, lentement mais sûrement, le refus cheminait vers l'Elysée. La réponse finit par tomber : impossible.

La déception des glaisiers fut à la mesure de l'espoir qu'ils avaient mis dans l'intervention surnaturelle du chef de l'Etat. Quant à moi, au sein même du gouvernement, j'avais fait le tour de mon impuissance d'Etat.

Seule une crise permettrait...

Redevenu député en juin 1968, je me remis à explorer les ressources de l'action parlementaire. Je déposai une proposition de loi [13]. Elle fut adoptée à l'unanimité par la commission des affaires sociales. Geste pieux : l'initiative des lois est à la discrétion du gouvernement. Il aurait fallu, pour que ma proposition fût inscrite à l'ordre du jour, une complicité avec l'exécutif, laquelle n'existait évidemment pas pour cette question. J'étais ramené au cas précédent.

Je commençais à me demander si une crise ne serait pas nécessaire pour désembourber ce dossier. Il fallait que sa solution prît tout à coup un caractère d'urgence. Comment rendre urgent un problème qui l'était aussi peu à l'échelle de la nation ? Sans doute ne faut-il pas chercher d'autre explication à tant d'actes absurdes : émeutes, poissons ou poires répandus sur la chaussée, attentats, suicides par le feu. Devant le béton de l'inertie administrative, comment un être impulsif ne penserait-il pas à la dynamite ? Je devais quand même chercher un explosif plus... civique.

Par chance, la présidence de la Commission des affaires sociales me fournissait quelques petits leviers. Le jeu des services prêtés et rendus, que tout régime parlementaire institue entre l'exécutif et le législatif, allait me fournir une occasion inespérée.

En novembre 1970, le ministre de l'Education nationale, Olivier Guichard, me demanda de faciliter l'adoption par ma commission d'une loi validant un concours, que le Conseil d'Etat venait d'invalider pour vice de forme [14]. Le Parlement devait réparer, par un vote rétroactif, une erreur administrative : pouvait-on solliciter de moi ce service et rejeter ma demande en faveur des glaisiers ?

Je prévins Michel Jobert * que j'allais exiger une contrepartie.

« Nous voyons ici votre tentative avec sympathie », me dit-il.

Il ne me disait pas qui était « nous », et je n'avais pas à le savoir. Il me suffisait d'être garanti qu'aucune action contraire ne viendrait du « château ». J'avertis ensuite Jacques Delors **.

---

* Alors secrétaire général de l'Elysée.

** Chargé de mission auprès du Premier ministre, Jacques Chaban-Delmas, pour les questions sociales.

« Nous sommes en pleine *société bloquée*. Si vous voulez que le mémorable discours du 16 septembre 1969 ne reste pas un vain mot, vous devez régler cette question.

– Vous nous faites un chantage ?

– Pourquoi appeler *chantage* ce que vous appelleriez *concertation* si j'étais syndicaliste ? Nous négocions, c'est tout. Je vous garantis que le texte de validation du concours passera si vous m'accordez la retraite des glaisiers. Mais je vous garantis aussi l'inverse. »

La prise d'otages

Olivier Guichard étant en voyage, c'est son secrétaire d'Etat, Pierre Billecocq, qui devait défendre le texte de validation du concours devant l'Assemblée. Je m'excusai auprès de lui de le prendre comme otage. Ce n'était pas « convenable », mais j'étais contraint de ne plus être convenable. Un moment après, Jacques Delors me rappelait.

« J'ai étudié le dossier. Il est bon. Nous allons essayer de convaincre le Premier ministre. Mais ne faites pas un "*paquet*" de la retraite des mineurs et de la validation du concours.

– C'est mon seul moyen de négociation. Bien sûr, en séance publique, je ne ferai pas état du lien entre les deux affaires.

– Nous allons essayer de convaincre le Premier ministre. C'est Simon Nora * qui va conduire l'affaire, il vous rappellera. »

Je restai près du téléphone. La crise était déclenchée ; le temps, immobile pendant un quart de siècle, allait brusquement se précipiter. Simon Nora me rappela bientôt :

« Le Premier ministre vient de donner son accord. Bien entendu, notre contrat ne vaut que si vous faites passer le texte de validation du concours.

– Vous avez ma parole.

– Ça va grincer. Mais le Premier ministre a été sensible à votre argument selon lequel cette affaire était un exemple typique de *société bloquée*. J'appelle Chirac **, c'est lui qui représentera le gouvernement. »

Sans oser encore leur dire ce que je savais, j'invitai aussitôt Mertille Hennebert et ses mineurs, Robert Chevalier et ses patrons, à venir assister dans les tribunes au débat qui allait sceller le sort des glaisiers.

* Chargé des questions économiques auprès de Jacques Chaban-Delmas.

** Secrétaire d'Etat auprès du ministre des Finances.

« *Ma morale politique condamne...* »

9 décembre 1970. Séance de nuit. Dans la salle des Quatre-Colonnes, le secrétaire d'Etat au Budget, Jacques Chirac, fonce sur moi :

« Je vais accepter ton texte, puisque le Premier ministre m'en donne l'ordre. Mais je tiens à te dire que ton comportement est radicalement contraire à mon sens de l'État.

– Ton sens de l'Etat consiste-t-il à donner raison à l'administration quand elle a tort, contre le Parlement quand il a raison ? Si les députés sont tenus de se confondre avec le gouvernement, et le gouvernement avec son administration, à quoi servons-nous ?

– Ce que ma morale politique condamne, c'est la méthode qui consiste, pour un parlementaire de la majorité, à prendre dans le gouvernement un otage qui n'a rien à voir avec l'affaire. Ces procédés de piraterie ne sont pas acceptables entre membres de la même majorité et, qui plus est, du même mouvement.

– Il faut avoir le courage de provoquer de petites crises, pour empêcher de grandes explosions. Cette crise, nous allons la dominer, puisque nous sommes bons amis. »

De toute son horreur de l'anarchie, de tout son respect de la hiérarchie, Jacques Chirac persistait à désapprouver sévèrement ma conduite. Il n'était pas le seul. Dans les semaines qui suivirent, l'écho me revint de maints hauts fonctionnaires que mon attitude avait scandalisés. Comment admettre que des ouvriers glaisiers dussent leur retraite à un examen invalidé ?

Au demeurant, Jacques Chirac joua le jeu, publiquement, avec la meilleure grâce du monde. Démarquant ma proposition de loi, il prit l'initiative de la dépense correspondante, comme seul le gouvernement en a la faculté *. Je le remerciai en quelques phrases du banc de la commission ; en quelques autres, il me félicita de mon sens social et se félicita de celui du gouvernement.

Le texte fut adopté à main levée, à l'unanimité. Il était 1 heure du matin. Moins de deux minutes avaient suffi. J'allai chercher dans les tribunes les seuls spectateurs qui avaient suivi ce débat : les ouvriers et les patrons des mines de glaise, qui étaient venus dans les mêmes voitures, celles des patrons. Je les conduisis à la buvette. Mertille Hennebert avait la gorge serrée :

« Vingt-cinq ans que je me bats pour ça, et c'est réglé en un clin d'œil ! Et personne ne s'y oppose ! »

* « Sont affiliés au régime de la Sécurité sociale dans les mines, pour les risques vieillesse, invalidité et décès (pensions de survivants), les travailleurs occupés à titre principal à un emploi d'extraction ou de traitement dans les gisements d'argiles réfractaires et céramiques exploités en galeries souterraines boisées. »

Il restait abasourdi devant cette contradiction : comment ce qui avait été impossible pendant un quart de siècle devenait-il si facile en quelques secondes ? Où étaient passés les obstacles et les opposants ? Il répétait, en regardant son verre de bière :

« Ce n'est pas possible, ce n'est pas vrai, je n'y crois pas. »

Ses camarades et lui revendiquaient la retraite à *soixante ans*. On la leur accordait à *cinquante* ! Jamais ils n'avaient osé y penser, même en rêve.

Dans les semaines qui suivirent, la joie débordait à Provins. Les *glaisiers*, devenus *mineurs*, organisèrent une fête [15]. Hennebert et Chevalier firent des discours. Le plus ancien glaisier du bassin – il avait commencé à onze ans – avait été choisi pour me remettre le symbole des mineurs, une *lampe Davy*. Il se tenait aux côtés d'Hennebert, tassé sur lui-même, craintif, ne sachant que dire ni que faire. A eux deux, ils représentaient un siècle de peine. Ils écrasaient des larmes avec leur pouce.

Des glaisiers qui n'avaient pu assister à la fête parce qu'ils étaient de service m'envoyèrent des lettres : « Le grand merci que je vous dis ici aujourd'hui me sort du plus profond de moi-même. Plus profond que des profondeurs de la mine, où j'ai toujours travaillé [16]. » Ou encore : « Cette bataille est de beaucoup plus honorable que la bataille d'Austerlitz remportée par Napoléon. Bataille qui avait certainement fait couler beaucoup de sang [17] ».

La hiérarchie du Parti reprend les choses en main...

Hennebert tint à m'écrire une lettre, qu'il parvint à faire contresigner, malgré les différences d'horaires de travail et la dispersion des mines, par cinq cents de ses camarades. Il la remit au guichet de la poste. Elle ne m'arriva jamais.

Le receveur fit procéder à une enquête. On apprit qu'Hennebert avait raconté au guichet, en présence de plusieurs témoins, la teneur de ce document qui lui avait demandé tant d'efforts. On en perdait ensuite la trace. L'enquête tourna court. Etait-elle nécessaire ? Tandis qu'il collectait les signatures, Hennebert avait été violemment pris à partie. On l'accusait d'être un « jaune ».

Le syndicat CGT des travailleurs du sous-sol prit les choses en main. Un responsable national vint un beau jour à Provins, força Hennebert à donner sa démission : coupable de « collaboration de classe », celui-ci fut remplacé par un camarade plus discipliné.

Malgré la tristesse de ces règlements de compte, il restait rayonnant de la victoire ; de *sa* victoire sur la haine sociale et sur l'utopie, qui avait permis notre victoire sur l'inertie bureaucratique. Puisqu'il n'avait plus rien à perdre du côté de son syndicat, je le fis décorer de l'ordre du Mérite. C'en était trop ! Ses camarades ne vinrent pas à la cérémonie. Il était en quarantaine. La nouvelle direction syndicale faisait respecter ses consignes.

Elle allait bientôt pouvoir retourner sans peine l'état d'esprit des mineurs. Car, après la brève averse parlementaire, le soleil administratif régnait à nouveau sans partage. Il redurcit la croûte qui enveloppait cette affaire.

... La hiérarchie de l'administration aussi

Si j'avais eu l'arme de la loi, l'administration avait celle des décrets, arrêtés et circulaires. Elle s'en servit avec un art consommé. Six mois après le vote de la loi, constatant que la préparation du décret d'application n'avait pas encore commencé, je multipliai les démarches de harcèlement. On m'associa courtoisement à la rédaction. Pourtant, le décret ne sortait toujours pas. Au bout d'un an [18], j'allai trouver Jacques Chaban-Delmas :

« Un an de retard pour des augmentations de salaires, ce n'est pas très grave : un rappel peut l'effacer. Mais un an de retard quant à l'âge de la retraite, ça ne pourra jamais se rattraper, pour ceux qui auraient dû en bénéficier. »

Chaban explosa. Sa colère produisit son effet. Quarante jours plus tard, le décret paraissait à l'*Officiel* [19].

Mais il fallut encore un semestre pour la publication au même *Officiel* de l'arrêté d'application... sans lequel le décret d'application n'était pas applicable [20].

« Estime-toi heureux, me dit Robert Boulin *. Dix-huit mois, c'est un délai record. Il faut souvent quatre ou cinq ans. Sans compter les textes qui ne sortent jamais. »

Après la loi, le décret et l'arrêté, la bataille des circulaires commençait. Les bureaux avaient découvert deux nouvelles exigences qui remettaient tout en cause [21].

Ils entendaient limiter le champ d'application de la loi aux mineurs qui avaient toujours été *exclusivement* et qui restaient encore *actuellement* occupés au fond de la mine [22]. Or, certains glaisiers – notamment les plus vieux – alternaient le travail en surface et au fond. Tout changement de poste à l'intérieur d'une même entreprise aurait entraîné un changement de régime social. Le débat ne portait du reste que sur moins du dixième des effectifs ; ce qui en aggravait la mesquinerie. Seule, la volonté personnelle d'Edgar Faure ** [23] permit de lever l'obstacle. Après une année supplémentaire [24].

---

* Alors ministre de la Santé et de la Sécurité sociale.
** Alors ministre des Affaires sociales.

Les bureaux ne se tinrent pas pour battus. Ils posèrent un nouveau verrou. Les pensions de vieillesse des mineurs en activité avant l'adoption du nouveau statut subiraient un abattement *. *Aux glaisiers de plus de soixante ans serait ainsi servie une retraite inférieure à celle qu'ils auraient touchée au titre du régime général de la Sécurité sociale !* Ils s'étaient battus des années pour une réforme, et on les mettait dans une situation où ils avaient intérêt à y renoncer.

Je demandai qu'en aucun cas les retraites servies au titre du régime des mineurs ne fussent inférieures à celles qui auraient été servies au titre du régime commun. Mais une fois de plus, le bon sens se heurtait aux « principes ». Le ministère des Finances [26], celui du Développement industriel [27], celui de la Sécurité sociale [28], repoussèrent cette demande avec un parfait ensemble.

Il me fallut recourir à nouveau à l'arbitrage personnel du Premier ministre. Pierre Messmer trancha pour l'équité.

Cependant, plus de deux ans s'étaient écoulés depuis le vote de la loi. L'enthousiasme s'était mué en rancune. La masse des mineurs avait le sentiment que les mêmes – « ils » – *cherchaient à reprendre d'une main ce qu'ils avaient fait semblant de donner de l'autre.* Les lettres de remerciements avaient fait place aux lettres de reproches ; et nulle main invisible ne subtilisait plus celles-là :

« Qui est-ce qui signe les décrets ? qui donne les ordres ? ce sont bien messieurs les ministres, et à mon avis, *s'il y a lenteur administrative, cela vient bien de vous, monsieur le ministre* [29] ! »

La commission qui devait examiner les dossiers ne fut constituée, sur le papier, qu'en juin 1973. Les tout premiers dossiers de demande ne furent liquidés qu'en 1974. *Les mises à la retraite, selon le nouveau statut, n'ont commencé à fonctionner régulièrement qu'en 1976* **. Trente ans après le début de la lutte revendicative. Dix-huit ans après que j'eus commencé à m'en occuper. Six ans après le vote de la loi.

Entre-temps, le syndicat des mineurs adoptait une attitude de contestation radicale : « La retraite du régime minier ne règle pas tout. Le statut intégral du mineur, revendication fondamentale,

* Pour tenir compte du fait que les cotisations qu'ils avaient versées au régime général de la Sécurité sociale étaient moins élevées que celles qu'ils auraient versées à leur nouveau régime, celui de Sécurité sociale des mines [25].

** Encore faut-il compter – pas toujours, curieusement, mais souvent – *dix-huit mois ou deux ans pour que le dossier de pension d'un mineur qui prend sa retraite soit liquidé.* Et il cesse, pendant cette période, de toucher la pension du régime général de la Sécurité sociale, à laquelle il aurait eu droit automatiquement sans cette réforme.

reste à satisfaire. Il apporterait aux mineurs d'argile, aux personnels de surface et aux administratifs, en plus de la retraite, d'autres avantages : loyers et chauffage gratuits, maladie à 100 %, congés payés supplémentaires [30]. »

Le nouveau bureau du syndicat tenait pour nul et non avenu l'engagement qu'avait pris l'ancien de ne pas réclamer les avantages du statut du mineur autres que la retraite. La mauvaise foi et la lenteur de l'administration avaient fait le jeu de la stratégie syndicale, et transformé une revendication professionnelle en conflit social.

Une histoire triste

Après les élections de mars 1973, un patron provinois me dit en ricanant :

« Je vous avais prévenu : les glaisiers n'ont pas voté pour vous. Vous vous êtes donné du mal *bien inutilement.* »

Faut-il donc que nous soyons peu démocrates dans l'âme, pour supposer ainsi que toute action publique est motivée par son *utilité* électorale ? Avait-il été *inutile* d'apporter un peu de soulagement à quelques centaines d'hommes ?

Dans cette trop longue histoire, patrons, ouvriers, élus politiques, fonctionnaires, ministres, chefs de gouvernement et d'État – tout le monde avait joué son rôle, dessiné son caractère. Tout le monde, de la base au sommet, était pris dans le système comme dans de la glu. Il était presque impossible à un parlementaire de la majorité, à un membre du gouvernement, de promouvoir une réforme – en réalité toute simple.

Personne n'était coupable. Mais tous étaient mal placés pour faire jouer la serrure verrouillée. Ou trop bas pour se hisser jusqu'à elle. Ou trop haut pour avoir le temps de se baisser... Que d'énergies gâchées ! Que d'amertumes accumulées !

C'était une histoire triste, comme celle de ces divorces où chacun a raison *.

---

* *Un téléfilm a été tiré de cet épisode de notre histoire sociale ; il a été projeté aux* Dossiers de l'Ecran, *en janvier 1982 (1996).*

Chapitre 25

TEMPÊTE DANS UNE NAPPE D'EAU

Le fait accompli

Un dimanche de mai 1967, le maire d'une petite commune en bordure de Seine vint me trouver. D'ordinaire jovial, il avait, ce jour-là, l'air contrarié : « Vous savez ce qu'*ils* nous font ? » me dit-il.

Alors ministre de l'Education nationale, pour combien d'enseignants, d'élèves, de parents, j'étais *ils* ! Mais pour lui, j'étais l'élu qui pouvait le protéger des *ils*. Il tournait son chapeau dans ses mains. « *Ils* nous *zadent* ! » s'exclama-t-il, comme on lâche une énormité.

Il me tendit une lettre. Le préfet de Seine-et-Marne l'informait d'un arrêté qui créait une « zone d'aménagement différé » (ZAD), le long de la Seine et de l'Yonne, sur des terrains riches d'une nappe d'eau souterraine *. D'autres visites, des coups de téléphone, m'apprirent bientôt que vingt-deux maires, appartenant à quatre cantons, avaient reçu la même froide missive, porteuse d'une décision administrative qui bouleversait l'économie de leurs communes. Ni parlementaires, ni conseillers généraux, ni maires n'avaient été consultés. Mûri et programmé dans des bureaux, le projet dit « d'aménagement des champs captants de la Seine et de l'Yonne en amont de Montereau » ou, par abrégé, le « projet Montereau », recevait, sans crier gare, un début d'application.

* La « zone d'aménagement différé » est une procédure draconienne. Elle gèle les terrains pour éviter la spéculation. On n'a plus le droit ni d'acquérir, ni de vendre, ni d'échanger, ni d'ouvrir une succession, ni de remembrer, ni d'investir, fût-ce pour élever un simple hangar, drainer, creuser un puits, établir un réseau d'irrigation. Toute activité est paralysée.

Les grands féodaux

Ce projet, envisagé dès 1959, a été élaboré en 1962 par trois firmes [1]. En 1966, l'Agence financière du bassin Seine-Normandie l'a repris à son compte. Elle a reçu mission de préserver de la pollution l'eau du Bassin parisien. Elle dispose de moyens puissants. Son budget * est alimenté, non par des subventions de l'Etat, mais par une taxe prélevée d'autorité sur les communes et les industriels : il est, de ce fait, soustrait aux débats du Parlement [2]. L'Agence offre un bon exemple de ces grands féodaux – offices, sociétés d'économie mixte, entreprises nationales – qui ont proliféré depuis la Seconde Guerre : ils assument des tâches nouvelles, que l'administration traditionnelle, enveloppée dans les bandelettes de la comptabilité publique, est évidemment incapable de remplir... Satellites de l'Etat, ils échappent souvent à son contrôle et suivent leur orbite propre.

Le projet consistait à exploiter une nappe d'eau « naturellement pure », filtrée par le sous-sol à proximité du lit de la Seine et de l'Yonne **. On devait en tirer, pour l'agglomération parisienne, six cent mille mètres cubes d'eau potable par jour. L'agence avait rallié à son projet la préfecture de la région et le ministère de l'Equipement. L'arrêté de la ZAD marquait ainsi le début d'une bataille qui allait mobiliser de longues années les forces locales.

La tempête s'élève

Quoi de plus raisonnable qu'une simple mesure conservatoire, destinée à permettre d'approvisionner les Parisiens *** en eau ? Pouvait-on, en conscience, s'opposer à un projet aussi légitime ? Je m'efforçai d'apaiser les maires :

« Avant d'être un bon citoyen de votre commune, vous êtes un bon Français. Ne ressemblons pas à ceux qui voulaient, au siècle dernier, empêcher la construction d'une voie ferrée ! Simplement, l'Etat doit indemniser équitablement les intérêts lésés. J'y veillerai. »

Il y avait pourtant dans cette affaire quelque chose de troublant. Pourquoi créer une « zone d'aménagement différé » ? Ces zones ont été imaginées pour « maîtriser l'urbanisation et gagner de

* 479 millions de francs pour 1977.

** Sur une longueur de quelque trente kilomètres en amont de Montereau, deux fleuves souterrains s'écoulent lentement, sous les cours rapides des deux fleuves de surface.

*** Pour simplifier, j'emploierai ce mot, même s'il s'agit en fait des habitants de *l'agglomération* parisienne, villes de banlieue comprises.

vitesse la spéculation sur le prix des terrains agricoles[3] ». Qui spéculerait sur des sols que le projet de captage allait frapper de lourdes servitudes ? Ils ne risquaient pas de prendre de la valeur, mais bien plutôt d'en perdre. Et pourquoi ces 12 000 hectares, équivalant à une bande de 30 kilomètres de long sur 4 kilomètres de large ? Quelques centaines d'hectares auraient suffi, autour des futurs puits. On avait pris un rocher pour écraser une mouche.

Dans ce « zadage » abusif, il y avait sans doute une tactique : provoquer une gêne si insupportable que les victimes, soulagées de la voir disparaître, accepteraient les travaux de captage comme un moindre mal. En l'absence de contrepoids réel, l'administration se plaçait en position de force : « Car tel est mon bon plaisir. »

Mais, dans une société libérale, l'absence de contrepoids suscite toujours des contre-pouvoirs. En quelques jours, les notables les plus placides adoptèrent une attitude hostile, bientôt haineuse. Ils ne parlaient que de barrer l'autoroute avec des tracteurs ; leurs colonnes d'assaut, fourches à la main, envahiraient la préfecture de région ; ils allaient décrocher les fusils de chasse. Visiblement, ils recouraient au style : *Retiens-moi ou je fais un malheur*. Nous nous évertuâmes à les retenir. Ils ne firent pas de malheur.

Les voies de droit restaient ouvertes. La création d'une ZAD, pour un projet qui concernait le sous-sol et non l'urbanisme, était une illégalité manifeste. Le conseil général de Seine-et-Marne le dit. Une association de défense, promptement créée, engagea un recours devant les tribunaux administratifs.

Refus de discuter et jeu d'esquive

Les hauts fonctionnaires responsables du projet prenaient ces contestations avec flegme. Les criailleries d'un conseil général ? Elles faisaient partie du jeu. « Qu'ils chantent la chansonnette », eût dit Mazarin. Quant à l'association de défense, il était bien naturel qu'elle s'agitât, puisqu'elle s'était constituée pour cela.

Cependant, le climat s'aigrissait. Le préfet de région, Paul Delouvrier, accepta, à ma demande, de tenir une réunion d'information. Il arriva à Provins, suivi d'un convoi de limousines, d'où descendirent une dizaine de préfets et directeurs. Maires et représentants des chambres d'agriculture ou des associations professionnelles ne se laissèrent pas impressionner par ce débarquement d'autorités. La salle était houleuse.

Paul Delouvrier fit front. Pas plus que ce grand commis, les fonctionnaires, en général, ne manquent de courage. Ils n'ont pas la *peur du face à face*[4]. Mais ils se disent qu'on ne peut pas servir l'intérêt général sans heurter des intérêts particuliers. Ils en ont pris leur parti. Quelles lumières pourrait leur apporter un auditoire nécessairement de mauvaise foi, puisqu'il plaide pour soi ? *Accepter de parler, c'est accepter de négocier.* L'intérêt public ne se négocie pas *. Delouvrier déploya pourtant son talent de persuasion ; il promit de chercher une solution pour diminuer la gêne provoquée par la ZAD.

L'administration avait réussi à concentrer les coups sur cette ZAD, qui lui était en fait inutile. Comme dans le ballet des escrimeurs où, à force de s'esquiver, les duellistes changent de position, on vit bientôt les communes frappées se résigner aux captages, pourvu que la ZAD fût levée, et l'administration envisager de lever la ZAD, pourvu que les travaux pussent commencer.

Le nouveau préfet de la région parisienne, Maurice Doublet, affirma son intention de réduire les contraintes, en même temps que de hâter les travaux, qui « auraient déjà dû commencer depuis longtemps ». Il créa, à la fin de 1968, un groupe de travail, composé de fonctionnaires et d'élus, pour aplanir toute difficulté. Il annonça sa décision de ramener le périmètre de la ZAD de 12 000 à 6 500 hectares. En novembre 1969, on en était à 1 000 hectares. L'administration reconnaissait du même coup – mais sans la moindre indemnisation – que les 11 000 autres hectares avaient été *zadés* inutilement !

Un désespoir silencieux

Autant la réalisation du « zadage » avait été instantanée, autant celle du « dézadage » se fit attendre. La levée de la ZAD n'était toujours pas *signifiée aux notaires*. Les terrains restaient donc gelés : ventes, partages, héritages, viagers, aucun acte ne pouvait être enregistré. Un jour de 1972, un vieil agriculteur vint me trouver :

« Je voulais prendre ma retraite, céder mon bien, recevoir l'indemnité viagère de départ. Toutes mes dispositions étaient prises ; toutes les démarches étaient effectuées – et Dieu sait si elles sont compliquées ! Alors, il y a eu la ZAD. Depuis cinq ans, rien à faire. Le notaire refuse d'enregistrer les actes. »

Il avait été long à m'expliquer son tourment. Soudain, il se mit à pleurer. Doucement, avec de grosses larmes silencieuses.

* Telle est en France l'idée qu'un haut fonctionnaire se fait souvent de sa mission. *Il ne convient pas de compromettre l'autorité de l'Etat dans des discussions d'où elle ne peut sortir qu'affaiblie.* J'ai souvent constaté qu'ailleurs, par exemple aux Etats-Unis, prendre langue avec les partenaires est au contraire tenu pour un préalable indispensable à l'action. Un contact bien établi – de bonnes *public relations* – rend souvent la négociation inutile.

Pourtant, dès 1970, le tribunal administratif avait annulé l'arrêté créant la ZAD. Mais *les bureaux ne tinrent aucun compte de ce jugement* *. Un particulier est obligé de s'incliner devant une décision de justice, fût-ce sous la contrainte de la force. Pas l'autorité publique : elle n'use pas de sa propre force contre elle-même. Les verdicts du juge administratif demeurèrent lettre morte.

Indignation devant les procédés brutaux de l'administration, mais résignation devant la perspective des travaux : tel était l'état d'esprit des élus, quand le groupe de travail présidé par Maurice Doublet se réunit à Paris le 6 novembre. Les hauts fonctionnaires de la préfecture de région et de l'Agence Seine-Normandie, comme les élus de l'agglomération parisienne, reprochèrent aux élus de Seine-et-Marne de préférer leurs intérêts locaux à cette urgence nationale : six millions de Français menacés de manquer d'eau. Devant la coalition, nous fîmes retraite, et décidâmes de nous rallier au captage, à condition que son utilité fût clairement démontrée.

De fait, au printemps 1970, un volumineux dossier nous fut présenté. Il affirmait qu'aucune solution ne pouvait être substituée au projet Montereau ; que cette eau souterraine ne coûterait pas plus cher qu'une eau de surface traitée aux portes de Paris ; que la réalisation du projet ne porterait pas préjudice à l'agriculture. Pour *sauver la face*, le conseil général de Seine-et-Marne décida de créer une commission spéciale, qui vérifierait le bien-fondé de ce dossier ; j'en fus élu rapporteur.

Notre commission de neuf membres reflétait la composition du conseil général **. Pas un instant, nos divergences politiques n'interférèrent dans nos travaux, et nous restâmes unanimes jusque dans nos conclusions. Quand on confie à des élus locaux des tâches concrètes, on est surpris de voir s'effacer les affrontements idéologiques, qui s'exacerbent si volontiers sur des choix abstraits.

Notre enquête se poursuivit de juin à septembre 1970. Visites sur le terrain ; étude des rapports qui dormaient dans les archives ; auditions de maires, de cultivateurs victimes de la ZAD, d'exploitants de sablières ; expertises de géologues, d'hydrologues, d'hygiénistes. En trois mois, nous allâmes de découverte en découverte.

Jusque-là, l'idée ne m'avait pas effleuré que ce projet ne fût pas techniquement indispensable et économiquement viable. Les plus grands services de l'Etat ne s'en portaient-ils pas garants ? Or, nous nous aperçûmes qu'aucune étude n'avait été menée jusqu'au bout ;

* Vous croiriez que lorsqu'un arrêté est annulé, il cesse de produire effet, sans que l'administration ait à le rapporter. Erreur : il faut que l'administration notifie l'annulation, pour que les notaires puissent en tenir compte.

** Qui s'étend du parti communiste au centre national des indépendants.

et qu'aucun responsable n'avait consacré à une réflexion ouverte et contradictoire le dixième du temps que notre commission y consacrait elle-même. Les administrations, si elles n'avaient pas voulu nous mentir, s'étaient en tout cas menti à elles-mêmes, victimes d'une auto-intoxication fréquente dans les milieux fermés. Nous nous étions seulement préoccupés de ce dossier pour protéger des populations contre une spoliation. Voilà que nous découvrions l'inconscience avec laquelle on s'apprêtait à gaspiller l'argent public. A mesure que notre conviction s'affirmait, il nous semblait que nous étions touchés, non à la tête, mais au cœur. Avec la force cruelle de l'imprévisible.

Aux robinets parisiens, une eau en vaut une autre

Le projet se fondait sur un postulat : l'eau de fleuve traitée en usine est mauvaise ; il faut donc la couper par de l'eau de source. Ce postulat se révéla faux. Chacun avait pu voir à la télévision, un jour d'inauguration, l'usine de filtration de Choisy-le-Roi *. Le préfet avait dégusté lentement un verre d'eau filtrée et affirmé, en clappant, devant la caméra : « Elle est délicieuse ; on dirait de l'eau d'Evian. » Cette séquence avait frappé les habitants des cantons menacés : « On peut obtenir de l'eau d'Evian avec de l'eau de Seine à dix kilomètres de Paris. Le préfet l'a dit. Pourquoi viendrait-on voler la nôtre, à cent kilomètres, en saccageant nos communes ? » *Le préfet l'a dit* : souvent, un maire, un conseiller général, m'avaient cité un propos du préfet, comme une sentence sans appel, comme une vérité révélée...

J'allai visiter plusieurs usines semblables [5]. Vous croiriez que l'eau traitée est de l'eau de fleuve stérilisée par de l'eau de Javel ? Non : c'est de l'eau *filtrée* par de puissants moyens mécaniques. L'usine effectue en quelques heures le travail auquel la nature se livre en quelques semaines. On voit entrer, d'un côté de l'usine, l'eau sale du fleuve. De l'autre, après le passage à travers maintes trémies, vite noircies et aussitôt lavées, sort une eau limpide comme celle d'une source.

Au terme du processus, on protège avec un agent stérilisant [6] cette eau clarifiée. Mais on le fait *aussi pour les eaux de source* que l'on doit transporter à longue distance par des canalisations : on les stérilise, à la fois au début et à la fin de leur trajet, par un produit chimique [7].

Ainsi, les eaux *naturellement pures* cessent de l'être. Elles

* Sa capacité de traitement, de 800 000 mètres cubes d'eau par jour, devait être portée à 1 200 000 mètres cubes : *à elle seule*, le double du « projet Montereau ».

deviennent, elles aussi, des eaux *traitées*. Elles prennent, elles aussi, un léger goût de pharmacie.

Bactériologiquement pures [8], les eaux de fleuve traitées et les eaux de source le sont donc autant les unes que les autres. *Pures d'ingrédients chimiques*, les eaux de source transportées à Paris et les eaux de fleuve traitées ne le sont ni les unes ni les autres [9]. Le consommateur parisien ne sent pas entre elles de différence.

Nous commencions à comprendre ce que l'on nous cachait – une concurrence entre deux méthodes. Une méthode ancienne : *l'épuration naturelle* de l'eau par le sous-sol, et son *transport artificiel* à longue distance. Une méthode moderne : *le transport naturel* par un fleuve, et *l'épuration artificielle* à proximité du lieu de consommation. Dans tous les pays du monde, la seconde méthode supplante la première à mesure que, les sources proches étant absorbées, il faudrait aller chercher les eaux souterraines à longue distance *.

L'eau « pure » n'était pas pure

Au moins supposions-nous que l'eau de Montereau était de l'eau de source, « naturellement pure ». Notre *deuxième découverte* fut qu'il n'en était rien.

La nappe souterraine qui s'étend dans la région de Montereau et de Bray est alimentée par deux sortes d'eau. L'une, purifiée au cours des ans par une épaisse couche de craie, est comparable à une eau de source. L'autre, qui circule à travers les sables et graviers, situés au-dessus de la craie, n'est rien d'autre que de l'eau du fleuve. Or, on ne peut espérer qu'en toute saison, les eaux captées comportent plus de 10 % d'eau de craie, c'est-à-dire d'eau *naturellement pure* ; elles seraient fournies à 90 % par de l'eau de sable, c'est-à-dire de l'eau du fleuve [10].

En effet, ces deux eaux se mélangent. Le toit de craie, situé à une dizaine de mètres sous le sol, est lézardé : chaque fois qu'on pompe de « l'eau de craie », l'eau de sable est aspirée à travers les fissures de la craie. Pas une fois les documents officiels ne signalaient ce phénomène. Pour nous en apercevoir, il fallut que nous examinions des rapports restés confidentiels jusque-là, et que nous interrogions leurs auteurs **.

---

* La plupart des grandes villes du monde ont des besoins en eau sans commune mesure avec les possibilités offertes par les nappes souterraines locales. Elles sont donc alimentées aujourd'hui, pour l'essentiel, par de l'eau de fleuve traitée.

** Dès 1964, un rapport rédigé par cinq spécialistes (MM. Abrard, Archambault, le docteur Coulon, Vibert, Wahl) désignés par le préfet de la Seine, avait déclaré sans ambages : « L'eau captée sera, en tout temps, constituée par le

Nous nous retournâmes vers les dirigeants de l'Agence :

« La *pureté naturelle* des eaux de Montereau est un mythe. Pourquoi aller chercher à cent kilomètres, au prix d'énormes difficultés, des eaux impures qu'il faudra traiter, alors qu'il suffit de les puiser dans la Seine, aux portes de Paris ? »

Nous ne reçûmes pas de réponse.

Un litre d'eau de source mélangé à cent autres

Le « projet Montereau » prévoyait que la nappe fournirait 600 000 mètres cubes d'eau par jour, sur 6 000 000 de mètres cubes qui seraient alors distribués dans l'agglomération parisienne [11] – soit 10 litres sur 100.

Mais cette eau – ce fut notre *troisième découverte* – serait mélangée à des eaux d'autres provenances. C'est la règle dans l'agglomération parisienne : eaux de source et eaux de fleuve sont brassées dans les réservoirs et canalisations, selon des proportions variables suivant les quartiers. Tantôt, l'eau de source prédomine, tantôt – plus souvent – l'eau de fleuve ; les consommateurs en ignorent tout.

Une eau de Montereau « naturellement pure » à 10 %. Une eau de Paris venant à 10 % de Montereau, et donc « pure », du fait de ce projet, à concurrence de 1 % : nous étions en pleine fiction.

Pour 250 litres consommés, un demi-litre d'eau de table

Notre *quatrième découverte* fut que, si le Parisien consomme beaucoup d'eau, ce n'est pratiquement plus pour la boire. Sur les 250 litres d'eau utilisés en moyenne par personne et par jour, un litre et demi au maximum est *absorbé*. Encore faut-il réduire à un demi-litre la quantité *bue en verre*, c'est-à-dire celle qui mérite d'être appelée *eau de table* *.

---

mélange d'une petite quantité d'eau de craie, avec une partie très importante d'eau de la Seine et de l'Yonne ayant cheminé à travers les alluvions ou les fissures de la craie. En période de basses eaux, la situation sera encore plus nette, et à peu de chose près les eaux captées ne seront autres que les eaux de la Seine et de l'Yonne. » *Cette situation, trente ans après, n'avait nullement changé (1996).*

* Un litre par jour et par personne en moyenne est ingéré sous forme de potages, mets divers, boissons chaudes et coupages, où disparaît la saveur d'origine, et pour lesquels l'eau minérale serait superflue ; l'eau du robinet, qui est potable (et, en tout état de cause, doit le rester), suffit parfaitement à ces usages.

Le reste est destiné à des usages hygiéniques et domestiques, dont aucun ne justifie une eau de source.

Neuf Parisiens sur dix consomment de l'eau minérale en bouteille. C'est elle qui satisfait désormais, à peu près complètement, les besoins des particuliers en *eau de table*.

Cette donnée fondamentale avait totalement échappé à l'administration. Un fonctionnaire nous répondit, impavide : « Eau minérale, connais pas. » Pourtant, le « projet Montereau » ne pourrait en rien changer l'appréciation qu'à tort ou à raison, les Parisiens portent sur l'eau de robinet.

Un autre fonctionnaire nous déclara un jour : « Plus l'eau du robinet sent l'eau de Javel, plus on devrait se sentir rassuré. » Moins on l'est ! Car le chlore lui confère seulement la pureté *bactériologique* ; il lui enlève la pureté *naturelle*, celle que l'homme n'a pas frelatée. Dans l'eau de source en bouteille, ces deux puretés se rejoignent. Qu'on ne dise pas qu'elle est un produit de luxe *. Elle est un produit de première nécessité, comme la nature.

Loin des décisions administratives, le public avait trouvé sa voie. Le problème s'était résolu de lui-même. Pourquoi l'administration ne voulait-elle pas l'admettre ? Rejet de l'initiative privée, qui la concurrence avec succès ? Sans doute. Mais aussi, simple incapacité à changer, parce qu'*incapacité à écouter, à voir*. L'économie de marché se plie aux désirs du consommateur ; elle les découvre et les exprime. Elle résout par l'échange, c'est-à-dire l'avantage mutuel, ce que le système bureaucratique voudrait résoudre par des décrets [12].

Si l'histoire des « gueules grises » était triste, celle de la nappe était plutôt gaie. La récapitulation de nos constats ressembait à du Courteline. Sur 500 000 litres d'eau distribués aux habitants de l'agglomération parisienne, 450 000 le seraient à des habitants qui boivent de l'eau minérale. Sur les 50 000 litres utilisés par ceux qui ne boivent que l'eau du robinet, 100 seulement seraient consommés comme eau de table. Sur ces 100 litres bus, 10 viendraient des captages de Montereau ; dont 1 litre serait de l'eau « naturellement pure » ; mais elle aurait cessé de l'être, puisqu'elle aurait été traitée chimiquement – et mélangée à d'autres...

Fournir de l'eau de source comme boisson de table aux habitants de la région parisienne, telle était la louable intention du projet. Or, l'eau « naturellement pure » de Montereau ne trouverait cet emploi que dans la proportion de 1 litre sur 500 000. Ce qu'en chimie on appelle des traces.

Le scandale, pourtant, ne s'arrêtait pas là.

---

* Il ne faut pas la confondre avec le caviar ou le foie gras. Un litre d'eau de source ordinaire coûte *deux minutes et demie de travail pour le salarié le plus modeste*.

La Cour des comptes menait une autre enquête. Elle s'apercevait que Paris perdait son eau. Dans le même temps où la distribution d'eau avait augmenté de 20 %, la consommation relevée aux compteurs n'avait progressé que de 5 % : les canalisations, vétustes, laissaient échapper de plus en plus d'eau [13].

Le gâchis était tel, qu'à partir de 1963, on colmata les tuyauteries, on régla les pressions. Du coup, la distribution annuelle d'eau *régressa* d'un tiers en trois ans [14]. Mais les services qui procédaient à l'amélioration des réseaux ne communiquaient pas avec ceux qui se livraient aux prévisions. En 1962, on lançait, en toute urgence, des programmes d'équipements pour 1975, alors que, corrections faites, la Ville de Paris disposait d'un énorme excédent d'eau jusqu'en 1990. Pourtant, on n'arrête pas un programme d'équipements : une administration ne se déjuge pas.

Telle était la démonstration de la Cour des comptes. Mais qui lit son rapport ? Les administrations qu'elle vitupère préparent à l'intention de leur ministre un mémoire en défense que le ministre a juste le temps de signer, non de lire ; il en ressort que la conduite des services a été irréprochable. Un journaliste écrit un article acidulé. Un parlementaire pose une question écrite. Le tout sombre dans l'indifférence.

Compétents, les services l'étaient assurément ; mais à leur façon, qui leur faisait commettre précisément ce genre d'erreur. Cloisonnés, ils se décidaient en fonction d'un champ de vision étroit, qui n'intégrait pas certains facteurs – notamment psychologiques, ou économiques. Rigides, ils ne tenaient pas compte d'évolutions pourtant capitales. Et ils faisaient endosser, par des responsables de façade, des décisions dont ceux-ci ne parvenaient pas, faute de temps, à contrôler le bien-fondé.

Infiniment moins compétent que le « technocrate », un élu, à condition d'être pleinement responsable, me paraît pourtant mieux protégé contre ce genre d'erreur. Car sa vision, qui naît du débat public, est plus globale, même si elle demeure approximative.

L'autorité de la chose jugée

Nous fîmes part de nos découvertes. Pas une fois, les auteurs du projet n'entreprirent de les réfuter. Ils auraient sans doute pu se livrer à une de ces interminables batailles d'experts... Mais les élus locaux méritent-ils une bataille ? Notre compétence aurait dû se borner à réclamer de bonnes indemnités ; nous la débordions. Nos interlocuteurs faisaient songer à cette gravure satirique, à la veille de la Révolution : « A quelle sauce voulez-vous être mangés ? demande Calonne à l'Assemblée des notables, figurés par des dindons. – Mais nous ne voulons pas être mangés du tout. – Vous sortez de la question ! »

Un des principaux responsables du projet avait dit un jour en ma présence : « Je mettrai les maires à genoux. » L'affaire se situait sur le terrain des rapports de force.

Dans la force, Maurice Doublet savait mettre de la jovialité :

« Il faut bien faire confiance aux experts, nous disait-il. Sinon, à quoi serviraient-ils ? Mes experts m'ont établi ce projet ; j'en conclus donc qu'il est bon. » Et il partit d'un rire engageant, qui se communiqua à une partie de l'auditoire. L'habile homme ! Comme il savait détendre l'atmosphère !

Nous répondîmes qu'en trois mois d'enquête, nous n'avions pas rencontré un seul expert qui contredît notre argumentation, mais beaucoup qui l'avaient étayée. Ce vulgaire argument d'autorité parut un instant faire vaciller le camp de l'administration. Le préfet de région resta silencieux, jusqu'à ce qu'un collaborateur se penchât vers lui et lui montrât du doigt un texte. On vit le visage du préfet s'illuminer. Il donna lecture d'un principe posé par le Conseil supérieur d'hygiène publique : « *Les eaux naturellement pures doivent être utilisées prioritairement pour l'alimentation humaine ; en conséquence, une protection rigoureuse des nappes s'impose, contre toute dégradation en quantité et en qualité.* » Il ajouta, pour clore le débat : « La plus haute instance du pays en matière d'hygiène ayant établi une règle, je considère que le « *projet Montereau* » est revêtu de l'autorité de la chose jugée. »

Dans les mois qui suivirent, le rappel de la doctrine du Conseil supérieur d'hygiène revint rituellement, dans les réunions comme dans la correspondance. *L'autorité de la chose jugée...*

Nous interrogeâmes plusieurs membres du Conseil supérieur d'hygiène. Tous nous répondirent : « Si l'on a le choix, sur place, entre de l'eau souterraine et de l'eau de surface, la première solution est évidemment préférable à la seconde. Mais si on a le choix entre une eau purifiée en usine près du lieu de consommation, et une eau souterraine transportée sur une longue distance, c'est tout différent ! » En somme, l'application du principe dépendait, en un endroit donné, du coût des deux solutions. Mais le coût – financier et économique – intéressait-il l'administration ?

Notre enquête, justement, nous révéla, pour finir, que le devis du projet avait été minimisé dans des proportions surprenantes.

Les premiers documents n'abordaient même pas la question. Nous demandâmes une étude chiffrée. On nous affirma que le captage coûterait 350 millions de francs ; que la même quantité d'eau fournie par des usines de traitement d'eaux fluviales reviendrait à 240 millions ; et que la différence dans la qualité des eaux justifiait bien cette différence de prix. Cinquante pour cent de plus, c'était déjà beaucoup – pour une différence que nous avions découverte illusoire. Mais un examen plus approfondi nous montra que l'eau de Montereau coûterait, non pas *moitié* plus cher, mais au moins cinq et peut-être *dix fois* plus cher que l'eau d'une usine de filtration en amont de Paris **.

Robert Mac Namara m'avait un jour déclaré avec humour que les devis présentés par un service ou une entreprise qui poussent à la réalisation d'un équipement doivent être multipliés par le nombre π. On peut aisément vérifier cette loi. Le triplement des dépenses de Pierrelatte, du *Concorde* ou des abattoirs de la Villette a soulevé l'émotion publique ***. Mais les erreurs de prévisions du même ordre sont constantes, et passent généralement inaperçues.

A nos critiques, l'administration répondit par un nouveau devis. Le coût passait à 800 millions de francs. L'étude fleurait encore l'impressionnisme. Nous fîmes appel à des experts. Leurs évaluations allèrent de 2 milliards à 3 milliards de francs en 1970, selon l'importance des indemnités qui seraient consenties aux personnes lésées. De deux choses l'une : ou les indemnités seraient faibles, et le projet revenait à spolier quatre cantons ; ou les indemnités seraient équitables, et l'entreprise devenait plus ruineuse encore.

Donc, dans l'hypothèse basse, deux fois le coût des abattoirs de

---

* *Au début des années 1970, les abattoirs de la Villette avaient été transformés à grands frais pour recevoir un marché d'intérêt national de la viande. Les installations avaient été si mal conçues qu'elles s'avérèrent inutilisables. Le scandale fut énorme (1996).*

** Pour l'usine, on avait utilisé les prix de 1970 ; pour le captage, on avait gardé ceux de 1962. A l'usine, on avait ajouté un barrage-réservoir, au moins aussi utile dans le cas de l'adduction d'eau de Montereau ; au captage, on n'avait pas ajouté les frais de restitution des eaux captées ; et on n'avait compté que 5 millions pour l'indemnisation des exploitants.

***. Ces cas sont de nature bien différente. Les constructeurs de Pierrelatte ou de *Concorde* ignoraient, par définition, le coût d'une entreprise sans précédent. Les promoteurs de la Villette ou de Montereau n'avaient pas cette excuse. Et les deux premières entreprises, qui allaient faire accomplir des progrès technologiques décisifs, rendaient légitime l'ouverture des crédits de dépassement ; non les deux secondes, fondées sur des techniques banales.

la Villette. Dans l'hypothèse haute, trois fois ce coût. Dans l'hypothèse moyenne, *la valeur du budget annuel des armements atomiques*, dont on dit souvent qu'ils sont écrasants pour la France. Ou, encore, plus de la moitié du coût de la liaison Rhin-Rhône, ou 500 kilomètres d'autoroute, ou 60 hôpitaux modernes, ou 35 000 logements sociaux, ou 50 000 emplois créés [15].

Tel était le prix exorbitant d'un projet inutile.

Le spectre de la corruption

Encore ne s'agissait-il là que du coût *financier*. Mais le dossier ne tenait aucun compte du coût *économique* : les gênes, à plus forte raison les manques à gagner, qui allaient résulter du captage.

Pour les sols, un exploitant fit une expérience significative. Dans une sablière, il avait pompé les eaux de la nappe, en les rejetant à la Seine. Il avait constaté que le niveau de la nappe, à quatre kilomètres de là, baissait d'un mètre. Une étude sur les incidences agricoles du projet, menée à notre demande par un ingénieur en chef du Génie rural, confirma nos craintes. Des dizaines de pompes en pleine activité diminueraient l'humidité du sol. Il faudrait, pour les peupliers, pour le maïs, redistribuer en surface, par irrigation, autant d'eau que l'on en pomperait dans la nappe *. Les communes seraient obligées de recreuser leurs puits et d'adapter leurs adductions d'eau. Pour les villages situés sur le coteau, il ne suffirait pas d'aller chercher l'eau plus bas : rien ne prouvait qu'ils en trouveraient encore. C'est tout l'équilibre biologique et écologique de la région qui serait perturbé par le captage. On est toujours apprenti sorcier, quand on bouleverse la nature [16].

Au cours d'une séance de notre commission, je m'interrogeai sur ce qui pouvait bien, en fin de compte, justifier un projet si dénué de raisons apparentes. « Vous êtes bien naïf, s'exclama un de nos collègues, qui venait de prendre sa retraite d'ingénieur de l'Etat. A défaut de raisons, il y a sûrement une cause : des *pots-de-vin* ! Un projet dont le devis est si élevé mérite, de la part des entreprises, quelques petits sacrifices ! »

Autour de la table, les langues se délièrent. Chacun faisait état d'un bruit qui lui était revenu. Je répondis, non sans vivacité, que je me refusais absolument à croire à une quelconque corruption,

---

* Rien n'était prévu : ni les installations pour restituer de l'eau en quantité égale, ni le personnel pour en assurer le fonctionnement. Le personnel qu'emploient les Eaux de la Ville de Paris au seul entretien des canalisations qui restituent des eaux de Seine à la place des sources de la Voulzie dépasse cent hommes, pour une quantité d'eau égale au dixième de celle qu'on prévoyait de tirer des champs captants de Montereau.

tant qu'on ne m'en aurait pas apporté les preuves. Ce que personne ne fit, évidemment. Mais il est déplaisant qu'on chuchote : « Vous pensez, tous ces milliards ne seront pas perdus pour tout le monde ! » Il n'est pas sain que des agents techniques de l'Etat jouissent, dans l'anonymat de leurs bureaux, d'un monopole de décision qui prête à des insinuations aussi inacceptables. La calomnie ne faisait sans doute qu'interpréter grossièrement les mobiles secrets de la *technostructure*. Objectifs d'image ? Prouesses techniques ? Intérêts financiers des groupes privés associés à l'étude du projet ? Persistance de leur pression pour recouvrer les frais d'étude engagés ? En tout cas, seule la décision après le débat public peut écarter la diffamation.

Le pouvoir administratif ne recule pas

Nous avions beaucoup critiqué. Nous fîmes aussi quelques suggestions. Il fallait distinguer deux besoins.

D'abord, les usages culinaires, domestiques, hygiéniques – les deux cent cinquante litres quotidiens. On devait fournir aux robinets une eau limpide et bactériologiquement pure. Les usines de filtration qui encerclent l'agglomération parisienne suffisent largement à répondre à ces exigences [17], aux moindres frais. C'est la solution qui prévaut pour les plus grandes villes du monde [18].

Ensuite, il fallait satisfaire le désir d'une eau de table naturellement pure et agréable au goût – ce que le « projet Montereau » ne faisait aucunement. Nous avions été sensibles à cet acharnement des Parisiens à boire de l'eau vierge – de l'eau de source. Mais on pouvait utiliser rationnellement les eaux de source dont le sous-sol de la capitale est richement pourvu [19]. Quel Parisien n'a vu, devant le puits artésien du square Lamartine, la file des habitants du quartier – et même des automobilistes venus de loin – s'empresser avec leurs récipients ? Pourquoi ne pas concéder la mise en bouteilles d'eaux de source, à proximité immédiate des lieux de consommation ? Que l'Etat réserve le label d'eau minérale aux eaux de cure [20]. Et que l'usage du label d'*eau de source*, accordé à de simples eaux souterraines, soit contrôlé * par lui de manière qu'il en garantisse la qualité. Il pourrait faire baisser les prix de cette catégorie en l'exonérant de taxes [21]. On aurait enfin de l'eau en

* Le contrôle exercé par les pouvoirs publics, sur la mise en bouteilles de l'eau, est, dans certains cas, tout à fait insuffisant. Des associations de consommateurs et la presse ont à juste titre dénoncé quelques cas de souillure (absence de protection du captage ; conditions d'embouteillage).

bouteille à très bon marché *. Les pouvoirs publics seraient dans leur rôle : ils feraient faire et contrôleraient. Mais ils préfèrent inverser les rôles : faire eux-mêmes et ne pas contrôler...

Notre commission avait procédé à son enquête au cours de l'été 1970. Le 28 septembre, le Conseil général de Seine-et-Marne organisa un débat, auquel participèrent des fonctionnaires de l'Agence du bassin et de la préfecture de région. Ils se bornèrent à répéter, comme dogmes révélés, les principes dont notre enquête avait démontré la faiblesse. Le Conseil général adopta nos conclusions à l'unanimité.

Ce fut comme s'il ne s'était rien passé. A peine si l'Agence du bassin crut opportun de publier un « livre blanc » : nulle allusion à notre rapport, nulle réponse à nos arguments. Le regard bureaucratique est fixe. Romaine, l'administration en était restée à l'aqueduc romain.

Les Latins, voici deux millénaires, en amenant de loin des eaux de source, employaient une technique d'avant-garde. Elle se justifiait pleinement : une part importante de cette eau servait à la boisson ; et ils n'étaient pas capables de filtrer l'eau de fleuve à proximité des villes. Au XIXe siècle, la situation n'avait pas vraiment changé : les besoins domestiques et hygiéniques restaient peu importants par rapport à la boisson, et l'épuration des eaux de surface laissait à désirer ; la même méthode se justifiait encore.

Au XXe siècle, l'absorption de l'eau du robinet comme eau de table tend vers zéro ; l'eau en bouteille satisfait les palais délicats ; et les techniques d'épuration des eaux de surface ont accompli des progrès décisifs, propres à satisfaire des besoins croissants. La méthode traditionnelle est abandonnée dans le monde entier. Pourquoi l'administration française s'y accroche-t-elle avec intransigeance ?

J'allai tenter ma chance à Matignon, auprès de Jacques Chaban-Delmas. Il feignit vaillamment de se passionner un instant pour mon affaire, dont il n'avait jamais entendu parler, puis, au bout de quelques phrases, me dit, sur un ton suppliant où perçait l'irritation : « Faites-moi une note. » Du Premier ministre, qui ne disposait que de quelques secondes, la note passerait à son directeur de cabinet, qui n'avait guère plus de temps que lui ; puis à un conseiller technique, qui appartenait au même corps que les promoteurs du projet... La correspondance descendrait, puis remonterait la « voie hiérarchique ». Pouvait-on attendre que l'administration conclût contre elle-même ? Par quel miracle un avis différent aurait-il pu

---

* *Ce n'est toujours pas le cas. Le prix de l'eau en bouteille n'a pas baissé. Au contraire, la passion spécifiquement française pour l'eau « pure » a permis aux producteurs de maintenir des prix élevés (1996).*

sortir de cette *mécanique à miroirs* ? Il n'y eut pas de miracle. Les miroirs reproduisirent l'argumentation que je connaissais par cœur.

Au cours des deux ans qui suivirent, je multipliai sans succès les démarches auprès de différents ministres plus ou moins concernés *. L'araignée administrative les tenait dans sa toile. Tous me promettaient leur aide. Leurs efforts n'aboutissaient pas. Pendant ce temps, l'administration continuait à tisser ses fils, comme si de rien n'était ** ; la puissance publique l'emportait sur le droit public.

A tout hasard, je renouvelai cette expérience à l'Elysée, auprès de Michel Jobert. Son esprit aigu fut vite convaincu. Mais l'administration ne connaît pas le hasard. La même réponse me revint au bout de deux mois.

Cependant, ces tentatives vaines se retournaient contre moi. Car les réponses négatives qu'on m'adressait étaient ennoblies de l'autorité des instances qui me les avaient transmises. La décision d'un bureau devenait ainsi celle des plus hauts personnages de l'Etat. Désormais, douter du bon sens d'un obscur service serait douter du président de la République – et de la République elle-même. Les ministres sont solidaires de leur administration. Le Premier ministre est solidaire des ministres. Le président de la République est solidaire du Premier ministre. Tout se tient. L'initiative des bureaux s'était emboîtée sous la hiérarchie monolithique du pouvoir.

Le fait du prince

Le gouvernement est le recours ; je n'y compte que des amis. Pourtant, il finit par plier devant l'argument d'autorité : est-il vraisemblable qu'une administration fasse cohabiter la compétence et l'erreur ?

Un Conseil général peut bien enquêter, découvrir, prouver : il n'est pas pris au sérieux, puisqu'il est sans pouvoir. L'Assemblée nationale, elle, serait prise au sérieux, parce qu'on la craint. Mais il y a disproportion entre la motion de censure dont elle dispose, et l'humble niveau d'intervention où elle devrait descendre. D'elle-même, elle se retient de s'engager à fond dans les affaires locales : elle sait trop bien que, composée d'élus locaux, elle s'y noierait. On s'y contente de protestations de tribune.

Sur le granit lisse du mur administratif, la main ne trouvait où

* Je serais d'autant plus mal venu à reprocher à des ministres leur impuissance, que, comme je l'ai déjà conté, je l'ai éprouvée moi-même bien des fois, dans les départements ministériels dont j'ai eu la charge.

** Elle lançait l'enquête d'utilité publique dans les communes en aval de Montereau, tout en maintenant une ZAD reconnue illégale par les juges.

s'accrocher. Susciter une campagne de presse ? A une majorité, solidaire du gouvernement, il est interdit de « donner des armes à l'opposition ».

Peut-être le chef de l'Etat, garant suprême de la hiérarchie administrative, pourrait-il inverser le cours des choses, s'il intervenait en personne ?

L'occasion de le lui demander me fut donnée à l'automne de 1972. Georges Pompidou avait insisté pour que je mène à la bataille législative l'Union des démocrates pour la République. A la fin d'un de nos déjeuners en tête à tête, je lui contai brièvement mon affaire, et l'impuissance où je me trouvais de la régler. Devant la table d'albâtre ovale, il m'écoutait en silence. Le mal, qui depuis peu gonflait ses traits et nous remplissait d'inquiétude, n'avait en rien diminué son acuité peu commune d'attention et d'analyse. Il ne me posa pas de questions sur le détail du projet ; mais il parut frappé par le fait qu'une argumentation rationnelle ne pouvait être entendue à aucun niveau. Il alluma son cigare, m'entraîna vers le petit salon moderne aux fauteuils profonds de daim clair :

« Vous y tenez, à cette affaire ?

– J'y tiens beaucoup.

– Ça vous embête pour votre réélection ? »

Son réalisme ne s'embarrassait pas de circonlocutions. J'hésitai ; le sort de ce dossier ne changerait sans doute pas le vote de plus d'un électeur sur cent. Mais après tout, les élections ne sont-elles pas, justement, la seule manière qu'a le peuple de peser sur les décisions ? En tout cas, elles m'offraient l'occasion de peser sur le chef de l'Etat.

« Ça m'embête, lui dis-je.

– On va tâcher de vous arranger ça. Allez voir Poujade de ma part. Je vais le faire prévenir. »

Cette affaire, sur laquelle aucun argument rationnel n'avait prise depuis soixante-dix mois, s'arrangea en quelques jours d'une manière totalement irrationnelle. Un propos de table changeait la face du combat. Sans cesse, on m'avait opposé l'argument d'autorité. Cette logique absurde, seule parvenait à l'entamer une logique plus absurde encore : mon propre argument d'autorité, auquel s'associait fortuitement l'autorité suprême du chef de l'Etat. « Je vous affirme que c'est dément. – Je vais tâcher d'arrêter ça. »

Le problème le moins politique ne pouvait donc être résolu que par « la politique » ? Les règles minutieuses qui régissent l'administration sont faites pour limiter la puissance du prince ; et voici que seul, le fait du prince peut limiter l'aveuglement de l'administration.

Robert Poujade me donna son agrément sur un scénario acceptable. Il allait lever entièrement la ZAD, repousser le projet à « l'horizon de l'an 2000 », supprimer toutes les contraintes qui avaient ému les quatre cantons. En revanche, il cherchait comment sauver la face de ses services. J'avais cru longtemps qu'un bon ministre est celui qui tient ses bureaux, et que seul un mauvais ministre était tenu par eux. Je m'étais aperçu que la réalité était moins simple. Un bon ministre est celui qui se fixe quelques objectifs essentiels, et se donne les moyens de les atteindre. Il n'y parviendra qu'à condition de ne pas dresser son administration contre lui. Entre elle et lui, existe un compte permanent du *doit* et de l'*avoir*. S'il ne lui accorde aucune satisfaction, elle finira par avoir raison de lui. Car elle dure, et il passe.

Robert Poujade, qui créait, au prix de mille difficultés, le ministère de l'Environnement, était bien avisé d'agir prudemment. Nous conclûmes l'accord sur ces bases. Rendez-vous fut pris avec tous les acteurs de la pièce. Le 15 novembre 1972, nous fûmes introduits dans un salon doré de l'ancien Garde-meuble royal. Les choses se passèrent d'abord comme prévu. La délégation me laissait le soin de parler ; en face, Robert Poujade, entouré de hauts fonctionnaires, se montrait conciliant et charmeur.

Soudain, tout parut remis en cause. Eus-je le tort de ne pas m'en tenir strictement au scénario ? Je montrai que le projet de captage était un contresens économique et technique. L'un des hauts fonctionnaires présents bondit sous l'outrage. Il nous rappela avec véhémence que son service était seul compétent sur le plan technique ; le coût de l'opération, ou la question de savoir si l'eau de la nappe de Montereau était aux neuf dixièmes de l'eau de Seine, ne concernait pas des élus locaux. Qu'ils se contentent de parler des préjudices subis par les populations locales !

Le maire de Bazoches-lès-Bray, qui préside l'association des maires du canton, se fâcha tout rouge :

« Moi, je n'ai pas fait les grandes écoles, mais je sais ce que c'est qu'un puits et une nappe. Je sais que quand je pompe pour les besoins de mon exploitation, j'assèche tous les puits du voisinage ! »

Le haut fonctionnaire répondit, sur le même ton, que l'eau convoitée par l'administration n'était pas l'eau du sable, mais l'eau plus profonde, séparée de la précédente par le toit de la craie. Le maire se leva, le doigt pointé.

« Mais vous ne savez donc pas que le toit de la craie est fissuré, qu'il n'y a pas de séparation étanche entre l'eau du sable en dessus et l'eau de la craie en dessous ? Vous n'êtes donc jamais venu chez nous ? Mais venez, voyez, et alors vous pourrez parler ! »

En un instant, la haine était revenue. D'un côté, l'administration : elle admettait de céder ; non d'avoir tort. De l'autre, des élus : ils ne pouvaient plus supporter des jeunes messieurs qui traitaient les affaires sur dossier. Un psychodrame fulgurant remettait les plaies à vif.

Avec art, Robert Poujade calma tout le monde. Les besoins d'eau souterraine n'étaient pas pressants. Il acceptait donc d'interrompre la procédure de réalisation des travaux. Il demanderait au préfet de région de renoncer à la ZAD *. Cependant, il fallait penser au XXIe siècle. Au bout de deux heures, chacun se retira soulagé. L'exécution du projet était remise aux calendes grecques ; la nappe serait sauvegardée, à tout hasard.

Les bureaux, sous la pression d'une puissance supérieure, se replièrent en bon ordre. La ZAD illégale, qui depuis six ans paralysait la région, fut enfin levée **. Il ne fut plus question de *captage*. La paix retomba sur les quatre cantons.

Une victoire à la Pyrrhus

J'aurais dû me méfier. On m'avait rapporté un mot qu'aurait prononcé un dirigeant de l'Agence du bassin quand Robert Poujade avait pris la décision d'arrêter le projet : « C'est une victoire à la Pyrrhus ! » Pour les bureaux, tout conflit est une guerre d'usure. Les services ont l'éternité devant eux. Une ruse du destin voulut qu'en 1974, je devinsse pendant trois mois ministre de l'Environnement : je ne songeai même pas à appeler un dossier qui avait été renvoyé à l'an 2000. Et voici qu'à la fin de 1975, une rumeur m'apprit que, dans le VIIe Plan, qui allait s'étendre sur la période de 1976 à 1980, la réalisation du captage était inscrite.

Il ne me fut pas difficile de voir que, pendant ces trois années de sommeil apparent, l'affaire avait cheminé aussi souterrainement que les eaux de la nappe. Instruite par les péripéties d'un conflit de huit ans, l'Agence avait dissocié les forces qui s'opposaient à elle. Elle avait fait sentir aux sabliers qu'ils avaient tout intérêt à ne pas s'opposer au projet. Qu'ils se montrent compréhensifs, et on leur délivrerait généreusement des permis d'exploiter ! Ils

---

* Annulée depuis près de trois ans par le tribunal administratif.

** L'administration obligea les propriétaires à fournir une déclaration d'intention d'aliéner, accompagnée d'un extrait cadastral *prouvant que leur terrain était « dézadé »*. A leurs frais. Ainsi, non seulement l'administration avait porté un grave préjudice à ces propriétaires en « zadant » leurs terrains inutilement et illégalement pendant six ans ; mais elle leur imposait de démontrer... qu'ils ne subissaient plus ce préjudice.

avaient vite saisi. Les agriculteurs aussi : l'Agence faisait siennes toutes leurs exigences. Le captage des eaux provoquerait un assèchement des sous-sols dommageable aux activités agricoles ? Qu'à cela ne tienne ! L'Agence construirait un réseau d'irrigation, alimenté par la Seine, et en financerait le fonctionnement.

Le projet n'était pas devenu moins déraisonnable. Il l'était davantage encore, puisqu'il s'aggravait de tous les frais qu'il refusait d'abord de prendre en charge. La critique de l'absurde conservait ses droits ; mais elle aurait un peu moins de chances de se faire entendre.

Le Conseil général a reconstitué sa commission spéciale. Elle a repris son enquête et mis à jour ses conclusions. Les services n'en ont pas fait plus de cas. La sécheresse sans précédent de l'été 1976 leur a donné un argument nouveau : elle aurait démontré « l'urgente nécessité de reprendre le "projet Montereau" ».

Pourtant, les habitants de l'agglomération parisienne, sans disposer de la nappe de Montereau, n'ont pas le moins du monde manqué d'eau. Les usines de filtration disposaient encore de grandes réserves de puissance. Du reste, le volume total des eaux disponibles fût resté inchangé, puisque l'eau des fleuves et des nappes appartient au même bassin. Et les Parisiens ont résolu d'eux-mêmes le problème de l'eau de table, en se jetant sur les eaux minérales plus encore que d'ordinaire.

En revanche, les communes des quatre cantons ont été menacées dans leur approvisionnement d'eau, la sécheresse ayant fait baisser le niveau des puits. Si le captage des eaux avait été réalisé, abaissant encore la nappe, il aurait à coup sûr provoqué la pénurie d'eau potable et, à plus forte raison, empêché l'arrosage. L'argument de la sécheresse se retournait donc entièrement contre ceux qui le brandissaient.

Mais à quoi bon les arguments ? Seules, à nouveau, auraient quelque poids les démarches, les pressions. Le rocher de Sisyphe était retombé dans le ravin. Il allait falloir le remonter *.

---

* *Mes démarches et pressions ont continué. En 1996, le projet de la nappe de Montereau en est toujours au même point. Trente années ont confirmé son inutilité. Le coût exorbitant de ce projet a obtenu son « gel », ce que nos arguments ne suffisaient pas à faire. Il paraît en outre que ce chapitre du présent livre n'y a pas été étranger. Entre-temps, les villes nouvelles autour de Paris, notamment Marne-la-Vallée et Melun-Sénard, que l'administration avait imaginé d'approvisionner à partir de cette nappe d'eau, ont été plafonnées à 200 000 habitants (alors qu'elles avaient été programmées pour 500 000). Cette décision faisait suite aux recommandations du Comité national d'études sur la violence, qui avait fait apparaître que la courbe de la criminalité et de la délinquance violentes grimpaient fortement dans les agglomérations nouvelles de plus de 200 000 habitants (1996).*

Chapitre 26

LES DEUX PACHYDERMES

L'affaire de Montereau cumulait ses leçons avec celles de la retraite des glaisiers. L'administration qui *en faisait trop* rejoignait celle qui *n'en faisait pas assez*.

– La bonne volonté et l'énergie des ministres se sont usées contre la puissance des services, qui ont défendu avec une conscience et une ténacité dignes d'admiration ce qu'ils considéraient comme le bien de l'Etat.

– L'autorité dynamique des gouvernements de la Ve République n'a guère eu plus de prise sur ce genre d'affaires courantes que l'agitation débonnaire des gouvernements de la IIIe et de la IVe.

– Le Parlement, après avoir été trop fort, est devenu trop faible pour faire contrepoids au phénomène technocratique. Il a pratiquement perdu le pouvoir de voter des lois auxquelles l'administration est hostile ; il n'a guère sur elle de moyens d'inspection ni de contrôle.

– Le pouvoir judiciaire n'a pas son mot à dire, alors que la justice est en jeu. Pour les glaisiers, il n'était pas compétent : aux Etats-Unis, le 14e amendement, qui interdit toute discrimination, aurait permis aux mineurs d'argile d'exciper devant le premier tribunal venu de l'*equal protection clause*, pour exiger des conditions de retraite identiques à celles des mineurs de charbon. En Scandinavie, c'est le pouvoir arbitral de l'*ombudsman* * qui aurait tranché le nœud gordien. En France, la puissance de l'administra-

* *C'est sur l'exemple de l'*ombudsman *scandinave que le « médiateur » a été créé en 1973. Son statut a été modifié par la loi du 24 décembre 1976, puis par celle du 13 janvier 1989 : il peut être saisi par tout citoyen qui a un litige avec une administration publique. Pourtant, après vingt ans d'existence, s'il a permis de régler bien des cas particuliers, il n'a pas infléchi le moins du monde le fonctionnement hautain de l'administration (1996).*

tion, automatiquement soutenue par le gouvernement, et donc par sa majorité, excluait tout arbitrage. Et pour les agriculteurs lésés par la ZAD de Montereau, le tribunal administratif jugeait nul l'arrêté de l'administration ; mais l'administration tenait pour nul le jugement : et c'est elle qui l'emportait.

– Les responsables ne s'occupent pas des questions *importantes*, mais des questions *urgentes*. Il arrive que des questions importantes ne deviennent jamais urgentes *, tandis que des questions mineures accaparent l'attention des responsables parce que l'actualité s'en empare. La crise est le plus sûr moyen de rendre un problème urgent ; elle exige l'intervention des hauts dirigeants, qui sont seuls en mesure de la résoudre.

– Les informations livrées par les élus sont mal perçues, parce qu'elles exigeraient trop de temps du « décideur » ; or, plus on remonte la filière hiérarchique, moins les décideurs ont de temps à consacrer à chaque affaire ; plus ils sont tenus de s'en remettre au verdict de l'échelon inférieur ; et plus cet échelon inférieur échappe à la responsabilité.

– Le temps perdu, pour mettre en œuvre une décision favorable à des citoyens brimés, joue contre le gouvernement qui l'a prise et la majorité qui l'a fait prendre. Une effervescence des forces revendicatives fait vite oublier les services obtenus avant elles et en dehors d'elles. Ainsi, *le gouvernement renforce la position de ses adversaires à partir des succès obtenus par ses amis.*

La gloire de l'empire

Comment est-il possible que la France de la Ve République ait investi l'équivalent de vingt-cinq hôpitaux modernes dans un gigantesque abattoir à la Villette, à l'heure même où elle décidait fort sagement d'éloigner les Halles et de décentraliser les abattages ** ? Il faut entrer dans le mécanisme des décisions, mises en œuvre sans avoir vraiment été prises, pour comprendre comment la puissance publique peut adopter des conduites contradictoires et aberrantes et se lancer les yeux clos dans des projets irréfléchis.

Peut-on arrêter, encore un coup, une erreur deux ou trois fois plus lourde que celle de la Villette ? Faite pour lutter contre la pollution et sauvegarder les équilibres naturels, une administration

---

* Par exemple, les questions de politique étrangère sont essentielles ; mais comme, hors les cas de tension, elles paraissent rarement urgentes, les acteurs politiques s'en préoccupent peu. De même pour la démographie, qui commande le destin national, et n'intéresse à peu près personne.

** *Avant de se résigner à abattre cet abattoir, pour y installer la Cité des sciences (1996).*

persiste dans un projet qui ne diminuerait en rien la pollution et risque de détruire des équilibres naturels. Chargée d'assurer le meilleur emploi de l'argent public, elle s'apprête à le dilapider, à l'abri de toute sanction.

L'appareil d'Etat, sans se préoccuper des gênes qu'il apporte aux hommes, ou des richesses qu'il retranche du capital de la nation, poursuit l'opération jusqu'à son terme, comme un ordinateur programmé une fois pour toutes. A cette puissance infaillible, tout est permis : méthodiquement anarchique, elle se surcharge de fardeaux, elle amasse les contraintes ; elle veut tout ce qui la rapproche du but, fût-ce en le rendant plus aberrant. Elle sait qu'elle peut aller trop loin. La conséquence de ses erreurs ne retombera pas sur elle, mais seulement sur la population.

Chaque fonctionnaire, pris à part, est dévoué, intègre, intelligent, compétent. Mais une organisation est plus puissante que les hommes qu'elle englobe et que la mission qui lui a été impartie.

Volonté de puissance d'une corporation publique, comportement déraisonnable d'hommes de compétence, bon sens d'élus locaux sans technicité ni malice, émotion populaire, intervention politique, jusqu'auboutisme de l'administration, lente inhibition des administrés : rien n'est accident. Car cet accident durable, que déroule devant nos yeux une énorme conduite d'échec, combine les traits du système sous lequel vit le pays.

De ce système, nous sommes tous complices. Nous nous accommodons d'un césarisme technocratique, qui agit avant tout pour la reproduction de sa gloire et de son empire.

Trop ou trop peu

Ces deux histoires sont à la fois symétriques et antithétiques. L'une comme l'autre concernent des réalités élémentaires : l'eau que nous buvons tous les jours ; l'âge auquel des travailleurs de peine prennent leur retraite. Elles éclairent toutes deux des coins obscurs de notre paysage social. Du côté des administrations, même dogmatisme, même horreur de se remettre en cause, même méconnaissance du terrain, même dédain des hommes, même esquive du dialogue, même obstination dans l'erreur, même obscurantisme, né de la même absence d'un débat public. Et face à elle, du côté des « administrés », mêmes alternances de résignation et de révolte, même mélange d'égoïsme sacré et de revendications utopiques, qui fournit une apparence de légitimité à l'arbitrage bureaucratique, fût-il arbitraire ; mêmes colères contre un Etat dont on attend tout ; même gaspillage de forces.

L'administration apparaît comme un pachyderme, insensible aux impulsions. Tantôt, il demeure obstinément immobile, refusant d'accomplir des réformes que l'évidence impose. Tantôt, il fonce, et nul ne peut le détourner de sa ligne, tant sa peau est épaisse.

Le pachyderme assis sur son séant et le pachyderme qui charge, plaçons-les au seuil du mystère français, comme les statues des deux taureaux à tête humaine de Khursabad, qui gardent l'entrée du labyrinthe.

Quatrième partie

DES STRUCTURES SOCIALES MALADES : UNE SOCIÉTÉ À IRRESPONSABILITÉ ILLIMITÉE

Chapitre 27

L'IRRESPONSABILITÉ

Au fond du labyrinthe, se tapit un système d'autorité mal connu : en comprendre les ressorts et les effets, c'est comprendre le « mal français ».

De ce système, je ne proposerai pas ici une analyse scientifique. Comme un guide offre au voyageur quelques itinéraires de promenade, je voudrais organiser, en quelques randonnées, cette exploration de notre appareil de commandement.

La première excursion nous fera connaître le caractère essentiel du paysage : l'irresponsabilité.

Sur l'échelle hiérarchique, on ne saute jamais un échelon, fût-ce pour une décision infime. Un modeste fonctionnaire demande-t-il un congé ? Il doit le faire « par la voie hiérarchique ». La décision redescend ensuite, selon les mêmes cheminements. L'épaisseur des dossiers n'est pas en rapport avec l'importance de l'objet, mais avec celle de l'organisme.

L'énergie se dépense à gravir et à descendre de décourageants escaliers. Souvent, elle s'épuise avant d'atteindre le haut ou le bas. Les impulsions supérieures ne sont pas toujours transmises, et la base ne peut pas toujours alerter le sommet : *ceux qui savent ne décident pas ; ceux qui décident ne savent pas*.

Si la communication officielle est ankylosée, en revanche la communication clandestine va bon train. Un enseignant reçoit du syndicat l'annonce de sa mutation ou de sa promotion, des semaines avant que les services ne la lui notifient. Les bulletins syndicaux l'informent, à leur façon, de la politique du ministère ; ils traduisent en termes compréhensibles – mais pas toujours compréhensifs – l'illisible « Bulletin officiel ».

La hiérarchie couvre d'un rideau protecteur le processus de prise de décision : *on ignore qui décide ; à supposer que quelqu'un décide*. Car il arrive que personne ne décide, et que pourtant la décision s'exécute, par la vitesse acquise, sans avoir jamais été prise. Pourtant, la hiérarchie se maintient, si faible que soit son rendement : elle est devenue la raison d'être de ceux qui la constituent. Que serait l'autorité d'un « cadre » intermédiaire, si l'on pouvait se dispenser de passer par lui ? Inconsciemment, il s'oppose à une communication plus rapide, qui le *court-circuiterait* ; à la décentralisation, qui l'évincerait.

Le téléguidage

La hiérarchie, c'est le *téléguidage*, mais dans le brouillard, et sans radar. L'exécutant bute contre les murs, même s'il est assez bien placé pour les voir. Vous plaignez-vous ? Il s'abritera derrière son rôle d'exécutant. Il n'est pas responsable, et aime mieux ne pas l'être du tout que de l'être à demi. « Si vous n'êtes pas content, dit volontiers derrière son guichet l'employé des postes ou l'inspecteur des impôts, adressez-vous au ministre, ou changez la majorité. »

Le téléguidé préfère « se couvrir », « *ouvrir le parapluie* ». Une situation imprévue, au lieu de susciter son initiative, le pousse à demander des instructions. Comment la décision, dictée de si loin, serait-elle adaptée au terrain ? Elle n'est assumée ni par celui qui la prend, ni par celui qui l'exécute. Tous deux finissent par adopter une conduite « cérébelleuse » : la démarche hésitante du chien auquel on a enlevé le cervelet [1].

Kafka conte l'histoire d'un général chinois, défenseur de la Grande Muraille. Les Tartares s'avançant, il envoie un coursier à Pékin prendre les ordres de l'empereur. Un mois de chevauchée à l'aller ; un mois pour que les mandarins mettent au point la stratégie et la soumettent à la signature du Fils du Ciel ; un mois de chevauchée au retour. Entre-temps, la situation a bien changé. N'importe. Le général exécute ponctuellement l'impériale manœuvre, et se fait battre impérialement.

Histoire absurde ? C'est pourtant ainsi que fut annulé, en 1870, le sursaut de défense nationale qui souleva la France après les premières défaites et le siège de Paris. Gambetta rassemble des armées. Mais, se méfiant des généraux, il s'acharne à les commander lui-même, de Tours, à coups de dépêches télégraphiques, sur des informations de la veille *. Sa stratégie avait une journée de

* Il est vrai que Gambetta avait quelques raisons de se méfier des généraux. Le 9 novembre 1870, d'Aurelles de Paladines, en ne poursuivant pas les Allemands après sa victoire de Coulmiers, prive l'armée de la Loire d'une chance réelle – reconnue plus tard par l'adversaire – de lever le blocus de Paris. Gambetta, trop timoré à l'égard de la caste militaire pour prononcer les destitutions

retard sur la bataille. Mais le télégraphe était une si belle invention ! Le téléphone en est une autre. Lui aussi, il a fait perdre bien des batailles, grandes et petites.

Le petit chef

Il serait bien étonnant que personne ne profitât de cette pénombre, pour exercer, sans la responsabilité, le pouvoir. Quand l'énergie circule mal, elle stagne : à mi-chemin de la hiérarchie, elle se cristallise dans les *petits chefs*. Assez éloignés du sommet pour ne pas craindre sa surveillance ; et protégés contre lui par leur statut. Assez détachés de la base, pour rester impavides devant les réactions que leurs décisions suscitent ; et sachant bien que l'administré n'a guère de recours. C'est la situation idéale de l'autorité bureaucratique. Ils ont la tentation de régenter à leur guise, sans que nul ne puisse les atteindre. Ils disposent de l'autorité la plus implacable : non pas celle qui est confiée par une élection, donc soumise au contrôle des électeurs et à la concurrence des candidats ; ni celle qui est confiée par une délégation directe et révocable. Mais celle qui est conférée par *délégation de délégation*, et qui n'est en pratique jamais reprise.

Ces fonctionnaires ne se considèrent pas comme des techniciens à la disposition de l'élu, et que l'élu serait libre de mettre en compétition avec d'autres, d'écarter, de récuser ; mais comme les vrais détenteurs de l'*imperium*, masqués par des marionnettes qui occupent le devant de la scène.

Qui n'a rencontré l'un de ces potentats locaux, bien décidé à n'en faire qu'à sa tête, jusqu'au jour de sa retraite ? Il s'est taillé un empire. Il en jouit. Toute sanction viendrait se briser contre le mur de protection qui l'entoure. Mur bétonné par les syndicats, auxquels on ne peut reprocher d'être plus ardents à défendre la masse des moyens et petits fonctionnaires que l'écume des hauts fonctionnaires d'autorité, abandonnés, eux, à la discrétion du « pouvoir politique ».

Ces petits chefs ne sont pas nécessairement fonctionnaires de l'Etat. Le mal administratif s'est engouffré derrière le statut de la fonction publique, pour envahir les municipalités elles-mêmes. J'ai connu un secrétaire de mairie, dont plusieurs maires successifs avaient éprouvé à leurs dépens l'incapacité hargneuse, sans jamais pouvoir se débarrasser de lui. L'enquête minutieuse d'un inspecteur général de l'administration avait réuni un faisceau de griefs si accablants, qu'un maire plus courageux, ou plus téméraire, avait

---

qui s'imposaient, s'est mis à donner directement des ordres aux commandants d'unités.

engagé une procédure disciplinaire. Il n'en était sorti qu'un blâme. C'était encore trop. La « victime » fit à la ville une série de procès, que le syndicat des secrétaires de mairie, en son nom, gagnait toujours. Pour finir, c'est un dirigeant de ce syndicat, bon prince, qui vint trouver le maire : « La jurisprudence est telle que vous perdrez toujours. Mais cet individu n'est pas intéressant. Cela nous répugne de gagner sans fin. Je vous propose une transaction. » Ce qui fut fait, au mépris de la discipline syndicale, mais à l'honneur de cet honnête homme.

A la veille de la Révolution, Arthur Young, gentleman agronome, voyageant en France, avait déjà perçu, chez un fonctionnaire qui refusait de lui délivrer une autorisation de séjour à Besançon, cet « air revêche de commis de bureau », assis sur son règlement et ses habitudes, et qui ne démord pas d'une position prise, parce qu'il entend montrer que l'autorité lui appartient [2]. A moins que quelques louis...

A tel ingénieur subdivisionnaire, les entrepreneurs locaux devaient remettre de généreuses enveloppes, sous peine de se voir refuser les marchés. Tout le département en jasait. Mais comme il était impossible de réunir des preuves, sauf à prendre des risques que personne ne prenait, on s'en tenait à compter les années qui séparaient encore de la retraite ce Verrès de chef-lieu de canton.

Il est des pays où le pot-de-vin est tellement admis, qu'il devient une règle du jeu : c'est même souvent la seule. On ne sait pas *qui est arrosé* ; nul ne nie *l'arrosage*. C'est le règne du *bakchich*.

Il en est d'autres où la corruption existe, mais est refusée par l'opinion et pourchassée par le mécanisme de la démocratie. Des commissions parlementaires se livrent à des enquêtes. Ce sont les affaires de *bribe*, dans les pays anglo-saxons ou scandinaves. Le scandale éclate ; des condamnations sont prononcées, aussi haut qu'elles doivent frapper. On les considère comme autant de témoignages du bon fonctionnement des institutions.

Les pays latins forment une troisième catégorie, où une certaine corruption existe, mais où on préfère ne pas la reconnaître, ni par conséquent la sanctionner. On y « graisse la patte », comme en Italie on pratique la *bustarella*, ou dans les pays hispaniques la *mordida*. Cependant, les scandales s'étouffent. Le sujet mériterait d'être traité à fond : mais il est tabou *.

---

* *Je ne faisais ici qu'effleurer le tabou, mais je m'attendais à ce que ces propos fissent quelque bruit. Il n'en fut rien. Pour le monde politique, judiciaire, pour la presse, – le tabou commandait qu'on passât sous silence ce fugace sacrilège (1996).*

Plus un fonctionnaire use de son pouvoir arbitrairement, plus il cherche à en user de façon impersonnelle. Ainsi, c'est le pouvoir qui est arbitraire, non pas lui.

Ce système est à l'opposé de ce que fut à l'origine le système féodal, que nous assimilons par ignorance à l'arbitraire, mais qui était en fait un réseau d'obligations personnelles, réciproquement contractées par le féal et son suzerain.

Le système hiérarchique, qui s'est substitué au système féodal, est et se veut impersonnel. Ce n'est pas M. Dupont ou M. Durand qui prend une décision, c'est le bureau de ceci, le service de cela. Interchangeable, le fonctionnaire doit rester sans nom. Il s'abrite derrière cet anonymat collectif. Même la notation – faite pour le distinguer – est noyée sous les *péréquations*, qui effacent les prouesses des meilleurs, diminuent les insuffisances des plus médiocres, et ramènent tout le monde sur la même ligne floue. Dans cette Eglise où se célèbre le *culte de l'impersonnalité*, on efface les sanctions, les obligations, et même les récompenses.

L'affichage du nom du fonctionnaire devant son guichet ou son bureau, fréquent à l'étranger, est contraire à nos traditions. Les fonctionnaires renâclent : si les administrés rencontraient en face d'eux une personne humaine, ne seraient-ils pas enclins à la menacer ? Mais comment ne pas voir que, plus l'administrateur est insaisissable, plus l'administration est détestée ?

Qui devrait être plus engagé dans des liens personnels que les fonctionnaires à qui nous confions nos enfants ? Or, une administration sans regard envoie dans un lycée sans âme des professeurs sans visage. Le chef d'établissement ne les a aucunement choisis ; pas plus que ces professeurs n'ont choisi l'établissement. Rares sont les maîtres qui connaissent des parents. L'esprit de responsabilité voudrait qu'un contrat *personnel* fût conclu entre le responsable d'un établissement, le responsable d'une classe, le responsable d'une famille. Mais le système exclut la personnalisation et impose l'irresponsabilité. Et la cécité progresse. Désormais, les nominations d'enseignants se feront par ordinateur. C'est une logique devenue folle.

S'est-on demandé pourquoi il y avait sans cesse des « malaises » dans l'enseignement public, non dans des établissements privés qui accomplissent pourtant la même mission, avec les mêmes salaires ? Dépersonnalisés, les rapports administratifs deviennent source de frustrations. Le lien entre les hommes est rompu. Il ne se reconstitue que dans la chaleur des contre-pouvoirs et dans la clandestinité des chapelles. L'encouragement et la mise en garde, le blâme et l'éloge fournissaient un code social à l'individu, qu'ils mobilisaient. L'anonymat les abolit. Mais il ne rend pas l'individu plus heureux.

La Constitution de 1958 a été surtout attaquée parce qu'elle introduisait le pouvoir *personnel*. N'est-ce pas ce qu'elle a apporté de plus nouveau, et de meilleur ? Au pouvoir *impersonnel*, à l'irresponsabilité anonyme du régime d'assemblée, elle substituait une autorité dont doit personnellement répondre l'homme qui la détient. Système sain, où la décision se forge dans la solitude d'une tête et d'un cœur, et s'exécute dans une équipe solidaire, sous le regard de tous.

Faut-il s'étonner que se soit développée, dans le secteur public, une hargne tenace contre ce « pouvoir *personnel* » ? Sans doute est-il vécu inconsciemment, par les employés de l'Etat, comme une insulte au pouvoir *impersonnel* qu'ils exercent collectivement, sans risque ni sanction.

Le règne de la méfiance

« Ne perds pas cet argent ! » « Ne traîne pas à la sortie de la classe ! » L'imagination inquiète de la mère devance la faute de l'enfant. Elle le baigne dans un univers d'interdits. La psychologie moderne a montré combien ces ordres négatifs pouvaient paralyser un tempérament nerveux.

En bridant la liberté, en la protégeant des essais et des erreurs, le système hiérarchique inhibe le sens de la responsabilité : il lui substitue le règne de l'autorisation préalable.

Dans la grande famille administrative, aussi, règne ce style d'autorité soupçonneuse. Le fameux contrôle *a priori* n'est pas une complication adventice. Il est au cœur d'une société de méfiance. Celui qui fait la dépense ne doit pas être celui qui l'autorise. On ne fait pas confiance à l'ordonnateur secondaire, théoriquement responsable, pour prendre l'initiative d'une dépense dans le cadre du budget qui lui est imparti. Il n'est maire, directeur d'établissement public, ministre, qui ne soit ainsi traité comme un jeune prodigue que le conseil de famille a placé sous tutelle *.

Système étonnant, qui se retourne contre l'esprit d'économie qui l'inspire. J'ai vu les fonctionnaires les plus sérieux se venger puérilement de cette contrainte : puisqu'ils ne peuvent dépenser le million qui serait nécessaire et qu'on leur interdit, ils gaspillent jusqu'au dernier million d'un chapitre autorisé, même quand c'est

* *Les lois de décentralisation de 1982 et 1983 ont quelque peu allégé la tutelle qui pèse sur les élus locaux. Mais il s'en faut de beaucoup qu'ils soient maîtres de leurs finances. Voir* La France en désarroi, *chapitre 3, « Malaise dans le territoire » (1996).*

inutile. Dans cette logique, un service qui n'épuise pas ses crédits avant la fin d'une année budgétaire, fût-ce en jetant l'argent par la fenêtre, se déconsidère. Des règles, qui s'abritent sous un prétexte d'économie, légitiment le gaspillage.

La concurrence mettrait les fonctionnaires dans une situation où ils devraient bien répondre de leurs actes : elle est exclue, même quand elle est affirmée dans les principes. Voyez ce qui s'est passé pour les universités. La loi d'orientation de 1968 a établi leur « autonomie » : des universités autonomes, ce devrait être la liberté d'initiative, la carrière ouverte à l'imagination, l'émulation – en un mot, la concurrence.

Qu'en est-il advenu ? Assez peu de chose. L'autonomie des universités est une fausse autonomie. Et donc, la concurrence une fausse concurrence. Les universitaires n'ont guère exigé la vraie. Craignent-ils qu'elle ne mette en cause leur inamovibilité ? Elle autoriserait une université à réduire une section sans étudiants, pour développer un département où ils s'entassent ; à fermer un centre de recherche en perte de vitesse, pour lancer une jeune équipe sur une piste nouvelle... Les universités pourraient ainsi arbitrer constamment entre l'intérêt scientifique et les besoins de la société. A ce compromis, excellent des universités vraiment libres et concurrentielles – comme le sont les universités anglo-saxonnes. Non des universités paralysées par cette inévitable contrepartie de l'absence de concurrence : la centralisation, c'est-à-dire le règne de la méfiance.

Anonner un discours entièrement écrit

Un chef de service dynamique propose une mesure, une société nationale entreprenante élabore un projet. Auprès du ministre, le conseiller qui suit les affaires de ce secteur (et qui n'apparaît à aucun moment comme responsable) se montre séduit. Mais à la seconde initiative, il avance des objections. Ne se dévaloriserait-il pas, s'il acquiesçait d'emblée à tout projet qu'on lui soumet ? Pour *exister*, il faut bien qu'il retarde, freine ou stoppe, au moins une fois sur deux. Ainsi la filière hiérarchique devient une *filière d'interdiction.*

Les hommes qui ont le goût de l'action rapide sont enclins à éviter les filières hiérarchiques et leur pouvoir émasculateur. Jean Monnet aimait dire que s'il avait dû passer par les ministères pour planifier la reconstruction de la France, il n'aurait obtenu aucun résultat. Il avait bâti le commissariat au Plan de manière à les court-circuiter. Mais l'administration, avec le temps, a su s'incorporer le Plan ; à la façon de ces déviations routières que la ville, avançant comme une marée, transforme en boulevards urbains.

En devenant une machine administrative, le Plan est devenu sourd et aveugle aux problèmes réels des Français. Des fautes de prévision, purement théoriques et combien excusables, ont été multipliées à l'infini par la centralisation. Si la planification avait pu s'appuyer sur une *autorégulation* de la société, on aurait pris en compte le besoin des autoroutes, des téléphones, des lignes intérieures d'aviation, des hôpitaux, du personnel infirmier. On ne serait pas allé vers d'aussi monstrueuses concentrations urbaines. On n'aurait pas érigé autant de tours et de barres (que les sociétés d'HLM n'arrivent pas à remplir), mais davantage de pavillons (que les locataires n'arrivent pas à trouver). On aurait senti et traduit le refus du gigantisme par les Français, leur rêve tenace de villages, d'habitat individuel, d'industrialisation diffuse.

Comme l'orateur qui, sur quelques idées griffonnées, improvise la forme en s'adaptant aux réactions de ses auditeurs, on serait resté en résonance avec le public. Mais l'administration ne peut qu'ânonner un discours entièrement écrit, auquel elle ne doit plus changer un mot ; et comme le public ne peut quitter la salle, il somnole, ou grogne.

Un gouvernement doit être en mesure d'agir par surprise : le *secret* est la condition de l'initiative. Mais l'administration, chargée d'exécuter des décisions publiques, devrait baigner dans la clarté. Or, c'est souvent l'inverse que l'on voit : les secrets du Conseil des ministres sont des secrets de polichinelle ; et l'administration est tout enveloppée de mystère.

Le Parlement lui-même ne parvient pas à disposer des informations qui lui permettraient de la contrôler. A ses questions, les réponses des ministères restent aussi vagues que le permet la courtoisie due aux représentants de la nation. En pratique, nul droit d'investigation ; nul accès aux dossiers ; nulle possibilité de faire comparaître des fonctionnaires compétents. C'est le ministre qu'on « auditionne ». Pour l'opposition, un adversaire : il use de l'esquive. Pour la majorité, un ami : on hésitera à le mettre en difficulté.

La seule institution qui pourrait briser le secret des bureaux concourt donc à le protéger. Les parlementaires se sentent – devant les électeurs – responsables de l'administration des Français. Ils n'ont pas les moyens de cette responsabilité. Du coup, le système les associe à l'irresponsabilité.

Accrochés au sol, quatre mille conseillers généraux, trente-six mille maires, quatre cent cinquante mille conseillers municipaux ont aussi des responsabilités. Mais leur nombre ne parvient pas à bâtir un réseau local de la responsabilité : leur pouvoir est en miettes. Et leur impuissance les amène à se décharger de leurs responsabilités *.

A l'écart de Paroy **, une petite église gothique, juchée sur un monticule, défie le ciel et appelle la foudre. Elle a brûlé plusieurs fois depuis le XIIIe siècle.

« Vous devriez faire mettre un paratonnerre, dis-je au maire. Vous n'êtes pas à l'abri d'une mauvaise surprise. » Il se récria : « Elle n'est pas à moi, *elle est aux Beaux-Arts*. Vous pensez, je ne peux pas y toucher ! Si on déplaçait un clou, on se ferait taper sur les doigts. » De fait, l'église est « classée monument historique ». Ce n'est donc plus son affaire. Il ne s'en plaint pas. Demander un paratonnerre, ce sont des journées de paperasses. Le poser, ce serait avoir maille à partir avec l'administration. Mais, avec cette consciencieuse sagesse qui anime presque tous les maires ruraux, le maire de Paroy fit au moins ce qui ne dépendait que de lui : il s'assura. Bien lui en prit : quelques semaines plus tard, la foudre tombait derechef sur l'église, qui brûla avant l'arrivée des pompiers.

Les fonctionnaires sont des professionnels, qui pratiquent le plein temps. Les maires, les conseillers généraux, sont des amateurs, qui travaillent quelques heures par jour. Les premiers s'adossent à un formidable appareil. Les derniers s'exposent en ordre dispersé. Lutte inégale.

Dans ses moments de rêve, le maire, le conseiller général, souhaiterait être un vrai responsable. Dès que la réalité le saisit, il comprend qu'il est un simple porte-parole de l'intérêt local, face à toutes les machines bureaucratiques, et que, pour réussir, il doit les amadouer. S'il est réaliste, il se contentera de ce rôle – tantôt avocat, tantôt accusateur, tantôt médiateur. Il jouera de ses ambiguïtés.

Sa vie est une longue attente. Il l'épuise en démarches. Il ne *traite* pas un dossier, il le *suit* – admirable expression ! – de bureau

---

* *Les cinq pages qui suivent décrivent les rapports de forces et le jeu des comportements entre élus locaux et fonctionnaires, avant les lois de décentralisation de 1982. Pourtant, malgré ces lois, le paysage reste aussi marqué par l'ambiguïté. Les champs de l'irresponsabilité ont été déplacés plutôt que réduits. Ce qui a pu être gagné du côté de l'autorité politique, pour les conseils généraux et régionaux, a été perdu par une confusion accrue des compétences. Voir, pour un bilan précis,* La France en désarroi, *chapitre 3, « Malaise dans le territoire » (1996).*

** Commune du canton de Donnemarie, dans le Montois, en Seine-et-Marne.

en bureau. L'extraordinaire complexité administrative paraît entretenue pour le décourager. La France est devenue un pays où il est presque impossible de connaître ses droits. Comment nos trente-six mille maires pourraient-ils se tenir informés de l'interdit, de l'obligatoire, du possible et du conseillé ? Ils reçoivent sans cesse des circulaires, qu'ils n'ont ni le temps ni le goût de lire. Trop d'information conduit à la sous-information. Le détail les submerge : ils classent. L'essentiel passe inaperçu.

Tant d'élus locaux, dont la plupart sont avides de savoir, tout en manquant de formation juridique et économique autant que d'information, cela ne mériterait-il pas une *université d'été,* dans chaque région ou chaque département ? Jamais l'administration n'a pris l'initiative d'aider les maires à connaître un métier qui est parmi les plus beaux. Ils sont laissés à eux-mêmes. On comprend pourquoi : leurs ignorances perpétuent le système bureaucratique. Seuls les bureaux peuvent se reconnaître dans le savant chaos qu'ils ont organisé. Comme ces secrétaires qui sèment avec talent le désordre, lequel les rend irremplaçables.

Le directeur départemental d'un service technique m'exposa un jour sa théorie de l'inégalité des responsables : « Nous sommes bien obligés de prendre les décisions. Les élus n'y connaissent rien. Ils ne sont pas capables de discuter d'un projet avec nous. Nous ne parlons pas le même langage. La concertation, c'est bien joli. La réalité, c'est autre chose. Alors, nous commandons, mais nous nous arrangeons pour donner aux élus l'impression que ce sont eux qui commandent. Il faut jouer la comédie. » Fausse comédie, en vérité. Les élus ne sont pas dupes. Le public non plus.

Souvent aussi, l'élu local cherche une protection dans l'immobilité. Il est tenté par le seul pouvoir facile, le pouvoir d'inertie. Il en use, en abuse parfois. Là encore, c'est le système qui a diffusé l'irresponsabilité. Dans d'autres cas, c'est l'inverse. Un maire a-t-il une idée inhabituelle ? Les bureaux la repoussent comme « hors catégorie », « hors norme ». Persiste-t-il dans son initiative ? L'inquiétude se répand : interdire est malaisé. Alors, on retarde. Un maire tente-t-il d'organiser une classe de neige en offrant aux parents un jeu de tarifs dégressifs, à proportion de leur salaire ? Le trésorier-payeur général, n'osant ni empêcher ni permettre, n'est pas à court d'inventions : que la commune prenne une délibération dans laquelle seront mentionnés le nom des familles, le montant de leurs revenus. Cela gagnera bien deux mois ; la neige aura fondu.

Si le réseau du pouvoir local n'est, pas plus que l'appareil de l'Etat, un réseau de responsables, c'est pour une bonne part qu'il est atomisé par le nombre excessif des communes françaises. Plus de trente mille communes ont moins de mille habitants. Il s'ensuit deux conséquences graves. La première est de conférer au monde rural un poids excessif dans l'édifice des collectivités territoriales, dans les conseils généraux comme au Sénat. Ce que le monde rural croyait y avoir gagné en poids, ces instances le perdent en autorité : elles sont devenues, en pratique, purement consultatives.

Seconde conséquence : les villes ne disposent pas de centres réels de décisions. Cinquante habitants ou cinq cent mille : mêmes institutions, mêmes compétences. Ainsi le veut l'égalité. En 1880, on a aligné les pouvoirs d'une ville sur les capacités d'un village. Faire de trente-six mille maires des chefs d'entreprise, pleinement maîtres de leurs œuvres et de leurs initiatives ? Ils ne le peuvent pas. Les regrouper ? Ils ne le veulent pas. Et les administrations ne se soucient pas davantage de voir se dresser en face d'elles des collectivités capables de les commander – ou de se passer d'elles.

Dès qu'un maire demande à des services techniques de l'Etat de réaliser un équipement, il devient leur prisonnier. Le corps technique prépare un projet dispendieux : pourquoi pousserait-il à l'économie, puisqu'il touche, le plus réglementairement du monde, un pourcentage coquet * sur tous travaux qu'il conduit pour le compte des collectivités locales ?

Que, d'aventure, le maire refuse le devis, des pressions s'exercent, à demi chuchotées : « Je ne vous conseille pas... L'administration a toujours le dernier mot... Elle se souvient longtemps... »

Trois communes rurales ** veulent se doter d'un réseau d'assainissement. Les maires s'adressent au génie rural et aux Ponts et Chaussées. Ces deux services présentent des devis. A prendre ou à laisser : ou les communes acceptent, et elles auront droit aux subventions, ou elles refusent, et elles ne toucheront rien. Même avec les subventions promises, le coût est hors de portée de ces villages, d'une centaine d'habitants chacun.

Les trois maires décident de renoncer aux subventions, et de s'adresser à une entreprise de drainage, tout en suivant exactement les plans préparés par les corps techniques. Les travaux sont

---

* De 2 % à 4 % suivant le montant des travaux.

** Boisdon, Bezalles, Villegagnon, dans le canton de Nangis, en Seine-et-Marne.

réalisés sous la direction d'un géomètre, sans l'administration ; avec elle, malgré ses subventions, ils n'auraient pu l'être *.

Ces exemples d'audace sont rares. La plupart des maires sont remplis d'une vague terreur. Ils n'arrivent pas à croire que les textes leur donnent le droit de travailler en régie ou de se tourner vers une entreprise privée, et d'exiger que des ingénieurs de l'Etat assurent un contrôle technique, sans *aucune* rétribution. Ils n'osent pas penser qu'ils peuvent astreindre un service public à servir le public.

Les adversaires complices

A Saint-Ayoul, belle église de Provins où prêcha longtemps Abélard, il faut changer le soufflet des orgues et réviser la tuyauterie. Un facteur d'orgues établit son devis **. Comme il s'agit d'un monument classé, les Affaires culturelles sont saisies. Une commission compétente s'entremet : « Ces orgues sont beaucoup trop belles pour être simplement restaurées à l'identique ! C'est une pièce de musée. » Les Beaux-Arts accorderont une subvention. Seulement, il faut s'adresser au seul artisan français capable de satisfaire les exigences des spécialistes. Outre quatre ans de délai, il demande une somme quadruple. La subvention ne bouge pas. Les orgues délabrées continueront de se taire.

Une quarantaine de communes de l'arrondissement décident de former un syndicat de ramassage et de traitement des ordures ménagères. Où construire l'usine ? Nous battons la campagne, puis optons pour une carrière désaffectée ***. Un petit bois en couronne le sommet. Il cachera l'usine, que l'on bâtira en contrebas ; détritus et ferraille resteront invisibles. C'est le site rêvé.

Une entreprise privée est chargée d'édifier les bâtiments, le corps technique de construire le chemin qui doit les relier à la route nationale toute proche. Un jour, je constate avec stupeur que les arbres, à cause desquels nous avons choisi cet emplacement, ont

* A Boisdon, l'assainissement a coûté 85 000 francs au lieu des 250 000 du devis – *trois fois moins* ; à Bezalles, 14 000 francs au lieu de 140 000 francs – *dix fois moins*. D'autre part, à Sancy-lès-Provins, les corps techniques demandaient l'un 160 000 francs, l'autre 220 000 francs. C'est pour 50 000 francs que les travaux ont été finalement exécutés par une entreprise privée. Le corps technique, convoqué à la sous-préfecture pour expliquer ces différences de prix, ne peut nier la robustesse du travail effectué, mais indique que les travaux ne sont pas tout à fait conformes aux « normes » prévues par les textes : des regards donnent accès aux conduits tous les cinquante mètres et non tous les trente, etc. Cependant, le choix n'était pas entre un travail parfait et un travail moins parfait, mais entre ce travail plus rustique et pas de travail du tout.

** 50 000 francs.

*** A Vulaines-lès-Provins.

disparu. L'administration-bulldozer me rassure : « Quand les travaux seront terminés, on plantera de jeunes arbres, vous verrez, ça fera très bien. » Oui, dans trente ans.

Dédain paternel de l'administration pour les élus. Sourd ressentiment des élus envers les services. Il devrait y avoir un conflit, et violent. Pourtant, il n'y a pas de conflit. Il faut bien composer ! Entre technocrates et caciques, il y a toujours tension, mais toujours arrangement. Le conseil général est le théâtre où se déroule le jeu des dépendances mutuelles. « Passe-moi la rhubarbe, je te passerai le séné. » *Elus et nommés* ont un intérêt supérieur – celui de durer. Il leur faut durer ensemble *.

Les fonctionnaires ont leurs atouts : la compétence, les moyens, la hiérarchie, la solidité du corps, la neutralité politique qui permet de rester en bons termes avec tout le monde. Mais les conseillers généraux ont aussi les leurs : la capacité de nuire si les relations s'enveniment ; et ils ont reçu le saint chrême du suffrage universel.

Les relations sont-elles très différentes de celles qui s'établissaient jadis, dans les colonies, entre les administrateurs et les *manitous* de la brousse ? Les premiers, sous le respect légèrement condescendant et ironique, se conduisaient en maîtres. Les seconds acceptaient beaucoup de dépendance, pour conserver les apparences de l'autorité.

De temps à autre, survient la crise. Un maire, des conseillers municipaux perdent leur sang-froid : « Si nous n'avons pas satisfaction, nous démissionnons ! » Le préfet est tenté de répondre : « Si vous voulez me donner votre démission, je l'accepte aussitôt », et le fait savoir indirectement aux intéressés. Mais il n'a pas intérêt à « faire des vagues ». Un compromis tacite intervient. Les élus entendent montrer à leurs électeurs que tout ce qui se fait de mal arrive malgré eux ; de bon, grâce à eux. L'administration se prête au jeu, et n'en fait qu'à sa guise.

J'ai connu un maire qui tamponnait d'un « avis favorable » la demande de permis de construire d'un de ses administrés, tout en comptant sur la direction de l'équipement pour dire *non*. Un coup de téléphone y aidait au besoin, suggérant le refus, mais sans laisser de traces. Et rien n'empêchait le maire de regretter publiquement l'intransigeance de l'administration. Celle-ci tolère ces menues hypocrisies. Elle a l'épiderme épais, et saura faire payer ses services.

---

* *Bien que devenu « patron du département », depuis les lois de décentralisation, le président du conseil général transige toujours avec la préfecture (1996).*

La mère qui aime son enfant si fort, qu'elle l'empêche de devenir adulte ; la « mère castratrice » de Freud ; la « mère-arachné » d'Otto Rank, à l'affût au centre de sa toile ; la « Genitrix » de Mauriac... Cette mère trop puissante, les Français, à travers les siècles, l'ont rencontrée à chaque étape de leur vie collective. Ils la retrouvent aujourd'hui encore.

Genitrix empêche son enfant de devenir un homme, avant de lui reprocher de ne pas en être un. Elle prend prétexte de l'immaturité où elle l'a maintenu pour lui refuser le droit d'en sortir. Le vieil adolescent recule devant le rude apprentissage de la liberté. La mère stérilisante et l'enfant stérilisé s'enfoncent, complices, dans la même impasse.

Chapitre 28

LA SUBSTITUTION

Tels qu'ils devraient être

Michel Debré s'arrête net au milieu de l'allée du bois où nous marchions d'un pas rapide :

« Non ! s'écrie-t-il. L'administration n'est pas un pouvoir ! Son rôle se limite à préparer, puis à exécuter les décisions ! Elle ne les prend pas ! Seul, le pouvoir politique est responsable ! Si vous me parlez de bureaucratie, de technocratie ou d'énarchie, c'est que le pouvoir politique manque à son devoir ! Quand ils sont commandés, les administrateurs se montrent obéissants. Sous la IIIe et la IVe, la défaillance des institutions politiques justifiait l'administration d'assurer la continuité du pouvoir. Aujourd'hui, le pouvoir politique peut s'exercer. Il le doit ! S'il y a des défaillances, elles sont personnelles ! »

Il me semble que Michel Debré, dans son intransigeante passion de l'Etat, peint les hommes politiques et les fonctionnaires *tels qu'ils devraient être*. Tels qu'ils sont, les choses vont, me semble-t-il, tout autrement. Le pouvoir est le plus souvent exercé par ceux qui n'ont pas à en répondre. C'est ce que j'appellerai la *substitution*.

Elle est ancienne ; elle naît avec la centralisation. On la devine déjà sous Louis XIV, sous le prince pourtant le plus soucieux de ses devoirs, le moins *défaillant*. « Les détails confiés aux ministres sont immenses, écrit d'Argenson. Rien ne se fait sans eux, rien par eux. Ils sont forcés de laisser tout faire à des commis, qui deviennent les véritables maîtres [1]. »

Depuis, dira-t-on, la situation a évolué ? Oui, toujours dans le même sens.

Sous la monarchie, le *secrétaire de la main* imitait la signature du roi. La plupart des « autographes » de Louis XIV, de Louis XV et de Louis XVI que l'on vend aux collectionneurs furent signés par d'obscurs et mécaniques fonctionnaires. Aujourd'hui encore, bien des ministres ne peuvent faire autrement que de laisser un collaborateur contrefaire leur signature.

Quand j'arrivai rue de Grenelle, les huissiers m'apportèrent plusieurs corbeilles d'osier où s'empilaient les centaines de nominations et de mutations qui composent « le mouvement ». Proviseurs de lycée, principaux de collège attendaient de mon paraphe leur nouvelle affectation. Par la suite, chaque soir, on poussait dans mon bureau « la brouette » de « la signature ». Quel sens pouvait bien revêtir ce geste ? Quel moyen avais-je de vérifier que ce professeur dont j'ignorais tout ferait un bon principal de collège, en Meurthe-et-Moselle ? La responsabilité incombait à un aveugle ; les véritables responsables de la décision s'escamotaient dans les replis du système.

Nous étions au cœur d'un rituel symbolique. Sans prise concrète sur l'énorme machine, je lui conférais cependant, par ce geste dérisoire mais décisif, le sceau de l'autorité de l'Etat. Je liais magiquement la base au sommet.

Tel est le paradoxe de la substitution.

Deux races d'hommes : ceux qui *préparent* les décisions de longue main et les *exécutent* à loisir ; ceux qui les *assument* en un instant, par la fulgurante vertu d'une signature. Les premiers, ne fût-ce que par souci d'efficacité, présentent des dossiers qui excluent presque toujours l'alternative. C'est *à prendre ou à laisser :* « Si vous ne signez pas, vous bloquez tout. » Aux seconds, force est donc de *prendre*. Ainsi, les politiques assument la responsabilité d'actes dont ils ignorent fréquemment les tenants et les aboutissants. Pour l'administration, les hommes politiques sont chargés de prononcer *ses* discours, d'approuver *ses* plans, d'authentifier *ses* actes *.

Chaque race a ses liens invisibles de solidarité. Les « politiques », même s'ils appartiennent à des formations hostiles, sont à l'écoute des mêmes électeurs ; ils se tutoient fréquemment ; ils se comprennent ; ils sont du même sang. Les fonctionnaires, si loyaux qu'ils soient à leur patron, forment avec leurs collègues un réseau, sur lequel leur patron n'a guère de prise.

Il arrive que les hommes de gouvernement prennent mal l'exis-

---

* *La tragédie des hémophiles contaminés par le virus du sida a fait éclater pour le public cette irresponsabilité ministérielle. Voir* La France en désarroi, *chapitre 3, « Malaise dans la société » (1996).*

tence de tels réseaux. Un ministre, nouveau venu dans la vie publique, prépare son premier débat devant l'Assemblée nationale ; il se rend auprès du Premier ministre pour demander avis et instructions. « J'ai parcouru votre discours, dit le Premier ministre. Ça me paraît aller. » Etonnement de son visiteur : « Quel discours ? Je ne l'ai pas encore commencé. J'attendais de vous voir pour m'y mettre. – Ah ! je vois, répond en riant le Premier ministre. A moi aussi, on a fait plusieurs fois le même coup. » Le directeur du cabinet du ministre avait transmis à Matignon le projet qu'il avait rédigé de son propre mouvement ; en omettant seulement de le montrer à son ministre. Celui-ci révoque aussitôt celui-là, coupable d'avoir fait... ce qui se fait.

Je suis leur chef, donc je les suis

La substitution bureaucratique, une règle du silence la dissimule. Les fonctionnaires se contentent de la réalité du pouvoir ; ils s'exposeraient inutilement à vouloir en posséder également les apparences. Quant aux politiques, ils savent que désavouer l'administration dont ils ont la charge serait contraire aux lois du milieu.

Ceux qui tentèrent de dénoncer ce phénomène le firent toujours à leurs dépens. Ainsi, André Tardieu l'analysa lucidement – et fut éliminé.

Robert Schuman commit l'incongruité de stigmatiser la politique du « fait accompli » menée en Afrique du Nord par les services des Résidences générales de Rabat et de Tunis, qui étaient placées sous ses ordres quelques semaines plus tôt : « J'ai acquis la conviction qu'aucune réforme importante ne sera possible sans un retour aux notions exactes de responsabilité et de subordination hiérarchique [2]. »

Ce texte fit scandale. Si un ministre n'avait pas trouvé moyen de s'assurer de la loyauté de ses collaborateurs directs, à qui devait-il s'en prendre, sinon à lui-même ? Lui qui avait été continuellement ministre depuis 1946, allait attendre longtemps avant de le redevenir.

Ceux qui ont suivi ces affaires, heure après heure, dans la coulisse, savent pourtant que le ministre n'était en mesure ni de résister à la pression de ses services, ni de refuser d'endosser la responsabilité de décisions qu'il réprouvait. Quelques mois après la parution de cet article, le successeur de Robert Schuman en renouvela l'expérience : Georges Bidault essaya en vain de s'opposer à la Résidence générale de Rabat, qui, sous l'influence des colons français, voulait le renvoi de Mohammed V et son remplacement par un sultan de paille. Les bureaux de la Résidence avaient élaboré un plan. Ils l'exécutaient. Le ministre dut en prendre son parti. Avec une amère dignité, il fit comme s'il avait souhaité l'issue qui lui était imposée. « Puisque ces mystères nous dépassent, feignons d'en être l'organisateur. »

Le système bureaucratique est une hiérarchie autoritaire de droit, pervertie par une indiscipline de fait. Les bureaux disposent de l'anonymat, du nombre, de l'absence de toute sanction réelle. Aussi la sagesse a-t-elle presque toujours dissuadé les responsables d'engager le fer avec leur administration.

Ni les groupes de pression ni l'opposition ne cherchent à troubler ce jeu feutré. Les syndicats s'arrangent fort bien avec les bureaux : de contacts permanents, de négociations chuchotées, d'accords discrets, naît un équilibre, qui fonctionne à la satisfaction mutuelle des parties. C'est une sorte de concertation tacite, qui échappe au pouvoir politique. Puissance administrative et défense corporative s'étayent mutuellement, pour faire une *politique sans opposition.*

Quant à l'opposition, elle a tout intérêt à concentrer ses attaques sur le « pouvoir ». Elle s'attache presque toujours, dans les actes des « politiques », à mettre l'administration hors de cause : manière discrète de recruter des sympathisants. Ainsi, la *substitution* bureaucratique se poursuit sans encombre.

Elle se poursuit aussi sans complexes.

L'ignorance de ceux qui savent

Au temps de la IVe République, il m'a souvent été donné d'être témoin de l'état d'esprit dominateur de mes camarades et collègues à l'égard des hommes politiques. Nous étions la solidité ; eux, la versatilité. Nous étions inamovibles ; ils étaient sujets aux sautes d'humeur de leurs électeurs. Nous obéissions seulement à l'intérêt supérieur de l'Etat ; ils vivaient de démagogie. Nous étions des travailleurs inlassables ; on ne pouvait pas toujours en dire autant d'eux. Nous estimions posséder la compétence de vrais spécialistes, face à l'incompétence de faux généralistes. En 1957, à Bruxelles, j'ai entendu un de mes camarades, qui représentait la direction du Budget, *interdire* à Maurice Faure, ministre et président de la délégation française, d'annoncer à nos cinq partenaires que la France était disposée à contribuer dans des proportions élevées à un fonds européen de développement pour l'outre-mer : « Non, c'est impossible. – Mais pourquoi est-ce impossible ? – *Parce que je m'y oppose.* » Il avait prononcé ces mots avec toute l'assurance d'un monarque disant : « C'est légal, parce que je le veux. » Le souffle un instant coupé, Maurice Faure jura qu'il allait se plaindre à son président du Conseil, Guy Mollet. Mais ce jeune inspecteur des finances l'avait emporté : Maurice Faure dut s'incliner.

Que les décisions échappent à l'élu pour passer au fonctionnaire, la démocratie n'y trouve pas son compte. Mais au moins, pensera-t-on, l'efficacité y trouve le sien : les décisions passent de l'homme saisi par l'électoralisme, à l'homme objectif parce qu'il est neutre : de l'homme qui ignore, à l'homme qui sait. Est-ce le cas ?

Notes, rapports, études, questionnaires, expertises, états récapitulatifs s'accumulent. Ils donnent l'illusion de fournir les « dénombrements complets » recommandés par Descartes. Mais ils laissent échapper les réalités vivantes qui donnent son sens à une situation concrète. Alfred Sauvy montrait plaisamment comment la statistique peut distordre la réalité : « Une femme est fidèle à son mari. Une autre est infidèle au sien deux fois par semaine. En moyenne, ces deux femmes trompent leur mari une fois par semaine. » Le pouvoir administratif ne veut pas connaître des cas particuliers – des individus. Il ne veut connaître que des moyennes – l'Homme abstrait. Ainsi, le collectionneur épingle dans la naphtaline des papillons incolores, auxquels ses doigts, en les capturant, ont dérobé la poudre magique de leurs ailes.

L'opposition entre le technocrate et le politique est séculaire. Déjà, Henri IV reprochait aux magistrats du Parlement de Paris d'ignorer la réalité française.

« Vous ne connaissez pas le mal de mon royaume, non plus que le bien. Je connais toutes les maladies qui y sont, car les lieux où je me suis trouvé me les ont apprises. Ce que je n'eusse pas si bien pu savoir, sans l'expérience que j'en ai eue [3]. » Antoine Pinay m'a tenu un jour des propos semblables : « Les jeunes gens qui sortent de l'Ecole d'administration croient tout savoir. Parce qu'ils ont beaucoup travaillé dans les livres. En réalité, ils ne savent rien. Car ils n'ont pas vécu. Ils ignorent les Français. A force de rencontrer le corps électoral, un élu connaît le peuple. Eux pas. A nous, hommes politiques, ils peuvent rendre service. Mais ils doivent nous obéir. »

Là est bien la question. Or, un homme politique peut propager *directement* son impulsion à quelques centaines de personnes. Non à plusieurs centaines de milliers. Le gigantisme contemporain des organisations bureaucratiques ne peut qu'entraîner l'effacement des *politiques* à visage humain et l'émergence des *technocrates* en nom collectif.

Mais n'est-il pas naturel que les fonctionnaires soulagent des questions mineures les hommes politiques, pour leur permettre de s'occuper des grandes questions ? N'est-ce pas de la salubrité publique que d'appliquer ainsi le précepte sans lequel aucune organisation hiérarchique ne pourrait fonctionner : le *de minimis non curat praetor* * des Romains, le *principe de subsidiarité* ** de l'Eglise romaine ?

Le plus souvent, c'est le contraire qui se produit. Quand un ministre se rend au Parlement, il en revient les poches bourrées de notes qu'il griffonne à mesure de ses rencontres : « Vous n'avez pas encore répondu à ma lettre du mois dernier... la subvention pour mon festival... la construction d'un laboratoire... l'exonération d'une redevance de télévision... le changement d'un instituteur. » Les parlementaires submergent sous l'accessoire les membres du gouvernement. Ce qui reste de parlementarisme dans le régime interdit à un ministre de se débarrasser des détails, puisque les parlementaires vont *justement sur ces détails* apprécier son efficacité et conclure avec lui un pacte implicite. On devrait plutôt dire : *de maximis non curat praetor* ***. J'ai vu six Premiers ministres faire face avec courage et bonne humeur à l'avalanche des solliciteurs. Mais leurs collaborateurs, pour leur permettre de jouer sereinement ce rôle, devaient faire à leur place, sans même avoir le temps de leur en parler, des choix essentiels.

Quand Pierre Messmer présenta le « programme de Provins » – plate-forme électorale de la majorité aux élections de 1973 ****, j'eus la surprise d'entendre que, dans la prochaine législature, « les traitements des fonctionnaires seraient alignés sur les salaires du secteur privé ». Même les syndicats de la fonction publique n'avaient jamais osé avancer une telle revendication, sentant obscurément que le risque constant de licenciement ou de faillite doit être compensé par des salaires supérieurs à ceux dont bénéficient des fonctionnaires inamovibles jusqu'à la retraite. C'était un collaborateur du Premier ministre qui, au dernier moment, avait ajouté au discours cette excellente idée. Voilà une majorité engagée, sur

* Le chef ne s'occupe pas des plus petites affaires.

** Toute affaire est traitée à l'échelon inférieur – subsidiaire – quand il n'est pas indispensable qu'elle le soit à l'échelon supérieur.

*** Le chef ne s'occupe pas des plus grandes affaires.

**** La majorité des mesures qu'il contenait avaient été préparées par un groupe de réflexion que j'animais à l'UDR. Nos propositions avaient été soumises à nos alliés indépendants et centristes, et filtrées, complétées, parfois bouleversées, à Matignon.

l'initiative d'un fonctionnaire anonyme [4], mais stratégiquement bien placé *.

Il ne faudrait donc pas croire que le pouvoir administratif, satisfait de régner sur l'accessoire, s'effacerait pour le principal. Au Conseil supérieur de l'énergie atomique, nous avions donné une formulation humoristique à cette inversion, que Parkinson avait déjà notée : « Le temps passé à délibérer une affaire est inversement proportionnel au cube de son incidence budgétaire [5]. » Un programme nucléaire de plusieurs milliards, le Conseil l'approuvait sans coup férir. La construction d'un garage à bicyclettes donnait lieu à des débats animés.

Cette « loi du garage à bicyclettes » pourrait s'appliquer à toute assemblée délibérante. Quel maire n'en a fait l'expérience ? L'ensemble du budget préparé sur ses instructions par les services techniques, les conseillers municipaux l'acceptent en quelques minutes. En revanche, la discussion jaillit, spontanée, interminable, sur la localisation des toilettes-douches.

Dans un conseil général, la politique suivie par l'administration pour le tracé d'une ligne de turbo-train ou l'implantation de villes nouvelles est à peine examinée – à supposer qu'il en soit saisi. Mais une heure est consacrée à discuter du remplacement des lustres au tribunal d'instance. A l'Assemblée nationale, les grandes masses du budget ne sont presque jamais mises en cause. Mais on palabre indéfiniment sur le montant de la redevance pour la télévision.

Ce paradoxe s'explique. Les grands choix réclament des études approfondies. Les hommes politiques n'ont guère le temps de s'y livrer eux-mêmes, ni les moyens d'y faire procéder en dehors de leurs services. Le monopole bureaucratique pour les études conduit souvent à la carte forcée. En revanche, les détails prêtent, eux, à une discussion facile. L'administration y consent volontiers : il faut bien que « le roi s'amuse ».

Trois décisions prises sous hypnose

Je prendrai trois exemples de décisions capitales, *soufflées* par l'administration à des ministres. La décision de construire un armement atomique. Celle de lancer un programme thermonucléaire, et d'édifier l'usine de Pierrelatte. Celle de fabriquer cet autre genre de bombe que devait être le campus de Nanterre. Point commun à ces trois cas : les décideurs n'ont gardé aucun souvenir d'avoir décidé. Puisque leur parole ne saurait être mise en doute, c'est

* Le plus étonnant fut que cette proposition passa complètement inaperçue. L'invraisemblable finit par ne pas être cru.

bien qu'on a téléguidé leur volonté. Ils ont décidé sous hypnose administrative. Comme l'hypnotisé sorti de son sommeil, ils ne se rappellent absolument rien.

1. L'armement atomique

En novembre 1965, à l'occasion de la campagne présidentielle, Pierre Mendès France, face à Michel Debré, critiqua âprement le principe d'un armement nucléaire et affirma catégoriquement que si, « lors de son passage à Matignon », il avait « résolu de favoriser des recherches atomiques dans le domaine civil », il avait « exclu toute application militaire [6] ».

Ces dénégations ne correspondaient nullement à mes souvenirs de membre de la délégation française pour la négociation d'Euratom, qui croyais connaître assez bien les dessous de l'affaire. Quelques semaines plus tard, je fus nommé ministre de la Recherche scientifique et des questions atomiques et spatiales. Je pus donc accéder aux comptes rendus officiels des décisions prises par Pierre Mendès France en 1954. Ma mémoire ne m'avait pas trompé. Le texte même de ces relevés de décisions, en vertu du secret des archives, ne doit être rendu public qu'en l'an 2004. Je suis pourtant en mesure d'affirmer que *c'est Pierre Mendès France qui prit le tournant irréversible* de l'armement atomique. Ce qui, bien qu'il n'ait cessé de s'en défendre *, est, selon moi, tout à son honneur. Voici les faits :

1. Pierre Mendès France, outre ses fonctions de chef de gouvernement et de ministre des Affaires étrangères, s'était directement réservé les responsabilités atomiques.

2. Au début de décembre 1954, il décide de créer, au Commissariat à l'énergie atomique, un « bureau d'études générales », qu'il confie au colonel – bientôt général – Buchalet : celui-ci reçoit mission secrète de préparer les premières explosions atomiques et de réaliser des prototypes d'armes. A Buchalet, fut adjoint d'Yves Rocard, qui dirigeait le laboratoire de physique de l'Ecole normale supérieure – le seul universitaire français à faire campagne pour l'armement atomique. On savait la rivalité qui l'opposait à Francis Perrin, hostile aux applications militaires. Le choix d'Yves Rocard parut significatif.

3. Le 26 décembre 1954, Pierre Mendès France présida une réunion interministérielle qui rassemblait, dans son bureau du Quai

* Pierre Mendès France a répété ses dénégations dans un communiqué publié après une conférence de presse du président Pompidou, en septembre 1973 : « Aucune décision de fabrication, aucun crédit n'a été accordé sous ma responsabilité en vue de la création d'une force atomique française [7]. »

d'Orsay, une quarantaine de participants, dont Edgar Faure, ministre des Finances, Emmanuel Temple, ministre de la Défense nationale, Henri Longchambon, secrétaire d'Etat à la Recherche. Les conclusions de la réunion furent celles mêmes qu'avait suggérées le document préparatoire, établi par le Commissariat à l'énergie atomique. Le président du Conseil se déclarait convaincu que la France ne pourrait plaider pour le désarmement au sein du « club atomique » que si, d'abord, elle y entrait. Il décidait donc de « lancer un programme secret », qui aboutirait à des « prototypes d'armes nucléaires » et à un « sous-marin atomique [8] ».

4. Pierre Mendès France, en février 1955, fut renversé. Mais c'est en référence expresse à ses décisions de décembre 1954 qu'en mai 1955 fut précisé le calendrier qui, suivi point par point, conduisit aux premières expériences atomiques du début de 1960.

Les témoins de la réunion du 26 décembre 1954 en sortirent avec la certitude que le Rubicon avait été franchi. L'homme qui venait de prendre, devant quarante autres, la décision de sauter le pas, a été le seul à ne pas en être conscient.

Les services spécialisés du Commissariat avaient préparé les décisions. Ils avaient un légitime souci de cohérence avec leurs instructions antérieures – et elles remontaient à la création du Commissariat, c'est-à-dire au général de Gaulle. Ils s'étaient efforcés de convaincre le cabinet du président du Conseil de prendre les décisions partielles et conservatoires, qui acheminaient vers la création d'une force atomique.

Comment expliquer, alors, les protestations de Pierre Mendès France ? Sa bonne foi, sûrement, est totale. Il ne reste qu'une hypothèse : *il prit les décisions sans se rendre compte de leur effet réel.*

2. Pierrelatte et le programme thermonucléaire

Le 15 juillet 1962, Gaston Palewski, chargé de la Recherche scientifique et des questions atomiques et spatiales, défend devant l'Assemblée l'usine de séparation d'isotopes de Pierrelatte – le cœur du programme thermonucléaire français. Il explique aux députés que, sans uranium enrichi, la France ne pourrait passer de la simple bombe A – à laquelle nous condamne notre plutonium – à la bombe H. Les Américains sont prêts, certes, à nous vendre de l'uranium enrichi, beaucoup moins cher que ne reviendra celui de Pierrelatte. Mais ils exigent de contrôler que nous en ferons seulement un usage civil. Force nous est bien d'enrichir l'uranium par nos propres moyens *.

---

* Comme il est dit au chapitre 9, la découverte faite par Dautray en 1976 aurait permis, pour les premières expériences thermonucléaires, de se passer d'uranium enrichi et donc de Pierrelatte.

Gaston Palewski signale, comme en passant, que la décision de construire Pierrelatte avait été prise en mars 1957 par Guy Mollet.

Le lendemain, l'ancien président du Conseil s'indigne de cette imputation de paternité : « Quelle usine ? A quelles fins ? Rien n'en est dit et c'est pourquoi il me faut exprimer mon étonnement et ma stupéfaction à l'énoncé de cette affirmation [9]. »

Il rappelle, avec force, que dans son discours d'investiture du 30 janvier 1956, il a affirmé que la France renonçait solennellement à tout armement atomique national ou européen [10].

Fouillant dans ses souvenirs et dans des textes publics, Guy Mollet ne trouvait que sa volonté de refuser la force nucléaire. Mais s'il avait eu la faculté de consulter les archives, il aurait constaté que les décisions essentielles pour le lancement du programme d'armement thermonucléaire portaient sa signature. C'est que les circonstances – et la *substitution* – l'avaient amené, dans ce domaine comme dans d'autres, à oublier son discours d'investiture. La pression des faits – et celle des bureaux – est plus têtue que les intentions.

A la mi-novembre, après l'échec de l'expédition de Suez, il décidait d'accélérer les préparatifs de la première expérience nucléaire au Sahara. Le 30 novembre, son ministre de la Défense, Maurice Bourgès-Maunoury, et Georges Guille, secrétaire d'Etat socialiste à la présidence du Conseil [11], signaient un protocole entre les Armées et le Commissariat à l'énergie atomique. Le CEA se voyait confirmer la mission qui lui avait été confiée par Pierre Mendès France, de fabriquer des prototypes de bombes atomiques : il lui incombait en outre d'effectuer les études nécessaires à la construction d'une usine de séparation d'isotopes. En mars 1957, le gouvernement Guy Mollet s'engagea encore un peu plus, en décidant de construire les quatre usines de Pierrelatte, basse, moyenne, haute et très haute, inutilisables pour l'énergie civile, mais qu'on croyait alors indispensables pour que la France procédât à ses premières expériences thermonucléaires.

1957-1962 : ce ne sont plus onze ans, comme pour Pierre Mendès France, mais cinq ans, qui séparent un acte de la version qu'en donne son auteur. Guy Mollet ne saurait avoir perdu si vite la mémoire d'une décision aussi essentielle – s'il l'avait vraiment prise. On ne peut plus retenir l'idée qu'il ait menti. Alors ? Lui aussi a décidé dans l'inconscience. Personne, dans les services, n'a couru le risque qu'il prît conscience *.

* A moins que la contradiction, trop flagrante pour être soutenue, entre les principes invoqués et les nécessités de la conjoncture politique, n'ait provoqué une *scotomisation* de type freudien.

3. Le campus de Nanterre.

A Nanterre, l'enjeu était, en principe, bien moindre, mais les conséquences faillirent être plus graves que dans les deux cas précédents.

C'est en août 1960 que le ministre de la Construction décide d'affecter à la construction d'une université à Nanterre un terrain militaire de trente-deux hectares [12].

C'est en juillet 1962 que le ministre de l'Education nationale approuve définitivement le plan-masse, où figuraient les bâtiments qui devaient composer ce nouveau « complexe universitaire » ; lequel fut construit, conformément aux avant-projets, entre 1963 et 1967.

C'est en mai 1968 qu'à la tribune du Palais-Bourbon, un député reproche au gouvernement d'avoir construit à Nanterre une université si mal située et si mal environnée, qu'on ne doit pas s'étonner d'en voir les étudiants devenir révolutionnaires. « C'est à Nanterre que tout a commencé. Une machine infernale... On ne peut faire une faculté moderne dans un environnement délabré » [13]...

Comment ne pas donner raison à ce député ? Les étudiants nanterrois se sentaient écartelés entre une désolation digne du pire XIXe siècle, et des bâtiments du XXIe. Et la distance les enfermait sur place, alors que leurs camarades de Sorbonne pouvaient passer le plus clair de leur temps hors les murs de leur faculté.

Or, le ministre de la Construction, le ministre de l'Education nationale et le parlementaire interpellateur, n'étaient, à eux trois, qu'un seul et même homme *.

Observation lui en fut faite. La dénégation jaillit, brutale et de toute évidence sincère :

« Ce n'est pas vrai ! Ce n'est pas vrai ! Je n'ai tenu aucune réunion à ce sujet ! »

Que le même homme politique ait pris, dans deux postes ministériels différents, la décision de faire construire une université à Nanterre, puis ait reproché au gouvernement en place, quelques années plus tard, d'avoir effectué ce choix aberrant, n'est pas à mettre au compte de l'oubli. Si, en s'acharnant contre les conséquences de ses propres actes, il ignore qu'il s'accuse lui-même, c'est qu'il n'a pas vraiment su ce qu'il faisait.

J'aurais d'autres cas à citer. Tenons-nous-en à ces trois-là. Le centralisme submerge les plus hauts dignitaires de l'Etat. Il leur fait assumer la responsabilité de grandes décisions dont ils n'ont pas les moyens, ni même le temps, de mesurer les conséquences.

---

* Pierre Sudreau ayant été un des plus brillants ministres de la Ve République, il n'est pas question de critiquer un homme, pas plus que dans les deux cas précédents : c'est un système qui est en cause.

Le « Train de la gaieté » eut son heure de gloire à la télévision. Un dessin animé faisait passer sur l'écran un train, dont on ne voyait à chaque instant qu'un wagon. Chaque wagon portait un fragment d'un objet qu'il fallait deviner – table, vache ou bateau. Quand le train était passé, le téléspectateur avait vu toutes les parties de l'ensemble, mais il restait bien incapable de recomposer l'image. L'administration promène assez souvent devant le pouvoir politique son *train de la gaieté*, porteur de maintes pièces détachées. Elle seule peut reconstituer l'objet.

La valse des portefeuilles

La substitution bureaucratique n'a pas cessé avec la fragilité politique qui caractérisait la IIIe et la IVe République. Pour plusieurs raisons.

La première est *l'instabilité ministérielle*, qui n'a point disparu en 1958. Certes, le chef de l'Etat est stable ; le Premier ministre l'est moins, mais assez pour agir : il tient son rôle pendant deux ou trois ans en moyenne. Cependant, il faut bien que des fusibles sautent. La centralisation bureaucratique exclut les fusibles locaux : *puisque aucun exécutif départemental ou régional ne joue ce rôle, c'est aux ministres de le jouer*.

Seule la stabilité ministérielle permettrait au pouvoir politique de s'imposer au pouvoir bureaucratique. Car seule la durée permet d'agir : elle est la matière première du pouvoir. Les fermiers reçoivent un bail : trois, six, neuf. Ah, si les ministres en recevaient un ! Les ministres qui comptent sont ceux qui restent. Tocqueville fut aux Affaires étrangères pendant moins d'un an : avec tout son génie, il y imprima moins sa marque qu'un Drouyn de Lhuys ou un Walewski, qui tinrent, celui-ci cinq ans, celui-là huit. Même de l'inconstante IIIe République, surnagent des noms de grands ministres : ils correspondent toujours à des records de longévité – Delcassé, Briand. La IIIe et la IVe République compensaient la valse des présidents du Conseil par l'éternel retour de certains ministres. La Ve République a compensé la stabilité des Premiers ministres par le quadrille des ministres. Le rite expiatoire a changé de victimes.

Les ministères les plus enracinés dans la société sont ceux où l'on s'enracine le moins. Leur instabilité n'a rien à envier au régime précédent. Par exemple, entre juin 1958 et juin 1974, l'Agriculture a passé entre les mains de onze ministres, l'Information de seize, l'Education nationale de seize encore. Les ministres qui ont laissé une œuvre durable sont ceux qui ont duré : Couve au Quai, Giscard aux Finances, Malraux aux Affaires culturelles,

Messmer aux Armées *. Si « deux déménagements valent un incendie », que de feux de brousse ont dévasté depuis deux cents ans l'efficacité de l'Etat !

Les régimes les plus stables (et même les moins démocratiques) n'ont pas échappé à ce défaut. Le commissaire général des Expositions universelles de 1855 et 1862, Frédéric Le Play, le dénonçait en plein Second Empire : « En devenant plus réguliers, nos gouvernements ne sont pas devenus plus stables... Il a toujours été dans la nature des choses que le seul pouvoir stable devînt le pouvoir dominant : telle est la situation conquise par la bureaucratie [14]. »

Une nouvelle symbiose : les gouvernements de techniciens

La seconde ruse du système bureaucratique a été de faire naître depuis 1958 une symbiose nouvelle entre les techniciens et les ministres.

Cette seconde ruse découle pour une part de la première. Connaître un département ministériel, se familiariser avec ses règles compliquées, juger ses hauts fonctionnaires, concevoir, pour employer au mieux les talents, une politique du personnel, mûrir des projets de réformes, élaborer des textes : cela prend bien un an à un ministre qui n'est pas « du bâtiment », s'il veut éviter des erreurs irrattrapables. Or, la longévité ministérielle est en moyenne inférieure à douze mois. Pour abréger cet apprentissage, la tentation est grande de confier les ministères à des fonctionnaires qui les connaissent parfaitement.

Cette tentation était encouragée par l'esprit du régime. Dans la vision du service de l'Etat qui inspirait la Ve République, les hauts fonctionnaires avaient reconnu un langage familier. Leur montée vers les postes de commande s'accéléra. Quelques-uns des principaux ministères furent confiés aux plus distingués de leurs agents ; mais le haut fonctionnaire devenu ministre risque de n'être que le plus haut de ses fonctionnaires. Quant aux ministres politiques, ils comprirent vite que, leur force ne venant plus guère du poids d'un groupe parlementaire, ils devaient s'appuyer sur celle de l'administration qu'ils commandaient. Ils furent portés à défendre leur ministère contre les pressions du Parlement, plutôt que l'inverse.

---

* Respectivement dix, dix, onze et neuf ans (1976). *Depuis 1976, la même instabilité a perduré : dix ministres de l'Education nationale, onze de l'Agriculture. Qui jugerait qu'il n'y a aucun rapport entre la succession des ministres du Travail et la gestion incertaine du chômage, entre celle des ministres de la Santé et l'incapacité d'en maîtriser les dépenses ? (1996).*

Les deux milieux se sont rapprochés l'un de l'autre. Pendant que des élus se « technicisaient », des techniciens se faisaient élire *.

« Être rouge et expert », demandait Mao. A sa façon, la Ve République demande aussi qu'on marie l'engagement politique et la compétence administrative. Deux manières d'être, deux styles d'action se combinent dans un système d'Etat typiquement français. Administration et politique se rejoignent au sommet. Le président de la République, le Premier ministre, la majorité des ministres, participent simultanément des deux univers **. L'administration n'y perd pas. La politique y gagne-t-elle ?

La part du feu

Le milieu administratif est si compact, si fort, si bien organisé aussi, qu'il est difficile d'y échapper. Ce n'est pas que l'envie n'en vienne jamais aux hommes politiques. S'ils essaient de l'assouvir, il est rare que leurs velléités d'indépendance ne se retournent pas contre eux.

Christian Pineau, ministre des Affaires étrangères en 1956, voulut monter seul l'expédition de Suez, en tenant à l'écart son administration, jusqu'à Louis Joxe, secrétaire général du Quai d'Orsay. Il se retira ainsi le moyen de la moindre préparation diplomatique. La mise hors circuit des services et leur sourde résistance ne furent sans doute pas étrangères à la brutalité des réactions hostiles à la France, et à l'échec piteux de l'opération.

Edgard Pisani, Albin Chalandon, voulurent réduire le pouvoir des grands corps techniques placés sous leurs ordres. La lutte fut chaude. Ces ministres audacieux se retirèrent. Les corps, un moment mis à mal, sont restés maîtres du terrain.

Plus adroitement, plus couramment aussi, les ministres cherchent à se protéger de leur administration à travers un cabinet – mais, là encore, le remède n'est pas sans inconvénient. Formé d'hommes qui appartiennent presque toujours à l'administration ***, le cabinet

---

* Parmi les anciens de l'ENA : en 1956, Valéry Giscard d'Estaing. En 1958, Chandernagor et moi-même. En 1962, Jacques Duhamel et Yves Guéna. En 1967, Jacques Chirac. En 1968, Ortoli, Malaud, Lelong et beaucoup d'autres. Sans compter ceux qui se présentent et ne sont pas élus.

** La proportion des ministres issus de la haute fonction publique n'a cessé de croître depuis le départ du général de Gaulle : 46,6 % dans le gouvernement Chaban-Delmas ; 53,3 %, 65,7 % et 68,9 % dans les trois gouvernements Messmer ; 69,7 % dans le gouvernement Chirac, 69,4 % dans le gouvernement Barre. Les anciens élèves de l'ENA, de Normale et de Polytechnique forment le bataillon le plus constant [15]. *Cette tendance s'est confirmée dans les gouvernements suivants (1996).*

*** Ne serait-ce que parce qu'un cabinet ne peut verser aucun traitement. Ce sont les corps d'origine qui le versent : ils y ont tout intérêt.

lui reste attaché par des liens subtils. Ce corps ambigu est soumis à une double allégeance, personnelle à l'égard du ministre, collective à l'égard de « la maison ». Souvent, la médiation du cabinet ne sert qu'à rendre plus tolérable au ministre sa propre subordination à ses services : le cabinet lui donne l'illusion de commander, alors même qu'il est investi *.

Quant aux citoyens, s'ils font appel à l'homme politique, le jugement sera encore rendu par les bureaux. Pour appuyer leurs requêtes, le député écrit au ministre. Le ministre fait préparer une réponse par ses services : elle est, bien sûr, la même que celle qu'a déjà reçue le mécontent, toujours prête dans les cartons. Le député tenace veut-il porter l'affaire devant le public ? Une « question écrite » reçoit au *Journal officiel* la même réponse ministérielle. Le député transforme-t-il la « question écrite » en « question orale avec débat » ? Le ministre lit une réponse – écrite par ses bureaux en termes identiques. L'*Officiel* publiera la « réponse orale », devenue de ce fait « réponse écrite ».

Quelle que soit « l'instance supérieure » à laquelle s'adresse la protestation, l'enquête chemine par les mêmes voies, et la réponse vient du même bureau. Pas toujours ? Non, certes. Seulement dans quatre-vingt-dix-neuf cas sur cent...

Peut-on échapper à la *substitution* ? Jamais totalement. Le ministre efficace est celui qui fait la part du feu et concentre son énergie sur quelques affaires. Encerclé, il ne saurait se battre sur tous les fronts : sa défaite serait complète. Il peut faire une ou deux percées, guère plus en un ou deux ans. A lui, donc, de ne pas choisir un objectif futile.

Comment répondra-t-il à l'émouvante patience des citoyens ? Ils le savent prisonnier comme eux, mais attendent de lui leur délivrance. « On ne vous dit pas tout. On vous cache les choses. Vous n'êtes pas vraiment informé sur ce qui se passe. Nous, nous savons. Pas vous. » On absout le député, le ministre. Les causes, les responsabilités, elles gisent dans « ceux qui font écran ». Luther, avant de combattre le pape, en appelait « du pape mal informé au pape bien informé ». Les citoyens cherchent moins à faire un procès à l'élu qu'à préserver sa fonction – qu'à lui restituer son

* *L'inflation des cabinets a marqué les deux septennats de François Mitterrand, sans qu'il en soit aucunement résulté une diminution d'influence des bureaux : la confusion provoquée par cette multiplication des conseillers officiels et officieux ne pouvait que favoriser la* substitution. *Mais le balancier était allé trop loin. Une des premières mesures du gouvernement d'Alain Juppé fut d'annoncer un « dégraissage » massif des cabinets. Cela enraiera-t-il le processus décrit ici ? Malheureusement, les sept premiers mois du nouveau Premier ministre ne paraissent nullement avoir réussi à faire reculer la « technocratie », sévèrement stigmatisée par Jacques Chirac dans sa campagne présidentielle (1996).*

authenticité. L'élu, le ministre, c'est un homme au milieu d'un système. Les Français pressentent la force irrépressible du système : ils ne cessent de faire appel à l'homme.

Le même cri emplissait déjà les cahiers de doléances de mai 1789 : « Ah, si le roi savait ! » La suite fut amère.

Chapitre 29

L'ENVAHISSEMENT

L'esprit de règlement nous obsède, et nos maîtres des requêtes ne veulent pas comprendre qu'il y a une infinité d'objets dans un grand État dont le gouvernement ne devrait jamais s'occuper.

Grimm [1] (vers 1760).

La bureaucratie ne se contente pas de se substituer au pouvoir politique placé au-dessus d'elle. Elle tend à se substituer aussi aux administrés situés au-dessous d'elle.

Elle offre des moyens illimités à l'intolérante passion du bien commun qui anime les meilleurs de ses hommes. « Fonctionnaire zélé » : ce compliment traditionnel, souvent justifié, le paradoxe est qu'il faille s'en plaindre.

Le tempérament technocratique est immuable : « L'autorité était sa loi et ses prophètes, son code, sa coutume, son droit. Appliqué, travailleur, d'un grand détail, faisant tout par lui-même ; un homme à peine visible, qui fermait la bouche aux gens par quelque chose de sec, de décisif et d'impérieux. » Il s'agit de Voysin, intendant de Louis XIV, vu par Saint-Simon. Il pourrait s'agir de tel directeur, inspecteur des finances ou préfet d'aujourd'hui.

Ni le désaveu de l'histoire, ni l'impatience des citoyens n'entament le sentiment d'infaillibilité qui imprègne l'administration : cette conviction vertigineuse que les hommes qui se trouvent au sommet de la hiérarchie savent seuls ce qui est bon pour les hommes qui peuplent les degrés inférieurs. Dans l'Eglise traditionnelle, c'étaient des prêtres, célibataires par vocation, qui initiaient les fiancés aux mystères de la vie du couple : dans notre société, ce sont des fonctionnaires qui savent ce que doivent faire industriels ou exportateurs, agriculteurs ou artistes.

La déraison d'Etat

L'Etat assume des fonctions qui vont bien au-delà de sa mission nationale.

De proche en proche, il se substitue aux pouvoirs locaux, aux corporations, aux familles ; il intervient, par une multitude de mesures, dans le domaine de l'agriculture, de l'industrie, du commerce, de la Sécurité sociale, de l'environnement ; il s'approprie les services de la police, de la voirie et de la salubrité. Comme disait Royer-Collard : « C'est le délégué du souverain qui allume les réverbères. » Sur quelle branche d'activité les fonctionnaires de l'ancien ou des nouveaux régimes n'ont-ils pas cherché à étendre leur influence par la réglementation, l'interdiction, la subvention ou la faveur ? Aujourd'hui plus encore qu'aux siècles passés, « la raison d'Etat finit par conduire à la folie d'Etat[2] » *.

Pour dix mètres

L'Etat est naturellement porté à intervenir en tout. On voit Turgot, pourtant le plus perspicace des grands commis, définir l'emploi du temps des professeurs, la forme des enseignements, la distribution des disciplines selon les années ; expliquer, de circulaire en circulaire, les récompenses qu'il convient d'attribuer aux paysans chasseurs de loups...

Depuis, le contrôle obsessionnel n'a cessé de s'étendre. En 1970, le ministre de l'Agriculture fit paraître au *Journal officiel* un arrêté réglementant la saillie des boucs.

La méconnaissance des situations locales est la contrepartie du dirigisme. *Les faits n'existent pas, s'ils ne confirment pas les informations que croit détenir l'administration.* Un nouvel intendant arrivant en Bretagne écrit à Versailles que la province compte 317 262 vaches et 271 354 moutons. Son ministre lui répond pour s'étonner, non pas de la risible précision de ces chiffres, mais du nombre plus élevé de vaches que de moutons : puisque ce n'est le cas nulle part ailleurs, il y a sûrement erreur de calcul. Eh bien non ! En Bretagne, c'était le cas.

A Neufmoutiers, petit village de Brie, il ne restait plus qu'un

---

* *Le comble a été mis à cet envahissement par les nationalisations massives de 1981 – que les privatisations intervenues depuis, pendant les deux gouvernements de « cohabitation », sont loin d'avoir encore résorbées (1996).*

commerce : le café-épicerie-mercerie. Un beau jour, l'administration prononça sa fermeture. La difficulté venait de l'école : entre elle et le débit de boissons, il y avait, tout bien compté, cent quatre-vingt-dix mètres. Le règlement en veut deux cents. Malgré ces dix mètres manquants, l'école et le café s'étaient jusque-là ignorés l'un l'autre.

Je crus l'affaire facile à régler. Dix mètres en plus ou en moins... L'administration tint bon : qui sait si ce fâcheux précédent n'obligerait pas à réduire à cent quatre-vingt-dix mètres la limite de la moralité scolaire ? De dix mètres en dix mètres, jusqu'où n'irait-on pas ? Nous transigeâmes : on murerait une porte du café ; il faudrait entrer par-derrière, et ce détour rajouterait huit ou neuf mètres. On ferait comme si le compte y était ; Neufmoutiers et l'administration seraient saufs. Mais l'affaire avait traîné un an. Le cafetier, découragé, était allé s'établir ailleurs. La boutique garde ses volets clos.

L'omnipotence impotente

Chaque service tend à justifier son existence : il se sent le devoir d'interdire, s'il en a le pouvoir.

L'administration préfère qu'on ne fasse *rien*, si l'on ne doit pas faire *au mieux* – le mieux selon ses normes, à son idée.

Plutôt pas de crèches que des crèches « à l'économie » ! Tant pis si les mères ne savent que faire de leurs bébés. Plutôt pas de piscines que des piscines qui ne seraient pas olympiques ou demi-olympiques – avec un personnel que seules les villes déjà importantes peuvent entretenir. « Un simple bassin de natation à ciel ouvert ? Nous vous ferons une piscine couverte », dit le directeur de la Jeunesse et des Sports au maire d'une bourgade de cinq mille habitants. Vingt ans après, la bourgade attend toujours, alors que vingt classes d'âge y auraient appris à nager.

Dans la plaine de Brie, s'étirent de petites rivières bordées d'arbres. Parfois un tronc mort, une grosse branche cassée par le vent, y tombent, formant barrage. Quand de fortes pluies gonflent le ru, c'est l'inondation. Une pelle mécanique suffirait à dégager les obstacles. Saisie de la question, l'administration met sur pied – en plusieurs années – un projet grandiose. Voilà le ru métamorphosé en canal à grand gabarit. Dans l'opération, le rideau d'arbres qui le bordait disparaît. A ce compte, nul besoin d'élargir : une tronçonneuse aurait suffi...

Quand le perfectionnisme s'allie à l'ignorance, on obtient l'aventure du sanatorium du Tampon, à la Réunion. Le préfet me la conte en me le faisant visiter :

« Nous avions envoyé le projet, parfaitement au point, au ministère de la Santé. Il n'y manquait que le visa. Au bout d'un an, on nous l'a renvoyé non visé. Pourquoi ? Parce que tout sanatorium doit être orienté au midi, pour bénéficier d'un ensoleillement maximum ; et nous avions orienté le nôtre au nord. Le bureau qui avait mis un an pour faire cette réponse n'oubliait qu'une chose : c'est que la Réunion est dans l'hémisphère austral, et qu'à midi, le soleil est au nord. »

Comment attendre que l'Etat se discipline lui-même ? Même dans des Etats comme les Etats-Unis et la Suisse, la centralisation fait chaque jour des progrès. Au moins cette tendance y trouve-t-elle des contrepoids : ce sont les autorités locales qui appliquent les mesures fédérales, non les agents d'exécution du pouvoir central.

Un dirigeant de grande entreprise [3] me disait : « Les responsables de mes filiales doivent traiter eux-mêmes leurs affaires. J'ai atteint mon objectif quand je ne signe pas plus d'une lettre par semaine. » Combien de directeurs, de préfets, sont-ils capables de *concevoir* un tel système ? Ne s'y sentiraient-ils pas dépossédés, inutiles ? Une hiérarchie ne sait pas déléguer. Elle organise son propre engorgement.

A force de faire ce qu'elle ne devrait pas, elle ne fait pas ce qu'elle devrait. Quoi de plus élémentaire que d'honorer sa signature, de payer ses fournisseurs ? Les services de l'Etat n'y parviennent presque jamais dans les délais pourtant fixés par eux-mêmes. Les retards de plusieurs mois sont fréquents. L'Etat mauvais payeur a mis plus d'une entreprise en faillite.

J'ai montré que les subventions paralysaient toute collectivité locale *, en lui ôtant l'initiative des travaux qu'elle aurait pu effectuer aux moindres frais. Au moins, à l'autre bout, permettent-elles à l'Etat de donner des impulsions ? Nullement. Routinière **, cette distribution est devenue aussi inutile que ruineuse.

La prolifération

L'administration n'imagine de se sauver de l'engorgement que par la prolifération des hommes. On n'a pas attendu Parkinson pour formuler cette loi : « Les subordonnés se font doubler par des subalternes qui, eux-mêmes trop considérés pour travailler, font faire leur ouvrage par d'autres commis inférieurs [4]. » Cela se passait sous Louis XV.

---

* Chapitre 27.

** Ainsi, la Cour des comptes met en cause en 1976 les allocations consenties par le ministère de l'Agriculture, « délivrées par pur automatisme ».

Quelle perte de substance que cette masse de fonctionnaires occupés à viser, à contrôler, à remplir et faire remplir des formulaires, à observer continuellement dans le miroir mort des statistiques ! Et quel dommage d'attirer vers des tâches administratives tant d'excellents esprits, sélectionnés par des concours difficiles ! Alors que la France a tellement besoin d'hommes entreprenants, pour se renouveler au-dedans, pour saisir ses chances au-dehors !

Mais nous sommes si accoutumés à l'hypertrophie administrative que nous avons du mal à concevoir qu'il vaudrait mieux économiser les hommes. La municipalité de Provins a établi un réseau d'autobus gratuits – parce que, s'ils avaient été payants, il aurait fallu créer une bureaucratie de la perception, qui aurait absorbé *la moitié* des recettes. Une ville peut aller contre un tabou. Non l'Etat.

Une administration préfectorale, en 1976, demande à son conseil général [5], par un savant rapport, de voter des crédits pour recruter des *agents pédiculaires*, afin de lutter contre la *pédiculose*. Un conseiller général fait remarquer que *pédiculose* ne figure ni dans le *Robert* en six volumes, ni dans le septième tome, le *supplément*. L'administration réplique que ce mot figure dans le *Larousse* en dix volumes : il désigne les désagréments causés par les poux. Comprenez que l'administration réclame des fonctionnaires chargés *d'épouiller* les enfants des écoles. L'idée ne lui venait pas de lancer une campagne d'information, en vue d'alerter les familles sur l'offensive du pou, et de les inviter à user *elles-mêmes* de ciseaux, de savon et de lotion. Pour résoudre le problème, on allait créer un nouveau corps de fonctionnaires, avec bientôt son statut, ses syndicats, sa « titularisation ». Faut-il signaler que l'opposition « de gauche » a voté unanimement le rapport préfectoral, que soutenaient les syndicats d'enseignants ; et qu'il a été adopté, grâce à l'appoint de quelques inconditionnels de l'administration, malgré les réticences de la plupart des membres de la majorité ?

La dictature des bureaux de finances

L'omnipotence administrative est à deux étages. Il y a celle de l'administration sur tout ce qui n'est pas l'administration. Et puis il y a celle que les Finances exercent sur tout le reste de l'administration. Tant de bureaux qui font trembler, tremblent eux-mêmes devant les bureaux de la rue de Rivoli * – qui, eux, ne tremblent devant personne.

Entre la rue de Rivoli et l'ensemble des ministères ou de leurs dépendances, se déroule une guerre d'usure, qui épuise les

---

* *Les Finances ont quitté la rue de Rivoli ; c'est à Bercy que bat aujourd'hui le cœur de la France (1996).*

belligérants. La directrice d'une grande école féminine[6] s'était vu renvoyer, sans l'indispensable visa, une commande de produits pharmaceutiques pour son infirmerie. Elle avait fini par obtenir le contrôleur financier au téléphone et lui demandait les raisons de ce refus.

« Cette liste comporte une *eau de mélisse* qui ne me paraît pas s'imposer.

– Il arrive, protesta la directrice, que des élèves se trouvent mal. L'eau de mélisse les fait revenir à elles. Au moins, vous auriez pu m'indiquer vos motifs !

– *Si je devais motiver mes refus, je ne refuserais plus rien.* »

Vous croiriez que le Premier ministre fixe les grandes lignes du budget gouvernemental. Et qu'ensuite chaque ministre est responsable de répartir les moyens qui lui sont attribués. Nullement : il doit justifier sou par sou de chaque mesure, à l'intérieur de chaque chapitre budgétaire. Non pas devant le Premier ministre, ni devant le ministre des Finances, mais devant l'agent spécialisé de la direction du Budget ; lequel discute, jusqu'en d'infimes détails, du bien-fondé de chacune des initiatives que souhaite prendre le ministre. La réponse est souvent négative. Faut-il alors « monter à l'arbitrage » du Premier ministre ? Procédure risquée : l'arbitre ne peut guère plus d'une fois sur deux prendre le parti du dépensier contre l'économe ; et souvent les Finances mettront une mauvaise grâce savante à appliquer une décision prise contre leur avis. Il est plus sage de s'arranger avec la rue de Rivoli, c'est-à-dire de reconnaître sa souveraineté et de mendier sa bienveillance.

Le pouvoir universel des Finances pousse à l'irresponsabilité. Si les choix des ministres étaient libres, leurs refus le seraient aussi. Ils en répondraient. Certains d'entre eux ne résistent pas toujours à la tentation de répliquer à leurs solliciteurs, aux syndicats, aux groupes de pression : « Je ne demanderais pas mieux, mais les Finances ne veulent pas. »

L'Etat a tant entrepris qu'on réclame tout de lui. Il décevrait, s'il y renonçait. Louis-Napoléon Bonaparte proclamait le 11 novembre 1849 : « *Le plus grand danger des temps modernes vient de cette fausse opinion qu'un gouvernement peut tout, doit répondre à toutes les exigences, remédier à tous les maux.* » Devenu centralisateur, Napoléon III entretint à son tour les Français dans cette « fausse opinion ».

L'Etat galvaude son autorité par l'excès de ses interventions. Les observateurs venus des démocraties libérales s'étonnent que l'Etat français possède et gère des musées ; qu'il préside aux destinées des danseuses et gouverne des théâtres ; et que le plus célèbre de ces derniers fonctionne en vertu d'un décret signé par Napoléon à Moscou.

Dans un tel système, un gouvernement qui ne fait pas de miracles paraît, à la longue, au-dessous de sa tâche. Il ennuie et déçoit. Gérer et réformer suffirait en d'autres pays. Les Français ont pris l'habitude d'exiger davantage de leurs hommes d'Etat : un pouvoir quasi magique, qui tienne les spectateurs en haleine, tels les Napolitains dans l'attente de la liquéfaction du sang de saint Janvier. Le malheur est que les prouesses de ces héros, dont notre histoire politique abonde, ont presque toujours fini par un échec, souvent par un désastre.

L'Etat, unique objet de leur ressentiment

Puisque l'Etat s'est emparé de toute autorité, les Français le rendent responsable de tout. Simples citoyens, élus locaux ou fonctionnaires rejettent la faute sur le pouvoir central, dont ils sont les assujettis. Bien peu a changé, depuis l'époque où Vivien s'écriait, au début du siècle dernier : « Le gouvernement prend une si grande part à toutes choses, que les mécontents considèrent sa destruction comme le premier de tous les remèdes. »

Le mal français se retrouve au fond de ce paradoxe. Responsable de tout, le gouvernement se heurte à une contestation globale. Il se charge de trop de détails pour qu'on le tienne quitte de l'ensemble. Parce qu'il s'occupe directement des besognes les plus concrètes, il est poursuivi par la revendication la plus abstraite.

Madeleine Renaud, quand l'Odéon fut occupé, invita les envahisseurs à s'en prendre plutôt aux Folies-Bergère. Mais ils n'avaient cure d'une institution privée, si représentative fût-elle de la société de consommation qu'ils disaient combattre. Ils en voulaient avant tout à l'Etat, que symbolisait un théâtre subventionné.

Les Français sont frondeurs ? Pourtant, ils ne frondent pas l'Etat quand il décide dans les domaines où il peut seul décider : les équilibres fondamentaux des finances, la sécurité des citoyens, la diplomatie et la défense, la guerre et la paix. Les dévaluations n'ont guère été contestées. En plein régime d'assemblée, en 1914 et en 1939, la France s'est engagée dans la guerre sur décision du gouvernement[7]. En 1946, le gouvernement – par un acte signé notamment de Maurice Thorez – a commencé les hostilités en Indochine sans soulever d'objections. En 1954, Pierre Mendès France et François Mitterrand ont entamé sans opposition les opérations en Algérie. L'Etat prenait les décisions que paraissaient appeler les circonstances. Il était dans son rôle légitime. On ne lui conteste pas le droit de vie et de mort sur le peuple qu'il gouverne.

En revanche, il suscite la hargne quand il se fourvoie dans des domaines apparemment futiles. D'instinct, on s'irrite qu'il perde ainsi son temps et son énergie. Le président de la République n'a pas été élu, le gouvernement n'a pas obtenu la confiance de l'Assemblée, pour gouverner la France au détail.

On s'en irrite d'autant plus, que ces détails sont justement ce qui intéresse le plus les citoyens, et qu'ils seraient le plus capables de régler par eux-mêmes. L'Etat accumule sur lui – et sur ses plus hauts magistrats – la tension provoquée par un système aussi contraignant.

Puisque tout découle du pouvoir central, l'intérêt que présentent les élections locales est surtout d'offrir un marchepied vers le pouvoir central. La lutte politique n'a pas d'autre sens que de conquérir l'Etat. Majorité et opposition, à chaque consultation, jouent leur va-tout. La vie publique, en se concentrant, se dramatise. Elle crispe la nation, inéluctablement, dans des attitudes de guerre civile sèche.

La crise au quotidien

La centralisation présente de grands avantages pour une nation en guerre ou en alerte, quand l'ordre ne se discute pas. Mais elle comporte de graves dangers pour l'ordinaire des jours – et même pour se préparer à l'extraordinaire. L'excès de responsabilités du côté de l'Etat entraîne l'absence de responsabilités de la part du citoyen. De cette absence et de cet excès, sont justement nées les révolutions ou rébellions dont l'histoire de France est prodigue. Faite pour affronter la crise, la centralisation l'entretient. Elle sécrète le climat dramatique qui, finalement, la justifie.

Alliée au pouvoir absolu – son élément naturel –, elle suscite le despotisme, qui entraîne, par une pente naturelle, l'aventure, la guerre ou la révolution. Unie à des institutions libres, elle les pervertit, tout en faisant d'elles un enjeu trop passionnément convoité pour que leur stabilité puisse se maintenir longtemps.

Certes, depuis la fin des années 1960, les choses ont un peu évolué. Les services administratifs deviennent plus accessibles aux utilisateurs. Le style de l'accueil s'humanise. On simplifie les formulaires. Mais la cause de leur complexité demeure inchangée. Le clivage persiste dans beaucoup d'esprits : pour l'administration, l'administré personnifie l'incompétence ou la fraude ; pour le citoyen, l'univers administratif demeure une institution malveillante.

La centralisation est en France la faiblesse commune aux divers régimes. Si elle les rend tous vulnérables, elle reste elle-même invulnérable. L'Etat, c'est toujours l'envahisseur.

Chapitre 30

LA CONFUSION

Autant la centralisation politique est nécessaire, autant la centralisation administrative est haïssable.

Louis Blanc [1].

L'énorme camion gravissait et dévalait les dunes, piquait du nez, patinait d'un côté mais grimpait de l'autre. Les ingénieurs d'Hassi-Messaoud qui nous présentaient ce « cent tonnes » étaient tout heureux. Ils tenaient la solution pour les gros transports :

« Quand nous avons voulu apporter le matériel de forage, nos camions s'enlisaient. Les roues étaient solidaires, le même moteur les entraînait. Dès qu'une roue s'ensablait, elle paralysait les autres. La solution, c'est l'autonomie motrice ! Les six roues sont indépendantes, reliées à des moteurs différents, dotées de ressorts si puissants qu'elles adhèrent toujours au sol malgré les aspérités du terrain. Si l'un d'elles s'ensable, les autres poursuivent leur route. »

Les trois couleurs qui flottaient sur les derricks seraient bientôt amenées. Les camions resteraient : ce serait désormais la forme moderne d'une présence française. Nous allions laisser au Sahara une technique de pointe, ajustée à des nécessités nouvelles. Mais si nous nous en inspirions pour notre propre pays ? Des roues autonomes, des ressorts puissants : voilà bien ce qui nous manquait. On n'a jamais pu concevoir, en France, que la puissance de l'ensemble pouvait reposer sur la liberté d'agir des parties.

Les partisans de la centralisation ont toujours feint de croire que leurs adversaires voulaient l'éclatement du pays. Il ne voient pas que la rigidité bureaucratique, loin de favoriser l'unité nationale, menace la plus précieuse des liberté, la liberté d'initiative – et, par ricochet, l'unité elle-même.

L'erreur des « philosophes »

La raison en est simple : une longue confusion nous empêche de distinguer les domaines politique et administratif. Le pouvoir politique est prisonnier du pouvoir administratif. Le camion s'enlise, mais c'est au conducteur qu'on s'en prend.

A la différence des pays *polycentriques*, où le pouvoir administratif est placé, pour l'essentiel, sous la dépendance de la démocratie locale, il dépend surtout, chez nous, d'une autorité politique qui pourtant ne peut pas grand-chose sur lui.

Cette confusion, sous le nom impropre d'Etat, caractérise la France depuis trois siècles. Elle détourne vers le sommet *politique* la hargne que font bientôt naître les méfaits de la centralisation *administrative*.

Dès le XVIIe siècle, les critiques s'élèvent : mais déjà elles se trompent de cible. Si quelques isolés * dénoncent les empiétements de la bureaucratie, la plupart s'en prennent à la toute-puissance du souverain. Anglomane, la philosophie des Lumières n'aperçoit pas que la principale différence entre le régime britannique et le régime français ne tient pas aux abus de pouvoir du monarque, mais à l'immensité des pouvoirs de l'administration **.

Voltaire n'arrive pas à cacher son admiration pour le système de gouvernement de Louis XIV. Rousseau déclarait digne du dernier supplice le citoyen qui abjurait la religion de l'Etat. Montesquieu est le seul des « trois grands » à avoir deviné qu'une chose est plus importante encore que de « nationaliser » le pouvoir : c'est de le restreindre. « *On a toujours confondu le pouvoir du peuple avec la liberté du peuple, choses cependant bien distinctes* [3]. » Mais il n'en a pas tiré la conséquence. On pourrait aujourd'hui compléter sa théorie de la séparation des pouvoirs par une théorie de la *séparation des niveaux* – politique et administratif.

Peut-être la France eût-elle fait l'économie de la Révolution, si

* Au premier rang desquels La Rochefoucauld, Vauban, Fénelon, Boisguillebert, le duc de Saint-Simon, d'Argenson. Gournay écrira vers 1740 : « Nous avons en France une maladie qui fait bien du ravage ; cette maladie s'appelle la *bureaumanie* [2]. »

** Quelques esprits perspicaces se rendirent compte aussitôt des conséquences funestes de cette erreur d'analyse. Ainsi, Joseph Fiévée – cet ancien ouvrier typographe, qui avait collaboré à la rédaction de plusieurs journaux sous la Révolution, et qui devait finir préfet de l'Empire – dans sa *Lettre sur l'Angleterre*, dénonce le « mal français » là où il n'a pas cessé d'être.

l'opinion publique, dans ce siècle qu'on disait des Lumières, avait été mieux éclairée.

Une conduite d'échec

En tout cas, l'échec de la Révolution me semble dû, pour l'essentiel, à cette impréparation des esprits.

Si la décentralisation tentée par la Constituante avait correspondu à une conviction enracinée dans les esprits, elle n'aurait pas été balayée dès la première difficulté, ni remplacée par une centralisation pire encore que celle qu'on avait abolie. Un esprit public éclairé n'aurait pas toléré que Robespierre procédât à son étrange déification du pouvoir central. La France de l'Empire et de la Restauration n'a pas su, ou pas voulu, revenir sur l'erreur de la Révolution, parce que les Français, jusque dans leurs classes dirigeantes, n'avaient toujours pas compris le mal caché dont souffrait le pays.

Un enfant qui se coince les doigts dans la porte lui donne un coup de pied : « Méchante porte ! » Face au pouvoir centralisé, nous obéissons à la même pensée magique. « Méchant roi ! Méchant gouvernement ! » Les constituants, depuis 1790 jusqu'à 1946, ont presque tous été victimes de la même illusion : pour empêcher le despotisme étatique, ils ont cru nécessaire et suffisant de remettre le pouvoir politique, sans diminuer en rien ses prérogatives, aux mains des députés. Ils maintenaient à l'Etat la totalité de ses compétences, mais ils le mettaient hors d'état de les exercer.

On a cherché à modérer l'absolutisme centralisateur par la division permanente du pouvoir. On le divise *dans l'espace* des factions et des féodalités ; et c'est la neutralisation mutuelle. Ou on le divise *dans le temps de l'action* ; et l'instabilité chronique garantit que les gouvernements n'auront pas loisir de s'enraciner. Au bout du compte, on n'a pas allégé la centralisation, mais on a paralysé le centre. On n'en garde que les vices.

L'analyse erronée des philosophes, s'ajoutant à la millénaire influence romaine, a accrédité en France – on serait tenté de dire : une fois pour toutes – l'idée que le pouvoir de l'Etat unitaire ne saurait jamais être étendu à trop de domaines, pour peu qu'il soit exercé par la représentation légitime du peuple. Idée fausse, qui menace les hommes d'un despotisme d'autant plus oppressif, qu'il est collectif et irresponsable.

Le pouvoir se sert de l'administration pour durer

Gustave de Beaumont, sous le Second Empire, accusait les percepteurs de promettre ou de refuser des délais aux contribuables, selon la manière dont ils allaient voter. Les préfets ont longtemps été les premiers agents électoraux du parti au pouvoir. Ce temps n'est plus, certes... Mais la tentation reste forte de s'appuyer sur l'influence administrative pour maintenir en place le pouvoir politique. C'est la conséquence directe de la confusion entre la politique et l'administratif. Même quand on ne cède pas à la tentation, il subsiste un climat de suspicion.

Ces subventions distribuées, ces interventions multipliées, ces décorations décernées, ne servent-elles pas de mesure à l'efficacité de l'élu ? Elles contribuent aussi à le rabaisser : l'homme politique rend des services. Voilà ce qu'il gagne, à être devenu une sorte de parasite de l'administration. L'électeur s'en veut d'entrer dans ce jeu, mais projette sa mauvaise conscience sur le gouvernement.

Les circonscriptions se développent-elles davantage si elles votent pour ou contre le gouvernement ? C'est à peu près impossible à calculer *. Reste chez les citoyens un malaise, un vague sentiment d'être gouvernés au moyen de hochets, de sucettes et de mises au piquet.

La confusion comme prétexte

Donc, le ministre, pour être bien vu de ses services, les « couvre » jusqu'à justifier leurs erreurs. Mais dans les couloirs du Parlement, à la table des journalistes, il invoque la toute-puissance administrative pour excuser ses intentions trahies, sa bonne volonté sans effet. Le député se fait élire en criant contre les bureaux, et réélire en sollicitant leurs faveurs. C'est la règle du double jeu.

Dans ce système, personne n'est content parce que personne n'est à sa place. Et le malaise s'accroît du fait qu'à l'évidence, les décisions sont mal prises, parce qu'elles sont prises dans la confusion.

Un désaccord a-t-il surgi entre deux ministères ? Le Premier ministre tranchera. Et comme les désaccords sont continuels dans une administration cloisonnée, le Premier ministre, quand ce n'est pas le Président, doit arbitrer, de réunion en réunion – en quelques instants. A la manière dont un président de chambre correctionnelle juge à la chaîne petits escrocs et exhibitionnistes... Méthode d'un

* *En 1976, cette recherche n'avait jamais été faite. Elle n'a pas été tentée depuis (1996).*

mauvais impressionnisme – où il n'y aurait que le flou, sans la lumière.

Ainsi, le régime, si démocratique qu'il soit, renoue comme malgré lui avec le fait du prince. Par la fatalité d'un système où nul ne sait, en définitive, *qui* a vraiment décidé *quoi*.

Dans des pays comme la Suisse, les Pays-Bas, l'Allemagne fédérale ou les Etats-Unis, l'efficacité du *polycentrisme* tient à ce que le pouvoir central se borne à préconiser une orientation générale. Peu à peu, les pouvoirs locaux, selon un ordre apparemment anarchique, se meuvent dans la direction imprimée par l'autorité étatique. Conduite d'allure hésitante, soumise à la main de velours du pluralisme, plutôt qu'à la main de fer du centralisme ; plus apte, au bout du compte, à suivre les contours du réel.

Beaucoup de gens considèrent que la France dispose d'une grande supériorité, du fait de son régime unitaire. Trois décennies d'observations m'ont convaincu au contraire que les pays *polycentriques* constituent des sociétés plus souples, mieux dans leur être. L'identité du centre administratif et du centre politique est dangereuse, pour l'Etat comme pour les citoyens.

Cumul des fonctions, dissolution des pouvoirs

La confusion entre les niveaux de la puissance publique exerce un autre ravage : celui d'entretenir la confusion des fonctions *.

Un Américain, un Anglais, un Allemand, sont toujours surpris d'apprendre qu'un ministre ou un député français peut, en même temps, être maire et conseiller général. Chez eux, le cumul des fonctions est interdit. Chaque scrutin a son caractère propre. Les élections générales traitent des problèmes nationaux. Les consultations locales ne soulèvent que des problèmes locaux.

Méditons, par exemple, sur les traditions de la démocratie britannique. Un mandat d'élu local ne peut s'y cumuler avec un mandat parlementaire. Un texte précise-t-il cette incompatibilité ? Aucun. Mais elle s'inscrit dans la pratique : les députés doivent être physiquement présents lors des nombreux votes qui ponctuent les mille cinq cents heures de session par an. Entre le Parlement britannique et les nouvelles assemblées écossaise et galloise, le Livre blanc publié le 30 novembre 1975 prévoit que le cumul sera rendu impossible *par la force des choses*. Mais il indique qu'il ne convient pas de légiférer en la matière.

---

* *La situation décrite ici n'a été que très peu modifiée par la loi de 1985. Nos partenaires européens ne comprennent pas comment un Premier ministre peut en même temps être maire d'une grande ville. Voir* La France en désarroi, *chapitre 3, « Malaise dans le territoire » (1996).*

Un fonctionnaire fait-il acte de candidature à la Chambre des communes ? Il doit d'abord donner sa démission. Dès 1705, le *Succession to the Crown Act* le stipulait. Le *Parliament Act* de 1918 et le *Servants of the Crown Order* de 1927 ont renforcé les mesures propres à préserver la neutralité de l'administration. Un pair héréditaire qui serait fonctionnaire peut siéger à la Chambre des lords, mais ne peut ni prendre la parole, ni participer à un vote. Et un fonctionnaire démissionnaire n'est pas repris dans la fonction publique.

En France, le Parlement, les conseils généraux, les municipalités, sont envahis par des fonctionnaires, qui conservent tous leurs avantages de carrière et retrouvent ensuite leur rang parmi leurs collègues, à supposer qu'il ne se soit pas amélioré. Ils politisent leur corps d'origine avant, pendant et après leur mandat.

D'autre part, le rêve du notable local, c'est de devenir député-maire-président de district ou de communauté urbaine-conseiller général-conseiller régional. Certains raffinent en se faisant élire, en prime, à une des assemblées européennes. D'autres, en plus, à la présidence du conseil général ou du conseil régional. D'autres encore sont en même temps ministres et continuent à exercer leur mandat parlementaire sur le terrain, même si, comme l'exige heureusement la Constitution, ils cèdent à leur suppléant leur siège au Parlement.

De fait, puisque la clé des problèmes locaux se trouve à Paris, il devient souhaitable pour les électeurs que le même homme soit maire, conseiller général, député et même ministre. A défaut de décentraliser la gestion, nous avons fait descendre les débats politiques jusque dans les chefs-lieux de canton : il s'ensuit une confusion qui perturbe aussi bien la gestion locale que les choix nationaux. Les élections municipales et cantonales deviennent les galops d'essai des législatives. On y épie les signes avant-coureurs des changements de majorité nationale. La démocratie locale ne sert que de piste d'entraînement à ceux qui rêvent de s'accomplir sous les lambris de Paris – où tout s'accomplit.

Pareil système ne peut subsister qu'en raison de la minceur de ces fonctions électives. Et il a pour effet de la perpétuer. Apparemment, le cumul donne de la force à l'élu. En réalité, il affaiblit le pouvoir représentatif face au pouvoir administratif.

Accablé de sollicitations, d'appels, le notable polyvalent se retourne vers l'administration, qu'il trouve toujours prête à l'en soulager. Si par-dessus le marché il exerce une profession, le cumulant risque fort de ne pouvoir assumer sérieusement les charges de chacun de ses mandats. Il est tenté d'en abandonner aux bureaux la responsabilité effective. L'administration confisque la puissance, et rembourse en prestige.

Faut-il reprocher aux parlementaires leur absentéisme à l'Assemblée ou au Sénat ? Il n'est qu'un symptôme de l'éparpillement de leurs tâches. Tiraillés par leurs divers mandats, assiégés par leurs électeurs, ils courent de leur ville à Paris et, à Paris, de bureau en bureau. Leurs électeurs leur feront grief de ne pas s'être préoccupés de leurs petites affaires ; jamais de n'avoir pas accompli efficacement leur rôle de contrôleur ou de législateur.

En outre, la démocratie locale, concentrée entre trop peu de mains, est anémiée ; elle ne s'appuie pas sur un tissu d'hommes assez riche. Le cumul devient un des principaux obstacles à une véritable diffusion des responsabilités. Ainsi voit-on les mandats accaparés par une caste politique étroite, et presque indéracinable.

Enfin, le cumul accentue la centralisation : le cumulant préfère toujours intervenir au niveau le plus élevé – celui que son mandat le plus élevé lui permet de toucher. Le député-maire en difficulté avec tel service départemental alertera le ministre. Et le ministre fera « monter » l'affaire à Paris, même si elle est de compétence locale. Le comble est qu'il l'aura fait à la requête d'un élu local.

Pareilles pratiques, quand elles ne sont pas interdites, deviennent obligatoires. Puisque la plupart des candidats aux élections législatives ou sénatoriales sont en même temps maires et conseillers généraux, ceux qui ne disposeraient pas de ces atouts seraient placés en position d'infériorité. Ils sont donc, en pratique, contraints de s'aligner.

Ce système fonctionne à la satisfaction de ceux qui en bénéficient. Pourquoi le changeraient-ils ? Ni l'opposition, ni la majorité ne le dénoncent. Il est constant qu'une alliance s'établit, en dépit des querelles idéologiques, dès que les solidarités corporatives entrent en jeu.

Confusion dans les prérogatives de la puissance publique, confusion dans les tâches des élus, confusion dans l'esprit des électeurs : toutes ces confusions s'entretiennent mutuellement, dans une connivence feutrée.

La séparation des niveaux

Les Français, et surtout peut-être la caste dirigeante, doivent effectuer un long effort de désintoxication, pour comprendre que, lorsque l'intérêt *général* n'est pas vraiment en cause, la personne humaine ne doit pas passer après l'Etat, mais avant lui : et que le pouvoir local ne doit pas passer après le pouvoir central, mais avant lui. Trois siècles et demi de vénération du pouvoir central leur ont masqué cette idée toute simple : le centralisme bureaucratique est incompatible avec une société de liberté et de responsabilité, qui, en revanche, s'accommode parfaitement d'un pouvoir politique rassemblé. La centralisation législative et gouvernementale fait la force d'un pays ; la centralisation administrative fait sa faiblesse.

Soustraire le plus possible de fonctions administratives à la compétence de l'autorité centrale, et les placer sous la responsabilité de la démocratie locale – cette voie simple était sans doute trop contraire à nos traditions nationales pour ne pas apparaître trop compliquée. Malgré une anglomanie, puis une américanolâtrie, aussi mal informées que persistantes, les révolutionnaires ou les constituants français n'ont jamais réussi à s'y engager depuis deux siècles. La royauté vieillissante se serait bien trouvée d'écouter cet avertissement qu'un de ses ministres lui donnait, soixante ans avant la Révolution : « Il faut que les provinces, les villes puissent agir avec une certaine indépendance, *véritables démocraties au milieu de la monarchie*[4]. » L'avertissement vaut toujours.

Toujours ? Bien davantage. Une France rurale et illettrée s'accommodait, plutôt mal que bien, de ce système. Une France qui atteint un niveau supérieur d'industrialisation et de culture ne s'en accommode plus du tout.

Chapitre 31

LE CLOISONNEMENT

« Ils sont tous directeurs »

Sur l'escalier en bois de la vieille résidence coloniale qui, à Cayenne, servait de préfecture, un couple attendait sur chaque marche. En haut, le général de Gaulle serrait les mains de ses invités – les *notoires*, comme il les appelait. L'huissier « aboyeur » annonçait :

– Monsieur le directeur de l'Enregistrement et Madame...
– Monsieur le directeur de l'Action sanitaire et Madame...
– Monsieur le directeur de l'Agriculture et Madame...
– Monsieur le directeur des Archives et Madame... etc.

Le général se pencha vers moi entre deux poignées de main : « *Ils sont tous directeurs !* » La Guyane, c'étaient trente-cinq mille habitants. Mais on y retrouvait exactement les mêmes directions et subdivisions que dans n'importe quel département métropolitain ; un microcosme administratif, transplanté sous les palmiers et resté intact, tel un château fort médiéval reconstruit pierre à pierre en Californie. Quand le défilé des directeurs eut pris fin, j'interrogeai quelques-uns d'entre eux sur l'évolution de ce lointain morceau de France. Là-dessus, je n'appris pas grand-chose ; mais j'en appris beaucoup sur eux. Ils semblaient ne s'intéresser qu'à leur domaine propre. Ils ne connaissaient que l'administration dont ils étaient ici la tête de pont. Ils habitaient des compartiments hermétiques.

Une mosaïque de tribus et de classes

Vus de l'extérieur, tous les fonctionnaires appartiennent à une même caste, close sur elle-même. Vus de l'intérieur, quelle diversité ! Le peuple de la fonction publique se dissout en une mosaïque de tribus, entre lesquelles règnent des hiérarchies subtiles, et qu'opposent d'antiques rivalités.

A l'intérieur de la caste, des sous-castes s'organisent. Grandes écoles, grands concours, grands corps, vivent chacun en circuit fermé, avec leurs rites, leur folklore. Les rivalités ne sont pas celles de l'émulation ; ce sont plutôt des *guérillas* frontalières, où l'on cherche à agrandir son domaine : ingénieurs des Ponts contre ingénieurs du Génie rural, administrateurs contre ingénieurs, polytechniciens contre énarques, Cour des comptes contre Conseil d'Etat, Inspection des Finances contre Quai d'Orsay... Guerre de seigneurs, seigneurs de la guerre.

Chaque service, à l'intérieur de chaque administration, a tendance à se constituer en unité autonome. Plus l'Etat étend son emprise, plus il diversifie les services ; et plus il compartimente. On aboutit à ce paradoxe : le centralisme hiérarchique se justifie par l'uniformité et l'égalité qu'il doit assurer ; or, à mesure qu'il s'affirme, il sécrète de nouveaux particularismes, négation des principes sur quoi il est établi.

Le pouvoir politique a renoncé à détruire ces féodalités. Il se contente de les jouer l'une contre l'autre ; il « divise pour régner ». Le préfet de Paris n'a pas à connaître du maintien de l'ordre ; et le préfet de police ne connaît pas de l'administration. La DST et le SDECE s'ignorent. La gendarmerie dépend du ministre de la Défense ; la police du ministre de l'Intérieur. Quand elles doivent participer à la même chasse au criminel, leur coordination est acrobatique : leurs radios n'émettent pas sur la même fréquence. J'ai vu un commissaire de police chercher fébrilement un jeton de téléphone, au cours d'une opération, pour appeler le capitaine de gendarmerie qui y participait avec lui à quelques centaines de mètres. Ainsi, en mai 1940, des chefs d'unités voisines sur le front, mais appartenant à des armes différentes, s'appelaient par la poste du village le plus proche...

On apprend à vivre avec l'impossible. L'administration a découvert le moyen d'éviter la querelle entre les services : les fonctionnaires s'évitent les uns les autres. On fait bureau à part.

Quand la mitoyenneté empêche de s'ignorer, les luttes deviennent féroces. Leur résultat le plus ordinaire est la neutralisation réciproque – l'immobilité. Des cloisonnements et des rivalités entre la SNCF et le secrétariat général à l'Aviation civile, la direction des Routes et la direction des Voies navigables, qu'est-il sorti sinon un immense retard de nos réseaux de communication ? L'aérotrain a été tué dans l'œuf – sans avoir pu surmonter la maladie d'enfance d'un médiocre rendement propulsif – parce que ce n'était pas une idée de la SNCF, laquelle craignait qu'il ne menaçât son monopole. Dans le Nord, les canaux n'ont commencé d'être mis « à grand gabarit » que lorsque le déclin du charbon y a rendu le rail moins âpre à défendre son monopole, c'est-à-dire quand le grand gabarit y est devenu presque inutile.

En Inde, le domestique d'hôtel que vous sonnez pour qu'il chasse une chauve-souris vous répond qu'il ne peut se livrer à cette tâche, réservée à un de ses collègues ; tant pis si celui-ci est en congé. La comtesse d'Aulnoy raconte comment mourut Philippe III d'Espagne. Le gentilhomme de sa chambre chargé d'entretenir le feu ne se trouvait pas là en un moment où la chaleur incommodait le roi ; nul n'osa rompre l'étiquette de la cour pour se substituer à lui [1].

Avant la guerre, la France prétendait mener de conserve une diplomatie toute offensive et une stratégie toute défensive. Hitler ne fut pas long à apercevoir la contradiction. Cette mésaventure ne nous a pas guéris.

La main droite ignore la main gauche

Quand on se croit seul au monde, on s'imagine irremplaçable. En septembre 1956, après la nationalisation par les Egyptiens du canal de Suez, je fus envoyé au Caire. Il fallait rapatrier les pilotes. Beaucoup préféraient attendre : « Nous sommes les seuls à connaître les passes du canal. Nasser sera obligé de nous rappeler, au premier bateau échoué. » Il recruta des pilotes grecs, allemands, norvégiens, et organisa sans la moindre difficulté la relève des pilotes français.

Nombre de corps administratifs ou techniques, exaltés par leur situation de monopole, se croient aussi indispensables. Quel est le fondement de leur pouvoir ? C'est, pour chacun, de démontrer qu'il est seul en mesure de maîtriser des problèmes qui *ne peuvent se comparer à aucun autre*.

En 1967, Jean-Marcel Jeanneney avait décidé de lancer à Beaune une expérience de prototype industrialisé d'hôpital. Il voulait mettre fin à la misère de notre équipement hospitalier. Je souhaitais réaliser à Provins un hôpital sur le modèle de Beaune.

En Hollande, je vis qu'on édifiait même des hôpitaux en « préfabriqué léger ». La ville achetait à bon marché un terrain, en périphérie, et construisait des pavillons hospitaliers destinés à durer dix ou quinze ans. Au bout de ce délai, l'urbanisation avait progressé. La plus-value du terrain permettait de construire plus loin de nouveaux locaux encore provisoires, mais équipés du matériel hospitalier le plus moderne. C'était pousser loin l'adaptation à la mobilité.

Mais ces méthodes se heurtaient aux préjugés d'une

administration qui ne voulait pas construire, si ce n'est pour l'éternité, et refusait d'adopter les méthodes expérimentées par d'autres.

Je tentai de convaincre le directeur des hôpitaux par l'exemple des constructions scolaires, qui avaient permis de juguler la crise des locaux.

« L'expérience de l'Education nationale, me répliqua-t-il, ne peut pas se transposer à la Santé. En matière hospitalière, on ne crée pas, on aménage. Ce n'est pas un travail de série. Ce qui vaut pour les autres ne vaut pas pour nous. » Il laissa tomber, en me quittant : « Le prototype de Beaune a été créé contre mon gré, il n'aura pas de suite. » Il eut des suites. Mais il y fallut plusieurs années ; et que Robert Boulin changeât de directeur.

Notre bel hôpital fut ainsi réalisé, sans dépassement de crédits ni de délais. Mais sa mise en marche dépendait de décisions relevant de services différents : l'un définissait les postes à pourvoir ; l'autre procédait aux nominations de médecins ; un troisième s'occupait des infirmières ; et tous ne croyaient qu'aux pénuries *constatées*. Les postes furent pourvus avec un retard qui paralysa longtemps le nouvel hôpital. L'école d'infirmières fut construite trois ans après. L'administration chargée du personnel paramédical voulait économiser sur son budget. Peu lui importait que, dans le même temps, un investissement de quatre milliards ne fût qu'à moitié utilisé. Et même pour le personnel paramédical, l'économie escomptée devint gaspillage : il fallut recruter du personnel temporaire, *qui coûtait trois fois plus cher, à travail égal*. Qu'importe ? La Sécurité sociale payait. Heureuses maisons d'intérim, qui tirent de substantiels profits du cloisonnement bureaucratique !

L'urbanisme en miettes

J'ai évoqué, à propos de Montereau-Surville, la politique d'urbanisation des IVe et Ve Républiques – qui se ressemblent à cet égard comme deux sœurs. Elle résulta du *centralisme compartimenté*. Une ville, c'est un ensemble, ou c'est un monstre. Dans cette mosaïque subtile, chaque élément doit s'harmoniser à tous les autres. Comment faire naître l'harmonie, dans un système où chacun prend ses décisions dans son coin, tel un orgue où personne n'aurait le droit de tenir le clavier, et où chaque tuyau jouerait à sa fantaisie ? Un maire qui veut construire un quartier nouveau doit mendier l'accord d'autant d'interlocuteurs administratifs qu'il y a d'équipements à réaliser : du ministère de l'Equipement pour la voirie, du secrétariat d'Etat au Logement pour les HLM, de la Santé pour les dispensaires, de l'Education pour les écoles, de l'Intérieur pour le commissariat de police, des PTT pour la poste, de la Jeunesse et des Sports pour le gymnase. Le maire est bien incapable d'amener ces administrations à se concerter. Si l'opération prend un peu d'ampleur, il ne peut s'en sortir qu'en créant une « zone d'aménagement concerté » – c'est-à-dire en passant la main à l'administration. Il n'a le choix qu'entre l'incohérence – et la dépossession.

Lorsqu'un maire entreprend la construction d'un collège, il doit passer par vingt-quatre opérations et autorisations, relevant de quatorze instances différentes *. Encore s'agit-il de cas élémentaires. Quand l'aire de construction du collège se situe à moins de cinq cents mètres d'un monument historique, les choses se compliquent. Nous voulions bâtir un internat et un gymnase, sur un terrain bien situé, à proximité du lycée de Provins. L'internat relevait de l'Education ; le gymnase, de la Jeunesse et des Sports ; et l'ensemble – ville médiévale oblige – des Affaires culturelles, dont le sens esthétique tolérait mal le gymnase. De commission en commission, il ne fallut pas moins de dix années pour arriver à une décision. Il en aurait fallu dix autres pour qu'elle fût satisfaisante. Le gymnase fut construit à un bon kilomètre du lycée.

L'ENA, ou le rêve de l'unité

En octobre 1945, mes yeux tombèrent sur l'entrefilet d'un journal qui traînait dans la salle de lecture de l'Ecole normale : on annonçait la création d'une école qui détiendrait le monopole de l'accès aux grands corps et à la haute fonction publique. Je rêvais d'entrer au Quai d'Orsay : j'enfourchai ma bicyclette pour aller aux renseignements. Dans un vieil hôtel du faubourg Saint-Germain, un huissier désœuvré déplaçait quelques chaises. « On n'est pas encore installé, mais il y a quelqu'un. » Un homme jeune me reçut, debout derrière un bureau Empire net de tout papier. A mes questions, il répondit avec flamme :

« Jusqu'à présent, chaque grand corps, chaque ministère, avait son concours particulier, bien séparé de tous les autres. Un nouveau fonctionnaire n'entrait pas au service de l'Etat : il était admis dans une corporation. Le système facilitait la cooptation et l'hérédité. Les fils de conseillers d'Etat, de diplomates, d'inspecteurs des Finances, de conseillers à la Cour des comptes, succédaient à leurs

* *Le transfert au conseil général, par les lois Defferre, des opérations de construction des collèges (et de celle des lycées au conseil régional) a levé des obstacles de ce parcours du combattant. Sur ce point, la décentralisation a été effective, et l'on a vu sans tarder combien elle pouvait changer les choses : augmentation de l'investissement, rapidité d'exécution, diversité des conceptions architecturales (1996).*

pères, comme dans les parlements de l'Ancien Régime. Cette nouvelle école va mettre en compétition les élites du pays ; elle va abolir ces frontières absurdes. Elle formera tous nos hauts fonctionnaires selon les mêmes principes, à la même passion : le service de l'Etat, au service de la nation *. »

Je sus plus tard que celui qui m'avait si éloquemment décrit l'objectif était un membre du cabinet du général de Gaulle, du nom de Michel Debré, chargé de créer cette école, dont il avait eu l'idée.

Qu'est-il advenu de cette juste ambition ? Les castes se sont entrouvertes ; d'un ministère à l'autre, entre anciens élèves de l'ENA, on se tutoie, on se téléphone. Les camaraderies lancent des passerelles sur les douves qui séparent les bastilles administratives. Pourtant, les douves demeurent, et bien profondes.

L'ENA est bien devenue – un peu – le creuset de l'unité. Mais elle est aussi le centre d'apprentissage des rivalités et des hiérarchies. Les élèves se livrent un combat acharné. Qui figurera dans la « botte » – la quinzaine de places qui permettent de prétendre aux grands corps ? Qui sera au moins dans la vingtaine qui suit, et pourra encore exercer un certain choix entre des ministères prestigieux ? Tout se joue au classement de sortie. Une fois enfermé dans une administration, on n'a pratiquement pas de chances d'en sortir.

Le jour de notre « amphi-garnison », chacun, dans l'ordre du classement, devait annoncer son choix. Qu'un camarade mieux placé, dont on pensait qu'il entrait au Quai d'Orsay, annonçât qu'il prenait le Conseil d'Etat, et c'était une panique en cascade. Les hypothèses échafaudées s'effondraient en un moment : tel qui espérait le Conseil devrait se contenter de la Cour, tel qui s'était vu administrateur aux Finances ne le serait qu'à l'Intérieur... J'en ai connu plus d'un qui, ayant cru pendant vingt-quatre heures tenir une place dans un grand corps, a vu la porte se refermer devant lui et ne s'en est pas remis en trente ans.

Tout se joue à un demi-point. Un de mes camarades de promotion, qui avait toujours été premier, fut classé second [2]. Une heure après l'annonce des résultats, il alla chercher une grenade ramenée de la guerre et cachée dans un coin. On le retrouva dans le bois de Verrières, la tête éclatée. Cas extrême, mais qui, avec des variantes, se renouvela plusieurs fois, et illustre les ravages de la rivalité, quand elle n'épouse pas l'esprit d'aventure, mais l'esprit de corps.

Les « cotes » ont évolué. Sous la Ve République, la « préfectorale » a grimpé, le Quai a dégringolé. Mais le cloisonnement est

* Il ajouta : « Le recrutement ne devra plus être, comme jusqu'à présent, exclusivement parisien, mais s'étendre équitablement à la province. Et le concours *fonctionnaires*, fait pour la promotion interne, équilibrera le concours *étudiants*. » Nous verrons plus loin ce qui sortit de ces judicieuses idées.

resté : la lutte au couteau avant le classement, l'appartenance à des mondes jaloux après.

Le train de Champbenoist

Et quand le cloisonnement se marie avec le téléguidage, il arrive souvent que *la synthèse exigée par l'action ne soit opérée par personne.*

Comme Les Aubrais pour Orléans, Longueville, sur la ligne Paris-Bâle, sert de gare à Provins, à sept kilomètres de là. Un autorail assure la correspondance une demi-douzaine de fois par jour.

Depuis 1967, la construction d'un quartier neuf, Champbenoist, au bord de cette ligne, a rendu souhaitable l'aménagement d'un arrêt à sa hauteur. Les démarches que j'effectuai alors auprès des Chemins de fer n'aboutirent pas : si elle avait accepté la halte, la Société nationale eût consolidé cette liaison, alors qu'elle ne songeait qu'à la fermer, comme tant d'autres lignes secondaires.

Bientôt, Champbenoist eut son collège, mais toujours pas de halte. Chaque matin, cent cinquante enfants de Longueville prenaient l'autorail de 7 heures. Cinq minutes plus tard, ils passaient sans s'arrêter devant leur collège de Champbenoist, puis faisaient encore trois kilomètres jusqu'à la gare de Provins ; ils y attendaient une heure un quart, puis montaient dans un car de transport scolaire, qui leur faisait faire en sens inverse les trois kilomètres qu'ils venaient de parcourir. L'absurdité se renouvelait l'après-midi : sortis de classe à 16 h 30, les enfants parvenaient à Longueville à 18 heures... En arrêtant l'autorail à Champbenoist, on aurait pu supprimer un transport par autocar, ajuster les horaires, et faire gagner aux enfants une heure et quart de sommeil le matin, deux heures et demie d'attente dans la journée. Et l'économie ainsi réalisée eût permis de récupérer largement les frais d'établissement de la halte.

Seulement, la SNCF ne percevait que son problème – le déficit des lignes secondaires – et se dérobait devant toute démarche. Selon un rituel éprouvé, j'en parlais aux ministres successifs des Transports, qui se laissaient convaincre, donnaient des instructions – lesquelles n'arrivaient pas à leur destinataire... Si je résolvais l'affaire au sommet, cette solution n'était pas transmise à la base. Et si je l'abordais à la base, on me renvoyait au sommet. Il fallut huit années de ce manège, pour qu'enfin s'établît le circuit entre le sommet et la base *.

* Une administration dispose toujours de quelques réserves de ruse. Le *perfectionnisme* vient à la rescousse du *cloisonnement*. La première évaluation de la SNCF, pour bitumer un quai en rase campagne, s'établissait à 30 000 francs ; les communes riveraines acceptèrent de prendre ces frais à leur charge. Soudain,

Cette affaire aurait pu être réglée en quelques jours, si la décision avait été prise sur place, par exemple par une autorité départementale élue, responsable de l'ensemble des dessertes locales, et qui aurait aisément arbitré entre les frais d'aménagement d'une halte et ceux d'un transport en car... Mais le pouvoir de décision appartenait à des services anonymes et cloisonnés, indifférents aux protestations, souverainement hors d'atteinte.

Les lignes fortifiées de l'esprit de caste

A l'origine, c'est la centralisation qui oblige à diviser le travail et à compartimenter les services. Mais à son tour, le cloisonnement interdit l'intégration des moyens et paralyse le pouvoir de décision. Du coup, la décision doit remonter où la synthèse peut s'opérer : pour d'innombrables affaires, au plus haut niveau – ministériel, voire présidentiel. On ne peut échapper au cloisonnement qu'en sautant par-dessus les cloisons. Les administrations ne règlent leurs conflits de voisinage qu'en éloignant du terrain l'arbitrage.

Le voudrait-il, un fonctionnaire appartenant à une caste n'est pas libre de céder à une autre : on dirait d'un Etat défendant sa souveraineté. Faire une concession, ce serait prendre le risque d'être désavoué ; or, le propre du système hiérarchique est d'éliminer les risques. On préfère refuser l'accord, en ne cédant sur aucun point. On cache les informations à toute personne extérieure à son corps ; on informe au jour le jour sa hiérarchie ; on attend les instructions.

Notre administration est composée de fonctionnaires d'une grande qualité ; mais les services semblent passer leur temps à se protéger contre l'anxiété de la concurrence et du risque. Nos généraux sont brillants, nos états-majors paralysés, et nos troupes en retard d'une guerre, derrière les lignes fortifiées de l'esprit de caste.

Une société de cléricatures

L'administration aux fonctionnaires. Mais aussi : la religion au clergé ; la santé aux médecins ; l'enseignement aux enseignants ; l'intelligence aux intellectuels ; les présidences aux polytechni-

---

la SNCF estima qu'il ne suffisait pas d'arrêter l'autorail pour ces deux transports scolaires : il fallait l'arrêter à *tous* ses passages. Pour devenir réglementaire, la halte devrait être transformée en une véritable gare ; les 30 000 francs passaient à 420 000 francs... Les communes ne pouvaient envisager pareil débours. Le projet était de nouveau par terre. Une visite au ministre fut nécessaire pour que la SNCF renonçât à la gare et se contentât d'une halte.

ciens. Le modèle du cloisonnement administratif s'est étendu à toute la société française. A toute corporation, des privilèges ont été concédés dans l'intérêt général ; mais la concession devient un droit acquis, inaltérable, sacré. Plus une société est hiérarchique, plus les cléricatures s'y renforcent. La fonction de synthèse tombe en déshérence.

Une corporation n'admet pas la concurrence. Olivier Guichard avait suggéré, pour abaisser le nombre moyen des élèves dans les classes enfantines, d'entourer l'institutrice diplômée de jeunes filles bénévoles qui l'auraient aidée. Ce fut un beau tapage. Que maintes jeunes filles eussent le goût de servir n'était pas admis par la corporation des institutrices d'écoles maternelles. Le projet fut précipitamment retiré.

Les corporations ont survécu à la Révolution, à supposer qu'elle ne les ait pas renforcées. Regardons-les aujourd'hui : elles surveillent, prêtes au combat, ceux qui esquisseraient un pas vers le territoire interdit. Elles se jalousent d'autant plus qu'elles sont voisines. Ainsi du clergé, qui n'a pas eu, pendant un siècle, adversaire plus farouche que le corps enseignant ; l'antagonisme des corps persiste, malgré le rapprochement des idées : beaucoup de vicaires sont devenus « de gauche », mais le « laïcisme » n'a pas désarmé.

Une corporation cherche à persévérer dans son être. Elle craint la contamination par l'extérieur, comme l'altération par l'intérieur. Quand elle imagine son avenir, elle se voit plus imposante, plus puissante, plus respectée – mais toujours sous les mêmes traits. Elle veut s'agrandir, et refuse de se modifier.

Des salles à manger catégorielles

A l'intérieur de toute corporation, des cloisons nouvelles se constituent, verticales ou horizontales. Dans une caserne, vous pourrez trouver la popote des officiers supérieurs, celle des officiers subalternes, celle des sous-officiers. Dans plus d'un lycée, vous pouviez lire sur une porte : « Salle à manger de MM. les Professeurs agrégés ». Sur une autre : « Salle à manger de MM. les Professeurs certifiés ». Un peu plus loin : « Salle à manger de MM. les Professeurs adjoints * ». Principe universel d'organisation : que la ligne de clivage passe, comme chez les magistrats ou les avocats, entre les anciens et les jeunes ; ou, dans le personnel des chemins de fer, entre « roulants » et « non-roulants » ; entre

* *J'avais relevé cet exemple, sous des formes légèrement différentes, dans trois lycées que je visitai en 1967. Sans doute le tourbillon de Mai 1968 aura-t-il amené les professeurs à faire pot commun... (1996).*

« volants » et « rampants » dans l'aviation ; entre « mineurs », « ponts » et « génie rural » dans les corps techniques.

La crèche est ici, la maternelle là. La maison des jeunes d'un côté, le lycée de l'autre. Les enfants inadaptés des « sections d'éducation spécialisée » à l'Education nationale ; ceux des « externats médico-pédagogiques » à la Santé. Pas de communication ; deux administrations, deux corporations.

Toute notre société est compartimentée. Où sont les communautés naturelles dans lesquelles chacun, jadis, côtoyait des individualités, des intérêts, des âges différents ? Où l'on pouvait s'enrichir de ces différences ? Aujourd'hui, c'est *chacun entre soi* ; les ouvriers dans leur atelier, les cadres avec les cadres, les jeunes en bandes agressives, les vieux dans leur solitude. Le seul endroit où la communication résiste, c'est le bistrot.

L'autoperpétuation

« On n'entre qu'une fois à Normale, mais on en sort toute sa vie », écrivait un historien [3]. C'est aussi vrai de Polytechnique, de l'ENA, de Centrale. La plupart des élèves des grandes écoles y apprennent surtout que, pour avoir franchi à vingt ans la porte sacrée, ils sont destinés à s'installer tout en haut de la pyramide sociale.

Sur mille jeunes Français, deux cent cinquante deviennent bacheliers * ; cent cinquante, étudiants ; un seul, élève d'une des principales « grandes écoles ». Dès lors, pour la plupart de ceux-là – et des autres – la place dans la société est scellée à jamais. Or, entre le dernier reçu à Polytechnique et le *centième* collé, la marge est en moyenne inférieure à 2,5 % du nombre de points fatidique ; entre le dernier reçu et le premier collé, ce sont quelques centièmes de points. Merveilleuse exactitude, qui sépare l'élu du rejeté, et tranche d'une vie...

Il n'y a sans doute pas de pays au monde où les diplômes soient mieux respectés, et leur validité aussi persistante. Aux Etats-Unis, un diplôme universitaire n'assure que le démarrage. Après cinq ans en moyenne, c'est l'homme que l'on juge : ce qu'il peut faire, non d'où il sort. En France, le diplôme est une fusée à longue portée qui, sauf accident, vous propulse jusqu'à la retraite.

« Dans un pays, écrivait Lyautey, où le baccalauréat, l'examen,

* *Depuis 1976, la proportion des bacheliers n'a cessé d'augmenter : il est prévu qu'elle atteigne 80 sur 100 ; le nombre des étudiants n'a cessé de croître : 1 million en 1980 ; 2 millions en 1995. La disproportion entre cette masse et le tout petit effectif, presque stable, des « grandes écoles » n'a donc fait que s'aggraver (1996).*

la catégorisation, sont dans le sang, une direction aussi cérébrale ne peut que nous verser plus encore dans le mandarinat, ce qui est la plus sûre forme de décadence[4]. » On n'est presque jamais rayé de l'ordre. Une fois *agrégé* à l'enseignement secondaire, nul séisme ne peut vous en désagréger. « Depuis que j'ai passé l'agrégation, disait un de mes camarades, je ne fais plus d'erreurs, j'émets des opinions. »

La République elle-même resta longtemps mandarinale : l'oligarchie de la « classe politique », dans sa quintessence parlementaire, choisissait pour la présider son homme, bien à elle. Le nouveau mode d'élection a fait de la République française une République populaire. Mais le peuple français aime ses mandarins : en 1969, en 1974, on a voté pour un candidat sur lequel Normale ou l'ENA avaient apposé leur estampille *.

Anciennes et nouvelles « savonnettes à vilains »

Ces attitudes sont d'autant plus difficiles à modifier, qu'elles remontent loin. L'Ancien Régime était celui des « privilégiés ». Ceux qui étaient déjà du nombre cherchaient à fermer la porte derrière eux. La promotion sociale avait ses itinéraires obligés : pour passer du négoce à la noblesse, toute une partie de la petite bourgeoisie acceptait des charges de justice dans des cours secondaires. Pour s'élever dans l'échelle sociale et se nettoyer de la malodorante roture, rien ne valait l'usage de ces « savonnettes à vilains ** ».

Les jésuites du XVIIIe siècle se sont faits les propagandistes d'une hiérarchie des talents. Ils souhaitaient déjà remplacer les lentes progressions dynastiques vers l'*aristocratie* héréditaire, par une *méritocratie* individuelle de concours. Ardents admirateurs de la Chine, ils instituèrent le Concours général des collèges, en imitation du système de la « bureaucratie céleste ». La Chine a aboli son système ; non la France. Aussitôt après l'expulsion des jésuites en 1763, on a créé, pour les remplacer, l'agrégation. Elle tient toujours, ainsi que le Concours général.

On devient à vingt ans mandarin pour la vie ; mais beaucoup reçoivent leur bouton de mandarin dans leur berceau. Le langage qu'il faut parler, les mécanismes intellectuels qu'il faut acquérir, les relations qu'il faut faire jouer, si l'on veut entrer dans les bonnes filières, sont autant de chicanes malaisées à franchir, pour

---

* *Et encore en 1995 – mais il est vrai que Jacques Chirac a, pendant sa campagne, beaucoup bataillé contre la « technostructure » et promis d'établir l'autorité du* politique *sur l'*administration *(1996).*

** L'ascension se réalisait souvent en quatre ou cinq générations[5].

qui n'en a pas acquis la pratique dès son jeune âge. Créée pour assurer plus d'égalité, ou plus d'équité, la *méritocratie* recrée incontinent d'autres inégalités.

L'élitisme

Après 1958, une étrange illusion s'empara des esprits, depuis la plus modeste institutrice de village jusqu'au sommet de l'Etat. On s'imagina que « l'explosion » scolaire et universitaire provenait de la « vague démographique ». Or, d'une « classe creuse » de l'avant-guerre – 600 à 650 000 enfants – à une « classe pleine » de l'après-guerre – 800 à 850 000 – il n'y a jamais eu qu'une augmentation de 25 à 30 %. Si l'enseignement n'avait eu d'autre obligation que d'accroître ses effectifs de 30 %, sa tâche eût été aisée. Mais la croissance fut bel et bien de 1 000 % ou de 1 500 % *. La « vague *démographique* » n'était vraiment que ride sur l'eau, par comparaison avec le raz de marée *démocratique*. Car il ne s'agissait de rien de moins que de rendre obligatoire à tous l'enseignement secondaire, et accessible à tous l'enseignement supérieur.

Mais l'erreur sur la cause avait une signification profonde. En mettant l'expansion sur le compte de la natalité, on se dispensait d'avoir à modifier la qualité. L'enseignement avait été conçu en vue de quelques dizaines de milliers de collégiens, lycéens et étudiants : pour l'essentiel, fils de bourgeois baignant dans la culture d'un milieu social favorisé ; pour l'accessoire, boursiers doués. Il était inadapté à des millions d'adolescents, dont on allait faire des inadaptés, puisque leurs racines culturelles étaient tout autres : leur appliquer le même enseignement, c'était les condamner à l'échec. L'école, où on les appelait en foule, devenait un piège. La promotion par l'enseignement faisait *boomerang*. Ainsi, malgré les apparences, les *privilèges de naissance* demeuraient vivaces.

La plupart des idées élaborées par les étudiants en Mai 1968 cherchaient précisément à jeter bas l'*élitisme* **. On put croire un moment qu'elles allaient s'imposer. Quelques mois plus tard, il n'en restait à peu près rien. Le système mandarinal a repris le dessus sans guère de concessions.

Les barrages inventés par l'*élitisme* pour se maintenir sont si

---

* On passa des 300 000 élèves des lycées et collèges de 1939 à plus de 4 500 000 en 1968 ; des 60 000 étudiants de 1939 aux 700 000 de 1968 (voir chapitre 9, « Cerveaux d'Etat »).

** Le *supplément* du *Robert* (1970) et le *Dictionnaire des mots nouveaux* de Pierre Guilbert (1971) m'attribuent, non sans raison, l'invention de ce néologisme en 1967. De mes efforts pour lutter contre la chose, il n'est resté que le mot[6]. Tels ces généraux chinois qui célébraient en vers sonores la victoire qu'ils espéraient remporter, puis la perdaient. France, Chine de l'Occident...

subtils, qu'ils échappent aux slogans démagogiques des programmes électoraux. Ils ne défendent pas les héritiers de la fortune, mais les héritiers d'une certaine culture. Seuls arrivent au sommet de la pyramide hiérarchique ceux qui connaissent les mots de passe. Comment surmonter la tendance du système à se reproduire éternellement ? Rien n'est aussi difficile que d'établir – au-delà de l'égalité des droits, qui ne suffit plus – l'égalité des chances. Par mille ruses, ceux qui détiennent les places tendent à les garder pour eux et les leurs. Contre cet état de choses, la réforme s'englue. A moins que la révolution ne remplace cette injustice institutionnelle par l'injustice insurrectionnelle, qui deviendra bientôt institutionnelle à son tour.

Une affaire de décorations

Les décorations sont faites pour encourager le mérite. Sont-elles équitablement distribuées ? En 1964, on supprima d'un coup dix-sept décorations, que décernaient les différents ministères ; on les remplaça par une décoration unique, le nouvel Ordre national du Mérite. Cette réforme était, depuis longtemps, prônée par la Grande Chancellerie de la Légion d'honneur, hostile à la prolifération de décorations dont le contrôle lui échappait. Elle rencontrait les desseins du général de Gaulle : il voulait lutter contre toute inflation.

Un Conseil des ministres décida donc de la suppression ; seuls les ordres des Arts et Lettres, des Palmes académiques et du Mérite agricole furent sauvés du naufrage. Georges Pompidou objecta doucement :

« Ces dix-sept décorations allaient à des travailleurs. Elles faisaient la fierté de leur vie. Lors de la grève des mines, j'ai reçu à Matignon des syndicalistes qui arboraient à leur boutonnière quelques-uns de ces insignes que nous supprimons aujourd'hui. Ces ordres touchaient plus de gens, et de gens simples, que ne le fera jamais le Mérite, qui sera retenu au passage par et pour les membres des cabinets ministériels, les hauts fonctionnaires, les notables. Toujours les mêmes. Ceux qui déjà accaparent la Légion d'honneur. Le peuple n'y accédera pas. »

De Gaulle hocha la tête et garda quelques instants le silence. Je crois bien qu'il fut touché par la justesse de cette remarque. Mais il était trop tard. Les jeux étaient faits. L'*élitisme* l'avait emporté.

Evider une corne de bœuf

La caste suprême – la caste intellectuelle – est aussi en miettes. Pour signifier « érudition », les Chinois tracent un idéogramme qui rassemble les trois symboles de la vrille, de la corne et du bœuf : l'érudition, cela consiste à évider une corne de bœuf ; plus on creuse, plus le trou se rétrécit. Plus l'érudit va profond, plus il se meut à l'étroit – et bientôt personne ne peut le rejoindre. Il reste seul avec l'infiniment petit de sa recherche.

Un jeune archéologue s'était mis en tête de consacrer sa thèse à l'armement du guerrier homérique. Sa documentation le submergea. Il crut sage de restreindre son étude au seul casque. C'était encore trop vaste. Il se limita enfin à l'aigrette. « On ne pourra plus parler de l'aigrette du casque du guerrier homérique, sans se référer à ma thèse. » Il le disait avec humour. Pourtant l'aigrette de la gloire flottait sur lui.

Le mandarinat intellectuel, en dressant des parois étanches entre disciplines, a provoqué un pullulement d'analyses, et un déficit de synthèses. Bien sûr, il est indispensable que des spécialistes se consacrent à des sujets particuliers. Mais pour que la culture demeure vivante, il importerait qu'elle ne soit pas coupée du reste de la recherche, ni de la vie intellectuelle et morale de l'ensemble des hommes ; et que la flamme de l'invention puisse jaillir à la jonction de disciplines différentes.

Minceur de la spécialité, œillères du spécialiste, crainte de se laisser concurrencer ou « récupérer », conduisent à rechercher l'insignifiant et par-dessus tout l'*inutile*. Un étudiant iranien présente devant la Fondation des Sciences politiques une thèse sur la planification en Iran [7]. Le président du jury, politologue bien connu, cherche des spécialistes de l'Iran pour composer son jury. Il découvre que, s'ils abondent pour la Perse depuis la plus haute Antiquité jusqu'au XIVe siècle, ils se raréfient à mesure qu'on approche de l'époque moderne. Pour l'Iran contemporain, on ne trouva, parmi 75 universités et 40 000 universitaires français, *aucun* spécialiste.

Diafoirus au XXe siècle

Montaigne, Calvin et Rabelais écrivaient en bon français. Tout homme cultivé les comprenait sans difficulté. Il en fut de même pour Descartes et Pascal, pour d'Alembert et Diderot, pour Claude Bernard et Bergson. Mais notre siècle et particulièrement notre pays ont vu les jargons se multiplier, en même temps que les castes. Du Code Napoléon – dont Stendhal prenait le style pour modèle – aux actuelles circulaires ministérielles ; de Marx aux exégètes marxistes ; de Freud aux épigones freudiens : la même dégradation que de l'Evangile à la catéchèse scolastique. Des idées claires, exprimées limpidement, sont devenues dogmes opaques, glose absconse ; mais, du même coup, hors d'atteinte. Molière a immortalisé en Diafoirus l'homme qui énonce en un langage compliqué ce qui pourrait être dit simplement. Diafoirus vit parmi nous.

Un colloque de Royaumont avait pris un bien joli thème : le bonheur *. Quelques-uns des grands intellectuels de ce temps parlaient, sans toujours se soucier d'être entendus. Plus ils discouraient, plus je me sentais à Babel. Après un exposé dont je n'avais pas saisi un traître mot, j'interrogeai son auteur, un psychanalyste : « Puis-je vous poser deux questions : 1. Êtes-vous heureux ? 2. Rendez-vous heureux ceux qui se confient à vous ? » Il se lança dans une longue réponse, qui me fut tout aussi peu intelligible. Il m'enseignait sans doute que le bonheur n'est pas à la portée des esprits simples, et que la limpidité est vulgaire. C'était Lacan, encore inconnu, mais déjà obscur.

Ce comportement s'est trouvé une justification théorique. On pose en principe que l'exploration de la réalité exige l'invention d'un langage ésotérique. Il n'est pas sûr que les explorateurs soient allés bien loin ; mais avant de le savoir, vous devrez vous donner une peine infinie pour déchiffrer leur relation de voyage. Racine et Molière professaient que « la règle suprême est de plaire ». Le cloisonnement conduit au principe inverse : « Ce qui est incompréhensible est profond ; ce qui est compréhensible est plat ; le vrai chercheur se reconnaît à ce que le public ne peut le suivre. »

Diafoirus règne, en particulier, sur les sciences humaines. Pourtant, elles nous concernent tous, puisque c'est de nous qu'elles parlent. *Et il n'y a rien en psychologie, sociologie, morale, philosophie, théologie, géographie, histoire, économie, droit, ethnologie, qui ne puisse s'exprimer en termes accessibles*. Mais le jargon, ce protectionnisme appliqué au langage, met le monopole des spécialistes à l'abri des regards curieux, des critiques, et de la concurrence.

Des langues insulaires

Vous penseriez qu'un langage commun à des spécialités différentes est la condition de toute recherche interdisciplinaire ? Qu'on devrait donc commencer par traduire en français courant le jargon pseudo-scientifique ? C'est ce qu'il faut éviter par-dessus tout ! Du

* En juillet 1949.

coup, les spécialistes, oubliant leur discours sur les vertus de la pluridisciplinarité, retournent s'abriter dans leur langue insulaire *.

D'un ouvrage désormais classique, *La Reproduction*, extrayons au hasard une citation :

« En tant que la réussite de toute AP ** est fonction du degré auquel les récepteurs reconnaissent l'Aup de l'instance pédagogique et du degré auquel ils maîtrisent le code culturel de la communication pédagogique, la réussite d'une AP déterminée dans une formation sociale déterminée est fonction du système des relations entre l'arbitraire culturel qu'impose cette AP, l'arbitraire culturel dominant dans la formation sociale considérée et l'arbitraire culturel inculqué par la prime éducation dans les groupes ou classes où sont prélevés ceux qui subissent cette AP [8]. »

Il y en a ainsi des dizaines de pages. Que le lecteur ne s'effraie pas : il n'est pas atteint de retard mental. S'il est assez curieux pour essayer de comprendre, il découvrira cette thèse toute simple, et à certains égards discutable : l'enseignement tend à reproduire les idées et les valeurs de la classe dominante ; celle-ci assure de préférence les privilèges de sa culture à ses « héritiers » ; à son tour, cette culture tend à maintenir le système social existant.

Nos auteurs s'insurgent contre cette situation « antidémocratique et élitiste ». Mais qui est élitiste et antidémocratique, sinon ces auteurs eux-mêmes, qui, de leur idiome, se sont bâti un château fort, d'où ils terrorisent les campagnes environnantes ; qui s'abritent derrière un privilège de vocabulaire ; et perçoivent leurs droits féodaux sur les étudiants astreints à user de ce dialecte pour accéder aux diplômes ?

Naguère, Gilbert Mury avait soutenu qu'un art, une littérature populaires, devaient être entendus par le peuple. Que pour cela, il fallait aussi écouter le peuple. C'était un intellectuel « de gauche ». Ses amis se détournèrent, gênés de l'obstination avec laquelle il cherchait à être compris. Il mourut dans la solitude.

Si le monde intellectuel est plus fractionné qu'un autre, c'est bien parce qu'il est la représentation, à la fois fidèle et exagérée, de la société tout entière. Le fulgurant succès du slogan *autogestion* comme idéal social n'exprimerait-il pas cette tendance profonde de nos diverses castes à vouloir vivre en circuit clos, isolées les unes des autres, séparées du réel – en état d'apesanteur ?

---

* Avant de se livrer au public, avant même de s'ouvrir aux sciences connexes, chaque science humaine ne devrait-elle pas être entendue sans difficulté à l'intérieur d'elle-même ? Ainsi, la linguistique, science du langage, s'est forgé un langage où le même mot, suivant les chapelles, désigne des objets scientifiques différents. Par exemple, la sémantique s'identifie tantôt à la sémiologie, tantôt à une partie de la sémiologie.

** AP signifie : action pédagogique. Aup : autorité pédagogique.

A cette « autogestion » où l'on se retrouve entre soi, il faudrait opposer une volonté délibérée de disponibilité à l'extérieur. Au culte aristocratique du jargon, il faudrait substituer le respect d'un langage vivant, accessible au plus grand nombre possible d'hommes de toutes cultures.

Ce serait sans doute là une révolution *culturelle*. Justement celle que des hommes *cultivés* répugnent le plus à accomplir. Eux qui devraient donner à la société l'exemple de l'ouverture, mais résument au contraire les comportements figés d'un univers corporatiste.

Chapitre 32

LA CONGESTION

Il n'y a plus en France qu'un département, celui de la Seine, et qu'une ville, Paris ! Il y a au fond de notre société un principe d'affaiblissement continu, un principe de mort.

Louis Blanc [1].

En France, un coup de téléphone sur deux affecte l'agglomération parisienne. Plus le nombre des communications augmente, plus l'effort d'équipement doit privilégier Paris et sa banlieue. Le cercle vicieux s'ébauche : Paris attire l'abonné ; l'abonné sature Paris ; Paris absorbe les investissements téléphoniques, qui aggravent la saturation parisienne à mesure qu'ils l'éliminent. Le sang afflue à la tête.

Vieille affaire ! « La France était jadis une belle femme, proportionnée à sa taille ; peu à peu, elle a pris la ressemblance d'une araignée : grosse tête et longs bras maigres ; cela ira enfin jusqu'à celle du faucheux. Toute graisse, toute substance s'est portée à Paris, aux dépens des provinces amaigries et exténuées [2]. » La comparaison date du début du XVIIIe siècle. Depuis, la tête a démesurément grossi, déséquilibrant le corps social. La modernité a accéléré le mouvement.

Avant le téléphone, ce furent les chemins de fer. Avant eux, les chemins royaux et le réseau des diligences et malles-poste. Déjà, au temps des carrosses, Paris connaissait ses « embarras ».

Centre de la gigantesque *toile d'araignée* que dessinent tous les moyens de communication, Paris bénéficie d'un avantage économique décisif. La loi Guizot du 11 juin 1842 a fait de Paris la tête de toutes les grandes lignes de chemin de fer. Il y a en France des relations commodes, celles qui passent par Paris, et des relations malcommodes, celles qui n'y passent pas *. Le calcul économique commande de transiter par la capitale si l'on désire se rendre de Strasbourg à Lyon ou de Bordeaux à Brest. Matériellement et psychiquement, la nation s'est donnée à sa capitale **.

L'embouteillage qu'entraîne la centralisation fait naître une sorte d'angoisse. Tout à coup, les machines les mieux huilées se bloquent. Une année, c'est le service des prestations familiales : 750 000 bénéficiaires d'allocations familiales ; 100 000 lettres en souffrance ; des mois de retard apportés au règlement des dossiers. L'année suivante, c'est le centre de tri postal. Une grève des trains de banlieue, et toute la région parisienne est asphyxiée, ses dix millions d'habitants pris en otages. Plus une administration est massive, plus le service public dont elle a la charge est menacé.

L'entassement

En multipliant, sur une surface limitée, une population de rats, on déclenche des comportements agressifs : les femelles détruisent leur nid ; les mâles s'entre-tuent. Les concentrations urbaines perturbent aussi l'équilibre physiologique des groupes humains. L'entassement urbain s'accompagne d'un cortège de plaies sociales : délinquance juvénile, criminalité, dépressions, névroses, paradis artificiels. Or, si Paris n'est pas la plus grande ville du monde, elle est plus dense que les plus grandes ***.

Aujourd'hui, comme le tronc d'un vieil arbre devient creux, le centre de Paris se vide ; et il s'embourgeoise. Employés et ouvriers le quittent pour les banlieues. Cadres supérieurs, membres des professions libérales s'y concentrent. Paris perd ce qu'il avait de meilleur : la fonction d'une ville où l'on communique, où les groupes sociaux se côtoient et apprennent à vivre ensemble.

L'économie de Paris n'est pas moins hypertrophiée que sa démographie. La région parisienne regroupe presque le quart des

---

* Au milieu du XIXe siècle, les trains entre Paris et la province se déplacent à 40 kilomètres à l'heure pour les voyageurs, au prix de 0,12 franc la tonne kilométrique pour la marchandise. D'une ville de province à l'autre, la vitesse tombe à 8 kilomètres à l'heure, et le prix de transport monte à 0,20 franc la tonne.

** *Un siècle après, la construction du réseau des autoroutes a répété le même schéma mental. On en est encore à rêver de liaisons entre Lyon et Bordeaux, Lyon et Toulouse, de l'« autoroute des estuaires » qui relierait Caen et Bordeaux, ou même de bretelles qui permettraient d'utiliser autrement les autoroutes existantes : par exemple un Sens-Orléans suffirait pour qu'on aille de Francfort à Bordeaux, par l'autoroute, sans passer par Paris (1996).*

*** 300 habitants à l'hectare, contre 132 à Londres, 254 à New York.

emplois nationaux[3] ; le revenu moyen par personne atteint approximativement le double de la moyenne nationale. De plus en plus, on habite en banlieue, on travaille dans le centre. Journellement, treize millions de déplacements en région parisienne réduisent la capitale à un gigantesque système circulatoire *.

Le mal est si flagrant que l'Etat a fini par réagir. On a multiplié les plans d'aménagement pour que la croissance du monstre soit freinée. Mais le monstre dompté reste un monstre.

L'Etat centralisé l'a enfanté. Le monstre, à son tour, tient l'Etat en sa puissance. Confondu avec la haute administration, l'*Etat est parisien*, comme jadis, réduit à la Cour, il était versaillais.

Dans un livre de sociologie amusante[4], André Siegfried dressait le relevé du domicile des inspecteurs des finances, des conseillers d'Etat, des ambassadeurs de France, des académiciens, des administrateurs de Suez pendant un siècle. Ils habitaient tous dans les beaux quartiers de la capitale ; simplement, entre Louis XVIII et Poincaré, ils avaient émigré du Marais et du faubourg Saint-Germain vers la plaine Monceau, puis vers Passy, Auteuil et Neuilly. En 1968, la Délégation à l'aménagement du territoire recensa le domicile de promotions entières d'anciens élèves de Polytechnique et de l'Ecole d'administration. Les conclusions sont exactement les mêmes. Tout ce qui détient le pouvoir réel en France vit sur quelques hectares.

L'Ecole d'administration a-t-elle réussi à diminuer le monopole de la bourgeoisie parisienne ? Elle a fait des pas dans la bonne voie ; des pas seulement. Le concours dit *de fonctionnaires*, qui visait à réserver la moitié des postes à des candidats d'origine plus modeste ou plus provinciale, a partiellement manqué son but. Beaucoup de ces fonctionnaires sont tout simplement des étudiants d'abord refusés, qui, après un détour, réussissent à un concours plus facile. Et à la sortie, pour la conquête des « grands corps » et des ministères les plus prisés, l'élimination des provinciaux et des fonctionnaires s'aggrave, comme si le modèle exigé se reproduisait sans fin. Les débouchés les plus prestigieux restent, non plus exclusivement comme avant 1945, mais en majorité, réservés à ce même milieu où se recrutent le patronat, les cadres supérieurs, le monde de la grande presse, la haute banque, le mandarinat médical et universitaire – bref, l'*établissement* ; celui-ci demeure, en France, très largement parisien.

Neuf Français sur dix naissent hors de Paris, mais le dixième

* Le pire est que les banlieusards s'entassent encore dans des immeubles collectifs, à la différence des banlieusards londoniens, qui bénéficient presque tous de maisons individuelles.

qui y naît a beaucoup plus de chances que les neuf autres d'accéder aux grands postes de décision *.

Le parisianisme

L'oligarchie parisienne assimile, mais à condition qu'on s'identifie à elle.

Quelques esprits grincheux s'étonnaient, dès le XVIIe siècle, que l'humeur de trois cents personnes l'emportât sur celle de vingt millions [5]. Aujourd'hui, c'est celle de quelques milliers sur celle de cinquante millions : médiocre progrès.

Puisque toutes les décisions se prennent à la cime, rien ne les détermine plus que le microclimat où baigne cette cime. Il est fait d'un milieu social – le plus puissant, car le plus discret, des groupes de pression. Une osmose s'établit entre hommes qui appartiennent au même monde, qui parlent la même langue, utilisent les mêmes sigles, affectionnent les mêmes inflexions de voix ; qui se comprennent à demi-mot. N'est-il pas naturel que l'on soit sensible aux arguments de ceux qui vous ressemblent ? Combien de réformes, entreprises sous les dix-huit régimes qu'a connus la France depuis Richelieu, ont avorté parce qu'elles se heurtaient au veto de ce petit milieu !

Pas un observateur étranger [6] qui ne s'étonne de voir Paris réunir *toutes* les fonctions directrices – politique, administrative, économique, financière – et ne les partager avec *aucune* autre cité de la nation **. Mais le cumul ne se limite pas là. La capitale soumet le pays à une sorte d'impérialisme intellectuel.

Si la culture française s'est parisianisée, ce fut pour une bonne part sous l'action de l'Etat. Colbert s'empara des arts et des lettres comme il s'était emparé des activités industrielles. Les rois attachaient les architectes, les peintres, les sculpteurs et les écrivains à la célébration de leur image. Les présidents de la IIIe République inauguraient le Salon. De Gaulle a créé un grand ministère de la

* Il y a huit fois plus de reçus à l'ENA ayant passé par l'Institut d'études politiques de Paris, que de reçus n'ayant passé que par un Institut d'études politiques de province. Beaucoup de candidats de province, il est vrai, viennent compléter leurs études à Paris. Le problème a toujours été le même pour les grandes écoles, ces nourrices de la puissance, dont à peu près la moitié des élèves proviennent des classes préparatoires parisiennes.

** *Pendant le second septennat de François Mitterrand, d'assez nombreuses « délocalisations » de services de l'administration centrale ont été décidées. Il s'est agi surtout de services techniques, ou d'établissements publics de second rang. La délocalisation de l'ENA (à Strasbourg) n'en a paru que plus symbolique. Mais elle n'a été faite qu'à demi. L'Ecole a son siège social à Strasbourg, mais son* corps *a toujours son* esprit *à Paris – ses habitudes, ses relations, ses anciens, ses professeurs... et ses plans de carrière (1996).*

Culture, en mariant André Malraux avec l'administration. Georges Pompidou n'avait pas d'ambition plus chère que le centre Beaubourg. Etonnante permanence de cette polarisation de la culture autour de l'Etat !

Est-il d'autres pays où le gouvernement tranche d'une question de vocabulaire – et où sa décision s'impose à l'usage ? En juillet 1966, lors d'un conseil à l'Elysée consacré au « plan calcul », on débattit pour savoir si l'on baptiserait les machines à calculer *ordinateurs, calculatrices* ou *informatrices*, et si l'on appellerait la technique correspondante *ordinatique* ou *informatique*. Le président de la République arbitra. La presse reprit le nouveau vocabulaire, que le langage courant absorba. Puissance de la centralisation !

L'Etat vulnérable

Parce que le pouvoir est concentré en quelques hectares, il est vulnérable aux pressions concentrées des forces corporatives. Paris ressemble à un champ clos où font rage, devant des gradins bondés de spectateurs privilégiés, les luttes d'influences.

Quand des mineurs du Nord entrent en conflit avec leur direction, que des ouvriers de Caen ou d'Hennebont se révoltent, c'est dans quelques vieux hôtels du faubourg Saint-Germain que se déroule la crise. Si ce système se maintient, c'est que beaucoup y trouvent leur compte : les corporations, parce qu'elles ont plus de chances de faire aboutir leurs revendications en les transformant en crise nationale ; les échelons intermédiaires, parce qu'ils échappent ainsi à leurs propres responsabilités ; le gouvernement, parce que la concentration des décisions à son niveau lui permet d'affirmer son autorité.

Le pouvoir parisien est puissant et frêle ; frêle parce que puissant. Paris assèche l'Etat, le coupe des sources vives de la nation, l'enferme dans un milieu surchauffé et instable. Le parisianisme mine l'Etat. Parfois, il le renverse. La versatilité des foules parisiennes met la France à la merci d'un coup de tête.

Un jour de funérailles nationales, raconte Maxime Du Camp, quelqu'un disait à Louis-Philippe : « Que c'est beau, Sire, ce peuple de Paris ! » Le roi répondit dans un soupir : « Ce sera encore plus beau quand il sera rentré chez lui. » Sagesse prémonitoire... Toute foule a des foucades ; celles de Paris plus que d'autres ; et parce qu'elles sont à Paris, leurs foucades ont plus d'effet.

Chaque fois que, depuis Mazarin, l'émeute s'est déclenchée à Paris, les dirigeants n'ont repris la situation en main qu'en faisant appel à la province – à ses soldats, ou à ses bulletins de vote. Ainsi ont-ils pu dominer la Fronde, la Révolution de 1848, la Commune de 1871. Ceux qui ont perdu le pouvoir *, s'ils avaient réussi à s'appuyer sur la province, auraient eu de bonnes chances de le conserver. Mais cela ne leur venait guère à l'idée : ils étaient victimes du parisianisme. A l'inverse, le 29 mai 1968, il a suffi d'un saut en hélicoptère à Baden pour que de Gaulle rentrât vainqueur à Paris. Il avait réussi sa fuite à Varennes. Il est vrai qu'il n'était pas Louis XVI.

Si toutes les clés du royaume sont rangées dans une même armoire, il suffit d'ouvrir la porte. « Pour entrer en possession de toute la puissance publique, il ne faut que devenir maître de la capitale, s'emparer des ministères et disposer des télégraphes », disait Vivien [7] sous la Restauration. Avant la centralisation, Paris put bien appartenir aux Anglais, Charles VII restait roi de France à Bourges. Après elle, Paris tombé, c'est la France à terre **.

Quel prestige la France ne retire-t-elle pas de Paris ! Mais la médaille a son revers : la concentration de la plupart des activités supérieures dans une seule ville crée une atmosphère électrique, qui fait obstacle à tout exercice de réflexion approfondie. Quel écrivain peut rayonner, si ce n'est depuis Paris ? Quel écrivain peut mener à bien son œuvre, si Paris le happe ?

Ce qui excite la passion des Parisiens, souvent plonge la majorité des Français dans l'indifférence, quand ce n'est pas dans l'exaspération. La capitale, qui réduit la France à l'état de province, se comporte elle-même comme une ville de province, où les conversations ne peuvent guère rouler que sur une ou deux idées à la fois. Il ne s'agit pas de la robe de la sous-préfète – mais de la *croissance zéro*. Il ne s'agit pas d'un petit fait dont l'importance est immensément exagérée, mais d'une petite idée soudain devenue préoccupation de tous les instants – d'un instant : elle sera oubliée aussi vite qu'elle avait surgi. Dans cette ville-manège, la mode tourne vite, à toute allure.

Si la France a souvent le sentiment d'être fragile, et s'il lui arrive d'avoir le vertige – c'est que son centre est une toupie.

L'anémie provinciale

Il est surprenant que l'aménagement du territoire n'ait fait l'objet d'une politique qu'après 1962. Alors que le problème de la disparité croissante entre « Paris et le désert français » était si ancien :

* Louis XVI, Charles X, Louis-Philippe, l'impératrice Eugénie.

** On le vit bien en 1814, en 1815, en 1871, en 1940. Les victoires de Valmy et de la Marne sauvèrent la France, parce qu'elles écartèrent de Paris la marche de l'invasion.

depuis trois siècles, la centralisation provoquait, selon le mot de Lamennais, « l'apoplexie dans Paris et la paralysie partout ailleurs [8] ».

Pendant tout le XIXe siècle, province devient synonyme d'ennui. « Paris, déplore Guizot, attire à lui la France. » Et il se demande « *comment guérir ce mal*, produit et fomenté par tant de causes, quelques-unes peut-être insurmontables » ; et quand Paris « cessera d'être le gouffre où viennent s'engloutir tant d'esprits [9] ».

L'effort d'aménagement du territoire s'épuise à remonter un puissant courant. Tant que Paris sera la capitale d'un pays aussi centralisé, peut-on espérer que se renverse le déplorable phénomène : l'afflux de sang à la tête, et la mauvaise irrigation des extrémités ?

L'anémie de la province est d'abord démographique. Depuis trois siècles, la natalité est beaucoup plus forte en province qu'à Paris. Mais l'exode provincial comble la différence, et au-delà. La capitale absorbe la jeunesse – et rend des retraités.

Le ventre de Paris

Ce n'est pas par hasard que Zola parlait du « ventre de Paris ». Paris dévore – comme le Saturne de Goya engloutissant ses fils dans sa gueule béante. Sans cesse, on doit l'alimenter en chair fraîche et varier ses menus. Il ne digère pas seulement les populations, mais les capacités. Tant de jeunes gens pleins de promesses s'engouffrèrent à Paris ! Pendant que quelques-uns y ont réussi, combien d'autres s'y sont engloutis ! Que d'illusions perdues ! Pour un Rastignac, que de Rubempré !

Une société peut-elle être saine, quand 40 % des membres des professions libérales et des cadres supérieurs, 43 % des techniciens, les deux tiers des chercheurs habitent dans et autour de sa capitale ? Mais construire de nouvelles universités en province est une chose ; infléchir les habitudes, obtenir des professeurs qu'ils résident en province, en est une autre. Quand on a voulu décentraliser l'Ecole polytechnique, on n'a réussi qu'à la pousser jusqu'au plateau de Saclay – à la porte de Paris.

La vie intellectuelle et économique de San Francisco ou de Munich l'emporte sans peine sur celle de Washington ou de Bonn. Mais à Lyon ou Lille, on tâche de capter quelques rayons de la Ville Lumière : que pense-t-on, que dit-on, que fait-on à Paris ?

Le plus gros problème pour installer des industries dans une petite ou moyenne ville de province n'est pas matériel, mais culturel : chefs d'entreprise et cadres hésitent à venir « s'enterrer dans un trou », où leurs enfants ne bénéficieraient pas d'aussi bonnes études que s'ils restaient à Paris, et où leurs épouses s'ennuieraient. Il ne reste plus guère sur place qu'un petit commerce endormi ; une colonie de fonctionnaires si mobiles, qu'ils semblent toujours porter une valise à la main ; des industries qui emploient une main-d'œuvre peu qualifiée.

Bien sûr, ici et là, surtout depuis le milieu des années 1960, les choses changent. On sent comme un frémissement de vie : des orchestres se forment, des troupes jouent, des artistes exposent, des maisons de la culture irriguent le désert. Mais, suprême ruse de l'impérialisme parisien, ces efforts demeurent longtemps inaperçus. La capitale n'en fait guère cas : comme si elle seule existait ; comme si l'image d'un néant culturel de la province devait prévaloir. La province ne paraît renaître qu'à l'époque des festivals, quand Paris et ses vedettes lui rendent visite. Ces brefs exils attirent le regard, les bravos. Non point le travail continu de ceux pour qui la province est une patrie.

Quand Occitans, Corses, Bretons ou Basques nous parlent d'une intolérable *oppression*, nous avons tendance à sourire : tout ce qui est exagéré est sans importance. Nous devrions plutôt voir que l'oppression ne leur est pas réservée – qu'elle atteint peu ou prou tous les provinciaux. L'autonomisme n'est qu'un langage local de la colère.

Le mot d'oppression est-il trop fort ? N'en est-ce pas une, quand vous êtes provincial, que de devoir subir le goût et les mœurs d'une ville où votre manière d'être, votre accent, vos gestes, vos réflexes sont mal jugés ? Où il faut se « rééduquer » comme un handicapé, pour ne pas être *exclu* ? Et un sentiment d'oppression ne naît-il pas, à voir ces déserts que le progrès polarisé par Paris a creusés sur tout l'espace français ?

La nation menacée

Dans les pays où la révolution industrielle est intervenue plus tôt, la campagne et la ville se sont mêlées : cités sans démesure, grosses bourgades se succèdent, séparées par des étendues de bois ou de prairies : ainsi en Allemagne, en Suisse ou aux Pays-Bas. Mais dans des territoires trop longtemps archaïques – France, Espagne, Italie du Centre et du Sud, Portugal –, l'exode rural a pris l'allure d'un cataclysme : des départements entiers s'éteignent ; des villages ne tiennent à la vie que par leurs vieillards. La Lozère : 144 700 habitants en 1851, 100 000 en 1930, 70 000 en 1976 *. La Lozère, direz-vous, est pauvre en ressources ? Pas plus que le

* *Chiffre autour duquel elle semble s'être stabilisée (1996).*

canton suisse des Grisons, qui a vu sa population s'accroître de 80 % entre 1950 et 1975.

La France est atteinte d'une sorte de *nécrose des extrémités*. Le vide engendre le vide : quand la population s'amenuise, on tend à supprimer les services publics ; à mesure que les services publics disparaissent, il devient plus difficile de rester.

La nécrose, on la trouve aussi au cœur oublié du territoire. Telle la Creuse : 287 000 habitants en 1851, 150 000 en 1975 * ; le taux de natalité le plus faible en France et le taux de mortalité le plus élevé, à cause du vieillissement de la population. La moitié des salariés creusois sont payés au salaire minimum. Redoutant le chômage, étouffant sous l'ennui d'un monde las d'attendre sa propre fin, les jeunes fuient le silence des campagnes. Ceux qui restent renoncent pour la plupart à fonder un foyer [10]. Rares sont les jeunes femmes qui acceptent encore les sujétions de l'existence rurale.

Les habitants de ces provinces moribondes se pénètrent peu à peu du sentiment de leur aliénation et de leur abandon. Quand l'histoire, la langue, le sentiment d'une différence leur offrent une folle raison d'espérer – peut-on s'étonner qu'ils s'y accrochent, en *desperados* ? Peut-on leur en vouloir ? Qu'on ne s'y trompe pas : en Bretagne de même qu'à Bastia, ce qui attise le désordre, c'est une sorte de soubresaut d'agonisant qui s'entête à vivre. Les continentaux plaisantent souvent les Corses : « Vous nous accusez de vous coloniser ; en réalité, c'est vous qui avez colonisé le continent. » Seulement, les Corses ne sont pas partis vers le continent pour une libre conquête, mais pour un exil obligé. Ils revendiquent aujourd'hui la liberté de mener une existence normale dans leur île, dans leur société familière. Folie d'un ordre où les hommes en viennent à menacer, à combattre même, pour préserver leur terre natale de la désintégration ! Au risque de la désintégrer plus encore.

Fallait-il que la province fût stérilisée, pour que la France pût exister comme nation *une* et *indivisible* ? Question fondamentale, qui nous place devant une alternative : imaginer l'unité comme le produit de la volonté de puissance du centre – ou comme une œuvre de mutuelle reconnaissance entre ses différentes composantes ? Admettre que les progrès du pays l'obligent à s'amputer impitoyablement – ou bien vouloir que tous ses membres en bénéficient ?

Les Français n'ont pas *voulu* le choix qu'ils ont fait, mais le système centralisé l'a comme imposé à leur volonté fascinée. Tout n'est pas réparable – et la chair de la nation française a, dans certaines de ses parties, irréversiblement souffert. Pourtant, un autre

* *140 000 en 1996.*

choix est encore possible : une réelle redistribution des responsabilités.

Mais la fuite en avant des autonomistes risque d'en ruiner les chances. Ils se conduisent comme le nageur en perdition qui, par ses réactions désordonnées, empêche son sauveteur de le ramener au rivage. Ils ne servent en définitive que l'immobilisme des jacobins. Dès qu'ils paraissent menacer l'unité nationale, ils justifient ce qu'ils prétendent combattre : l'omnipotence centralisée. Ceux qui souhaitent sincèrement l'autonomie de leur province, dans le respect de l'unité nationale, seraient bien inspirés de prendre conscience qu'une action désordonnée aboutit à l'inverse de ce qu'ils souhaitent. Qu'ils prêtent attention aux signes avant-coureurs d'un renversement.

Car quelques chances, enfin, sont apparues.

L'Etat lui-même a commencé de réagir. L'aménagement du territoire, devenu souci officiel, travaille à redistribuer les armes économiques entre les partenaires nationaux. Paris commence à moins fasciner. On voit déjà apparaître dans les statistiques ceux qui, par milliers chaque année, quittent la capitale pour la province. Certains se prennent, aujourd'hui, à imaginer de faire carrière hors de la société parisienne. Depuis le début des années 1970, ce n'est plus une promotion, pour un scientifique, d'être nommé à Paris. Déjà, on trouve à Grenoble, à Strasbourg, les plus grands noms de la mathématique. Une prise de conscience pourrait amplifier ces premiers indices. Elle accentuerait la lente modification de l'ordre des valeurs. Ces lueurs pourraient alors composer une aube *.

---

* *Le soleil ne s'est pas vraiment levé. La politique volontariste d'aménagement du territoire a été stérilisée par la crise économique des années 1970 et 1980. L'Ile-de-France est la région où le chômage sévit le moins. Voir sur la situation présente* La France en désarroi, *chapitre 3, « Malaise dans le territoire » (1996).*

Chapitre 33

LA DÉSAGRÉGATION

Il y a incompatibilité radicale entre le système d'Etat unitaire que nous nous sommes fait, et l'exercice des droits que la Révolution nous a garantis.

Proudhon [1].

1. LES CONTRE-POUVOIRS À DÉFAUT DES CONTREPOIDS

En exaltant la lutte du « citoyen contre les pouvoirs », Alain traduisait un comportement bien français. L'homme de la rue, qui n'a pas lu Alain, a un mot, que nous avons déjà rencontré, pour exprimer cette hostilité – le même que Tartarin de Tarascon : *ils*. « *Ils* font tout ce qu'*ils* peuvent pour nous embêter. » « Qu'est-ce qu'*ils* ont encore inventé ? » *Ils*, ce sont, suivant les cas, ou simultanément, l'Etat, le gouvernement ou le Parlement, la majorité et l'opposition, mais surtout les bureaux. *Ils*, ce sont ceux qui décident.

Ils sont responsables de la cherté du pain, mais aussi du bas prix du blé ; du coût de la vie qui grimpe trop vite, et des salaires qui n'augmentent pas assez ; des impôts trop lourds et des subventions trop faibles ; des périls de l'inflation et des contraintes de la stabilisation ; de la mévente du vin et des restrictions à la viticulture ; de l'insuffisance des remboursements de la Sécurité sociale comme de son excessif déficit...

Aux yeux du peuple, le pouvoir est d'essence vaguement maléfique. Une voiture neuve n'attire pas l'attention si elle appartient à un particulier. Si elle transporte le détenteur d'une parcelle quelconque de la puissance publique, elle semble avoir été volée aux citoyens.

Turgot appelait déjà l'attention du roi sur cette irritation des gens du peuple : « Ils regardent l'exercice de l'autorité comme la loi du plus fort, à laquelle il n'y a d'autre raison de céder que l'impuissance d'y résister, et que l'on peut éluder quand on en trouve les moyens. *On dirait que Votre Majesté est en guerre avec son peuple*[2] ».

Cette guerre se poursuit sous la République. On élit bien le Président, les députés. Mais choisit-on l'administration, l'Etat ? Ils sont là, c'est tout. Les fonctionnaires, les particuliers : ce sont toujours deux mondes qui s'affrontent. Le guichet entretient une relation ambiguë entre ceux qu'il sépare. Routine, parfois morgue d'un côté. Mélange de crainte révérentielle et de sourde irritation de l'autre. L'homme de la rue, instruit par une expérience ancestrale, préfère le plus souvent obtempérer en maugréant.

Un négociant en vins[3], désireux de se retirer, vend son fonds de commerce. Son successeur ne voulant pas reprendre son stock de vermouth, il s'apprête à transporter les bouteilles chez lui. L'administration exige au préalable un droit de 5 francs par litre. Plus par colère que par l'impossibilité de régler la facture, il se résout à verser à la rivière sept cent quatre-vingts litres du précieux liquide, vieilli en fûts depuis vingt-sept ans. Comment de tels procédés ne susciteraient-ils pas des rancunes plus tenaces que n'importe quel dissentiment politique ?

En Angleterre, aux Pays-Bas, en Suisse, aux Etats-Unis, les droits individuels ont la force indéracinable d'un contrat passé à l'amiable. Ils possèdent leurs titres et leurs parchemins, comme une propriété. Ils sont soutenus par la puissance de la tradition. Ils n'ont pas été conquis sur l'Etat, mais c'est l'Etat qui en est le garant.

Dans notre système hiérarchique, les droits ont la précarité de ce qui est octroyé unilatéralement, et donc révocable, ou bien arraché par la violence à l'Etat ou aux privilégiés, et donc menacé par une violence de sens contraire.

Un pouvoir de contestation globale

L'Etat bureaucratique, sacralisé par la Révolution, n'a jamais cessé de se vouloir aussi intouchable que la monarchie bureaucratique qui l'avait précédé. Droit divin des rois ou droit divin des peuples, l'Etat reste de nature théocratique. Son pouvoir d'intervention universelle suscite un contre-pouvoir de contestation globale. De chaque côté, le principe du *tout ou rien*. Le contre-pouvoir politique et syndical ne rejette pas telle ou telle décision mais *le système*. L'opposition ne conteste pas le gouvernement, mais le régime et la Constitution *. Le syndicalisme refuse l'économie d'entreprise et de marché, c'est-à-dire le monde occidental **.

Un débat opposait en 1975 le secrétaire général de la CFDT [4], Edmond Maire, au président du DGB ***, le plus grand syndicat allemand. Le Français condamnait la cogestion, pratiquée en Allemagne. « Nous ne croyons pas possible, dit-il, de démocratiser les entreprises, si la propriété des grands moyens de production n'est pas changée. » Son interlocuteur affirmait qu'une entreprise pouvait être organisée démocratiquement, tout en appartenant à des propriétaires capitalistes, alors qu'il pouvait se faire qu'une entreprise nationale ne le fût pas, tout en appartenant à l'Etat. Le syndicaliste français ne l'admettait pas, puisque le dogme le nie.

Deux hiérarchies parallèles et de sens contraire

Là où l'on considère que l'Etat est dans son rôle – sécurité du territoire et des citoyens – le contre-pouvoir ne naît pas. Il ne s'organise que là où la légitimité du pouvoir paraît contestable – là où l'individu est concerné dans sa vie quotidienne.

A pouvoir centralisé, contre-pouvoir centralisé. C'était déjà le cas sous l'Ancien Régime, quand les parlements, foyers de la contestation anti-versaillaise, manœuvraient sous la conduite du Parlement de Paris. La Commune de Paris, en 1871, envoya à Lyon et à Marseille des émissaires pour placer dans sa stricte obédience les tentatives de commune libre nées spontanément dans ces villes. Dans un système réellement décentralisé, le pouvoir rencontre sur place maints contrepoids qui le limitent. L'absence de tels contrepoids appelle un contre-pouvoir monolithique.

* *L'alternance de 1981 et la pratique constitutionnelle du socialisme au pouvoir ont mis fin à ce « tout ou rien » là. Irréversiblement ? (1996).*

** *Là aussi, le « tout ou rien » a reculé, par l'effet pédagogique du pouvoir (les syndicats ont pu constater que les entreprises nationalisées n'étaient pas pour autant démocratisées) et par l'effet de l'effondrement du dogme naguère en vigueur à l'Est (1996).*

*** *Deutsche Gewerkschaft Bund*, Union des syndicats allemands.

Pour la moindre affaire, c'est le sommet d'une opposition nationale qui se dresse face au sommet d'un pouvoir national. Une journaliste canadienne s'étonne qu'en cas de conflit social, il soit impossible en France d'interroger un responsable syndicaliste local : il renvoie toujours au secrétaire général de sa centrale [5].

Quand un préfet rencontre un secrétaire départemental de syndicat, ce sont deux acteurs qui récitent un texte, écrit par le gouvernement et la centrale du syndicat. Ils se donnent consciencieusement la réplique : les souffleurs sont à Paris.

Le monopole syndical

A l'appétit de monopole du pouvoir, répond l'appétit de monopole du contre-pouvoir. Dans l'entreprise, les syndicats détestent qu'un patron s'adresse à ses ouvriers sans passer par leur intermédiaire. C'est pourquoi ils redoutèrent tant la création des comités d'entreprise, où les représentants ouvriers sont élus par la base : bien à tort, car ils ont le plus souvent réussi à s'y imposer.

Les difficultés de la presse écrite ont révélé au grand public la puissance de la Fédération du Livre. Ce syndicat corporatiste était déjà considérable avant la guerre. En 1944, les nouveaux patrons de presse furent tout heureux de faire appel à lui pour mettre en marche les nouveaux journaux. Le monopole se dessinait déjà en 1939. Il devint absolu à Paris en 1944. Beaucoup de Français furent surpris d'apprendre en 1975 qu'aucun ouvrier imprimeur ne pouvait travailler dans la presse parisienne sans prendre sa carte de la CGT. Le monopole s'étend à l'embauche et même à l'apprentissage. Force ouvrière et la CFDT ont dû s'incliner devant le monopole de la CGT, si manifestement contraire à la liberté du travail.

L'âpre rivalité de nos trois grands syndicats s'efface par enchantement quand il s'agit de s'opposer à la naissance d'autres syndicats et à l'exercice d'une autre liberté : celle dont devrait disposer tout membre du personnel d'une entreprise, syndiqué ou non, de présenter sa candidature au premier tour des élections professionnelles dans les entreprises – comité d'entreprise, désignation des délégués du personnel. Or, cette liberté n'existe pas, bien que les trois quarts des salariés français ne soient pas syndiqués. Pour être candidat, il faut être présenté par un des syndicats homologués en 1944. Exactement comme si seuls pouvaient se présenter aux élections législatives ou municipales les candidats désignés par les partis politiques qui existaient à la Libération.

*Le nouveau parti romain **

Pourquoi le parti communiste est-il puissant en France, en Italie, au Portugal, et, virtuellement, dans tous les pays latins, qui n'ont pu échapper à son emprise que par une dictature militaire ? Pourquoi y est-il parvenu à séduire tant d'intellectuels, pourtant vifs à la critique ? Alors que, dans les pays de type anglo-saxon, les partis communistes, comme au reste les mouvements fascistes, sont réduits à un rôle folklorique ?

Parmi toutes les sociétés industrielles, l'aspiration révolutionnaire a trouvé son terrain d'élection dans celles qui ont subi le joug d'une pesante hiérarchie politico-spirituelle. Elle a tourné court dans les sociétés qui ont connu très tôt des structures décentralisées, la liberté d'initiative et une grande capacité d'adaptation au changement. Le communisme est une contre-société. On ne peut même pas en imaginer une, dans une société fluide, où l'action personnelle et l'action collective ont prise.

Le modèle romain vit dans le communisme, sous forme de négatif. Il prend les formes extérieures d'une Eglise. Il s'appuie sur des textes sacrés ; il s'attache à leur interprétation correcte ; il cultive les valeurs de discipline collective et de soumission. A ses fidèles, il offre rites extérieurs, dogme compact et sécurité intérieure. Il sait réprimander, mais aussi assister et entourer.

L'esprit romain souffle toujours aussi fort sur la France – et sur les pays latins : le syndicat le plus puissant, le parti le mieux implanté, obéissent aux mêmes principes d'organisation que cette Eglise qui fut, pendant tant de siècles, la grande éducatrice de la société. Les communistes sont des catholiques retournés – mais des catholiques d'avant Vatican II.

La société *polycentrique* traite les mécontentements à mesure qu'ils se manifestent. La société *monocentrique* refoule les mécontentements vers la révolte. Et les partis communistes récupèrent ce mécontentement. Ils gèrent avec prudence les stocks de dynamite qu'ils accumulent. Les gauchistes prétendent qu'à force de rester inemployée, la dynamite devient inutilisable ; et que les communistes aiment mieux gérer leurs explosifs que s'en servir. C'est possible ; mais sait-on jamais ? Là encore, le grand frisson règne sur la France.

* *Le parti communiste était encore dans toute sa puissance quand j'écrivais ces lignes. Il recueillait aux élections cantonales de 1976 23 % des voix. Mais à ces mêmes élections, le parti socialiste en avait réuni 26,5 %, faisant ainsi mieux que le PC, pour la première fois depuis la Libération. Il avait signé avec lui le Programme commun de gouvernement, lequel tirait le PS vers le marxisme-léninisme : ainsi, jusqu'en 1981, la montée du PS a pu être due à son caractère jusqu'auboutiste. Inversement, le PC souffrit de sa participation au gouvernement (1996).*

Faible devant un contre-pouvoir monolithique et centralisé, l'Etat abandonne trop souvent à leur sort, parfois pitoyable, ceux qui n'ont pas les moyens de s'organiser en contre-pouvoir : les vieillards de condition modeste, par exemple – ou nombre d'exclus. Aucun parti d'opposition, aucun syndicat, n'a non plus contraint l'Etat à s'occuper sérieusement de certains besoins vitaux de la communauté. Etaler les vacances, combattre le gigantisme des cités, favoriser l'urbanisation diffuse, repeupler les campagnes, favoriser la natalité, lutter contre le refus de la vie, ce pourraient être de grandes causes nationales... Dans le jeu du pouvoir et du contre-pouvoir, il y a des laissés-pour-compte.

Le gouvernement-fusible

Pour un peuple affligé d'un Etat centralisateur, le rejet est une tentation constante. L'homme qui incarne l'Etat y est personnellement pour peu de chose. On n'avait jamais vu un monarque aussi soucieux du bonheur des petites gens que Louis XVI. Cet homme débonnaire fut exécuté aux cris de « A bas le tyran ! ». Il expiait pour les millions de coups d'épingle que la masse des Français, depuis un siècle et demi, avait reçus de commis irresponsables.

De génération en génération, le système centralisé entretient en France l'esprit de révolution. Le bulletin de vote est moins un moyen de choisir le plus digne, que d'exprimer une frustration.

« Si je voulais amener une révolution sociale en Angleterre, disait lord Palmerston, je réclamerais avant tout la centralisation comme elle est pratiquée en France. Si la responsabilité de tout ce qui va mal dans un coin quelconque du royaume pouvait être imputée au gouvernement, il en résulterait une insatisfaction générale, un poids d'impopularité sous lequel le gouvernement serait bientôt écrasé. J'ai la conviction que la tranquillité générale dépend du grand nombre de personnes auxquelles, sur tous les points du pays, est confiée l'administration de nos affaires [6]. »

Le centralisme garantit tôt ou tard au gouvernement la centralisation des colères. Un incendie ravage-t-il la forêt de l'Esterel ? La neige bloque-t-elle l'autoroute du Midi ? Une explosion détruit-elle un avion en vol ? Des jeunes gens périssent-ils carbonisés dans une salle de danse ? C'est la faute du gouvernement, de son incurie, de son imprévoyance, de sa suffisance, de son insuffisance.

Les crises gouvernementales fournissaient une bonne parade à la centralisation. Le compromis entre l'Etat honni et l'Etat nécessaire, c'était l'Etat instable. Ainsi, de la Restauration à la IVe République, les gouvernements ont joué le rôle de fusible chaque fois qu'il le fallait. Ils sont tombés non point tant par leurs fautes que parce qu'était arrivé un temps fort de la frustration collective ; il fallait que le pays se soulageât de son Etat. On pouvait ensuite tolérer, de la part de la garde montante, ce qui avait paru provoquer la chute de la garde descendante.

Tant que le pouvoir centralisé, obsédé de lui-même, sécrétera des contre-pouvoirs, qui ne peuvent l'équilibrer, mais réussissent à l'entraver ; tant que n'aura pas été allégée la responsabilité qui pèse sur le pouvoir central, bouc émissaire unique, l'art de gouverner consistera à disposer assez adroitement les paratonnerres pour que le personnage principal – le Président – ne soit pas trop tôt foudroyé.

2. L'ÉTAT CONTRE L'ÉTAT

A cette paralysie par les contre-pouvoirs s'ajoute un processus d'autodestruction : pire que les citoyens contre le pouvoir, pire que l'Etat dans l'Etat, il y a l'Etat contre l'Etat.

La poignée de main refusée

Un soir de février 1959, de Gaulle se rendit rue d'Ulm. La tradition voulait que le président de la République, le premier hiver de son septennat, présidât le bal annuel de l'Ecole normale. De Gaulle se dirigea vers la salle de bal, escorté par une petite cohorte.

Il se produisit alors un incident qui nous laissa interdits. Des élèves en smoking formèrent autour du Général une sorte de cercle qui le sépara de l'assistance. Selon son habitude, il alla vers ces jeunes gens, la main tendue. Aucune main ne prit la sienne. Les élèves vers lesquels il s'avançait croisaient les bras derrière leur dos, arrimés solidement les uns aux autres, protégés par leur chaîne contre la tentation de saisir la main qui se tendait.

Nous nous regardâmes, consternés. De Gaulle n'insista pas. Toujours aussi impassible, il fit un rapide tour dans la salle de bal, puis se retira comme s'il ne s'était rien passé.

Au cours de la soirée, nous interrogeâmes ces jeunes pionniers de la contestation. Pourquoi avoir infligé cet affront au premier magistrat de la République ?

« On ne serre pas la main d'un dictateur. » « C'est un homme du passé. Nous n'avons que faire de ces vieilles badernes. » « On ne peut tout de même pas tolérer les flics à l'Ecole » (on nous montrait la haie de gardes républicains en grande tenue). L'un des élèves ajouta, avec un joli mouvement de menton :

« L'Ecole a résisté à Napoléon Ier, à Napoléon III et à Pétain ; elle résistera au général-président.

– Vous êtes communistes ?

– Ça n'a rien à voir, répondaient les uns, qui devaient l'être.

– Pas question, disaient les autres. Moscou, on s'en fout ; marxistes, naturellement ; staliniens, jamais. »

Savaient-ils que leurs aînés avaient courtoisement accueilli les présidents Auriol et Coty ?

« Bien sûr ; ces deux-là, on ne pouvait pas leur en vouloir ; c'étaient des potiches.

– Le Général était l'invité de l'Ecole ; les lois de l'hospitalité sont respectées en tout temps et en tout pays.

– Nous ne l'avons pas invité, nous. Il est peut-être l'invité du directeur. Un employé ne peut pas faire autrement que d'inviter son patron. Il agit sur ordre. Il est aliéné.

– Vous aussi, vous êtes fonctionnaires. Vous boycottez le chef de cet Etat que vous vous êtes engagés à servir ; auquel vous devez d'être des privilégiés, d'être logés confortablement et nourris comme coqs en pâte. En contrepartie, l'Etat ne vous demande que de bien vouloir poursuivre vos études comme bon vous semble. »

Ils répondirent vivement que leur traitement – le double du salaire minimum – n'était pas assez élevé, qu'on les exploitait en exigeant dix années de leur vie au service de l'Etat. Un Etat qu'ils haïssaient, puisque c'était l'Etat...

La révolte des clercs d'Etat

On retrouvait dans cet incident, bien des traits de la société française : la tradition de la résistance au pouvoir, l'allergie à l'égard de la police, l'antimilitarisme des intellectuels, la guerre civile larvée, le romantisme quarante-huitard, les idées abstraites et définitives, le procédé de l'amalgame ; l'ambition de bâtir l'avenir en rasant les tables du passé, et pourtant l'incapacité d'échapper aux schémas légués par l'histoire ; la rébellion de jeunes privilégiés contre un Etat dont ils sont les serviteurs – enfants gâtés qui détestaient leur bienfaiteur débonnaire, comme M. Perrichon détestait son sauveteur.

Dès la première sortie du nouveau président de la République, voilà qu'il se heurtait à un phénomène irrationnel : la révolte d'agents du service public contre le chef d'un Etat auquel ils sont réputés appartenir.

Ces jeunes contestataires n'étaient pas toute l'université – ni même toute l'Ecole normale. Et les enseignants, bien qu'ils représentent la moitié des fonctionnaires, ne sont pas tout à fait des fonctionnaires comme les autres. Pourtant, leur ministère intellectuel ne les place pas en marge, mais à la pointe du système. Les attitudes qu'il leur arrive d'adopter prennent souvent valeur exemplaire.

Des fonctionnaires « d'irresponsabilité »

Le cerveau, centre de la sensibilité, est lui-même insensible : on peut opérer sans anesthésie une tumeur encéphalique ; le patient ne souffre pas. L'Etat, centre de la sensibilité nationale, échappe aux contraintes qui pèsent sur le reste de la nation. Des fonctionnaires en rébellion contre l'Etat ne craignent rien, puisqu'ils *sont* l'Etat. Ils sont protégés par leur statut d'Etat. Ils peuvent pratiquer la contestation sans risque.

Qu'ils fassent bien ou mal, le résultat sera le même pour eux. S'ils font du zèle, ils se feront accuser de *fayoter* : il n'est pas de pire injure. Si leur travail se traîne dans la routine, la hiérarchie est à peu près impuissante à les sanctionner. L'administration connaît des « primes de rendement » ; sous la pression syndicale, elles sont également réparties entre actifs et paresseux...

Souvent, des agriculteurs s'indignent : « Vous avez vu ces gars de l'EDF ? Un fil est tombé à terre, ils arrivent en camion à cinq ou six, il y en a un qui monte sur le poteau... et les autres tapent la carte au bord de la route. Pourquoi se gêneraient-ils ? C'est nous qui payons ! Ah, si on travaillait comme ça dans nos fermes ! » Sans doute, d'agacement, ces agriculteurs exagèrent-ils...

Combien de fois n'ai-je pas vu arriver dans la cour du ministère, pour téléviser deux ou trois minutes de déclaration, un énorme camion et une équipe de *quatorze* techniciens ? La composition avait été *normalisée* par une convention entre l'administration et un tout-puissant syndicat. Chaque membre de l'équipe était propriétaire de son geste. Si on avait voulu réduire l'effectif à treize, on aurait provoqué une grève.

En revanche, si l'on faisait appel à une télévision étrangère ou périphérique, trois hommes au maximum se déplaçaient : le cameraman savait conduire ; l'*éclairagiste* prenait le son ; le journaliste déroulait le câble ; et point de maquillage.

Ainsi se développe « la plaie du fonctionnarisme », dont Jules Simon avait déjà noté les effets sur le caractère des citoyens : « L'esprit public, si nécessaire à la liberté, ne peut pas se fonder dans un pays où, sur douze citoyens, il y a un fonctionnaire, un fils de fonctionnaire et trois ou quatre aspirants fonctionnaires [7]. » Depuis Jules Simon, cette « plaie » s'est beaucoup aggravée : les salariés de l'Etat sont devenus quatre millions [8].

L'anti-étatisme du secteur étatique

Pourquoi les comportements syndicaux diffèrent-ils dans les secteurs public et privé, alors qu'il s'agit des mêmes syndicats, obéissant aux mêmes consignes ? Essayons de comprendre ce jeu de forces.

Dans le privé, les conflits, si durs soient-ils, le plus souvent se règlent vite. L'entreprise ne peut pas vendre plus qu'elle ne produit, emprunter plus qu'elle n'est capable de rembourser, distribuer plus qu'elle ne gagne. La loi de l'offre et de la demande oblige patronat et syndicats à obéir humblement au principe de réalité.

Dans le secteur public, chacun sait que l'entreprise ne fermera pas, quel que soit son déficit : le budget de l'Etat n'est-il pas là pour « l'éponger » ? Les travailleurs ne seront ni licenciés ni *lock-outés* ; on oublie, bien souvent, de retenir leur salaire pour leurs journées de grève, ainsi transformées en congés payés. Les dirigeants des entreprises nationales ne mettent pas leur avenir en jeu ; ils sont pratiquement assurés de ne quitter leur poste que pour un poste au moins équivalent. L'économie administrative substitue ses règles rassurantes aux règles inexorables de l'économie de marché : la première protège le personnel, fût-ce au détriment de la clientèle ; la seconde fait passer les intérêts de la clientèle avant ceux du personnel. Dans le secteur étatique, surtout quand il est à l'abri de la concurrence, les revendications ne trouvent pas de butoir.

Ainsi naît un nouveau paradoxe. Dans la symbolique ouvrière, l'Etat est par définition désintéressé, les patrons sont par définition des « profiteurs ». Pourtant, c'est face à l'Etat, plutôt que face aux « capitalistes », que les luttes sociales prennent toute leur âpreté. C'est toujours dans le secteur public que les grandes crises sociales éclatent *.

C'est là que le contre-pouvoir trouve le moins de résistance. Et qu'il éprouve le plus de tentations. Le pouvoir n'est nulle part aussi faible que là où il devrait être le plus fort. Quand la CGT attaque à la SNCF ou aux Charbonnages, le coup porté au gouvernement est beaucoup plus efficace qu'une motion de censure des députés communistes. Le monolithisme de l'Etat favorise la contagion. Une grève dure au Joint français ne se transmet même pas aux autres usines du groupe dont il est une filiale ; au contraire,

---

* Grève dans les usines travaillant pour la défense nationale, en mai 1936. Grève des mineurs, en décembre 1947. Grève des postiers et des cheminots en 1953. Grève des mineurs de Decazeville en 1960. Grève des arsenaux de la marine en 1961. Grève des mineurs du Nord et de Lorraine en 1963. Grève avec occupation de locaux dans les usines Renault et de la Saviem en Mai 1968.

administrations et entreprises publiques forment ensemble une seule savane, qu'un foyer d'incendie suffit à embraser toute.

Entre deux chaises

La France se trouve ainsi aux prises avec deux systèmes opposés : le système bureaucratique, le système libéral. Par ce qu'elle a de bureaucratique, le système libéral y fonctionne mal ; par ce qu'elle a de libéral, le système bureaucratique y est bloqué.

Les anarchistes ont raison : il n'y a pas de société qui n'exerce sur l'individu pressions et répression. Or, l'extraordinaire est qu'en France, l'Etat, dans ses rapports avec ses propres serviteurs, s'interdise d'exercer aucune contrainte.

Dans les pays *socialistes* *, les nationalisations ont des corollaires : interdiction de la grève ; prise en main des syndicats par un parti unique ; sanctions contre les travailleurs défaillants ; glorification des travailleurs zélés ; conditionnement psychologique permanent ; information contrôlée ; police secrète omniprésente. C'est un système logique. Le système *libéral* ne l'est pas moins : respect de la volonté des consommateurs, imposée par l'impitoyable loi de l'offre et de la demande ; interdiction des pratiques restrictives ; concurrence à armes égales ; sanction, sans recours, du succès ou de l'échec.

Chez nous, au contraire, l'organisation repose sur des principes contradictoires : autoritarisme théorique, absence d'autorité réelle ; commandement hiérarchique, neutralisé par le corporatisme ; libertés sans responsabilités ; droits sans devoirs ; sécurité absolue de carrière et de retraite, sans obligation ni sanction. Ne devrons-nous pas choisir un jour entre le système où la pression vient d'en haut et celui où elle vient des faits ?

Merveilleuse inertie des mentalités, qui recréent des phénomènes identiques malgré le changement de situation ** ! Hier, on achetait sa charge. Aujourd'hui, on l'acquiert au concours. Le résultat est le même : l'invulnérabilité, l'Etat dans l'Etat, et bientôt l'Etat contre l'Etat.

Le Conseil d'Etat n'a jamais cessé de renforcer l'autonomie du pouvoir administratif par rapport au pouvoir politique. Mais la liberté, l'indépendance et la sécurité des agents de l'Etat, quand

---

* *Cette observation a-t-elle aujourd'hui un caractère seulement historique ? Pas tout à fait. Il reste des pays socialistes dans le tiers-monde. Et la logique socialiste qui a subi un échec planétaire n'en est pas morte pour autant (1996).*

** On est tellement protégé, dans la fonction publique, qu'il faut légiférer pour obtenir la moindre dérogation individuelle à une protection corporative. Une loi fut nécessaire en 1975 pour permettre à un Premier Grand Prix de Rome, qui n'était pas militaire, de devenir chef de musique de la Garde républicaine.

elles atteignent ce degré, sont-elles compatibles avec la plus élémentaire discipline ? A force de *sécuriser* le service public, ne le remet-on pas en cause ? L'agent d'un service public s'expose non pas en faisant chorus avec le groupe de pression contestataire de sa corporation, mais en rejetant ses mots d'ordre. Le terrorisme occulte auquel recourt le contre-pouvoir est tellement plus à craindre que les sanctions du pouvoir !

L'étonnant est que seule une petite minorité de fonctionnaires exploite abusivement cette situation, et que l'immense majorité reste consciencieuse et intègre...

Dégénérescence du système centralisé

Le système bureaucratique est déréglé depuis que les deux conditions qui présidèrent à sa naissance ne sont plus réunies.

La première était la guerre, ou sa menace immédiate. Pendant trois cent cinquante ans, de 1620 à 1970, il ne s'est pas passé une seule période de dix ans où la France n'ait connu une guerre – civile, étrangère ou coloniale –, ou n'ait subi l'occupation ennemie sur une partie de son territoire. Et faut-il moins d'une décennie de paix assurée pour entreprendre toute mutation fondamentale ?

La seconde condition était le respect général du principe hiérarchique. La masse des Français, obéissant au principe d'autorité, encadrés par un Etat ou un patronat également de droit divin, acceptaient le système dans lequel ils étaient enfermés. Ils l'acceptent de moins en moins.

Il fut un temps où servir l'Etat était une religion, où le respect des lois allait de soi, où c'était tout un drame pour un fonctionnaire d'arriver en retard à son travail. Comme cela paraît désuet !

S'en sortir par la dictature ou par plus de libertés

Les défauts du téléguidage bureaucratique sont trop graves pour que des modifications de détail suffisent à y remédier. Quand l'Etat, qui se soumet l'ensemble de la nation pour assurer l'ordre, tolère en son sein l'insoumission et devient source de désordre, on se trouve dans une contradiction insupportable. Il faut choisir entre deux cohérences.

On peut se décider à instaurer un régime politique autoritaire, et une économie franchement étatique, en harmonie avec la centralisation administrative en vigueur. Mais il faudrait sans doute alors accepter les conséquences que l'on a vues se dérouler ailleurs : élimination de tout syndicat qui ne serait pas dans la main du pouvoir politique ; suspension des droits individuels ; énergique action répressive ; développement de la police politique *.

En juin 1968, le général de Gaulle me dit [9] : « C'est au cœur du secteur public qu'est le mal. Nous avons eu tort de lui accorder le droit de grève. C'est illogique. Dans le secteur privé, la grève est indispensable pour permettre aux ouvriers de faire le poids en face des patrons. Le travail n'a pas d'autre moyen de se défendre contre le capital. Il faut qu'il y ait équilibre entre eux. Mais dans le secteur public, les employés de l'Etat doivent être soumis à l'Etat ! Les ouvriers qui occupent une entreprise privée sont chez eux. Les employés de l'Etat qui occupent des bâtiments publics ne sont pas chez eux ! Il est trop tard sans doute pour retirer le droit de grève à ceux qui le possèdent. Mais il va falloir inventer les moyens de sortir de cette situation absurde, où ceux qui devraient servir l'Etat sont ceux qui le menacent le plus. »

Et où, faudrait-il ajouter, ceux qui le menacent le moins – et qui sont encore les plus nombreux – lui sont le plus assujettis.

Si la France veut sortir de l'incohérence dans laquelle elle se trouve, sans tomber dans la cohérence d'une dictature, il ne lui reste qu'une voie : la cohérence de la liberté. Il faut que son peuple, à commencer par sa classe dirigeante, admette qu'il n'y a pas de liberté, sans responsabilité ; pas de droit, sans devoir ; pas de *confiance*, sans *fiabilité*.

---

* *En 1981, on fit bien le choix d'une « économie franchement étatique », mais sans avoir ni l'intention ni les moyens d'en accepter les conséquences. L'expérience était donc vouée à l'échec ; un échec si patent qu'il ne laissait plus place qu'à l'option libérale, avec sa cohérence (1996).*

Chapitre 34

LE DÉSÉQUILIBRE

Mais, si la société est bâtie de travers, les institutions politiques, au moins, ne sont-elles pas solidement plantées ?

Est-ce sûr ? Depuis 1958, nous semblons avoir échappé à l'alternative de la dictature et de l'impuissance. Pour combien de temps ?

Le général de Gaulle me morigénait un jour sur mon admiration de la démocratie de type anglo-saxon :

« Nous avons les meilleures institutions de l'Occident ! Ni en Angleterre, ni aux Etats-Unis, ni en Allemagne occidentale, les gouvernements ne disposent de pareilles perspectives de continuité dans l'action. C'est un énorme avantage ! Notre stabilité est comparable à celle des pays totalitaires. Et pourtant, le peuple vote plus souvent qu'il n'avait jamais voté. »

La VIe République

André Malraux, en 1971, me tint des propos voisins, mais avec combien de craintes sur la durée de ce miracle institutionnel :

« Nous avons autant de stabilité que les dictatures, avec en plus la démocratie. Ce fut la chance d'Athènes avec Périclès. L'éclat est venu jusqu'à nous, de ce moment où un homme fort est marié à la démocratie, où elle le porte sans le submerger, où il la maintient sans la manipuler. Quand les Athéniens eurent à leur tête des démagogues, ce fut la fin, et Sparte l'emporta. Notre Périclès aussi est mort... »

Ce pessimisme était répandu. Quand Georges Pompidou accéda à la présidence, puis de nouveau quand Valéry Giscard d'Estaing le remplaça, des journaux annoncèrent : « La VIe République commence. » Mais aucune mutation profonde, ni des textes ni de la pratique, n'a justifié ce nouveau baptême *. Le référendum d'octobre 1962 a justement empêché que la Ve République ne se réduisît au principat de son fondateur. Il a fait de l'Elysée le centre de gravité des institutions. Le style des hommes a chaque fois changé, non le régime.

La VIe n'a pas commencé. La Ve a pourtant une tendance à la déformation **.

La tentation présidentialiste

Maurice Couve de Murville me ramène à Paris dans sa voiture. Nous venons de nous recueillir sur la tombe de Colombey :

« Du temps du Général, me dit-il, on ne se posait guère de questions sur le fonctionnement des institutions. Il dominait tout. Mais après lui, il aurait fallu rééquilibrer les pouvoirs, distinguer les compétences, renforcer les prérogatives du Premier ministre et du gouvernement, et donc du Parlement. Ses successeurs ne l'ont pas fait. Une pente irrésistible les a entraînés au contraire à tout ramener à eux. Ils se sont plus conduits en chefs de gouvernement, et donc moins en présidents. On appelle cela la présidentialisation du régime. Or, un président qui prétend tout décider au jour le jour n'est pas compatible avec le comportement des Français en France. »

Le régime présidentiel est une tentation. Beaucoup en rêvent, sans voir que le cas américain est tout différent du nôtre. Là-bas, le président et le Congrès, indépendants l'un de l'autre, peuvent bien s'opposer : cela ne déclenche pas de véritable crise ; parce que le tempérament national incline au compromis ; et parce que nul ne songe à remettre en cause ni la Constitution ni les fondements de la société. En France, nos traditions de guerres de religion, le refus d'une partie de l'opposition de jouer le jeu constitutionnel et d'admettre la société, pousseraient les situations jusqu'au bout ; et les conflits risqueraient vite de conduire à une crise de régime. Une de plus.

Ensuite, et surtout, les Etats-Unis sont une fédération. Presque toute l'administration et l'essentiel de la législation relèvent des

* Notre droit constitutionnel ne subissait aucun bouleversement comparable à celui que la crise de 1877-1879 [1] apporta à la IIIe République. La IIIe République aurait dû changer de chiffre après Mac-Mahon ; non la Ve après de Gaulle.

** *Les analyses qui suivent ne pouvaient, par la force des dates, prendre en compte ni l'exercice du pouvoir par un président et un parti qui avaient toujours combattu la Constitution, ni les deux gouvernements de « cohabitation » (1986-1988 et 1993-1995). Pourtant, elles ne paraissent pas devoir être changées. Voir, dans* La France en désarroi, *le chapitre 2, « Malaise dans les institutions » (1996).*

cinquante Etats, qui font contrepoids à l'autorité centrale, et l'empêchent de devenir envahissante. Le président n'agit en pleine liberté que dans le domaine étroit de la souveraineté fédérale. Si nous voulions « présidentialiser » à l'américaine, la France unitaire devrait d'abord être transformée en une fédération de provinces autonomes. Le régime présidentiel non limité par le système fédéral existe ; mais c'est en Amérique latine. Pour le régime politique comme pour le système universitaire, nous croyons être les émules des Américains du Nord, et ce sont les Américains du Sud que nous copions. On ne cesse pas d'être latin par décret...

Les kilomètres défilent ; après les forêts du Barrois, les vallonnements plus riants de la Brie. Nous entrecroisons nos arguments, au point de ne plus savoir lequel de nous a précisé les éléments de notre commune conviction. Puis nous restons silencieux. C'est un de ces moments où deux hommes se taisent, parce qu'ils se sentent en harmonie sur un point essentiel.

Le président : « Joffre par destination »

Le suffrage universel a remplacé les saintes huiles de Reims. L'esprit des institutions veut que le président assume les intérêts supérieurs du pays. Il incarne, non pas symboliquement mais réellement, son indépendance, son unité, sa permanence. Chef des armées, il est seul à détenir l'arme suprême de la dissuasion, qui engage la vie des citoyens. Et il dispose d'un pouvoir dont on ne parle jamais, mais qui est capital, et que l'on pourrait appeler le *pouvoir interstitiel* – grâce auquel la puissance publique forme un tissu continu.

Dans le temps : le président est là, par exemple, pour conserver leur légitimité à des ministres censurés, tant que de nouvelles élections ne lui ont pas permis de nommer un nouveau gouvernement ; ainsi, peut disparaître la vacance du pouvoir, ce fléau. Il assure la continuité d'un gouvernement à l'autre ; alors que la tentation est si forte, pour un nouveau ministre, de creuser ses distances avec ses prédécesseurs, quand ce n'est pas de prendre le contre-pied de leur action : « Mon prédécesseur, cet incapable ; mon successeur, cet intrigant... »

Dans l'espace : le président est là pour combler les lacunes du pouvoir. En ce monde qui évolue vite, il peut apparaître qu'une autorité nouvelle doive répondre à un besoin nouveau ; il faut surmonter les cloisonnements, rétablir la communication. Au président d'y veiller.

Par-dessus tout, le président peut et doit assumer, quand les circonstances l'imposent, les responsabilités les plus lourdes. Il est celui vers qui les yeux se tournent à l'heure du doute ou de l'anxiété. Ce n'est pas une fraction de l'opinion qui a été élue à travers lui. Il doit représenter tout autre chose que le mouvement politique dont il est issu : la volonté des citoyens de vivre ensemble en tant que nation.

Que le président dût être essentiellement un *recours*, nul n'en était plus persuadé que le fondateur de la Ve République. Recours dans les disputes nationales, à condition qu'il sache garder la confiance secrète du peuple, en se maintenant le plus souvent possible *au-dessus de la mêlée*. Recours dans les grands dangers. « L'histoire, me disait-il sur le pont du croiseur *De Grasse*[2], nous recommande de sauvegarder cette fonction. Notre peuple court le risque du sauve-qui-peut. Devant l'adversité, les Français, bourgeois en tête, n'ont qu'un souci : tirer chacun leur épingle du jeu. Ils ne se fient pas les uns aux autres. Septembre 1870, août 1914, juin 1940, c'est la même histoire. Ils vacillent au premier choc, après avoir annoncé qu'ils ne feraient qu'une bouchée de l'adversaire. Ce sont des poltrons fanfarons, sauf s'ils sont bien encadrés. Mais ils n'ont pas toujours un Joffre pour les regrouper sur la Marne... Enfin, si Dieu veut, il y aura désormais à leur tête quelqu'un pour cela. C'est sans doute le principal cadeau que je leur aurai fait. Le président de la République qu'ils auront élu sera leur Joffre par destination. »

De la France bipolaire à deux France

Tout vote fait naître une majorité et une minorité. Tout duel électoral suscite un vainqueur et un vaincu. C'est la loi de la démocratie. Rien là d'inquiétant, si nous ne nous enfermons pas dans cette division : si, le lendemain, la minorité ne se sent pas rejetée de la communauté et reconnaît dans l'élu le représentant de l'ensemble. Mais *la confusion des niveaux contamine tout le système.* Le clivage de l'élection présidentielle se reproduit dans toutes les autres élections – législatives, cantonales, municipales, syndicales même. Il s'en aggrave en retour. Il introduit son impitoyable logique dans toutes les institutions et collectivités. *Il multiplie la lutte des partis par la lutte des classes*. Il débouche sur notre vieux cauchemar national : l'affrontement de deux blocs irréductibles. Deux blocs de force presque égale s'évertuant chacun à devenir monolithique. Deux sectarismes qui s'ostracisent mutuellement – guerre froide intérieure.

Je ne crois pas qu'on puisse y mettre fin, tant qu'on s'obstinera à parler de *majorité présidentielle*, à faire du président le chef de cette majorité, et à maintenir un scrutin majoritaire pour *toutes* les élections : qu'un sondage ou des élections révèlent un retournement de tendance, voilà la majorité devenue *minorité présidentielle* ; voilà l'Etat, à travers son chef, frappé d'illégitimité. Du jour où il est élu, le président doit devenir le recours de tous. Dès le lendemain de l'élection, il ne devrait plus y avoir de majorité *présidentielle*. Il faut, puisque ce régime est parlementaire, une majorité *parlementaire*, dont les membres soutiennent le gouvernement – ou en tout cas s'abstiennent de le censurer. C'est bien différent. Le chef naturel de cette majorité parlementaire est le Premier ministre.

Quand le président se comporte en chef de majorité et de gouvernement, il ne reste plus au Premier ministre qu'à devenir le chef d'un des partis de la coalition majoritaire. Chacun a perdu de sa hauteur. Le chef de l'Etat divise, s'il persiste à exprimer une division. Comment serait-il juge, s'il est partie ?

Georges Pompidou avait senti que le président ne peut supporter toute la charge de l'exécutif pendant sept ans : il proposait de raccourcir le mandat de deux ans. Il y aurait une autre manière de répondre au même souci : réduire le *poids* du mandat, et non sa *durée* – qui est gage de stabilité.

Mais l'opposition a besoin de ravaler le président de la République au rang de chef de majorité – pour *désacraliser* sa fonction et attaquer son action et sa personne, dès lors qu'il s'y prête. Et le président a besoin, devant l'acharnement de l'opposition, de battre lui-même le rappel de ses troupes... La guerre civile larvée se nourrit d'elle-même.

Le domaine réservé

Au début de novembre 1959, aux assises de l'UNR à Bordeaux, Jacques Chaban-Delmas fit scandale en évoquant la notion de « domaine réservé » ; le général de Gaulle se réservait un secteur d'activité personnelle, où entrait l'Algérie.

En fait, une majorité de congressistes voulait faire triompher la thèse de « l'Algérie française ». Chaban les exhortait à s'en remettre à leur inspirateur. Il s'adressait à des militants pour canaliser leur zèle, non à des parlementaires pour limiter leurs prérogatives.

Mais cette interprétation constitutionnelle, qu'on l'accusa bien à tort d'avoir élaborée, eût-elle manqué de sagesse ? Car elle eût impliqué *a contrario* que le président n'usât pas son autorité en l'engageant dans les domaines de l'administration courante.

A de rares exceptions près, le général de Gaulle, pendant dix ans, souhaita se cantonner strictement au domaine suprême, celui des grandes affaires essentielles pour l'avenir du pays. Quand nous allions le trouver pour lui parler des projets que nous formions dans nos ministères respectifs, il nous écoutait avec attention. Mais il se gardait le plus souvent de prendre position.

C'était là respect des responsabilités des autres ; non refus des siennes. Au contraire, il revendiquait la pleine responsabilité des dossiers les plus redoutables. Mais il se déchargeait de tout le reste sur les ministres. Il répétait : « Il faut un président de la République, il faut aussi un Premier ministre. »

Georges Pompidou, à qui j'osais faire remarquer, un jour d'octobre 1972, qu'il intervenait, selon moi, dans trop de détails, me répondit vivement :

« Mais un président qui s'éloigne de la politique quotidienne perd le contact ! Il est coupé des faits ! Il n'est plus le patron. Je ne serai pas un roi fainéant, repassant le pouvoir au maire du palais. Souvenez-vous de Lebrun en 1940 devant la débâcle, de Coty en mai 1958 quand il exhortait l'armée à faire soumission : ils ne comptaient pas ! Si le président veut être entendu quand les événements se précipitent, il faut qu'on ait pris l'habitude de l'écouter. »

Je n'en suis pas sûr. Le président est le seul Français élu de tous les Français. Il ne tire pas son pouvoir de ce qu'il s'occupe des problèmes de chaque jour ; mais de sa capacité à s'élever au-dessus de la mêlée pour répondre du destin national. Même la IIIe République, avant la guerre de 1914, avait connu une sorte de « domaine réservé ». Quand un membre du gouvernement se hasardait à évoquer une question de politique étrangère en conseil des ministres, l'habitude s'était prise qu'Emile Combes coupât court : « Laissez donc M. le président de la République traiter cette question avec M. le ministre des Affaires étrangères » *.

Bien sûr, le parallèle n'est pas rigoureux : il s'agissait alors de mettre à l'abri des foucades parlementaires les grands desseins diplomatiques, et de distinguer le long terme du court terme. Mais c'était une réaction instinctive de défense contre l'instabilité. Ce souci reste toujours d'actualité.

Le régime menacé par sa force même

Il y a mille bonnes raisons pour que le président intervienne de plus en plus. S'il a été élu, c'est qu'il a été jugé plus compétent que les autres ; placé où il est, il jouit d'une vue plus étendue ; et il dispose de plus d'autorité ; donc, la décision qu'il prendra a des chances d'être la meilleure, et en tout cas d'être mieux appliquée.

* L'alliance franco-russe, « l'Entente cordiale » et la Triple-Entente, dont l'existence se montra décisive en 1914, furent préparées par trois hommes : Loubet, Delcassé, dont le séjour au Quai d'Orsay coïncida à peu près avec le septennat présidentiel, et notre ambassadeur à Londres, Paul Cambon.

Premier ministre, ministres, haute administration, veulent s'assurer que celui qui détient la longévité approuve leur action ; on prend l'habitude d'en référer à lui, pour tout et pour rien. De surcroît, de Gaulle pouvait se cantonner dans l'histoire, parce qu'il était un homme de l'histoire. Ses successeurs n'ont pas cette faculté. En outre, de son temps, des travaux d'Hercule incombaient au président : bâtir une nouvelle République, conquérir l'indépendance, la donner aux peuples associés, mettre fin à la guerre d'Algérie. Depuis lors, le lot du président est plus modeste. Si, enfin, l'élection présidentielle a paru désigner, face au chef de l'Etat, un chef de l'opposition, les enjeux semblent trop élevés pour que le président laisse au Premier ministre la charge de se mesurer seul avec ce puissant adversaire.

Il me semble que ces bonnes raisons sont de fausses raisons. Peut-être celui qui est placé plus haut dans la hiérarchie commettra-t-il moins d'erreurs ; mais elles seront plus lourdes de conséquences, et plus irréversibles. Mieux vaut donner aux échelons inférieurs le droit à l'erreur que d'exposer l'échelon supérieur à prendre *parti*, alors qu'on a besoin de son *impartialité* ; à se montrer faillible, alors qu'on espère de lui l'infaillibilité. Quant au chef de l'opposition, c'est le bâtir comme un formidable contre-pouvoir que de le placer à la hauteur du président de la République.

L'arbitre actif

Georges Pompidou avait été profondément marqué par la grande grève des mineurs, au début de 1963 ; je vécus cette crise à ses côtés, comme ministre de l'Information. A cette occasion, de Gaulle parut céder à la tentation de l'interventionnisme. Il assuma l'entière responsabilité de la réquisition. Avec quel éclat ! Le *Journal officiel* qui publiait le décret de réquisition faisait précéder la signature de la mention : « Fait à Colombey » *.

A la fin de ce mois pénible, Jean Stoetzel ** vint me voir. Jamais il n'avait rendu visite à un ministre. Les sondages l'incitaient à sortir de sa réserve. Ils enregistraient un effondrement sans précédent de la courbe de popularité du chef de l'Etat. Sa cote venait de tomber, en quelques semaines, de 64 à 42 % ***. Ce phénomène était-il provoqué par le « non » spectaculaire que le Général avait

---

* *Cf. le récit de cette « épreuve », à travers les conseils des ministres (et leurs prolongements) de janvier à avril 1963, dans* C'était de Gaulle, *t. 1 (p. 541-590) (1996).*

** Professeur de sociologie à la Sorbonne et président de l'Institut français d'opinion publique, qu'il avait fondé avant la guerre.

*** 64 personnes satisfaites sur 100 interrogées le 22 janvier 1963 ; 42 le 22 mars 1963.

opposé en janvier à l'entrée de la Grande-Bretagne dans le Marché commun ? Ou par l'attentat au fusil à lunette, déjoué de peu à l'Ecole militaire, et qui avait montré que l'ère des crises n'était pas close ? Ou par la grève des mineurs ? Le sociologue s'interrogeait.

Le samedi suivant, je questionnai la trentaine d'électeurs qui se pressaient à ma permanence : « Alors, qu'est-ce qui ne va pas ? » *Aucun* ne cita la porte claquée au nez des Anglais, ni l'attentat éventé ; la plupart n'en avaient même pas entendu parler. *Tous incriminèrent la réquisition des mineurs*. De Gaulle leur faisait l'effet d'être descendu de son piédestal ; il avait pris fait et cause pour les « patrons » et les « flics » contre les ouvriers – et les ouvriers les plus respectables dans l'inconscient collectif : les mineurs ; il avait cessé d'être le protecteur des « petits » en face des « gros ». Il fallut attendre juin 1965 – *vingt-sept mois plus tard* – pour que la popularité du général retrouvât le niveau de 64 %.

Cette péripétie a bien montré que le président, sous la Vᵉ République, doit rester le symbole de l'unité. Le Premier ministre peut s'opposer aux syndicats quand il estime devoir le faire. Pas le chef de l'Etat. A la différence du président des IIIᵉ et IVᵉ Républiques – arbitre *passif* qui ne pouvait que compter les coups – le président de la Vᵉ est un arbitre *actif*, sur toute affaire dont il *se* saisit. Mais son intérêt, et celui de la nation, lui recommandent de se saisir de cela seul qui l'exige.

Il est bon que le président dispose de grands pouvoirs. Il est mauvais qu'il cède à la tentation de s'en servir sans véritable nécessité. Car alors, il court le risque de les perdre.

Les citoyens sentent obscurément que les responsabilités ne doivent pas se confondre. Ils n'ont pas élu le président pour qu'il fixe le prix du lait ou désigne les chefs de bureau. Mais pour qu'il leur offre le visage de la nation.

Deux lectures de la Constitution

Nous marchons dans la campagne, Michel Debré et moi, sous un chaud soleil d'hiver.

« Il y a deux façons de lire la Constitution *, me dit-il. Première lecture : le président se cantonne dans les domaines de la souveraineté nationale. Pour tout ce qui n'est pas l'essentiel, il laisse faire le gouvernement. Seconde lecture : le président se comporte en chef du gouvernement. Tous les ministres relèvent de lui dans leur action quotidienne. Le Premier ministre est simplement le premier de ses ministres, son porte-parole devant le Parlement. Sous le

* Cette théorie des *deux lectures* a été élaborée par le conseiller d'Etat Raymond Janot [3].

Général, ajouta Michel Debré, la première conception prévalut avec moi, puis avec Pompidou, quand il prit toute sa carrure ; la seconde prévalut avec les débuts de Pompidou, puis avec ceux de Couve. Sous la présidence de Pompidou, avec Chaban, la première conception l'a d'abord emporté ; puis la seconde, accentuée ensuite avec Messmer... La première méthode est plus saine. Elle devrait être le droit commun. On ne devrait avoir recours à la seconde lecture que si les circonstances, soit intérieures, soit extérieures, l'exigent. »

Problèmes de couple

Président, Premier ministre : la nature des choses veut à la fois qu'ils soient couplés et découplés. La vie commune ne leur est jamais aisée.

Sur cette vie, le traumatisme du 16 mai 1877 laisse des traces *. Mac-Mahon demande sa démission à Jules Simon. Le ministère dépend-il du président et du Parlement, ou du seul Parlement ? L'avenir répondra : du Parlement seul. Après les élections législatives et surtout le renouvellement du Sénat, Mac-Mahon est obligé, comme le lui avait prédit Gambetta, d'abord de *se soumettre*, ensuite de *se démettre*. Jules Grévy le remplace et, conséquent avec lui-même **, renonce à exercer la plupart des prérogatives de sa charge. Casimir-Perier et Millerand tenteront en vain de les restaurer. Le président n'est plus guère, jusqu'en 1958, qu'un personnage honorifique. Aucun danger de conflit avec le chef du gouvernement.

Existe-t-il un autre moyen de secouer le poids de ce passé que l'affirmation de deux fonctions séparées, à deux niveaux distincts ? Que le Premier ministre ne se prenne pas pour le président : qu'il se contente d'appliquer ses grandes orientations, en recherchant l'accord du Parlement et de l'opinion. Que le président ne se prenne pas pour le Premier ministre, et laisse celui-ci diriger la majorité et coordonner les ministres. Que chacun garde ses distances, et la France sera bien servie.

Naturellement, le risque existe que la distance devienne clivage. De Gaulle y était très sensible. Il me dit un jour d'octobre 1965 : « Cette Constitution a un point faible. Si le Premier ministre

---

* Après Thiers qui avait cumulé les fonctions de président de la République et de chef du gouvernement, Mac-Mahon les avait distinguées ; mais il entendait que ceux qu'il appelait ses « chefs de cabinet », Dufaure puis Jules Simon, ne fussent subordonnés qu'à lui.

** Il s'était prononcé en 1848 contre l'existence même d'un président de la République.

rompt avec le président de la République sur un sujet qui inquiète l'opinion, et que la majorité de l'Assemblée se solidarise avec lui, le président est paralysé. C'est le défaut de la cuirasse. »

Il avait imaginé une précaution. En avril 1967, Georges Pompidou me glissa, non sans tristesse : « Je ne sais pas combien de temps je resterai. Le Général est tellement méfiant ! Dire qu'il m'a demandé ma démission en blanc * ! »

Certains trouveront pareille pratique déplaisante, et estimeront que la Constitution devrait être complétée pour l'éviter. D'autres jugeront qu'il vaut mieux garder à la Loi suprême son caractère sibyllin, propice à la souplesse.

Nécessaire et malaisée : l'alternance

Mais le couple peut-il se former, quand le scrutin législatif contredit le scrutin présidentiel ? Ce n'est pas exclu, si l'on a respecté les distances.

Il n'est guère possible que le président fasse alterner deux conceptions contradictoires : qu'il gouverne personnellement quand il a « sa » majorité et « son » gouvernement : et qu'il préside, en étranger, un gouvernement composé de ses principaux adversaires. En revanche, s'il s'est préservé des détails avec les premiers, il peut se réserver l'essentiel même en face des seconds. Non pas, certes, s'ils déferlent comme un raz de marée, car alors la transaction devient impossible ; la crise, inévitable, ne peut être tranchée que par le recours au juge suprême, le peuple. Mais si le renversement de majorité ne tient qu'à un nombre limité de voix, le président doit pouvoir imposer un compromis, en désignant un Premier ministre qui ait sa confiance, tout en disposant de quelques sympathies parmi les groupes arrivés en force à l'Assemblée **. Dans ce cas, le compromis comporte bien des précédents : « union nationale *** » ou « grande coalition **** ».

Ce régime, que l'on accuse parfois d'empêcher l'alternance

* J'ignore si cette demande lui avait été présentée au moment où il avait été à nouveau nommé Premier ministre, quelques jours plus tôt, ou déjà en janvier 1966. Mais il en était affecté. Ni lui-même pour ses deux premières nominations (en avril et décembre 1962), ni Michel Debré avant lui, ni Maurice Couve de Murville après lui, n'eurent à souscrire pareil engagement. Que Michel Jobert me pardonne de retoucher ce qu'il a écrit à ce sujet[4].

** Ce que Georges Pompidou appelait « l'Edgar Faure du moment ».

*** Telle que le général de Gaulle l'avait réalisée entre 1944 et 1946 en faisant entrer des communistes au gouvernement.

**** Telle qu'elle s'est instituée, en Allemagne fédérale, entre chrétiens-démocrates et sociaux-démocrates : le suffrage universel ne s'étant pas prononcé assez nettement, les deux grands partis ont contribué ensemble au gouvernement.

démocratique, autorise deux modes d'alternance. Ce qu'on pourrait appeler la *grande alternance*, à l'occasion de l'élection présidentielle. La *petite alternance* pourrait jouer à l'occasion des élections législatives intervenant au cours du septennat : le président, s'il voit la précédente majorité revenir en légère minorité, peut désigner un Premier ministre qui essaie de dégager une majorité nouvelle.

Mais comment vivre l'alternance de façon paisible, si le président de la République s'engage à fond et souvent, au point de se confondre avec le gouvernement ? La « présidentialisation » ne renforce pas le régime. Elle le rend fragile, parce qu'elle lui enlève toute souplesse.

Or, l'alternance est nécessaire. Elle empêche les oppositions de s'enfermer dans des attitudes radicales. Elle leur interdit l'utopie, à laquelle se complaît notre tempérament national. Souvent, les hommes politiques prennent une optique nouvelle quand ils accèdent au pouvoir. Harold Wilson, avant d'arriver au gouvernement, se déclarait hostile à l'entrée de l'Angleterre dans le Marché commun ainsi qu'à la poursuite du *Concorde*, et décidé à mettre au rancart la force de frappe anglaise. Appelé à Downing Street, il se convertit aux positions qu'il avait combattues. Chacun connaît bien d'autres exemples, et en France même. Quand on n'est pas au pouvoir, on finit par rêver. On n'a plus le droit de rêver quand on y est appelé ; et on perd la capacité de faire rêver les autres.

Il ne faut pas non plus occuper le pouvoir indéfiniment. Le gouvernant, comme l'opposant, est menacé d'irréalisme. Il tend à se couper de la vérité quotidienne. Dès qu'il met le pied dans la rue, on le reconnaît. Il ne peut plus bavarder, faire une emplette, flâner comme tout le monde. De sa limousine, il saute dans une réunion publique. Il est en représentation et il s'y habitue. A la longue, il s'isole ; sa vision du monde se défraîchit ; son énergie s'altère.

Seule une alternance pacifique peut élargir le consensus, faute duquel la France restera toujours fragile. Encore faudrait-il déjà qu'existât un consensus minimum, où se rejoindraient une majorité et une opposition accordées sur l'essentiel : le respect de la Constitution, des institutions et des lois ; l'indépendance à l'égard des « superpuissances » ; une défense appuyée sur une force de dissuasion constamment à jour ; l'économie de marché et l'initiative privée. Bref, l'acceptation des fondements du régime et de la société...

Ce qui contribue encore à engluer dans le quotidien l'action du Président, c'est qu'il fait le métier du Parlement, en plus de celui du gouvernement.

Quelle disproportion, en effet, entre les moyens de pression de l'exécutif et ceux du législatif ! L'Assemblée dispose d'une arme trop lourde, la censure, qui détruit le gouvernement, mais aussi l'Assemblée. Le Parlement dispose aussi d'armes trop légères : questions écrites et orales, rituel aussi démodé qu'inopérant.

A l'inverse, l'exécutif dispose de moyens efficaces et quotidiens pour empêcher la majorité d'agir : vote bloqué, qui est un refus du pouvoir d'amendement ; article 40 *, cette guillotine financière de l'initiative parlementaire ; fixation de l'ordre du jour prioritaire, qui aboutit presque toujours à étouffer le droit de proposition des parlementaires.

Session après session, chacun constate combien la machine parlementaire est grippée. Du haut de son perchoir du Palais-Bourbon, un président de séance dit avec un sourire triste : « La pièce n'amuse plus le public, ni même les acteurs ; changeons l'affiche [5]. » « Les limites du ridicule et de l'impossible sont atteintes », clame le président du Sénat [6]. Le président de l'Assemblée renchérit [7].

« Ridicules », en effet, six mois et demi sur douze sans Parlement, des débuts de session en « chômage technique », et des fins de session encombrées où les législateurs doivent examiner en quelques heures une loi dont les décrets d'application ne demanderont pas moins de trois ans en moyenne aux fonctionnaires. Ainsi, le Parlement se transforme en chambre d'enregistrement, et l'on réserve aux bureaux la réalité de la fonction législative **.

Sans doute faut-il déplorer davantage encore que *l'autre* fonction parlementaire soit presque tombée en désuétude : le *contrôle* de l'exécutif. Le Parlement n'en a pas les moyens. Pour lui en donner, il faudrait lui confier un très large rôle d'enquête, et que les ministres, plutôt que de s'évertuer à « couvrir » leur administration, encouragent le Parlement dans cette mission capitale, comme ils le font en Angleterre.

---

* L'article 40 de la Constitution interdit aux parlementaires de prendre l'initiative de dépenses nouvelles.

** *La « session unique » et l'extension des pouvoirs de contrôle annoncées au Parlement par le président Chirac au moment où il prenait ses fonctions devraient, vingt ans après cette analyse, mettre fin à ces « ridicules » (1996).*

Equilibrer par la base

L'élection populaire du président de la République a redonné à l'Etat, pour un temps, cohérence et force ; le bienfait ne durera que si l'Etat les met à profit pour diffuser la responsabilité ; pour organiser la démocratie à la base, comme elle l'a été au sommet.

S'il ne s'y résout ou n'y parvient pas, c'est l'élection populaire elle-même qui fera périr le pouvoir présidentiel : car il concentrera sur lui l'exaspération nationale. Faute de dériver la contestation et la revendication vers des pouvoirs secondaires qui soient légitimes et responsables, le président est voué à être un jour abattu par une coalition de mécontentements et de frustrations. Comme le chêne dressé sur la colline, il attirera la foudre. Sa fonction constitutionnelle sera abattue du même coup. Et la France aura renoué avec sa malheureuse histoire. La dernière formule d'Etat viendra, après dix-sept autres, s'ajouter à la liste de nos tentatives avortées.

Suspendus au faîte

On s'est, après chaque effondrement, obstiné à maintenir un système fait pour s'ébranler lui-même. « Ressemblerons-nous toujours, s'interrogeait Odilon Barrot *, à des architectes qui – après avoir édifié et réédifié vingt fois une maison qui s'écroulerait toujours en un instant ** par la même cause, consistant dans la *surcharge du faîte* de l'édifice et dans l'absence de toute *fondation solide* – s'obstineraient à recommencer leur œuvre sans rien changer à leur premier plan, et en reproduisant toujours le même vice de construction ? »

Les *fondations solides* existent désormais : le président s'appuie sur le roc du suffrage universel. Mais *la surcharge du faîte* sub-

* Initiateur de la « campagne des banquets » en 1847, président du Conseil de décembre 1848 à octobre 1849.

** Cette observation, vraie en son temps, n'a pas cessé de l'être : la royauté de droit divin en trois semaines, entre le 14 juillet et le 4 août 1789 ; la royauté constitutionnelle, en une journée, le 10 août 1792 ; la dictature de Robespierre, en une journée, le 9 Thermidor ; le Directoire, en quelques heures, le 18 Brumaire ; l'Empire, en quelques jours, en mars 1814 ; la royauté à charte octroyée, en quelques jours, en mars 1815 ; l'empire des Cent-Jours, en vingt-quatre heures, le 19 juin 1815 ; la monarchie à charte octroyée, en trois jours, en juillet 1830 ; la royauté constitutionnelle, en deux jours, en février 1848 ; la IIe République, en un jour, le 2 décembre 1851 ; le second Empire, en trois heures, le 4 septembre 1870 ; la IIIe République, en un jour, le 10 juillet 1940 ; l'Etat de Vichy, en quelques jours, à la mi-août 1944 ; la IVe République, en trois semaines, entre le 13 mai et le 1er juin 1958. Quant à la Ve République, elle faillit être emportée en trois jours, à partir du 27 mai 1968, et ne se rétablit, d'extrême justesse, qu'à l'appel lancé par de Gaulle le 30 mai.

siste : la charpente, l'édifice et tout ce qu'il supporte, sont suspendus à ce faîte. Au premier tassement de terrain, l'immeuble se disloquera. Que le plancher tienne par lui-même !

Il reste à notre fin de siècle à trouver un nouvel équilibre entre les citoyens et les pouvoirs publics. Tâche immense, où les progrès réalisés sur un point en permettent ailleurs, mais où l'échec sur un front a des conséquences redoutables sur les autres.

En restreignant les attributions et l'action directe du pouvoir central, en élargissant et en fortifiant l'initiative spontanée des individus et des groupes, on consolidera les fondements de l'édifice public. On empêchera le faîte de s'écrouler. Alors, mais alors seulement, l'architecture de la société cessera de donner prise aux bourrasques.

Cinquième partie

DES STRUCTURES MENTALES MALADES : L'IMMOBILISME CONVULSIONNAIRE

Le bien imposé du dehors aboutit au mal suprême, qui est pour une nation la léthargie, le matérialisme vulgaire, l'absence d'opinion, la nullité officielle, sous l'empire de laquelle on ne sait rien ni n'aime rien... L'administration détruit le ressort des âmes.

Ernest Renan [1].

Tel est le mystère de la liberté de l'homme
Et de mon gouvernement envers lui et envers sa liberté
Si je le soutiens trop, il n'est plus libéré
Et si je ne le soutiens pas assez, il tombe...

... Jardins mystérieux, jardins merveilleux,
Jardins très douloureux des âmes françaises.

Charles Péguy [2].

Chapitre 35

LA GALERIE DES GLACES

Le pélican de Jonathan
Au matin pond un œuf tout blanc
Et il en sort un pélican
Lui ressemblant étonnamment.

Et ce deuxième pélican
Pond, à son tour, un œuf tout blanc
D'où sort, inévitablement,
Un autre qui en fait autant.

Cela peut durer pendant très longtemps
Si l'on ne fait pas d'omelette avant[1].

En quelques vers d'un poème-comptine, Robert Desnos trace le cercle fermé de la société : tout s'imite et se reproduit. Les symbolistes avaient deviné les harmonies universelles : *les parfums, les couleurs et les sons se répondent*[2]. Sans doute ne savaient-ils pas que leur obsession pouvait, au-delà de la nature physique, s'étendre à la nature sociale. Correspondances entre « choses visibles » et « choses invisibles » : autant de découvertes qui restent à faire pour les observateurs des sociétés.

N'avez-vous pas rêvé, devant le peintre qui badigeonne le dos d'un semblable peintre, devant le Noir qui sourit à une boîte de Banania ornée de son portrait, devant le chat lové autour d'une bouteille de Dubonnet où figure sa réplique : tous associés à une série d'images, de plus en plus réduites, d'eux-mêmes ? La société aussi est bâtie comme un jeu de miroirs à la répétition indéfinie.

A l'instar de Louis XIV, l'ordre social mène son cortège dans une galerie de glaces qui en multiplient l'effet.

Chaîne génétique de la méfiance

Entrons dans ce jeu, pour en découvrir les ressorts mentaux.

La société s'efforce d'être homogène. Ses différentes cellules se reproduisent. On dirait qu'elles suivent un code génétique, analogue à celui que la biologie moderne décrypte dans l'individu. L'enfant, dans la famille, découvre le monde à travers les modèles qui lui sont proposés. Famille, religion, école, armée, entreprise, institutions politiques, lui renvoient à l'infini la même image. Tout semble procéder de la façon dont les sociétés réagissent à la petite phrase explosive du doux Jean-Jacques Rousseau, pour qui le monde était si dur : « L'homme est né bon. » Deux réactions, deux modèles. La société de confiance, ouverte ; la société de méfiance, fermée.

Supposer l'homme naturellement bon, c'est le dire capable de tracer seul sa voie. L'autorité, la hiérarchie, l'ordre ? Ils ne sont que le cadre de libertés vivantes. Les destins individuels sont l'affaire des individus, non de la collectivité.

Supposer au contraire l'homme naturellement mauvais, c'est le juger incapable de discerner seul ce qui est pour lui bon ou nuisible. A cet infirme social, l'ordre doit être imposé de l'extérieur.

Les Français n'ont jamais été rousseauistes. Depuis des siècles, ils reproduisent, dans leur ensemble, une société où tout diffuse, renforce, légitime l'autorité supérieure et lointaine. « A Paris, constatait Edmund Burke en analysant notre Révolution, tout est dirigé d'après cette supposition qu'*aucun homme n'entend quelque chose à ses propres intérêts*, ou n'est capable de prendre soin de lui-même. » Cent cinquante ans après Burke, comme cent cinquante ans avant lui, la tutelle, en France, finit par produire l'incapacité qu'elle suppose.

D'un secteur de la société à l'autre, les mêmes phénomènes se retrouvent : présomption d'incompétence au détriment de la base, et d'infaillibilité en faveur du sommet ; communication en sens unique, du sommet vers la base et non de la base vers le sommet. Et ce sommet se perd dans les nuages du sacré. L'autorité ne peut durablement tenir en bride la liberté d'initiative, qu'au nom d'un ordre divinisé. Elle est toujours là, de la Rome impériale à la France d'aujourd'hui, pour censurer, surveiller, punir. Le quadrillage de la société s'est perfectionné avec les progrès du système centralisé. Le rêve romain s'est accompli. L'exercice méticuleux du pouvoir ne laisse à peu près rien en dehors de lui : école, atelier, hôpital, prison[3]. Votre vie quotidienne, votre catégorie, votre rôle vous sont conférés par le pouvoir, dont la compétence s'étend sans cesse.

Le nouveau paradoxe du Crétois

La centaine de pèlerins que nous avions laissés à bord du *Mayflower* ont fait souche. Le modèle immuable de la première cellule s'est reproduit. La société américaine d'aujourd'hui a digéré des dizaines de millions d'immigrés, l'esclavage puis son abolition, le Far West, la guerre de Sécession, l'urbanisation, deux guerres mondiales, plusieurs guerres coloniales, l'hégémonie universelle. Les valeurs dominantes sont restées jusqu'à nos jours celles des WASP *, même s'ils y sont devenus minoritaires.

A l'inverse, la France, comme les autre pays de culture catholique, est restée à travers les siècles une pyramide de micro-sociétés, elles-mêmes pyramidales. Toutes issues de la même origine : le sentiment d'insécurité. Pour résister aux agressions, pas d'autre moyen que de retrouver les *structures élémentaires de la défiance* – *tortue* des Romains, *carré* de Napoléon. Le modèle césarien préserve un ordre menacé. Aussi, toute rébellion, même toute volonté d'émancipation, le justifie. Le paradoxe du contestataire peut rejoindre celui du Crétois **. Les contestataires veulent abattre l'ordre hiérarchique ; ils l'ébranlent en semant le désordre ; mais l'ordre hiérarchique naît précisément du désordre ; l'anarchie renforce donc la hiérarchie.

Au commencement est la famille

La famille est la cellule mère. En elle, l'enfant de la société téléguidée a appris l'autorité : d'abord protectrice, ensuite défiée, mais toujours subie.

Jusqu'aux années 1960, la famille est restée en France le premier moule de l'autorité. Autorité du *chef* : chacun y apprenait à dépendre. Autorité du *mâle* : celui qui est le plus apte à défendre le groupe contre le danger, à prendre les armes ; le *masclo*, le *macho*, c'est la virilité surpuissante et rassurante des sociétés latines. Autorité de *l'âge*. « Pourquoi, disait-on sous la IIIe République, la France est-elle gouvernée par des hommes de soixante-quinze ans ? » Réponse : « Parce que ceux de quatre-vingts ans sont morts. » Récemment encore, on a pu voir les plus grands groupes de presse de France dirigés par des octogénaires. L'élan de confiance qui porta plusieurs fois le peuple français vers un vieil homme montre assez combien l'âge continuait de primer.

* *White anglo-saxon protestant* : blanc, anglo-saxon, protestant.

** « Un Crétois dit que les Crétois sont menteurs ; mais puisqu'il est menteur, il n'est pas vrai que les Crétois soient menteurs : mais si les Crétois ne sont pas menteurs, alors ce Crétois dit vrai ; donc... »

Moins raide qu'autrefois, volontiers affectueuse, l'autorité se justifiait par le souci de protéger l'enfant. Dans les familles anglo-saxonnes, très vite l'éducation cherche à le rendre autonome. Nous reculions au contraire le plus longtemps possible ce moment où l'enfant devrait « voler de ses propres ailes » : expression qui recouvrait une crainte de l'émancipation. Comme si, la cellule éclatant, nous étions condamnés à la mort précoce. Il fallait arrêter la vie.

Dans les années 1960, une tornade, venue des pays anglo-saxons, a ébranlé ces traits traditionnels de la société française. On a rabaissé le chef, le mâle, l'ancien ; exalté la « base », la femme, les jeunes. Autorité et famille ont subi de rudes assauts. Le traumatisme a été profond. Le temps s'est précipité, parce qu'il s'était immobilisé.

La femme moins égale que l'homme

La famille continuait d'imposer une certaine image de la femme : c'était encore, dans les pays latins, celle de la subordination.

D'un geste rageur, Isabelita Perón jette un feuillet de son discours. Devant les caméras de la télévision argentine, la présidente éclate de fureur contre les syndicats. Vingt millions de téléspectateurs en ont le souffle coupé : voici que cette femme se permet de jouer au *macho* ? Le lendemain, une grève générale paralyse l'Argentine. En terre catholique, une femme peut faire bien des choses. On peut même la prendre pour gracieux symbole de l'unité nationale. À condition qu'elle respecte l'autorité des mâles.

Faible, la femme est donc inférieure ; incapable, depuis Eve, de résister à la tentation, donc dangereuse ; tentatrice elle-même. Elle n'a qu'une place inférieure dans une société dont l'armée et l'Eglise furent longtemps les archétypes. Pour le guerrier, elle est négligeable, hormis le repos, puisqu'elle ne peut se battre efficacement. Pour le prêtre, elle est, selon le mot de Tertullien, « la porte du diable ».

Pourtant, en exaltant, à travers le culte de la Vierge Marie, la chasteté * et la maternité, le christianisme a répandu le respect de la femme, égale de l'homme, sinon dans la société, du moins dans l'amour de Dieu. Mais d'où vient que ces virtualités égalitaires du christianisme ont été développées beaucoup plus vite dans les pays protestants, où l'on répudiait le culte de la Vierge ? Sans doute

* A la différence de la déesse-mère des religions antiques, symbole de la fécondité *par* l'homme, et non de la chasteté. Déméter, *gé-méter*, c'est la divinisation de la terre labourée et ensemencée.

du fait que la confession protestante a été dominée par un appel *personnel* ; la confession catholique, par une Eglise *hiérarchique*. La vocation s'adresse à l'être humain, quel que soit son sexe. Mais le clergé ne met pas les hommes et les femmes sur le même pied. Pendant des siècles, l'Eglise a prescrit, selon le décret de Gratien, que la femme fût soumise à l'homme « en toutes choses ». Il fallut attendre 1957 pour qu'un pape, Pie XII, assurât que l'homme et la femme sont « des personnes égales en dignité, sans qu'on puisse soutenir que la femme soit inférieure ». Mais la hiérarchie sacerdotale demeure exclusivement masculine.

Dans les sociétés latines, les attitudes restent à peu près les mêmes à l'extérieur de l'Eglise qu'à l'intérieur. Bien sûr, la loi a fini par conférer aux femmes une égalité absolue avec les hommes : à travail égal, salaire égal ; à citoyenneté commune, même droit de vote *. Mais il existe mille moyens de tourner la loi, et l'on s'en sert.

Comme toujours, une situation bloquée provoque l'explosion des surenchères utopiques. Pour être sûr de monter sur le cheval, on saute si haut qu'on passe par-dessus. A force d'exiger l'*égalité*, la femme risque d'abolir la *différence*, essentielle pour l'enrichissement mutuel des deux sexes. Et si la féminité était un élément dont aucune société ne saurait se passer ?

Jésuites d'Eglise et jésuites d'Etat

« Et surtout, corrigez-le ! » Jusqu'à une date récente, combien de maîtres d'école n'ont-ils pas entendu cette phrase dans la bouche de parents excédés qui leur remettaient un gamin indocile ! L'école était là pour relayer la famille et inculquer plus avant les principes de la hiérarchie et de l'autorité.

Notre école a assumé l'héritage des jésuites. Ils organisèrent leur enseignement dans l'élan de la Contre-Réforme. Ils y ont laissé leur marque. Et quelle marque ! « Il faut se laisser gouverner par les supérieurs hiérarchiques, proclame saint Ignace, *comme si l'on était un cadavre qu'ils pourraient mettre dans n'importe quelle position et traiter suivant leur bon plaisir.* » C'est le maître mot de l'éducation à la romaine **.

Emile Durkheim a montré *** que les lycées et collèges publics

* Il a fallu attendre 1945 pour que le général de Gaulle imposât un droit de vote qui existait aux Etats-Unis dès 1868 [4]. Cette mesure s'était heurtée sous la IIIe République au veto d'un Sénat anticlérical, qui craignait que les femmes ne votent « sous l'influence des curés ».

** *Perinde ac cadaver* : l'image est restée célèbre.

*** Dans son cours à la Sorbonne de l'année 1899-1900. Dominique Julia l'a établi à nouveau [5].

avaient copié purement et simplement les méthodes des institutions jésuites. Ainsi, pendant trois siècles, les élites françaises ont subi ce modelage du principe dogmatique. Napoléon voulait, dans ses lycées, « des jésuites d'Etat [6] ». La IIIe République reprit à son compte les principes de Loyola et de Napoléon. « L'Etat, disait Thiers – qui s'estimait libéral –, a le devoir de frapper la jeunesse à son effigie [7]. » L'enseignement d'Etat, selon Jules Ferry, se donne pour objet de transformer les élèves en dociles instruments de l'Etat républicain *. L'esprit laïc, qui entend se substituer à l'esprit clérical, procède de la même nature que lui. Il n'est pas pluraliste, mais unitaire. Il emploie les mêmes techniques, à son profit. La science a son culte, ses dogmes, ses martyrs, ses prêtres, son intolérance. Hors d'elle, point de salut.

La déification du savoir abstrait

Les élèves sont des bouteilles vides que le maître doit remplir en s'aidant d'un entonnoir : Anatole France avait ainsi défini, pour en rire, la relation du maître et de l'élève. Le maître est celui qui a tout à apporter et rien à recevoir, l'élève tout à recevoir et rien à apporter **. L'enseignant n'a pas à se soumettre au rythme de l'enfant et de l'adolescent, mais ceux-ci à suivre l'allure de celui-là. S'ils n'y arrivent pas, le système les rejettera. Il est fait pour les sujets d'élite – qu'il chauffe comme plantes de serre ; il est dur aux enfants moins doués, qui sont le nombre.

Le savoir est au-dessus du maître. Il est la justification de sa supériorité. Plus le savoir est abstrait, plus la justification devient pure. L'enseignement français se hiérarchise selon l'abstraction : plus il s'éloigne de la réalité, plus haut est son prestige. Moins il prépare à la vie, plus il s'ennoblit aux yeux des maîtres, des familles, des élèves eux-mêmes. Jusqu'à une date récente, les langues mortes ordonnaient cette hiérarchie. Le « moderne » était le rebut du « classique », et le « technique » le rebut du « moderne ». La seule institution qui ait tenté, à la fin du XIXe siècle, d'échapper au modèle jésuite, la seule qui se soit efforcée de simplifier et de concrétiser, pour inventer un enseignement qui fût de masse et non d'élite, l'école primaire supérieure, a fini par être absorbée par le système. Aujourd'hui encore, le « technique » s'ef-

* Certaines circulaires de Jules Ferry sont étonnantes de sectarisme. Il est vrai qu'elles sont compensées par l'admirable *Lettre aux instituteurs*.

** Certes, on ne peut nier que le maître sache et que les élèves ignorent. Mais certains avaient compris, depuis longtemps, que les élèves, dans leur masse, cessent mieux d'ignorer quand le maître leur montre une *manière d'être* plus qu'une *matière à apprendre*, et n'essaie pas de brancher leur ignorance sur son savoir, mais son savoir sur leur désir.

force de conquérir sa noblesse en se faisant aussi abstrait que possible. Le découpage des certificats d'aptitude professionnelle ne répond pas aux besoins des professions, pourtant exprimés avec force, mais aux exigences d'une classification cartésienne.

Le latin est en perte de vitesse ? Le système se hâte d'ordonner à nouveau sa hiérarchie autour d'une autre langue sacrée : les mathématiques. Mais il faut, d'abord, les rendre plus abstraites encore ; les débarrasser du bon vieux « calcul », le seul élément dont la plupart d'entre nous aurions quelque chance de nous servir plus tard ; bref, les rendre inutilisables à tous, sauf à une élite quintessenciée. Ainsi les mathématiques, dites modernes, sont-elles la réincarnation de l'éternel thème latin.

L'école, certes, explose, comme la famille et l'Eglise. Mais la méthode didactique a formé le professeur : parole impérative, démonstration déductive, uniformité dogmatique, référence au texte imprimé. Parce que cet enseignement ne se fonde pas sur la curiosité des élèves, il se soutient par l'autorité – intellectuelle et morale.

Il engendre ainsi chez l'enfant un durable complexe d'infériorité, dont seule l'agressivité peut le libérer. Comment, chez les élèves médiocres – notamment la plupart de ceux qui sortent d'un milieu culturel défavorisé –, la conscience de leur dignité personnelle se formerait-elle dans cette pratique de l'humiliation, qui les écrase sous le constant rappel de leur ignorance et de leur incapacité ?

Aussi est-il illusoire de penser que l'affermissement de *l'esprit démocratique* suivra automatiquement la *démocratisation* quantitative de l'enseignement.

Sur les terrains de jeu d'Eton

A peine si nous imaginons qu'une autre éducation soit possible... et reste efficace. Il y faut le choc de l'expérience. Je l'ai reçu en 1947 en séjournant à Eton. Ce qui d'emblée frappait, c'était l'autodiscipline. Dans ce collège, les élèves votaient pour désigner parmi eux les « préfets » et les « capitaines » – chargés d'exercer l'autorité pendant une période donnée. Responsables de leurs camarades plus jeunes, les aînés les aidaient dans leurs jeux, leurs sports, leurs révisions, et, s'il le fallait, les punissaient.

Le système cherchait à développer le sens de la communauté. La compétition, très vive, avait un caractère collectif et non individuel : les classes étaient divisées en quatre équipes, de forces physiques et intellectuelles à peu près égales. La lutte était acharnée pour gagner le plus grand nombre de points, que ce fût en mathématiques ou au rugby. Car le loisir faisait partie de la formation.

Les passe-temps variaient : musique, dessin, sculpture ; beaucoup de sport aussi : « Waterloo a été gagné sur les terrains de jeu d'Eton », aurait dit, au soir de la bataille, le duc de Wellington. Eton s'en souvenait.

Mais, dira-t-on, l'école française n'est plus telle que vous la décrivez – et plût à Dieu qu'elle le fût restée ! *Lycée-caserne* peut-être, mais cela ne valait-il pas mieux que le *lycée-chaos* ? Et il est vrai que l'enseignement autoritaire n'est plus qu'un tronc creux et privé de sève.

Finie la discipline austère des lycées napoléoniens, finie l'autorité des censeurs et des préfets d'études. Les élèves, qui avaient toujours su s'en échapper par l'évasion, y échappent par le *chahut* – plus rare dans les pays anglo-saxons, de plus en plus fréquent en France. Un universitaire américain, à qui j'avais en 1967 facilité ses recherches sur ce phénomène, y voyait une caractéristique de l'école française, reflétée par l'attitude des citoyens envers l'Etat [8]. Mais ce phénomène restait assez rare. Cet universitaire est revenu en 1975. Dans la plupart des classes revisitées, il a constaté un chahut permanent : les élèves jouant entre eux, bavardant plus haut que le maître. Devant sa stupeur, les enseignants s'étonnaient, pensant que ces excès venaient d'Amérique. Il eut du mal à les détromper. L'enseignement est resté hiérarchique ; mais sans pouvoirs : vidé de sa substance, décomposé.

La prolongation à seize ans de la scolarité obligatoire n'a-t-elle pas – effet inattendu – contribué à la rapide extension de la délinquance juvénile qu'on observe depuis la fin des années 1960 ? Les adolescents qui auraient voulu et pu échapper à quatorze ans au système scolaire y restent enfermés, et vivent cette expérience comme un échec personnel. Cent cinquante-six jours de contraintes mal supportées, deux cent neuf jours de loisirs inorganisés : quelle tentation de défouler, dans la violence des bandes délinquantes, les agressivités accumulées [9] ! En tout cas, le système D et le sabotage s'apprennent à l'école, et ne s'oublient plus.

Le système scolaire français ne pourra se maintenir éternellement dans l'équivoque. Mai 1968 n'a pas changé l'orientation fondamentale de l'enseignement : dans l'ensemble, les contradictions nées du système hiérarchique se sont maintenues. Le système n'est pas devenu libéral : les établissements n'y ont pas été revigorés par l'autonomie, ni par la responsabilité, ni par la concurrence, ni par la discipline interne *.

C'est que l'école dogmatique et le principe d'organisation hiérarchique ont une seule et même *logique de système*. L'éducation

* *Ni par une très chiche « autonomie » concédée en 1985, ni par les réformes conçues et les crédits dispensés par des gouvernements socialistes pourtant fort soucieux de soigner ce vaste vivier de leur clientèle électorale (1996).*

dans la confiance et l'autonomie concurrentielle ont la leur, diamétralement opposée. On ne substitue pas l'une à l'autre par décret.

La gardienne des clés

Toutes les autres organisations hiérarchiques essuient la même tempête : à commencer par l'Eglise, qui a tant marqué la société française. *« Dieu est-il français ? »* se demandait l'observateur étranger [10]. « Catholique et Français toujours », dit le cantique. L'important, à cet égard, n'est pas de savoir si les Français ont gardé la foi : ils sont restés, presque toujours sans le savoir, assez souvent contre leurs convictions affirmées, catholiques *de formation et de culture*. C'est pourquoi ce qui se passe dans l'Eglise les touche de près, même s'ils affectent l'indifférence.

A tous les instants de la pratique religieuse, le catholique était tributaire de l'autorité sacerdotale : sans prêtre, pas de confession, pas de communion, pas de réunion religieuse ; pour vivre sa religion, il fallait en quelque sorte passer par la voie hiérarchique. Sans doute l'enfant, dans son inconscient, prenait-il l'habitude de considérer que son salut ne pouvait lui être garanti que par l'Eglise. Bien qu'il cessât, de plus en plus fréquemment, de pratiquer dès l'adolescence, il restait marqué toute sa vie par cette idée que *d'autres* tenaient les clés de l'enfer et du paradis.

Longtemps restée rigide – d'une rigidité renforcée par la Contre-Réforme qui la militarise, par Napoléon qui la fonctionnarise, par le petit père Combes qui la *militantise* –, l'Eglise de France est aujourd'hui en proie aux convulsions d'une « mise à jour » *in extremis*.

Comment une organisation fermée peut-elle s'ouvrir ? Comment une hiérarchie monocentrique peut-elle s'adapter sans éclater ? L'Eglise est aux prises avec ce problème. C'est aussi le problème de la France.

Quelques années d'efforts hâtifs et désordonnés lui réconcilient les uns, laissent les autres perplexes, et de toute façon n'effacent pas l'empreinte des siècles. Le moule romain se casse ; mais nous en avons pris les contours.

Entreprises patriarcales

Chef d'entreprise = chef de famille : équation typiquement française. La marque laissée en France par la famille, l'école et la religion, se retrouve en économie. Dans l'agriculture, l'industrie et le commerce, la structure familiale a constamment prédominé et prédomine encore.

J'ai connu un artisan ferronnier, dont l'affaire prospérait au milieu des années 1930. Quand les lois sociales obligèrent à accorder aux ouvriers des assurances sociales, puis des congés payés, il s'y refusa : « Si je donne ces droits à des ouvriers, disait-il, comment pourrai-je ensuite les commander ? » Il préféra les congédier et faire fonctionner son atelier avec les seuls membres de sa famille. Quarante ans plus tard, l'atelier n'a pas changé de dimensions. Une autre entreprise, qui était alors de même taille, mais qui avait accepté la nouveauté, fait vivre aujourd'hui une centaine d'ouvriers.

Cette structure familiale frappe les analystes étrangers *. Ils y voient une cause essentielle de ce malthusianisme qui a tant marqué et marque encore trop souvent notre économie. L'obsession du patrimoine fait passer les intérêts familiaux avant l'intérêt de l'entreprise. Maints patrons refusent de placer leurs actions sur le marché, de peur de faire perdre à leur famille son contrôle exclusif. Ils diminuent les risques et, par là même, les profits, au lieu d'accroître les profits en faisant partager les risques. Les entreprises renoncent à s'étendre, pour ne pas sortir du cercle familial.

L'entreprise familiale s'est battue, hier, contre les sociétés par actions, les sociétés anonymes, les grands magasins ; aujourd'hui, contre l'agriculture de groupe, les « grandes surfaces » et les supermarchés. Lorsque ces nouvelles formes finissent par se frayer un chemin, une complicité les lie aux entreprises archaïques. Pour avoir la paix, les premières consolident les secondes.

Même les grandes entreprises ont reproduit le modèle patriarcal. Le « patronat de droit divin », comme il s'appelle lui-même plaisamment, ne partage pas le pouvoir. Et les sociétés nationalisées ne sont pas moins conformes au modèle. Le « droit divin » est représenté par un président qu'a désigné le gouvernement : parachuté au sommet de l'entreprise, il incarne l'autorité de l'Etat.

« L'esprit de maître »

Rares encore sont les Français qui ont ce ressort d'initiative que Voltaire appelait joliment « l'esprit de maître », montrant que tout l'art de gouverner consiste à « imprimer aux gens l'indépendance qui fait la force ». La liberté et le « pluralisme » sont devenus en France un dogme ; mais ils n'ont jamais été des principes d'organisation concrète de la vie publique, économique et sociale. Tant

* Par exemple, le sociologue américain Jesse Pitts [11] explique par l'entreprise familiale le retard économique français.

qu'ils ne le deviendront pas, peut-on espérer que nous échappions à l'héritage romain de l'ordre hiérarchique ?

Ces micro-sociétés hiérarchisées, qui s'emboîtent les unes dans les autres comme des poupées gigognes, vont-elles pouvoir subsister longtemps ? Menacées par une décomposition interne, elles aggravent la dégradation de la société globale. Ordre libéral centralisé, ordre hiérarchique en voie de putréfaction : le mélange est explosif.

César et la tortue

Longtemps, la France a avancé comme la *testudo*, la tortue des légions romaines. Chaque légionnaire se courbe et place son bouclier au-dessus de sa tête et de son corps. Rectangle bombé, ce bouclier le protège de la tête au bas du dos ; il s'articule exactement au bouclier voisin. Soudés, les soldats avancent lentement, en s'abritant des flèches ou des javelots sous les écailles de cette carapace. S'ils attaquent un rempart, ils montent les uns au-dessus des autres : la tortue se fait pyramide, pour que les soldats les plus élevés se hissent sur la muraille. Elle est alors condamnée à rester immobile : au moindre mouvement, elle s'écroulerait. Cette perfection de l'organisation militaire romaine, les sociétés latines la reproduisent à l'infini dans leur vie civile.

Mais les sociétés ne vivent pas seulement d'ordre : il leur faut une âme. C'est alors que César intervient : père, prêtre, maître, patron.

Au sommet de la hiérarchie, le chef charismatique. Souverain, il donne un sens à ces automatismes. Chef paternel, humain et sacré à la fois. Sûr de lui-même ; sûr de détourner les fleuves de l'histoire, quelle que soit cette histoire.

De Lattre, ayant quitté son commandement en Allemagne avant de rejoindre l'Indochine, vint faire ses adieux au haut-commissaire français, André François-Poncet, en décembre 1950. Il était rayonnant de foi et de joie, ne doutant pas qu'il ferait des miracles. Et il allait en faire, en effet, retournant en quelques semaines une situation mal engagée.

« Au moment, me dit-il, où le sort de la bataille est indécis, où chacun des adversaires peut plier, le chef détient entre ses mains la victoire ou la défaite. »

Le sentiment qui habitait « le roi Jean » au moment où il s'envolait pour l'Indochine, c'était celui de Richelieu à La Rochelle, Louis XIV dans le soleil de ses vingt ans, Bonaparte après le 18 Brumaire, Clemenceau et Pétain en 1917, Foch en 1918, de Gaulle au micro de Londres en 1940, ou à l'hôtel La Pérouse en

1958 : l'autorité de crise, celle du chef qui s'impose par sa force de caractère et sa confiance en son étoile.

La vie des sociétés à la romaine est parfois héroïque, souvent dramatique. Comment passer de ce courant sous haute tension, de cette poésie épique, aux courants diffus, à la prose confuse des initiatives multiples ? Dans une société dont les institutions s'affaissent, les hommes auront-ils suffisamment « l'esprit de maître », pour n'avoir plus besoin de maîtres ?

Chapitre 36

LA RÉSISTANCE À L'INNOVATION

1. L'IMMOBILISME

Toutes les cellules de la société se renvoient les unes aux autres les images d'un *ordre immuable*. Celui-ci s'est épanoui au Grand Siècle comme une expression subtile de la Contre-Réforme. Il s'est emparé de la grammaire avec Vaugelas, de la poésie avec Malherbe, de la tragédie avec Corneille, de la philosophie avec Descartes, de la théologie avec Bossuet, du vocabulaire avec l'Académie, de la politique avec Richelieu et Louis XIV. Et qui nierait sa grandeur ? C'est l'ordre des paysages français, de la sagesse française, des commis et fonctionnaires français, du contrôleur des poids et mesures que célébrera Giraudoux.

Le garant de cet ordre immuable, c'est la royauté de droit divin, unie à l'Eglise intemporelle. La décision royale s'habille d'un langage d'éternité : « Mandons à nos aimés et féaux Conseillers en notre Cour Royale de Paris de publier et enregistrer les présentes. *Car tel est notre bon plaisir. Et afin que ce soit chose ferme et stable à toujours*, notre aimé et féal chevalier, chancelier de France, y a fait apposer par nos ordres notre grand Sceau. » Ainsi assurée dans le passé par le droit divin, dans l'avenir par le sceau royal, la décision, rivetée aux deux bouts, défie le temps.

Le jardin à la française symbolise cet univers immobile. Tiré au cordeau, d'une rigueur mathématique, hostile aux improvisations de la nature. Dévoreur de temps et de moyens, car si jamais la vigilance des jardiniers se relâche, il donne l'image de la désolation. Les arbres deviennent figures. Les allées donnent la réplique aux bâtiments. La raison s'impose à la nature. Il fallait bien que l'art du jardin *immuable*, né en Italie, trouvât en France son expression la plus achevée. C'est le jardin d'une société hiérarchisée, cloisonnée, militaire, artisanale et rurale ; le jardin raffiné d'un monde clos.

Le jardin à l'anglaise prétend seulement aménager la nature pour l'accomplir, l'humaniser sans la violenter. Il est si près de l'état sauvage qu'il donne l'impression de pouvoir se passer de jardinier. C'est le jardin d'une société dont les valeurs sont le respect des lois naturelles et leur habile exploitation, la confiance faite à la spontanéité et à la croissance des choses.

Ce n'est pas un hasard si Cuvier est français et Darwin anglais : le fixisme s'épanouit aussi naturellement de ce côté de la Manche que l'évolutionnisme de l'autre.

J'ai dit le choc que je ressentais, dans les années 1950, quand, les oreilles encore bourdonnantes de l'activité qui explosait dans les villes allemandes ou américaines, je retrouvais nos villes de province, ensevelies sous la routine comme sous une gaine de poussière. Là-bas, un train d'enfer, des gens affairés, des chantiers, des grues, des bulldozers. Ici, des journées au rythme lent, avec un commerce et un artisanat de gagne-petit, des administrations endormies. Douceur de vivre, ou somnolence d'un peuple à son déclin ? J'étais frappé par la ressemblance de Provins avec le portrait qu'en avait fait, cent vingt ans plus tôt, Balzac, dans *Pierrette*.

« N'essayez pas de changer les choses, me disait-on, elles ont toujours été ainsi, elles ne bougeront pas. »

Elles bougèrent cependant, comme partout en France. Elles bougèrent plus en vingt ans que dans les cent ans qui avaient précédé. Ce fut comme par force ; et on en est resté tout étourdi. La France a perdu quelques-unes de ses habitudes douillettes. Elle garde sa difficulté à s'adapter, sa lenteur à réagir. On ne change pas les acteurs aussi aisément que les décors.

Le poids du passé

Nous sommes largement restés un peuple paysan. Non pas seulement parce que la proportion des agriculteurs est restée plus forte que dans aucun autre pays avancé *. Mais au cœur de nos instincts et de nos réflexes.

Il n'est pas impossible que Vichy ait été, au moins en 1940 et 1941, le régime le plus populaire que la France eût connu depuis bien longtemps : il répondait aux aspirations profondes de la nation. Face à la trépidation des villes, il célébrait les vertus rurales, le retour à la terre ou à l'artisanat. Jamais la France conser-

* Elle était encore de 15 % en 1968, contre 2 % en Grande-Bretagne, 3 % aux Etats-Unis, 3 % en Belgique et aux Pays-Bas. *Mais aujourd'hui, à 5 %, nous sommes très proches de ces pays dont l'agriculture s'est modernisée plusieurs décennies avant la nôtre (1996).*

vatrice ne fut aussi rassurée que par cette puissance remontée du passé.

La vie paysanne est l'apprentissage de la patience. On ne fait pas mûrir les blés en tirant sur les épis. Bon gré, mal gré, on doit attendre que les saisons fassent leur œuvre. Il faut être anglais ou américain pour penser que « le temps, c'est de l'argent », et vouloir le monnayer : à nos yeux de Latins, de paysans, de fonctionnaires, le temps ne comptait guère. Pourtant, le rythme de l'époque s'est mis à exiger des décisions rapides, des arrachements aux longs usages...

Il est peu de pays qui se sentent aussi rattachés à leur histoire que la France ; où ait subsisté aussi longtemps un ministère des Anciens Combattants ; où le passé explique autant le présent.

Je connais une petite ville où la célébration du 11 Novembre donnait lieu à un défilé à travers toute la ville, avec quatre stations : il commençait par un dépôt de gerbes au monument aux morts de 1870-1871. En 1971, la municipalité estima qu'on pouvait éliminer la première station – cent ans après la fin d'une guerre dont il ne restait ni survivant, ni contemporain. Une délégation d'anciens combattants exprima sa surprise indignée.

Quand le chef de l'Etat accueille un souverain étranger, les caricaturistes le campent en Roi-Soleil. Les gauchistes se voient sous la Commune. Des mineurs en grève : on croit feuilleter *Germinal*. Des paysans barrent-ils les routes, ils se sentent les héritiers des jacqueries. Nous vivons le présent avec les chromos du passé.

Les idéologies mêmes sont des héritages, recueillis après de longs délais. Les marxistes d'aujourd'hui sont les arrière-petits-fils de ceux qui étaient rousseauistes à la fin du XIXe siècle, et peut-être les arrière-grands-parents de ceux qui seront gaullistes à la fin du XXIe siècle. Dans l'éternelle querelle des anciens et des modernes, ce sont régulièrement les anciens qui ont eu le beau rôle.

La tentation de l'immobilisme

Puisqu'on vit dans l'immuable, ce que l'on entreprend doit tendre à la perfection. Le progrès existe : il ne recherche pas le *changement*, mais l'*achevé*. « L'immobilité, disait Caran d'Ache, est le plus beau mouvement du soldat. »

Dès Richelieu, les règles d'ordre, d'élégance, de mesure s'appliquent à la production technique et artistique. L'arsenal de Toulon construit les vaisseaux du roi. Pierre Puget y règne. Il dessine pour une armée de peintres et de sculpteurs. Même Colbert s'émeut de comparer les bateaux français, chargés de fioritures, aux bateaux anglais, plus sobres mais plus rapides, plus meurtriers, plus nombreux. Il recommande de sacrifier les bagatelles à l'efficacité et à la quantité. Les décorateurs de bateaux s'indignent auprès de Louis XIV : sa grandeur exige le maintien du renom artistique de sa marine. Puget a gain de cause. Rien n'est rogné sur la splendeur des vaisseaux du Roi-Soleil. Si ce n'est qu'ils perdent la maîtrise des mers... En deux siècles, la technique des fusils de chasse ne progresse pas. Mais on orne avec toujours plus de luxe l'acier damasquiné et la crosse incrustée d'ivoire. Les fabricants d'armes anglaises ont le souci vulgaire de faire des fusils qui tuent et de les rendre accessibles à un nombre sans cesse croissant de clients : c'est ainsi qu'ils conquerront le marché européen [1].

Depuis, nos mentalités n'ont guère changé. L'usine marémotrice de la Rance, après quelques retouches, serait rentable si on en construisait dix autres. On n'en construira pas une seconde. Le four solaire de Montlouis vaut le voyage, mais reste seul... Nous perfectionnons sans fin des prototypes qui n'engendrent aucune série. On vient les admirer de partout. Mais on ne les imite point. Plutôt que de livrer tout de suite une réalisation qui réponde aux besoins immédiats pour un temps relativement court en fonction des techniques du moment, on veut réaliser le chef-d'œuvre qui défie le temps. Et le temps a passé.

Dans leur univers immuable, les Français sont spontanément malthusiens. Ils ont de la peine à croire aux bienfaits de la croissance. Ils sont portés à limiter le nombre des enfants, pour les élever plus facilement ; le nombre des étudiants en médecine ou des agrégés, pour ne pas faire de praticiens ou de professeurs au « rabais » ; le nombre des chauffeurs de taxi parisiens, pour « ne pas créer parmi eux le chômage ». On a du mal à admettre l'univers en expansion. On ne croit pas qu'il puisse créer sans cesse sa propre énergie vitale. Du coup, on s'interdit de réduire les inégalités par un contrat à long terme. Pour un Latin, tout pacte sur expansion future est nul.

Les cercles vicieux créent les conditions de leur propre perpétuation. *C'est ainsi parce que c'est ainsi*, et que cela ne peut pas être autrement [2]. Ces traits de notre caractère national, la démocratie les accuse, et les entretient. N'est-elle pas le reflet de l'esprit public ? Les hommes politiques se voueraient au suicide, s'ils voulaient forcer au changement un corps électoral qui ne le souhaite qu'en paroles.

Ils sont presque toujours victimes de leurs initiatives, presque jamais de leur immobilisme. Un maire ou un parlementaire qui s'arrange, ne fût-ce que par son inertie, pour qu'aucune industrie ne vienne bouleverser la composition socioprofessionnelle de sa circonscription, a de bonnes chances d'être réélu à vie ; il retrouve en face de lui les mêmes électeurs, habitués à sa présence et à ses menus services, et qu'il transforme peu à peu en clientèle. S'ingénie-t-il à faire naître de l'activité, du changement ? Il prend le risque de sa propre éviction.

Quelles forces, en France, ont jamais réclamé l'industrialisation ? L'augmentation du nombre des enfants ? La réduction du nombre des agriculteurs, artisans, petits commerçants ? La préférence donnée aux techniques de pointe sur les activités du passé ?

L'avenir ne dispose pas de groupes de pression. Ceux qui occupent la scène sont aussi ceux qui entendent bien ne pas la quitter. Comment en vouloir à un Etat démocratique d'être conservateur, si le peuple dont il reçoit mandat est lui-même conservateur ?

2. LES CONVULSIONS

Mais un des paradoxes de la France réside dans le contraste entre l'immobilité qui la fait résister à l'innovation, et la mobilité soudaine qui la fait passer d'un extrême à l'autre : « Un peuple tellement inaltérable dans ses principaux instincts qu'on le reconnaît encore dans des portraits qui ont été faits de lui il y a deux ou trois mille ans ; et en même temps tellement mobile dans ses pensées journalières et dans ses goûts, qu'il finit par devenir un spectacle inattendu à lui-même, et demeure souvent aussi surpris que les étrangers à la vue de ce qu'il vient de faire [3]. »

Car notre nation a beau exécrer le changement, elle est portée aux rébellions. L'autorité se voit reprocher ses réformes et son attentisme par une population qui est elle-même, tout à tour, hostile à la nouveauté et furieuse que rien n'ait changé.

Est-ce contradictoire ? L'immobilité est à la longue insupportable. Les explosions sociales, dans les pays centralisés et autoritaires, ressemblent aux coups de grisou dans les mines. Les gaz inflammables s'emmagasinent longtemps dans les galeries souterraines du pouvoir ; une étincelle suffit pour qu'ils explosent. C'est ce que Freud appelait « le retour du refoulé ».

La fascination de la secousse

« Nous allons bloquer la circulation avec nos semi-remorques, annoncent des transporteurs routiers ; alors on se décidera peut-être à lancer les travaux de la déviation. » « Tant qu'on ne les secouera pas, dit une délégation syndicale, ils ne supprimeront pas les zones de salaires. » « N'envoyons pas nos enfants en classe, déclarent des parents d'élèves, et nous obtiendrons des crédits pour construire le nouveau collège. »

Provoquer une secousse, c'est forcer l'attention des pouvoirs publics – trop lointains, trop sourds. Comme c'est une façon – presque la seule – de communiquer, tout Français est un émeutier en puissance.

Déjà, l'histoire des XVIIe et XVIIIe siècles est pleine de ces mouvements de violence collective qu'on appelait des « émotions populaires ». Les Mémoires ou journaux tenus par les observateurs de l'époque abondent en notations de ce genre : « Il y a grand bruit, grande fermentation à Rouen à cause des affaires du parlement et, sans une garnison de trois mille hommes qui y est, tout se soulèverait [4]. » Les Parisiens font des barricades comme les castors font des digues : « Paris qui n'est Paris qu'arrachant ses pavés [5]. »

La violence sociale a perdu la brutalité aveugle et quasi désespérée qu'elle avait sous l'Ancien Régime. Elle a été comme incorporée à l'ordinaire de la vie collective. Il n'est pratiquement pas un avantage acquis par les travailleurs – salaires, congés payés, protection sociale, durée hebdomadaire et cadence du travail – qui n'ait été arraché aux patrons, ou à l'Etat-patron, à l'issue d'une crise grave. Comment les ouvriers ne seraient-ils pas tentés de se faire représenter par des syndicats de contestation, plus que de concertation ? Comment ne seraient-ils pas encouragés à la menace ? Presque à tout coup la révolte gagne, et presque jamais on ne gagne sans révolte.

A court terme, la secousse remplit une fonction indispensable : les blocages sont si nombreux que seule la crise permet de les débloquer. Après la crise sociale du printemps 1936, après la Libération d'août 1944, après l'effondrement de la IVe République en mai 1958, après la fronde de Mai 1968 se sont effectuées en quelques mois des transformations constitutionnelles ou sociales, dont on percevait depuis longtemps à la fois la nécessité et l'« impossibilité ». Il y a des sociétés qui s'irriguent par tout un réseau de canaux. La France n'y parvient qu'en construisant d'énormes barrages, pour les faire ensuite sauter.

En temps ordinaire, la prédominance des règles impersonnelles assure le règne du formalisme et de l'anonymat. Elle rejette les individualités puissantes, qui s'accommoderaient mal de cette médiocrité. En revanche, dans les périodes dramatiques, le besoin de faire appel aux fortes personnalités l'emporte sur l'hostilité qu'elles inspirent généralement. Les « sauveurs » s'imposent à la faveur d'une angoisse collective *. Les crises font naître des « chefs de crise ** ».

---

* Par exemple, sans parler du général de Gaulle après l'insurrection d'Alger de mai 1958, et en remontant le temps : Pierre Mendès-France, après Diên Biên Phu ; le maréchal Pétain, après la débâcle de juin 1940 ; Poincaré, devant l'effondrement du franc ; Clemenceau, pendant la crise de défaitisme de 1917 ; Gambetta, après Sedan ; ou Louis-Napoléon Bonaparte, après la Révolution de 1848.

** L'article 16 fut sans doute la disposition la plus critiquée de la Constitution. C'est pourtant l'un des plus sages : le chef de l'Etat peut assumer la crise, absorber la secousse, sans que change la Constitution.

La furia francese

Dans une société qui favorise l'autonomie, l'individu doit se tenir suffisamment en main pour que la société n'ait pas besoin de le faire à sa place. Ce n'est pas un hasard si les mots exprimant des conduites responsables sont d'origine anglo-saxonne : *self-control, self-government, self-service.* L'individu doit s'imposer une vigilance de tous les instants. Des psychiatres qualifieraient son comportement d'obsessionnel.

En revanche, ils diraient que notre comportement collectif a les caractères de l'*hystérie*. Après de longues périodes d'apathie, nous nous ruons dans l'action, à la guerre comme en temps de paix, avec cette passion délirante que la *furia francese* a rendue proverbiale. Nous brûlons volontiers ce que nous avons adoré. Le maréchal Ney jure de ramener l'Empereur dans une cage de fer, et lui offre son régiment pour reconquérir Paris : sincérités successives, mais totales *.

C'est du reste pourquoi les convulsions de la société française sont rarement aussi graves que ne les imagine l'étranger. Nous remplaçons l'agression réelle par une agression verbale : « Retiens-moi ou je fais un malheur. » Jusqu'au jour où le malheur arrive...

De même, on préfère la nouveauté absolue de la rupture révolutionnaire à l'innovation continue de la réforme. Parfois, notre besoin de tout changer atteint au délire. On décrète l'abolition du calendrier. On proclame l'an I d'une ère nouvelle. On chante : « Du passé, faisons table rase. » Même des hommes raisonnables cèdent à ce vertige : « Tout est possible. » Hélas ! Tout n'est pas possible.

La convulsion inutile

Indispensable à court terme, la crise se révèle souvent, à la longue, inutile et même nuisible. Inutile, puisqu'une évolution pacifique permet, dans des pays comparables, sur une longue période, d'aboutir sans heurt à des résultats plus durables. Nuisible, parce que la violence déclenchée par la convulsion épuise le sujet et le fait retomber dans la prostration.

Tel est le schéma immuable des crises en France. Après l'explosion, l'anarchie est telle qu'il faut un surcroît de rigueur pour ramener l'ordre. Depuis la Fronde, toutes les explosions ont été suivies du « tour de vis », de la « remise au pas ». Chaque fois que le

---

* « Monseigneur le duc de Savoie, disait Saint-Simon, ne se trouve à la fin d'une guerre dans le même camp qu'au début, que lorsqu'il a changé de camp un nombre pair de fois. »

forcené fait sauter sa camisole de force, on lui en replace une plus forte *.

Un infarctus surmonté, une tuberculose soignée à temps disparaissent sans laisser de traces. Mais rien n'est aussi difficile à guérir que la propension aux spasmes : allergies, asthmes, prurits, crises de tremblement, rhume des foins, tétanie. Ce que la médecine appelle *spasmophilie* peut s'observer dans les sociétés. Si nous n'avons pas eu nos spasmes de quelque temps, nous nous sentons en état de manque.

3. LES CONSERVATEURS CONTESTATAIRES

L'écrivain allemand Friedrich Sieburg faisait sur nous cette curieuse observation : « Un des plus grands peuples cultivés de la terre, s'opposant au perfectionnement technique de son existence : quel pouvoir de résistance [6] ! »

Les Français ont eu tendance à s'organiser non seulement *comme si* rien ne devait changer, mais *pour que* rien ne change. Et leurs crises ont souvent tiré leur origine d'un refus de l'évolution : refus « conservateur », pour une part ; mais aussi, plus subtilement, refus « révolutionnaire ».

En tout pays, chacun renâcle devant certaines contraintes du progrès. Mais dans les pays *polycentriques*, ce refus est surmonté : les récalcitrants ne peuvent s'en prendre à personne d'une évolution qui est celle de l'époque ; elle les déborde de toutes parts ; elle est un défi, qu'ils relèvent.

Cette démarche pragmatique répugne à la mentalité *monocentrique :* puisque l'État peut tout, il doit arrêter le Soleil ; ou faire tourner la Terre plus vite. Qu'il ordonne le changement, tout de suite, et pour tous.

Comme c'est impossible, on critique abstraitement le système dans lequel on se trouve ; et l'on refuse d'en changer concrètement. Ce que Gobineau disait du régime politique pourrait s'appliquer au régime économique et social : « La République, en France, a ceci de particulier, que personne n'en veut et que tout le monde y tient. » Les Français sont aussi attachés au *statu quo* qu'ils en sont mécontents. Ce sont des conservateurs contestataires. Ils ressemblent à Elise et Marcel Jouhandeau, qui passaient leur temps à se quereller violemment, mais ne pouvaient se passer l'un de l'autre.

* Soit en douceur, comme ce fut le cas en 1830-1832, en 1958-1959, en 1968-1969 ; soit brutalement, comme en 1652, en 1800, en 1814, en 1815, en juin 1848, en 1851, en mai 1871.

Le malaise

De temps à autre, la presse se met à parler de « morosité » – de Gaulle disait « tracassin » : c'est le *malaise*. Comme la *crise*, dont il est un signal précurseur, il est presque toujours déclenché par un changement, que l'on ressent à la fois inévitable et insupportable.

Le « malaise de l'armée » des années 1960 ? Résistance des militaires aux changements entraînés par la décolonisation, puis par la force nucléaire. Le « malaise paysan » ? Résistance des agriculteurs aux changements de méthodes culturales, de structures, de débouchés. Le « malaise des cadres » vient des bouleversements apportés à leur condition et à la gestion des entreprises. Etc. Dans la police parisienne, en 1945, il y eut un « malaise » parce que le ministre de l'Intérieur voulait y introduire l'usage des voitures-radio...

La prolifération des nouveautés tisse, sur des esprits rétifs, un épais réseau de mélancolie. Dans une époque où les produits, les méthodes et même les idées se périment de plus en plus vite, ce mouvement perpétuel nous condamne au malaise perpétuel. Jusqu'au jour où nous prendrons notre parti du mouvement, et consacrerons à nous y adapter l'énergie que nous préférons épuiser à le contrecarrer. De Gaulle demandait aux Français d'« épouser leur temps » : devant notre temps, nous nous sentons célibataires endurcis.

Au fond, nous craignons de nous laisser emporter par le courant mondial de la compétition qui bouleverse des idées et des techniques : notre anxiété ne serait-elle qu'un cas particulier de notre manque de confiance en nous ? Accepter la comparaison avec les autres, ce serait remettre en question notre propre conduite, notre propre pensée, les dogmes appris, et risquer d'apparaître en état d'infériorité. L'enfouissement dans le connu nous protégeait contre l'inconnu. La concurrence, c'est la nouveauté forcée.

La néophobie hypocrite

En cette fin du XXe siècle, cependant, la *néophobie* ne s'étale plus : elle se cache. Entre la peur et le désir du changement s'opère un subtil amalgame. On n'aime pas avouer qu'on est hostile à la nouveauté. On préfère déclarer qu'on la réclame. Mais les catégories professionnelles qui se voient entraînées malgré elles dans le mouvement espèrent en secret quelque divine surprise qui les en dispenserait.

Bousculés par le progrès, beaucoup de petits commerçants « poujadistes », dans les années 1950, n'arrivaient pas à suivre le train, ou n'essayaient même pas. Pourtant, ils défilaient dans les rues derrière des banderoles : « Il faut que ça change » ! Ils montèrent à l'assaut des élections législatives, le 2 janvier 1956, aux cris de « Sortez les sortants ». Il fallait renouveler le personnel politique, pour qu'eux-mêmes fussent dispensés de se rénover. Dix ans plus tard, les organisations agricoles obtinrent le départ d'un ministre qui faisait beaucoup pour organiser et généraliser la mutation [7]. On changeait le changeur, dans l'espoir de n'avoir pas à changer. Une grève ne fut jamais organisée pour réclamer des réformes concrètes, mais souvent pour en empêcher. Car une réforme décidée n'est pas celle que l'on voudrait, ne vient pas quand il faudrait. On la rejette donc, tout en invoquant une réforme idéale, qui ne se fera point.

La glu

C'est dans ce paysage mental que viennent souvent s'user, et parfois se perdre, les efforts des réformistes. Car toute réforme dérange quelque chose ou quelqu'un. Rechercher l'unanimité, c'est se condamner à l'immobilisme ou, au mieux, à l'équivoque. Mais imposer la réforme à des esprits qui la refusent, c'est se heurter au blocage. Nous lui opposons l'inertie de l'édredon. Les impulsions se perdent. Les délais s'allongent. Les dossiers s'égarent. Les obstacles se multiplient. Entre un discours lucide et la conquête des objectifs qu'il assigne subsiste une énorme distance, celle des mentalités, qui ouvre des possibilités illimitées de sabotage inconscient.

Si, malgré tout, les réformes entrent dans les faits, il est fréquent qu'elles soient subtilement *récupérées* par ceux qu'elles semblaient menacer : ils s'arrangent pour qu'elles ne les dérangent pas ; ils en respectent la lettre pour mieux en altérer l'esprit.

La collectivité française fait penser à une matière aussi visqueuse que la glu : après avoir été remuée, elle retrouve, lentement, sa forme initiale. La contrainte ? Elle ne peut à peu près rien dans un régime qui tient à rester libéral. La persuasion ? Elle se heurte au scepticisme. L'Etat oscille, trop faible pour être obéi, trop abstrait pour être compris, trop méfiant pour appeler la confiance.

Dans un pays corporatiste et centralisé, les réformes ne peuvent venir *de l'intérieur :* tout corps tend à persévérer dans son être ; il ne faut pas attendre des gardiens de prison qu'ils réforment le gardiennage des prisons. Ni *d'en haut* : la plupart d'entre elles ne sauraient être imposées par un gouvernement, soupçonné d'obéir à des mobiles « politiques », et contre lequel on prend parti plus volontiers qu'on ne le soutient ; ou par un chef d'Etat qui est bien inspiré de ne pas user en vain son prestige d'arbitre. Ni *par la base*, dont les impulsions colériques durcissent les situations acquises.

La seule méthode efficace de réforme est la méthode *latérale*, celle qui organise l'émulation, l'exemple, la pression des faits. Elle tourne les obstacles ; elle crée une atmosphère ; elle prouve le mouvement en marchant. Le changement, quand on ne cherche pas à nous l'*imposer*, nous ne savons pas nous y *opposer :* il *s'impose* à nous. Il cesse de nous apparaître comme une volonté hostile. Il devient un phénomène élémentaire. Il nous environne, comme le climat.

Tant que les réformistes n'utiliseront pas cette méthode-là, on peut craindre qu'ils ne soient voués, telle Pénélope, à retisser le jour la toile qu'a défaite la nuit.

Chapitre 37

L'AUTORITÉ SACRÉE

Si un mot m'a jamais irrité, c'est celui de « pouvoir », qu'on nous jetait à la figure. *Le pouvoir !* On eût dit d'un être anonyme, venu de nulle part mais préexistant à tout ; d'une divinité à la fois familière et redoutée ; extérieure à ces Français sur qui elle régnait sans partage, et pourtant si mêlée à eux que rien ne lui échappait.

Parler du « pouvoir » comme s'il tombait du ciel et en gardait l'arbitraire, n'était-ce pas insulter la démocratie, qui s'exprimait sans cesse et sans ruse dans les consultations électorales les plus variées ? Si cette expression, pourtant, restait dans l'usage, c'est qu'elle répondait à un sentiment enraciné dans l'inconscient politique des Français. Bien sûr, elle jetait un doute sur la légitimité des gouvernants ; mais elle reconnaissait du même coup la nécessité des fonctions qu'ils exercent : commander, dire le droit. Le pouvoir s'exerçait enfin. Sans doute le temple était-il resté vide trop longtemps ; la divinité y avait réintégré son tabernacle.

Ce vocabulaire religieux n'est pas déplacé. Il est peu de sociétés où le pouvoir revête un caractère aussi sacré que la nôtre. Le roi de droit divin fut guillotiné un beau jour de janvier 1793. Mais l'autorité en France n'a pas cessé d'être de droit divin – dès qu'elle est exercée. La Révolution a bien pu rompre, selon le mot de Renan, le « charme séculaire de la monarchie ». Elle n'a pas rompu le charme séculaire de l'Etat.

Le divin quotidien

Depuis lors, nous avons besoin de nous persuader que l'autorité vient d'en bas. Mais à part nous, nous convenons qu'elle vient d'en haut ; c'est pour cela même que nous subissons la fascination ; car nous sommes français, héritiers d'une très longue obéissance. Notre modernisme veut croire à l'autorité démocratique ; notre atavisme appelle l'autorité sacrée.

Ce pouvoir est imprégné d'une religion encore proche de la magie. La religion, telle qu'elle fut vécue en France pendant des siècles, c'était surtout l'intervention constante de Dieu dans les affaires des hommes. En Corse, j'ai pu voir, il n'y a pas si longtemps, un prêtre en surplis célébrer une incantation pour faire disparaître le *dacus*, la mouche qui pique les olives. Mon scepticisme fut entamé quand je vis, un autre jour, un nuage de sauterelles qui s'était abattu sur les champs. Elles avançaient, broyant tout sur leur passage dans leurs millions de mandibules. Le prêtre prononçait des formules en latin, que reprenaient des paysans à genoux. Son goupillon aspergea l'air en signe de croix dans la direction des envahisseuses. Elles s'envolèrent. Le prêtre et les paysans étaient rayonnants, non surpris.

Les sociétés latines ont vécu des siècles dans cette émouvante confiance. Il n'est pas possible qu'elle n'ait pas laissé de traces au fond de nous. Le pouvoir est facilement religieux, quand la religion est elle-même un tel pouvoir.

Le suprême faiseur de ponts

Le pape emprunte son titre de « souverain pontife », *suprême faiseur de ponts* *, aux empereurs romains, lesquels s'étaient approprié depuis César ce magistère religieux, qui remontait aux plus lointaines origines de Rome. Le pouvoir sacré de la Chrétienté prolonge sans hiatus celui de la Rome de Romulus. C'est une réincarnation perpétuelle depuis vingt-huit siècles. Un vrai phénomène de métempsycose politique.

Cette énorme puissance affective que représente l'héritage romain, le pontificat a dû en rétrocéder une part au pouvoir civil. Partout les princes ont voulu tirer à eux la pourpre sacrée. Si, au XVIe siècle, tant de princes ont embrassé le protestantisme, ce fut en grande partie pour manifester leur indépendance par rapport au pontificat.

---

* *Pontifex maximus*. Le *pontifex*, « faiseur de ponts » – dont l'institution est attribuée à Numa Pompilius, second roi de Rome – prononçait les incantations associées à la construction d'un pont. Il n'*accompagnait* pas seulement les bâtisseurs : il était *censé bâtir* lui-même. Le pape reprend entièrement à son compte des titres et pouvoirs déjà détenus par les premiers rois de Rome. Le pouvoir du pape, comme celui des empereurs romains et avant eux des rois, s'exerce sur tout et sur tous. *Papa princeps et magister omnium* [1] : le premier et le maître de l'univers. Comme l'indiquent « les dits du Pape » au XIe siècle, « seul le Pape peut user des insignes impériaux [2] ».

Ils y gagnèrent en souveraineté. Ils y perdirent beaucoup de leur caractère sacré. En se coupant de Rome, ils se coupaient de la magie romaine. Leur pouvoir, strictement civil, devint plus prosaïque que celui des souverains catholiques. Mais leurs sujets devinrent plus vite des citoyens.

L'esprit d'orthodoxie

Jusqu'à la Révolution, la monarchie française participa d'un système religieux sanctifiant l'autorité. Depuis, l'Etat français s'est laïcisé ; il ne s'est pas désacralisé. La séparation de l'Eglise et de l'Etat est intervenue trop tard ; ne parlons pas de celle que la loi sanctionna en 1905, mais de celle que les esprits avaient opérée dès le XVIIIe siècle. Déjà, l'Etat français, pour avoir trop longtemps confondu les fonctions civiles et religieuses, était devenu une Eglise : une Eglise romaine.

L'autorité, pour durer, doit être indiscutable. Il lui faut donc retrancher l'arbitraire derrière le dogme, donner au roi le visage de la loi.

Bien sûr, on tente de maintenir un équilibre subtil entre le pouvoir personnel et le pouvoir impersonnel. L'adhésion populaire n'est obtenue que par un pouvoir *personnalisé*. Celui des monarques, qu'ils se prénomment Louis XIV ou Napoléon. Celui, plus proche de nous, des grands chefs légendaires. Celui, aujourd'hui, de Présidents dont les *fidèles* sont désignés par un adjectif : gaulliste, pompidolien, giscardien – ce qu'on ne retrouve dans aucune démocratie.

Cette autorité, il faut la soustraire aux caprices de l'affectivité populaire. C'est le pouvoir qui est sacré, non la personne de son détenteur transitoire. Le système, le pouvoir reste donc nécessairement rationnel, *impersonnel*. Il s'exprime dans un réseau de commandements et d'interdits. Il enserre chacun dans une règle objective. Le dogme encadre le pouvoir personnel. Aucune puissance ne s'impose mieux que celle qui exprime dogmatiquement la Vérité. Car elle peut être exercée sans scrupule, et reçue sans déshonneur.

Un bon dogme est écrit. L'autorité sacrée s'appuie sur des livres sacrés. L'Eglise romaine a ses canons, qui perpétuent les codes du droit impérial romain. L'Etat français n'a eu de cesse qu'il ne constituât les siens. Après les « coutumes générales » de la monarchie, ce furent les codes de Napoléon ; et aujourd'hui, un appareil législatif proliférant.

Avant la Révolution, les docteurs de la loi étaient péniblement partagés. Leur *esprit de système* trouvait un obstacle dans leur *esprit d'immobilité* : comment systématiser un amas de règles disparates, quand chaque province, chaque parlement, tient les siennes pour intouchables ? La Révolution vint balayer les diversités provinciales. L'esprit de système put élaborer un véritable chef-d'œuvre, dont on sut d'emblée qu'il serait définitif : du même coup, l'esprit d'immobilité était comblé...

De fait, la manie de légiférer a longtemps épargné le Code civil. A peine si, après quatre-vingts ans, on lui a ajouté un appendice sur le droit d'association syndicale ; après cent ans, un second sur le droit d'association ; après cent soixante ans, un troisième sur les droits égaux de la femme, enfin relevée de l'antique soumission. Sacré, le Code civil fut l'objet d'une véritable idolâtrie. Un certain Prosper Rambaud alla jusqu'à l'éditer sous la forme du catéchisme, par demandes et réponses. « Qu'est-ce que Dieu ? » commençait le catéchisme catholique. « Qu'est-ce que la Loi ? » commençait le catéchisme de l'Etat : « La Loi est une règle de conduite établie par une autorité supérieure à laquelle on est tenu d'obéir. » Voilà qui est plus sérieux que de prétendre qu'elle est « l'expression de la volonté générale ». Plus sérieux, et plus français.

Clercs d'Eglise et clercs d'Etat

Le pouvoir de l'Eglise romaine s'exerce par un clergé. Celui de l'Etat français aussi. Dicastères pontificaux ici, ministères là ; ici, prêtres et religieux de tous ordres, là, fonctionnaires de tous corps.

L'Eglise romaine partage les chrétiens en deux catégories distinctes, presque étrangères l'une à l'autre : les clercs et les laïcs. Les clercs participent de la Vérité. Leur personne est sacrée. Ils ne se marient pas ; ils ne possèdent pas. Ainsi séparés, ils peuvent dominer. L'Etat n'a pas poussé l'imitation de l'Eglise au point de séparer ainsi ses clercs. Pourtant, bien des comportements cléricaux subsistent.

Le tabou contre le sexe ? Napoléon avait voulu imposer le célibat à tous les fonctionnaires, et il l'imposa aux enseignants. Jusqu'à nos jours, un droit de regard sur le mariage des agents a subsisté dans la carrière diplomatique ; il a même été inscrit dans le règlement militaire : interdiction à un officier de se marier sans l'approbation du colonel du régiment. Une inclination à l'endogamie se retrouve dans tous les corps de serviteurs d'Etat. Les officiers épousent des filles d'officiers, les hauts fonctionnaires des filles de hauts fonctionnaires. Dans les villages, sous la IIIe République, le ménage d'instituteurs laïcs ressemblait souvent aux ménages de *clergymen*. La *pureté* personnelle est remplacée par la *pureté* collective. Deux variantes du même mot le montrent bien – il n'y a pas de hasard : l'esprit de *chasteté* est devenu esprit de *caste*.

Le tabou sur l'argent est resté vivace. Il n'est pas interdit aux fonctionnaires de posséder ; mais enfin, ce n'est pas bien vu *. Ils touchent un traitement – pas un salaire. L'argent qu'on leur verse n'est pas le prix de leur peine, mais le moyen de soutenir leur dignité. Pour le clerc d'Etat, l'argent reste marqué d'un signe maudit – surtout quand il s'agit de l'argent des autres. Alors, le tabou prend toute sa force. Surtout la fortune mobile, insaisissable, qui vient des affaires, l'argent qui va à l'argent, voilà qui est méprisable ; le profit est odieux.

Le tabou ecclésiastique n'empêchait pas l'Eglise de posséder *en tant que collectivité* d'immenses richesses : le tabou qui s'impose personnellement aux clercs d'Etat ne les empêche pas de manier *collectivement* la puissance économique. Leur pureté collective n'en est pas entachée : et même l'argent, les affaires, la production et la vente des biens sont purifiés, dès lors qu'eux-mêmes en sont collectivement chargés.

Pourquoi se fatiguer à combattre la demande de *nationalisations* par des arguments rationnels ? Elle vient de profondeurs où le rationnel n'a point accès. Citroën est impur, ses cadres et ses mystères ont quelque chose de diabolique. La Régie Renault est pure, ses ingénieurs sont des grands prêtres. L'homme d'affaires privé est un exploiteur, le président d'une banque d'Etat est un croisé. Le pétrole, entre les mains privées, est salissant. Le charbon, entre les mains publiques, est devenu pur carbone. L'autorité sacrée de l'Etat sacralise ce qu'elle touche. Elle opère des transsubstantiations.

Comme les clercs d'Eglise, les clercs d'Etat ont conscience d'occuper une place à part dans la société ; une place éminente et directrice.

De là, *le jeu de l'humilité et de l'orgueil*. Humilité volontaire des clercs qui se trouvent au sommet de la hiérarchie : elle purifie leur orgueil, auquel elle garde un caractère impersonnel. Pour ceux, au contraire, qui se trouvent au bas des degrés, l'humilité réelle de leur position est compensée par l'orgueil moral qu'ils tirent de leur appartenance à l'*imperium*.

Personne, sans doute, ne poussa plus loin que de Gaulle cet orgueil et cette humilité. Totalement identifié à sa fonction, il avait sublimé en elle ce que son caractère avait naturellement d'impérieux. Quand il se séparait d'elle, il ne lui restait qu'une extrême simplicité. Si l'ascétisme d'Etat a ses saints, il en fut. Il pratiquait la grandeur impersonnelle. Mais il le faisait d'une manière qui n'était qu'à lui. L'Etat était un homme, et cet homme était l'Etat.

---

* Sauf aux Affaires étrangères.

Pour le manifester, il tenait à signer les décrets de l'endroit où il se trouvait : à Colombey ; ou à bord du croiseur *De Grasse*, dont il se faisait suivre dans ses périples, de manière que la légitimité pût être incarnée à tout moment sur un bâtiment militaire français. Cette légitimité, nomade mais absolue, était pour lui le symbole de la nation. *Rome n'est plus dans Rome : elle est toute où je suis.*

Les attributs de l'autorité sacrée

L'autorité, installée au centre de notre mentalité française, sécrète son univers comme l'araignée file sa toile.

Rien n'a plus occupé les corps divers de l'immense administration que leurs places respectives – et surtout quand elle apparaît à l'extérieur et devient symbole. Il a fallu des décrets pour fixer dans le plus petit détail les préséances dans les cérémonies publiques. On a ironisé sur l'étiquette qui réglait la cour de Louis XIV. Mais à la fin du xxe siècle, la rigidité de l'étiquette administrative ne lui cède en rien. Un décret vous dit que le premier président de la cour d'appel passe devant le recteur, mais après les grands-croix.

A chaque installation d'un nouveau ministre, l'attribution des bureaux aux membres du cabinet fait régner la fièvre. Car l'autorité se mesure au nombre de mètres carrés, au style des meubles. A la maison de la Radio, la promotion interne se fait par *travées* : ce sont les fractions du bâtiment circulaire qui comportent une fenêtre. On commence par une pièce d'une travée : c'est le minimum vital. Puis l'on passe à deux ; à trois, on est sous-directeur ; à quatre, on est directeur. Dans les années de l'après-guerre, en Allemagne et en Autriche occupées, un arrêté du Commissariat général avait précisé les prestations dont chacun bénéficierait à raison de son grade : voiture, logement de fonction, domestiques, vaisselle, et jusqu'à la moquette, dont il existait trois épaisseurs différentes.

Déjà, au xve siècle, le dressoir à dragées installé dans la chambre de l'accouchée devait comporter quatre étagères si elle était reine de France ou princesse du sang, trois pour les « autres grandes dames », deux ou une pour les « dames de plus petit état [3] ».

Les motards font partie de l'étiquette moderne. Mais avec eux, on retrouve aussi ce qu'il entre de terreur dans le sacré. Il est bien rare qu'un ministre obtienne le silence de l'escorte : on s'excuse sur l'inconséquence d'avoir un beau klaxon « deux tons » et de ne pas s'en servir. Un préfet, plus cynique, me répondit : « En province, c'est comme à la colonie, si on n'en impose pas, on n'est pas respecté. »

Il y a l'autorité en fanfare – et parfois même fanfaronne. Mais il y a aussi l'autorité qui s'enveloppe de mystère. Le secret est gardien du sacré. Là encore, l'Etat a su prendre ses exemples dans l'Eglise. Et à partir de l'Etat, le modèle diffuse dans toute la société. Il m'est arrivé de dire à des chefs d'entreprise que la participation commençait par l'information, et que – s'ils ne pouvaient, naturellement, lever le secret des fabrications ou des plans à long terme – ils seraient bien inspirés de mieux informer leurs cadres ou même leurs ouvriers. Ils levaient les bras au ciel : « Vous ne croyez pas si bien dire ! L'information, c'est tout. Et c'est pourquoi nous n'en voulons pas, de la participation. S'il n'y a plus de secret, où sera notre autorité ? »

Un chouan célèbre périt sur l'échafaud, en criant : « Vive le roi ! Un roi est un Dieu sur la terre ! » Il y avait bien là quelque outrance. Autant qu'il y en avait dans le culte célébré à Notre-Dame en l'honneur de la Déesse Raison. Dans les deux cas, pourtant, l'outrance exprime le vrai, comme il arrive des caricatures. Royal ou républicain, religieux ou laïc, l'Etat en France participe de la divinité. Les Français sentent comme Lamennais : « Jamais l'homme ne subit volontairement le joug de l'homme. Il faut que la puissance descende de plus haut [4]. » Si les Français ne savent plus d'où descend l'autorité, ils sentent pourtant qu'elle est sacrée, ou n'est plus.

Chapitre 38

LA SOUMISSION

La docilité est comme un vice, on ne peut s'en dispenser.

Jean Guitton [1].

Une médaille frappée par l'Hôtel des Monnaies représente le jeune Louis XIV passant la revue d'un corps d'élite. Tous les soldats lèvent un bras et une jambe, du même mouvement irréprochablement harmonieux [2]. Parfait symbole de l'ordre hiérarchique, où la perfection du groupe provient de l'effacement des individus. Tant de libertés bridées, tant de spontanéités abolies, pour que l'ordre hiérarchique triomphe ! Oui, l'Etat idéal serait celui où le peuple contribuerait par sa docilité à l'exercice de l'autorité : comme les spectateurs au théâtre, captivés par l'illusion scénique, l'entretiennent et l'excitent chez les acteurs par leurs frémissements, leurs rires, leurs applaudissements.

Captiver sous l'obéissance

Les hommes ont une âme, une conscience, dont l'Etat convoite l'offrande. Bayle a trouvé la formule la plus heureuse pour décrire ce que l'Eglise attendait du chrétien : « Il faut *captiver* son entendement *sous l'obéissance de la foi* [3]. » L'esprit est placé sous le charme des vérités qui viennent de Dieu. « Seigneur, s'écriait saint Augustin, c'est quand j'obéis davantage à votre volonté que je me sens plus libre. »

Dès l'origine, Rome a su que le principe d'obéissance ne pouvait être sauvegardé sans règle ni unité : « L'obéissance de la foi » se confondait avec « l'obéissance à l'Eglise ». Reste que, avant la grande crise du XVIe siècle, la discipline était pratiquée avec un libéralisme qui frisait la négligence. Quand nul, en Occident, n'imaginait de ne pas être soumis à Rome, l'autorité n'avait aucun besoin d'être tatillonne. En proclamant les droits de la raison, du libre jugement de chacun, Luther et surtout Calvin amenèrent l'Eglise à durcir ce que ses principes avaient de plus romain. Lamennais résume l'évolution avec limpidité : « Croire devient, pour le catholique, un acte *d'obéissance* ; pour le protestant, un acte *d'indépendance*[4]. »

Pourquoi l'Etat que nous connaissons en France a-t-il si bien su prendre le relais du système romain ? Parce qu'au cœur de ce système, il y a l'obéissance.

Le péché, suggère le catéchisme, n'est rien d'autre que la *désobéissance* aux commandements de l'Eglise et de Dieu. Si voler est un péché, c'est moins parce qu'autrui est lésé, que parce que la loi divine l'interdit. L'obéissance devient un réflexe conditionné de la vertu. Ce système tolérait mieux le banditisme ou la débauche, que la libre critique des vérités enseignées par l'Eglise. Car le bandit ou le débauché reconnaissent l'ordre qu'ils enfreignent ; et en quelque sorte, l'illustrent. Tandis que l'hérétique ou le schismatique le nient. Le système est donc beaucoup plus sévère sur ce qui tient à l'intelligence et à l'organisation, que sur ce qui tient à la morale pratique. Plus sévère, et donc plus inhibiteur.

L'Etat français a d'abord été, jusqu'à la Révolution, partie intégrante de ce système. Obéissance lui était due. On pouvait être pardonné d'avoir volé le roi, et même d'avoir, tels Condé ou Turenne, combattu ses armées. Lorsqu'on se rebellait, c'était pour ainsi dire en son nom, pour son bien, contre ses mauvais ministres ; souvenez-vous des *Trois Mousquetaires*. Mais personne n'aurait même imaginé de le mettre en question. Chef souverain, il était infaillible – « plus infaillible que le pape », n'hésitait pas à lui écrire le duc de Luxembourg.

Après la Révolution, le système d'Etat a employé au mieux les ressources d'obéissance que l'Eglise avait réunies dans notre peuple. L'expression célèbre : « Pas de liberté pour les ennemis de la liberté » illustre assez bien l'esprit romain.

Le clergé de la Contre-Réforme obtenait l'obéissance en s'appuyant sur le sentiment de culpabilité du chrétien. Sans pousser aussi loin son emprise, la puissance publique s'est longtemps appuyée en France sur un vague sentiment de culpabilité : nous l'avons baptisé par euphémisme « *la crainte du gendarme* » et en faisons « *le commencement de la sagesse* ». Le Français ruse encore avec la loi civile, comme il l'a fait pendant des siècles avec la loi religieuse : il commet de « petits péchés », la conscience à peu près légère.

Eglise et Etat s'accommodent de la faute : l'infaillibilité de celui qui détient l'autorité *suppose* la faute chez ceux qui la subissent.

La police des idées

L'Eglise n'a cessé d'exercer la police des idées que depuis Vatican II – *index, imprimatur*. Il ne faut pas sous-estimer l'influence qu'ont pu exercer sur l'âme d'un peuple ces pratiques multiséculaires. L'Etat a agi parallèlement jusqu'à une date toute récente. Sous l'Ancien Régime, toute publication était soumise à l'approbation royale – ce qui fit la fortune des imprimeurs de Hollande et d'Angleterre... En 1704, un arrêt du roi réglementa l'imprimerie elle-même : Louis XIV fixa la liste des villes où il était licite d'imprimer. Depuis la Révolution, on concentra l'effort sur la presse, qui n'est vraiment libre que depuis la fin du XIXe siècle. La censure cinématographique prit bientôt le relais.

Les manières insidieuses sont encore les plus efficaces. Un système hiérarchique a toujours cherché à tenir en laisse les écrivains. Il a offert aux intellectuels une domesticité dorée. Plutôt que d'avoir à interdire une pièce de Racine, où des allusions corrosives eussent pu s'apercevoir, on préféra le convaincre de renoncer au théâtre, et d'accepter la charge d'historiographe du roi. Que d'intellectuels se sont ainsi laissé « récupérer » ! Jusqu'au jour où, passant d'un extrême à l'autre, les intellectuels se sont sentis assez forts pour constituer un contre-pouvoir, et exercer sur leurs pairs une pression en sens inverse. Ce renversement fait partie de l'héritage : quand le gant est retourné, c'est encore le même gant.

L'amour des chaînes

Il ne faudrait pas noircir le tableau. L'obéissance, comme disait Bayle, « captive ». Elle apporte la sécurité. Elle apaise. L'homme est un animal inquiet, la soumission le préserve de l'inquiétude.

La Fontaine a opposé le chien gras, mais portant collier, au loup efflanqué, mais libre. Et si le chien éprouvait le besoin de son collier ? Il est perdu sans le maître auquel ce collier le rattache. Il aime jusqu'à la crainte qu'il a de lui.

A partir d'un certain degré d'accoutumance, on se passe malaisément de la dépendance ; on a peur des risques et des responsabilités de l'indépendance. Quand, en 1838, l'Angleterre affranchit les esclaves de la Barbade, deux cents Noirs massacrèrent un certain

Glenelg, leur ancien maître, parce qu'il refusait de les garder en esclavage. La liberté, c'était trop lourd à porter.

A Tolède, subsiste une messe « wisigothe » en latin, inchangée depuis près de quinze siècles. C'est la plus fréquentée de toutes. On dirait que Vatican II s'est arrêté aux portes de la cathédrale. Un Espagnol me déclare à la sortie : « Ça, c'est une vraie messe. Ce n'est pas une caricature ! Pourquoi célébrer la messe face au peuple ? Le peuple a besoin que le prêtre lui tourne le dos ! Le peuple a besoin de se soumettre ! Le Vatican a fait dire qu'il convenait d'incliner simplement la tête au passage de l'ostensoir. Mais tout le monde s'agenouille ! Si nous avons envie, nous, de nous agenouiller ? »

Ce besoin atavique de la soumission, qu'il est respectable ! Il ne faut pas chercher plus loin le refus, par certains fidèles, des pratiques émancipatrices répandues depuis Vatican II. Quand la soumission à une chaîne hiérarchique disparaît trop brusquement, le sentiment de libération intérieure n'est pas sans danger. L'autorité risque d'être balayée dès qu'elle cesse d'être entière ; et, avec elle, les garanties qu'elle apportait. Les sociétés émancipées sont dures aux faibles : libres, ils sont en revanche privés de la protection assurée par l'ordre hiérarchique. « Entre les riches et les pauvres, prêchait Lacordaire, c'est la liberté qui opprime et la loi qui libère. »

Un peuple d'assistés

« Des veaux ! » Ce jugement désabusé sur les Français, quelquefois porté et plus souvent colporté, intriguait autant qu'il choquait. On sentait que dans le vocabulaire familier du général de Gaulle, ces veaux n'étaient pas taurillons, mais bœufs avant le temps. Le jeune Lyautey, nous voyant avec le recul du Tonkin, écrivait déjà : « Les Français sont des castrats spirituels [5]. » L'appréciation était dure, insupportablement. Peut-on essayer de la comprendre ?

L'histoire offre plus d'un exemple de peuples vigoureux, bientôt *énervés* et comme *émasculés*. Dans la Rome républicaine, les citoyens étaient prêts à donner leur vie pour un Etat qui était leur affaire – *res publica*. Dans la Rome impériale, la même race, abâtardie par la centralisation bureaucratique, ne trouvait plus l'énergie de se gouverner, ni même bientôt de se défendre. Les légions se recrutaient parmi les Barbares et les empereurs parmi les chefs des légions. Faut-il s'étonner que des peuples soumis à une autorité envahissante se laissent porter par elle ?

« Ah, moi, je ne fais pas de politique ! » Est-il expression plus caractéristique de notre démission civique, que cette phrase – tantôt réflexe de prudence, tantôt même fière protestation *d'innocence* ? Nous voyons de la vertu à marquer notre désintérêt pour la chose publique. Ce qui ne nous empêchera pas de nous plaindre, l'instant d'après, que l'Etat ne soit pas mené à notre gré, et que des intrigants ou des insensés s'occupent de politique à notre place.

Doit-on chercher plus loin la raison pour laquelle les Français, affaiblis par la longue habitude de s'en remettre de tout à l'Etat, se sont effondrés devant les coups du destin qui les ont frappés au long de l'histoire ? Sauf quand des chefs inspirés surent faire jaillir en eux les sources de la volonté collective, par un *appel*, lancé dans une langue presque oubliée.

Dans la vaste littérature que des observateurs étrangers nous ont consacrée, revient souvent la constatation de notre passivité. Ainsi de Malaparte : « Comme le peuple français reste fidèle à sa propre nature, qui consiste à accepter passivement l'histoire ! Il s'en est fallu de peu que Hitler ne soit la destinée de la France [6] ! » Sacha Guitry, conférencier, aimait à raconter une anecdote qui se situait en 1940, dans les jours qui suivirent la chute de Paris. Hitler était venu visiter sa conquête. De bon matin, accoudé au parapet des Tuileries, il contemplait la Seine. Un pêcheur à la ligne, la canne sur l'épaule, passe sur le quai. Il regarde d'un œil indifférent le groupe d'officiers allemands, au milieu duquel il reconnaît le Führer. Il continue son chemin, murmurant seulement : « Tiens, le voilà », et va s'asseoir plus loin, pour pêcher au bord du fleuve. Sacha Guitry soulevait chaque fois les applaudissements de la salle, en faisant l'éloge de ce brave homme : « Voilà le véritable peuple français, voilà un bon Français, voilà un vrai patriote. »

L'attitude de ce Français, le panégyrique de Sacha Guitry et l'enthousiasme de l'auditoire sont également caractéristiques.

Tous ceux qui ont essayé d'animer une ville ou un village savent combien sont rares les citoyens qui participent à la vie publique. Les bénévoles sont toujours les mêmes. Les autres gardent l'attitude de badauds attroupés autour d'un camion qui a renversé son chargement sur la chaussée : pas le moindre coup de main pour réparer les dégâts.

Badaud : cette étrange incarnation du Français n'est sans doute que le produit d'une longue malformation historique. « A chacun ses oignons. » « Je ne suis pas infirmier » ou même : « Je ne suis pas payé pour ça. » La protection civile et les services hospitaliers sont délégués par la société au secours des accidentés, la police au soin de protéger les femmes agressées, les élus à la charge des affaires publiques. L'individu ne veut pas, ne doit pas s'en occuper. Qu'*ils* se débrouillent. Ainsi se diffuse la *décharge permanente des responsabilités*.

D'après maints chroniqueurs, jusqu'à l'aube des temps modernes, une vitalité exubérante caractérisait les Français. Tout se passe comme s'ils s'en étaient vidés, par l'habitude d'attendre leur salut d'une décision lointaine. A force d'absorber en elle toutes les initiatives individuelles, l'autorité a fini par tarir les sources de la spontanéité.

La défiance crée sa justification

Moins on considère les individus comme dignes de confiance, moins ils le sont : justifiée ou non au départ, la présomption d'incompétence devient légitime à la longue. Quand on n'a jamais que poussé un wagonnet sur ses rails, peut-on sans danger piloter une voiture ?

Qui a la vision la plus novatrice des besoins culturels : d'un André Malraux, ou d'un conseil municipal qui veut imposer *Les Cloches de Corneville* à sa maison de la Culture ? Qui est plus dynamique, d'une commission du Plan, ou de petits artisans saisis par la routine ? Il faut bien le reconnaître, ce sont, le plus souvent, l'Etat tentaculaire, les planificateurs parisiens, les technocrates abhorrés, qui se montrent soucieux de l'avenir à long terme. Si la France laissait libre cours sans transition à l'initiative locale, on n'entendrait d'abord pérorer que l'esprit de clocher. L'autorité centralisée a réussi à se rendre irremplaçable, en condamnant à choisir entre elle et un Clochemerle universel.

C'est supposer que chacun a « son » niveau de compétence, assigné une fois pour toutes par un décret divin. L'expérience ne nous montre-t-elle pas que, bien souvent, des responsabilités nouvelles transforment une personnalité ? L'homme est porté par son rôle. Pourquoi se priver de ce prodigieux ressort ?

Notre société est subtilement inhibitrice. Elle place chacun sur une échelle, où chaque échelon est désigné à l'avance, jusqu'à la retraite.

Une fois *casé*, le Français devient *casanier*. Intégré dans une hiérarchie, il se repose sur elle. L'individu cède au groupe son droit à l'initiative. Cession désastreuse, car un groupe exerce mal ce droit. L'*homo hierarchicus* s'efface derrière la procédure : « Saisissez-moi officiellement. » « On vous écrira. » Tout est prétexte à retarder, à disperser la responsabilité. Pour un qui persévérera jusqu'au bout de la course d'obstacles, combien se décourageront !

Quand il faut plusieurs fois composer le numéro d'un standard encombré, on se lasse, ou on pense à autre chose.

Une organisation hiérarchique est par nature inhibitrice. A-t-on vu des initiatives individuelles sortir d'un parti communiste ? Ce sont des gauchistes qui ont renouvelé les formes de l'opposition politique. Leur contestation spontanée a été incomparablement plus efficace, pour provoquer des changements, que le grand parti révolutionnaire. Une formation hiérarchisée sécrète l'ordre, comme l'abeille le miel. Ce n'est pas que les idées n'y puissent naître ; mais elles sont aussitôt soumises à censure. Peut-on engager « l'organisation » ? La réponse sera presque toujours non. Le parti communiste a attendu cinquante ans pour se débarrasser du slogan de la « dictature du prolétariat ».

Tout ce système, toutes ces habitudes mentales, entretiennent le peuple français dans une certaine immaturité. Un adolescent doué, brillant, souvent charmant, mais qui n'est pas tout à fait mûr, jusque dans l'âge adulte. De l'enfance, il a la passivité mêlée de foucades ; les enthousiasmes aussi vite éteints qu'enflammés ; le goût de la rêverie, du faire semblant ; la versatilité. Il joue, mais se lasse de ses jeux.

Son jeu préféré demeure « la liberté ». Il croit même l'avoir inventée. Il s'est persuadé d'avoir écrit lui-même la Déclaration des droits de l'homme et du citoyen, oubliant qu'il l'avait lue dans une Déclaration d'indépendance que Franklin avait laissé traîner à Paris, ou même dans le vieux *Covenant* que des puritains anglais avaient proclamé en 1620. Charles Maurras disait justement que la liberté était restée en France « une noble étrangère ». Mais les Français ne le savent pas. Ils en parlent le langage. Leurs réflexes sont ceux de l'autorité – une autorité qu'ils révèrent et redoutent à la fois, comme leur divinité familière.

A la longue, la pensée elle-même s'inhibe, de n'avoir pour rôle que de compenser le règne de l'ordre hiérarchique. Car l'initiative humaine est comme une pile qui ne se chargerait que lorsqu'on s'en sert.

Chapitre 39

L'INSOUMISSION

Parce que l'autorité est lointaine, inexplicable, parce qu'elle se dérobe au dialogue, parce qu'elle exclut toute autre attitude que l'obéissance, une autre attitude se propose : la rébellion.

L'explosion libératrice

Le jeu de la soumission et de l'insoumission s'insère dans notre vie quotidienne. En venant retirer ma voiture garée dans un sous-sol voisin, je suis témoin d'un incident de ce genre. Deux ouvriers réparent la porte du garage : l'un, sur une échelle, visse des boulons, l'autre lui passe les outils. Cherchant à sortir, je donne un petit coup de klaxon. Les ouvriers me répondent sur un ton agressif : « Vous attendrez qu'on ait fini. – Vous en avez pour combien de temps ? – Au moins une heure. » J'insiste en vain. « Le gérant nous a dit : "*Ne vous interrompez pas tant qu'il ne se présentera pas trois voitures.*" »

Une seconde voiture arrive : une dame en sort, et explose aussitôt : « Je ne paie pas un emplacement dans ce garage pour me laisser enfermer comme un rat dans une ratière ! – Inutile de nous insulter ! » J'interviens : « Cette dame ne vous insulte pas. – Si, elle nous a traités de rats ! » Le malentendu persiste. Je demande à voir le gérant : « Non. On ne peut pas le déranger. »

Alors, la dame recourt à la seule arme qui reste : le scandale. Elle klaxonne sans fin. Le son déchire les oreilles. Des passants s'attroupent. Enfin, un homme arrive et donne aux ouvriers l'ordre de nous laisser sortir ; ils s'exécutent, furieux. La crise se dénoue, comme par enchantement.

En miniature, une explosion sociale, où les deux automobilistes avaient joué le rôle des citoyens face au pouvoir, les ouvriers le rôle de l'administration, le gérant le rôle du gouvernement. Le téléguidage exige la soumission, mais il est à la merci de la rébellion.

Contestation sans moyens

Protestation et contestation existent dans toute société. Mais dans la nôtre, on ne leur a pas tracé un réseau par où elles puissent s'exprimer. Ce sont des torrents qui, chaque fois, inventent leurs cours – condamnés à ravager. On ne conteste l'autorité sacrée que par le blasphème, la profanation. Dans les démocraties polycentriques, les pouvoirs locaux détournent vers eux la revendication ou la colère ; et il existe aussi, à la portée des citoyens, maints processus légaux de contestation et de révocation du pouvoir *.

Dans les démocraties monocentriques, il n'en existe quasiment pas **. Puisque « l'allumeur de réverbères est le délégué du souverain », nul autre moyen de protester contre un mauvais éclairage que de s'en prendre au souverain. Les citoyens ne peuvent, en attendant de se venger avec leurs bulletins de vote de leurs multiples déconvenues, que recourir à la contestation illégale, excessive, explosive.

C'est qu'il n'y a pas de vrai contrat entre le citoyen et le pouvoir. En fait, la mentalité française veut que l'autorité soit illégitime, dès qu'elle ne sait plus s'exercer. On n'obéit pas parce que l'autorité est légitime ; elle est légitime parce qu'on lui obéit.

Du coup, c'est tout ou rien. Comme dans les classes de naguère : pas une mouche ne vole – ou ce sont les encriers qui volent.

Le maillon faible

Les relations du chef et du subordonné, du maître et de l'élève, etc., ressemblent à celles du dompteur et du lion. Seule l'autorité faible ou faiblissante est menacée. La révolte ne fait que casser des branches déjà dégarnies ; en somme, elle fait le ménage de l'autorité.

L'insoumission ne diminue pas l'autorité : elle constate son absence, ou sa maladresse. On chahute les professeurs les moins

* Par exemple, aux Etats-Unis, le Congrès, l'appareil judiciaire avec l'appui de la presse, peuvent sanctionner tout abus de pouvoir par des procédures rapides, même si elles sont exceptionnelles : depuis la révocation du *sheriff*, jusqu'à l'*impeachment* du président.

** En France, un seul, en dehors des élections : la motion de censure – et les tribunaux administratifs, dont nous avons vu le cas que faisait l'administration.

autoritaires. On guillotine le roi le plus indécis. Paris ne s'est pas soulevé contre Richelieu, mais contre Louis XIV enfant. Charles X n'a pas été chassé de son trône parce qu'il avait publié quatre ordonnances répressives ; mais parce qu'il n'avait pris aucune disposition policière pour contenir les protestations : le prince de Polignac ne lui assurait-il pas que la Sainte Vierge suppléerait à tout[1] ?

La rébellion n'enfonce que des portes ouvertes. Maîtres et sujets se mesurent sans cesse – comme professeurs et élèves. Le plus souvent, la relation d'autorité est inhibitrice, mais sans histoires. Dans certains cas, le maître fait sentir inutilement son pouvoir ; il en aime trop la griserie. L'humiliation ressentie, on la fera payer, non à lui, mais au démagogue qui lui succédera.

Voilà aussi pourquoi il est si difficile, d'en haut, de diminuer la tension autoritaire. Dans un système qui vit sur l'autorité, ce sont les plus libéraux qui payent pour les chefs à la poigne de fer. Et quand la fête est finie, on retrouve l'autorité, sortie renforcée de l'épreuve. Après la destruction de la Bastille, les prisons se remplissent. Des maillons forts remplacent les maillons faibles : la chaîne continue d'enchaîner.

La rupture anticléricale

Pourtant, une fois, un maillon fort a sauté. Un seul, mais de taille. Toute la chaîne d'autorité en a été affaiblie. Ce fut la rupture qui a détaché de l'Eglise l'essentiel de l'âme française.

Partout, l'irréligion a fait des progrès depuis le XVIIIe siècle ; mais, partout ailleurs que dans les pays de catholicité stricte, elle n'a avancé que peu à peu. L'imprégnation religieuse reste forte dans les pays protestants – même dans l'Etat. Combien de téléspectateurs français n'ont-ils pas été surpris de constater que les cosmonautes américains célébraient Dieu dans leur capsule, que le président des Etats-Unis prêtait serment sur la Bible, ou que le Congrès se mettait en prière ?

En France, comme dans les autres pays latins, l'anticléricalisme a été agressif : c'est qu'il était une conduite de défoulement. Il a joué un grand rôle dans l'aggravation du mal français. « Ni Dieu ni maître », criaient les anarchistes, conséquents avec eux-mêmes. Le maître est resté, bien assis ; peut-être même a-t-il cru détourner contre l'Eglise la pression anti-autoritaire. Or, ce calcul était dangereux. L'autorité est aisément sacrée quand elle est religieuse. Elle l'est moins, si elle cède à la tentation de combattre la religion.

L'anticléricalisme n'a rien changé aux *modèles* de l'autorité. Mais il a augmenté la pression contre les hiérarchies. L'équilibre entre obéissance et insoumission est devenu plus précaire.

Le monde en marge

Sous la solide croûte d'autorité, il y a en France comme un monde grouillant de l'insoumission. Il naît à l'école. Il y apprend comment vivre à cheval sur la frontière qui sépare le légal de l'interdit. Tout ce qu'il y a de bouillonnant, de fantaisiste, de capricieux, de passionné dans l'enfant, tend à s'organiser en marge, entre camarades. Les petites communautés enfantines ne sont pas incorporées à la grande communauté scolaire, à travers mille activités diverses de sports, de loisirs, ou même de discipline. Les « camarades » ne peuvent former que des « bandes » : même si l'on n'y fait rien de mal, elles enseignent un certain plaisir de la clandestinité, en compensation et peut-être en haine de la société officielle.

Certes, dans les nouveaux quartiers de bien des pays, les groupes de jeunes en révolte contre les adultes cassent tout. Mais dans les sociétés hiérarchiques, ce sont les groupes d'adultes eux-mêmes qui peuvent se transformer en communautés délinquantes [2].

Paysans et marins-pêcheurs, viticulteurs et petits commerçants, Corses ou Bretons, font valoir leurs revendications par l'émeute. Mais aussi par une sorte de prouesse colorée de délinquance. Gilles de Rais, Mandrin, Bournazel, et tant de *centurions* ou de *mercenaires* partagent, chacun à sa manière, irrégulière ou simplement téméraire, ce goût français pour l'héroïsme marginal.

L'association-contre

Nous sommes méfiants. Nous ne semblons pouvoir nous associer que *contre* les autres, non *pour* faire quelque chose. La bande de copains organise cette dérobade à l'égard de la société ordonnée ; mais elle répugne à prendre des initiatives constructives.

L'esprit de rébellion se systématise, comme s'était systématisé pendant des siècles l'esprit d'autorité. Nous retrouvons ici l'attraction exercée par le marxisme dans les pays latins. Les électeurs communistes, qui se sentent le plus souvent des exilés de l'intérieur, émettent en faveur du Parti un vote de protestation. Mais c'est aussi un vote de sympathie. Doctrinaires, ils trouvent dans le collectivisme autoritaire cette justification idéologique que leur offrait le catholicisme et qui fait défaut dans l'Etat laïc : comme le dogme catholique, le dogme communiste explique tout, rend compte de tout, s'occupe de tout.

Aujourd'hui, chez nous, c'est un système de révolte. Ailleurs, c'est un système d'ordre. Demain, cela pourrait le devenir ici aussi. Quelle tentation pour des Latins, mal remis d'avoir rompu avec leur ordre de droit divin, Romains à la recherche d'une nouvelle Rome...

Chapitre 40

LA MENDICITÉ INJURIEUSE

Nous nous remettons à l'Etat du soin de notre bonheur. Et nous lui reprochons de ne pas nous rendre assez heureux. Nous mendions [1] auprès de lui ce que nous renonçons à nous procurer par nous-mêmes ; et nous l'insultons de ne nous le donner ni assez abondamment ni assez vite. Cette attitude, Maurice Druon l'avait dépeinte un jour d'une formule qui ne passa pas inaperçue : « La sébile d'une main, le cocktail Molotov de l'autre. »

Puisque l'initiative est découragée, puisque l'organisation de la vie collective est monopolisée par le « pouvoir », comment les Français n'attendraient-ils pas aussi de lui qu'il règle leurs problèmes et efface leurs soucis ? L'attitude quémandeuse à l'égard de l'Etat n'est que la contrepartie de l'absence – ou de l'insuffisance – de corps intermédiaire, de démocratie locale, d'initiative des citoyens ; de l'absence, ou de l'insuffisance, de *participation.*

Vous savez ce que c'est, la participation ?

La « participation » ! Comme elle a suscité de quolibets ! Terme nouveau ; surtout, idée nouvelle. Il aurait fallu, pour les admettre, des comportements nouveaux : où auraient-ils pris naissance ? De plus, ce mot recouvrait un champ variable ; tantôt il ne s'agissait que de gestion des entreprises, tantôt d'une philosophie de la société et de l'Etat. Ce flottement facilitait l'ironie.

Les meilleurs esprits, et les mieux disposés à l'égard du général de Gaulle, n'étaient pas exempts de scepticisme. Un matin de 1963, comme tous les matins, nous étions quelques-uns, réunis autour de Georges Pompidou dans son bureau pour commenter la presse du jour et mettre au point les explications à diffuser en conséquence.

Devant ses familiers *, le Premier ministre commentait avec humour un article qu'Albin Chalandon venait de publier dans *Le Monde* à la gloire de la « participation ». Raymond Aron avait pris position dans *Le Figaro* contre les idées de Louis Vallon, à qui de Gaulle avait confié la présidence d'une commission chargée d'élaborer des projets en vue de la participation **.

« Vous savez ce que c'est, vous, la participation ? lança Georges Pompidou jovialement. Personne ne me l'a jamais expliqué. »

Il exerçait chaque matin la bonhomie de son esprit critique, dans cette séance détendue, à l'égard de ce qu'il appelait les « lubies du moment », d'où qu'elles vinssent. J'aventurai une définition :

« Je crois deviner ce que c'est, dis-je. La participation ne se réduit pas à l'intéressement dans les entreprises, qui n'est qu'un procédé de rémunération. Elle est une restructuration de la société. On pourrait aussi bien l'appeler *décentralisation*.

– A la bonne heure ! répondit Georges Pompidou. C'est bien la première fois que j'entends ça. »

Guichard roulait une cigarette entre ses doigts ; Jobert et Ortoli souriaient. Mon petit cours n'avait aucun succès.

« Notre tendance nationale – repris-je en hésitant – est de prendre les décisions au sommet. C'est le centralisme. La participation disparaît là où le centralisme apparaît, et inversement. Si vous voulez qu'à la base, les citoyens dans un quartier, les ouvriers dans un atelier, participent à la vie publique, sociale ou professionnelle, il faut diffuser au maximum les responsabilités. »

Cette explication ne devait pas être lumineuse. Plus d'une fois, depuis, j'entendis Georges Pompidou demander : « Vous savez ce que c'est, la participation ? Personne ne me l'a jamais expliqué. » Avec sa clairvoyance corrosive, il sentait combien nos mentalités étaient réticentes. La *décentralisation* était une notion familière, mais qui recouvrait une réalité dont, au fond de nous-mêmes, nous ne voulions pas. Et *participation* était une notion étrange : nous pouvions nous retrancher derrière les mystères du mot, pour refuser la nouveauté de la chose.

---

* Olivier Guichard, délégué à l'Aménagement du territoire ; François Ortoli et Michel Jobert, alors directeur et directeur-adjoint du cabinet ; Jacques Leprette, directeur du service interministériel d'information.

** Notamment par l'établissement d'une institution nouvelle, qui fusionnerait le Sénat et le Conseil économique et social.

Chacun pour soi, l'Etat pour tous

Des électeurs venant me voir à ma permanence m'ont souvent posé les questions les plus personnelles : « Mon fils s'éloigne de moi. Comment le rattraper ? » « Mon mari me trompe. Que dois-je faire ? » Si des citoyens confient à un élu ces problèmes affectifs qu'ils sont seuls à pouvoir résoudre, on devine ce qu'il en est de questions plus matérielles. Les élus se retournent vers l'Etat. Ce qu'ils ne savent pas résoudre eux-mêmes, l'Etat le résoudra à leur place. On saisit le préfet, si on est un élu local ; si on est parlementaire, on saisit le ministre. A lui de se débrouiller.

La plupart des élus locaux, pétris de cette mentalité collective, ne se comportent pas autrement que les plus démunis des citoyens. Quand l'Etat met le petit doigt, le maire retire la main. Depuis des décennies, on continue à deviser sur l'accroissement des pouvoirs communaux. Mais ce sont les communes elles-mêmes qui réclament à grands cris des subventions, dont l'octroi va restreindre leur liberté de décision ; la maîtrise d'ouvrage par l'Etat, qui les débarrassera de tout tracas ; la « nationalisation » et l'« étatisation » de leur collège, pour n'avoir plus à s'en occuper.

Cette inclination à se décharger sur l'Etat est fort bien accueillie par lui : elle satisfait sa volonté de puissance. Notables et administrations, on l'a vu, s'entendent à merveille, malgré les apparences. Ce sont des alliés objectifs. L'administration a soif d'administrer. Les notables ont soif de notabilité. Le terrain d'entente est aisément trouvé. Pour beaucoup d'élus, la situation idéale consiste à devenir les chefs d'un syndicat de réclamation, face au pouvoir. Ils sont plus à l'aise dans le rôle d'*avocat* que dans celui de gestionnaire. Car le système centralisé a affaibli l'esprit d'initiative et renforcé l'esprit de revendication.

C'est bien pourquoi on a pris un mauvais biais, au mépris de la psychologie collective, en voulant fusionner les petites communes avec de plus grosses. Une commune, fût-elle minuscule, tolère mal de devenir le hameau d'une autre : le règne de la méfiance veut que l'on ait son avocat bien à soi.

L'Etat, il n'y a vraiment rien à en tirer ?

Tous les citoyens pensent avoir une créance sur l'Etat. Beaucoup poursuivent obstinément le recouvrement de cette créance, si minime soit-elle. Ils y dépensent plus d'énergie qu'il ne leur en faudrait pour inventer les moyens d'un progrès plus substantiel.

« Faire payer l'Etat », voilà leur rêve.

Ils ont toujours peur de se laisser voler de quelques francs qu'ils pourraient lui soutirer. Jacques Chastenet proposa un jour de remplacer partout le mot *Etat* par celui de *contribuable* : « Le contribuable garantira les bonifications d'intérêts accordées pour les prêts agricoles », etc. Cela aurait, pensait-il, un effet salutaire, car si personne ne se doute que « l'Etat, c'est nous », chacun comprend que « le contribuable, c'est lui ». Je ne serais pas si sûr du résultat. Les Français savent fort bien que l'Etat vit de leur argent. Mais cette considération ne fait que les inciter à *récupérer* ce bel et bon argent qu'il leur a pris. Non à le récupérer sous la forme des biens un peu abstraits que sont la sécurité, l'indépendance, ou la liberté. Mais sous la forme sonnante et trébuchante d'avantages individuels. Tous souhaitent être subventionnés. Chacun consent à ce que les autres payent.

Seuls les êtres faibles deviennent ainsi des parasites de l'Etat ? Non. Les citoyens les plus solides.

On ne donnait que quelques litres d'essence par véhicule, en mai 1968. Ce garagiste remarque qu'un « resquilleur », au volant d'une voiture de sport, venait de s'approvisionner à la pompe voisine, avant d'en demander à la sienne. Il lui en fait vivement reproche, et reconnaît un des trois jeunes chefs de la révolution en marche [2]. Notre homme prend une barre de fer et se met à taper sur le capot : « Puisque tu casses les voitures des autres, les autres peuvent bien te casser la tienne. » Le grand chef démarre en trombe. Les journalistes affluent, pour interroger le premier homme qui a mis la révolution en fuite.

En 1973, ce citoyen au courage exceptionnel est sinistré. Une tornade est passée, les ateliers se sont écroulés, enfouissant les voitures sous les gravats. Il vient demander mon aide. J'interviens auprès de sa fédération professionnelle, qui lui consent un prêt avantageux pour lui permettre de reconstruire son garage plus beau qu'avant ; ce prêt, combiné avec les versements des assurances, clôt, à mes yeux, le dossier. « Et l'Etat ? » me demande-t-il. Je lui explique que l'aide d'urgence de l'Etat doit aller aux nécessiteux des communes ravagées. Il secoue la tête, incrédule. Depuis, il est revenu plusieurs fois à la charge. « *L'Etat, il n'y a vraiment rien à en tirer* * ? »

Sévère envers une petite tricherie incivique, défenseur ardent de l'Etat menacé, cet homme énergique n'imaginait pas de relever ses ruines tant que l'Etat ne l'aurait pas aidé.

---

* En janvier 1978, des stations pyrénéennes de sports d'hiver étant éprouvées par l'absence de neige, leurs maires ont demandé au gouvernement d'instituer en leur faveur un impôt national pour les indemniser : « Les agriculteurs ont bien bénéficié d'un *impôt sécheresse*, pourquoi pas nous ? »

Une fois qu'on a donné aux citoyens et aux élus une mentalité d'assistés, il ne faut pas s'étonner qu'ils ne veuillent plus rien entreprendre sans assistance.

Au XVIIIe siècle, on sentait la différence entre les Français, qui comptaient sur l'Etat, et les Anglais qui ne comptaient que sur eux-mêmes. Citons encore Arthur Young comme témoin. Il est en Anjou et rencontre le secrétaire perpétuel de la société d'agriculture d'Angers : « Il loua fort le but de mes voyages, mais il trouva extraordinaire que ni le gouvernement, ni l'académie des Sciences, ni l'académie d'Agriculture ne contribuassent à mes frais. Cette idée est purement française : ils ne conçoivent pas que des particuliers délaissent leurs propres affaires en vue du bien public, sans être payés par l'Etat. Le secrétaire perpétuel ne parvint pas à me bien comprendre, lorsque je lui dis que toutes les entreprises sont bien faites en Angleterre, à l'exception de celles que subventionne l'argent de l'Etat[3]. »

Je connais un routier qui aime beaucoup son métier à la belle saison. Mais comme il trouve désagréable de conduire des camions l'hiver, par le froid, le brouillard et le verglas, il s'inscrit au chômage chaque année en octobre et prend six mois de vacances jusqu'à Pâques ; puis il reprend le volant pour six mois.

Ce cas, certes, n'est pas la règle. Mais il n'est pas non plus l'exception. Il marque une limite, celle des inconvénients que présente une excessive prise en charge de l'individu par la collectivité. L'Etat ne peut donner que ce qu'il reçoit ; et il reçoit moins, si l'individu lui consent moins d'efforts qu'il n'en déploierait pour lui-même.

On a beaucoup parlé des juifs qui quittent l'URSS pour gagner Israël, attirés par la liberté, la terre de leurs ancêtres, la voix du sang. Mais on parle moins du retour en URSS de certains juifs déçus. C'est pourtant leur cas qui est peu banal. Pourquoi retourner, non sans risques de représailles, dans un pays qu'on a fui ? Pourquoi choisir, en toute liberté, contre la liberté ?

J'ai interrogé en Israël quelques-uns de ces émigrés qui s'apprêtaient à repartir. Leur réponse est déconcertante. Prendre des initiatives, chercher tous les matins dans les petites annonces, trouver soi-même son travail, son logement, se retrouver seul en face de soi, c'est angoissant. Après un demi-siècle d'un régime qui prend soin de tout, vous entoure, vous guide, vous paie du berceau à la tombe, comment s'habituer au travail sans filet ? Quand on est devenu wagon, comment se passer de rails et de locomotive * ?

---

* *En relisant ces lignes, j'y trouve une frappante anticipation de la situation des Russes, Polonais, etc., après l'effondrement du communisme. L'aller et*

Faiblesse des associations

Tocqueville avait déjà montré combien les associations privées étaient débiles en France : il les comparait à l'étendue et à la vitalité, aux résultats aussi, du mouvement associatif dans les pays anglo-saxons. Ce que des associations privées font spontanément dans ces pays, et le plus souvent bien, seuls des organismes d'Etat le font en France, et assez souvent mal.

Il fallut attendre un demi-siècle après Tocqueville, pour que la loi de 1901 facilitât la création d'associations volontaires. Péniblement, l'Etat surmonta la prévention qu'il nourrissait jusque-là à l'égard de toute organisation des citoyens. Mais le régime administratif avait si profondément imprégné nos esprits que cette loi ne suffisait pas à les modifier. En fait d'association de promotion, la plus typique, chez nous, c'est la société de pétanque : l'ombre de l'Etat est si dense que seules y poussent ces violettes *.

L'esprit d'entreprise à but non lucratif – charitable, sanitaire, culturel – ne se développe pas, mais s'étiole. L'Etat-Providence, en détruisant les bases du bénévolat et du volontariat, pousse à l'égoïsme.

Influence débilitante, qui affecte le tissu moral de tout un peuple.

Des âmes fragiles

Nous retrouvons ici, dans les structures mentales, ce que nous avions décelé dans les structures sociales : la fragilité. Là où une hiérarchie dénie à l'individu la capacité de se passer d'elle, il suffit que la hiérarchie ait une faiblesse, pour que tout s'effondre. Une société se défait, quand elle s'est dévitalisée au profit d'une autorité suprême et lointaine.

Sans doute ne faut-il pas chercher plus loin pourquoi tant d'empires centralisés se sont écroulés d'un coup. A commencer par l'Empire romain. Quand la volonté est réservée à l'autorité suprême, un coup au but suffit. Les Barbares l'ont tiré.

Parce que le pouvoir envahissant confisque l'impulsion, une crise suffit à le balayer. *Avant* la centralisation, les Français ont connu maints désastres – qui jamais n'ont pu atteindre au cœur l'Etat. Jean II le Bon, François Ier sont faits prisonniers ? Les

---

retour que faisaient ces juifs, beaucoup le font ou risquent de le faire mentalement : bien des élections l'ont montré (1996).

* En revanche, comme on l'a vu au chapitre 39 (« L'insoumission »), l'association de défense, c'est-à-dire de protestation, pullule. *En particulier, depuis vingt ans, on a vu se multiplier les associations de défense des consommateurs, de l'environnement, des animaux, etc. (1996).*

Français se cotisent pour payer rançon. Charles VII est déclaré bâtard par sa propre mère Isabeau ? Jeanne d'Arc mobilise la France à son secours. Louis VII, Saint Louis conduisent des croisades à de cuisants échecs ? C'est simplement « tant pis ». Pourquoi cette *invulnérabilité* du pouvoir ? N'est-ce pas qu'alors il pouvait s'appuyer sur la force des individus, qu'il n'avait pas encore absorbée en lui ? Ces Français vivaces, bouillonnants, multiples n'étaient pas aisés à *démoraliser*. Un pan de mur tombait : on savait se battre dans les ruines.

Après la centralisation... Il suffit d'une émeute ou d'une défaite pour que l'Etat, beaucoup plus fort matériellement qu'*avant*, s'effondre comme château de cartes.

Tant qu'elle attendra tout de l'Etat, la société française restera vulnérable.

Chapitre 41

LE REFUS DE LA DIFFÉRENCE

Le grand maître de l'Université tire sa montre de son gousset et dit fièrement à l'Empereur : « Sire, en cet instant, tous les élèves de la classe de cinquième, dans tous les lycées de France, sont en train d'attaquer *la même* version latine. » La délectation de ce ministre, c'est la délectation jacobine. C'est une délectation française.

De Gaulle me dit, un jour de 1962 : « Notre chance, c'est l'Etat unitaire. Il applique à tous les mêmes règles, il fait disparaître les particularismes et les inégalités. Les Etats fédéraux ont les plus grandes peines du monde à se gouverner. Regardez les Etats-Unis ou l'Allemagne. Chacun y tire à hue et à dia. »

Dès avant 1968, je l'ai dit, de Gaulle avait changé d'avis, et le montra. Il lui fallut bien du courage, car l'idéal d'unité est au fond de notre mentalité romaine. La Rome des légions a voulu rassembler tout le monde connu. Le pape s'adresse « à la ville et au monde » – *urbi et orbi* –, c'est tout un. Le messianisme révolutionnaire – celui de 1793 comme celui de 1917 – rêve d'internationalisme : « Peuples, unissez-vous ! » « Prolétaires de tous les pays... » La réalité résiste ? Soumettre tous les hommes aux mêmes principes, c'est encore impossible ? Qu'au moins, dans la nation, les différences soient abolies !

Le prestige de l'uniforme

Pourtant, l'histoire des civilisations enseigne que leur progrès s'appuie sur les différences. La monotonie, c'est la mort. Du contraste, sourdent les renouvellements. Si rien ne nous remet en cause, notre intelligence somnole ; avec elle, l'allant, le goût du faire. L'obsession unitaire appauvrit l'homme. Elle élimine ce que chacun pourrait apporter d'original à l'œuvre commune.

L'unité en sort-elle mieux assurée ? C'est à voir. Le véritable sentiment de l'unité ne vient-il pas de la diversité admise – c'est-à-dire de la tolérance ? C'était la pensée d'Erasme. Elle n'est pas devenue une pensée française.

Nous avons retenu particulièrement, du catholicisme, l'affirmation de l'universalité – *la catholicité* – de la bonne doctrine. Et la Révolution nous a poussés à réduire la France à quelques idées générales et donc universelles *. Ce n'était plus la France dont on portait les couleurs au-delà des frontières, mais les droits de l'homme et du citoyen. Patrie des idéaux, la France pouvait englober tous les hommes dans sa citoyenneté.

L'universalisme français, s'il nous a causé des déboires, a su aussi faire merveille. Après tant d'autres témoignages, celui de Gaston Monnerville nous le rappelle, et comment ne pas en être ému ? « A la *communale*, j'ai entendu parler d'un pays d'Europe, situé à neuf mille kilomètres de mon petit coin natal, et auquel, nous disait-on, tous les hommes libres pensaient avec reconnaissance [1] »...

La colonisation française fut puissamment *assimilatrice*. Si l'armée, l'administration locale et une partie notable de la population ont pu donner dans le rêve de l'*intégration* des Algériens à la France, c'est qu'il répondait à l'appel de l'esprit unificateur. Tous pareils, de Dunkerque à Tamanrasset.

A l'extrême opposé, le génie particulariste des protestants aboutit parfois au délire inverse, celui de la *ségrégation*. Danois avec les Esquimaux du Groenland, Boers avec les Africains des Bantoustans, Américains avec les Peaux-Rouges, affirment en toute bonne conscience : « Ces hommes ne sont pas comme nous. Notre fréquentation leur fait du mal. Qu'ils restent donc dans des réserves. C'est leur bien autant que le nôtre. »

De l'obsession unitaire à l'obsession égalitaire

Rien n'irrite plus la conscience française que de buter sur des diversités *personnelles*. Aussi faisons-nous tout notre possible pour les éliminer : les différences d'environnement expliquent tout. Ce jeune homme a tué : c'est la faute de son enfance malheureuse. On oublie qu'avec une enfance semblable, *son frère n'a pas tué*.

Ainsi, le mythe reste intact. Les hommes sont pareils. Ce sont les circonstances qui les font différents. C'est « la faute à pas de

---

* L'*excellence* de la langue française ne nous suffit pas. Il faut que nous proclamions son *universalité* : de Du Bellay à Rivarol, le pas est vite franchi.

chance », dans la version fataliste : c'est « la faute à la société », dans la version révolutionnaire.

Que les capacités intellectuelles soient inégales selon les individus, cela heurte brutalement notre sens profond de l'unité humaine. Si l'homme est un « animal raisonnable », il faut que « le bon sens soit la chose du monde la mieux partagée ». La religion pouvait les tenir égaux, parce qu'ils le sont *dans l'amour de Dieu*. La laïcisation de l'égalité demande qu'ils le soient *en eux-mêmes*. D'où l'utopie. Débarrassée de l'aliénation capitaliste, dit Trotsky, « la moyenne des hommes accédera au niveau d'Aristote, de Goethe, de Marx [2] ».

L'obsession unitaire débouche sur l'obsession égalitaire – aussi stérilisantes l'une que l'autre. Et pourtant, on ne progresse pas, si l'on ne cherche pas à *dépasser*. Ou, si l'on veut, à *égaler* : l'égalité est un objectif, mais qui suppose l'inégalité. *Il y a des inégalités créatrices.*

L'unitarisme égalitaire refoule *l'instinct de dépassement* – où nous avons reconnu la plus grande force de l'histoire. Qu'on cherche à mettre tout le monde à égalité au départ de la course, soit encore ! Mais qu'on ne supprime pas la course, en enchaînant les coureurs les uns aux autres !

Unitarisme contre Unité, Egalitarisme contre Egalité

La mythologie de l'Etat centraliste renforce tout naturellement cette obsession de l'unité, comme ce refus de reconnaître les différences. On lui demande d'être un rouleau compresseur. *Celui qui a moins est volé par celui qui a plus, et c'est la faute de l'Etat.* A l'inverse, l'Etat trouve la plus efficace justification de son interventionnisme maladif, dans cet appel permanent que lui adressent l'unitarisme et l'égalitarisme.

L'Etat unitaire a développé sa puissance, sans que l'unité se développe à mesure. Les inégalités locales et régionales ont subsisté, malgré l'intervention continue de l'Etat. Il a pu étouffer ; il n'a pu uniformiser. L'Etat égalitaire est intervenu de plus en plus, sans que l'égalité s'instaure.

Pour assurer plus d'égalité, le gouvernement de Vichy décide, en 1940, d'établir des « abattements de zone ». Salaires, indemnités de résidence des fonctionnaires, allocations familiales, seront plus élevés à la ville qu'à la campagne, dans les grandes villes que dans les petites : il faut compenser l'inégale cherté de vie. Vingt-huit ans plus tard, le système restait inchangé, bien que les conditions eussent radicalement changé. L'administration demeurait imperturbable. Il fallut les accords dramatiques de Grenelle pour que l'on décidât en quelques minutes ce que d'innombrables interventions de syndicats et de parlementaires réclamaient en vain depuis vingt ans.

Le centralisme se fonde sur le principe : *l'égalité par l'unité.* Mais s'il mettait en danger et l'unité et l'égalité ? *L'unité*, parce qu'il n'y en a de vraie que dans le respect des diversités – voyez comme, après des siècles de nivellement administratif, la Bretagne, la Corse subissent les tentations les plus violentes de l'autonomisme. *L'égalité*, parce que l'Etat centralisé, qui doit faire en principe des interventions correctrices, entrave les mécanismes d'autorégulation. N'est-il pas frappant de constater que, parmi les nations industrielles, la France – la plus centralisée – a un éventail des inégalités – des patrimoines et des revenus – un peu plus ouvert que les autres [3] ? Tandis que les nations où l'éventail est le plus resserré – Suisse, Hollande – sont aussi les plus décentralisées ? Mais en même temps, c'est en France qu'on s'irrite le plus de ces écarts. Ainsi, *le centralisme entretient chez nous plus qu'ailleurs, par ses inventions maladroites, l'inégalité ; et il la rend plus qu'ailleurs intolérable, puisqu'il est censé l'abolir.*

S'il y a bien eu progression de l'égalité et de l'unité, c'est en vertu de mécanismes qui ne doivent rien à la centralisation ; et tout aux progrès techniques. Quels sont les phénomènes les plus spectaculaires du XXe siècle ? Dans tous les pays avancés, les modes de vie et les conditions sociales deviennent de plus en plus semblables. Les classes moyennes se gonflent, tandis que s'amenuisent, d'un côté le prolétariat, de l'autre les couches les plus favorisées. Dans une société de plus en plus fluide, les plus gros grumeaux disparaissent les uns après les autres. La baisse relative du coût des biens et des services, la diffusion des moyens audiovisuels unifient beaucoup plus vite que n'a jamais pu le faire l'Etat *.

Ces progrès, en bonne logique, auraient dû atténuer la passion égalitaire. Or, ils n'ont fait que l'exacerber. Elle est encore plus vive et plus répandue aujourd'hui qu'il y a une vingtaine d'années – et à plus forte raison qu'au XIXe siècle, où l'inégalité était en somme éclatante et même glorieuse. C'est que « la bonne logique » n'a pas grand-chose à voir avec les sentiments et les conduites des hommes. Tocqueville avait déjà noté qu'une injustice, tolérée quand elle est entière, devient intolérable quand elle est en voie de disparition.

Les observateurs étrangers ont souvent noté que les Français étaient d'un naturel envieux et procédurier. Mais naguère, ces

* *Telle était en effet la situation, encore au milieu des années 1970. La montée irrésistible du chômage a profondément changé le paysage. Pour une analyse du nouvel état de choses, voir* La France en désarroi, *chapitre 1 « Malaise dans la société » (1996).*

plaintes d'enragés plaideurs restaient querelles de bornage ou d'héritage. Avec la « massification » de la vie moderne, la chicane a pris les dimensions d'une lutte de classes, qui met à vif un sentiment toujours plus insupportable d'inégalité.

Aujourd'hui, il y a beaucoup moins d'inégalités qu'à la Belle Epoque ou que dans l'entre-deux-guerres. Mais elles sont beaucoup mieux connues, et donc beaucoup plus provocantes. La télévision, la publicité des magazines, multiplient les images d'une existence luxueuse, les plantent dans l'imagination quotidienne – créatures de rêve, vacances lointaines. La multiplication des biens ne permet plus de limiter le désir de consommer. On avait une paire de sabots, et on s'en satisfaisait ; on a trois paires de chaussures, et cela ne suffit plus, si le voisin en a cinq. On ne peut plus supporter les différences. L'éventail des revenus a beau se resserrer peu à peu, il s'agite sous tous les visages. L'inégalité a reculé, l'envie sociale a progressé.

Idées reçues sur l'inégalité

Cette envie lancinante prouve donc, paradoxalement, les progrès de l'égalité ; mais en même temps, elle les efface de la conscience collective. Ces progrès, nous refusons de les voir.

Au dictionnaire de nos idées reçues, figure que l'écart entre les salaires minimum et maximum est en France beaucoup plus ouvert que dans les pays socialistes. Or, s'il est légèrement plus ouvert que dans les pays avancés à structure décentralisée, il est beaucoup plus fermé que dans les pays communistes, dotés d'un puissant Etat centralisé.

Si l'on examine les *salaires publics*, on constate que l'écart entre le salaire minimum, versé à un manœuvre, et le salaire maximum, versé à un ministre, est en France de l'ordre de *un* à *douze* – avant impôt. En Union soviétique, il est de *un* à *trente*. Mais il devient incommensurable si l'on tient compte des avantages en nature *accessibles aux seuls privilégiés* – datchas, appartements de fonction, magasins spéciaux *.

Il n'y a pas de domaine où la passion égalitaire s'exprime avec autant de véhémence que dans la confrontation des revenus. Les statistiques sur l'inégalité sont délicates à manier, et souvent

---

* En Chine, pays réputé le plus égalitaire du monde, l'écart est de un à seize (vingt *yuan* pour un manœuvre dans une commune populaire, trois cent vingt *yuan* pour un chirurgien ou une danseuse étoile). Dans ces comparaisons entre pays occidentaux et pays socialistes, il faudrait aussi tenir compte du *pouvoir d'achat* (les taux de change sont trompeurs) et des *salaires privés* en Occident, ainsi que de la fraude fiscale.

maniées avec indélicatesse. Ainsi, on totalise les gens par tranche de revenus, sans tenir compte des tranches d'âge : on compare le salaire du manœuvre de dix-huit ans à celui de l'ingénieur en fin de carrière. Le résultat est impressionnant mais trompeur. Si l'on comparait les écarts de salaires à âge égal, on s'apercevrait que l'écart pour les jeunes, en début de carrière, est très faible (de l'ordre de un à trois). Les charges les plus lourdes – foyer à monter, enfants à élever –, les jeunes Français les affrontent dans des conditions qui ne sont plus, comme naguère encore, férocement inégales.

L'égalité des chances

Jusqu'à une date récente, notre masochisme égalitaire avait épargné une institution : tous les Français croyaient, depuis Jules Ferry, que l'école était un instrument de promotion. En 1964, deux jeunes sociologues convainquirent l'*intelligentsia* que, bien loin de *promouvoir* les chances de chacun, l'école était au contraire un facteur de conservation sociale, qui séparait les « héritiers » et les autres ; elle *reproduisait* la société à l'identique.

Le succès de cette thèse [4] fut surprenant : il mesure moins l'inégalité, qui décroît, que la passion égalitaire, qui croît en proportion. Comment un peuple aussi critique que les Français, une catégorie aussi critique que les intellectuels, se sont-ils laissé prendre à ce piège ? Ces sociologues ont établi leur thèse sur les statistiques de l'année universitaire 1961-1962. Ils se scandalisent qu'il n'y ait que 6 % de fils d'ouvriers dans l'enseignement supérieur (alors qu'il y a 36 % d'ouvriers dans la population active). Mais il n'y en avait que 1 % en 1945, 2,7 % en 1958 et ce que leur fixisme ne voulait pas prévoir, c'est qu'il y en aurait 13 % en 1975 : en trente ans, une croissance de 1 300 % en proportion, de 6 000 % en effectifs. Que le nombre de fils d'ouvriers dans l'université ait été *multiplié par soixante en moins d'une génération*, n'est-ce pas une des plus solides raisons d'optimisme que fournisse le temps présent ? D'ailleurs, est-il besoin de statistiques pour établir ce qu'indique le témoignage des yeux, à condition qu'on les ouvre ? Sciences-Po, dans les dix années qui ont suivi la fin de la Seconde Guerre, un étudiant aurait cru déchoir s'il n'avait pas porté col dur, chapeau noir à bord relevé, parapluie noir dans un fourreau de soie. Ce n'était pas l'uniforme bourgeois, mais grand-bourgeois qui était requis. Aujourd'hui, comment distinguer, dans leurs chandails à col roulé et leurs *blue-jeans*, le fils de président et le fils de garde-barrière ? Snobisme peut-être ; mais snobisme de l'égalité, non plus de l'inégalité.

Au moment précis où nos sociologues faisaient parler les statistiques d'une seule année, le système scolaire était bouleversé par la création du collège universel et obligatoire. Leur édifice comptable et intellectuel allait être mis à mal – à terme, bien sûr – par cette fusion de l'école du peuple et du lycée bourgeois [5].

Leur école « au service des classes dominantes » est censée reproduire l'inégalité des revenus [6]. Nouvelle erreur. Car si l'œuvre de promotion par l'école avance assez lentement, ce n'est pas un problème financier, mais culturel – lié précisément à cette lourdeur des mentalités qui provoque la persistance du « mal français [7] ». C'est affaire de langage et d'environnement mental, non de compte en banque ou de position sociale [8]. Le fils d'instituteur est mieux placé dans la course aux diplômes que l'enfant de commerçants enrichis dans le « bon beurre » [9].

Cette thèse a beaucoup plus marqué les esprits que celles de Marcuse, souvent citées et moins souvent lues. L'étonnant n'est pas qu'elle ait eu tant d'écho, mais que sa réfutation en ait eu si peu [10]. C'est que nous refusons ce qui ne correspond pas à nos préjugés *.

L'école du désespoir

La pensée dominante veut que l'inégalité, la différence, n'aient pas d'autre visage que celui de l'argent. C'est la première simplification. Le seconde est que cet « argent », nous n'arrivons pas à l'imaginer autrement que comme un immuable trésor : la seule question étant de savoir comment le partager. Si les uns en ont plus, les autres en ont moins. Nous concevons toujours la richesse en vieux paysans d'un monde fini : le champ que possède le voisin, je ne l'ai pas.

Comme personne ne renonce aisément à sa part, on n'imagine de surmonter l'inégalité des revenus que par la lutte des classes. Les schémas de l'expansion ne sont pas encore entrés dans les esprits. On ne s'est pas accoutumé à l'idée que l'augmentation de la part des moins favorisés doive se faire non au détriment des plus favorisés, mais à la faveur de la marge dégagée par la croissance – dans laquelle les plus favorisés ont un rôle important à jouer. Les apôtres de la justice vont répétant que « plus la société s'enrichit, plus l'écart se creuse ». Contrevérité, mais elle a cours. Elle

* N'est-il pas curieux que les mêmes sociologues, ou d'autres, n'aient pas scruté les distinctions selon les familles spirituelles ? Par exemple, qu'il y ait dix fois plus d'étudiants protestants dans l'Université qu'il ne « devrait » y en avoir démographiquement ; et vingt fois plus d'étudiants israélites. Ces inégalités ne sont-elles pas le signe d'un milieu culturel mieux adapté ? Mais elles heurtent le dogme d'une égalité *naturelle* des hommes, qui serait seulement contrariée par l'inégalité des revenus...

est d'autant mieux reçue, qu'elle va dans le sens de l'immobilisme convulsionnaire.

Qu'il s'agisse des revenus, ou qu'il s'agisse des chances, la mentalité égalitaire aboutit à détruire l'idée même que l'expansion économique et les progrès de l'éducation puissent mobiliser et mouvoir la société. Pour nos absolutistes de l'égalité, il ne faut pas que soit laissée à quiconque l'espérance qu'au sein de notre société inégale agissent, insensiblement mais puissamment, des forces de transformation : il faut que la transformation vienne d'ailleurs, et vienne d'abord. Hors d'une révolution s'emparant des leviers de commande au sommet de l'Etat, point de salut.

Pour un révolutionnaire que fabriquent ces idéologues, ils désespèrent cent lecteurs. L'égalitarisme ainsi conçu inhibe l'instinct de dépassement. Il ne pousse personne à égaler ceux qui font mieux. Il *retient* d'agir.

Toutes les sociétés en marche vers l'égalité risquent d'atteindre des seuils où se déclenche la *paralysie des motivations*. Dès 1957, visitant l'université d'Uppsala sous la conduite de Michel Foucault, je m'étonnais d'entendre dire que la difficulté était de donner aux étudiants suédois des raisons de travailler. Pourquoi s'astreindre à des études ardues, si les impôts nivellent les revenus, si le socialisme rabote le prestige social, si l'on gagne autant à vendre des saucisses dans la rue qu'à enseigner les mathématiques, à laver des voitures qu'à devenir archiviste-paléographe ? Et pourquoi faire des efforts dans une entreprise, alors que la rémunération s'en ressentira à peine, et que les responsabilités s'alourdiront sans contrepartie ?

Un jour peut venir – comme en Angleterre – où la recherche de l'égalité tarit les sources de la prospérité qui permettait d'aller vers plus d'égalité. En France, les ravages de l'égalité inhibitrice ne guettent pas encore notre économie. Mais les ravages de l'égalitarisme envieux guettent toujours notre société.

Chapitre 42

EN CONGÉ DE RÉEL

S'il est un plaisir auquel nous aimions nous livrer, c'est bien celui de la parole. « En France, disait Amiel, on croit toujours qu'une chose dite est une chose faite. » Il aurait pu l'affirmer de tous les peuples latins. Tartarin, Numa Roumestan, types de *verbo-moteurs* latins : « Quand je ne parle pas, je ne pense pas. » On pourrait ajouter : « mais quand je parle, j'agis ». Nous parlons comme des souverains dont le verbe suffit à déterminer le bien et le mal, le vrai et le faux, à détourner le cours des choses ; comme si l'action était un rêve, où vouloir c'est avoir, où redouter c'est échouer.

Nous admirons ceux qui, dans cet art de la parole, montrent le plus d'assurance et de brio. Nous n'attendons pas qu'ils se mettent à l'ouvrage. Il suffit que le propos soit bien tourné.

Déjà, au XVIIIe siècle, rendant compte d'une brochure, encore une, *Sur le commerce des grains*, Grimm notait : « Je veux mourir si aucun de tous ceux qui ont écrit pour ou contre pourrait faire une réponse passable sur cinquante questions qu'il faudrait éclaircir avant d'avoir un avis sur ce problème. Pour gouverner un Etat, créer des ressources, il faut autre chose que de bavarder à perte de vue [1]. »

La réalisation est accessoire

En France, on a raison, comme au tennis on « a le service » : on jouit de cette possession passagère, avant de s'en défaire, puisqu'on jongle avec les idées. Chez les Anglo-Saxons, « *you* are *right* », on est dans le bon chemin : le vrai n'est pas un jouet qu'on possède ou non, dont on change à sa convenance, ou qui change selon la mode ; c'est une attitude qui vous engage tout entier.

Un recueil de Dissertations de philosophie pour le baccalauréat comporte ce sujet typique : « On a pu dire : "*Ce n'est pas le résultat qui compte, c'est l'intention.*" Vous analyserez ce jugement et vous en démontrerez la valeur. » La valeur ! La doctrine officielle ne se dissimule pas ! Rien, dans notre éducation, ne nous accoutume à considérer la réalité comme une pierre de touche, la réalisation comme une *épreuve*. Tout nous incline, en revanche, à considérer la réalité comme impure, et la réalisation comme un accessoire. En cas d'échec, ce sont les faits qui ont tort.

Cette *intelligentsia* de l'intention, fort à l'aise dans le discours, maladroite et peu encline à transformer le discours en action, est caractéristique des pays latins. Son activité favorite consiste à « poser le problème ». Elle le pose, et elle le laisse. L'Anglo-Saxon, lui, en use généralement à l'inverse : il ne prend guère la peine de poser un problème qu'il n'a pas l'intention de résoudre.

Le ciel des idées est notre patrie. Nous n'aimons pas en redescendre. Le réel est sordide. L'action salit. L'efficacité déshonore. Pas plus que l'aristocrate hier, l'intellectuel aujourd'hui n'accepte de *déroger*.

Peu de peuples ont autant semé que le nôtre ; d'autres ont plus souvent récolté. Nous nous sommes laissé régulièrement dépouiller des fruits de notre génie par l'ingéniosité des autres *. Quelle habileté à la théorie, quelle faiblesse pratique ! Nul n'a su donner une formulation plus éclatante que les Français aux déclarations des droits de l'homme et du citoyen, aux Constitutions et aux Codes. Pourtant, ils ont le plus grand mal à rester fidèles à leur Constitution, ou à faire éclore, sous la pluie des proclamations libératrices, la fleur des vraies libertés.

Sous la poussée du réel, quelque chose change. De nouveaux dirigeants se sont formés au contact des affaires ; une sorte de *contre-intelligentsia* française est née de la vie même qui, peu à peu, a commencé d'animer l'économie. Elle est active et consciente d'elle-même. Il est dommage qu'elle n'ait guère de liens avec le milieu intellectuel, qui n'a qu'un mépris mêlé de crainte pour ces « jeunes cadres ». Ceux-ci et celui-là pourraient s'enrichir de leurs différences.

---

* Des découvertes françaises sont à l'origine de la machine à vapeur, du bateau à moteur, de l'automobile, de l'avion, de l'énergie nucléaire, de la radio, de la télévision, du laser, des circuits intégrés. Mais ce sont des Anglais, des Américains, des Allemands ou des Japonais qui ont assuré l'application et se sont partagé les profits.

Effets réels de l'irréalisme

Et pourtant, à force d'ignorer la réalité, on la transforme. Depuis le XVIIIe siècle, l'histoire de France avance sous l'effet de débats théoriques. Soudain, la réalité casse sous la pression des idées. La Révolution mérite absolument son épithète de *française* : œuvre d'intellectuels qui y ont travaillé pendant un demi-siècle, et se sont trouvés dans un complet état d'impréparation quand elle s'est déclenchée. Dans sa retraite suisse, Lénine avait lucidement mis au point les scénarios de la prise du pouvoir. Mais nos « philosophes », qui s'embrasaient pour des conceptions abstraites de la liberté, de la justice, de la propriété, ne se soucièrent pas le moins du monde des structures concrètes d'autorité, et ne prévirent rien pour les transformer.

Cet irréalisme frappait l'esprit positif de notre irremplaçable témoin. Passant à Limoges en 1787, Arthur Young y est reçu à la « Société d'Agriculture » : « On se réunit, on bavarde, on publie des inepties. Cela ne tire pas à conséquence : les paysans, loin de lire ces mémoires, sont totalement illettrés. Ils peuvent voir, cependant ; et si l'on montrait une ferme, avec de bonnes méthodes de culture, propres à être imitées, voilà qui pourrait être instructif [2]. » A Lyon, il interroge le savant auteur d'un *Dictionnaire d'Agriculture.* « Il me fit observer que si je voulais des renseignements purement pratiques et d'usage courant, il fallait m'adresser à des paysans ordinaires, marquant par son ton et ses manières que cela lui semblait au-dessous de la dignité de la science [3]. »

Les mots et les choses

Au défi lancé par le réel, l'intelligence irréaliste répond par le classement. Elle réduit les choses en catégories et en normes. Plus la réalité nous échappe, plus nous souhaitons l'enfermer dans un *texte*, la rendre ainsi raisonnable, et par là, administrable. Ce délire rédactionnel récapitule nos traits culturels. Nous raffolons de l'abstraction, du juridisme, de l'utopisme. Nous donnons la préférence à la forme sur le fond. Au contact direct, nous préférons les ordres écrits qui ne sont ni précédés d'une préparation psychologique, ni suivis d'un contrôle d'exécution.

Pour faire face à la concurrence internationale, les entreprises privées en sont réduites à faire appel aux techniques anglo-américaines et à un vocabulaire importé : *engineering* et *leasing, management* et *public relations, marketing* et *merchandising.* Il ne sert à rien de s'indigner de cette invasion du *franglais* : elle ne fait que traduire nos faiblesses mentales. Nous resterons toujours gauches dans le tête-à-tête avec les autres et avec le réel, tant que nous n'aurons pas systématiquement organisé leur apprentissage. C'est dans la plus tendre enfance que l'homme anglo-saxon est préparé à la vie concrète. Les Français penseront dans l'abstrait tant qu'on leur apprendra la théorie des machines à l'aide de formules, et qu'ils ne sauront pas monter un piston ou démonter un carburateur.

Les magistrats savent que les affaires plaidées devant eux avec le plus d'acharnement se confondent souvent avec celles dont l'enjeu est le plus mince. La Cour de cassation, toutes chambres réunies, a dégagé les caractères distinctifs du contrat de société, à l'occasion du paiement de droits d'enregistrement dont le montant s'élevait à 1,25 franc[4]. Faire reconnaître un droit méconnu mérite une énorme dépense d'énergie, même si cet acharnement reste sans effet pratique. Les Français pourraient réciter avec Cyrano, qui ne faisait que transposer Don Quichotte : « Non, non, c'est bien plus beau lorsque c'est inutile. »

Ignorance de la géographie et de l'histoire

Que « le Français ignore la géographie » était passé en proverbe chez les étrangers. Pis que de l'ignorance : de l'indifférence. Pour le Français, le monde extérieur n'existait pas. Arthur Young séjourne à Béziers et bavarde avec un marchand « bien habillé » : « Il me demanda trois ou quatre fois de quel pays j'étais. Je lui dis que j'étais chinois. "*Quelle est la distance de ce pays ? – Deux cents lieues* *, répliquai-je. – *Deux cents lieues ! Diable ! C'est un grand chemin.*" » Young multiplie les exemples et compare « cette incroyable ignorance avec les connaissances si universellement répandues en Angleterre[5] ». Aujourd'hui, les Français voyagent de plus en plus. Mais cette évolution est récente. L'ignorance reste au cœur. La réalité que nous ignorons le plus est la nôtre. Pendant des siècles, à l'abri de nos murailles mentales, nous avons entretenu la conscience de notre supériorité ; nous avons servi notre propre culte. Clos sur nous-mêmes, nous avons interprété nos heurs et malheurs à notre façon et à notre aise. Ce peuple adulte que nous sommes lentement en train de devenir devra être capable de supporter les réalités. Quand il aura acquis assez de confiance en lui-même pour supporter son histoire, il n'aura plus besoin de se raconter des histoires.

---

* Huit cents kilomètres.

Nous retrouvons ici notre fragilité. Irréalistes sur nous-mêmes, nous en devenons cyclothymiques. Faute de nourrir notre jugement par une connaissance sérieuse de l'étranger, nous passons brusquement de l'euphorie à l'accablement. Nous ignorons l'art de pratiquer avec mesure une autocritique qui sache se tenir à égale distance de l'autosatisfaction et de l'auto-humiliation. Nous encenser ou nous flageller, ces deux attitudes extrêmes permettent tour à tour d'éviter d'agir : elles découragent l'effort, ressenti soit comme superflu, soit comme impuissant.

Nous répugnons à admettre des progrès pourtant évidents. Nous vivons sur des stéréotypes anciens, sans nous demander s'ils ne sont pas devenus désuets. Par exemple : « Les Français ne lisent pas. » On cite une vieille statistique, toujours la même, d'avant le livre de poche *. En 1974, je fis effectuer une nouvelle étude [6] : elle montrait que les Français se sont mis à lire **. C'est une petite révolution ; l'enquête qui l'établit est à peine mentionnée ; il doit rester entendu que les Français sont incultes.

Comme des gouttes de vif-argent, nous glissons de la plus naïve confiance en notre génie collectif à la plus noire morosité. Depuis la fin de la guerre, la morosité prédomine. Alors, précisément, que ses raisons objectives ont beaucoup diminué...

C'est que nous avons tendance à refuser leur importance aux événements qui en ont effectivement ; et à en donner à ceux qui n'en ont pas. Ces oscillations ont entraîné quelques conséquences tragiques. La France a déclaré et perdu des guerres par manque de sang-froid. Trop imaginative, insuffisamment réaliste, elle les a commencées en rêve et finies en cauchemars. En 1870, elle s'est engagée sur un coup de tête dans une confrontation avec l'Allemagne qui a duré soixante-quinze ans. Un empereur flegmatique, un Parlement maître de lui, un peuple réaliste auraient résisté au vertige d'amour-propre né d'une dépêche où l'on a peine, aujourd'hui, à déceler l'impertinence : « Sa Majesté a refusé de recevoir encore l'ambassadeur et lui a fait dire, par l'aide de camp de service, qu'elle n'avait plus rien à lui communiquer. »

L'imagination française est mobile. La Harpe notait déjà voici deux siècles : « En France, le premier jour est pour l'engouement, le second pour le dénigrement. »

---

* Seul un Français sur quatre lit plus de quatre livres par an.

** La proportion était passée, de 1964 à 1974, à deux Français sur trois. *Vingt ans après, en 1994, 35 % des Français déclaraient « être en train de lire un livre », dont un sur deux précisait l'avoir lui-même acheté. Les bibliothèques de prêt fonctionnent très bien, jusque dans les zones rurales les plus retirées et les banlieues « à problèmes » (1996).*

L'absence du sens de la durée

S'il est un sens qu'aiguise l'exercice des responsabilités, c'est celui du temps. Un maire sait qu'à compter de la date de son élection, il lui faut une année pour élaborer des projets et procéder aux études nécessaires, puis deux ans au moins pour obtenir les crédits correspondants. Ce n'est guère avant la quatrième année de son mandat – dans le meilleur des cas – que les réalisations municipales commencent à sortir de terre.

Quand on est sevré de responsabilités, on exige des résultats immédiats. On répète en trépignant, comme l'Antigone d'Anouilh : « Je veux tout tout de suite, ou alors je refuse. » Nos dirigeants essaient-ils de nous faire prendre patience ? S'ils promettent à échéance, leurs traites sont refusées. Dès qu'ils parlent de moyen terme, ce sont des ricanements : « Demain, on rasera gratis. »

Les nations trop gouvernées n'ont pas eu l'occasion d'apprendre que les faits ont aussi leur despotisme et qu'ils ne vont point du même pas que le désir. Elles sont dépourvues de la longue patience que connaissent les peuples habitués à se gouverner eux-mêmes. Les Français ont tendance à penser dans la réalité comme ils pensent en songe. Ils veulent des idées qui résolvent tout, qui aplanissent le réel ; la synthèse idéale qui concilie les contradictions et les bizarreries de la vie vraie. Mais quoi de plus difficile qu'une synthèse scrupuleuse ?

Comme dans les rêves, l'amalgame tient lieu de synthèse. Notre univers politique abonde ainsi en demi-vérités devenues folles. L'esprit logique abandonne le terrain à l'esprit magique. Il arrive que les spécialistes de la réflexion politique procèdent comme Bayard. Pour lui, l'épée, c'était l'honneur ; l'arquebuse, le déshonneur. Amalgame qui lui fut fatal : il périt d'une arquebusade – ce qui a sauvegardé son honneur, mais fait douter de son sens du réel. « Tiens-toi au pinceau, je tire l'échelle » : histoire française. De combien de pinceaux n'avons-nous pas cru qu'ils nous retiendraient au plafond ?

De tous les pinceaux qui doivent nous éviter la chute, voici un des plus répandus. Notre bon cœur et notre mauvaise tête ont inventé un amalgame poétique : le collectivisme libertaire. Système idéal, qui imposerait à tous une justice rigoureusement distributive et éliminerait profit et propriété capitalistes ; et assurerait la liberté totale des citoyens, en les débarrassant de l'autorité de l'Etat et des patrons grâce à l'autogestion.

La rêveuse générosité française cultive l'espoir de concilier l'idéalisme quarante-huitard ou communard, avec l'efficacité que requiert la société industrielle.

La France est moins agitée par des problèmes que par des malentendus. Peut-il y avoir, par exemple, débat sur le *capitalisme* sans qu'y règne le malentendu ? Car sous ce terme de croquemitaine, on ne pourchasse pas un système d'appropriation du capital, mais en réalité la société industrielle, dont on refuse les contraintes tout en exigeant ses bienfaits.

Entre l'Etat subi et l'Etat haï, entre l'Etat divinisé et l'Etat désacralisé, les Français dérivent. Ils sont à la merci d'un coup de vent. Alors, c'est la panique, le coup de folie collective.

A la base de ces « épidémies psychiques », comme les appelait Freud, il y a probablement l'absence de responsabilité directe, l'absence d'ancrage dans les réalités du pouvoir, le sentiment profond de l'impuissance de chacun. De temps en temps, un événement, fût-il minime, cristallise cette inquiétude sourde, ce manque de confiance dans le système, cette impression que les choses ne marchent pas comme il faudrait. Seul l'Etat pourrait quelque chose. Mais on n'a pas prise sur lui. Et si lui-même donne l'impression de perdre ses prises, le vertige gagne.

Les Français se sentent alors de cœur avec ceux qui dénoncent le pouvoir. Le vide se fait autour de l'Etat. Chaque fois que des mineurs, des postiers ou des paysans se lancent dans une révolte contre l'Etat, l'opinion est de cœur avec eux. Mais rien ne peut remplacer l'Etat. Au bout de quelques semaines, on craint le froid, les lettres n'arrivent pas, on en a assez de voir les routes barrées. Guignol a bien bastonné Pandore, sur la scène de son petit théâtre. Les enfants ont rêvé. Quand ils sortent, l'agent de police est toujours là, pour leur faire traverser la rue.

Chapitre 43

NOS GUERRES DE RELIGION

O Dieu ! si vous avez la France sous vos ailes,
Ne souffrez pas, Seigneur, ces luttes éternelles,
Ces trônes qu'on élève et qu'on brise en courant,
Ces tristes libertés qu'on donne et qu'on reprend,
Ces flux et ces reflux de l'onde contre l'onde,
Cette guerre, toujours plus sombre et plus profonde,
Des partis au pouvoir, du pouvoir aux partis,
L'aversion des grands qui ronge les petits,
Et toutes ces rumeurs, ces chocs, ces cris sans nombre,
Ces systèmes affreux échafaudés dans l'ombre,
Qui font que le tumulte et la haine et le bruit
Emplissent les discours...

Victor Hugo [1] (1835).

Nous ne nous aimons pas. Nous réclamons une pensée unanime, et nous nous débattons dans le cauchemar de querelles sans fin. Quand on ne veut voir qu'une tête, il faut en couper beaucoup. L'unité rêvée nous conduit à la fracture vécue.

Dans le film *Z*, le général de gendarmerie veut extirper les maladies dont son pays est accablé, comme on extirpe le mildiou dans un vignoble – elles portent pour lui des noms en « isme » : socialisme, marxisme, communisme [2]. Nous ressemblons souvent à ce général ; même si le mildiou des uns n'est pas le mildiou des autres.

Notre vie politique est empoisonnée par ce goût manichéen du « tout blanc, tout noir ». Ses praticiens le constatent parfois. En voici un qui fonde un club pour lutter contre « la tendance à radicaliser tous les débats ». En voici un autre qui dénonce les « guerres civiles » déclenchées dans l'enseignement à propos de tous les sujets : « le latin, les équivalences, l'orientation, l'agrégation, la thèse, la pluridisciplinarité [3] ». La liste se modifie au gré de l'actualité. Car ces guerres dérisoires naissent, vivent et meurent avec une brutalité d'orage. Comment modifier le climat ?

A peine si nous pouvons *comprendre* que l'unité vraie prospère dans la diversité. Avec sa patience de grand pédagogue, Siegfried expliquait le système politique de la Suisse – ce contraire de la France. Oui, la Suisse est unie *parce que* les cantons sont souverains ; *parce qu'*aucun effort n'est fait pour unifier ses quatre langues ou ses quatre religions ; *parce que* les Grisons se gouvernent autrement que les Valaisans, les Genevois autrement que les Vaudois. Oui, la Suisse est unie *parce qu'*elle se veut un faisceau de différences. En elle, des siècles de démocratie à ras de terre ont tué l'agressivité, cette ivraie des sociétés *.

Dans notre démocratie toujours en friche, l'agressivité pousse comme herbes folles... Herborisons.

Peuple guerrier, guerres civiles

De tous les pays d'Europe, la France est celui qui a connu le plus grand nombre de conflits avec d'autres Etats ; celui où le nombre des années de guerre, comparé aux années de paix, est, de loin, le plus élevé.

Caton attribuait déjà aux Gaulois deux passions dominantes : « Etre braves à la guerre et parler avec habileté [5]. » Et Strabon : « La race gauloise a la manie de la guerre, elle est irritable et prompte à en venir aux mains [6]. » L'Etat centralisé, lui-même issu de la guerre, cultiva nos dispositions belliqueuses. Bien que les luttes fratricides des Etats du vieux monde aient été un mal endémique, aucun ne s'y est adonné autant que la France.

Notre agressivité culmine dans notre propension à la *guerre civile*. Montesquieu notait déjà que l'histoire de France était « pleine de guerres civiles sans révolutions ». S'il avait vécu de nos jours, il aurait remplacé *sans* par *avec*.

Bien avant 1789, l'émeute est un sport national. De la croisade

---

* Il est curieux qu'on présente toujours en modèle la Suède, jamais la Suisse. Celle-ci est pourtant, elle aussi, en tête des pays du monde pour l'organisation politique, la production par habitant, la paix sociale ; avec un mérite singulier, celui d'avoir surmonté les oppositions religieuses et linguistiques, et le handicap d'un sol et d'un sous-sol presque dépourvus de ressources ; ce qu'un pamphlet récent [4] n'infirme pas.

des Albigeois à la guerre des Farines, en passant par la Ligue, la Saint-Barthélemy, le siège de La Rochelle, la Fronde, les dragonnades, les camisards, les jacqueries, les innombrables soulèvements de Paris ou de province, l'histoire de France est une longue guerre civile, pleine d'assassinats, de charges de police et de déraison.

Ces troubles que Montaigne appelait « maladies politiques », nul doute que depuis quatre siècles la France en ait souffert *plus que tout autre pays avancé*. Le tribut que la voirie française a payé aux barricades n'a d'égal que celui qu'elle paye encore à leur commémoration.

La plus atroce de nos guerres civiles – et dont la nation porte encore des marques – ce furent les guerres de Religion, ce carnage passionné. Parmi les Etats de la chrétienté, la France fut de beaucoup le plus long à choisir son camp. La division, bientôt armée, y fit rage pendant près d'un siècle. Malgré Henri III et Henri IV, elle dure, de rebondissement en rebondissement, pendant tout l'Ancien Régime. Et la Révolution lui donne une nouvelle forme – le conflit entre l'Eglise et l'Etat.

Pour comprendre les traces de cette époque dans notre âme d'aujourd'hui, il faut se représenter la sauvagerie de ces affrontements et se rappeler que le peuple y poussait de toutes ses forces. Le jour de la Fête-Dieu 1535, dans une grande liesse populaire, François Ier, processionnant dans Paris, alluma lui-même vingt-cinq bûchers dressés comme des reposoirs, où grillèrent vingt-cinq protestants. Mariana, jésuite fanatique et donc peu suspect de s'attendrir inutilement, décrit ainsi la Saint-Barthélemy : « Quelques-uns furent massacrés sur ordre du roi, beaucoup plus par le peuple. On blessait, on tuait partout et le plus souvent les innocents, comme cela arrive quand le peuple s'est révolté [7] ».

Henri IV dut faire pression sur les magistrats du parlement de Paris pour qu'ils enregistrent l'édit de Nantes, dont, en bons interprètes du public, ils ne voulaient pas. Ses paroles étaient celles d'un homme seul : « Il ne faut plus faire de distinction entre catholiques et huguenots, il faut qu'ils soient tous bons Français... Il n'est pas possible de convertir les huguenots par force. Je ne veux pas répandre le sang de mes brebis, mais les rassembler par la douceur et la bonté d'un roi et non par la violence d'un tyran [8]. »

Ce roi fut assassiné comme un tyran. La révocation de ce même édit de Nantes, près d'un siècle plus tard, exprimait une volonté quasi unanime. L'intolérance était devenue consubstantielle à la France. Elle a fleuri ensuite sous mille formes.

Ce manichéisme religieux a duré jusqu'aux années 1960, là où l'histoire avait oublié côte à côte, dans quelques vallées du Dauphiné, du Queyras ou des Cévennes, des communautés paysannes de catholiques et de réformés. Jamais ils ne se mêlaient dans une liste municipale ; ils se disaient eux-mêmes, respectivement, « blancs » et « rouges », « droite » et « gauche ». On ne fréquentait pas les mêmes commerçants. On ne se saluait pas en se croisant sur un trottoir ou dans un chemin. On ne jouait pas ensemble aux billes, ni aux jeux de l'amour. Chaque clan avait son Dieu et son sanctuaire. Tantôt l'église et tantôt le temple brûlait, en réparation de quelque *razzia*, de quelque humiliation. Ces Français n'étaient pas des sauvages. Ils étaient restés conséquents un peu plus longtemps que les autres.

L'agressivité quotidienne

Records des guerres étrangères, des guerres civiles ; la France détient un autre record : celui d'une agressivité quotidienne, intériorisée. C'est en France que le nombre de morts sur les routes par rapport au nombre d'habitants est le plus élevé. Les vraies raisons semblent psychologiques. La volonté de puissance se déchaîne, par besoin d'affirmer une autonomie de décision à laquelle la vie quotidienne n'offre pas assez de débouchés. Et par incivisme, on s'acharne dans les dépassements, dans les refus de priorité, dans les franchissements de ligne blanche. Bref, une agressivité qui éclate.

Elle s'entretient aussi dans l'alcool, nouveau record, nouveau tabou *[9].

Les Français éprouveraient-ils le besoin de se défouler à leur volant ou devant le zinc, si des *rites de défoulement* les détendaient, comme ceux qu'organisent d'autres sociétés ?

Dans les pays romains, la fête a son rendez-vous : *carnavals, ferias* et *corridas* des nations latines d'Europe et d'Amérique, kermesses flamandes, *Rosenmontag* dans l'Allemagne catholique. L'explosion d'une folie collective n'est-elle pas la nécessaire compensation d'une société sur laquelle pèsent les contraintes d'une structure trop rigide ? Les Césars romains sentaient la fête indispensable à l'exercice de leur pouvoir. Domitien avait étendu à sept jours la durée des *saturnales*, où les esclaves devenaient les égaux des maîtres.

Les pays qui cultivent les libertés individuelles peuvent seuls se passer des fêtes rituelles. Les pays où l'emprise de l'autorité est

* *La France est le premier producteur de vins et alcools du monde, mais aussi le premier importateur. Quatre millions et demi d'hommes et de femmes sont alcooliques. 45 % des accidents de voiture mortels, 15 % des accidents du travail et 17 % des crimes ont l'alcool pour origine. Un patient sur trois entre en service hospitalier pour raison d'alcoolisme, 40 % des hommes sont admis en psychiatrie. 12,5 % des décès des hommes de 35 à 44 ans, 20 % des décès des hommes de 45 à 54 ans, 16 % des décès des hommes de 55 à 64 ans sont causés par l'alcool (1996).*

forte en ont besoin. La France n'a pas su les organiser, peut-être par un reste d'esprit cathare ou janséniste. Ce qu'elle ne se permet pas s'opère en elle malgré elle. « Qui veut faire l'ange fait la bête. » Faute de *fiestas*, ce sont les citoyens qui s'occupent eux-mêmes de décharger leur agressivité, par ces fuites hors du réel que sont les explosions révolutionnaires, les grèves-fêtes, les dimanches sanglants, les bagarres d'automobilistes, l'alcool.

Nous avons l'individualisme colérique. Nous nous enivrons d'affrontements. Longtemps la France fut le pays d'élection des duels. Elle le reste des éclats de colère, des violences verbales, des menaces sonores qu'on ne met pas à exécution. Dans les milieux raffinés, on décoche des flèches plus légères – mais plus sûres. La virtuosité en cet art y est plus prisée que le bon sens ou la compétence. Mot d'esprit, mal d'âme.

Le peuple « le plus spirituel de la terre » est devenu plus souvent désagréable que drôle. On dirait que nous tenons à justifier le mot de Cocteau : « *Le Français est un Italien de mauvaise humeur.* »

Individus ou groupes, nous sommes tenaillés par ce besoin de nous tourmenter les uns les autres, qu'Audiberti appelait le « Ziblume ». Cette cruauté réciproque, ce mutuel sadisme sont-ils la justification, ou la conséquence, des structures de commandement ? Peut-être les deux à la fois. Ainsi se perpétuent les ligues de jadis, les maquis de naguère et les chahuts de toujours.

La lutte comme dialogue

L'agressivité française fait de la vie économique un nouveau champ de bataille.

Nous cultivons en France une forme particulière des conflits de travail. Ils cumulent en effet les caractéristiques contraires qu'ils revêtent séparément dans les régimes autoritaires et dans les démocraties libérales. Dans les premiers, les grèves sont interdites. S'il arrive qu'elles éclatent, elles deviennent explosives [10]. Dans les démocraties libérales, la grève est un procédé légalement admis, qui n'entraîne pas de violence.

En France, comme en Italie, les grèves sont à la fois spasmodiques, comme dans les pays où elles sont interdites, et fréquentes, autant et plus que dans aucune démocratie libérale. Qu'elles fassent partie de la vie ordinaire n'enlève rien à leur violence. C'est à elles que se réduit couramment le dialogue social, et il ressemble à celui des héros d'Homère. C'est que, dans les pays de tradition romaine, le progrès social, comme la démocratie, est né de la violence. Il a été une conquête sanglante arrachée à l'ordre immuable. Les ouvriers, faute d'avoir été traités en véritables partenaires, sont toujours tentés de s'emparer de vive force de ce qui, ailleurs, est accordé comme un droit. Ils se persuadent que, sans la lutte des classes, et sans des actions violentes, leurs intérêts ne seraient pas défendus. Ils ne veulent pas savoir que les pays où les ouvriers ont le plus haut niveau de vie, comme la Suisse, l'Allemagne occidentale, les Pays-Bas ou la Suède, sont précisément ceux où la grève a disparu à peu près complètement de l'arsenal syndical, et la « lutte des classes » de l'idéologie ouvrière.

Chacun s'enferme dans cette logique absurde. Les patrons ont raison de se défier des syndicats, qui ont raison de se défier des patrons ; c'est pourquoi chacun continue.

Le ghetto ouvrier

Pour mesurer la profondeur de cette fracture, il faut avoir présentes à l'esprit les conditions de naissance de la lutte ouvrière en France, et la symbolique, tenace dans l'inconscient des travailleurs, de cette lutte.

Le prolétariat surgit au XIXe siècle, comme un fait entièrement nouveau, hors catégorie. Sa misère est terrible. Pourtant, c'est à peine si on la voit. Balzac n'en esquisse même pas un croquis, à l'heure où Dickens la décrit d'une plume aiguë *.

Mais dans les pays dynamiques, s'est assez vite instituée une certaine forme de solidarité entre patrons et salariés de la grande industrie ; ce sont les agriculteurs, traditionalistes et protectionnistes, mais de moins en moins nombreux, qui font figure de marginaux.

Dans les pays statiques, au contraire, ce sont les ouvriers qui sont rejetés à la marge. Une solidarité s'affirme entre les petites entreprises, l'artisanat et les paysans. Les valeurs que bourgeois, petits-bourgeois et ruraux célèbrent à l'envi, sont celles d'une France qui refuse l'industrialisation systématique.

La conséquence ? En France plus qu'ailleurs, le prolétariat industriel a « campé aux portes de la cité ». La condition ouvrière fut un univers de terrains vagues et de murs lépreux, de banlieues monotones et de trajets interminables, de lassitude soumise et de vague anxiété, de fumées d'usines et de délinquance juvénile. On y nourrit le sentiment de vivre dans un monde retranché du monde **.

---

* *Oliver Twist* date de 1838. En France, il faut attendre quarante ans et Zola (*L'Assommoir*, 1877 ; *Germinal*, 1885).

** La *Chanson des canuts* d'Aristide Bruant [11] exprime bien cette révolte :
Pour chanter « Veni Creator »
Il faut une chasuble d'or.
Nous en tissons pour vous, grands de l'Eglise,
Et nous, pauvres canuts, n'avons pas de chemise.

L'amertume survit à ses causes ; et ses causes n'ont pas toutes disparu. La notion de lutte des classes s'est profondément ancrée dans la mentalité de beaucoup de travailleurs de l'industrie. Ils n'arrivent pas à croire que la « classe dirigeante » – *l'Etat et les patrons, c'est pareil* – pourrait leur faire des offres honnêtes : le *gros* roulera toujours le *petit*. Cette idéologie n'est pas restée confinée dans le ghetto ouvrier. Beaucoup d'employés l'ont adoptée. Un Français sur trois, au moins, est convaincu que le bonheur des deux autres fait son malheur, et qu'il ne pourra assurer son propre bonheur qu'à leur détriment. *Quand votre règne finira...*

L'altercation sociale

Le marxisme a prêté sa théorie à la classe ouvrière. Et la classe ouvrière a donné au marxisme son poids de frustration et de sang. Du coup, le marxisme domine intellectuellement la gauche latine. Alors que, dans les démocraties avancées, le socialisme a abandonné le mythe de la lutte des classes, chez nous l'altercation sociale reste article de foi.

Cette idéologie remonte à une époque où la croissance, lente au point de n'être pas perceptible, ne modifiait pas sensiblement les conditions de partage du revenu national ; à une époque, aussi, où chacun était effectivement encellulé à tout jamais dans sa classe, comme dans une race. La croissance économique et la mobilité sociale ont clos cette époque. L'altercation sociale ne peut être une solution pour le XXe siècle. Mais les réflexes du XIXe siècle imprègnent encore les mentalités.

La bombe atomique a rendu inacceptable la disproportion entre l'enjeu d'une agression et ses risques. Pourquoi la même prise de conscience n'aurait-elle pas lieu entre partenaires sociaux ? Le conflit de classes était, au XIXe siècle, l'arme rudimentaire d'une économie rudimentaire. Il ne peut que mettre à mal une économie évoluée, aussi complexe qu'un mécanisme d'horlogerie. Pourquoi

---

C'est nous les canuts,
Nous sommes tout nus.
Mais notre règne arrivera
Quand votre règne finira.
Pour gouverner, il faut avoir
Manteaux ou rubans en sautoir.
Nous en tissons pour vous, grands de la terre,
Et nous, pauvres canuts, sans drap on nous enterre...
Nous tisserons le linceul du vieux monde,
Car on entend déjà la révolte qui gronde.
C'est nous les canuts,
Nous n'irons plus nus.

les Français, devenus des pacifistes internationaux, ne deviendraient-ils pas des pacifistes sociaux ?

Les deux France

On dirait que deux fils parcourent la trame de deux mille ans.

Fil rouge. Les Gaulois sont entrés dans l'histoire pour leur penchant à l'indiscipline et à la querelle. « S'ils ne se disputaient pas, les Gaulois seraient presque invincibles * », observait déjà Tacite. Jugement de Romain ! Peut-être une vraie société de liberté aurait-elle pu naître de leur tempérament résolu, personnel, imaginatif...

Fil blanc. Conquis, puis domptés, enfin séduits par Rome, les Gaulois refoulèrent en eux leur aptitude à la liberté. De leur passion libertaire, ils ne gardèrent que leur puissance de refus.

Dieu merci, les deux fils s'entrelacent. L'esprit romain n'a pas éliminé l'esprit gaulois, le penchant à la critique, la puissance du rire, la résistance au commandement, qui caractérisent « l'autre » France. De Roscelin ** aux comptines et aux fabliaux, de Jean de Meung à Rabelais et à Montaigne, en attendant Molière, La Fontaine, Voltaire et Diderot, une même race s'affirme, puissante et tenace. Elle révoque en doute les vérités imposées et oppose à l'argument d'autorité la raison individuelle. « Peu m'importe que tous les Pères soient du même avis, si moi je ne le partage pas ***. » Cet *ego* d'Abélard, modeste et hardi, c'est déjà la Réforme.

Fil rouge : la passion de la liberté, l'individualisme, le refus calvinien, le refus cartésien, le refus janséniste des soldats du pape, le refus gallican d'être soumis à Rome, le refus « libertin » de la morale imposée, le refus « philosophe » de l'autorité de droit divin ; les principes de 89, la Révolution française et toutes les révolutions qui s'en réclament ; la gauche ; le mouvement.

Fil blanc : le césarisme monarchique et spirituel ; l'ordre romain qui se durcit pour subsister ; l'esprit d'orthodoxie, qu'il soit celui de la Contre-Réforme, du jacobinisme, du bonapartisme, du légitimisme.

Ces deux France, toute crise intérieure les oppose. Ainsi, au moment de l'entrée des forces royalistes à Paris, en 1814, derrière Louis XVIII dans sa calèche, le cortège passe dans les faubourgs au milieu d'un silence farouche ; en ville, c'est l'enthousiasme. Caulaincourt écrit : « *On eût dit qu'il s'agissait de deux peuples.* »

---

* *Galli si non dissenserint, vix vinci possint.*

** Au début du XIe siècle, Roscelin, théologien natif de Compiègne, batailla contre toutes les autorités ecclésiastiques pour le nominalisme – et finit par le faire accepter.

*** *Si omnes patres sic, at ego non sic.*

Cette dualité peut aussi bien nous perdre, ou nous sauver. Nous perdre, si nos deux moitiés s'entre-déchirent, faisant de nous un peuple schizophrène. Nous sauver, quand elles se fécondent : alors, notre ambivalence fait notre richesse.

La guerre franco-française

Dans les années 1940, la guerre franco-française connut l'une de ses pages les plus tragiques. Notre manichéisme traditionnel nous pousse à croire rétrospectivement que les bons Français, presque tous, étaient d'un côté, les mauvais, quelques égarés, de l'autre. La réalité était moins simple.

Qu'entre 1940 et 1942, l'immense majorité des Français suivît le maréchal Pétain, il est difficile de le prouver, puisque les deux tiers du pays étaient occupés et que, même en zone Sud, n'existait aucune liberté d'expression. Il ne reste que les témoignages. On préfère les garder enfouis. L'honnêteté n'obligerait-elle pas, après si longtemps, à les exprimer – *sans haine et sans crainte* ? Comme tant d'autres, je fus témoin, à Montpellier, en mars 1941, de l'enthousiasme que soulevait Pétain * ; jeune lycéen, j'avais été requis pour le service d'ordre. Monument aux Morts, revue des troupes et des anciens combattants, discours, visite à l'université parmi les professeurs en toge : nous avions du mal à contenir une foule frénétique. A pleins poumons, les gens hurlaient : « Vive Pétain ! » Des femmes, bouleversées, disaient : « Je l'ai vu ! » Ce qui ne les empêcherait pas, le soir, d'écouter de Gaulle à travers les brouillages.

Le 14 juillet 1942, le général commandant la division militaire de Montpellier présidait notre distribution des prix. Nous chantâmes *Maréchal, nous voilà*. Ce général prononça un très beau discours, où il exhortait son auditoire à suivre le maréchal. Il fit acclamer longuement « l'homme qui, par sa gloire et le prestige de son nom, était le seul autour de qui la France pouvait se resserrer dans ses malheurs et dont la figure légendaire était pour elle comme une promesse d'espérance : le maréchal Pétain [12] ». Quand je montai sur la tribune pour recevoir mes prix de ses mains, il me donna l'accolade et me dit, en me plantant dans les yeux son regard rayonnant : « N'oublie pas ce que j'ai dit. Sois fidèle au maréchal. » C'était le général de Lattre de Tassigny **.

---

* Il était venu rencontrer Franco, qui revenait de voir Mussolini. Il en profita pour faire dans la ville une promenade officielle.

** Quelques semaines plus tard, le 11 novembre 1942, pour sauver l'honneur des troupes placées sous ses ordres [13], il s'opposait, avec ses faibles moyens, aux troupes allemandes venues occuper la zone Sud. Evadé de prison, il allait ensuite avec éclat conduire à la victoire la Iʳᵉ Armée.

Lorsque le général de Gaulle parcourut avec Michel Debré les rues du Mans libéré, une femme cria à son passage : « Vive le maréchal ! » Calmement, de Gaulle dit à Debré : « Comment voulez-vous qu'ils s'y retrouvent ? » Combien d'entre nous n'avaient-ils pas cru jusqu'au bout, comme pour dissiper l'angoisse d'une cassure nationale, que Pétain et de Gaulle – qu'on disait parrain et filleul – « étaient de mèche » ?

Faut-il osciller entre « le chagrin et la pitié » ? Les Français n'étaient-ils pas à la recherche, inconsciente et pathétique, de leur unité ?

Dualisme invétéré, troisième voie improbable

Chaque époque de l'histoire apporte à la France les sédiments de nouvelles divisions *. On dirait infranchissable le fossé entre « droite » et « gauche ». Tantôt, il sépare une corporation d'une autre : ainsi l'armée, réputée de droite, et les intellectuels, réputés de gauche **. Tantôt, il se creuse entre les localités d'une même région : ces caractéristiques se maintiennent étrangement dans le pays à travers les siècles, selon des lignes que la sociologie électorale a établies sur la carte avec autant de rigueur que les arêtes d'une carte en relief.

Les occasions d'affrontement sont variables. Les tempéraments qui s'affrontent demeurent inébranlables : autorité contre liberté, ordre établi contre mouvement. Les ordinateurs nous apprennent que le français parlé « à droite » et « à gauche » diffère jusque dans son vocabulaire [14]. Le seul point commun entre les deux forces opposées est la virulence simpliste avec laquelle chacune excommunie l'autre.

Du coup, la France est à la merci d'une crise. Un problème mineur suffit à faire renaître l'éternel clivage. Un texte sur l'aide à l'enseignement privé, une disposition financière à propos des

---

* Après l'opposition des huguenots et des papistes, on a assisté, notamment, à celle des jésuites et des jansénistes, des Anciens et des Modernes, des ultramontains et des gallicans, des Montagnards et des Girondins, des bonapartistes et des monarchistes, des ultras et des libéraux, des légitimistes et des orléanistes, des communards et des versaillais, des royalistes et des républicains, des boulangistes et des antiboulangistes, des dreyfusards et des antidreyfusards, des cléricaux et des anticléricaux, des intégristes et des modernistes, des socialistes et des « patriotes », des collaborateurs et des résistants, des marxistes et des « capitalistes », des partisans de « l'Algérie française » ou de la décolonisation. L'élection présidentielle de 1974 a porté cette opposition des « deux France » à un point de perfection presque mathématique.

** Ou encore – nous l'avons vu pour le Commissariat à l'énergie atomique – les « scientifiques » et les « ingénieurs ».

anciens combattants, une modification au statut du fermage, voilà les deux sectes qui mobilisent.

Pourtant, chacun sait que la « droite » est le conservatoire de valeurs sans quoi aucune société ne survivrait : goût de l'ordre et de la continuité, respect dû à l'autorité légitime, attachement à l'héritage du passé et aux institutions, sens de l'effort et de l'épargne. Et la « gauche » est porteuse de tant d'espoirs ! Elle incarne les idées de progrès et de liberté. Elle recherche les voies d'une plus grande égalité des chances, d'une justice plus exigeante. Elle est la générosité.

Mais leur opposition forcenée les pousse à la démesure. Les deux blocs centrifugés perpétuent les conditions de leur mutuelle incompatibilité. Chacun brandit bien haut ses certitudes hémiplégiques. « Ecrasez l'infâme », répètent les Français d'âge en âge, après Voltaire.

Le général de Gaulle aimait parler de la *troisième voie* : langage provocateur, dans un pays tenaillé par le dualisme.

Il refusait de lier la politique française à Washington, à quoi le poussait le courant de droite ; ou à Moscou, comme l'aurait voulu le plus puissant parti de gauche. Il n'acceptait pas de s'incliner devant « la corbeille » comme la droite, ni devant le collectivisme comme la gauche. Il reprenait à son compte ce qu'il y avait de raisonnable dans les valeurs de la droite et de généreux dans les valeurs de la gauche ; il dénonçait dans leur opposition un délire.

Cette politique était trop contraire au mauvais génie français. La « gauche » ne voulut pas se reconnaître en de Gaulle : elle lui fit une réputation de droite. Les hommes de « droite » s'opposèrent énergiquement à lui, le trouvant « plus dangereux que la gauche ». Il réussit à soustraire une partie notable des Français au démon du manichéisme. Mais le pouvoir de l'exorcisme s'atténua peu à peu. Après lui, le monde politique est lentement retombé dans les schémas mentaux hérités des guerres de Religion.

Une fois de plus, voilà la synthèse française menacée de décomposition. Une fraction des Français est tentée d'imposer à une autre sa volonté, et même sa vérité. Mais comme l'adversaire n'est jamais anéanti, une solution de cet ordre porte en germe de nouvelles luttes. Car elle ravive la mentalité dogmatique, qui ne supporte pas la contradiction. Elle transforme les désaccords, qui auraient pu nourrir un dialogue, en conflits. Elle ronge jusqu'au sentiment de l'identité nationale – faute duquel une société malade ne saurait retrouver la voie d'un *consensus*.

Au terme de cette partie, le lien nous apparaît peut-être un peu mieux, qui rattache secrètement nos *structures mentales malades à nos structures sociales malades*. C'est sans doute parce que nous avons été dressés à l'irresponsabilité par les contraintes du téléguidage, que « nous ne nous conduisons pas en adultes », et passons sans transition de la docilité à la rébellion. Nous ne sommes pas un peuple bien dans son être.

L'équitation, c'est « l'art de mettre le cheval en équilibre et de l'y maintenir sans effet de force [15] ». La conduite d'un peuple ressortit au même principe. Mais pour nous autres, Français, un long dressage, où la force a trop compté, nous a rendus à la fois ombrageux et ankylosés, raides et rétifs.

Saura-t-on un jour nous mettre en harmonie avec nous-mêmes et nous rendre la souplesse de nos allures, puis nous laisser aller, dans l'air vif du matin ?

Sixième partie

LES LEÇONS DE L'ÉCHEC

En France, les plus belles églises n'ont jamais qu'une tour et les plus beaux châteaux n'ont jamais qu'une aile, ce qui montre assez le caractère de notre nation, qui sait tout entreprendre, ne rien achever, et plutôt détruire avec ardeur qu'édifier avec persévérance.

Marquise de Créquy [1].

Mon Dieu, donnez-moi la sérénité d'accepter ce que je ne puis changer, le courage de changer ce que je peux, et la sagesse d'en connaître la différence.

Marc Aurèle [2].

Comme La Rochefoucauld se trouvait avec M. de Bouillon et le conseiller d'Etat Level dans le carrosse du cardinal Mazarin, celui-ci se mit à rire en disant : « Qui aurait pu croire, il y a seulement huit jours, que nous serions tous quatre aujourd'hui dans un même carrosse ? – Tout arrive en France », repartit le frondeur moraliste.

Sainte-Beuve [3].

Chapitre 44

L'EFFET SERENDIP

Dans l'étrange pays de Serendip *, tel qu'Horace Walpole en a évoqué la légende dans *Les Trois Princes de Serendip*[1], tout arrive à l'envers. Vous trouvez par hasard ce que vous ne cherchez pas. Vous ne trouvez jamais ce que vous cherchez. Vous commettez une erreur : elle tourne à votre avantage. Vous voulez du mal à quelqu'un : vous assurez sa prospérité. Fort de l'expérience, vous manœuvrez en sens opposé : vous aboutissez à plus inattendu encore.

Walpole appela ce curieux phénomène *serendipity*. Nommons-le « effet serendip [2] ». Il a toujours joué un grand rôle dans l'histoire. Christophe Colomb cherchait la Chine [3] ; il découvrit l'Amérique. En politique, nous sommes souvent des Christophe Colomb, bien que nous découvrions rarement l'Amérique.

Les violences multiplient l'effet serendip. D'où sa fréquence dans les rapports conflictuels entre Etats. Le blocus de Cuba, la baie des Cochons, ont fait de Fidel Castro, malgré lui, un communiste – c'est en tout cas ce qu'il m'a affirmé. Depuis lors, il a fallu lever le blocus, mais Castro est toujours communiste. La violence joue à quitte ou double et, en outre, à qui perd gagne.

Avec ou sans violence, la France m'est souvent apparue comme un royaume de Serendip, où les surprises abondent. Les dirigeants y ressemblent à ces joueurs qui, sur un billard bosselé, provoquent des carambolages imprévus. Plus leurs calculs ont été habiles, plus ils manquent leur coup. Le joueur qui se fie au hasard sera moins déçu...

---

* « Serendip » – nom qui était donné à l'île de Ceylan, à l'époque où le Japon était appelé Cipangu et la Chine Cathay – joue dans ce conte philosophique le rôle du pays imaginaire, comme Lilliput dans *Gulliver* ou l'Eldorado dans *Candide*.

Les héros politiques des autres nations ont connu des succès éclatants : Pitt, Disraeli, Churchill ; Washington, Roosevelt ; Bismarck et Cavour ; Lénine et Mao. Ces grands hommes ont été grands parce qu'ils ont réussi. En France, ce serait plutôt le contraire.

De quels héros historiques se berce, de nos jours, notre imaginaire ? Vercingétorix enchaîné au char de César. Saint Louis, mort dans une croisade manquée. Jeanne d'Arc, qui s'était juré de jeter les Anglais hors de France, et fut emprisonnée par eux ; de mettre son roi sur le trône, et fut abandonnée par lui ; de répondre à l'appel de Dieu, et fut condamnée par un tribunal d'Eglise. Louis XIV, qui voulait assurer à la France la « magnificence », et s'éteignit dans un royaume réduit à la misère. Napoléon, qui voulait contraindre la Grande-Bretagne à la famine, et fut déporté par les Anglais sur un îlot perdu. Et ne parlons pas de nos héros républicains, presque tous marqués par l'échec... Peut-être d'ailleurs les aimons-nous plus pour leurs échecs que pour leur succès ; aux yeux de qui le sportif le plus populaire est un cycliste qui n'a jamais gagné une course.

L'effet serendip est le *pain quotidien de notre histoire*. Il affecte les régimes que la France s'est donnés jusqu'à nos jours ; *ils ont tous abouti à l'inverse de ce qu'ils recherchaient*.

La monarchie de droit divin ? Le caractère sacré du roi fut aboli à jamais dans un meurtre rituel. La Révolution ? L'anarchie qu'elle provoqua déboucha sur la dictature. Napoléon ? Il entendait être le continuateur de la Révolution : sa démesure rétablit la royauté. Louis-Philippe ? Il souhaitait réconcilier la royauté et les trois couleurs ; il coalisa contre lui le blanc des légitimistes, le bleu des républicains et le rouge des socialistes. La révolution socialiste de 1848 ? Elle amena au pouvoir le parti de l'ordre, et, pour finir, un Empire autoritaire.

La politique extérieure de Napoléon III fut un chef-d'œuvre d'effet serendip. Elle aida des nations nouvelles à naître. Mais elles achevèrent leur unité – non seulement l'allemande, mais l'italienne – contre la France.

Les républicains du 4 septembre 1870 provoquèrent une réaction monarchiste. Les monarchistes de 1871 fondèrent la République. Ils la croyaient toute provisoire ; elle dure encore.

La République comptait faire triompher contre la monarchie les principes de 89. *Liberté ?* En consolidant la puissance bureaucratique, la République resta loin derrière les monarchies – britannique, néerlandaise ou scandinave – pour l'exercice pratique des libertés. *Egalité ?* Sans l'expansion, elle n'avança guère. *Fraternité ?* La Commune et sa répression, les dissensions des partis, le « boulangisme », « l'anarchisme », l'affaire Dreyfus, la querelle cléricale, les ligues entretinrent dans le pays un état de division profonde.

Vichy avait deux intentions louables : protéger les Français des occupants, entamer une « révolution nationale ». C'est le résultat inverse qui fut atteint. Les occupants ? La France fut l'unique cas où la domination du vainqueur sur le vaincu se transforma en une collaboration d'Etat, c'est-à-dire un chantage quotidien, en raison même des atouts que Vichy croyait avoir gardés, mais perdit les uns après les autres – Empire, zone libre, armée d'armistice, et surtout la flotte, dont le sabordage prit valeur de symbole. La « révolution nationale » ? Le régime de Vichy voulut appliquer quelques idées de bon sens, mais les rendit ainsi après coup odieuses aux Français ; par ses persécutions, il releva les partis du discrédit où ils étaient tombés, rendant ses chances à un système condamné par l'histoire.

La IVe République fut marquée par l'effet serendip de sa naissance à sa mort. Ceux qui la firent naître en 1946 la voulaient toute différente de la IIIe, et la fabriquèrent identique. Les ultras du 13 mai 1958 allèrent chercher le seul homme capable de mener à bien la politique contre quoi ils prenaient les armes : l'émancipation de l'Algérie.

La Ve République n'a pas échappé non plus à l'effet serendip. Fondée pour rassembler, elle a institué une « bipolarisation », génératrice de ces « deux France » toujours prêtes à se réveiller depuis les guerres de Religion. Voulant rendre autorité à l'Etat, elle a accru le phénomène bureaucratique, qui mine l'Etat de l'intérieur.

Le dérapage incontrôlé

Pourquoi la France est-elle un royaume de Serendip ? Pourquoi les responsables y donnent-ils si souvent l'impression de piloter sur une plaque de glace une voiture lancée à vive allure de sorte que la moindre manœuvre, coup de volant ou coup de frein, peut provoquer l'accident qu'elle cherche justement à éviter ?

Cette image même permet de comprendre la cause probable de l'accident. Une voiture lancée sans à-coups ne patine pas sur un milieu glissant, comme la neige ou le gravier, *s'il est homogène*. C'est le brusque passage, d'un milieu où les roues adhèrent, à un autre où elles n'adhèrent pas, qui provoque le dérapage et empêche de le contrôler.

Une société polycentrique trouve sa cohérence dans sa souplesse. Une société despotique est comprimée – mais par là même cohérente. Ici, les impulsions sont transmises sans déviation : le commandement leur trace un chemin. Là, une multitude d'individus et de groupes agissent de façon autonome ; le jeu de ces spontanéités multiples finit par se compenser et s'ordonner. Dans un cas, l'Etat est obéi ; il élimine l'effet serendip. Dans l'autre, l'Etat cherche le moins possible à être obéi, son rôle n'étant plus que d'assurer, par des interventions limitées, la régulation de mouvements autonomes ; l'effet serendip tend à s'éliminer de lui-même.

La société française est un *milieu hétérogène.* Ni vraiment despotique, ni vraiment libérale. Elle a les structures monocentriques des régimes despotiques, sans bénéficier de leur capacité d'imposer leur volonté. Elle observe les règles d'un régime libéral, sans en posséder les structures polycentriques. Demi-despotisme sans l'ordre, demi-libéralisme sans l'élan. Ceux qui commandent sont mal obéis. Ceux qui obéissent mal se contentent d'attendre des instructions ; ils ne mobilisent pas leur énergie pour assurer le succès d'une entreprise qui n'est pas vraiment la leur.

La combinaison de deux systèmes dont les logiques sont incompatibles provoque des à-coups imprévisibles. *Ce ne sont pas les Français qui sont ingouvernables. C'est le réseau français d'autorité qui ne permet pas de les gouverner.* Car il rencontre à la fois une irresponsabilité généralisée et une allergie au commandement.

Le domaine d'élection de l'effet serendip c'est le monde mobile des rapports entre Etats. Chacun cherche à faire prévaloir sa volonté. Il rencontre des volontés contraires, et la sienne en est déviée.

Les rares chefs qui échappent à l'effet serendip

Or, la société française ressemble à la société internationale. Elle est composée de blocs juxtaposés – souvent hostiles. L'Etat y joue une partie diplomatique. Il traite avec des puissances jalouses, qui s'appellent partis, syndicats, corporations, administrations, presse. Ce jeu existe dans les autres démocraties, mais en France il a des résultats imprévisibles. Car négociation et compromis ne sont pas acceptés comme tels. Les Français n'ont pas l'esprit contractuel. Leur agressivité transforme les confrontations en affrontements. On cherche moins à réussir soi-même, qu'à faire *échouer* le partenaire. Il ne faut pas s'étonner qu'au bout du compte la proportion d'échecs soit élevée.

Ajoutez les incertitudes nées de ce caractère national dont la tutelle administrative a aggravé les traits : vertige du tout ou rien ; goût pour l'abstraction, qui fige les positions ; mouvements passionnels multipliés par les idées fausses. Un peuple aux réactions aussi déconcertantes est naturellement guetté par l'effet serendip. Chateaubriand en porte témoignage : « Qui prévoirait l'esprit français, les étranges bonds et écarts de sa mobilité ? Qui pourrait comprendre comment ses exécrations et ses engouements, ses malédictions et ses bénédictions se transmuent sans raison apparente[4] ? »

Les mouvements de violence dont l'histoire de France est plus prodigue qu'aucune autre provoquent, chaque fois, une formidable irruption d'irrationnel. Dès que les règles du jeu établi cessent d'être respectées, *nul ne peut prévoir ce qui va se passer.* « La force des choses nous conduit à des résultats auxquels nous n'avons pas pensé », déclarait Saint-Just, désabusé. La violence est comme la foudre : nul ne sait où elle tombera.

Tandis que les grands chefs de crise échouaient tout en laissant un sillage de gloire, un autre type de chef réussissait : l'homme madré, qui prête moins que d'autres le flanc aux attaques, qui poursuit ses desseins avec une prudente ténacité, qui fait échec aux échecs, parce qu'il est encore plus imprévisible qu'eux. Tels Louis XI et Henri IV, Mazarin et Talleyrand. Pour eux, l'art de la politique est de saisir l'événement au lieu de le subir. Ils ont eu le génie de comprendre l'étroitesse de la marge offerte à leur action. Au lieu, comme tant d'autres, de flotter sur les événements ou, comme quelques-uns, de les prendre à contre-courant, ils ont, avec une patience de guetteur, su observer, attendre l'occasion, et finalement dévier le cours des choses. Ils ne se sont pas lancés à l'attaque des moulins à vent ; ils n'ont pas annoncé le paradis terrestre. Ils ont su donner quelques coups de pouce, au bon endroit, au bon moment. Ce sont eux qui ont le mieux échappé à l'effet serendip.

Une visite inattendue

Le 16 avril 1974, pendant la campagne du premier tour des élections présidentielles, l'ambassadeur soviétique Tchervonenko demande à me voir d'urgence. Il souhaite me « faire une communication d'une grande importance ». Intrigué, je le reçois le lendemain au ministère des Affaires culturelles. Je viens d'envoyer *La Joconde* à Tokyo. Veut-il qu'elle s'arrête à Moscou au retour ? Il s'agit bien d'elle !

« Je suis chargé de vous dire que *nous* souhaitons la victoire de *votre* candidat. »

Il me précise qu'il s'adresse à l'homme qui a été jusqu'à une date récente secrétaire général de l'UDR, plutôt qu'à l'actuel ministre ; il lui serait en effet malcommode de rendre visite à mon successeur, Alexandre Sanguinetti, qui n'est pas membre du gouvernement. Si « mon » candidat, Chaban, était distancé au premier tour par Giscard, les Soviétiques souhaiteraient la victoire de celui-ci. Ils redoutent par-dessus tout celle de « mon » adversaire, Mitterrand.

Au fil de l'entretien, les raisons de leur surprenante hostilité envers le candidat qu'on se serait attendu à les voir favoriser m'apparaissent peu à peu. Le général de Gaulle a établi une politique d'indépendance et de coopération. Elle est ferme. Elle se fait dans la clarté. Si François Mitterrand était appelé au pouvoir, qui peut – à commencer par lui-même – dire ce qui se passerait ? On préfère la certitude d'une ligne connue aux incertitudes de l'aventure.

En fait, si je comprends bien l'ambassadeur de l'URSS, c'est qu'il craint, précisément, le *dérapage incontrôlé*. Il a un sentiment aigu de la vulnérabilité de la société et de l'Etat en France. Le candidat soutenu par le parti communiste français se trouverait, en cas de succès, confronté à une situation qui risquerait fort d'échapper à lui-même, à ses alliés, à tout le monde. D'imprévisibles réactions en chaîne pourraient se produire ; y compris « la réaction », qui ferait basculer la France vers un protectorat américain. L'équilibre de l'Europe et du monde pourrait en être bouleversé. Les résultats pourraient se trouver exactement contraires à ce qu'une victoire socialo-communiste aurait fait attendre.

En comparaison de tant de risques, le succès d'un homme assurant la continuité de la politique française garantissait l'Union soviétique contre un redoutable *effet serendip*.

Quel pragmatisme ! Quelle sagesse ! Dès que la rue parle et que les actions de force commencent, on est à la merci d'un effet serendip.

Pour y échapper, il faut investir en souplesse la société de défiance. Ce n'est pas en la brutalisant qu'on la transformera en société de confiance. Ce n'est pas par des à-coups violents, mais par des actions insidieuses et patiemment répétées, que l'on parviendra à faire évoluer les situations. Par l'exemplarité d'expériences bien choisies. Par capillarité. Par persuasion. Par un débat public échappant enfin au rabâchage de slogans désuets. Par un apprentissage. Par la création d'institutions adaptées. Par l'ironie. Par un lent travail de sape. Mille taupes creusant...

Chapitre 45

TROIS SIÈCLES D'ESSAIS NON TRANSFORMÉS

Des administrations provinciales... c'est la source de tous les biens. Il n'y a rien qui ne puisse être fait par les administrations provinciales et il n'y a pas de changement heureux qui puisse être fait sans elles. Mon ami, le peuple sera enfin compté pour quelque chose.

Talleyrand [1].

Tout au long de notre enquête à travers la société et à travers les mentalités, nous avons repéré, avec une obsédante régularité, l'insuffisante diffusion des responsabilités à travers le pays. Mais pourquoi n'y avoir pas remédié plus tôt ?

Nous retrouvons ici l'*effet serendip*. En trois siècles, maints réformateurs, animés des meilleures intentions, ont défini le remède et commencé de l'administrer. Leurs efforts se sont retournés contre eux. Pourquoi ?

C'est que, très vite, la centralisation hiérarchique a été comme protégée par une barrière de réflexes. Elle s'est intériorisée. L'Etat exalté s'est grandi de tout ce qui s'opposait à lui.

L'histoire se répète avec une désolante monotonie. Ces répétitions, il n'est pas inutile de les retracer. Elles nous feront sentir qu'à défaut d'une révolution mentale, nous ne sortirons pas de la trappe.

La réforme boomerang de Vauban

Dans les vingt dernières années du XVIIe siècle, des observateurs aigus, Fénelon, Boisguillebert, Beauvillier, dénoncent l'excessive centralisation du royaume entre les mains des ministres, de leurs commis, de leurs intendants. Avant 1700, un mouvement de réforme s'attaque à ce qui apparaît déjà comme le *mal français* par deux voies différentes : les « finances », l'organisation.

Boisguillebert, Vauban proposent une réforme « technique » de la fiscalité : donner au roi des ressources régulières et abondantes, tout en allégeant la charge qui pèse sur la partie productive de la nation. L'essentiel de l'administration ordinaire tournait autour de la question fiscale. Toucher à celle-ci, c'était atteindre celle-là. Or, déjà la bureaucratie avait investi le pouvoir ; elle montra sa force en tuant ces projets dans l'œuf.

En 1705, Boisguillebert essaie son système à Chartres. Mais l'intendant Chamillart, résolument hostile, saisit la première « bavure » pour faire tout arrêter : l'expérience n'avait pas duré quatre mois. Quant à Vauban, il tenta de persuader le roi. Sans succès. A l'automne 1706, malade, il résolut de faire imprimer son plan à son compte. Son livre fut condamné par le « Conseil du roi ». Ni son titre de maréchal, ni sa loyauté sans défaut, ni l'estime de Louis XIV ne purent le protéger. A la périphérie comme au centre, l'Etat savait déjà se défendre.

Le pire fut qu'on retint l'idée d'un impôt du « vingtième » (5 %), non pour le substituer à la gamme compliquée des tailles, aides et dîmes, non pour l'appliquer à tous sans distinction ni privilèges, mais pour en accabler ceux qui supportaient déjà seuls le poids des contributions publiques. « Voilà comment il faut se garder en France, commentait tristement Saint-Simon, des plus saintes et des plus utiles intentions. Qui aurait dit au maréchal de Vauban que tous ses travaux pour le soulagement de tout ce qui habite la France auraient uniquement servi et abouti à un nouvel impôt de surcroît, plus dur, plus permanent et plus cher que tous les autres ? *C'est une terrible leçon pour arrêter les meilleures propositions.* » La bureaucratie naissante avait montré sa capacité de récupération, et l'*effet serendip* son efficacité.

Le cercle du duc de Bourgogne

La voie de l'organisation s'acheva, elle aussi, en impasse. Autour du duc de Bourgogne, Fénelon, Chevreuse, Beauvillier, Saint-Simon songeaient à diminuer la toute-puissance des ministres et des bureaux, à rendre la délibération plus publique en la faisant conduire dans des conseils spécialisés. Mais une rougeole emporta le duc de Bourgogne avant son vieux grand-père ; et quand Louis XIV mourut enfin, les réformateurs ne purent s'appuyer que sur un régent sceptique et paresseux. On remplaça quelques ministres par des comités. Mais les intendants demeurèrent ; la centralisation garda son réseau. La réforme se retourna contre elle-même. On revint bientôt au pouvoir personnel absolu des ministres. Tout au long du XVIIIe siècle, la bureaucratie s'affermit.

On vit bien, sous Louis XV, des ministres lucides, comme d'Argenson : « Pour gouverner *mieux*, il faut gouverner *moins.* » « A l'égard des règlements qui concernent le simple peuple, ses intérêts, sa prospérité, qui peut mieux s'en acquitter que les syndics du peuple même ? » Mais d'Argenson se contenta de rêver ses projets. Il n'eut pas le loisir de les mettre en œuvre.

En 1764, le contrôleur général Laverdy édicte une réforme municipale, rendant aux villes des municipalités élues. Mais, en 1771, ses édits furent rapportés, et rétablie la tutelle des intendants : l'espoir avait duré sept ans. L'esprit de suite manquait toujours.

Louis XVI, ou l'échec par la réforme

Toute la fin de l'Ancien Régime se joua sur l'affaire de la décentralisation. Louis XVI ne gouverna qu'avec de vrais réformateurs : Turgot (1774-1776), Necker (1776-1781), Calonne (1781-1787), Brienne (1787-1788) et Necker à nouveau (1788-1789). Ils partageaient tous le même modernisme administratif : simplification des impôts et abolition des privilèges fiscaux, liberté du commerce, décentralisation et création d'assemblées élues dans les villes, paroisses, provinces. Aucun ne réussit, dans aucun domaine. Cette brillante succession de grands ministres n'aboutit qu'à la ruine de l'Etat. En agitant sans cesse l'idée des réformes, sans avoir la capacité de les mener à terme, ils avaient nourri la conviction que tout dépendait de l'Etat, et apporté la preuve qu'il ne pouvait rien faire : il ne restait plus qu'à le défaire.

Quelques Français seulement commençaient à deviner que le défaut du système était, au-delà des héritages féodaux, dans ce phénomène encore inassimilé par les consciences : la bureaucratie. En 1789, Jacques Peuchet le décrit presque en sociologue : « Le citoyen n'est rien, le commis gouverne... Je ne crois pas qu'il existe un Etat où l'influence du système bureaucratique soit aussi sensible, aussi absurde, aussi étendue qu'en France. Veut-on travailler au bien public par une réforme salutaire ? On commence par monter un étalage de bureaux, qui porte le désordre au milieu de la réforme même [2]. »

Ce despotisme bureaucratique excite à une révolution radicale. Mais il y survivra.

Une tête au bout d'une pique

L'une des premières têtes qu'on planta au bout d'une pique fut celle d'un intendant : Bertier de Sauvigny, intendant de Paris, massacré le 22 juillet 1789. Une révolution, en choisissant ses victimes, se choisit des symboles.

Les premiers révolutionnaires, les bourgeois du tiers état, savaient que « féodalité » et « despotisme » régnaient ensemble à travers l'administration du territoire. Il fallait se débarrasser des deux maux ensemble. Très vite, la Constituante imagina un système d'administration entièrement nouveau.

Pour diriger les nouveaux départements, leurs districts – équivalant à nos arrondissements –, les nouvelles communes, les constituants instituèrent des administrations collégiales élues.

Il ne s'agissait pas de simples assemblées représentatives, mais bien d'organes administratifs.

La tranquillité manqua, c'est le moins qu'on puisse dire, pour roder ce système et lui donner ses chances. Trois étages sur le territoire départemental, c'était beaucoup. La collégialité partout, alors que le pays était peu accoutumé à la notion de l'intérêt public, c'était ambitieux. Une fois de plus, les esprits ne suivaient pas.

Quand, après le 10 août, la Révolution fut sortie de son cadre légal, quand Montagnards et Girondins se disputèrent le pouvoir sur les marches de l'échafaud, quand partout clubs et sociétés populaires s'établirent en administrations parallèles, quand l'invasion provoqua la levée en masse, le savant édifice s'écroula. Les directoires de département menèrent une révolte « fédéraliste ». Pour la briser, la Convention reprit à son compte le « despotisme » : des représentants en mission, des commissaires centraux et agents nationaux – réincarnation des intendants et préfiguration des préfets – remplacèrent les administrations qu'elle déclarait « contre-révolutionnaires ». La centralisation avait eu raison du pouvoir local.

Ces institutions administratives, injustement décriées, nous sont devenues incompréhensibles tant nous sommes habitués au face-à-face entre l'administration inamovible de l'Etat et les élus, qui représentent légitimement le peuple, mais dont le pouvoir de décision est faible. *Nous n'imaginons pas que la démocratie locale consiste à prendre en charge l'administration elle-même.*

Parce que les Constituants l'imaginèrent et le voulurent, ils mériteraient d'être réhabilités. Mais le malheur français fit qu'ils ne purent imaginer cette transformation qu'en lançant une machine que personne ne pouvait contrôler, et dont la course brisa leur œuvre. Napoléon étouffa ce qui en restait.

L'ombre de Napoléon

Sous la Restauration, libéraux et ultras n'ont qu'un point commun : ils exècrent Napoléon. Or, de Napoléon, il reste les préfets. Cette convergence dans la détestation aurait pu ouvrir une chance à la décentralisation. La chance ne fut pas saisie. Le gouvernement royal était trop peu assuré pour se passer des préfets. De temps en temps, le remords perçait. Ainsi Royer-Collard, intellectuel sourcilleux du libéralisme collet monté, dénonce le pouvoir administratif illimité : « La société, si riche autrefois de magistratures populaires, n'en a plus une seule ; son administration tout entière a passé dans le gouvernement ; pas un détail n'a échappé : ce sont les délégués de la souveraineté qui nettoient nos rues. »

Mais quand il songe aux remèdes, Royer-Collard oublie son analyse et ne calcule plus que de subtils équilibres entre le roi et ses chambres. La seule tentative sérieuse fut celle du ministère Martignac : elle visait à faire élire, au suffrage censitaire, les conseillers municipaux et les conseillers généraux, jusque-là désignés par le préfet. Pas assez pour la gauche, trop pour la droite ! Ce commencement timide ne prit même pas le départ. Charles X retira le projet.

Il fallut la révolution de 1830 pour qu'il fût repris. Mais si les conseillers municipaux et généraux furent désormais élus, au suffrage restreint sous Louis-Philippe, au suffrage universel après 1848, les maires continuèrent d'être nommés par le pouvoir et les conseils généraux dirigés par les préfets.

Dans les semaines qui suivirent la révolution de 1848, une Commission parlementaire, avec Odilon Barrot, Lamennais, Tocqueville et beaucoup de brillants esprits, se mit en devoir de réfléchir à la décentralisation. Elle déposa un rapport, d'où rien ne sortit.

Napoléon III invente la « déconcentration »

Après toutes ces ambiguïtés et contradictions, Napoléon III opère avec une louable franchise : sa proclamation de janvier 1852 claironne les mérites de « l'administration de la France confiée à des préfets, à des sous-préfets, à des maires » – des maires nommés bien sûr.

Mais il constate bientôt l'encombrement des affaires qui remontent à Paris. Les bureaux des administrations centrales ont remplacé les préfets. Il faut donc revenir aux sources : « Depuis la chute de l'Empire, des abus ont dénaturé notre centralisation administrative, en substituant à l'action prompte des autorités locales les lentes formalités de l'administration centrale. *On peut gouverner de loin, mais on n'administre bien que de près* [3]. »

Il décrète donc que les facteurs, les lieutenants de louveterie, les gardiens de phare ne seront plus nommés par le ministre, mais par le préfet ! Cette fausse décentralisation, nous l'appelons *déconcentration*. Elle consiste à donner à un fonctionnaire local des pouvoirs jusque-là détenus par un fonctionnaire parisien. Pas plus sous l'Empire que de nos jours, elle n'aura d'efficacité. Dix ans plus tard, Napoléon III constate que cette politique s'est retournée contre ses intentions : « Notre centralisation a le grave inconvénient d'amener un excès de réglementation. Telle affaire communale, d'une importance secondaire, et ne soulevant aucune objection, exige une instruction de deux années au moins, grâce à l'intervention obligée de onze autorités différentes [4]... »

Une commission mort-née

Déçu, Napoléon III, vers 1869, tire la leçon de son échec. Et quand il commence à explorer les voies de « l'Empire libéral », il ne veut pas seulement « libéraliser » les liens entre gouvernement et Parlement, mais « libéraliser » l'administration locale. Il constitue, au début de 1870, une grande « Commission de décentralisation » réunissant les meilleurs esprits : Maxime Du Camp, Frédéric Le Play, Prévost-Paradol, Barante, Drouyn de Lhuys, Freycinet, Waddington. Odilon Barrot, décentralisateur convaincu, la préside. Ils conçurent un ensemble de réformes qui mariait assez subtilement la prudence et l'ambition.

Ce compromis historique entre l'autorité centrale et la liberté locale, la IIIe République, après la guerre de 1870, et surtout après la Commune, ne l'osa pas. Elle édulcora tout. Les lois de 1871 sur le conseil général et de 1884 sur les communes, comme elles étaient timides ! Elu, le maire était placé « sous la surveillance de l'autorité supérieure ». Quant à la « commission départementale », qui aurait pu être une véritable municipalité de département, elle ne fut qu'une commission. Le pouvoir central et les Français se rejoignaient dans une peur frileuse du polycentrisme et de l'autonomie.

Le pouvoir des bureaux parisiens résistait inaltérablement à toute déconcentration. D'un puissant mouvement d'idées favorables à la décentralisation, d'une montagne de projets et d'espoirs, la IIIe République ne réussit à accoucher que d'une souris – bientôt prise au piège de la bureaucratie.

Car la suite, nous la connaissons. Elle s'est déroulée malgré les hommes politiques qui, à chaque époque de la République, proposaient *la* réforme : Goblet en 1882, Millerand en 1921, Bardoux [5] en 1935 ; et même malgré la Constitution de 1946, laquelle disposait que le préfet ne serait plus l'exécutif des conseils généraux, et serait remplacé par un élu. Les hommes politiques proposent, l'inertie des mentalités dispose. Depuis trois siècles.

Chapitre 46

DE GAULLE ENLISÉ

Cette longue série d'échecs, de Gaulle ne parvint pas à l'interrompre. Après avoir guéri le mal visible de la France – son mal d'Etat, le pourrissement par la tête –, il sentit, nous l'avons vu, qu'il fallait s'attaquer aux structures de la société ; et surtout à ce qui en forme l'armature : l'administration.

Il s'y prit à deux fois. D'abord, à partir de 1963, il tenta de *déconcentrer* l'administration de l'Etat – autrement dit, confier à des fonctionnaires locaux les dossiers traités jusque-là par des fonctionnaires parisiens. Ensuite, en 1968 et en 1969, il tenta ce qui n'avait jamais été tenté avant lui, sinon à la fin de l'Ancien Régime et au début de la Révolution : *décentraliser* – c'est-à-dire transférer massivement à des institutions d'élus des attributions de l'Etat.

Sa seconde tentative naquit de l'échec de la première. Et elle échoua à son tour, entraînant son départ.

Après la chirurgie, la rééducation

En 1963, ayant réglé l'affaire algérienne et couronné le système institutionnel de la Ve République par l'élection populaire du Président, de Gaulle chercha comment améliorer le fonctionnement de l'énorme machinerie de l'Etat.

Contrairement à sa manière habituelle, il s'y prit en douceur, laissant, pour l'essentiel, agir son Premier ministre, Georges Pompidou, qui n'était pas homme d'éclats. Le Général sentait que l'opinion, mobilisée jusqu'alors par les péripéties dramatiques de quelques grands problèmes nationaux, restait insensible à ces thèmes. Mais il n'était pas fâché d'agir sans la mettre en branle : après tant de combats fracassants, la méthode valait d'être essayée.

N'ayant pas cherché ni provoqué l'adversaire, il le rencontra cependant, mais ce fut sous la forme la plus difficile à combattre : celle des mentalités profondes, des petites habitudes, des résistances inconscientes. Bientôt, ce fut l'enlisement.

De Gaulle savait mieux que personne que la France est centralisée et qu'elle l'est trop. Il savait aussi que la centralisation ne datait pas d'hier, et toute une part de lui-même l'acceptait comme une nécessité de notre histoire. Ne suffisait-il pas d'en éliminer les excès ? Ce que de Gaulle chercha donc, ce fut, non pas à décharger l'Etat de ses attributions, mais à les transférer d'un fonctionnaire lointain à un fonctionnaire proche.

Toute la méthode était régalienne. L'élection n'y avait aucune place. Il faut dire qu'après l'épreuve de 1962, où il avait vu se dresser contre lui le Parlement et les notables, le Général n'était pas toute tendresse à l'égard des corps intermédiaires ou des autorités distinctes de la sienne.

Il s'agissait de faire du préfet *le véritable patron des administrations*. Dépositaire de l'autorité du gouvernement, délégué de l'Etat mais en contact permanent avec les élus, n'était-il pas le mieux placé pour rendre un visage humain à l'administration ? Il pouvait apprécier les situations, faire la part des choses et des hommes, faire sortir l'action administrative de son monde hermétique.

En 1964, Louis Joxe mit sur pied le nouveau système. Au lieu de dépendre directement de son administration centrale, chaque service extérieur était placé sous l'autorité du préfet. Bien entendu, celui-ci ne pouvait pas tout voir et tout décider. Il devrait déléguer largement son autorité aux directeurs des services. Mais enfin, c'était à lui d'apprécier l'étendue de ces délégations ; il gardait la possibilité d'évoquer toute affaire, et en tirait une large capacité d'influence.

Simultanément, chaque ministère était invité à faire descendre la décision au niveau local pour un très grand nombre d'affaires. Chaque directeur technique – directeur de l'agriculture, de l'équipement, des affaires sanitaires et sociales, etc. – devenait en quelque sorte le ministre dans le département, et le préfet, un véritable *Premier ministre départemental*. Celui-ci éviterait les chevauchements de compétences ; il abattrait les cloisons ; il aurait l'oreille de l'assemblée départementale. Il éviterait le chaos qu'entraîne la rivalité des corps, les gaffes que provoque l'éloignement. Il dirigerait un gouvernement départemental, qui aurait autant de cohésion que le gouvernement central, et qui en offrirait sur place un reflet fidèle mais adapté à la réalité locale. A son tour, le préfet de région coordonnerait l'action des préfets de départements. Paris serait désencombré.

Le raisonnement paraissait imparable. Il ne l'était que sur le papier.

Chassez le naturel...

Presque dix ans plus tard *, j'eus l'occasion d'examiner les résultats. Ministre des Réformes administratives, j'estimai nécessaire avant d'entamer d'autres réformes, de mesurer sur le terrain l'effet de celle-là. Trois enquêtes ** se déroulèrent simultanément dans trois départements – l'Hérault, l'Allier et la Somme.

Le constat m'accabla. Non seulement les objectifs que visait la réforme de *déconcentration* n'avaient pas été atteints ; mais on avait provoqué une évolution contraire à celle qui était souhaitée. Paris avait su récupérer son pouvoir.

Dans le même temps qu'on cherchait à déconcentrer, les ministères multipliaient les actions centralisées. N'est-il pas naturel qu'un ministre veuille marquer son passage d'une idée nouvelle ? Elle se traduit, sur place, en « expériences », en « contrats », en « équipements pilotes » ; chaque fois, l'importance accordée à l'idée se mesure au contrôle que Paris garde sur son application.

La technique relaie aussi la politique pour aider les administrations à retenir. Ainsi, afin de pouvoir bâtir « un collège par jour », on « industrialise » la construction. Du coup, on la nationalise, en jouant sur des marchés à l'échelle nationale ; on fait remonter à Paris ce qui aurait dû descendre dans le département.

Est-il même nécessaire d'aller chercher des biais ? En lui-même, le système hiérarchique contient tous les moyens d'annuler la déconcentration. Si le préfet veut user au maximum de son autorité sur les chefs de service, il provoque une réaction de défense dans la hiérarchie de leur corps. Un directeur départemental qui s'est contenté de recevoir les instructions de son préfet se voit discrètement rappeler à l'ordre : « N'oubliez pas que ce n'est pas votre préfet qui fait votre avancement et votre carrière, c'est votre admi-

* Et trois ans après les décrets de 1970 qui accentuaient encore ce mouvement de déconcentration.

** La première étude, confiée au Centre de sociologie des organisations du CNRS et dirigée par Michel Crozier et Jean-Claude Thoenig, évaluait les relations entre les divers partenaires du jeu local. La deuxième, confiée à la Commission d'études générales pour l'organisation scientifique (CEGOS) et conduite par Octave Gélinier, analysait le fonctionnement administratif en termes d'organisation rationnelle. La troisième, confiée à la COFREMCA et menée par Elie Sultan, sondait les publics concernés par l'action administrative [1].

nistration centrale. Vous changerez de préfet, vous ne changerez pas de corps. »

Comment les administrations centrales pourraient-elles mieux protéger leurs envoyés dans le département qu'en enserrant la décision, prétendument déconcentrée, dans le réseau d'une réglementation de plus en plus méticuleuse ?

Au reste, le préfet se sait dans la main du pouvoir. Il hésitera à occuper tout l'espace de sa responsabilité. Ne vaut-il pas mieux rendre compte, deviner l'intention du ministère, prévenir ses désaveux en cherchant à l'engager ?

Personne ne croit la déconcentration sans appel. Le préfet sait que toute mise en cause de sa décision remontera à Paris. Lettre d'intervention d'un parlementaire ou article de presse rendant compte d'une protestation locale – l'appel aboutira sur le bureau du ministre. Il vaut mieux prendre les devants en s'assurant de l'accord du ou des ministères. La déconcentration n'a pas aboli, mais stimulé, le réflexe traditionnel de *l'ouverture du parapluie.*

La décision en miettes

Au bout de ces mauvais comptes, la déconcentration dépersonnalise la décision et dissout l'autorité. Comme il est hors de question que les administrations centrales se placent elles-mêmes hors du circuit, elles ne peuvent que l'allonger, en se superposant aux administrations départementales et régionales. La décision est en miettes. Là où une décision centralisée mettait en jeu sept instances, toutes parisiennes, avant la « déconcentration », une décision « déconcentrée » mettra en jeu quatorze instances situées dans plusieurs villes : deux fois plus d'acteurs, ce qui veut dire quatre fois plus d'aller et retour [2]. Ainsi, pour la construction d'un banal collège : vingt-quatre étapes administratives et quatorze instances [3]. Pour la construction d'un centre hospitalo-universitaire, cinquante instances, cent opérations – et dix années pour suivre ce jeu de l'oie [4].

Bref, on a voulu simplifier. Or, on a doublé le nombre des instances participant à la décision, et quadruplé le nombre des va-et-vient, c'est-à-dire la complexité. Mais le plus grave n'est pas là.

Il y a tant de décideurs qu'il n'y en a plus. Au terme de dix ans d'un processus administratif aveugle, comme celui qui a abouti à l'abattoir de la Villette, on ne peut identifier *aucun* responsable. La notion même de responsabilité disparaît. Chaque instance ne fait qu'apporter une contribution spécialisée à un processus anonyme. La « pénéplaine de décision » n'a plus aucun sommet visible. Règne une nouvelle puissance : symbole de l'antidécision, mais gardien sourcilleux des circuits, le trésorier-payeur général ; il veille avec rigueur à ce que cet énorme gaspillage de l'autorité de l'Etat, des talents personnels et de l'argent public se passe bien « dans les règles ».

La déconcentration a donc, par *effet serendip*, abouti au contraire de ce qu'elle recherchait. L'Etat ne va pas *plus vite*, mais *plus lentement*. La décision ne se rapproche pas des citoyens : elle s'en éloigne, puisqu'il peut moins qu'avant la situer. Le système administratif reste le même, avec un surcroît de complication. C'est toujours du sommet que vient l'initiative, qu'il s'agisse de débloquer ou de bloquer un projet en cours ou d'en lancer d'autres. *Donner et retenir ne vaut*. On ne saurait vouloir une chose et son contraire.

C'était l'impasse. Comment en sortir, sinon en resserrant l'Etat sur lui-même, et en rattachant les mille décisions du quotidien à une autre origine sacrée : le suffrage universel ?

Chapitre 47

LA SYMPHONIE INACHEVÉE

Le samedi 18 mai 1968, le général de Gaulle, revenant de Roumanie, entraîna dans un coin du salon d'honneur d'Orly les quelques ministres venus l'attendre : « Alors, nous dit-il, les grèves s'étendent, les entreprises publiques sont occupées, la chienlit * se répand ? » Son ton était gros de reproches : pendant ses cinq jours d'absence, qu'avait fait de la France son gouvernement ** ? Il eut un brusque mouvement de menton :

« Nous allons régler ça, comme nous avons toujours réglé les grandes affaires : en faisant appel à la confiance directe du peuple. »

C'était clair : il allait y avoir un référendum. Maurice Couve de Murville nous confirma que l'idée en avait germé en Roumanie, sous le coup des nouvelles qui arrivaient de Paris. Le Général ne savait pas encore au juste sur quoi porterait la question de confiance, mais il était bien décidé à la poser.

La parole juste qui sonne faux

Ainsi s'ouvrit le chemin qui devait, onze mois plus tard, ramener le général à Colombey. Il fut semé de contradictions. A l'ordinaire, de Gaulle mûrissait longuement sa décision dans le silence, l'annonçait au moment opportun, et l'exécutait en trombe. Cette fois, il

* Cette expression, courante dans la bouche du Général, devait être divulguée le lendemain, pour faire alors scandale et fortune à la fois : « La réforme, *oui*, la chienlit, *non*. »

** Le général de Gaulle était parti pour la Roumanie le 14 mai, après que Georges Pompidou, au retour de son propre voyage en Iran et en Afghanistan, lui eut arraché la réouverture de la Sorbonne – immédiatement occupée par les étudiants.

avait pris sa décision précipitamment ; il la révéla presque aussitôt ; ensuite, l'exécution hésita. Il différa puis reprit l'idée, en changea le point d'application. Enfin, lui qui avait toujours demandé aux Français de se déterminer sur un choix simple, il perdit leur confiance sur un texte compliqué, traduction administrative d'une notion mystérieuse : la participation. Effet d'un mauvais sort ? Si tout, dans cette affaire, s'est passé de façon déconcertante, c'est que, pour la première fois, les Français étaient appelés à aller au fond des choses, à se regarder en face – et que nous n'aimons pas cela.

Toute l'affaire est déjà dans son commencement. Le soir du 24 mai 1968, de Gaulle expose aux Français son analyse et leur annonce son projet. Il dégage « la portée des actuels événements, universitaires puis sociaux ». Il y décèle « tous les signes qui démontrent la nécessité d'une mutation de notre société ; et tout indique que cette mutation doit comporter une participation plus étendue de chacun à la marche et aux résultats de l'activité qui le concerne directement ». Un référendum la décidera.

Amassés autour de la gare de Lyon, des dizaines de milliers d'étudiants, l'oreille collée aux transistors, ponctuent le discours de ricanements. A la fin, un étudiant agite son mouchoir. Sur-le-champ, dix, puis cent, puis tous l'imitent, en scandant : « A-dieu de Gaulle, a-dieu de Gaulle, adieu... » Cette nuit-là, où fut incendiée la Bourse, fut la plus violente : les manifestants se sentaient des ailes, puisque celles du Général paraissaient brisées. « J'ai mis à côté de la plaque », confia-t-il à Jacques Foccart.

En effet, c'est le pouvoir, c'est l'Etat qui sont en cause ; et, pour la première fois, de Gaulle répond « société ». C'est si peu dans son personnage, qu'on juge qu'il n'est plus lui-même. Ce soir-là, il y eut comme une inversion des rôles. Les « enragés » avaient dépassé la « mise en question » de la société : ils visaient une mise en question du pouvoir. Et de Gaulle abandonnait ce terrain du pouvoir, où il était à l'aise et où ils venaient le chercher, pour aller les retrouver sur le terrain du mal social – où ils n'étaient déjà plus.

Ainsi, jamais de Gaulle n'était allé si loin dans le diagnostic des maux de notre société. Et jamais sans doute aucun de ses discours ne fut plus mal accueilli. Pour le succès d'un appel, la justesse des arguments compte moins que la coïncidence avec une attente. Le 18 juin 1940, de Gaulle invoquait la supériorité allemande en chars et en avions – alors que les Alliés en possédaient presque autant. Le 30 mai 1968, il incriminera la volonté de subversion des communistes, qui avaient néanmoins tout fait, depuis le début du mois, pour noyer la subversion. Qu'importe ! Le 18 juin 1940 et le 30 mai 1968, il fit des analyses fausses qui sonnaient juste. Le 24 mai 1968, il fit une analyse juste qui sonnait faux.

Finalement, Georges Pompidou, traduisant le sentiment commun, obtint, le 30 mai, que des élections législatives se substituent à ce référendum. Pour de Gaulle, ce n'est que partie remise. Les élections lui ont rendu les moyens du pouvoir – mais c'est au référendum de dire à quoi le pouvoir servira *.

Remodeler la France

Le 9 janvier 1969, le Général me parla de cette consultation comme si elle était déjà gagnée : nul doute, dans son esprit, que le *oui* dût l'emporter massivement. La nécessité de restructurer la société française était aussi impérative qu'à la mi-mai. Et quel projet serait plus conforme aux vœux secrets des Français que de faire participer davantage les citoyens ?

« Ne craignez-vous pas les autonomistes ? lui demandai-je.

– L'autonomisme ne deviendra dangereux que si l'Etat ne décentralise pas. La régionalisation coupera l'herbe sous le pied aux séparatistes. »

Il sembla un instant rêver, en regardant par la fenêtre les branches dénudées du parc, puis énonça lentement, en détachant bien les syllabes :

« Ce qu'il faut maintenant, c'est remodeler la France. Ce sera une œuvre de longue haleine. C'est pourquoi nous devons commencer sans plus attendre. »

En mars 1969, pourtant, les inquiétudes commencèrent à poindre. Après Raymond Marcellin, après Roger Frey et bien d'autres, j'allais essayer de le détourner d'une obstination téméraire. S'il était impossible de reculer, ne pouvait-on du moins fractionner le problème : pourquoi ne pas se contenter de faire adopter par le peuple quelques principes clairs, dont tout le monde saisirait l'intérêt et qui lieraient le Parlement ? Ils seraient ensuite mis en œuvre par des lois, après un débat contradictoire.

« Ce serait trop beau, me dit le Général. Si l'on fait ce que vous dites, les députés ensuite vont *pignocher*. Les sénateurs feront pression sur eux. Tous s'entendront pour faire de l'obstruction. On s'enlisera dans le marécage.

* Dans le courant de l'été, de Gaulle décide de retirer du référendum l'Université, qui fera l'objet d'une loi d'orientation confiée à Edgar Faure ; puis l'entreprise, qui sera traitée à part dans une loi que Maurice Schumann est invité à préparer. En revanche, la régionalisation, qui était à peine évoquée le 24 mai, et la réforme du Sénat, qui ne l'était pas du tout, deviennent le centre du débat. C'est toujours le même référendum, mais il a changé de domaine.

– Vous disposez d'une majorité parlementaire qu'on n'a jamais vue dans l'histoire de la République. Elle votera vos textes, alors que les Français risquent de ne pas les voter. Ils les trouvent bien compliqués, et pensent que les députés sont élus pour faire ce travail.

– Il s'agit, trancha le Général, de transformer les mœurs et les esprits. Il ne suffit pas de décréter des changements du haut de l'Olympe. Un courant populaire est nécessaire pour que cette réforme passe dans les réalités. Il faut que tous les Français soient députés d'un jour. »

Députés d'un jour : jamais je ne vis pareille confiance dans la sagesse du peuple. Mais justement, le peuple pouvait-il se prononcer sur une matière où la résistance des habitudes et des mentalités était si forte, où la prise de conscience était si peu avancée ?

Un référendum suicide ?

Je ne cesse d'y penser pendant qu'André Malraux me promène dans le musée bien réel que, sur le modèle de son musée imaginaire, il a rassemblé à Verrières. Il me commente les coqs en tôle découpée, les taureaux mexicains en fer forgé, les masques dogons du Mali, les chats russes en bronze doré.

« Alors, lui dis-je, vous pensez vraiment que le Général jouait à la roulette russe en sachant que le canon était chargé * ?

– Je dis que rien ne l'obligeait à faire ce référendum. Se faire battre sur les régions et sur le Sénat, c'est dérisoire ! On s'était fort bien passé de cette réforme jusque-là. On aurait pu s'en passer un an de plus. Mais le Général ne voulait pas rester un an de plus. Il est allé inventer les régions et la réforme du Sénat parce qu'il recherchait l'ingratitude des Français.

– Pourtant, il avait décidé de faire ce référendum depuis un an. Voulait-il sombrer en mai 1968 ? Il me semble qu'il comptait grâce à lui apaiser la tempête.

– Il en espérait le salut en mai 1968, mais pas en avril 1969. Dans la crise, le référendum aurait pu apporter le salut – et peu importait la question. La crise passée, il n'y avait plus de salut à chercher. Il ne restait qu'une provocation. Et, vous le savez, ces idées étaient plus anciennes que 1968. Le Sénat, il avait toujours rêvé de s'en débarrasser. Mais il avait assez le sens des réalités pour savoir que le sujet était tabou. En 1969, il a osé toucher au tabou. C'est là, dit Malraux en me versant du thé glacé, qu'était le

* André Malraux avait fait une déclaration dans ce sens au *New York Times* en août 1972. Cette interprétation a été et demeure très répandue dans le public ; elle avait trouvé le plus prestigieux des porte-parole.

suicide. Qui lui demandait de faire ces réformes, et à ce moment-là ? Les électeurs lui avaient offert une Chambre introuvable. Ils n'allaient évidemment pas lui offrir un référendum introuvable.

– Il ne doutait pas qu'il gagnerait, jusqu'à l'annonce faite à Quimper. Autour de lui, souvenez-vous, on n'en doutait pas davantage. »

Au début de mars 1969, Georges Pompidou paria publiquement que le *oui* emporterait au moins 60 % des suffrages. C'est seulement dans les toutes dernières semaines qu'on sentit que les notables réussissaient à lever la révolte du département contre la région, des villes petites et moyennes contre la métropole régionale : *On veut assassiner Le Puy et Aurillac au profit de Clermont, Valence et Privas au profit de Lyon, Pau et Mont-de-Marsan au profit de Bordeaux*. Cela, personne ne l'avait prévu. Alors, tout à la fin, de Gaulle s'est mis à hésiter. Il a envisagé de reculer, preuve qu'il ne s'agissait pas d'un suicide. Mais il s'était engagé publiquement. Une dérobade aurait été funeste à son autorité.

« Il a donc pris conscience alors qu'il allait au suicide, conclut André Malraux. Et le suicide avait été inconscient avant de devenir conscient. De Gaulle cherchait, peut-être sans le savoir, à se faire congédier. C'est exactement une conduite d'échec : aller les yeux fermés vers une catastrophe qui n'avait rien d'inévitable. »

La pluie s'était mise à battre aux carreaux, noyant de grisaille la pelouse du parc de Verrières. Cette dialectique n'arrivait pas à me convaincre. Nous ne comprenons pas que de Gaulle n'ait pas évité un échec qu'il aurait pu s'épargner ; nous en concluons qu'il l'a cherché. Mais ce n'est pas l'échec qu'il cherchait, c'est le succès, comme chaque fois. Seulement, jusque-là, il avait soumis aux Français des thèmes urgents et évidents. Cette fois, il leur demandait de trancher un problème qui attendait depuis des siècles, qui était d'une insondable obscurité, et qui ne résidait pas ailleurs que dans leurs habitudes les plus tenaces.

Peut-être qu'à part eux, les Français se refusaient à une opération qui prétendait repétrir le squelette et la chair même de la nation. Ils ont préféré garder leur centralisme, et chasser le décentralisateur. Et beaucoup d'entre eux ont été tout surpris du résultat : *Nous n'avions pas voulu cela*. S'il y a eu conduite d'échec inconsciente, n'est-ce pas plutôt chez les électeurs qu'il faudrait la chercher ?

La racine du mal

L'esprit bute devant une formidable contradiction. De Gaulle a donc gagné des paris aussi improbables que celui de redresser la France écrasée de 1940, et de la faire siéger à la table des vainqueurs ? De changer le régime dans la légalité et presque l'allégresse ? De transformer la tragédie de la décolonisation en un nouvel atout de la France ? Et il a échoué dans une entreprise aussi banale que de créer des régions et réformer le Sénat ?

Derrière le banal, il y avait le fondamental : le début d'une immense mutation. Mais les Français ne virent que le banal, parce qu'ils refusaient de voir le fondamental : et ils refusaient de le voir, parce qu'ils refusaient de se changer eux-mêmes. On cherchait, à travers ces textes, à obtenir d'eux un changement dont ils ne voulaient pas.

Les prouesses qu'avait accomplies de Gaulle étaient conformes à la grande tradition de la *patrie en danger*. En 1969, la patrie n'était pas en danger. Elle ne souffrait que de son vieux mal de trois siècles. Pouvait-on changer la nature d'un peuple par le sursaut d'un moment ? A un mal chronique, de Gaulle appliqua une méthode de crise. Et en plus, il ne put l'appliquer qu'à travers un langage de légiste : la nature française refermait sur lui son piège.

Jamais, sans doute, le Général ne s'était attaqué à une réforme aussi radicale, puisqu'elle atteignait la racine du mal, dont il n'avait fait jusque-là que soigner des symptômes. La participation qu'il voulait instituer dans l'Etat, dans l'administration, dans l'entreprise, dans l'Université, dépendait moins des lois que des mœurs. Un décevant décalage s'introduisit entre l'exigence qu'il ressentait – puissante et floue –, et les lois – étriquées et précises – qu'il fallut proposer. Il souhaitait instaurer des relations plus fraternelles entre des hommes plus autonomes, remplacer les hiérarchies anonymes par la responsabilité des individus et des groupes. Sa vision grandiose ne s'incarnait qu'en des pages illisibles du *Journal officiel*. Au moment de traduire sa vision dans les faits, il se prit à l'inextricable lacis des habitudes mentales.

De Gaulle entendait rompre avec une tradition de plusieurs siècles, et même avec la pratique de son propre gouvernement. Il voulait que l'Etat s'appliquât et étendît à tous les citoyens le principe de la participation, en renonçant à une partie de son propre pouvoir. Il renversait les perspectives de toute l'histoire de France. Il avait compris que l'autorité de l'Etat ne diminue pas, mais augmente, quand ce n'est pas le gouvernement, mais une autorité locale, qui décide de rectifier le tracé d'une route. Mais cette conviction était si neuve pour les Français qu'elle déclencha un phénomène de rejet.

Le mûrissement qui a manqué

Peut-être aussi de Gaulle n'a-t-il pas eu le loisir de méditer une réforme à laquelle ne le disposaient ni sa nature ni sa culture. D'instinct, de formation – catholique, militaire et jacobine –, il inclinait vers la centralisation : seul le pragmatisme, à la fin, le poussa à la combattre *. Mais il eût fallu un long mûrissement qui lui fit défaut.

Le soldat perdu de 1940 s'était, depuis son enfance, identifié à la France : il fut de plain-pied avec les circonstances quand elles l'appelèrent à la sauver. Mais le chef du gouvernement provisoire de la fin de 1945 trébuche. Il n'avait pas vraiment réfléchi aux institutions, ni surtout à la manière de se conduire avec le monde politique. Lui qui avait manœuvré entre Roosevelt, Churchill et Staline, il s'était laissé ligoter, nouveau Gulliver, par des politiciens sans prestige.

En 1958, après les douze années de Colombey, il put réussir d'un coup, avec une aisance souveraine, une transformation de la République, dont pourtant les conditions étaient bien plus difficiles qu'elles n'auraient dû l'être en 1945, alors que sa gloire était jeune et la République à construire. C'est qu'il s'était longuement préparé dans l'ombre pour son rôle de chef d'Etat.

Eût-il disposé de dix années, après 1968, pour mûrir son rêve de « remodeler la France », sans doute aurait-il su y engager les Français.

Suprême message

Pour la figure historique du général de Gaulle comme pour l'avenir de la France, il est capital que le restaurateur de l'Etat ait dû quitter le pouvoir, précisément parce qu'il avait décidé de lutter contre l'excès de l'Etat. Parce qu'il voulait libérer cette vitalité provinciale, étouffée par Paris. Parce qu'il avait compris que le plus grand danger pour l'unité nationale réside dans le césarisme bureaucratique. Parce qu'il avait expérimenté en Mai 1968 la fragilité d'un Etat sans racines ni relais. Parce qu'il est le premier chef

* Il avait pourtant bien compris, trente-cinq ans avant le référendum, l'importance capitale de la décentralisation. Dès 1934, dans *Vers l'armée de métier*, il avait défini la *direction participative par objectifs* en des termes étonnamment modernes, qu'on croirait de Drucker ou de Gélinier. « Fixer le but à atteindre, exciter l'émulation et juger des résultats, c'est à quoi devra s'en tenir, vis-à-vis de chaque unité, l'autorité supérieure. Mais quant à la manière de faire, que chacun soit maître à son bord ! La seule voie qui conduise à l'esprit d'entreprise, c'est la *décentralisation.* » Mais il voyait celle-ci comme à l'armée : c'était, en fait, la *déconcentration.*

de la France, depuis Henri IV, à avoir deviné que l'Etat se grandirait en fortifiant les pouvoirs locaux, en réduisant ses attributions.

Pressentiment inattendu, chez un homme qui a paru incarner, plus qu'aucun autre depuis Louis XIV et Napoléon, l'autorité de l'Etat. La dernière recommandation du général de Gaulle demeurera celle-ci : *La priorité des priorités, c'est de remodeler la France pour libérer les énergies des Français ; la grandeur, devant l'histoire et devant l'étranger, viendra de surcroît, quand la France aura trouvé à l'intérieur d'elle-même un nouvel équilibre.*

Combien de Français ont saisi alors l'importance du message ? Ceux qui ont voté *oui* l'ont fait par confiance en sa personne plus que par conviction pour son idée. Après sa retraite à Colombey, la plupart des « gaullistes » se sont hâtés d'oublier le sujet. Ils ont évité de reconnaître que, dans l'« héritage », la décentralisation et la participation formaient le legs le plus exigeant ; car, pour tous les autres, il suffit de maintenir, tandis que pour celui-là, il faut créer.

Chapitre 48

« MON SECOND SEPTENNAT »

Au lendemain des élections législatives de mars 1973, Georges Pompidou me fit proposer le ministère de la Justice. Les réflexions que je poursuivais depuis longtemps sur l'organisation de la société française me faisaient souhaiter une autre mission. Je suggérai au président de préparer avec lui une grande réforme de nos administrations et de notre démocratie locale : « On ne peut rien réformer en France, si l'on ne commence pas par réformer tout le système de commandement. Pourquoi ne créeriez-vous pas, sur ce thème, un ministère des Réformes ? »

Georges Pompidou garda un long silence.

« Je ne dis pas non (il préférait toujours éviter de dire *oui*). Pour l'organisation territoriale, pour les liens entre les ministères et l'administration locale, pour la fonction publique – il faut bâtir une doctrine. La France n'a pas de doctrine depuis la Révolution et l'Empire, à supposer qu'alors, elle en ait eu une. Je n'y vois pas clair. Guère plus que le Général, qui, si lucide dans tant d'autres domaines, était aveugle dans celui-là. Ou plutôt, je vois bien ce qu'*il ne faut pas* faire – le « pouvoir régional » et autres billevesées d'irresponsables. Mais que *faut-il* faire ? La commune, le canton, l'arrondissement, le département, tels qu'ils existent, ce sont des structures sclérosées, des institutions amorties. Il faut trouver autre chose. Je ne sais pas quoi.

« Je veux bien, poursuivit-il après une nouvelle pause, vous confier la mise en place des institutions régionales, le Plan et la mission d'élaborer des réformes. Mais n'appelons pas cela ministère des Réformes ! Ces titres pompeux sont ridicules ! On pourrait baptiser cela ministère des Réformes administratives. Puisque le titre a déjà existé, il n'y a qu'à le ressusciter. »

Le pacte fut ainsi conclu. En matière départementale, cantonale ou municipale, le président me laissait carte blanche pour proposer toutes transformations que je jugerais bonnes. Pour la région, il me demandait de me borner à la mise en place de la loi du 5 juillet 1972 qui, à son gré, allait déjà beaucoup trop loin.

« Vous voulez lutter, me dit-il, contre le cancer bureaucratique parisien, évitez qu'il ne fasse des métastases dans les métropoles régionales... »

« Si les Français avaient envie de régions... »

Depuis longtemps, je connaissais la vive hostilité de Georges Pompidou à l'égard de la région. Il m'en avait rendu témoin, par exemple, en m'expliquant * pourquoi il repoussait le projet de régions autonomes qui avait été préparé en 1970 par Jacques Chaban-Delmas en vue d'effacer l'échec du référendum. On avait mis au point, en grand secret, deux expériences qui devaient se dérouler en Champagne-Ardenne et Rhône-Alpes : une assemblée serait élue au suffrage universel direct, et un exécutif régional serait responsable devant elle. Les modalités de désignation de l'assemblée et de l'exécutif devaient différer dans ces deux cas. Les autres régions pourraient ensuite s'inspirer d'un modèle ou de l'autre, selon les résultats de l'expérience.

« C'est, me dit-il, une opération dangereuse ! La restauration de notre unité nationale et de l'Etat est encore trop récente, pour que je hasarde une telle affaire. Dès qu'on aurait lancé cette expérience dans deux régions, toutes les autres voudraient en bénéficier sans attendre ! A commencer par les Bretons, les Corses, les Alsaciens. Ils trouveront déjà insultant que l'expérience n'ait pas commencé par eux. Quelques centaines d'autonomistes peuvent prendre un coup de sang et entraîner leur région dans des attitudes incendiaires. Ce serait pour la France un risque effroyable. Pourquoi le prendre ?

« Que voulons-nous ? Améliorer l'environnement, protéger la qualité de la vie. Si nous donnons de l'importance à la région, nous allons gonfler les métropoles. Nous allons aggraver les grandes concentrations urbaines, étioler les villes moyennes. Voyez Lyon, Marseille, Bordeaux, Lille, qui approchent du million d'habitants ou vont le dépasser. C'est déjà trop : ce qu'il faut favoriser, c'est la ville petite et moyenne, où il fait bon vivre. Donc, il faut privilégier le département, non la région. »

Cette préférence me paraissait réaliste. Le département offre un bon périmètre pour la gestion : ni trop grand, ni trop petit. Mais je me fis l'avocat du diable. N'était-il pas difficile de faire du neuf

* Le 23 octobre 1970.

avec du vieux – après deux siècles de mauvaises habitudes ? N'était-il pas plus pratique d'innover en terrain vierge ? C'est justement ce qui avait tenté de Gaulle dans la région.

« Les régions ? me répondit-il sèchement. Il y en a trois ou quatre qui n'existent que trop ; les autres n'existent pas ; elles sont parfaitement artificielles. Les départements, eux, ont un passé derrière eux. Les gens sont habitués à y vivre. Ces régions autonomes, c'est une idée de technocrates parisiens. Personne n'en veut vraiment, sauf eux, et quelques complices qu'ils retrouvent dans les métropoles et qui espèrent ainsi décrocher un destin régional. Croyez-moi, si les Français avaient envie de régions, cela se saurait et elles existeraient déjà.

– Il faut quand même bien décentraliser ! Le centralisme devient de plus en plus odieux aux Français.

– Je ne peux pas tout faire à la fois. Mon premier et principal dessein est d'industrialiser, et je n'ai pas besoin de la régionalisation pour cela. Industrialisons dans le cadre des structures qui résultent de notre histoire et de notre géographie. Puis, nous verrons. A chaque jour suffit sa peine. »

Pompidou s'était donc replié sur une réforme beaucoup moins ambitieuse, mais qui serait appliquée partout d'un seul coup. Elle faisait des régions, non des collectivités territoriales comme l'aurait voulu de Gaulle, mais de simples établissements publics à petit budget. La capacité de décision de l'assemblée régionale serait faible. La moitié de ses membres seraient des parlementaires – vecteurs naturels de centralisation. Le préfet de région assurerait seul l'exécutif...

Cette loi, il m'incombait de la mettre en œuvre. C'était même la seule de mes tâches qui fût publique. Alors que l'essentiel de mes efforts consistait à essayer de faire du vieux département et de la vieille commune le cadre moderne de responsabilités nouvelles.

Trop c'est trop, mais trop peu, c'est trop peu

Dans la mise en place des nouvelles assemblées régionales, je discernais des promesses : les élus allaient prendre l'habitude de travailler ensemble et s'élever au-dessus des querelles de clocher. Mais j'y voyais aussi quelques risques : elles ne pouvaient manquer de se politiser du fait de la présence des parlementaires en leur sein. Ils transposeraient sur le plan régional les abstraites querelles idéologiques qui font rage sur le plan national. La frustration provoquée par la modicité des moyens et des pouvoirs des assemblées régionales ne pourrait qu'alimenter le réflexe de la « mendicité injurieuse » qui va de pair avec l'irresponsabilité. Cette formule, il est vrai, serait probablement une simple étape transitoire, comme l'avaient été les éphémères comités de développement et d'expansion régionale.

J'entrepris une visite systématique des régions, afin de rencontrer les élus et les personnalités du monde économique et social, dont les nouvelles institutions régionales allaient être remplies. J'avais besoin de sentir leurs attentes, leurs craintes, avant de mettre au point les innombrables décrets et arrêtés que supposait l'installation du nouveau système.

Dans cette tournée, je rencontrai des *maximalistes* et des *minimalistes*. Les premiers traitaient cette réforme de réformette * ; les mêmes avaient d'ailleurs fait échouer le référendum d'avril 1969, qui pourtant allait beaucoup plus loin. Ils dénonçaient l'hypocrisie de l'Etat, qui, sous une concertation feinte, ne céderait rien de son pouvoir. Pouvais-je leur donner tort ? Ce qu'ils me dirent énergiquement, ne me l'étais-je pas souvent répété ? André Chandernagor me toucha quand il déclara devant moi, le 9 octobre 1973, à Limoges :

« La conviction à laquelle je suis arrivé, c'est que, si la centralisation a été un instrument nécessaire pour vaincre la féodalité, puis pour faire de la République une nation, elle nous stérilise aujourd'hui par d'abominables uniformités. Il faut renverser la vapeur. »

Aurait-on trouvé un mot à changer à cette analyse ? Mais on sentait aussi que ces élus, depuis longtemps écartés du pouvoir central, ne pouvaient s'empêcher de laisser leur déception colorer leur jugement : l'Etat, c'était pour eux, décidément, « les autres » ; alors qu'ils s'étaient, dans les provinces, ménagé quelques solides bastions. Ceci atténuait la valeur de cela.

En revanche, les *minimalistes* trouvaient la réforme dangereuse. Elle menaçait l'unité nationale ; elle établissait des privilèges pour la métropole régionale, au détriment des départements périphériques ; elle compliquait les réseaux en interposant en écran un coupe-circuit. Henri Fréville, sénateur-maire de Rennes, m'adjura de prendre garde à la dynamite que je maniais :

« Je suis historien, me dit-il, et j'ai trop étudié le passé de la Bretagne pour ne pas craindre la résurgence d'un particularisme, voire d'un séparatisme breton. La France s'est faite par-dessus les particularismes régionaux, et contre eux. Je vous en supplie, ne réveillez pas l'animal qui dort. »

Jacques Médecin, le maire de Nice, refuse quant à lui de siéger à Marseille :

« Nice, me dit-il, devient la quatrième ville de France. Nos rela-

---

* Par exemple, Pierre Mauroy à Lille, Pierre Marcilhacy à Poitiers, Gaston Defferre à Marseille, Georges Lombard à Rennes, Pradel et Dubedout à Lyon, Eeckhoutte à Toulouse, Bène à Montpellier.

tions avec Paris sont beaucoup plus rapides qu'avec Marseille. Nous n'accepterons pas de dépendre d'une ville qui est notre rivale depuis deux mille cinq cents ans ! Je ne me laisserai pas annexer par les Phocéens. »

A Evreux, le sénateur Héon, président du conseil général, ne veut pas dépendre de Rouen. Guy Petit, sénateur-maire de Biarritz, refuse que sa ville dépende de Bordeaux. Pierre de Chevigné, président du conseil général des Pyrénées-Atlantiques, m'exprime son hostilité à une réforme qui menace à ses yeux la survie de l'institution départementale, fondement de la République. A Perpignan et à Narbonne, on aime mieux recevoir les ordres de Paris que de Montpellier.

Les voix favorables à notre réforme étaient rares. Elles avaient l'accent de Gourvenec, en Bretagne : « Nous acceptons de jouer le jeu, en espérant que Paris ne reprendra pas d'une main ce qu'il aura donné de l'autre. » Il ajouta, mi-plaisant, mi-sérieux : « C'est cet espoir qui nous a fait renoncer à rejoindre une armée républicaine bretonne. Ce n'est que partie remise, au cas où nous serions déçus. »

A Bordeaux, Jacques Chaban-Delmas eut le mot de la fin : « Trop, c'est trop ; mais trop peu, c'est trop peu. »

Le risque de rechute

Durant ces onze mois, j'entretins Georges Pompidou de mes travaux et de mes réflexions. Il s'y intéressait de près. Cependant, la maladie l'envahissait. Son énergie devenait plus farouche ; mais il en concentrait le feu sur ce qui lui paraissait essentiel : politique étrangère d'abord. Pour la France, il était comme dominé par la crainte de libérer des forces incontrôlables, s'il laissait remettre en cause l'équilibre historique de la nation.

« Regardons, me dit-il, la régionalisation en Italie. Tant que ce pays se contentait d'avoir un gouvernement central, les communistes, si puissants fussent-ils, ne pouvaient pas y prétendre. Parce qu'à ce niveau-là, un parti qui veut *tout ou rien* n'a rien. Mais si l'on fractionne la question, la réponse aussi se fractionne. C'est ainsi que plusieurs régions italiennes se donnent, ou vont se donner, des exécutifs communistes. Vous pouvez être sûr qu'une fois que le parti communiste se sera emparé d'une région, il ne la lâchera plus. Et quand on se sera habitué à eux au détail, on les essaiera en gros. Dans les régions non encore communistes, c'est la pagaille, puisqu'on ne sait plus qui commande, Rome ou la région. Et dans la pagaille, ce sont toujours les communistes qui gagnent. Lorsque le pouvoir central commande, il est obéi tant bien que mal ; mais dès qu'il passe la main à des pouvoirs locaux, tout fout le camp.

« Les séquelles de la IIIe et de la IVe République, me disait-il encore, ne sont pas effacées. Il y a de grands risques de rechute. Ne sentez-vous pas que la France a un immense besoin de consolidation ? Ne voyez-vous pas que l'entreprise de régionalisation et de participation du général de Gaulle était prématurée, insuffisamment préparée ? Le pays ne l'a pas repoussée par hasard ! Dans cinq ans, dans dix ans, on pourra aller plus loin. *Chi va piano*... Je ne ferai pas comme ces gens qui, parce qu'ils se veulent *de gauche*, s'imaginent qu'en flanquant le désordre, on provoque le progrès. Jean XXIII est le prototype de ces apprentis sorciers. Il a ouvert toutes grandes les vannes d'un torrent qui a tout submergé. Eh bien, je ne laisserai pas à mon successeur une France bouleversée... »

De Gaulle et Pompidou partageaient la même analyse de la fragilité française. Mais la marche était, pour le premier, le seul moyen d'éviter la chute ; pour le second, un risque constant de tomber.

La ligne était clairement tracée. Je m'y tins.

Au reste, tout ce que j'avais entendu à travers le pays me confirmait dans ce sentiment : la région est indispensable si elle crée un point de rencontre, où les départements, en la personne de leurs élus, apprennent à dépasser leurs rivalités. Ils ne le feront que si l'enjeu reste d'abord modeste, les pouvoirs limités. Une région qu'on ne craindra pas pourra, à petit bruit, créer des habitudes neuves, en harmonisant les intérêts des départements.

Un projet de pouvoir local

Sur cette base, s'estompaient peu à peu les préventions antagonistes rencontrées au début. On cessait de faire de la métaphysique pour se mesurer avec des problèmes concrets.

Ainsi, dans les demi-teintes déjà crépusculaires du ministère Messmer, nous allions à petits pas. Mais je pensais à la suite. La « déconcentration » consécutive aux réformes de 1964 avait donc abouti à un échec ; et en 1969, un coup mal parti avait compromis la décentralisation régionale. Tant de prudences s'imposaient à nous, que le « déblocage » de la société ne pourrait de toute évidence se faire sur la région.

Il fallait trouver un autre terrain. A vrai dire, n'était-ce pas le sol même de nos libertés locales qui avait besoin d'être retourné, engraissé, revivifié ? Il fallait partir d'une double réforme : municipale et départementale. J'allai exposer à Georges Pompidou * les convictions que je m'étais peu à peu forgées.

Les fameuses trente-sept mille communes étaient trop morcelées pour constituer des « interlocuteurs valables », face aux préfets et aux fonctionnaires de l'Etat. Les « fusionner » en communes plus vastes ? Inopportun, tant les Français sont attachés à l'individualité de leur village, de leur banlieue. Rien n'empêchait de laisser à ces communes traditionnelles leur conseil, leur maire avec son écharpe, leur garde-champêtre et de « l'argent de poche ». Chefs élus de la communauté sociologique de base, localité ou quartier, les maires auraient toute légitimité pour exercer ces fonctions indispensables : garantir la tranquillité publique ; procéder aux mariages ; tenir l'état civil ; assurer l'exécution des lois, l'entretien des rues, des trottoirs, des bâtiments publics, des cimetières, la propreté et l'agrément de l'environnement ; intervenir auprès de l'échelon supérieur pour défendre les intérêts de leurs mandants ; mais surtout *être là*, pour prendre les décisions quotidiennes qu'appelle la vie collective de tout groupe humain.

En ce sens, ne pourrait-on dire, non qu'il y a trop de communes, mais qu'il n'y en a pas assez ? On devrait en créer dans tous les quartiers qui ont des caractéristiques propres, et notamment dans les nouveaux ensembles : des conseils municipaux régulièrement élus et responsables se substitueraient sans dommage aux associations de quartier qui, dans un vent de colère, se gonflent tout à coup comme un ballon de baudruche, et se dégonflent de même.

Mais les maires seraient débarrassés des tâches de chef d'entreprise : ils ne sont pas faits pour elles ; elles ne sont qu'un faux nez, à l'abri duquel s'est opérée la substitution bureaucratique. En revanche, on devrait amener le regroupement, dans un *district rural* qui soit de la taille d'un ou plusieurs cantons, de dix à trente petites communes ; ou, dans un *district urbain*, de toutes les communes d'une même agglomération. On confierait à ce district la gestion que les maires dispersés n'ont jamais pu ou ne peuvent que malaisément assurer, à commencer par les travaux d'équipement. On répartirait le produit des impôts de façon que les communes déjà équipées n'aient pas à supporter tout le poids de celles qui ne le sont pas encore. Au bout d'une période qui pourrait s'étendre sur dix à vingt ans, les impôts communaux seraient perçus au profit du district ; les communes deviendraient de simples établissements

* Le 17 février 1974. Ces réflexions ont été poursuivies pendant plus d'un an, sous ma direction, au sein d'un groupe de travail informel [1]. Il ne comprenait que des hommes rompus à la réflexion sur la gestion administrative. Je me proposais, dans une seconde phase, d'approfondir nos hypothèses de travail dans une commission comprenant en majorité des élus. Le résultat de nos réflexions et les conclusions que j'en tirai ont été publiés en 1975 [2].

publics, tandis que le district prendrait leur place comme collectivité territoriale. Ainsi, le nombre des unités de gestion locale passerait de trente-sept mille à trois milliers, ce qui conférerait aux districts la taille des communes dans les pays comparables – Allemagne occidentale, Grande-Bretagne, Suède, etc.

A partir de ces districts – qui se substitueraient à des communes impuissantes et à des cantons sans consistance – on pourrait régénérer les assemblées départementales. Les présidents des districts, ou *syndics*, en seraient membres de droit. Se joindraient à eux des représentants de ces districts, élus au *prorata* du nombre d'habitants *.

Pour mieux accorder les choses, les élections municipales et départementales auraient lieu le même jour. Des consultations qui se déroulent actuellement en trois fois (la moitié des cantons tous les trois ans, les communes tous les six ans) seraient bloquées en une seule fois. Il n'y aurait plus que trois élections au suffrage universel direct : présidentielle, législatives, locales. Cette simplification contribuerait à éduquer électeurs et élus, en faisant d'eux les acteurs sur trois scènes placées à des niveaux bien distincts : le destin national et les grands choix de société ; les problèmes quotidiens de gouvernement et de législation ; le pouvoir local.

Des municipalités de département

Cette assemblée départementale remplacerait les actuels conseils généraux, devenus désuets puisqu'ils ne représentent plus ni le sol, les cantons étant vidés de toute attribution, ni le peuple, certains cantons étant cent fois moins peuplés que d'autres **. Elle représenterait désormais et le sol et le peuple : le sol, par des gestionnaires directs, mariés au réel ; le peuple, par des élus dont le nombre épouserait les mouvements démographiques. Elle désignerait une municipalité de département ou *directoire*, auquel on transférerait la plupart des pouvoirs exercés aujourd'hui par le préfet et par les directeurs départementaux. Cet exécutif élu serait placé sous le

---

* A moins que l'on ne fasse élire, à côté du collège des élus de droit (les présidents de district, qui représenteraient le sol) un collège qui représenterait la population (par exemple, au scrutin de liste d'arrondissement, à la proportionnelle, avec un nombre de sièges variable en fonction de la population).

** Par exemple, en Haute-Garonne, trente-cinq conseillers généraux représentent 200 000 habitants ; quatre autres en représentent 500 000. Le canton urbain, le plus souvent, a peu de réalité sociologique, d'où l'abstentionnisme aux élections. Des conseillers généraux sont maires, d'autres non : certaines petites communes sont ainsi mieux représentées que de plus grandes. *Les lois de décentralisation socialistes de 1982 n'ont pas touché à cette composition archaïque des conseils généraux (1996).*

contrôle de l'assemblée départementale, comme l'actuelle municipalité de commune l'est sous celui du conseil municipal. Les services techniques du département seraient mis à la disposition de l'exécutif élu, comme les services techniques des villes sont à la disposition des maires.

Bien entendu, ce bouleversement devrait être d'abord essayé en vraie grandeur. Je plaidai la cause de l'expérimentation locale – si contraire à notre goût du « tout ou rien ». Il faudrait commencer à appliquer prudemment ces réformes dans quelques départements, appartenant à des régions différentes. C'est seulement lorsque l'expérience aurait fait apparaître les avantages, les inconvénients et surtout les difficultés imprévues du nouveau système, qu'on pourrait procéder à sa généralisation.

La région deviendrait un syndicat de départements désormais adultes – représentés par des exécutifs légitimes et des assemblées rénovées. Le conseil régional, où ne se trouveraient plus ni parlementaires ni maires, serait composé de représentants des assemblées départementales. Son exécutif serait la conférence permanente des exécutifs départementaux *. La présidence serait tournante : ainsi lutterait-on contre le gigantisme des métropoles et la « désertification » des départements périphériques. L'établissement public régional, sorte d'agence de planification, harmoniserait le développement économique, coordonnerait les projets, assumerait les arbitrages nécessaires. Mais l'exécution des décisions se ferait dans chaque département, sous la responsabilité des *directoires* et le contrôle des assemblées départementales **.

Les fonctionnaires à la disposition des élus

Les préfets deviendraient des commissaires de la République ***, représentant le gouvernement auprès des autorités départementales, et supervisant les rares services de l'Etat qui subsisteraient dans les départements.

---

* Tantôt réunie en conseil des présidents des départements, tantôt en assemblée plénière des directoires, tantôt en séances de travail des membres des directoires exerçant la même attribution. Les représentants de chaque département présideraient successivement – par exemple, tous les six mois, comme les instances gouvernementales de la Communauté européenne à Bruxelles ; et de préférence, pendant leur période de présidence, au chef-lieu de leur département, de manière à éviter la prépondérance de la « métropole régionale ».

** *La loi de 1982 a érigé la région en collectivité territoriale, comme le département, créant ainsi un troisième échelon d'administration locale, au-dessus des communes et des départements (1996).*

*** *J'avais repris ce titre de la IIe République. Gaston Defferre le reprit, non sans invoquer malicieusement ma caution ; mais l'ancien nom revint bientôt à la place du nouveau (1996).*

L'essentiel de la réforme résiderait en ceci : la plupart des fonctionnaires de l'Etat seraient mis à la disposition des districts et des départements. Ils garderaient leur rang et la certitude de retrouver leur traitement, mais seraient pris en charge, pour la durée d'un contrat, par le district ou le département ; à la manière d'un maître des requêtes au Conseil d'Etat mis à la disposition d'une entreprise publique. Désormais, *au lieu que les élus locaux soient placés sous la tutelle des fonctionnaires, la plupart des fonctionnaires seraient placés sous le contrôle des élus locaux*, comme c'est le cas dans toutes les démocraties avancées. Les structures de la France en seraient profondément modifiées.

L'œuvre d'un prochain septennat

Georges Pompidou m'avait écouté sans presque m'interrompre, sinon pour demander, ici et là, une précision. Quand j'eus fini, il fit quelques objections, releva tel ou tel point ; il voulait cerner l'affaire dans son détail. Puis, se passant le pouce sur la paupière gauche, comme pour chasser une idée obsédante, il me dit :

« Ce que vous voulez faire là, c'est énorme. Même si vous vous y prenez prudemment et progressivement, vous remettez en cause toutes les structures des pouvoirs publics. Il faut que j'y réfléchisse. »

Je comprenais son hésitation. Sa nature comme sa fonction la lui imposaient. Ce problème de la décentralisation et de la démocratie locale, controversé depuis trois siècles, ne pourrait trouver une solution consentie par tous, que le jour où le chef de l'Etat en ferait un pacte national. Pareille entreprise ne relevait pas du « soit ! » concédé au ministre têtu. Elle devait mobiliser toute l'énergie de l'Etat et donc de son chef. J'attendis donc.

Quelques jours plus tard, une conversation avec son conseiller le plus proche, Pierre Juillet ne laissa pas de m'inquiéter :

« Vous avez mis en place les régions. Cela s'est passé sans drame. Nous pouvons désormais revenir à la normale. La normale, c'est que la tutelle des régions relève du ministre de l'Intérieur, comme en relève la tutelle des départements et des communes. Vous allez être sous-occupé. Vous avez un ministère de mission, et votre mission est accomplie.

– Et la mission de préparer la réforme des structures territoriales ? J'ai la faiblesse de la croire fondamentale pour l'avenir du pays. Elle réclame encore un long effort de mise au point.

– Les régions viennent d'être installées, reprit-il. Il ne faudra plus toucher aux structures territoriales avant plusieurs années. Vous vous êtes assez amusé comme cela... »

Croyait-il que le remodelage de la société française n'était qu'un jeu ? Et traduisait-il sa pensée, ou celle du Président ?

Ce fut le lendemain même * qu'à la fin du Conseil, Pierre Messmer annonça aux ministres muets de stupeur la démission du gouvernement. Puis, il m'annonça à moi-même la décision de supprimer mon ministère ** et de me confier un ministère double des Affaires culturelles et de l'Environnement. Je lui fis part de ma déception d'avoir à abandonner les travaux entrepris en vue d'une réforme territoriale. Il m'indiqua que le président souhaitait que je continue ces travaux à titre personnel ***. C'était sans appel.

Au Conseil des ministres suivant, Georges Pompidou, faisant le tour de la table, me dit :

« Vous savez, vos réformes, ce sera pour mon second septennat. »

Jamais Georges Pompidou n'avait paru plus fatigué, plus bouffi de visage. L'idée m'effleura que son propos était marqué au coin de l'humour noir. J'en ressentis comme une blessure, qui dut se lire sur mon visage. Il revint à moi : « Ne soyez pas triste. Continuez à réfléchir à ces problèmes. C'est une énorme affaire, une affaire de longue haleine. On ne peut pas la lancer à la fin d'un septennat. »

Il aimait à dire qu'une réforme est la meilleure ou la pire des choses, selon le moment où on la fait. Il avait toujours eu ce sens aigu de l'opportunité – qualité que le général de Gaulle appréciait fort en lui. S'il était réélu en 1976, il pourrait, avant 1983, réaliser ces grandes transformations dont je rêvais. Souvent, il m'avait ainsi parlé de son second septennat, notamment après les élections législatives de 1973 : ce serait un devoir pour lui de se présenter, car lui seul serait sûr de l'emporter. Y croyait-il ? Voulait-il seulement se donner le change ? Ou différer les ambitions qu'il sentait grandir autour de lui ? Je crois surtout qu'il était conscient des difficultés de l'entreprise ; qu'il était frappé par la fatalité qui avait fait avorter

* Le 28 février 1974.

** Le ministère de l'Intérieur et le secrétariat d'Etat à la Fonction publique se partageraient ses dépouilles, le Commissariat général du Plan étant rattaché purement et simplement au Premier ministre.

*** Une lettre de mission devait me confirmer cette responsabilité. Datée du 28 mars 1974, elle me parvint le jour de la mort de Georges Pompidou [3]. Néanmoins, nos travaux furent poursuivis officiellement pendant trois mois, officieusement au-delà, jusqu'à la publication de leur synthèse par la Documentation française. La Commission de développement des responsabilités locales, présidée par Olivier Guichard, a élaboré son rapport dans le droit-fil de nos réflexions, et donné leur plein accomplissement à une partie de nos suggestions. L'ensemble de ces travaux déboucha sur le projet de loi soutenu par Christian Bonnet entre 1978 et 1981 devant les deux Assemblées, mais non adopté définitivement, puis sur le projet de loi de Gaston Defferre, adopté en trombe en 1982. Pour une fois, le rocher de Sisyphe n'était pas retombé au fond de la vallée.

trois siècles de tentatives ; et qu'il voulait tirer les leçons de l'échec.

Si ce second septennat avait été pour lui autre chose qu'une idée pour lutter contre la mort, qu'en aurait-il fait ? La décentralisation y aurait-elle tenu sa place ? Je le crois. Après de Gaulle, vivant comme lui dans l'obsession du destin français, il avait appris que pour *consolider* la France, il fallait la remodeler.

Conclusion

ESQUISSE D'UNE THÉRAPEUTIQUE

Là où existe une volonté, existe un chemin.

Guillaume d'Orange.

Chapitre 49

DE LA MÉTHODE

La justice, en soi, est la balance des antinomies, c'est-à-dire la réduction à l'équilibre des forces en lutte. Par elle, chacun se sent à la fois comme personne et comme collectivité, individu et famille, citoyen et peuple, homme et humanité.

Proudhon [1].

Le mal français est-il incurable ? Répondre *non*, c'est s'engager à esquisser les principes d'une thérapeutique. Ne craignons pas de paraître présomptueux. Le malade, c'est nous-mêmes : est-ce présomptueux que de vouloir guérir ? Mais on ne présentera pas ici une ordonnance détaillée : seulement une réflexion sur la *méthode* ; et à titre d'exemples, *quelques pistes* sur lesquelles on pourrait avancer. Le propos de ce livre n'était pas d'établir un « programme » ou un « manifeste », mais de réfléchir et de faire réfléchir ; pour contribuer peut-être, en suscitant un débat d'idées, à nourrir les programmes et manifestes que d'autres, ensuite, viendront élaborer.

1. PRENDRE CONSCIENCE DU MAL

Et si la guérison résidait justement, avant tout, dans la réflexion ? Si elle passait par une humilité lucide et positive ? Nous savoir malades, cerner en nous la maladie, nous en distinguer, en refuser la fatalité : c'est cela, l'essentiel d'une thérapeutique.

La France relèverait, en effet, d'une psychothérapie collective ; et toute psychothérapie est d'abord une cure de vérité. Pour guérir un névrosé, la prise de conscience de l'origine véritable de la névrose est presque toujours nécessaire, et souvent suffisante. Ne cherchons pas le mal ailleurs qu'en nous.

Le mal ne sera pas exorcisé par le châtiment d'un bouc émissaire. Il n'a pas une seule cause ; il n'émane pas d'une seule idéologie ; il n'affecte pas une seule classe, une seule catégorie sociale. Du reste, les boucs émissaires se défendent bien dans la société française – et après tout, ils ont raison : tous coupables, ou personne. Ce qui ne facilite pas la tâche.

Pour la compliquer encore, le diagnostic, même pertinent, même synthétique, est rejeté *à cause de* sa pertinence. Il est même frappant de voir comment les analyses les plus lumineuses * ont rencontré l'incompréhension.

Certaines d'entre elles avaient pour défaut de venir de l'Etat. Là encore, nous butons sur un obstacle : l'Etat, en France, n'est pas un pédagogue accepté. On se méfie de lui, qui vit de méfiance. On le soupçonne, impersonnel, d'obéir à sa logique de monstre froid, qui n'est pas celle des citoyens ; personnalisé, de servir des ambitions politiciennes. Il a tant de puissance, que les citoyens peuvent craindre, s'il se met en branle, qu'il ne dérange des équilibres où chacun s'est au moins arrangé pour survivre, sinon pour s'épanouir. La société française ressemble à un magasin de porcelaine, où l'on redouterait que l'éléphant Etat se mêle tout à coup de vouloir « mettre de l'ordre » ou faire du neuf.

D'où peut venir alors la parole qui convainc ? Qui peut tenir aux Français le langage de la vérité, sans qu'ils se recroquevillent aussitôt ? Qui, sinon les intellectuels – universitaires, journalistes, mais aussi hommes d'action qui prennent leurs distances avec l'action et ne se sentent plus responsables qu'à l'égard de la vérité ? Notre peuple leur a toujours fait grand crédit. Sans doute parce qu'on sait bien que, même quand ils s'engagent, ils n'engagent qu'eux...

Mais quel effort la pensée française doit faire – sur son vocabulaire, sur ses thèmes, sur ses axiomes – pour échapper, elle aussi, au poids du passé ! Quand cessera-t-elle de rabâcher le XIXe siècle, de vivre sur le stock de rêves et d'idées de ce grand siècle achevé, comme un vieux Don Juan radotant ses bonnes fortunes ? Quand se libérera-t-elle de son dogmatisme, de son terrorisme intellectuel ?

Au vrai, si les mots demeurent, leur sens les a quittés. Quel contenu gardent aujourd'hui des expressions comme *gauche, droite, bourgeois, prolétaire, capitalisme* ou *socialisme* ? Aucun qui soit communément reçu : l'honnêteté obligerait à les rayer de

---

* Nous l'avons vu sur trois siècles. Sous la seule Ve République : du rapport Rueff-Armand au discours de Jacques Chaban-Delmas sur la *nouvelle société*, en passant par l'allocution du général de Gaulle du 24 mai 1968.

l'usage courant, et d'abord de l'usage de ces gens rigoureux à l'égard du langage, que devraient être les intellectuels. « La plupart des occasions de trouble, proclamait déjà Montaigne, sont grammairiennes. » Et Confucius, vingt-deux siècles avant lui : « Pour éviter la guerre, il faut commencer par définir le sens des mots. » Ceux dont la profession est d'agir dans le monde tel qu'il est ont souvent l'impression qu'il ne communique plus du tout avec le monde tel qu'on le parle. N'appartient-il pas aux intellectuels de rétablir la communication ; d'inventer des mots pour notre temps ; ou, de préférence, de revenir aux mots simples qui sont de tous les temps ?

Cela demande quelque recul. Et sans doute est-ce plus difficile que ce ne le fut jamais. Comment résister aujourd'hui aux vertiges de la précipitation ? « L'actualité commande » ? Oui, à ceux qui veulent bien lui obéir.

Si notre société veut un jour réinventer des valeurs et leur trouver des formulations appropriées, il faudra que des intellectuels échappent d'abord au tohu-bohu de l'actualité, retrouvent le sens des longues durées, mettent leur pensée en ermitage.

La psychothérapie des Français doit commencer par celle de leurs élites intellectuelles. Si elles renoncent, comment espérer que les Français un jour se connaissent mieux, et du coup puissent se guérir ?

Ne pas rêver

Encore faudrait-il, pour que réussisse une *réforme intellectuelle et morale* comme celle qu'invoquait Renan après la guerre de 1870-1871, que les intellectuels s'écartent des vieux chemins qu'ils affectionnent : ceux de l'utopie et du système ; ces vieilles passions qui font d'eux les complices des idéologies, et donc, parfois, de la violence et de la tyrannie.

Devant ses juges, en 1849, Dostoïevski disait combien « le fouriérisme est un système pacifique, qui séduit l'âme par sa structure harmonieuse, charme le cœur et ne comporte point de haine. » Mais, telle la foudre dans un ciel bleu, il concluait : « Indiscutablement, ce système est nocif : parce *qu'il est système.* »

La réalité doit rester le juge de nos idées. Elle est la grande éducatrice. Mais la réalité française incline à désespérer ? Non. Car justement, le réalisme permet de transmuer nos faiblesses en forces. Nous ne redresserons pas nos faiblesses par une force tirée de quelque recette empruntée ou fabriquée. C'est un clair regard sur notre passé qui nous permet de ne pas être passéistes. C'est la conscience de nos longs sectarismes qui peut nous rendre tolérants.

C'est en découvrant la rigidité de nos articulations que nous réapprendrons la souplesse.

2. LES NOUVELLES CHANCES

La France peut remonter la pente de son histoire. Au fait, elle a bien commencé. Depuis Richelieu, elle n'avait connu la liberté des échanges que par deux fois, à la fin des règnes de Louis XVI et de Napoléon III – pour de brèves périodes, vite refermées par un drame. Mais elle n'est déjà plus *à l'heure de son clocher*, telle que la décrivait, en 1955, l'historien suisse Herbert Lüthy dans son livre célèbre [2] : ennemie des innovations qui dérangent, méfiante envers les apports étrangers, sourdement convaincue de la supériorité de sa culture et de son mode de vie. *La France a changé d'heure.* Elle a découvert le vent tonifiant du dehors, la confrontation des économies, le goût d'agir.

Le défi européen, nous l'avons vu, fut décisif.

La France sautait à pieds joints – et peut-être les yeux fermés * – dans le monde inconnu où les frontières économiques entre elle et ses voisins s'abaisseraient jusqu'à disparaître. C'était un acte de foi. Le premier que son énergie acceptait depuis le second Empire.

La France s'obligeait ainsi à rattraper un immense retard. Cela n'avait rien d'impossible – et quinze années de succès l'ont bien montré. De 1868 à 1968, le Japon a bien rattrapé cinq siècles en un. La France, elle, n'avait guère qu'un siècle à combler : l'effort d'une génération devait y suffire. Le classement des nations, si lent soit-il à se modifier, n'est pas immuable. Au début du XXe siècle, la Suède est une nation agricole et déshéritée ; à la fin, son niveau de vie ne le cède à celui d'aucune autre. La Grande-Bretagne, première puissance mondiale en 1914, se fait dépasser par l'Italie et talonner par l'Espagne. Quant à la France, elle a avancé à un rythme satisfaisant depuis 1954, exceptionnel entre 1960 et 1974 **.

* Sans doute, en juillet 1957, Pierre Mendès France n'avait-il pas tort en déclarant que l'économie française serait hors d'état d'entrer dix-huit mois plus tard dans le Marché commun ; et que, sans redressement français préalable, tout engagement international était un chèque en blanc. Pourtant, les imprévisibles caprices de l'histoire lui donnèrent tort. Et ils donnèrent raison au rapporteur du traité de Rome, le socialiste Alain Savary, qui condamna le protectionnisme, chanta l'hymne aux grands marchés et à la répartition internationale du travail.

** Hermann Kahn annonçait en 1975 que, *si l'essor de ces quinze années-là se prolongeait*, la France rattraperait et dépasserait la production, notamment industrielle, de l'Allemagne occidentale avant 1985, tout comme elle avait rattrapé et dépassé la Grande-Bretagne. Encore fallait-il que la condition fût remplie...

Ce n'est pas là, pour une nation, un but de vie suffisant. Mais c'est un préalable nécessaire.

L'atout de la durée

Les institutions peuvent faire la différence. Les Français sont maintenant dotés d'un Etat capable de choisir – ses orientations et son moment. Un Etat assez solide pour tirer sa force de la démocratie, au lieu de s'y enliser ; assez durable pour surmonter des inerties restées insurmontables pendant trois siècles, et pour entraîner de proche en proche les changements nécessaires. Un Etat qui, ayant recouvré sa propre dignité, peut rendre sa dignité au citoyen, et redonner une chance au sens civique. Un Etat qui devrait permettre d'absorber la division des Français et de la dépasser dans la personne d'un arbitre élu. Un Etat qui permet d'apprivoiser le temps.

Le temps, c'est encore un atout que nous aura donné la paix. Si tant de nos défauts sont nés de tant de guerres, il faudra pour les effacer de longues décennies paisibles. Or, après vingt-cinq ans de guerres ininterrompues, la France n'est engagée, depuis 1962, dans aucun combat, sur aucun continent ni aucune mer, ce qui ne lui était *jamais* arrivé pendant une aussi longue période. Et sa politique de défense autonome au sein de l'alliance lui donne des perspectives de paix qu'elle n'avait jamais connues.

L'atout de l'amitié

La partie française se joue à l'échelle du globe : l'image que les autres nous renvoient de nous-mêmes, l'appel qu'ils nous lancent comptent beaucoup pour l'idée que nous nous ferons de nous, et pour notre ambition. Or, depuis les années 1960, l'évolution du monde, bien loin de diminuer nos chances, les a renforcées.

La politique d'indépendance – donnée à nos colonies, reprise aux Anglo-Saxons – a ouvert à la France un large crédit. On ne craint pas son hégémonie, comme on craint celle des plus grands – Etats-Unis, Russie. Elle peut retrouver une influence hors de proportion avec ses dimensions matérielles.

Cette nébuleuse d'amitiés publiques ou secrètes, c'est dans la communauté francophone qu'elle a son noyau chaleureux. Même si le français a bien cessé d'être l'universelle langue diplomatique et juridique, il est demeuré la seconde langue des élites. Aux Nations unies, les pays francophones forment un ensemble d'une bonne trentaine de pays. Dans la maison de verre de New York, un orateur sur trois ou quatre parle français. La *francophonie* demeure, à la fois solide et frêle. Solide, parce qu'elle dépasse les régimes politiques. Frêle, parce que le recul de la France aurait pour effet de l'effacer.

Parmi les espaces où les Français ont leurs chances à jouer, l'Europe compte encore. Mais, née pour nous comme un symbole de la compétition acceptée, elle doit rester sous ce signe. l'Europe doit résister à la tentation de *s'intégrer* comme on intégrerait des marrons dans une purée de marrons. Elle est composée de trop vieux pays : à négliger leurs identités nationales, elle courrait de mortels dangers. Elle ne s'enrichira qu'en respectant leurs différences. Elle ne doit rien faire pour atténuer l'émulation, ni fabriquer un espace homogène de puissance. Renonçons à la tentation d'y oublier nos problèmes et d'y abandonner nos ambitions. L'Europe organisée peut *régler* la compétition. Elle est aussi le lieu d'une solidarité. Mais chaque nation d'Europe doit trouver *en elle-même le ressort* de son accomplissement. L'Europe nous protège du protectionnisme ; elle nous fait obligation d'ouverture au monde. Voilà sa vertu irremplaçable.

Le carambolage de l'histoire

Autant que les espaces du monde moderne, ses cadences renouvellent nos chances. Au rythme lent de l'évolution historique, a succédé tout à coup le rythme intense des bouleversements. Les instruments utilisés par nos arrière-grands-pères paysans de l'an 1800 n'étaient guère différents de ceux de nos ancêtres du Moyen Age. L'artillerie de Napoléon se chargeait par la bouche, comme celle de Crécy. La médecine ne disposait toujours que des remèdes fournis par la nature.

En 1900, la vitesse n'avait pas encore pu franchir la limite des cent kilomètres à l'heure ; soixante-quinze ans plus tard, un avion de transport traverse l'Atlantique en trois heures. Les neuf dixièmes des savants et des chercheurs qui ont existé depuis qu'il y a une science et une recherche sont actuellement vivants. En 1909, le saut de trente kilomètres de Calais à Douvres par Blériot est considéré comme un prodige. Soixante ans plus tard, l'humanité a pu voir, en direct, deux hommes danser de joie sur la Lune.

Ce changement de rythme a fait basculer l'organisation des Etats, les rapports sociaux, les mentalités, les comportements, les mœurs. Nos pères étaient incapables de prévoir ce que nous vivons. Impossible, pour nous, de prévoir où nous en serons dans dix ans. La futurologie n'a été mise à la mode que parce que le futur est opaque. Nous savons d'avance qu'il nous surprendra, et nous aimerions diminuer le taux de surprises. Le carambolage de l'histoire laisse sa part au rêve : là où se retrouvent la nostalgie des jours effacés et l'espérance d'un bonheur toujours à venir.

Ce temps mobile, source d'angoisse pour les craintifs, est appel pour ceux qui se font l'esprit neuf.

L'esquisse d'un consensus

Les Français doivent prendre la mesure de leurs chances. Ils doivent comprendre qu'ils disposent désormais, dans leur patrimoine national, d'un certain nombre d'acquis qui valent la peine d'être farouchement défendus.

Cette évolution se fait d'ailleurs insensiblement. Les socialistes semblent échapper lentement à leur idéologie atlantiste, supranationaliste ou pacifiste. Les communistes affirment qu'ils renoncent à la dictature du prolétariat, pour accepter le pluralisme politique ; qu'ils se rallient à la force de dissuasion nucléaire ; qu'ils ne veulent pas remettre en cause les institutions de l'Etat. On peut commencer à rêver du jour où rien ne les distinguera plus des sociaux-démocrates. Beaucoup ne croient pas à leur sincérité. Mais cette remise en cause, fût-elle tactique, est sans précédent. Il n'est pas jusqu'au sentiment de la mort des dogmes, qui ne commence à être communément partagé. Peu à peu semblent se réunir les conditions d'une *conversion au réel*, semblable à celle qu'effectuèrent les socialistes allemands à Bad Godesberg en 1959, quand ils décidèrent de renoncer à tous les mythes marxistes, pour admettre la société libérale et l'économie « capitaliste ».

Pour la première fois sans doute depuis la Révolution, les Français cernent peu à peu les éléments essentiels d'un *consensus*. Par pudeur, ou de crainte de le ruiner, ils n'en veulent pas parler. Et même, comme par compensation, ils poussent au paroxysme leur dualisme politique. Les tensions s'accroissent. Les relations entre individus et entre groupes sociaux se dégradent. Mais les niveaux de vie, la consommation, les modes, les classes sociales se rapprochent. Les Français deviennent plus contemporains les uns des autres qu'ils ne le furent jamais. Etrangement, de Gaulle, qui fut de son vivant un signe de division, est de plus en plus invoqué, comme s'il incarnait à titre posthume ces retrouvailles nationales.

De toutes les chances de notre pays, ce *consensus* naissant, si timide encore, si menacé, est la plus surprenante, la plus précieuse, la plus méconnue encore. La plus inexploitée.

Partout, l'histoire indique clairement comment la société française a pu, peut et pourra échapper à ses guerres de religions. Par la voie du bon sens, du juste milieu. Par des réformes sans bouleversement, des progrès sans rupture. Par la réduction patiente des conflits. Par la diffusion des responsabilités à travers le pays. Par des ouvertures permettant aux éléments de base de la nouvelle société économique de se sentir pleinement représentés. Par la répudiation du terrorisme intellectuel qui nous est naturel. Par la mise en pratique du verset oublié : « Il y a plusieurs demeures dans la maison du Père. »

Bref, en faisant fondre, à la chaleur de la confiance, une méfiance enfoncée dans les profondeurs de l'inconscient national.

3. LES LEVIERS D'ARCHIMÈDE

Comment jouer sur nos nouvelles chances – et gagner ?

L'urgence nous tenaille – mère de tant d'erreurs. Nous voyons venir le jour où notre système administratif, social, économique sautera. Nous devinons qu'il faut le transformer, avant qu'il ne nous ensevelisse sous ses ruines. Mais comment faire, s'il tremble dès qu'on y touche ?

Nécessité d'un but

La « psychologie des motivations » aura redécouvert une vieille vérité : pour qu'une vie ait un sens, il faut qu'elle ait un but. Un but que chacun se donne à soi-même. Un homme qui a « le feu sacré » en vaut dix qui se désintéressent de ce qu'ils font. Et surtout, sa vie vaut d'être vécue.

Il en va de la vie des nations comme de celle des personnes. Pour s'orienter, elles ne peuvent se passer d'un pôle. Un but commun crée une harmonie, au-delà de *l'émiettement social*. Et qu'est-ce qu'une nation sans unité ? Par une référence commune, la personnalité collective dépasse et dénoue les divisions qui naissent naturellement dans nos sociétés complexes. Un but commun crée une durée, au-delà de *l'émiettement du temps*. Par lui, les échecs seront « encaissés » ; ils apportent leur enseignement. Et toute réussite devient confirmation, où l'énergie se ravive.

Regardez Israël, regardez la Chine : que de sacrifices acceptés dans la conscience d'une œuvre à accomplir – et quel accomplissement en effet : ici la naissance, là-bas la renaissance d'une nation ! Même notre voisine l'Allemagne : portée au-dessus d'elle-même, par la volonté de se prouver à elle-même qu'elle pouvait être un exemple de démocratie prospère et pacifique.

Nous n'avons, en France, ni à naître ni à nous justifier. Et à force, depuis trois siècles, de nous citer en exemple, nous sommes un peu las de nous-mêmes. Surtout, un système centralisateur et uniformisateur étouffe la motivation. La société est mise en normes, alors qu'il faudrait la mettre en marche.

La tâche est donc plus malaisée pour nous que pour d'autres. Mais notre cas est loin d'être désespéré. Nous ne devenons sceptiques que quand nous ne trouvons pas nos thèmes mobilisateurs.

Essayons d'en esquisser quelques-uns. Ils tournent tous autour d'une même idée – l'idée de responsabilité. C'est elle qui leur donne leur cohérence, leur vibration.

Etre exemplaire

Une nouvelle fois, la France peut devenir collectivement responsable, en accomplissant son étrange vocation : être exemplaire. C'est la particularité de la France que de vouloir faire partager aux autres les conquêtes qu'elle fait sur elle-même. Son messianisme s'est présenté souvent sous un aspect brutal : on fait mal le bonheur des autres malgré eux. Mais il n'est pas sans grandeur, quand il témoigne pour l'Homme. « Il y a des pays qui ne sont jamais plus grands que lorsqu'ils tentent de l'être pour tous les autres : la France des croisades et de la Révolution [3]. » Le temps est venu d'un nouvel humanisme, où la France pourrait jouer un rôle pionnier.

Le monde est en attente. Et si la France a quelque chose à dire, nulle ambiguïté ne troublera plus le message. La fin du XXe, le XXIe siècle, verront la coexistence difficile de pays très inégalement avancés, dans un univers rapetissé ; où l'appétit de dignité rend insupportables les inégalités ; où la révolution électronique fait vivre chaque homme dans la même seconde que tous les autres ; alors qu'encore récemment, l'humanité cloisonnée pouvait vivre, sans même s'en rendre compte, avec des décalages de plusieurs milliers d'années. Aider, sans être soupçonnée de vouloir dominer, la France en a le pouvoir. Le monde attend des ingénieurs, des scientifiques, des techniciens, des médecins, des enseignants, des administrateurs, des négociants, des entrepreneurs français – alors que sa jeunesse redoute le chômage !

Pour un œcuménisme national

La paix du monde *par l'indépendance des nations* : la France est sans doute aujourd'hui la seule à pouvoir se faire l'apôtre d'une telle croisade. Ni les Etats-Unis, ni l'Union soviétique, ni les dizaines de pays qui se placent docilement dans leur sillage ne peuvent en donner le signal. Et la Chine non plus, trop ouvertement hostile à sa voisine du Nord.

On pourrait appeler cette doctrine *l'œcuménisme national : il n'y a d'ordre international durable que si aucune nation n'est satellite d'une autre* ; que si chacune reste maîtresse de son destin et inventrice des voies qu'il doit emprunter ; que si chacune se voit reconnaître un droit absolu à sa propre identité, à sa propre culture, à l'affirmation de son indépendance et de sa responsabilité.

Une certaine mystique de la supranationalité, répandue après la dernière guerre, reste rebelle à ces idées. L'histoire montre pourtant que « l'intégration », forme moderne et subtile des anciens empires, n'a pas les vertus qu'on lui prête. Voyez comme, en dehors des Etats-Unis, contrée aux immenses ressources, les pays pilotes de la course au développement sont de petits pays, où les problèmes sont réglés sur place ; de petites communautés, qui trouvent en elles-mêmes leur équilibre.

Reconnaître et proclamer cette voie ouverte à toutes les nations, cela peut être un but pour la France.

Un plan global

Encore faut-il que les Français reprennent confiance en eux-mêmes. *Qu'ils s'acceptent.* Comme citoyens. Comme producteurs. Comme membres d'une société. Et donc qu'ils éliminent de leur vie publique, de leur vie économique, de leur vie sociale, l'épais réseau de règles, de réflexes qui ligote leur dynamisme et qui entrave leur épanouissement. Nous verrons dans le dernier chapitre ce que pourrait être un « projet responsabilité », sous le triple aspect des institutions publiques, de la vie économique et de la vie sociale.

C'est cette mutation qu'il importe de conduire avec méthode : la définir et s'y tenir, c'est la responsabilité inaliénable de l'Etat.

Prendre conscience du mal, mesurer nos chances, refaire notre arsenal intellectuel, c'est nécessaire à notre guérison mentale. Mais, la France étant ce qu'elle est, il revient encore au pouvoir de mobiliser cette énergie retrouvée, de conduire la mutation.

Là encore, les questions de méthode sont décisives. Un plan global est nécessaire. Ah, que l'on sorte du ravaudage, des mesures adoptées en ordre dispersé, de la politique des petits paquets !

C'est une nécessité objective : quand toute la structure est malade, il faut la traiter tout entière. Une société si vieillie, si vulnérable, doit être renforcée partout à la fois – sinon, elle céderait au point qu'on aurait négligé. Comme une chambre à air usagée : comprimez une hernie, il en poussera une autre un peu plus loin.

C'est une nécessité psychologique : la réforme doit passer le seuil au-delà duquel se déclenchent l'intérêt et le soutien du peuple. Faute de quoi, elle se perd dans le lacis des textes technocratiques, que seuls connaissent les technocrates.

De la transformation de la France, il faut faire un grand dessein de la France, où chaque réforme particulière soit perçue comme l'élément d'un plan d'ensemble. Alors, une réforme soutient l'autre ; toute mesure, même mineure, prend de l'importance, par un effet de convergence. Quand la troupe a le sentiment que même les escarmouches font partie du plan de bataille, elle monte à l'assaut plus vivement.

Ménager les transitions

Si le plan est cohérent, il peut tenir compte de la durée : il se fait du temps un allié. Chaque étape n'éloigne qu'un peu du passé – et ne dérange pas trop ceux qui s'y accrochent. Mais déjà, on peut y lire tout l'avenir ; cela soutient la dynamique.

La psychologie a ses exigences. Pierre Mendès France s'attaqua de front aux « bouilleurs de cru ». Sa chute fut, non certes provoquée, mais accélérée par la puissance de leur groupe de pression au Parlement. Plus rusé, Michel Debré, six ans plus tard, s'en prit au privilège, mais non aux privilégiés : ceux-ci garderaient à vie leurs sacro-saints « droits acquis » – mais le privilège s'éteindrait avec eux. Il ne supprimait pas le droit, il l'empêchait de se perpétuer. Les oppositions faiblirent. Le sujet, jusque-là éternellement soulevé, déserta les réunions publiques. La bombe avait été désamorcée. Il ne faut rien brusquer, si l'on veut éduquer.

Le parapluie de Montessori

Comment réformer sans provoquer ? Maria Montessori raconte le cas d'un enfant qui pleurait sans arrêt. Aucune des consolations habituelles n'y faisait rien. Un parapluie, dans le champ visuel de l'enfant, avait quitté sa place ordinaire. Dès qu'on l'y eut remis, le bébé cessa de pleurer. Les parents de l'enfant auraient pu démolir leur maison et la reconstruire, l'enfant ne s'en serait pas ému, pourvu que son parapluie familier restât sous son regard, dans le même angle.

Tout peuple est ainsi : prêt à accepter de grands changements, parce qu'ils ne soulèvent pas en lui de tempêtes affectives ; mais refusant avec colère de petits changements, qui remuent des sentiments profonds. La difficulté, c'est de reconnaître nos parapluies sur un autre signe que la colère...

L'expérience innovatrice

Ce qui combine le souci du plan, la prise en compte du temps et le respect de l'existant, c'est la méthode expérimentale. Le projet doit être global ; la réforme ne peut se faire que progressivement.

Pour réformer, il faut à la fois avoir une vue d'ensemble et lui donner des applications partielles, par des *retouches innovatrices*, soigneusement mises au point en vue de leur généralisation ultérieure. Essayer des prototypes ; puis les étendre. Alors l'extension se fait presque d'elle-même. Quand l'expérience a réussi, on veut l'imiter. Quand une première greffe a pris, d'autres greffes prendront spontanément.

L'expérience forme des équipes aguerries à l'innovation : « Le monde sera sauvé par quelques-uns », aimait à dire André Gide. Tout ce qui a été fait en Chine depuis 1949 l'a été par quelques centaines d'hommes, forgés dans l'épreuve de la Longue Marche et de « la République soviétique du Shensi », au souffle de « l'esprit de Yénan ».

« Ce qui a donné à la Wehrmacht son efficacité initiale, disait un jour le général Speidel, c'est que le traité de Versailles n'avait autorisé en Allemagne qu'une petite armée de métier de cent mille hommes. Nous avons eu ainsi une armée de cadres, un instrument qui fonctionnait comme une horloge ; ensuite, nous avons pu augmenter ses proportions, sans qu'elle perde sa discipline et son caractère. Si nous avions eu une armée de conscription, nous aurions été noyés dans un magma. » Qui dira le drame du gigantisme, la vertu des expériences en petite grandeur, l'utilité des équipes bien entraînées, qui ne soient pas submergées par le nombre, qui croient à leur mission, et qui la maîtrisent ?

A travers notre société, par endroits encore semi-archaïque, devra se tisser peu à peu un réseau de responsabilités. La difficulté est de le former et de le renforcer, sans que disparaisse le maillage des réseaux traditionnels – qui ont nom famille, Eglise, administration, justice, armée. Si, pour faire évoluer notre société, l'on portait la hache sur ces institutions, on risquerait de voir la crise actuelle de doute et d'incertitude engendrer une décomposition totale – et peut-être sans retour.

Archimède, avec des leviers et des points d'appui, se targuait de soulever le monde. Eveiller les imaginations sur quelques idées-forces, mais ne pas les imposer ; donner le sentiment que la nation va quelque part, mais ne pas l'y précipiter ; prendre son temps, sans le perdre, ni laisser perdre de vue le but ; jouer de hardiesse et de modestie à la fois, en favorisant l'innovation en tache d'huile ; laisser se former le réseau de la liberté, sans dissoudre les réseaux de l'autorité : ce sont peut-être les leviers capables de soulever la France – et, en la portant au-delà d'elle-même, de lui faire donner sa mesure.

Chapitre 50

QUELQUES PISTES

Réveillez-vous, la voix des veilleurs vous appelle !

Choral de Jean-Sébastien Bach [1].

Si l'on a bien compris ce livre, on n'attendra pas qu'il s'achève par la présentation des réformes miraculeuses qui stabiliseraient tout ensemble notre progrès et notre démocratie. L'essentiel est dans les caractères et surtout dans l'inconscient collectif : ce ne sont pas des mesures et des lois qui peuvent, par elles-mêmes, changer le cours des choses. *L'effet serendip* s'est joué pendant trois siècles des excellentes intentions des réformateurs : l'histoire française est trop perverse pour autoriser la naïveté.

Je serais donc tenté de laisser ici les idées de ce livre faire leur chemin dans l'esprit de ses lecteurs, abandonnant à chacun le soin d'imaginer pour son compte, et à sa place, de la plus élevée à la plus modeste, l'application qu'il peut en faire. Mais peut-être ne sera-t-il pas inutile, à titre d'exemples, d'évoquer quelques applications possibles. Qu'on ne s'attende pas à trouver un édifice : quelques matériaux de construction seulement.

Pensons d'abord aux pierres angulaires.

1. DIFFUSER LES RESPONSABILITÉS PUBLIQUES

Ce sont les mécanismes du pouvoir qui commandent le destin d'une société. La guérison du mal visible, du mal d'Etat, doit être prolongée dans le domaine de l'administration des Français : là réside leur mal caché.

La première tâche nationale – première en urgence, première en importance – consiste à reprendre en sous-œuvre les institutions publiques. *Confusion* : ce mot résume les défauts majeurs qu'au fil de ces pages, nous leur avons reconnus. Confusion des rôles entre les principaux acteurs de l'Etat : président de la République, gouvernement, Parlement, administration. Confusion entre les élus et les fonctionnaires. Confusion des niveaux, le national et le local étant inextricablement emmêlés ; confusion des missions et des mandats.

De la séparation des pouvoirs à la séparation des niveaux

Pour échapper à cette confusion générale, il faut réinventer la séparation des pouvoirs ; plus exactement, rendre plus effective la séparation *verticale* des pouvoirs – que proclament les textes constitutionnels – et la renforcer par la séparation *horizontale* des niveaux – dont ils ne font même pas mention. Car l'exécutif a tellement proliféré, qu'il ne suffit pas de l'isoler. Il faut, en lui-même, distinguer et séparer les niveaux ; faute de quoi, la séparation des pouvoirs est vidée de toute efficacité.

Fixons les principes selon lesquels devrait être conçue l'architecture de ces institutions équilibrées : point n'est besoin du reste de la bâtir sur la table rase des rêves ; il suffit d'aménager l'édifice que nous a légué l'histoire.

Un président pour l'unité

Ainsi, le président doit protéger sa fonction d'arbitre et de recours. Moins il gouverne, plus il peut présider.

S'il prend garde de ne se comporter ni en chef de gouvernement ni en chef de majorité, il peut répondre de l'unité. Si l'action politique quotidienne ne l'engage pas, il peut parler pour la continuité. Il est le garant des traités et conduit la diplomatie ; il commande aux armées ; il veille aux grands équilibres économiques et monétaires ; il arbitre le fonctionnement des pouvoirs publics. Enfin, chargé de désigner un chef de gouvernement qui puisse recueillir la confiance de l'Assemblée nationale, il préside aux réorientations, voire aux alternances, de la direction politique. Mais il ne le peut, qu'à condition de ne pas se substituer au gouvernement.

Le peuple ne doit pas être appelé, dans le scrutin présidentiel, à choisir une *majorité de gouvernement*, mais à désigner *le meilleur homme pour l'unité* : le plus capable de surmonter nos divisions ; le plus compétent pour dépasser les demi-vérités que nous nous envoyons à la figure, et nous unir dans une vérité plus haute. Le choix populaire de l'autorité suprême, acquis depuis 1962, est un moteur extrêmement efficace : la question est de savoir dans quel sens on le fait tourner. Il peut atténuer et peu à peu guérir la division française, dans une dynamique de l'unité. Mais il peut aussi faire éclater la notion même d'Etat. Le président veut-il se confondre avec la majorité qui l'a élu ? En faire une *majorité présidentielle* ? Concept funeste, vouée qu'elle est à devenir, au gré des sondages ou des élections, *minorité présidentielle* ! Seule est compatible avec la Constitution la notion de majorité *parlementaire*. Le président ne saurait être le chef d'une majorité ; sa vocation est d'être le président de tous les Français.

Réduire à l'essentiel la fonction du gouvernement

Moins le gouvernement administre, plus il peut gouverner. En tout cas, il ne doit pas être l'universel et unique administrateur. Les responsabilités inaliénables de l'Etat sont bien assez lourdes... Qu'il s'y tienne !

L'Etat doit rester le maître pour les relations avec l'étranger, la défense, la sécurité intérieure et extérieure, la politique économique, le budget, l'impôt, la définition et le respect des droits, les principaux équipements nationaux, les télécommunications, les orientations d'aménagement du territoire, les grandes entreprises publiques, les priorités de recherche...

Pour le reste – c'est-à-dire pour toute la masse des équipements et des services publics –, que l'administration soit placée sous la tutelle d'autorités *élues* – alors qu'aujourd'hui c'est l'inverse.

Un Parlement national pour contrôler

Le Parlement ne doit pas se confondre avec l'exécutif. La tentation de naguère était de faire de l'exécutif le reflet du Parlement. La tentation actuelle est de faire du Parlement le reflet de l'exécutif. Hier, la tentation détruisait l'exécutif en le vouant à l'évanouissement périodique ; aujourd'hui, elle détruit le Parlement en le vouant à l'évanouissement permanent. La bonne voie n'est ni dans le gouvernement d'Assemblée, ni dans l'assemblée du gouvernement ; elle est dans le respect d'une distance entre eux deux.

On pourrait utilement instaurer deux règles de fonctionnement de l'Assemblée, afin de lui rendre son caractère national et d'accentuer son rôle sans déséquilibrer l'Etat. La première serait de déclarer le mandat de député incompatible avec l'exercice d'une responsabilité de gestion locale. Il n'y a pas de démocratie réellement décentralisée où le cumul des mandats locaux et nationaux soit autorisé. Il n'y aura pas de décentralisation en France tant que sévira ce fléau *.

La seconde serait de donner sa valeur à l'idée du *contrôle* parlementaire – idée que nous avons tout à fait perdue de vue. Car le rôle essentiel de ces parlementaires ne devrait pas être de voter « pour » ou « contre » le gouvernement, mais de contrôler ses actes, et les actes des administrations que les ministres dirigent.

Contrôler, c'est avoir le droit de connaître et le devoir de rendre compte. Le droit d'enquêter dans les administrations ; le devoir de faire rapport à la nation ; le privilège d'imposer le débat public.

« L'administration, c'est nous »

Pour démocratiser l'administration, il faudra plus que la contrôler. Là est l'essentiel de la transformation qui, accomplissant la Ve République, doit effacer trois siècles d'erreurs. A l'origine de nos mentalités grippées, nous avons trouvé une conception hiérarchique et centralisée de l'administration des hommes et des choses. Une conception décentralisée et démocratique conditionne le redressement. A « L'Etat, c'est moi » de Louis XIV, relayé par son immense progéniture de fonctionnaires de droit divin, les Français devraient demain pouvoir répondre : « L'administration, c'est nous ».

C'est dans ce domaine qu'une imagination réaliste aura le plus à faire ; et que le remodelage des institutions bouleversera d'innombrables habitudes. Aussi, la réforme des structures territoriales du pays échouera, si elle ne tire pas les leçons de la psychologie sociale, de l'histoire, des évolutions récentes. Quelques idées simples l'éclaireront utilement ; elles ne modifient pas l'esquisse que je proposais en 1974 à Georges Pompidou.

Il existe tout un réseau d'institutions locales : il n'est que de l'ancrer dans la responsabilité, et de le simplifier. D'innombrables niveaux de gestion ne doivent pas coexister : la commune, la communauté urbaine, le syndicat de communes, le canton, l'arrondissement, le département, la région, la nation, à laquelle se superpose maintenant l'instance bruxelloise. L'enchevêtrement est devenu inextricable ; les conflits tendent à s'envenimer. Tant de

* *On verra dans* La France en désarroi, *chapitre 3, « Malaise dans le territoire », une nouvelle analyse de ce « fléau ». La campagne présidentielle de 1995 aura été l'occasion d'un débat sur ce point. Lionel Jospin avait fait de la suppression des cumuls un point fort de sa révision institutionnelle. Jacques Chirac a délibérément laissé cette question de côté (1996).*

niveaux de gestion, c'est trop. Il suffirait de deux, en plus de l'Etat : le *département*, et le district groupant les communes.

Prendre acte des réalités

Prenons acte de l'existence des *communes*. La plupart d'entre elles forment encore des communautés vivantes. Pourquoi les supprimer ? Pourquoi les fusionner, ce qui revient à transformer l'une en hameau de l'autre ? Mais pourquoi aussi maintenir à ces communautés morales des responsabilités gestionnaires que la plupart ne sont pas faites pour exercer, et auxquelles, d'instinct, elles répugnent souvent ?

Prenons acte de la *coopération intercommunale* : syndicats à vocation particulière ou à vocations multiples, districts, communautés urbaines – autant de manifestations dispersées de la nécessité de trouver un niveau de gestion meilleur que les communes, mais constitué à partir d'elles. Généralisons ces regroupements. Une nouvelle réalité supracommunale, *le district*, apparaîtra.

Prenons acte du *département*, pour en faire le cœur de l'administration décentralisée. Cela suppose qu'on rajeunisse ses instances dirigeantes. A l'actuel conseil général, qui ne représente vraiment ni la population, ni le sol, ni les circonscriptions administratives de base, substituons une double représentation : celle de la population et celle du sol.

Et surtout, dotons le département d'un *exécutif élu* responsable devant cette représentation renouvelée : une municipalité départementale, ou « directoire », véritable ministère local, qui préparerait et exécuterait ses propres délibérations.

Bref, la règle devrait être que le département gère et que l'Etat contrôle ; l'Etat ne gérerait plus que par exception. Alors que, pour le moment, la règle est que l'Etat fait tout, et l'exception qu'il laisse faire quelque chose.

Quant à la région, elle continuerait à être le cadre où s'élaboreraient la planification régionale, les harmonisations nécessaires et les entreprises communes. Il est indispensable d'éviter la prédominance d'un département sur les autres. La région ne trouvera son équilibre et son animation que si elle est équilibrée par des départements réanimés. Tâchons de concilier région et département, au lieu de les dresser l'un contre l'autre.

Comment ne pas voir qu'il s'agit là d'une sorte de révolution pacifique ?

Et d'abord d'une révolution de la *fonction publique*. Car on ne peut confier à des autorités départementales élues des compétences de l'Etat, sans leur en donner les moyens, non seulement financiers, mais humains : c'est-à-dire sans attribuer à ces instances les fonctionnaires en même temps que les fonctions.

C'est aussi toute l'allure de l'administration qui serait modifiée. A la place des grandes « maisons » monolithiques, indépendantes et introverties, on verrait apparaître une administration plus aérée. Plus vivante, puisque, d'un département à l'autre, les méthodes pourraient utilement varier : il y aurait place pour une diversité féconde. Plus homogène, parce que dans le cadre d'un département, les cloisonnements actuels pourraient sauter, la circulation entre les services devenir plus facile et plus intense. Plus ouverte, enfin, car, sous l'autorité proche des élus, l'esprit de service soufflerait plus fort, les besoins et les aspirations des citoyens y exerceraient une pression plus efficace.

Des effectifs *à taille humaine*, des *circuits plus courts* entre le problème et la décision, entre la question et la réponse, entre la faute et la sanction, entre le mérite et la promotion. Des hommes qui se connaissent entre eux. Des chefs *accessibles*, placés sous le contrôle des électeurs, et soumis à l'épreuve de la réélection, c'est-à-dire de la *concurrence*. Des fonctionnaires protégés contre la tentation de devenir des « petits chefs », par leur subordination à des chefs élus, et proches d'eux. L'obligation faite à tout fonctionnaire d'une administration centrale ou d'un grand corps de l'Etat, de servir un temps minimum en province, avant d'être nommé au grade supérieur. En faut-il plus – mais en faut-il moins – pour assurer cette « humanisation », cette « simplification » de l'administration, que réclament ou promettent tant de discours dominicaux, mais que nulle action des jours de semaine n'apportera jamais, dans le cadre inhumain et inextricable d'administrations monolithiques aux dimensions de la nation ?

A défaut de casser le cadre, la réforme administrative n'aboutira jamais qu'à réduire à douze pages les formulaires qui en comptent quinze, et à remplacer les huissiers à chaîne par des hôtesses en tailleur pastel. C'est déjà mieux. Ce n'est pas assez. La routine reprendra vite le dessus. Car, une fois de plus, on aura soigné les symptômes, non les causes.

Mais attention : casser le cadre n'est pas casser l'administration. Le drame de la centralisation est d'avoir abouti à faire de l'administration un mal intolérable, alors qu'elle est un bien nécessaire.

Il ne s'agit pas de proposer un système où disparaîtraient les fonctionnaires : mais un système où ils cesseraient de s'asphyxier, et de nous étouffer, sous leur propre masse.

Autorité de crise

En démultipliant ainsi la puissance publique, en plaçant la majeure part de l'administration locale sous l'autorité de chefs élus et responsables, en soumettant les administrations centrales et les organismes public à un contrôle sérieux du Parlement, en rendant le gouvernement à sa responsabilité politique, on rendrait enfin le chef de l'Etat à son rôle propre ; répondre de la France devant le monde, devant les Français, devant l'histoire ; veiller au bon fonctionnement de ces « pouvoirs publics » redéfinis et mieux répartis.

J'ajouterai aussi : être prêt, à tout instant, à exercer l'autorité de crise. La distinction ne nous est pas familière, qu'il faut tracer entre l'autorité de crise et l'autorité de routine. Et pour cause : toute notre sur-administration, tout notre centralisme hiérarchique, procèdent d'une confusion inconsciemment mais obstinément entretenue entre les circonstances extraordinaires, où l'autorité doit être une et circuler sans obstacle de la tête aux membres, et la vie ordinaire, où ce système de commandement n'est en rien nécessaire, et devient débilitant. L'Etat s'est toujours conduit comme si l'ordinaire n'était qu'une forme atténuée de l'extraordinaire.

Il faut lever cette confusion, et non pas l'inverser : en établissant les droits de l'ordinaire, il ne faut pas nier ceux de l'extraordinaire. Il faut les reconnaître, au contraire ; il faut qu'à côté de l'administration démultipliée, existe le squelette d'une administration de crise – toujours prête à affronter la crise par une intervention fulgurante.

Esquissés pour l'Etat (par le référendum, le droit de dissolution et surtout l'article 16), ces « pouvoirs de crise » doivent être inventés au niveau des institutions locales. Qu'on ne s'en offusque pas : il ne s'agirait en somme que de donner à titre exceptionnel et provisoire à l'Etat les pouvoirs qu'il exerce actuellement dans tous les domaines et tous les jours.

« Institutions douces » pour émanciper sans démembrer

« Si Romulus, écrivit Rousseau [2], n'eût fait qu'assembler des brigands qu'un revers pouvait disperser, son ouvrage imparfait n'eût pas résisté au temps. Ce fut Numa qui le rendit solide et durable en unissant ces brigands en un corps indissoluble, en les transformant en citoyens par des *institutions douces* qui les attachaient les uns aux autres et tous à leur sol. »

La France a eu tantôt des institutions dures – des régimes autoritaires –, tantôt des institutions molles – des régimes sans autorité. Jamais elle n'a eu d'institutions douces. N'est-il pas temps qu'elle se les donne ? *

2. L'ÉCONOMIE ADMISE

En nous faisant rêver d'une « *troisième voie* », de Gaulle n'a pas lancé notre imagination dans une impasse. Mais il a certainement beaucoup exigé d'elle.

Ce chemin de l'unité qui s'est écartelé sous les pas d'Erasme, dans la jeunesse affolée du XVIe siècle, le retrouverons-nous au soir du XXe ? L'histoire de l'Occident a divergé. Les uns, dont nous fûmes en France, ont renforcé, palissadé, fortifié la vieille chaussée romaine, celle d'une société agraire et militaire – avec défense d'en sortir. Les autres ont élargi, consolidé, aménagé la piste sinueuse de la liberté, de l'entreprise personnelle et collective, de l'aventure industrielle : elle est venue, depuis le XIXe siècle, circuler sur notre territoire, croiser notre rigide chemin. Et depuis, nous allons un peu à l'aveuglette, tantôt sur la piste et tantôt sur la chaussée, pas plus à l'aise sur l'une que sur l'autre, nous disputant à chaque croisée des chemins, et pour tout dire assez désorientés. Dans les dernières décennies, les chemins se sont entrecroisés de plus en plus. Omniprésente, la piste a modifié le paysage : les valeurs des sociétés industrielles et libérales y ont pénétré. A l'inverse, le dogmatisme intellectuel, l'immobilisme économique, la primauté donnée aux sécurités collectives ont changé de caractère : sous la pression de la vitalité industrielle, elles se sont réincarnées dans le « socialisme ».

La troisième voie n'est pas à trouver ailleurs que sur ce terrain. Elle n'est pas à inventer de toutes pièces. Elle n'est que l'unité retrouvée d'un cheminement humain.

D'une certaine façon, nous avançons déjà sur cette troisième voie. Car le phénomène français n'est pas *capitaliste* ; il est en deçà de l'économie de marché ; il en tourne sans cesse les règles par le protectionnisme, le cloisonnement, les corporations, les ententes, l'intervention bureaucratique. Et il n'appartient pas non plus au *socialisme*, car il n'en possède pas la rationalité inflexible.

Mais cette troisième voie-là est l'envers de la bonne. Elle

* *La question était posée en 1976. Elle reste posée vingt ans après (1996).*

cumule les inconvénients du capitalisme et du socialisme ; il faut chercher celle qui marierait leurs avantages.

Humanisme social et économie d'entreprise et de marché ne sont compatibles qu'à condition de se respecter absolument l'un l'autre : marier, c'est marier des différences. Il n'y a pas de meilleur principe d'économie dynamique que ceux de l'entreprise et du marché. Il n'y a d'autre principe de vie sociale harmonieuse, que celui du contrôle de la société par elle-même. En gardant à l'esprit ces deux principes, on pourrait avancer assez loin. Contentons-nous de poser quelques jalons.

Accepter l'entreprise par la participation

L'entreprise, par exemple, a mauvaise presse. Symbole du capitalisme honni, paravent de puissances mystérieuses, sans cesse accusée « d'exploiter les travailleurs », monarchiquement et obscurément gouvernée, lieu quotidien, inéluctable, d'une vie marquée par la dépendance – elle a tout pour ne pas plaire.

Pourtant, dès qu'elle est menacée, chacun se découvre patriote d'entreprise : « On ne ferme pas » – comme à Verdun on ne passait pas... Et devant la défaillance d'un patron ou la prudence des banquiers, on cède à l'appel de l'autogestion. L'autogestion n'est bonne que pour assurer la soudure – pour revendiquer un nouveau chef, de nouveaux capitaux, et en attendant qu'ils arrivent.

Je crois plus à l'authenticité de ces réactions, qu'à celle des idéologies dont souffre l'entreprise. Seulement, nous faisons tout pour tuer nos entreprises, et ensuite nous nous montrons inconsolables. Il serait plus sain de les aimer vivantes...

La participation doit y aider. Mais c'est bien là qu'on voit la limite et l'ambiguïté des réformes institutionnelles.

Qu'est-ce que l'*autogestion*, sans esprit de responsabilité ? Ou la *cogestion*, quand les réflexes sont conditionnés par l'affrontement ? La participation restera une idée creuse, tant qu'elle ne sera pas voulue. Dès qu'elle le sera, dès qu'elle n'apparaîtra plus comme une machine de guerre contre l'entreprise, ou un brûlot contre les syndicats, elle trouvera ses institutions. Car au-delà de l'intéressement financier aux résultats de l'entreprise – bien injustement décrié –, au-delà de l'information du personnel – dont on a beaucoup parlé mais qui n'est toujours pas organisée –, il y a tout à faire pour la participation proprement dite.

Certes, elle peut être sujette à manipulations rhétoriques et à manœuvres aventureuses. Pourtant, elle a un sens concret et simple : participer, ce n'est ni prendre ni partager – c'est faire partie, et prendre part. Là encore, une méthode efficace : des expériences réussies, qui font boule de neige.

Faire accepter l'entreprise est un objectif d'autant plus important qu'il en conditionne un autre, tout aussi essentiel : faire saisir aux Français que la prospérité et le progrès d'un pays moderne dépendent du poids relatif d'un secteur économique et d'un seul : le secteur industriel. Et donc qu'il faut organiser l'économie sur cette priorité.

Pourquoi, avec ses ressources humaines, intellectuelles, naturelles, avec son espace, la France n'aurait-elle pas une industrie au moins égale à l'industrie allemande ?

Encore faudrait-il que soient inversées les attitudes de l'Etat – et des Français. Depuis Colbert, nous croyons à la surveillance et à la prise en charge administratives de l'industrie. Or, l'économie industrielle de marché ne peut s'épanouir que par l'initiative, l'innovation, la compétition.

Protéger la concurrence

La vitalité industrielle naîtra d'une concurrence revivifiée. Pour tirer toutes les conséquences positives de l'économie de marché, il faut qu'il y ait un marché.

Comme notre administration ne croit guère aux vertus du marché, elle en fait mal la police. Elle aime mieux fixer des prix [3], des quotas, des implantations, que de veiller à ce que jouent les rigueurs de la concurrence. Le résultat est qu'on perd l'efficacité du marché, pour trouver l'inefficacité du dirigisme. L'Etat laisse se dégrader les mécanismes libéraux ; il laisse se constituer des monopoles et des ententes – parce qu'il pense mieux se reconnaître dans un univers économique simplifié. Pourtant, quelques mesures de simple police corrigeraient ces vices, qu'on a fini par assimiler au capitalisme, alors qu'ils sont la perversion de l'économie de marché.

Une industrie à mesure humaine

Prendre le contre-pied de trois siècles d'économie administrative ne sera pas facile. Mais cela serait, si nous savions tirer parti d'une rencontre favorable, celle d'une aspiration profonde et d'une possibilité technique moderne.

On doit pouvoir offrir un travail industriel à la population rurale à peu de kilomètres de son implantation traditionnelle, en installant des usines sur tout le territoire national, à proximité des réservoirs humains que représentent encore les campagnes.

Cela a l'air d'une utopie, mais n'en est pas une. Grâce à la diffusion des transports, chacun peut faire la moitié du chemin : les usines peuvent s'éloigner de la grande ville pour s'installer dans de petits centres ; et les ouvriers peuvent y venir travailler. Le réseau industriel n'est plus soumis aux contraintes qu'imposait naguère encore le transport de l'énergie. La solution concentrationnaire n'est plus une nécessité technique.

Cette industrialisation en nappe supprimerait l'absurdité sociale de la concentration industrielle et urbaine, qui déracine trois fois ceux qui vivent « l'exode rural ». De leur *emploi* : habitués de père en fils à travailler dans la culture ou l'artisanat, les voici obligés de devenir ouvriers ou employés, noyés dans de grandes organisations anonymes, livrés au travail en miettes. De leur *habitat* : habitués à vivre dans une maison paysanne, les voici projetés dans de grands ensembles, sans jardin ni basse-cour, sans espace. De leur *terroir* : arrachés aux paysages et aux ciels de leur jeunesse, ils vivent cet exode comme une expatriation. L'industrialisation diffuse permettrait d'amortir le choc de l'inévitable déracinement d'emploi, en supprimant les deux autres.

Nous avons en France tous les moyens d'une économie puissante, vivante, et qui plus est, à dimension humaine. Notre seul problème est d'admettre qu'on ne se salit pas l'esprit et le cœur à vouloir cet objectif *.

3. – UNE SOCIÉTÉ RESPONSABLE

Des institutions douces – pour être efficaces. Une économie à taille humaine – pour être enracinée. Nous avons aussi besoin d'une société apaisée – pour qu'elle soit entreprenante.

Notre société française est terriblement tendue : mais pour une très large part, elle l'est artificiellement. Peut-on briser l'artifice ? En quelques exemples, je voudrais montrer comment.

---

* *Le choc de la crise industrielle, qui a pris toute sa force à la fin des années 1970, et ne l'a pas encore perdue, amène à compléter ces vues – qui conservent leur valeur. Notre culture économique nous a mal armés pour relever le défi du vaste renouvellement industriel nécessaire. Nous en avons subi la partie inévitable – la disparition des entreprises ou des productions non concurrentielles, avec son cortège de chômage, et la mise en état de rentabilité d'autres entreprises, avec le même cortège. Mais nous n'avons pas encore réussi à faire naître en assez grand nombre, sur d'assez nombreux créneaux, de nouveaux types de productions. Nous n'avons pas, non plus, su assez diversifier et développer les entreprises de services. Il y a de ce côté d'immenses besoins marchands (c'est-à-dire répondant à une demande du marché) encore mal prospectés (1996).*

Le commandement de la vie quotidienne

Ainsi, on sait depuis 1945, par des sondages répétés, que 80 % des Français souhaitent habiter dans des pavillons, et que 20 % seulement préfèrent les logements collectifs ; or, on a longtemps construit 80 % de logements collectifs et 20 % de pavillons. On sait également que 80 % des Français souhaiteraient trouver un emploi dans leur département d'origine, et on les a exilés dans des concentrations urbaines qui provoquent en eux d'insupportables frustrations. On leur impose l'anonymat et le gigantisme, quand ils voudraient l'environnement connu, les petites agglomérations, les petites équipes, les petites usines. Les technocrates qui ont présidé à ce grand déménagement ne l'ont pas fait par inadvertance ; ils avaient la conviction qu'ils faisaient « moderne ». Ils n'ont réussi qu'à faire de la modernité un traumatisme. A l'évidence, il faut une autre politique urbaine. Elle s'est esquissée au bout de vingt-cinq ans. C'est déjà bien. Ce serait mieux si le vrai commandement des villes était retiré à l'administration et donné à ceux qui y vivent.

Les enfants ou la foi collective

Que la France redevienne, et vite, et durablement, accueillante à l'enfant, nous avons vu qu'il y allait de sa vie en tant que nation. Trois siècles de décadence relative, du milieu du XVIIe au milieu du XXe, coïncident avec la chute continue de sa démographie. Deux décennies de redressement et de progrès rapides coïncident avec le renouveau des berceaux.

L'effondrement démographique dont la France mourait à petit feu depuis le milieu du XVIIe siècle et surtout depuis la fin de la Révolution, son long malthusianisme d'abord biologique puis volontaire, nous interdisent de prendre à la légère le terrible défi que fait peser sur nous la brusque dénatalité européenne depuis 1964. Quand on a atteint une densité de l'ordre de trois cents habitants au kilomètre carré, comme les Allemands, les Anglais, les Hollandais, les Belges (ou les Suisses sur leur territoire habitable), on peut se permettre de marquer le pas. Non quand on garde une densité kilométrique inférieure à cent, sur le sol le plus riche, le plus varié, le mieux pourvu d'Europe. La France est beaucoup plus vulnérable que ses voisins et concurrents aux conséquences démographiques de la « société de tolérance ». Et elle ne veut pas le savoir. Parler de démographie, c'est braver la mode et encourir l'impopularité.

Pourtant, il est difficile d'en douter : pas de progrès vers la justice sans croissance économique. Pas de croissance économique durable sans croissance démographique, sans une densité de population suffisante, sans une proportion satisfaisante de jeunes. Or, la population française reste trois fois moins dense qu'elle ne devrait l'être. La nature a toujours horreur du vide. Dans un monde sans frontières, la coexistence de hautes et de basses pressions démographiques est génératrice de perturbations. Une osmose violente, ce serait une invasion, comme elle en a déjà connu tellement. Une osmose pacifique : ce sera l'invasion, déjà commencée, d'immigrants qui, malgré nos protestations dérisoires de non-racisme, finiront par poser d'insolubles problèmes d'assimilation.

On voit venir le jour où il faudra remplacer de nombreuses écoles primaires par des maisons de retraite. Déjà, le pays le plus avancé du monde en fait de progrès social, la Suède, a dû, en raison du fléchissement de la natalité, reculer jusqu'à soixante-dix ans l'âge auquel on peut prendre sa retraite. Abaisser aujourd'hui l'âge de la retraite en France, c'est se condamner à le relever dans quelques années, faute d'enfants. Si le taux de natalité devait fléchir encore davantage, l'équilibre social s'effondrerait, le montant des retraites diminuerait de façon dramatique, la production en grande série ne disposerait plus du marché intérieur qui la justifie, bref l'appauvrissement et l'effacement deviendraient inéluctables.

Une politique vigoureusement nataliste n'a que trop tardé. Elle suppose un effort collectif entrepris pour une longue durée, de manière que nulle péripétie économique ne fasse obstacle à cet appel de l'avenir. Citons seulement quelques mesures efficaces devant lesquelles on a reculé : des *allocations familiales* et des *allocations-logement revalorisées* ; un *quotient familial fiscal* ; la *retraite maternelle* ; *trois ans de congé payé pour toute naissance* – en tout cas à partir de la troisième – seraient sûrement une mesure efficace : la Tchécoslovaquie, dont la natalité avait dangereusement baissé, a réussi, *un an après* l'adoption de cette mesure, en 1974, à imprimer à sa courbe un redressement spectaculaire.

La France a bien accordé à tout travailleur privé d'emploi un an de congé en lui garantissant un salaire tel qu'il aurait bien tort d'écourter ce temps de répit. Pas question de revenir sur un avantage social de cette nature – qui a d'ailleurs pour effet de diminuer heureusement l'angoisse de la condition ouvrière. Force est pourtant de constater qu'il en résulte des conséquences discutables pour l'économie nationale. Trois ans de congé payé aux mères, c'est un exemple d'effort par lequel la nation devra sans doute payer la reprise de sa croissance.

« Donnez-moi de meilleures mères, disait Aldous Huxley, et je vous donnerai un meilleur monde. » *La femme est plus proche que l'homme de la nature, et sa nature, c'est de mettre au monde.* La nature se venge de ce qu'on fait sans elle. Et une *société de confiance* ne s'établira qu'*avec* la femme, *par* la femme.

Rendre l'éducation réaliste

Dans notre société, le savoir est plus vital que le pain... L'éducation devrait aider à surmonter sans cesse les désadaptations que crée une vie toujours en marche. Or, nous avons réussi à faire de l'enseignement une énorme machinerie, presque aussi inutilisable que coûteuse. Une charge plus qu'un outil.

Pour changer cela, on peut s'appuyer sur la formation permanente, qui est en somme condamnée à s'occuper du réel. On gaspille aujourd'hui de gros moyens en petits gadgets, alors que l'énorme potentiel de l'Education nationale reste fermé sur lui-même. L'explosion nécessaire de la formation permanente ne se déclenchera que dans le mariage de l'Ecole et du Travail. Ce sera un mariage forcé – et il bouleversera l'Ecole autant que le Travail. Et c'est bien pourquoi la mariée reste au pied de l'autel.

Dans cette mutation de l'Ecole, il faut faire en sorte que l'éducation initiale, elle aussi, s'enracine dans le réel, alors qu'aujourd'hui elle enivre les mentalités d'irréalisme. C'est à un véritable *new deal* intellectuel, spirituel et moral qu'il faut convier les jeunes et leurs maîtres.

L'effondrement des interdits et des tabous, le recul de la religion, la démission des parents et des enseignants, le laxisme des adultes, ont créé chez les jeunes l'angoisse éternelle de l'excessive permissivité. « Tout est permis », dit Ivan Karamazov, avec désespoir. Les jeunes, mais aussi les maîtres, attendent qu'on leur fasse connaître les réalités économiques et sociales que, presque tous, ils ignorent. Entre la pédagogie de répression et la pédagogie de démission, c'est bien le cas de trouver une troisième voie : celle d'une pédagogie de la confiance et de la responsabilité. Elle n'exclut pas la pression subtile, l'effort demandé et obtenu. « L'école heureuse » n'est pas celle qui se satisfait du bonheur immédiat de l'enfant ; d'ailleurs, s'épanouit-on dans le sur-place ? Mais à l'inverse, on ne muscle une personnalité naissante qu'en faisant appel à elle : c'est en elle-même qu'il faudra faire jaillir l'énergie, le goût de l'effort. A défaut d'une jeunesse vite assez nombreuse, qu'au moins celle que nous avons fait naître ait le désir et la capacité d'assumer le monde moderne !

Comment humaniser la société de manière à en éliminer la crainte devant le monde moderne ? Comment donner les moyens mentaux et moraux de la surmonter ? Il n'y a pas seulement à guérir, dans notre société, le refus de la modernité. Partout, au fil de ce livre, nous avons reconnu les signes d'une division sociale, qui enferme chacun dans son univers. Moins de classe que de castes, d'idéologies, de fiefs. Soupçonneuse, inquiète, inamicale, notre société sécrète l'agressivité, l'intolérance – c'est-à-dire encore la division. De cela aussi, il faut la délivrer.

Nombreux sont les acteurs : ce pourrait être la définition de la société polycentrique que les Français doivent construire.

Administrations, mégalopoles, monopoles, « grandes centrales » – on dirait qu'en France tout est organisé pour limiter le dialogue politique, économique et social à quelques puissants interlocuteurs : si puissants qu'ils se neutralisent les uns les autres, et immobilisent la vie.

Multiplier dans la gestion des affaires publiques le nombre des autorités qui agissent sous le contrôle des citoyens. Multiplier dans l'économie les « entrepreneurs », les initiateurs et les innovateurs. Multiplier dans la vie sociale les personnes ou les groupes capables de se débrouiller par eux-mêmes. Est-ce que ce ne pourraient pas être les trois pôles d'un « projet responsabilité », où les Français pourraient se reconnaître ?

Mais les Français n'y parviendront pas sans se changer eux-mêmes.

4. LA RÉVOLUTION MENTALE

Parce qu'elle manque de confiance, parce qu'elle n'est pas à l'aise dans sa peau, notre société rêve de transformations radicales, autant dire de transmutations. Connaissant mal la chimie sociale, elle imagine une alchimie miraculeuse. Elle attend le Faust qui transformera son vil métal en or pur.

C'est cette espérance mal définie, cette rêverie inadaptée d'un organisme malade qui donne encore une fois ses chances à la révolution. En France, on appelle révolution un spasme prolongé de la vie collective, qui peut modifier quelques lignes de force, changer les hommes, enrichir le vocabulaire et l'imagerie populaire, mais laisse au bout du compte le pays plus tendu, plus centralisé, plus divisé, plus mécontent de lui-même.

Les seules révolutions qui comptent sont celles des esprits ; c'est une révolution mentale dont les Français ont besoin, et que ce livre propose, à laquelle il souhaiterait disposer. Une révolution qui pourrait nous épargner bien des bouleversements.

Une révolution mentale peut se faire en douceur, sans ces ondes de choc dont l'écho revient toujours – mais sous quel angle, avec quelle violence, personne ne le prévoit jamais. Une révolution mentale progresse à mesure que chacun se convainc, change d'esprit. Elle avance insensiblement, presque secrètement. Elle ne se nourrit pas d'espoir, comme une révolution extérieure. Elle nourrit l'espoir, parce que chacun peut l'accomplir en soi-même.

La révolution que nous proposons n'est pas contraire aux réalités de notre société moderne. Elle ne porte que sur l'esprit archaïque qu'au milieu de ces réalités nous avons conservé. La réalité est celle de la compétition ; notre esprit reste attaché à la sécurité. La réalité est celle de la mobilité, de l'innovation ; notre esprit reste modelé par l'immuable. La réalité est celle du relatif et du compromis ; nous persévérons dans les schémas de l'absolu et du dogmatisme. La réalité conduit à une société fluide, sans castes fermées comme sans uniformité imposée ; et notre esprit continue à marier réflexes de classe et rêves de société sans classes. La réalité conjugue pouvoirs et libertés responsables ; mais notre esprit ne conçoit que l'autorité sans partage et la liberté sans frontières.

On ne parviendra à faire reculer l'absolutisme manichéen qu'en faisant reculer deux systèmes qui exacerbent la division.

Le premier enferme la vie de notre démocratie politique dans les réflexes de la guerre civile : c'est le vote permanent d'au moins un Français sur cinq en faveur du parti communiste. Il engendre en retour un anticommunisme obsessionnel. Surtout, la présence massive de ce parti aux traditions révolutionnaires, démultiplié par de solides courroies de transmission, empêche tout système d'alternance paisible et régulière de s'instaurer *.

Or une chance, une toute petite chance, est apparue. Depuis que le PC a noué son alliance avec le parti socialiste, le bastion se lézarde. La vraisemblance d'une prise du pouvoir par la voie parlementaire contraint l'orthodoxie à s'assouplir. Le Parti – tout empreint de romanité – a commencé son *aggiornamento*, sans effondrement intérieur. Mais il n'est pas à l'abri d'une surprise. Sans doute une course de vitesse est-elle engagée : si la prise du pouvoir est rapide, elle viendra *avant* que le PC ait vraiment changé, et un nouveau processus révolutionnaire sera déclenché – nouvelle crise du « mal français ». Si le pouvoir échappe encore,

---

* *Depuis 1976, la percée mondiale des ouvrages de Soljenitsyne et la multiplication irréfutable des témoignages sur le système soviétique a fait rapidement chuter les voix communistes (même si le total des voix de gauche s'amplifiait). Le même phénomène s'est produit en Italie, en Espagne, au Portugal, etc. (1996).*

il est possible que le Parti craque – une vieille garde s'enfermant dans un marxisme légitimiste, et le reste rejoignant un socialisme démocratique.

Il faudrait qu'une seconde petite chance doublât la première : à savoir que le socialisme, libéré de ce double obsédant, abandonne à son tour les dogmes marxistes. Il aurait alors fait le même chemin que la social-démocratie allemande. La France serait mûre pour le progrès social par le progrès économique – au lieu du rêve d'un progrès social à travers la réalité d'une déroute économique.

Limiter les surenchères syndicales

Le dépérissement ou l'adoucissement du communisme éliminerait le facteur le plus efficace de radicalisation de la vie politique. Resterait le facteur qui radicalise la vie sociale : la surenchère syndicale.

Je dis bien la surenchère et non la politisation – car la politisation n'est que sa conséquence. Dire que la politisation est inacceptable, c'est parler en l'air. S'attaquer à la compétition des organisations de travailleurs, à la division de leur représentation, et à la monopolisation de cette représentation par ceux-là mêmes qui la divisent, c'est traiter un problème réel.

J'entends l'objection : qui dit démocratie dit *pluralisme*. Le syndicat unique, c'est le totalitarisme, c'est Staline ou Mussolini. Sans doute, mais c'est aussi la Suède ou l'Allemagne fédérale.

Il faudrait chercher un peu plus loin que ces exemples contradictoires et inventer un système qui tienne compte de notre héritage pluraliste, tout en évitant de pérenniser la surenchère syndicale : la véritable démocratie est bien là. Pourquoi ne pas construire un authentique régime représentatif des travailleurs, où les actuels syndicats joueraient le rôle que jouent les partis dans le système représentatif des citoyens ? Ils « *concourent à l'expression du suffrage* » – comme le dit la Constitution. Mais ils *ne se substituent pas* à lui. Le gouvernement ne négocie pas avec les partis ; il va devant le Parlement. Dans une ville, il n'y a qu'un conseil municipal, même s'il est élu sur plusieurs listes. Pareillement, les négociations sur les salaires et les conditions de travail devraient être menées et conclues dans chaque entreprise, non avec les syndicats eux-mêmes, mais avec *la représentation élue des salariés* – quitte à ce que les divers syndicats présentent leurs candidats et opposent leurs points de vue dans de véritables campagnes électorales.

Cette réforme ferait passer le syndicalisme de l'âge féodal à l'âge démocratique. La diversité des tendances subsisterait sans doute. Mais elle s'atténuerait par l'obligation de « représenter ensemble », de former des « majorités de représentation ». La puissance réelle du mouvement social en serait augmentée d'autant, à mesure d'une plus grande responsabilité. Mais c'est la responsabilité qui fait le plus peur...

Le progrès par la justice

Je ne prétends pas que ces transformations suffiraient à faire régner dans notre société un esprit d'unité, à tuer en elle l'esprit de méfiance. Ce sont simplement deux verrous majeurs qui auraient sauté. Pour que notre société devienne une société de consentement mutuel, il faudrait en outre qu'elle changeât en profondeur dans sa représentation d'elle-même : qu'elle se vécût comme une société où opère la *justice.*

« Vaste programme », encore ? Je ne l'aborderai que pour une double mise en garde. La première s'adresse à ceux qui croient que les mécanismes du progrès se confondent avec les mécanismes de la justice. Or, l'expansion est nécessaire, mais assurément pas suffisante, pour renforcer le sentiment que la France est une communauté où progressent la fraternité et l'égalité. Pour démentir le slogan de 1968 : « On ne devient pas amoureux d'un taux de croissance », il faut que la croissance ne soit plus un objectif de la puissance, mais le chemin de la justice.

La seconde mise en garde s'adresse à ceux qui accolent bien volontiers l'épithète sociale au nom de la justice. Car le sentiment de la justice et de l'injustice est un sentiment personnel, et non pas collectif. La société ne sera pas reconnue plus juste si elle est nivelée. Chacun a droit à *sa* justice, celle qui reconnaît ses droits et surtout celle qui sanctionne son effort.

Extirper l'inégalité risquerait de conduire à la stérilisation de la société. En revanche, réduire les misères qui subsistent, contenir les privilèges qui fleurissent, ce sont des objectifs que l'on peut cerner et mesurer, et qui permettent d'éliminer des situations *personnelles* d'injustice.

La vraie « justice sociale » passe par les responsabilités, et la sanction du travail et de l'effort personnel, familial, collectif.

Une société juste est une société responsable – où les acteurs sont libres, et où nombreux sont les acteurs.

Tout ce livre l'a montré, l'esprit modèle la réalité. Il a réussi à la déformer quand, au XVIe siècle, il s'est nourri de dogmatisme et de raison autoritaire. Il y a réussi encore, quand, au XIXe siècle, la réalité nous est revenue de l'étranger sous les espèces de la révolution industrielle et de la révolution démocratique.

Une troisième fois, le combat est ouvert. Depuis les années 1950, la réalité d'une économie et d'une société ouvertes, vivantes, créatrices progresse en France. Et malgré l'extraordinaire résistance de nos structures mentales, on sent celles-ci qui, aujourd'hui enfin, craquent, s'effritent, cèdent.

Le drame serait que, par une sorte de revanche, tout soit emporté avec elles. La société se dégrade parce que la réalité moderne a sapé les bases de l'antique autorité. Qu'est-ce qui l'emportera le plus vite, d'une idéologie de l'illusion qui étoufferait la vie pour ne pas toucher à nos mentalités, ou d'une conversion de nos esprits qui rendrait ses chances à la vie, nous permettrait d'habiter notre monde et notre siècle ?

« Il n'est pas nécessaire de mettre le feu à la maison pour faire rôtir le cochon », affirme un proverbe anglais. Les voies de réforme que j'ai esquissées ici me paraissent plus efficaces, pour « changer la vie », que de renverser le régime et la société.

Pourquoi honorer les vieux rites d'une guerre civile ? Il est temps que les deux France, si souvent et si artificiellement dressées l'une contre l'autre, surmontent leurs ressentiments. L'histoire du Queyras montre que ce n'est pas impossible. Dans des vallées reculées des Hautes-Alpes, on l'a vu, la haine n'a jamais désarmé, depuis le XVIe siècle jusque vers 1960, entre les protestants et les catholiques. Pourtant, ils ont accompli leur révolution mentale. Vers 1960, le curé et le pasteur de Vars se sont trouvés ensemble vouloir sortir de cette mécanique infernale. L'occasion fut la construction d'un nouveau lieu de culte. Divisés, catholiques et protestants ne pouvaient rebâtir une église *plus* un temple. Ils s'unirent pour construire un édifice commun. Vous pourrez même y voir une vieille statue de la Vierge en bois doré. C'est le pasteur qui a demandé au curé de l'y transporter. Aujourd'hui, d'une religion à l'autre, les gens se parlent et les jeunes peuvent se marier.

Tout ce livre a voulu montrer le poids des attitudes mentales dans l'histoire des hommes, dans le fonctionnement de leurs sociétés. La France a été longtemps une société ankylosée. *Elle est aujourd'hui une société menacée.* Pourrons-nous échapper aux dangers qui pèsent sur nous, sans croire ensemble à un système de valeurs adapté à notre temps, sans acquérir des réflexes ?

Pour croître, il faut croire : mais en quoi ? Au fil des pages, j'ai donné ma réponse : en nous-mêmes. En notre capacité à agir par nous-mêmes, à prendre des initiatives et des responsabilités, à devenir *fiables.*

Si nous ne recouvrons pas cette confiance en nous-mêmes, de quel droit, de quel cœur demanderons-nous à l'Etat qu'il nous fasse confiance ? Où le circuit de la confiance, depuis trois siècles interrompu, peut-il se rétablir, sinon en nous-mêmes ?

Peut-être trouvera-t-on étrange qu'après le portrait assez sombre tracé de la France et des Français dans ces pages, je conclue sur cette note d'espoir. Mais, si profondément que nous ait modelés le système de la méfiance, le système de la confiance peut toujours dénouer les bandelettes et nous rendre pareils aux meilleurs d'entre nous : agiles, mordants et tenaces. *Quand des Français ont à relever un défi et qu'on les en rend responsables, ils se tirent d'affaire aussi bien, souvent mieux, que quiconque.* Nous devons faire confiance à la confiance, une bonne fois pour toutes, et en faire le principe d'organisation de la société.

Le joueur de flûte

Hans, le joueur de flûte, a fait sortir les rats de toutes les caves, de tous les greniers, de tous les trous puants de Hameln, la vieille cité au bord de la Weser, qu'ils avaient envahie. Sa mélodie magique entraîne les bêtes grouillantes vers le fleuve, qui bientôt les engloutit.

Hans retourne à la ville et la trouve en liesse. Hier, avec le bourgmestre et les échevins affolés, il a convenu d'un prix. Aujourd'hui, la cité délivrée se refuse à payer la dette de la cité accablée.

Sans mot dire, Hans reprend sa flûte enchantée et joue un étrange petit air. Et voici que les enfants de Hameln, tous, depuis ceux qui savent à peine marcher jusqu'à ceux qui aiment déjà danser, sans oublier les nourrissons dans les bras de leurs sœurs aînées, quittent ruelles, maisons et écoles, pour suivre la mélodie. A travers champs et bois, Hans les entraîne vers la montagne, d'où ils ne reviendront jamais...

Cette vieille légende germanique[4], porteuse de la sagesse immémoriale des peuples, je ne peux m'empêcher d'y lire une parabole de la France, une parabole pour la France.

Elle nous renvoie à l'imploration lancée pendant mille ans sous les voûtes de toutes nos églises : « Libérez-nous, Seigneur, de la peste, de la famine et de la guerre. » Au long des siècles, la misère et les hécatombes ont rongé notre peuple, comme elles ont rongé tous les autres. Sous une splendeur pareille à nulle autre, nous avons peiné pour seulement survivre.

Puis, la main du destin est venue nous délivrer. Une magie venue d'ailleurs nous a débarrassés, sans même que nous devinions comment, des maux antiques. Non par la mélodie d'une flûte, mais par la symphonie assourdissante que composaient ensemble le halètement de la machine à vapeur, le vrombissement des moteurs, le crépitement du télégraphe, le fracas des rotatives, le bruissement des ordinateurs et jusqu'aux explosions lointaines des bombes atomiques, terrifiantes garanties de paix. Non pas selon un plan imaginé et voulu par nous, mais par une organisation imprévue et insaisissable des énergies humaines, qui a déployé chez nous toute sa vigueur dès que nous avons cessé de nous protéger du dehors. Le fleuve puissant de l'histoire a englouti la misère, la routine, la sclérose, les retards en tant de domaines, maintes conduites irrationnelles ou structures inadaptées, et jusqu'au spectre de la guerre, qui avaient envahi notre paysage quotidien. Mais ce fleuve n'avait pas sa source en nous, et ce fut comme si nous n'avions pas compris le sens de notre délivrance.

Jamais, non plus, nous n'avions su concilier la démocratie et la stabilité, passant des régimes autoritaires aux régimes chancelants. Et nous désespérions à ce point de nous guérir que nous étions de plus en plus gagnés par l'esprit d'abandon national. Voici qu'un homme nous a apporté, de la manière la plus inattendue, des institutions à la fois démocratiques et stables, et l'indépendance, qui nous dispense désormais d'être agressifs pour assumer notre destin. Mais tous ces bienfaits ne sont pas vraiment issus de nous-mêmes. Ils nous sont venus fortuitement, par les génies conjugués d'un homme seul et de circonstances d'exception. Ils étaient et demeurent contraires à nos traditions et à nos réflexes nationaux. Saurons-nous les retenir ?

Saurons-nous retenir aussi nos fils et nos filles devant la tentation, qui déjà les étreint, du désespoir, du refus de la vie – devant l'attrait du vide ? Il serait illusoire de nous recroqueviller une fois de plus en nous-mêmes et de les abandonner à leur destin. Car ils sont en péril de mort. Et la mort d'un enfant ne s'oublie jamais.

Dans toute sa longue histoire, la France n'avait sans doute pas encore connu tant de raisons ni d'espérer, ni de craindre. *D'espérer*, car nous accumulons des chances que notre passé avait ignorées : un pouvoir solide et durable, capable d'organiser l'avenir et de faire passer le long terme avant le court terme ; une activité prometteuse, un niveau culturel élevé, des perspectives de croissance et une autonomie de décision enviables. *De craindre*, car des menaces se précisent : l'aggravation des tensions, l'altercation sociale, la révolte des provinces, la fuite des jeunes loin du monde que nous leur avons fait, la reprise des malthusianismes, la chute des naissances, le vieillissement de la population. Nos *maux visibles* de naguère ont disparu. Mais des *maux cachés* ont fait leur apparition, qui ne sont rien moins que guéris.

Aujourd'hui, voici que le génie de l'histoire nous demande, comme Hans aux bourgeois de la ville, si nous sommes prêts à *payer le prix*. Et comme eux, nous sommes tentés de répondre : « Qu'avons-nous à faire de régler les dettes du malheur et de la malchance, maintenant que le cours des choses nous donne de l'assurance ? »

Les habitants de Hameln n'ont pas compris que *payer le prix*, c'était s'approprier la chance – l'enraciner dans leur labeur, dans un petit sacrifice volontaire, qui aurait évité le grand sacrifice imposé. Le comprendrons-nous mieux ? Serons-nous à la hauteur de nos chances ? Ou laisserons-nous les menaces fondre sur nous, et perdrons-nous notre jeunesse ?

L'histoire pouvait nous débarrasser de la misère extérieure, de la stagnation matérielle, des maux institutionnels. Elle l'a fait. Mais elle ne pouvait nous délivrer de notre mal intérieur : c'est à nous-mêmes de le faire. C'est le prix à payer.

Sans doute Hans fut-il un magicien cruel. Sans doute l'histoire nous a-t-elle joué un mauvais tour : pour nous apprendre l'effort, il ne fallait pas commencer par nous en faire goûter les fruits, mûris par d'autres. Seul le péril provoque : n'est-ce pas du désastre le plus terrible de notre histoire que naquit la Résistance, et son lointain surgeon, le redressement des années 1960 ? Et si j'ai bien fortement marqué les dangers qui nous guettent – décomposition ou explosion –, ce ne fut pas par délectation morose, mais pour essayer d'alerter la vigilance et de déclencher les réflexes de la survie.

Qu'aujourd'hui, la seule imagination du désastre nous réveille ! Les légendes sont faites pour nous enseigner. Si le visage que j'ai montré de la France paraît à certains tenir plutôt d'une légende cruelle que de la vérité, mon espoir est que la légende les remue assez profondément, pour qu'ils apprennent à refuser en eux-mêmes tout ce qui pourrait la confirmer.

Alors, nous ne serons plus ces bourgeois de Hameln, jouets de notre histoire et pourtant seuls auteurs de notre ruine. Mais des êtres adultes qui, tirant de nous-mêmes notre force, saurons à la fois chasser le malheur, et donner à la jeunesse le goût de ne pas nous fuir.

NOTES DOCUMENTAIRES ET RÉFÉRENCES

TITRE

1. In *Poèmes, ballades, complaintes, rondeaux*, Ed. Louis-Michaud, 1909, pp. 68-69.

DÉDICACE, p. 7

1. En Italie, du XIIIe au XVIe siècle, on appelait *Guelfes* les partisans du pape et *Gibelins* les partisans de l'empereur. Ils se livraient à des luttes inexpiables. A l'intérieur d'une cité, les *Guelfes* étaient partisans de la démocratie, et les *Gibelins* d'un régime aristocratique. Ces luttes se doublaient de querelles locales : Pise ne devint gibeline que parce que Florence était guelfe. Erasme, comme plus tard Montaigne, adopte cette maxime, mais ne s'en dissimule pas les dangers ; en luttant, dans sa recherche d'une vérité plus haute, contre le sectarisme manichéen, il risquait de recevoir des coups des deux côtés.

EXERGUE, p. 9

1. Quatrain, dans *Poésies diverses* des *Œuvres*, XIII, éd. Garnier, 1970, p. 152. Le texte original est exactement : *Je suis Francoys, dont ce me poise.* Francoys pourrait désigner le prénom de Villon ; mais le contexte montre que Villon « s'affirme comme *Francoys* de naissance, c'est-à-dire né dans l'Ile-de-France » (David Kuhn, *La Poétique de Villon*, 1967, p. 13). *Dont ce me poise* est une « locution proverbiale qui veut dire *ce que je regrette, ce qui me fait du chagrin, ce qui me rend misérable* », c'est-à-dire *ce qui me fait mal* (*ibid.*).
2. Harangue prononcée devant le parlement de Paris pour lui faire enregistrer contre son gré l'édit de Nantes.
3. « Le Rat et l'Eléphant ». *Fables*, VIII, 15.
4. Texte de 1859, repris dans *Questions contemporaines*, 1868.
5. *Dans les champs du pouvoir*, 1913. La première phrase est du 18 mai 1913 (p. 82), la seconde du 24 mai (p. 115).
6. In *La liberté, pour quoi faire ?*
7. Bulletin politique du comte de Paris, du 26 juin 1954, intitulé *Le Mal français*.
8. Déclaration à l'auteur, le 10 septembre 1966. Cf. chapitre 6, p. 92.

INTRODUCTION, p. 15

1. Paul Valéry, *Regards sur le monde actuel*, 1945, p. 39.
2. Cf. Chardonnet, *Géographie industrielle*, 1962.
3. Ce phénomène s'observe couramment dans les chantiers, après les jours de paye.
4. L'ethnologue allemand Kurt Unkel avait adopté le nom indigène de Nimuendaju après un séjour dans une tribu *gé* du Brésil central. Claude Lévi-Strauss insère cet exemple dans une analyse suggestive de la relativité des civilisations : *Race et histoire*, p. 54. Cf. *Tristes Tropiques*, pp. 284 et 485.
5. *Les Sept Piliers de la sagesse*, p. 433.
6. Les travaux de Crozier, Worms et Grémion ont mis ces jeux en évidence.

PREMIÈRE PARTIE

ÉPIGRAPHES

1. Editorial de *L'Express* du 23 août 1976.
2. Jacques Delors interrogé par Yvan Levaï à Europe 1, le 25 août 1976, à propos de l'éditorial précité.

CHAPITRE 2, p. 39

1. *Dans les champs du pouvoir*, 1913, p. 82.
2. Discours du 18 juin 1940.
3. *Ibid.*
4. *Soldat jusqu'au dernier jour*, 1956.
5. *Les généraux allemands parlent*, in *Mémoires*, notamment pp. 556 et 557 ; *Histoire de la Seconde Guerre mondiale*, 1973.
6. « La production aéronautique française jusqu'en mai-juin 40 », article très important paru dans la *Revue d'histoire de la Seconde Guerre mondiale* – numéro spécial 73, 1969.
7. Voir notamment *La Campagne de France* (colonel Fox et chef d'escadron d'Ornano, « La percée des Ardennes », pp. 77 à 119. Lieutenant-colonel Le Goaster, « L'action des forces aériennes », pp. 135 à 149. Commandant A. Wauquier, « Les forces cuirassées dans la bataille – l'emploi des chars français », pp. 150 à 162), 1953. *L'Aviation de chasse française, 1918-1940*, J. Cuny et R. Danel (notamment pp. 179 *sq.*, 190-192). *Revue des forces aériennes*, n° 119, octobre 1956. Eddy Bauer, « Opinion sur la bataille aérienne de mai-juin 1940 » (pp. 696-700), n° 198, décembre 1963. John Mac Haight, les Négociations pour la fourniture d'avions américains. *Des achats d'avions américains par la France.* John Mac Haight ; *Revue d'histoire de la Seconde Guerre mondiale*, avril 1965, p. 1 *sq. Les Opérations aériennes britanniques durant la campagne de France*, Camille Blot ; *Revue des forces aériennes françaises*, déc. 1954, p. 953.
8. *Témoignage pour l'histoire*, du général Paul Stehlin, 1964, pp. 268 *sq.*
9. *L'Etrange Défaite*, notes rédigées en juillet-août-septembre 1940 et publiées en 1945.

10. *Journal d'une défaite*, 1976. Notons que Villelume, dans ces carnets de la catastrophe, poursuit de sa haine de Gaulle, ses idées, sa personne.

11. Cf. *Le Monde* du 11 mai 1977. Le général Navarre et le colonel Paillole, dans *Le Monde* du 7-8 août 1977, ont défendu les services spéciaux de la défense nationale, auxquels ils ont appartenu, en rejetant la responsabilité « sur le deuxième bureau, organe d'état-major ». Réponse très française : « Ce n'est pas moi, c'est le voisin. »

12. Les témoignages de Chéry et d'Alias m'ont particulièrement impressionné. Cf. général Max Gelée, « La percée des Ardennes vue d'en haut », in *Icare*, n° 57, 1971. Colonel Henri Alias, « Le 11/33 avait vu les Allemands percer sur la Meuse », *ibid.* Général René Chambre, *Histoire de l'aviation.*

13. Cf. *Revue de l'aviation française*, n° 57. *La Bataille de France*, vol. 3, « Le bombardement, la reconnaissance », p. 75.

14. *Le Guignon français*, ou *le Rouge et le Blanc*, Roanne, 1952.

15. Cf. Crozier, *La Société bloquée*, introduction.

CHAPITRE 4, p. 59

1. Décision préparée par une commission tripartite à Londres dès octobre 1944.

2. Charles Bettelheim, *La Planification soviétique*, 1945.

3. Alfred Sauvy.

4. Discours au VIIIe Plénum du Comité central du Parti, le 20 octobre 1956, in *La Documentation française.*

5. Déclaration de Georges Séguy d'après *Trybuna Ludu*, organe officiel du *Popu* polonais, le 27 septembre 1970.

6. Déclaration de Franciszek Szlachcic, membre du Bureau politique du Comité central du *Popu.* Cf. G. Mond, « Les intellectuels des années 70 en Pologne », in *Revue de l'Est* (CNRS), n° 3 (1974), pp. 19-44. S. Kisielewski, *Der Spiegel*, 8 mars 1976, pp. 118-119. Les propos de F. Szlachcic ont trouvé leur confirmation dans les modifications de la Constitution en 1976, contre lesquelles l'Eglise et quarante mille Polonais ont protesté par écrit.

7. Le poète polonais Adam Wazyk montra crûment l'inanité de ces espoirs, en juillet 1955, dans son « Poème pour les adultes », vite célèbre (*Les Temps modernes*, févr.-mars 1957, pp. 1069-1081).

CHAPITRE 5, p. 70

1. *Le Canard enchaîné* du 27 mai 1953.

2. *JO* de l'Assemblée nationale, 31 août 1954, p. 4486.

3. *JO* de l'Assemblée nationale, 28 octobre 1957, p. 4607.

4. Pierre Mendès France, *L'Express* du 5 juillet 1957.

5. Curzio Malaparte, *Journal d'un étranger à Paris*, 1967, p. 93. Ces lignes sont de novembre 1948.

CHAPITRE 6, p. 81

1. Allocution radiodiffusée du 8 juin 1962.

CHAPITRE 7, p. 94

1. Cette notion correspond à celle qu'a décrite le psychiatre et ethnologue américain Abram Kardiner, dans *The Individual and His Society* (New York, 1939) ; *The Psychological Frontiers of Society* (New York, 1945) ; *Sex and Morality* (Londres, 1958).

CHAPITRE 9, p. 112

1. On envisageait alors de fabriquer des bombes H dix ans plus tard, en 1976, si on découvrait le principe de la fusion thermonucléaire avant 1968, condition qui était loin d'être réalisée.

2. La pollution provient notamment des tonnes d'eau pulvérisées qui grossissent le nuage radioactif. Quand l'engin éclate suffisamment en hauteur, la boule de feu n'atteint pas la mer, monte rapidement, et le nuage, beaucoup moins radioactif, se disperse plus aisément.

3. Les tirs les plus puissants effectués sous ballon en 1966 donnèrent des résultats plus favorables, en matière de pollution, que ne le laissaient espérer les modèles théoriques les plus optimistes. La DAM, sous l'énergique impulsion de Robert et, sur place, de Viard, maîtrisa parfaitement les problèmes nouveaux et difficiles que posait l'utilisation systématique des ballons.

4. En 1966-1967, nous disposions d'ordinateurs d'une puissance voisine de ceux qui étaient utilisés par les Américains lors de leurs premières expériences thermonucléaires.

5. L'administrateur général Robert Hirsch, le haut-commissaire Francis Perrin, le directeur des applications militaires Jacques Robert et leurs collaborateurs immédiats.

6. Grâce à l'uranium de Pierrelatte, auquel on ajouterait du tritium.

7. Matignon et les Armées. L'Elysée réagissait en sens contraire.

8. Cette évolution était d'autant plus grave qu'en dehors de toute considération de prestige, une sérieuse menace aurait pu peser sur notre armement atomique : des adversaires éventuels auraient eu le moyen de neutraliser, par l'*effet neutronique*, de simples bombes A. Notre force de dissuasion n'aurait alors guère dissuadé. Une partie essentielle se jouait donc : ou nous pénétrerions dans le sanctuaire thermonucléaire ; ou notre armement, pour lequel nous avions consenti de grands sacrifices, risquerait de devenir un pétard mouillé.

9. Jean-Luc Bruneau et Edouard Parker.

10. Détonique, neutronique, physique quantique, physique nucléaire, physique des hautes températures, physique de la matière, etc.

11. Robert Dautray, tout en restant attaché au centre civil de Saclay, avait déjà été invité par le Pr Yvon (qui, avant de devenir haut-commissaire, était alors conseiller scientifique de la DAM puis délégué du haut-commissaire et examinait périodiquement les évolutions des études) à s'intéresser au problème de la fusion. Mais il ne disposait d'aucune autorité sur les équipes existantes et n'avait même pas accès à toutes les recherches. C'est en prenant autorité directoriale sur l'équipe « H » qu'il put superviser et coordonner tous les travaux, choisir entre les diverses voies possibles, et déboucher sur la solution.

12. Dautray ne serait sûrement pas arrivé si vite à opérer la synthèse s'il n'avait pu associer les études très poussées qu'avaient déjà réalisées en 1966-1967 trois scientifiques de haut niveau, Billaud, Carayol et Dagens.

13. Les exceptionnelles qualités d'organisateur de Viard, directeur des recherches, sous la direction de Jacques Robert, permirent à Dautray et à ses

collaborateurs de réussir le tour de force de redéfinir en un an, sur des bases entièrement nouvelles, le programme des tirs prévus pour 1968.

14. Le plutonium s'avérait aussi utilisable que l'uranium enrichi. Il ne faut pourtant pas regretter Pierrelatte. Dès 1967, sa production fut utile pour fournir du combustible au premier moteur de sous-marin nucléaire. L'uranium enrichi donne aussi plus de souplesse dans la conception des armes. En outre, la construction de Pierrelatte a permis aux équipes du CEA et aux entreprises associées de maîtriser de nombreuses technologies dont elles ignoraient tout, et qui ont eu depuis de remarquables retombées industrielles, notamment l'usine de diffusion gazeuse d'Eurodif.

15. Leur puissance, très largement mégatonnique, confirma les hypothèses de Dautray. L'un d'eux était au plutonium, l'autre à l'uranium enrichi.

CHAPITRE 10, p. 125

1. Stanley Hoffmann *et al., A la recherche de la France*, 1963.
2. Jacques Chaban-Delmas, *L'Ardeur*, p. 368.

DEUXIÈME PARTIE

CHAPITRE 11, p. 139

1. Voir par exemple H. Lüthy, *la Banque protestante*, Paris, 1959, t. I, pp. 15 *sq*.

2. Jules Michelet, *Notre France, sa géographie, son histoire* (écrit vers 1833, publié en 1886, par Mme Michelet), 1932, pp. 289-292. L'affaiblissement des provinces n'est pas général : les ports comme Marseille, Bordeaux, Rouen et leur arrière-pays sont prospères.

3. 2 septembre 1661, *Lettres*, III, pp. 379 à 385.

4. Lettre de Fénelon à Louis XIV, publiée par Renouard en 1825 (datée, par Renouard, de 1694). Lettre écrite, il est vrai, à l'occasion d'une conjoncture agricole particulièrement désastreuse. C'est nous qui soulignons.

5. *Mémoire* de 1710 publié par Renouard en 1825 (cette fois encore, le mémoire est écrit après une grande famine, celle de l'hiver 1709).

6. Par la démographie, la capacité militaire, l'influence diplomatique, l'éclat de sa culture et de ses arts. Mais déjà la misère était grande. Cf. Y.-M. Bercé, *Histoire des croquants*, Genève, 1974, 2 vol.

7. Voir notamment Henri Hauser, *Pensée et action économique du cardinal de Richelieu.* Dans sa thèse, *Le Conseil du roi sous le règne de Louis XV*, Genève, 1970, Michel Antoine démontre comment le caractère stérilisant du colbertisme n'a fait ensuite que s'aggraver ; et comment la monarchie administrative louis-quatorzienne trouve son couronnement dans la Révolution de 1789.

8. Il ne faut pourtant pas exagérer le scandale des « manieurs d'argent » : cf. Denise Ozanam, *Claude Baudard de Sainte-James.*

9. Pierre Goubert, *Beauvais et le Beauvaisis de 1600 à 1730*, 1960.

10. La Compagnie des Indes orientales néerlandaises donne des dividendes égaux ou supérieurs à 25 % de 1633 à 1642, 20 % en moyenne de 1623 à 1712. Cf. Charles Wolsey Cole, *Colbert*, Columbia, 1939.

11. Cité par E. Pognon, *Histoire du peuple français*, p. 297.

12. On est seulement en train de recenser les créatures de Colbert – les Frémont, les Pocquelin, les Pussort, les Dalliez de La Tour ; mais on sait déjà que certains finirent en prison, comme Bellinzani. Cf. Pierre Goubert, *Familles marchandes sous l'Ancien Régime : les Danse et les Motte de Beauvais*, pp. 117-118.

13. P. Deyon, *le Mercantilisme*, 1963, pp. 79-80. Goubert lui-même (*Louis XIV et vingt millions de Français*) reconnaît que, dans une certaine mesure le colbertisme est conséquence plus que cause.

14. J. Marczewski, « Le Produit physique de l'économie française de 1789 à 1913 (comparaison avec la Grande-Bretagne) », *Cahiers de l'ISEA*, juillet 1965, p. LXXVIII.

15. En 1806, 97 % de la production de fonte anglaise était fabriquée au coke, contre 20 % en France. Cf. Monique Pinson, « La sidérurgie française », *Cahiers de l'ISEA*, nº 58, février 1956, pp. 15-16.

16. J. Marczewski, « Le Produit physique de l'économie française de 1789 à 1913 (comparaison avec la Grande-Bretagne) », art. cité, p. XLV.

17. J. Marczewski. « Y a-t-il eu un "take-off" en France ? », *Cahiers de l'ISEA*, 1961. Angus Maddison, *Economic Growth in the West*, Londres, 1964, p. 225.

18. L'*Annuaire rétrospectif de l'INSEE*, édition de 1966, p. 561, donne, pour la production industrielle avec le bâtiment en 1913 : 109 ; 1929 : 133 ; 1936 : 96 ; 1937 : 109 ; 1938 : 100. L'indice français est relativement favorable entre 1922 et 1930 ; c'est un effet artificiel de la baisse du franc. Cette performance est payée par une récession grave de 1931 à 1938 – sans exemple chez nos voisins.

19. Voir Harry D. White, *The French International Accounts, 1881-1913*, Cambridge, E.-U., 1933 ; Rondo E. Cameron, *France and the Economic Development of Europe, 1800-1914*, Princeton, 1961 ; Jesse R. Pitts, « The bourgeois family and the French economic retardation », thèse inédite, Harvard University, 1937 ; Ch. P. Kindleberger, *In Search of France*, Cambridge, E.-U., 1963 ; Malinvaud, *La Croissance française*, 1974, évite de trop bousculer les idées reçues.

CHAPITRE 12, p. 150

1. Grâce avant tout aux études entreprises, sous l'impulsion d'Alfred Sauvy, par l'INED, et notamment par André Armengaud et Marcel Reinhard, ainsi que par Jacques Dupâquier, directeur du laboratoire de démographie historique de l'EHESS.

2. Cf. Pierre Goubert, *Les Fondements démographiques*, in *Histoire économique et sociale de la France*, 1970, t. II, p. 11.

3. Par exemple le doyen Godechot et son équipe pour le Midi-Pyrénées, Emmanuel Le Roy Ladurie pour le Languedoc, René Bechrel pour la Basse-Provence, Abel Poitrineau pour la Basse-Auvergne, Pierre Goubert pour le Beauvaisis, Pierre Deyon pour Amiens et la Picardie.

4. Jean Meuvret, « Les crises de subsistance et la démographie de la France de l'Ancien Régime », dans *Population*, 1946, p. 642. Enquête de l'INED dans *Population*, nº spécial, octobre 1975.

5. Louis Henry, in ouvrage collectif dirigé par Glass et Everley, 1965.

6. J. Beaujeu Garnier, *La Population française*, 1969.

7. Antoine de Montchrestien, auteur dramatique (*L'Ecossaise*, Rouen, 1601) et économiste : *Traité de l'économie politique*, 1615. Cf. A. Vène, *Montchrétien et le socialisme économique*, 1923.

8. Cf. J. Marczewski, *Cahiers de l'ISEA* (série AE, n° 4). Chiffres nuancés par A. Wrighley, *Société et population*, 1969, p. 78.
9. *Ibid.*
10. A. Soboul, *la France à la veille de la Révolution. Economie et société*, 1966, t. I, p. 88.
11. F. Boulard, *Essor ou déclin du clergé français ?*, 1950.
12. Fliche et Martin, *Histoire de l'Eglise*, t. XXI, 1952, pp. 114-118.
13. J. Berenger, Yves Durand et Jean Meyer, *Pionniers et colons en Amérique du Nord*, 1974.
14. Jacques Henripin, *La Population canadienne au début du* XVIIIe *siècle*, Institut national d'études démographiques. cahier n° 22, pp. 96-101.
15. Montyon (sous le pseudonyme de Moheau), *Recherches et considérations sur les populations de la France*, Paris, 1778.
16. Cf. Jean Meuvret, « Les crises de subsistance et la démographie de la France de l'Ancien Régime », art. cité.
17. Selon l'expression de Pierre Goubert, qui a tant fait pour établir ces terribles vérités. Cf. Pierre Goubert, « Le régime démographique français au temps de Louis XIV », in *Histoire économique et sociale*, t. II (1660-1789).
18. Lettre de Fénelon à Louis XIV, publiée par Renouard en 1825 (datée, par Renouard, de 1694), *op. cit.*
19. Fénelon, *Mémoire sur la situation déplorable de la France en 1710*, *op. cit.*
20. Paris, et surtout Bordeaux, Rouen, Lyon, Marseille, Nantes. Cf. travaux de Jean Meyers et Paul Butel.
21. En 1778.
22. Jean Ganiage. *Trois Villages de l'Ile-de-France au* XVIIIe *siècle*, INED, cahier n° 40.
23. Le modèle Harrod-Domar (intérêt composé fondé sur une épargne accrue) fait apparaître ce ralentissement de la croissance économique par suite de l'accélération de la croissance démographique.
24. Sondage IFOP du 20 octobre 1967 (donc antérieur à l'explosion sociale de Mai 1968, ce qui exclut l'interprétation, parfois avancée, selon laquelle la peur de la croissance serait consécutive à cette crise). A la même question posée entre 1970 et 1976, les réponses donnent des chiffres voisins.
25. Cf. Pierre Chaunu, *le Refus de la vie*, 1976.

CHAPITRE 13, p. 165

1. Ph. Dollinger et P. Jeannin ont montré qu'il s'agit là d'un cas bien à part : ces villes ont prospéré à la fin du Moyen Age et déclinèrent ensuite.
2. Montesquieu, *De l'esprit des lois*, livre II, chapitre XXI.
3. Roland Mousnier, XVIe *Siècle*, 1967, p. 371.
4. E. J. Hamilton, *American Treasures and the Price Revolution in Spain, 1501-1690*, Cambridge (Mass.), 1934.
5. Cf. Pierre Chaunu, *Séville*, monumentale démonstration en douze tomes.
6. *Ibid.*
7. Semer, *Monarchie espagnole*, t. II, p. 50.
8. Guicciardini, cité par W. Sombart, *Le Bourgeois*, p. 132.
9. Semer, *Monarchie espagnole*, t. II, p. 50.
10. Werner Sombart. *Le Bourgeois*, pp. 132-133.
11. E. J. Hamilton, *American Treasures and the Price Revolution in Spain, 1501-1690*, *op. cit.*
12. Léo Moulin, *L'Aventure européenne*, p. 127.

13. *Encyclopædia Universalis*, édition 1975, article « Espagne ».
14. R. de Roover, *The Rise and Decline of the Medici Bank (1394-1494)*, Cambridge (Mass.), 1969.
15. Lettre de Léonard de Vinci, citée par Jean Delumeau, *Civilisation de la Renaissance*, p. 176.
16. Pitirim A. Sorokin, *Society, Culture and Personality*, New York, 1947, pp. 540 *sq*.
17. A propos des Etats pontificaux, Jean Delumeau a parfaitement montré le parallélisme entre macro et micro-centralisation.
18. *Cambridge History of Poland*, 2 tomes, Cambridge, 1950-1951.
19. S. Kieniewicz, *Histoire de la Pologne*, 1971.
20. Lewis Carroll a cette formule : « Ici, il faut courir autant que vous pouvez pour rester au même endroit. »

CHAPITRE 14, p. 177

1. Cf. Jean Chardonnet, *Les Grandes Puissances*, p. 239.
2. Cf. J.-A. Lesourd et C. Gérard, *Histoire économique des* XIXe *et* XXe *siècles*, 1963, t. II, pp. 390-391.
3. André Philip, *Histoire des faits économiques et sociaux*, p. 44.
4. A. J. Youngson, *Possibilities of Economic Progress*, 1959, p. 140.
5. *Ibid.*, p. 145.

CHAPITRE 15, p. 186

1. Martin Offenbacher, *Konfession und Soziale Schichtung ; eine Studie über die wirtschaftliche Lage der Katholiken und Protestanten in Baden*, Fribourg, 1900.
2. Paul Seippel, *La Critique des deux Frances*, 1906, p. 28.
3. *Ibid.*
4. W. C. Scoville, *The Persecution of Huguenots and French Economic Developement, 1630-1720*, University of California, 1960.
5. H. Lüthy, *La Banque protestante*, 2 vol., 1959.
6. G. Palmade, *Capitalisme et capitalistes en France au* XIXe *siècle*, 1961, p. 49. Les protestants n'étaient pas les *seuls* capitalistes en France. Mais leur part était très supérieure à leur pourcentage dans la population.
7. G. Palmade, *Capitalisme et capitalistes en France au* XIXe *siècle*, *op. cit.*, p. 108.
8. Orcibal, *Louis XIV et les protestants*. En revanche, cette interdiction d'émigrer est citée dans Berenger, Y. Durand et J. Meyer, *Pionniers et colons en Amérique du Nord*, pp. 234 et 260.
9. Jean-Marie Domenach, « Urgence au Québec », *Esprit*, juillet-août 1969.
10. Sigmund Diamond, « Le Canada français au XVIIe siècle, une société préfabriquée », *Les Annales*, mars-avril 1961, pp. 317-354.
11. Lettre de Colbert adressée le 13 juin 1673 au comte de Frontenac, gouverneur et lieutenant général du Canada, in *Lettres, instructions et mémoires de Colbert*, publiés par P. Clément, 1865, t. III, 2e partie, p. 559.
12. Le Québécois Jean-Marc Léger, l'un des meilleurs connaisseurs des réalités présentes de son pays, a analysé l'arrière-plan psychologique de cet effondrement dans la revue québécoise *Dimensions*, mars 1969, sous le titre : « L'incertitude d'un Québec mélancolique ».

CHAPITRE 16, p. 195

1. Andrew Shonfield, *Le Capitalisme aujourd'hui*, 1966, pp. 89-90.
2. Sondage effectué par Market and Opinion Research International, publié dans le *Financial Times* du 30 juillet 1976.
3. « Antagonismes dans l'industrie britannique et leurs origines », d'après un rapport de l'Institute for the study of conflict, in *Le Monde moderne*, mars 1974, p. 17.
4. *The Times*, 4 juin 1975.
5. *Le Progrès scientifique*, mars-avril 1974, n° 169, p. 114. Notons que le *braindrain* s'est ralenti dans les années 1970 (sans doute à cause de la crise économique qui s'est développée aux Etats-Unis).
6. Cf. Pierre Mayer, *Le Monde rompu*, 1976, pp. 88-90.

CHAPITRE 17, p. 201

1. M. Missenard, *A la recherche de l'homme*, 1954, pp. 198-211.
2. Voir notamment *le Racisme*, ouvrage collectif publié par l'Unesco, 1960.
3. Par exemple, Ralph Waldo Emerson, *Le Caractère anglais*, Londres, 1851.
4. Karl Marx, *Le Capital*, Gallimard, coll. « Bibliothèque de la Pléiade », notamment pp. 613 *sq.*, pp. 1177 *sq.*
5. Friedrich Engels, *La Guerre des paysans*, trad. fr., 1952, notamment pp. 203 *sq.*, pp. 213 *sq.*
6. Notamment Oscar A. Marti, *Economic Causes of the Reformation in England*, Londres, 1929. Corr. Barbagallo, *Età moderna*, Turin, 1958. M. M. Smirin, *Die Volksreformation des Thomas Müntzer*, Berlin, 1956.
7. Voir par exemple R. de Roover, *the Medici Bank*, New York, 1943 ; Y. Renouard, *Les Hommes d'affaires italiens du Moyen Age*, 1949 ; A. Sapori, *Le Marchand italien au Moyen Age*, 1952 ; Jean Delumeau, *Naissance et affirmation de la Réforme*, 1965, pp. 259-278. Sauf erreur ou omission, c'est Delumeau qui a le premier réfuté au fond la thèse de Marx sur les origines capitalistes du protestantisme.
8. Max Weber, *Die Protestantische Ethik und der Geist des Kapitalismus*, 1904.
9. Traduction française par J. Chavy, *L'Ethique protestante et l'esprit du capitalisme*, 1964.
10. D'excellentes bibliographies de la querelle wébérienne ont été établies par Eisenstadt, Bernard Bieler, Lüthy, Trevor-Roper, Besnard.
11. Il faut excepter l'Italie : Amintore Fanfani, *Cattolicesimo e protestantesimo nella formazione storica del capitalismo*, Milan, 1934. En France, seuls des articles mentionnèrent la querelle ou y participèrent, jusqu'à la petite anthologie, fort bien faite, de Philippe Besnard, parue en 1970.
12. Max Weber, *L'Ethique protestante et l'esprit du capitalisme*, *op. cit.* p. 241, n. 95.
13. *Ibid.*, p. 242.
14. *Ibid.*, p. 234.
15. « L'épargne forcée ascétique », *ibid.*, p. 237.
16. E. de Girard, *Histoire de l'économie sociale jusqu'à la fin du* XVIe *siècle*, 1900, p. 48.
17. Erasme et Hütten hésitèrent. Voir P. Mesnard, *L'Essor de la philosophie politique au* XVIe *siècle*, 1939.
18. E. Fischoff, « The protestant ethic and the spirit of capitalism », Social Research, t. II, 1944, pp. 54-77.

19. H. R. Trevor-Roper, *Religion. The Reformation and Social Change*, Londres, 1967.
20. H. Lüthy, *La Banque protestante*.
21. Voir H. Lüthy, « Calvinisme et capitalisme », in *Preuves*, juillet 1964, p. 5.

CHAPITRE 18, p. 209

1. J.-M. André, *L'« Otium » dans la vie morale et intellectuelle romaine*, 1966.
2. Matthieu, ch. 25.
3. Saint Paul, *2e Epître aux Thessaloniciens*, III, 10.
4. Y. Renouard, *Les Hommes d'affaires italiens du Moyen Age*, *op. cit.*, pp. 124-131.
5. M. Bataillon, *Erasme et l'Espagne*, 1937 ; M. Renaudet, *Erasme et l'Italie*, Genève, 1954 ; Margaret et Mann, *Erasme et les débuts de la Réforme française*, 1934 ; J.-C. Margolin, *Erasme par lui-même*, 1965.
6. P.-J. Lecler, *Histoire de la tolérance au siècle de la Réforme*, 1955.
7. Cf. H.R. Trevor-Roper, *De la Réforme aux Lumières*, trad. fr., 1972, p. 23.
8. « Maintenant vous êtes des sacrificateurs royaux... Chacun participe de la *Sacrificature* » (*= prêtrise)* (Commentaire de la 1re épître de Pierre, II, 9).
9. Je demande pardon à mon maître, Alphonse Dupront, malgré toute l'admiration que je porte à son œuvre, de ne pas le suivre dans son analyse de la « Réforme catholique » et de persister à partager celle d'Henri Hauser.
Cf. Henri Hauser, *la Prépondérance espagnole (1559-1660)* ; H. Sée et A. Rébillon, le *XVIe siècle*, pp. 218-219, pp. 24-25.
10. M. Bataillon, *Erasme et l'Espagne*, p. 493.
11. Il est vrai que Bruno allait plus loin encore que Copernic dans les audaces intellectuelles : son « matérialisme », son « univers en expansion », sa conception de l'infini inachevé rendaient un son singulièrement moderne.
12. H.R. Trevor Roper, « Galilée et l'Eglise romaine : un procès toujours plaidé », in *Annales E.S.C.*, novembre-décembre 1960.
13. R. Chartier, M. Compère et D. Julia, *L'Education en France du XVIe au XVIIIe siècle*, 1976.
14. La tendance des marchands à acheter des terres et des offices existait dès le Moyen Age, ainsi que la tendance à la centralisation. Mais elle s'est intensifiée en Italie à la fin du XVIe siècle, comme l'a montré Braudel.
15. H. Lapeyre, *les Monarchies européennes du XVIe siècle*. Les relations internationales, 1967, p. 158.
16. A.-A. Bourdan, *Histoire du Portugal*, 1970, pp. 85-86.
17. J. Delumeau, *L'Italie de Botticelli à Bonaparte*, 1974, pp. 201-203.
18. H.R. Trevor Roper, *De la Réforme aux Lumières*, pp. 50 à 67.
19. V. Barbour, *Capitalism in Amsterdam in the Serventeenth Century*, Baltimore, 1950.
20. Jean de Witt, *Mémoires*, parus à La Haye en 1709, longtemps après le décès de l'auteur ; probablement écrits vers 1660, pp. 259, 267.
21. Josy Eisenberg, *Une histoire du peuple juif*, 1974, pp. 367-378.
22. V. Barbour, *Capitalism in Amsterdam in the Serventeenth Century*, *op. cit.*
23. H.W. Elson, *Histoire des Etats-Unis*, 1930, pp. 90 à 92.
J. Canu, *Histoire de la nation américaine*, 1947, pp. 21 à 24.
24. D. Pasquet, *Histoire politique et sociale du peuple américain*, t. I, pp. 60-63.

CHAPITRE 19, p. 221

1. *Journal et Mémoires du marquis d'Argenson*, t. 1, p. 43 (note), éd. Rathery.
2. Luc, II, 1-3.
3. J. de Lasteyrie, *Histoire de la liberté politique en France.*
4. Alexis de Tocqueville, *l'Ancien Régime et la Révolution.*
5. *Considérations sur le gouvernement de la France*, par le marquis d'Argenson, p. 146.
6. Cf. Roland Mousnier, *Etat et commissaires*, Recherche sur la création des intendants de province, Berlin, 1958.
7. Pierre Goubert, *Louis XIV et vingt millions de Français*, pp. 160 *sq.*
8. Cf. travaux de Grémion et Worms.
9. R. Mousnier, « Participation des gouvernés aux activités des gouvernants dans la France des XVIIe et XVIIIe siècles », *Etudes suisses d'histoire générale*, vol. 20, 1962-1963, Berne.
10. La révolte antiétatique s'exprime notamment dans les manifestes du marquis de Miremont (1689) et du duc de Schomberg (1692). Cf. Bercé, *op. cit.*, Denis Richet, *op. cit.*
11. Pierre-Edouard Lemontey, *Essai sur l'établissement monarchique de Louis XIV*, 1818, p. 399.
12. *Ibid.*
13. *Journal* du marquis d'Argenson, décembre 1753, p. 240.
14. Malesherbes, *Discours au roi au nom de la Cour des aides*, 1772.

CHAPITRE 20, p. 232

1. Honoré de Balzac, *Ressources de Quinola*, I, 1 (1842).
2. Cf. Jacques Austruy, *Le Scandale du développement*, 1965.
3. D. C. Mac Clelland, *That urges to achieve, in Think*, novembre-décembre 1966.
4. D. C. Mac Clelland, J.W. Atkison, R.A. Clark et E.L. Lowell, *The Achievement Motive*, New York, 1953 ; D. C. Mac Clelland, *The Achieving Society*, Princeton, 1961.
5. F. Perroux, *La Pensée économique de Joseph Schumpeter*, Genève, 1965, p. 93.
6. Gaston Bachelard disait : « Dès le matin, devant les livres accumulés sur ma table, je fais, au dieu de la lecture, ma prière de lecteur dévorant... »
7. B.C. Rosen et R.C. d'Andrade, *The Psychosocial Origin of Achievement motivation, Sociometry*, 1959, pp. 185-215.
8. L. Moulin, *op. cit.*, p. 146.
9. N.M. Bradburn, *The Managerial role in Turkey*, Harvard University, 1960.
10. Juan B. Cortés, « The Achievement motive in the Spanish economy between the 13th and 18th centuries », in *Economic Development and Cultural Change*, janvier 1961, pp. 144-163.
11. Edward F. Denison, *The Sources of Economic Growth in the United States and the Alternatives before U.S.*, New York, 1962.
12. Industriel français qui a fait fortune dans une série éclectique d'entreprises : transports par camion, par avion, radiodiffusions commerciales, voitures de course, télévision en couleurs, truffes, etc.
13. Edward F. Denison a étudié ces dispositions sous le nom de « facteur résiduel » : « La mesure de la contribution de l'enseignement à la croissance économique », in *Le Facteur résiduel et le progrès économique*, OCDE, 1965, pp. 13-59.

14. N. M. Bradburn et D. E. Berlew, « Need for achievement and english industrial growth », in *Economic Development and Cultural Change*, octobre 1961.
15. Racine, *Port-Royal*, I.
16. Diderot, *Encyclopédie*, article « Novateur ».
17. Cf. R. Mousnier, *Progrès scientifique et technique au* XVIIIe *siècle*, 1958, où sont fournis maints exemples comparables.
18. *Ibid.*, p. 442.
19. Cf. aussi Pitirim Sorokin, *Society, Culture and Personality*. New York 1947, pp. 540 *sq.*
20. Léo Moulin, « La nationalité des prix Nobel des sciences de 1901 à 1960 », essai d'analyse sociologique, in les *Cahiers internationaux de sociologie*, 1961, XXXI, pp. 145-163.
21. Mort à Biervliet en 1447.
22. *Kaken* en néerlandais, d'où *encaquer*. Cf. Léo Moulin, « La nationalité des prix Nobel des sciences de 1901 à 1960 », art. cité, p. 121.

CHAPITRE 21, p. 244

1. Père François-Xavier de Charlevoix (1682-1761), *Journal d'un voyage fait dans l'Amérique septentrionale*, Paris, 1744, t. V, pp. 117-118.
2. Jean de Witt, *Mémoires*, pp. 46-47, chapitre X : « Que toutes les compagnies et corps de métiers octroyés sont très dommageables à la Hollande. »
3. Titre d'un livre important de Robert Guillain, paru en 1968.
4. André Philip, *Analyse de l'industrialisation japonaise*, p. 188.
5. Dans *Le Monde*, 15 juin 1972, voir Nicolas Vichney, « Le Japon, de la technique à la science ».
6. F. Bluche, *La Vie quotidienne de la noblesse au* XVIIIe *siècle*, 1973, p. 22.
7. *Ibid.* A. Soboul dans *La France à la veille de la Révolution*, 1966, p. 63, donne 350 000 personnes, soit 70 000 familles.
8. L'abbé Coyer, en 1756, écrit un plaidoyer en faveur de la *noblesse commerçante* : « Le commerce n'est-il pas devenu l'âme des intérêts politiques et de l'équilibre des puissances [...], la base de la grandeur des rois et du bonheur des peuples ? »
9. H. Lüthy, *La Banque protestante en France*, 1959, t. I, pp. 13-14.
10. F. Bluche, *La Vie quotidienne de la noblesse au* XVIIIe *siècle*, *op. cit.*, p. 23.
11. Livet, *op. cit.*
12. Fréville, *op. cit.*
13. Décision du Conseil d'Etat (c'est-à-dire du Conseil des ministres) de 1738, document original (archives de l'auteur).
14. Virgile, *Enéide*, III, 57.
15. A. Bieler, *La Pensée économique et sociale de Calvin*, Genève, 1961.

CHAPITRE 22, p. 259

1. Luc, X, 39-42.
2. La revue historique anglaise *Past and Present* a fourni entre 1960 et 1976 des preuves extrêmement probantes de la supériorité du niveau culturel de la Grande-Bretagne et des Provinces-Unies au XVIIe siècle par rapport aux pays catholiques.

TROISIÈME PARTIE

ÉPIGRAPHE

1. Antoine Augustin Cournot, *Œuvres complètes*, éditées par Angèle Kremer-Marietti, t. VII.

CHAPITRE 23, p. 273

1. *Correspondance d'Alexis de Tocqueville et de Gustave de Beaumont*, 8 juillet 1838, Tocqueville, *Œuvres complètes*, éd. Mayer, t. VIII, vol. 1, p. 311.
2. *Ibid.*, 28 décembre 1853, vol. 3, p. 177.
3. L'hostilité des ingénieurs des Ponts à l'égard des chemins de fer dans les années 1840 s'appuyait exactement sur les mêmes arguments que leur hostilité dans les années 1950 à l'égard des autoroutes : attachement aux programmes de routes déjà engagés, crainte que les ressources nécessaires ne soient détournées vers des priorités imprévues, volonté de conserver pour leur corps le contrôle complet du service public des transports, refus de voir les intérêts privés s'y ingérer, sous-estimation de la croissance à venir du trafic, conviction que les nouvelles voies ne seraient rentables que sur un petit nombre d'itinéraires. Les documents de l'époque, à cent vingt ans de distance, restent étrangement actuels (cf. les ouvrages de Levy-Leboyer, Dunham, Dauzet, les articles de Blanchard).
4. Viricon Rowe, *The Great Wall of France ; the Triumph of the Maginot Line*, Londres, 1959.
5. Soit une dépense moyenne de 800 millions de francs par an, voir Général Paul-Emile Tournoux, « Les origines de la ligne Maginot », in *Revue d'histoire de la Seconde Guerre mondiale*, 1959.
6. Pendant chacune de ces cinq années. Cf. Alfred Sauvy, *Histoire économique de la France entre les deux guerres*, t. I, « De l'armistice à la dévaluation de la livre », 1965, pp. 370-371 ; et t. II., « De Pierre Laval à Paul Reynaud », 1967, p. 579.
7. *Journal officiel*, Chambre des députés, débats, 2e séance du 28 novembre 1928.
8. *Journal officiel*, Chambre des députés, débats, 2e séance du 28 décembre 1929.
9. Dès 1919, le ministère de la Guerre avait demandé au grand quartier général qu'il fît connaître ses vues sur la défense du territoire. Les études furent reprises au Conseil supérieur de la guerre en mai 1920, puis à une Commission de défense du territoire en 1922. Elles furent menées à bien par une Commission de défense des frontières. Le Conseil supérieur de la guerre en délibéra à plusieurs reprises. Les gouvernements acceptèrent toujours sans broncher les conclusions de ces organismes, Général Tournoux, « Les origines de la ligne Maginot », in *Revue d'histoire de la Seconde Guerre mondiale*, art. cité.
10. *Journal officiel*, Chambre des députés, débats, 2e séance du 15 mars 1935.

1. Lettre du 9 mars 1965 du Syndicat des exploitants de terres réfractaires du bassin de Provins et de Villenauxe-la-Grande à Gilbert Grandval.

2. Paul Bacon, Gilbert Grandval, Jean-Marcel Jeanneney, Maurice Schumann, Robert Boulin.

3. Jean-Marcel Jeanneney, Michel Bokanowski, Raymond Marcellin, Olivier Guichard, François Ortoli.

4. Lettre du 23 août 1965 de Gilbert Grandval.

5. Lettre du 9 septembre 1964 de Gilbert Grandval, ministre du Travail.

6. Article L. 332 du code de la Sécurité sociale.

7. Article L. 334 du code de la Sécurité sociale.

8. Lettre du 23 août 1965 de Gilbert Grandval.

9. *Ibid.*

10. Proposition de résolution du 12 décembre 1947.

11. Avis défavorable du Conseil supérieur des mines le 5 avril 1948, sur la proposition de résolution déposée par le groupe communiste.

12. Lettre de Mertille Hennebert, secrétaire du Syndicat des travailleurs glaisiers du bassin de Provins, le 1er décembre 1966.

13. Proposition de loi relative à l'assurance vieillesse des ouvriers mineurs des exploitations souterraines d'argiles réfractaires et céramiques, quatrième législature, nº 128.

14. Ce concours s'était déroulé selon les dispositions d'un arrêté ministériel que le Conseil d'Etat avait annulé pour vice de forme (non consultatif). La tradition de la validation législative consiste en ce que le Parlement, saisi par le gouvernement, légalise, comme il en a le pouvoir, un texte réglementaire que le Conseil d'Etat a jugé contraire à la loi. Faute de cette validation, les épreuves de concours devraient être subies à nouveau, puisqu'elles ont été organisées selon les dispositions d'un texte qui n'existe pas.

15. Le 9 janvier 1971.

16. M. G. Raucq, Chalautre-la-Petite, chef mineur aux établissements Denain-Anzin Matériaux, chantier de Richebourg.

17. *Ibid.*

18. Le 7 décembre 1971.

19. Décret nº 72-53 du 19 janvier 1972, déterminant les conditions d'application de l'article 25 de la loi de finances rectificative pour 1970.

20. Arrêté portant application du décret 72-53 du 19 janvier 1972, *Journal officiel* du 16 juin 1972.

21. Le comité d'administration du Fonds spécial des retraites, dans sa réunion du 18 avril 1972, estimait qu'il convenait d'appliquer la loi à *tous* les anciens glaisiers sans exception.

22. La direction du Budget réfutait la lettre nº 72-6 301/13162 CG/LC du président de ce comité du 26 juin 1972.

23. Audience du 15 décembre 1972 accordée à une délégation patronale et ouvrière que je conduisis auprès de lui.

24. Le 12 février 1973.

25. Article 200 du décret du 27 novembre 1946.

26. Lettre du ministère de l'Economie et des Finances, direction du Budget, en date du 5 juin 1972.

27. Lettre CAB/nº 9779 C.P. en date du 1er août 1972, du ministère du Développement industriel et scientifique.

28. Lettre du ministère de la Santé publique, sous le timbre du directeur de la Sécurité sociale, en date du 20 juin 1972.

29. Lettre de Roger Chopinet, délégué syndical, de Saint-Loup-de-Naud, sans date (début 1973).

30. Tract du syndicat CGT des mineurs de glaise de février 1973.

CHAPITRE 25, p. 302

1. La Compagnie générale des eaux, la Lyonnaise des Eaux et la Société anonyme française d'étude et de gestion d'entreprises (SAFEGE).

2. L'agence a été créée par la loi sur l'eau de 1964. Depuis 1975 (loi du 27 décembre 1974 modifiant l'article 14 de la loi sur l'eau de 1964), un contrôle du Parlement sur les agences existe *a posteriori* : « Un compte rendu d'activités des Agences du bassin faisant état des recettes et des dépenses réalisées dans le cadre de ce programme et de ses modifications éventuelles est annexé chaque année au projet de loi de finances. » Mais ce contrôle, par dépôt d'un rapport qui ne peut être, au mieux, discuté qu'en quelques minutes, est purement théorique... Les redevances, qu'elles soient de prélèvement sur la ressource en eau ou de pollution, sont assises sur la consommation d'eau potable. Il s'agit donc plus précisément d'une « taxe prélevée d'autorité sur les usagers des services publics d'eau potable ».

3. Définition de la ZAD par le ministre de l'Equipement, en date du 17 juin 1965.

4. Cette expression est souvent employée par Michel Crozier, notamment dans *Le Phénomène bureaucratique*. Elle me semble s'appliquer bien plutôt aux strates inférieures de l'administration, peu entraînées à s'affirmer, qu'aux fonctionnaires de responsabilité.

5. Il y en a une vingtaine plus ou moins semblables, aux environs de Paris : Morsang-sur-Seine, Orly, Viry-Châtillon, Vigneux-sur-Seine, Annet-sur-Marne, Saint-Maur, Ivry, Neuilly-sur-Marne, Meaux, Corbeil, Méry-sur-Oise, Suresnes, Aubergenville, Villeneuve-la-Garenne, Croissy-la-Chapelle, Louveciennes.

6. L'épuration met en œuvre trois traitements : clarification et neutralisation (coagulation au chlorure ferrique et neutralisation à la soude, floculation par agitation mécanique, décantation horizontale, filtration sur sable) ; stérilisation (prétraitement de l'eau brute au bioxyde de chlore, ozonisation de l'eau filtrée) ; affinage (emploi du bioxyde de chlore, du charbon actif qui a d'heureux effets sur les qualités gustatives, et de l'ozone qui élimine les micropolluants).

7. Chlore, peroxyde de chlore, ozone.

8. Pures des bacilles énumérés dans une circulaire ministérielle. Voir, en annexe, le rapport Arnould.

9. Rapport Vibert, novembre 1969.

10. Le géologue officiel du projet, le professeur Laffitte, du Muséum d'histoire naturelle, a souligné ce phénomène, démontré maintes fois par les géologues (rapports du BRGM, du Pr Vibert et du Pr Arnould). Une étude du BRGM d'octobre 1970 a estimé que les captages qui seraient réalisés *près des coteaux* seraient, pour l'essentiel, alimentés par de l'eau souterraine et que même les captages situés près de la Seine et de l'Yonne auraient 20 % d'eau des coteaux contre 80 % d'eau de rivière. Mais *pendant la période critique, celle des basses eaux, la seule vraiment intéressante, la proportion d'eau souterraine diminuerait beaucoup ; et c'est de l'eau de rivière qui viendrait la remplacer.*

11. La distribution du jour de pointe n'est en 1976 que de l'ordre de 4 000 000 de mètres cubes. Mais on prévoit 6 000 000 de mètres cubes par jour au moment où serait mise en service la seconde tranche du « projet Montereau ».

12. Deux enquêtes, l'une de 1963 effectuée par la SOFRES, l'autre en 1966 effectuée à l'instigation de l'hebdomadaire *Elle*, avaient révélé que 80 % de la

population de l'agglomération parisienne consommait de l'eau minérale. Elles ont été actualisées par un sondage de novembre 1974, fait à la demande du ministère de la Qualité de la vie. Le sondage montre que la proportion, qui est de 75 % pour le pays, est passée, pour l'agglomération parisienne, à 90 %, qui boivent de l'eau en bouteille et préfèrent ne consommer l'eau du robinet que sous forme de boisson chaude ou de coupage. La proportion des buveurs d'eau minérale augmente à mesure de l'élévation du niveau de vie et, notamment, de l'usage des réfrigérateurs. Pour toute la France, la croissance de la vente des eaux en bouteilles est, de façon continue depuis 1950, le triple de celle des eaux du robinet. Et la consommation pour les habitants de l'agglomération parisienne est le double de celle des habitants de la province. Curieusement, il n'existe aucune corrélation entre la qualité de l'eau du robinet et la quantité des bouteilles vendues : les quartiers les mieux servis en eau « naturellement pure » consomment autant d'eau minérale que les quartiers surtout servis en eau de fleuve.

13. 54 litres perdus pour 100 litres consommés en 1958, et 75 litres pour 100 en 1962.

14. De 336 millions de mètres en 1963 à 220 millions en 1966 et 1967. Le volume d'eau distribué était ramené à celui de 1951.

15. Une des deux sociétés qui seraient appelées à réaliser les travaux et à gérer les installations avance, pour les seuls travaux (*sans les indemnisations*), le chiffre de 1 milliard de francs 1970 pour la moitié aval du projet, la moins onéreuse puisque la plus proche de Paris ; la moitié amont ne saurait coûter moins de 1,5 milliard. Un centre hospitalier de trois cents lits, du type Beaune, coûte 40 millions de francs.

16. Ne citons que pour mémoire l'immobilisation des sablières, dont le projet prévoyait d'interdire l'exploitation. Les granulats devront être recherchés jusque dans le Morvan et en Bretagne à un prix double. Ce coût économique supplémentaire, selon les calculs du Pr Arnould, ne saurait être inférieur à 10 milliards de francs.

17. La plupart de la vingtaine d'usines qui encerclent Paris, sur la Seine, la Marne, l'Oise, l'Orge, peuvent doubler leur capacité sans difficulté. La production de Morsang-sur-Seine peut être portée de 150 000 à un million de mètres cubes par jour. Celle d'Annet-sur-Marne de 25 000 à 600 000 mètres cubes ; celles de Choisy-le-Roi et de Neuilly-sur-Marne de 800 000 et 600 000 à 1 200 000 mètres cubes, soit chacune le double du projet Montereau. En outre, on peut améliorer les techniques d'épuration. En visitant les usines, nous avions constaté que certaines – comme l'usine de Morsang –, utilisant la technique du charbon actif en granulés, produisaient une eau à la saveur agréable. Alors que dans d'autres, privilégiant des procédés traditionnels – chlore ou ozone –, l'eau présentait un goût chimique prononcé. Pourquoi les responsables de cette technique ne seraient-ils pas priés d'y renoncer, dût leur amour-propre en souffrir ?

18. L'Agence du bassin – qui a déjà rendu de grands services en faisant reculer la pollution de la Seine – devrait user de sa puissance financière et réglementaire pour lutter plus énergiquement encore contre les pollueurs. Elle pourrait subventionner plus fortement toutes les communes et industries du bassin versant qui se doteraient de stations d'épuration, et pénaliser les autres. C'est l'essentiel de sa mission. Elle en a les moyens. Qu'elle les y consacre !

19. Pour des besoins industriels, un certain nombre d'entreprises de la Région parisienne prélèvent, directement dans la nappe souterraine d'eau « naturellement pure », 140 millions de mètres cubes par an, soit 350 000 mètres cubes par jour. En réduisant simplement ce gaspillage, on dégagerait des ressources inépuisables d'eau de source, pour la consommation sur place en eau de table.

20. L'étiquette de ces bouteilles devrait comporter les indications – mais aussi les contre-indications – médicinales.

21. Actuellement, TVA et taxe spéciale à la production. Plus de la moitié du prix des bouteilles d'eau provient de ces taxes, du transport à longue distance, de la publicité des grandes marques. Délestée de ces coûts, l'eau de source, embouteillée, consommée sur place et détaxée, reviendrait à environ 0,30 franc le litre, soit 100 secondes de travail payé au salaire minimum.

QUATRIÈME PARTIE

CHAPITRE 27, p. 329

1. L'expression est employée par Octave Gélinier, *Morale de l'entreprise et destin de la nation*, 1964.
2. Arthur Young, *Voyages en France*, pp. 169-170.

CHAPITRE 28, p. 343

1. Marquis d'Argenson, *Mémoires*, année 1733.
2. Robert Schuman, « Nécessité d'une politique », *La Nef*, mars 1953.
3. Henri IV, propos tenus devant le parlement de Paris pour lui faire enregistrer l'édit de Nantes (1599).
4. Un autre collaborateur de Pierre Messmer a consacré à cette affaire un chapitre d'une thèse de doctorat : Raymond Prieur, recteur de l'académie d'Amiens, « La décision politique », t. I, pp. 350-373, thèse non publiée, Paris, 1975. L'auteur, qui porte un jugement sévère, ne semble pas avoir connu tous les dessous de l'affaire.
5. Parkinson a énoncé des lois semblables.
6. Debré-Mendès France, *Le Grand Débat, Europe 1*, 1966, pp. 161-162.
7. *Le Monde*, 29 septembre 1973.
8. Le respect du secret des délibérations et des comptes rendus des conseils de gouvernement m'incline à ne pas donner pour le moment d'autres références aux indications mentionnées. Mais deux des personnes présentes à la réunion du 26 décembre 1954 ont déjà publié leur témoignage. Il s'agit des récits autorisés et documentés de deux des principaux responsables : Bertrand Goldschmidt, directeur des Relations extérieures du Commissariat à l'énergie atomique (*Les Rivalités atomiques* (1939-1966), 1967, pp. 206-207) ; le général Ailleret (*Revue de la défense nationale*, 1968, page 1903). Je me contenterai de préciser que je corrobore entièrement le témoignage de ces deux chefs de service.
9. *Journal officiel* de l'Assemblée nationale, 16 juillet 1962.
10. De fait, la citation faite par Guy Mollet de sa déclaration d'investiture est parfaitement exacte (*JO* du 30 janvier 1956).
11. Cf. Bertrand Goldschmidt, *Les Rivalités atomiques*, *op. cit.*, p. 222, et général Ailleret, *Revue de la défense nationale*, *op. cit.*, p. 1903.
12. Décret n° 60.857, paru au *Journal officiel* du 6 août 1960.
13. *JO* de l'Assemblée nationale des 8 et 14 mai 1968.
14. Frédéric Le Play, *la Réforme sociale en France*, 1864.
15. Statistiques du *Bulletin quotidien* de Bérard-Quélin, 31 août 1976.

CHAPITRE 29, p. 359

1. Correspondance littéraire, philosophique et critique du baron de Grimm avec un souverain d'Allemagne, depuis 1753 jusqu'en 1769, Paris, 1813, p. 146.
2. Comme disait Frédéric Le Play.
3. Ambroise Roux, président du groupe CGE.
4. Marquis d'Argenson, *Mémoires*.
5. Conseil général de Seine-et-Marne, délibération du 19 décembre 1976.
6. L'Ecole nationale supérieure des bibliothèques, en 1968. Le même contrôleur financier inspectait l'ensemble des services et établissements dépendant du ministère de l'Education nationale et de plusieurs autres ministères.
7. Le Parlement n'eut qu'à voter les crédits militaires. A partir de juin 1940, certains députés prétendirent n'avoir pas voulu autoriser la déclaration de guerre par le simple vote des crédits.

CHAPITRE 30, p. 367

1. Louis Blanc, article « Centralisation » du *Grand Dictionnaire universel du* XIXe *siècle*, t. III, 1867, pp. 723-728.
2. Melchior Grimm, *op. cit.*, 146, juillet 1764.
3. Montesquieu, *De l'esprit des lois*, livre XI, chap. II.
4. Marquis d'Argenson, *Considérations sur le gouvernement de la France*, pp. 22-23.

CHAPITRE 31, p. 375

1. Comtesse d'Aulnoy, *Relation d'un voyage d'Espagne*, 1690.
2. C'était au concours de reclassement de l'inspection des Finances, qui suivait d'un an le concours de sortie de l'ENA.
3. Gaston Roupnel, *Histoire et Destin*, Paris, 1943.
4. Lyautey, *Lettres du Tonkin*, 1885.
5. Pierre Goubert, *les Danse et les Motte de Beauvais*. Par exemple, la lignée des Danse, laboureurs aisés en 1600, s'épanouit en cinq générations en Jean-Claude Danse, maire de Beauvais, secrétaire du roi, et Claude III Danse (1696-1751), conseiller à la Cour des monnaies.
6. Un article de Pierre Gaxotte dans *le Figaro* sur « Le canulard de l'*élitisme* » conféra à ce nouveau vocable – en retournant ironiquement ma thèse – l'immortalité que je n'aurais pu suffire à lui insuffler. Le *Robert* note que mon invention a eu plus de succès que les termes *élitation, élitement*, forgés au milieu du XIXe siècle par Richard de Radonvilliers « pour l'enrichissement de la langue française ».
7. « La révolution blanche », thèse de Christian Pahlavan, 1975, non publiée.
8. Pierre Bourdieu et Jean-Claude Passeron, *La Reproduction*, 1973.

CHAPITRE 32, p. 392

1. Louis Blanc, article « Centralisation » du *Grand Dictionnaire universel du* XIXe *siècle*.
2. Marquis d'Argenson, *Mémoires*, éd. Janet, p. 140.

3. Selon le Hudson Institute, rapport « Paris et sa région demain », 22 % en 1974, octobre 1974.

4. André Siegfried, *Géographie humoristique de Paris*, 1957.

5. Boisguilbert, *le Détail de la France*, p. 325.

6. Cf. Hudson Institute, rapport « Paris et sa région demain », *op. cit.*, p. 5.

7. Vivien, article « Centralisation » du *Grand Dictionnaire universel du* XIXe *siècle, loc. cit.*

8. Lamennais, propos tenus devant la Commission constituante en 1848.

9. François Guizot, *Mémoires*, t. III, p. 136.

10. « La Creuse lance un SOS », *Le Quotidien de Paris*, 23 juin 1975.

CHAPITRE 33, p. 402

1. Pierre Joseph Proudhon. *Œuvres complètes*, « Capacité politique des classes ouvrières », cahier 21, Marcel Rivière, 1924.

2. Turgot, *Mémoire au roi sur les municipalités*, 1775. Je souligne.

3. A La Ferté-sur-Amance, Meurthe-et-Moselle, *Le Figaro* du 31 juillet 1970.

4. Débat entre Edmond Maire et le président du DGB, en mai 1975.

5. Denise Bombardier, *la Voix de la France*, p. 73.

6. Lord Palmerston, cité par le *Grand Dictionnaire universel du* XIXe *siècle, op. cit.*

7. Jules Simon, *ibid.*

8. 2 millions de salariés dans la fonction publique, 500 000 employés des entreprises nationales, 1,5 million de retraités.

9. Le général de Gaulle me fit cette déclaration le 14 juin 1968, après m'avoir questionné sur l'état d'esprit du corps électoral, tel que je le percevais dans la campagne législative qui se déroulait alors.

CHAPITRE 34, p. 415

1. Cf. la démonstration de Georges Vedel, notamment dans *Le Point* du 12 mai 1975.

2. Le 10 septembre 1966, dans le Pacifique.

3. Communication au colloque d'Amboise du Centre d'études et de recherches gaulliennes (1974).

4. Michel Jobert, *Mémoires d'avenir*, 1974, p. 174.

5. Charles Bignon, vice-président de l'Assemblée nationale, *Le Monde* du 4 novembre 1975.

6. Alain Poher, président du Sénat, le 30 juin 1975.

7. Edgar Faure, président de l'Assemblée nationale, le 20 décembre 1975.

CINQUIÈME PARTIE

ÉPIGRAPHES

1. Texte de 1859 repris dans *Questions contemporaines*, 1868.
2. Les quatre premiers vers sont tirés du *Mystère des Saints-Innocents* (éd. Gallimard, coll. « Bibliothèque de la Pléiade », p. 716) et les deux derniers du *Porche du Mystère de la Deuxième Vertu*, *ibid.*, p. 635.

CHAPITRE 35, p. 431

1. Robert Desnos, *Chantefleurs, Chantefables*. Cette fable est citée par P. Bourdieu et J.-C. Passeron, in *La Reproduction*, p. 9.
2. Si Baudelaire a deviné ces *correspondances*, ce sont les symbolistes français, après les romantiques allemands, qui en ont fait un thème constant.
3. Michel Foucault, *Surveiller et punir*, 1975.
4. C'est dans le Wyoming que le droit de vote des femmes fit son apparition au lendemain de la guerre de Sécession.
5. Cf. R. Chartier, M. Compère et D. Julia, *L'Education en France du* XVIe *au* XVIIIe *siècle*, 1976.
6. Le mot est de Taine, mais Napoléon a exprimé cette théorie dans une session du Conseil d'Etat (10 février-20 mars 1806).
7. Adolphe Thiers devant la Commission de la loi Falloux en 1849, cité par La Gorce : *Histoire de la IIe République*, p. 280.
8. William R. Shonfeld, « A study of secondary schools in France », thèse de doctorat non publiée, Princeton, 1970.
9. L'Académie des sciences morales et politiques a consacré en 1970 une enquête et un rapport à ces conséquences inattendues de la prolongation de la scolarité obligatoire. Les travaux du Comité d'études sur la violence en 1976 ont confirmé cette constatation.
10. Nom de la traduction française de l'ouvrage de Friedrich Sieburg, paru à Berlin en 1929, *Gott in Frankreich ?*.
11. Jesse Pitts, « The bourgeois family and French economic retardation », thèse inédite soutenue à Harvard en 1937. Elle a été critiquée par des historiens français. Je la crois cependant juste dans son ensemble, même si certaines de ses données sont à réviser.
12. David S. Landes, « Observations on France : economy, society and polity », *World Politics*, avril 1957.

CHAPITRE 36, p. 443

1. Cf. John Nef, *Naissance de la civilisation industrielle*.
2. Cette existence des cercles vicieux a été particulièrement mise en lumière par des sociologues comme Robert K. Merton, Alvin Gouldner, in *Patterns of Industrial Bureaucracy*, Glencoe, 1969 ; Michel Crozier, in *Le Phénomène bureaucratique*.
3. Alexis de Tocqueville, *L'Ancien Régime et la Révolution*, p. 208.
4. Marquis d'Argenson, *Journal*, 1er juin 1756.
5. Louis Aragon, *Les yeux d'Elsa*, « Plus belle que les larmes », 1945.

6. Friedrich Sieburg, *Dieu est-il français ?*, p. 244.
7. Edgar Pisani.

CHAPITRE 37, p. 454

1. Maxime courante au XIIIe siècle, cf. Pierre Legendre, *L'Amour du censeur*, 1974, p. 69.
2. A. Fliche, *La Réforme grégorienne et la reconquête chrétienne*, 1950.
3. D'après *Les Honneurs de la cour*, traité composé par Aliénor de Poitiers vers 1485 ; publié dans *Mémoires sur l'ancienne chevalerie*, de M. de La Curne de Sainte-Palaye, Paris, 1759.
4. Lamennais, *De la religion*, p. 360.

CHAPITRE 38, p. 461

1. *Césarine ou le soupçon*, 1971, p. 95.
2. Cf. Michel Foucault, *Surveiller et punir*.
3. Pierre Bayle, *Dictionnaire historique et critique*, article « Pauliniens », note F *in fine*.
4. Lamennais, *De la religion*, p. 170.
5. Lyautey, *Lettres du Tonkin*.
6. Malaparte, *Journal*, 1947.

CHAPITRE 39, p. 468

1. Cf. *Mémoires* de la comtesse de Boigne.
2. Le politologue américain Jesse Pitts a fait une analyse pénétrante de ce thème (Stanley Hoffmann *et al., In Search of France*).

CHAPITRE 40, p. 472

1. Michelet parle des Français comme de « mendiants injurieux ».
2. Alain Geismar.
3. Arthur Young, *Voyages en France, op. cit.*, « Rencontre avec M. de La Livonière ».

CHAPITRE 41, p. 479

1. Gaston Monnerville, *Témoignage*, 1975.
2. Léon Trotsky.
3. Selon le rapport publié par l'OCDE, Paris, août 1976. Des réserves sont à faire sur ce rapport qui grossit abusivement certains critères d'inégalité.
4. Pierre Bourdieu et Jean-Claude Passeron, *Les Héritiers*, 1964 ; et *La Reproduction*, 1970. Les statistiques du ministère de l'Education nationale ne sont pas toujours homogènes. Les plus sérieuses paraissent rassemblées dans *Notes et études documentaires* du 31 mars 1969 (« Etudiants en France ») et la

Note d'information du ministère de l'Education du 30 avril 1976. Les chiffres suivants semblent pouvoir être retenus pour les fils d'ouvriers de l'industrie. 1945 : 1 %. 1950 : 1,7 %. 1958 : 2,7 %. 1968 : 11,1 %. 1975 : 12,8 %.

5. En appliquant plus rigoureusement l'appareil mathématique à la recherche sociale, Raymond Boudon a renversé la thèse de Bourdieu et Passeron (*L'Inégalité des chances*, 1974).

6. Bourdieu et Passeron eux-mêmes n'ont pas eu cette naïveté, mais leur thèse est généralement comprise selon ce schéma, et ils ne semblent pas avoir découragé cette interprétation.

7. Le chapitre « Le cloisonnement » montre comment la perpétuation et l'aggravation des jargons, dont *La Reproduction* offre justement un assez bon exemple, contribue à figer la société, beaucoup plus que les revenus.

8. Le livre de Boudon, *L'Inégalité des chances*, *op. cit.*, établit avec nuances les corrections nécessaires.

9. Les succès des enfants tiennent moins aux carrières de la famille ou même à leur quotient intellectuel qu'aux capacités de leurs parents à les « soutenir ». Colette Chiland (*L'Enfant de dix ans*, 1971) a fait ressortir l'importance des échanges verbaux à l'intérieur de la famille dans les premières années de l'enfant.

10. Qui n'a entendu citer la thèse de Bourdieu et Passeron ? Et qui connaît celle de Boudon ?

CHAPITRE 42, p. 487

1. Melchior Grimm, *Correspondance littéraire*, t. VIII, p. 254.

2. Arthur Young, *Voyages en France*, p. 40.

3. *Ibid.*, p. 224.

4. Affaire de la « Caisse rurale de la commune de Manigod », cassation des chambres réunies, 11 mars 1914 (recueil Dalloz périodique, 1914, I, 257).

5. Arthur Young, *Voyages en France*, *op. cit.*, 31 juillet 1787, p. 139.

6. Enquête publiée par le ministère des Affaires culturelles et de l'Environnement en avril 1974. L'engouement, décrit plus haut, qu'a connu la thèse de Bourdieu et Passeron sur les inégalités scolaires fournit un autre exemple de cette tendance.

CHAPITRE 43, p. 494

1. *Les Chants du Crépuscule*, 30 août 1835.

2. Film de Costa Gavras.

3. Joseph Fontanet en 1975 (Club de Paris). Olivier Guichard, *Journal officiel* du Sénat, 2 décembre 1969, p. 1116.

4. Jean Ziegler, *Une Suisse au-dessus de tout soupçon*, 1976.

5. *Rem militarem et argute loqui.* Cité dans le beau livre de Louis Chevalier, *Histoire anachronique des Français*, 1975, p. 70.

6. *Ibid.*, p. 71.

7. Y.-M. Bercé a dénombré 450 à 500 émeutes dans la seule Aquitaine entre 1590 et 1715.

8. Harangue du roi Henri au parlement de Paris, 1599.

9. Précisions fournies par Mme Simone Veil, ministre de la Santé, conférence de presse du 7 mai 1975. Le chiffre de 85 % est plus élevé que ceux qui sont donnés par d'autres sources, même si l'on ne tient compte que des accidents

mortels. Selon le Haut Comité d'études et d'information sur l'alcoolisme, le pourcentage de l'ensemble des accidents de voiture dus à l'alcoolisme ne dépasserait pas 40 %, chiffre retenu par le Pr Got, de l'hôpital Raymond-Poincaré à Garches.

10. Voir *La Huelga* de la duchesse de Ségovie.

11. Aristide Bruant, *Sur la route*, 1897.

12. Ce discours figure en tête du *Palmarès du lycée de garçons de Montpellier*. « Distribution solennelle des prix du 14 juillet 1942, discours prononcé par M. le général de corps d'armée de Lattre de Tassigny, commandant la XVIe Division militaire », Montpellier, 1942, p. 12.

13. Selon sa propre expression, *Histoire de la Ire armée française*, 1949, p. 49.

14. Antoine Prost, *Vocabulaire des proclamations électorales de 1881, 1885 et 1889*, 1974. A gauche, on emploie plus de substantifs et d'adjectifs ; à droite, plus de verbes et d'adverbes.

15. Définition donnée par Paul Morand dans *Milady, in fine*.

SIXIÈME PARTIE

ÉPIGRAPHES

1. *Mémoires*, t. IV, p. 100.

2. *Pensées pour moi-même* (*Gnôthi seauton*).

3. Cette scène eut lieu en pleine Fronde pendant les conférences de Bordeaux (octobre 1650). Sainte-Beuve, *Portraits de femmes*, p. 297.

CHAPITRE 44, p. 509

1. Horace Walpole, *Lettre à Mann*, 28 janvier 1754, a forgé d'après ce conte le terme de *serendipity* – découverte inattendue de résultats que l'on ne cherchait pas.

2. Le sociologue américain Robert K. Merton (*Social Theory and Social Structure*, Glencoe, Etats-Unis, 1957) applique la notion de *serendipity* à la recherche scientifique pour montrer l'influence des facteurs inattendus et aberrants.

3. Contrairement à une opinion répandue, Colomb ne cherchait nullement la route du sous-continent indien (l'Inde) ; il voulait explorer accessoirement la route des « îles à épices » (Indonésie), mais essentiellement de la Chine (*Catayo*), après le prodigieux succès de Marco Polo ; Ferdinand et Isabelle de Castille lui avaient remis des lettres de créance pour le Grand Khan de Chine.

4. Chateaubriand, *Mémoires d'outre-tombe*, éd. Gallimard, coll. « Bibliothèque de la Pléiade », t. II, p. 874.

CHAPITRE 45, p. 515

1. Lettre du 4 avril 1787 à son ami Choiseul-Gouffier, ambassadeur à Constantinople.

2. Jacques Peuchet, *Traité de la police et de la municipalité, encyclopédie méthodique*, juillet 1789. Sur Peuchet, cf. « Comment les Français voyaient l'ad-

ministration en 1789 : Jacques Peuchet et la bureaucratie », revue *Administration*, 1962, pp. 378-383.

3. Décret du 25 mars 1852 sur la décentralisation administrative.

4. Louis Napoléon, lettre du 24 juin 1863 au ministre présidant le Conseil d'Etat, in *La Politique impériale*, p. 397.

5. Grand-père de Valéry Giscard d'Estaing, Jacques Bardoux présidait en 1935 un Comité technique pour la réforme de l'Etat. Devenu député du Puy-de-Dôme, il déposera en 1947 une proposition de loi portant création des régions.

CHAPITRE 46, p. 522

1. Ces trois rapports d'enquête ont été publiés par la Documentation française en 1976, sous le titre : *Décentraliser les responsabilités, pourquoi ? comment ?* (rééd. 1979, Le Livre de poche).

2. La démonstration en est faite avec une grande vigueur par Octave Gélinier, *Décentraliser les responsabilités, pourquoi ? comment ?*, *op. cit.*, pp. 39-96.

3. Un remarquable rapport (1974, non publié) de l'inspecteur général de l'administration Henry Krieg, sur la construction d'une vingtaine de collèges d'enseignement secondaire en Alsace, fait apparaître sur un cas concret l'impasse cybernétique où conduit la déconcentration.

4. Lucien Sfez a étudié dans *Critique de la décision* (1975) le cas de la création du CHU d'Amiens, fruit d'un immense processus administratif échelonné sur dix ans.

CHAPITRE 48, p. 535

1. Auquel ont participé notamment MM. Jacques Aubert (conseiller d'Etat) ; Michel Aurillac (alors préfet de la région Picardie, depuis directeur de cabinet du ministre de l'Intérieur) ; Francis de Baecque (conseiller d'Etat) ; Jean Brenas (alors préfet de la Sarthe, depuis des Yvelines) ; Michel Crozier (directeur de recherches au CNRS) ; Jacques Delors (professeur associé à l'université de Paris-IX) ; Jean François-Poncet (alors conseiller des Affaires étrangères, dirigeant d'entreprise, depuis ministre des Affaires étrangères) ; Octave Gélinier (directeur général de la CEGOS) ; Renaud de La Génière (alors directeur du Budget, depuis sous-gouverneur à la Banque de France) ; Philippe Huet (inspecteur général des Finances) ; Jean-Maxime Lévêque (président du Crédit commercial de France) ; Dieudonné Mandelkern (directeur au secrétariat général du gouvernement) ; Michel Massenet (directeur de la Fonction publique) ; Jacques Pélissier (alors préfet de la région Rhône-Alpes, depuis directeur du cabinet du Premier ministre, puis président de la SNCF) ; Olivier Philip (préfet de la région de Bretagne) ; Pierre Racine (alors directeur de l'ENA) ; Michel Rousselot (alors chef de service au Plan, depuis directeur de l'établissement public de Marne-la-Vallée) ; Michel Ternier (chef du service de rationalisation des choix budgétaires) ; Antoine Veil (inspecteur des finances, dirigeant d'entreprise) ; Pierre Viot (conseiller référendaire à la Cour des comptes, directeur du Centre national de la cinématographie).

2. En des articles que j'ai publiés dans *Le Monde* du 22 au 26 novembre 1975 sous le titre « Pour un pouvoir provincial » ; et dans mon introduction à *Décentraliser les responsabilités, pourquoi ? comment ?*

3. Cette lettre de mission figure dans l'ouvrage cité ci-dessus, p. XX.

CONCLUSION

CHAPITRE 49, p. 549

1. Pierre Joseph Proudhon, lettre à Langlois du 30 décembre 1861, *Correspondance*, t. II, p. 308, éd. Lacroix, et *De la justice dans la Révolution et dans l'Eglise*, t. I, p. 414, éd. Rivière.
2. Herbert Lüthy, *A l'heure de son clocher (essai sur la France)*, Paris, 1955.
3. André Malraux, 15 décembre 1965 au palais des Sports, reproduit dans le n° 2 d'*Espoir*.

CHAPITRE 50, p. 562

1. *Cantate BWV 140.*
2. Jean-Jacques Rousseau, *Considérations sur le gouvernement de la Pologne*, éd. Gallimard, « Bibliothèque de la Pléiade », tome II, p. 937.
3. Cf. Alain Cotta, *Inflation et croissance en France depuis 1962*, 1974 (pp. 151 *sq.*) ; H. Lévy-Lambert, *La Vérité des prix*, 2e éd., 1975 (pages 102 *sq.*).
4. Cette légende est une *Wanderlegende* pangermanique. En 1950, un vieux guide qui me faisait visiter la bourgade de Bacharach, sur les bords du Rhin, me montra la berge où Hans avait noyé les rats. Peut-être y avait-il contamination avec la « tour des Souris » voisine, le *Maüseturm* de Bingen, du XIIIe siècle, où l'archevêque Hatto de Mayence fut, dit-on, dévoré par des souris.

ANNEXES

I. L'indice de prospérité

Produit national brut *per capita* de 1973 (dernière année avant la crise mondiale), de 1977 et de 1994 (dernière année disponible), en dollars, pour les 35 pays industrialisés [1] les plus prospères dépassant deux millions d'habitants. Sur les 18 premiers pays en 1977, 14 étaient « sociologiquement protestants », 3 catholiques (en bordure de l'aire protestante : Belgique, France, Autriche), 1 pays socialiste de culture protestante (Allemagne de l'Est), fusionné avec la RFA à partir de 1990.

En 1994, on retrouve dans les 18 premiers 13 de ces 14 pays protestants (RFA et RDA ayant fusionné, et la Nouvelle-Zélande étant passée de la 18ᵉ à la 23ᵉ place). Le Japon a bondi de la 15ᵉ à la 3ᵉ place, l'Islande a fait son apparition du fait de l'accroissement de sa population. Singapour aussi a fait son apparition, ainsi que d'autres pays, indiqués en italique. La liste a été allongée de 25 à 35 pays, de manière à suivre la situation des pays de l'Europe de l'Est, qui ont régressé en grande partie parce que les statistiques étaient manipulées. Les trois pays catholiques en bordure de la zone protestante restent assez bien placés.

1. Ce double critère élimine d'une part le Luxembourg, qui serait en tête de classement, mais qui ne compte que 400 000 habitants ; d'autre part des pays comme l'Arabie Saoudite, la Libye, Qatar, les Emirats arabes et le Koweït, dont seules les ressources en hydrocarbures masquent le sous-développement.

Pays	Classement en 1994	PNB/hab en US $	Pop en millions	Classement 1977	PNB/hab en US $	Pop en millions	Classement 1973	PNB/hab en US $	Pop en millions
Suisse	1	34 304	6,955	1	9 960	6,330	1	7 060	6,430
Suède	2	27 520	8,773	2	8 773	8,255	2	6 360	8,140
Japon	3	26 983	125,879	15	5 640	113,860	16	3 800	108,350
Danemark	4	25 308	5,192	7	8 050	5,090	4	5 870	5,20
Islande	5	25 252	2,68		8 715	2,22		4 946	2,15
Finlande	6	24 933	5,046	12	6 150	4,740	13	4 120	4,670
Norvège	7	24 824	4,357	4	8 540	4,045	7	5 190	3,960
Allemagne	8	22 436	81,264	6 (RFA)	8 160	61,395	5	5 690	61,970
				16 (RDA)	4 940	16,765	18	3 210	16,980
Etats-Unis	9	22 219	263,138	3	8 640	216,815	3	6 230	210,400
Canada	10	21 562	28,537	5	8 450	23,315	6	5 580	22,130
Autriche	11	21 176	7,861	13	6 140	7,520	15	3 900	7,530
France	12	21 053	57,769	10	7 290	53,080	9	4 810	52,130
Belgique	13	19 717	10,031	8	7 580	9,835	8	4 990	9,740
Pays-Bas	14	19 318	15,499	11	7 160	13,855	10	4 670	13,440
Italie	15	19 130	57,910	20	3 450	56,445	20	2 520	54,910
Australie	16	17 351	18,338	9	7 340	14,065	12	4 650	13,130
Royaume-Uni	17	16 994	58,093	17	4 430	55,850	17	3 270	55,930

Pays	Classement en 1994	PNB/hab en US $	Pop en millions	Classement 1977	PNB/hab en US $	Pop en millions	Classement 1973	PNB/hab en US $	Pop en millions
Singapour	18	14 598	2,853	NC	2 600	2,308	NC	1 942	2,210
Hong-Kong	19	14 396	5,932	NC	4 514	2,381	NC	1 418	4,249
Espagne	20	13 511	39,276	21	3 190	36,225	22	2 170	34,740
Israël	21	12 869	5,884	24	2 920	3,530	19	3 080	3,250
Irlande	22	12 480	3,469	25	2 880	3,195	24	2 150	3,030
Nouvelle-Zélande	23	12 388	3,552	18	4 370	3,145	14	3 980	2,960
Taiwan	24	10 479	21	NC	NC	NC	NC	NC	NC
Portugal	25	6 955	9,884	NC	1 585	8,80	NC	1 328	8,66
Corée du Sud	26	6 462	45,182	NC	950	36,437	NC	379	33,459
Fédération de Russie	27	5 012	288,562	23	3 010	259,125	25	2 110	249,750
Mexique	28	3 321	93,67	NC	1 150	64,594	NC	883	58,11
Afrique du Sud[1]	29	2 780	42,741	14	5 920	4,560 (popul blche)	10	4 670	4,130
Brésil	30	2 646	16,138	NC	1 482	11,223	NC	768	10,42
Malaisie	31	2 568	20,125	NC	NC	12,600	NC	516	11,650
Rép tchèque	32	2 359	10,46						
Slovaquie	33	2 113	5,35	19	4 090	15,040	20	2 980	14,570
Pologne	34	2 023	38,73	22	3 150	34,725	23	2 160	33,360
Thaïlande	35	1 775	58,265	NC	412	44,039	NC	262	41,02

1. Les chiffres concernant l'Afrique du Sud en 1973 et 1977 ne s'appliquaient qu'à la population blanche (soit 17 % de la population). Le calcul du revenu moyen par habitant blanc était effectué d'après les estimations sur la répartition du revenu entre communautés noire et blanche. Cette estimation n'a pas été maintenue pour 1994, les statistiques sud-africaines ne tolérant plus désormais de discrimination raciale (1996).

II. L'indice Nobel de 1901 à 1994

Cet indice a été établi en comparant des lauréats des prix Nobel de sciences expérimentales (physique, chimie, médecine et biologie, à l'exclusion des prix de littérature et de la paix) par million d'habitants (chiffre obtenu par la moyenne — de 1901 à 1960 — des chiffres de population).

Pays	Nombre de prix Nobel scientifiques (lauréats) (1901-1960)	Nombre moyen d'habitants 1901-1960 (millions d'hab.)	Indice Nobel (lauréats par million d'habitants)
1. Suisse	11	4,2	2,62
2. Danemark	5	3,5	1,43
3. Autriche	8	6,7	1,19
4. Pays-Bas	9	7,8	1,19
5. Suède	7	6,2	1,13
6. Royaume-Uni	41	44,7	0,91
7. Allemagne	45	63,8	0,71
8. Etats-Unis	52	125,4	0,41
9. France	17	42,6	0,40
10. Finlande	1	3,5	0,29
11. Belgique	2	7,8	0,26
12. Hongrie	2	8,6	0,23
13. Portugal	1	17,1	0,14
14. Italie	4	40,8	0,10
15. Argentine	1	133,4	0,08
16. Tchécoslovaquie	1	14,7	0,07
17. Espagne	1	24,1	0,04
18. Russie	7	156,1	0,03
19. Japon	1	69,2	0,01
20. Inde	1	350,0	0,002

Nous pouvons prolonger cet indice pour les années 1961 à 1994 (en incluant désormais dans notre comptabilité les lauréats du prix Nobel en sciences économiques, décerné à partir de 1969). Nous rapportons le nombre des lauréats au nombre moyen des habitants de 1961 à 1994.

La suprématie « protestante » est toujours aussi sensible, même si l'internationalisation croissante du monde de la recherche, la pratique des échanges universitaires et des transferts de laboratoires atténuent le caractère significatif de la corrélation. Les trois pays « en frontière de catholicité » et en bordure de la zone protestante (Belgique, France, Autriche) sont assez bien placés, là aussi.

Pays	Nombre de prix Nobel scientifiques (lauréats) (1961-1994)	Nombre moyen d'habitants 1961-1994 (millions d'hab.)	Indice Nobel (lauréats par million d'habitants)
1. Suisse	7	6,50	1,07
2. Suède	8	8,22	0,97
3. Norvège	3	3,96	0,75
4. Etats-Unis	148	228,85	0,64
5. Grande-Bretagne	35	55,90	0,62
6. Belgique	3	9,69	0,30
7. Allemagne fédérale	18	60,60	0,29
8. Autriche	2	7,55	0,26
9. Pays-Bas	3	13,49	0,22
10. Danemark	1	4,95	0,20
11. France	10	53,02	0,18
12. Canada	4	23,87	0,16
13. Australie	2	14,96	0,13
14. Italie	3	54,71	0,05
15. Japon	4	110,22	0,03
16. Argentine	1	26,77	0,03
17. Fédération de Russie	4	248,4	0,016
18. Pakistan	1	89,77	0,011

Sources : pour la population, les chiffres proviennent des Estimations de la population en milieu d'année fournies par l'*Annuaire des Statistiques*, New York (Bureau des Statistiques de l'Organisation des Nations-Unies, 1960, 1970, 1980, 1994) ; pour les prix Nobel, de la *Nobel Foundation,* Stockholm, Suède.

TABLE DES MATIÈRES

Sixième partie
LES LEÇONS DE L'ÉCHEC

Conclusion
ESQUISSE D'UNE THÉRAPEUTIQUE

Impression réalisée sur CAMERON par
BRODARD ET TAUPIN
La Flèche

pour le compte des Éditions Fayard
en mai 2006

Dépôt légal : mai 2006
N° d'édition : 71724 – N° d'impression : 35776
ISBN : 2-213-62869-6
35-57-3069-8/01

Imprimé en France